美国饭店业协会教育学院系列教材

○ 酒店资产管理原理与实务
  Hotel Management Principles and Practice, Second Edition

○ 当代俱乐部管理
  Contemporary Club Management, Second Edition

○ 当今饭店业，中文第二版
  Hospitality Today: An Introduction, Sixth Edition

○ 饭店业人力资源管理，中文第二版
  Managing Hospitality Human Resources, Fourth Edition

○ 饭店业督导，中文第二版
  Supervision in the Hospitality Industry, Fourth Edition

○ 餐饮经营管理，中文第二版
  Management of Food and Beverage Operations, Fifth Edition

○ 收益管理：饭店运营收入最大化
  Revenue Management: Maximizing Revenue in Hospitality Operations

● 饭店设施的管理和设计，中文第二版
  Hospitality Facilities Management and Design, Third Edition

○ 饭店业管理会计，中文第二版
  Accounting for Hospitality Managers, Fifth Edition

○ 饭店客房经营管理
  Managing Housekeeping Operations, Third Edition

○ 前厅部的运营与管理，中文第二版
  Managing Front Office Operation, Ninth Edition

○ 会展管理与服务，中文第二版
  Convention Management and Service, Eighth Edition

○ 国际饭店的开发与管理
  International Hotels: Development and Management, Second Edition

○ 饭店业市场营销
  Marketing in the Hospitality Industry, Fifth Edition

饭店设施的管理和设计

（中文第二版）

*

Hospitality Facilities
Management and Design, Third Edition

David M. Stipanuk　著　　张学珊　译

中国旅游出版社

关于作者

大卫·马歇尔·斯蒂帕纳克，注册工程师，自 1983 年起一直是康奈尔大学饭店管理学院资产管理系教师。他教授领域主要包括可持续发展、设施管理、饭店风险管理以及饭店改造与建设。他积极参与该学院的高级培训课程，每年都讲授物业管理和维修保养课程。

斯蒂帕纳克教授承担了许多大学社团的工作，如大学就业服务委员会和教学水平考评委员会的工作。多年来他实际承担着物业资产管理协会的领导工作，近3 年来他还是康奈尔大学总经理高级管理培训课程的协调人。

斯蒂帕纳克教授自著或与他人合著并由美国饭店业协会教育学院出版了 3 部专著，其中包括《饭店设备设施系统管理》（与迈克·亨利·雷利合著）、《饭店设施的管理和设计》第三版、《人身和财产安全管理》第二版（与雷蒙德·C.小艾斯合著）。斯蒂帕纳克教授还在教育学院举办的设备设施管理证书班中提供饭店管理培训课程，他还就饭店环境问题以及旅游行业安全标准发表了不少文章。最近，他正协助美国饭店业协会准备出版《能源管理和节能指南》。

他是如下单位的会员：美国采暖、制冷和空调工程师协会，美国饭店业协会高级工程师及政府环保官员联合会，白宫有关旅游环境问题特别小组，泛美卫生与健康组织，加勒比饭店协会环境评审小组。

主译简介

张学珊 1981 年毕业于北京第二外国语学院英语系。曾在中共中央对外联络部任翻译。1988 年赴墨西哥坎昆凯悦饭店管理集团学习饭店管理。曾担任北京新万寿宾馆董事总经理，赛特国际酒店管理有限公司总经理。现任钓鱼台美高梅酒店管理有限公司总监。

再版前言

　　由美国饭店业协会教育学院编写的饭店从业人员职业教育培训系列丛书于 2001 年第一次被引进中国，距今已经过去 13 年之久。回首这套丛书初次被引进中国的时节，正是中国饭店业走向一个新阶段的起点。彼时，国际竞争国内化、国内竞争国际化是国内饭店业对行业发展趋势的共识，而面对这种趋势的国内饭店管理教育在培养职业人才的系统性方面仍然存在着明显的短板，其中教材方面的缺失尤其严重。鉴于此，中国旅游出版社在考虑中国饭店业的现实情况，经过细致的比较之后，认可了美国饭店业协会教育学院的职业教育教材体系和职业培训休系，引进了这套在国际上颇有影响力的饭店管理教材。可以说，这套教材的引进，相当及时地补充了国内饭店管理教育在国际化经营方面的不足。

　　今天，中国饭店业的经营环境及运营管理等已然发生了巨大的变化，曾经认为的趋势已成为现实，但是又出现了一些无法预想的变化。在 21 世纪之初，饭店行业已经预见到了国内国外饭店企业集团的同场竞技，如今则早已习惯了共同存在和竞争。曾经，中国饭店行业看到了自身未来的繁荣，而如今，中国饭店业经过十几个春秋的洗礼，已经形成了国内市场、国际市场和出境市场三分天下的格局，业态进一步细分完善。与此同时，饭店企业经营的科学性和创新性不断提升，在吸收国际饭店管理经验的基础上，进一步开展本土化创新实践，本土集团成长非常迅速，其中许多已经进入世界饭店集团 10 强。中国本土饭店集团的发展将改变世界饭店企业的格局，同时将带来国际饭店企业运营与管理的话语基础。

任何对未来的预测都不会是全面的。在 21 世纪之初，中国饭店业已经看到了很多，但是没有看到和无法看到的更多。在十几年中，大众旅游蓬勃发展，经济型连锁酒店趁势而起，把控了大众市场的半壁江山，中端酒店蓄力而发，在中产阶级成长的东风下开始风生水起，而高端酒店却遭遇了意外的困境。中国饭店行业一直梦想着走向世界，而如今我们看到了一个接一个的海外并购，其势不敢称大，但是根苗已生，令人产生星星之火可燎原的期待。在饭店业之外，先是互联网技术运用的风靡，其后又是移动互联网的夺人眼球，这些技术风潮席卷各行各业，而作为和流行"亲密接触"的饭店业自然不可能置身于外，于是，互联网思维和智慧酒店大行其道，这是饭店业对技术风潮的回应。

比起 13 年前，现今的中国饭店业可以说是令人眼花缭乱。一群非传统饭店行业人士进入，以他们的外部眼光突破着饭店行业经营的传统思维和惯例，而传统的饭店行业人士也在借鉴着他山之石，思考现代科技在饭店业运用的可能，进行着自我突破。在信息爆炸的今天，我们每天接触海量的大数据，但是如何分辨信息的价值，为创新提供有效的指导，这已经成为必修课。当我们意识到这一点的时候，仔细审视，会发现自身知识结构的完整才是支撑这一切的基础。实际上，比起 13 年前，如今的饭店业管理更加需要完整的知识结构和良好的思辨能力，因为环境不确定性进一步加强，外部干扰更多了，内部系统更为复杂，如果无所凭借，无所支撑，必然难以驾驭更加复杂的环境。

著名科学家钱学森曾反复地问："为什么我们的学校总是培养不

出杰出人才？"而饭店业行业的教育者和从业者也在问："怎样培养一流的饭店管理人才？"曾经如此疑问，如今更加急切。不积跬步，无以至千里。系统而深入、兼具理论和实践的饭店管理教育仍然是饭店业人才培养的基础。秉承这样的理念，回顾过往，我们发现了这套书籍的闪光点。

一部书籍是否能被称为经典，而不是昙花一现的时髦，是要靠时间来检验的。只有当书中的观点和逻辑，在时间的浪潮中被反复地印证、扩展和应用的时候，被相关的从业人员和研究人员在实践中认可的时候，这才有了被奉为经典的资格。这套出自"名门"的饭店业管理教材背后是整个美国饭店业的职业教育体系的支撑。美国饭店业的管理水平毋庸置疑代表目前国际的标杆，我国诸多饭店企业在发展过程中亦是多有借鉴。本套书将理论和实践进行了较好的结合，既有理论的深入，又有实践上的指导，能够使读者通过编写者的切身体会看到真实的饭店工作，帮助读者提升饭店行业的思考和实践能力，同时其系统性和全面性也是诸多其他教材无法比肩的，涵盖了国际饭店的开发与管理、饭店业督导、饭店业管理会计、饭店客房经营管理、饭店前厅部的运营与管理、饭店业人力资源管理、餐饮经营管理、饭店设施的管理与设计、会展管理与服务、收益管理、饭店业市场营销，以及当今饭店企业多个经营的环节。读者借助这套教材既能建立对饭店的全面认识，又能各取所需，有针对性地进行深入的学习。本书的译者均为本行业研究和实践的专家，确保了翻译的准确性和专业性。

本套丛书在出版之后就广受赞誉，但是编者仍然以一颗谦谨之心，根据饭店业管理的新变化对书籍不断地进行修改和补充，加入很多新

再版前言

材料、新理念和新的实践方法，为的是尽力缩小教材的滞后性，为饭店业的从业人员和学习者提供一个了解饭店业，建立起自身完整知识结构的最佳途径。

最后，本套丛书的出版和再版多有赖于中国旅游出版社的远见和坚持，同时也是中外饭店教育及出版机构通力合作的结果，对他们付出的努力表示诚挚的感谢。

谷慧敏

2014 年 8 月

AHLA
序

　　饭店设施越来越引起饭店管理层的关注。根据《美国残疾人保障法》的规定以及政府相关部门和社会团体持续不断地要求保护客户人身财产安全，同时随着设备设施的不断老化过时，设备设施的更新就不可避免。为适应这些需要，也为了在当前日趋激烈的市场环境中保持竞争力，就需要管理者更多地了解设备设施运行管理、设计和更新改造。另一方面生产厂家为了推出新的理念，寻求市场扩张，也会层出不穷地设计出新的设备设施。

　　饭店设施在不少方面既复杂又独特。这些设施的出现和它们的运行管理需要特别的技术、技能、知识和奉献精神。在《饭店设施的管理和设计》（第3版）一书中，我们用大量案例介绍在饭店设施的管理与设计中存在的关键问题，饭店设施的所有者或管理者将从这些关键问题的描述中受益。读完本书，经理们以及正在学习管理课程的学生们将可以更加胸有成竹地处理所面对（或即将面对）的有关设备设施的问题。

　　《饭店设施的管理和设计》（第3版）对一些章节的数据进行了更新，包括有些章节出现了一些新的案例，有些章节也包括以前几版中附件的一些内容。同时也提供了许多补充说明。此版最新之处是在有些章节增加了案例分析。由于饭店业的发展，根据多位专家的建议，此版删掉了前几版供电系统章节中有关电信服务的内容。为了满足读者的兴趣，我们专门提供了有关电信服务的参考资料。

　　本书由三部分及一个附录组成。

　　第一部分简单介绍饭店设备设施的基本情况以及与维修保养有关的问题概述。

本书中对废弃物管理和环境保护问题的讨论揭示出设施管理的职责正在发生着改变。

第二部分主要对一些常见设施系统进行了介绍，如安全与安保、供水和排水、供电、空调、照明、洗衣、食品加工、饭店建筑等。当今时代，通过良好的维修保养节约费用、延长设备设施和饭店使用寿命尤为重要。本章将提供大量有用的信息。

第三部分重点涉及饭店、餐饮服务所需设施设计和更新改造涉及的问题。读者可事先了解设备设施更新改造所面临的一些问题和挑战。在设计这一部分中，介绍了在饭店与餐饮服务的设计中出现的关键词汇、标准及方法。关注设计的读者会发现这方面的讨论非常吸引人。对管理者而言，他们可以知晓设计程序是如何展开的，从而更加主动地对这一过程施加影响以使设计出的"产品"更具有创造力。

本书的最后部分是附录，此附录没有直接在以上章节中引用。虽然本书主要是为饭店管理者和即将成为饭店管理者的人而非工程技术人员编写的，但是为了向大家提供一个更好地了解工程和设备设施维修保养的专业手段，我们依然保留了附录中关于设备设施的工程原理部分。

致　谢

　　正如上面所提到的，此版有好几个章节都备有案例分析。其中有些案例是由希尔顿饭店理查德·曼珠琳娜，以及万豪国际伊德·皮查克提供的。这些饭店的工程专家为本书增光添彩。这些案例为学员提供了有益的指导和信息。

　　其他专家也为本书的编辑和校对做出了贡献，包括万豪国际的查德·考拉翰；喜达屋饭店集团的阿普里尔·佰克；哈拉赌场饭店的杰瑞·莱查普；塞维丁节能公司的丹尼斯·彼特。美国饭店业协会工程和环境分会为本书的修改和完善提出了许多宝贵的意见。

　　对于康奈尔大学饭店管理学院的理查德·皮纳尔和简·德鲁斯，宾夕法尼亚州立大学的卡洛林·兰伯特对本书的贡献，本人表示深深的谢意。他们极大地提高了本书的质量，扩大了本书的内涵。我还要感谢我的同事史蒂芬尼·罗伯森和迈克·瑞德林对本书提出的意见和建议。康奈尔大学饭店管理学院资源与环境系给予的广泛支持对本书的再版起到了很大的帮助。

　　非常荣幸本书能作为教科书被选用。也非常感谢学生们购买和使用《饭店设施的管理和设计》一书。希望读者能通过本书了解饭店设备设施的重要性，为客人和员工提供良好的服务。

　　　　　　　　　　　　　　　　大卫·马歇尔·斯蒂帕纳克

　　　　　　　　　　　　　　　　　　　纽约·伊萨卡

目　录

第一部分　导　论

第二部分　设施系统

第三部分 设施设计

第一部分

导　论

第1章

学习目标

1. 了解饭店设施的重要作用。

2. 阐述不同设施会产生哪些不同建安费用及良好的建设安装会带来长期的效益。

3. 阐述设施运行中两大成本费用及各自包括的主要内容和影响成本的因素。

4. 阐述设立资产重置基金的目的及提取方法。

5. 阐述功能设计、布局、施工材料、施工质量、施工工艺及系统配置给设施管理带来的影响。

6. 阐述设备设施维修保养的关注点。

7. 阐述设备设施管理人员的管理职责。

8. 阐述管理合同和特许经营协议中有关设备设施保养的条款。

9. 小结设施管理部门和设施经理的管理职责。

1

饭店设施的重要作用、成本费用和运行管理

　　1877年，一位旧金山市的记者对该市新落成的皇宫饭店的繁华与喧闹颇有微词。他是这样描写饭店远程控制系统的：该饭店有2.5万名"客房服务员"，每人负责一间客房并有一个相应的编号，他们在地下室静静地等候着入住客人的召唤铃声。当前台接待员踩下相应编号的踏板时，相应编号的铃声响起，"客房服务员"就会"嗖"的一声蹿上去……客人被推进一个大箱子里，"砰"地关进一条气动管道内，一路呼啸地送到了指定的客房前。这时墙上的门已打开，一个自动夹钳夹住客人的领子，把他轻轻地放到客房的地毯上。这种怪诞的描述实际上是对饭店业技术革新传统的讽刺。实际上，饭店的舒适度和满意度不仅由客房用品、客房家具和装饰品来决定，也会由管网分布、暖气供应和设施运转来诠释。[1]

　　从度假饭店奇异奢华的环境到饭店后厨耀眼发光的不锈钢餐具及各式各样的厨房设备，今天，人们越来越认识到：精心设计、精心保养的设施是饭店生意兴旺的关键因素。客人们都希望在一个安全、舒适的环境中洽谈业务、休闲娱乐、吃饭就寝。饭店、汽车旅店或就是他们的家外之家，客人们往往期待饭店比自家更胜一筹。

　　饭店管理者与饭店设施打交道主要表现在如下几个方面：使用饭店设施的所有部门都依赖有效设计和适时保养的设施完成自己的工作；新设施在设计阶段就会征求所有部门经理的意见，各部门经理也要参与饭店设施更新改造和维修保养工作；在大多数饭店里，总经理召开会议时都会让各个部门经理与工程部经理直接对话和沟通，各个部门经理每天都要与工程部、设施管理部打交道，因为他们需要对方的服务（就本书而言，维修、工程、设施的含义相同并可互换）。

设施在饭店里的作用

饭店设施的重要作用是各种各样的。首先，饭店设施在提高饭店的舒适度方面起着关键的作用。它们可以给客人提供一个格调高雅、庄重大方、舒适宜人的视觉环境。所有这些，都是通过艺术家的艺术灵感、内装设计人员的精心设计和装修工人的辛勤劳动，并经过饭店员工的精心保养和呵护而得到充分体现的。在一些与饭店业态相似的地方，如度假胜地、主题餐厅、赌场、主题公园或是水上世界等，正是设施本身吸引顾客前来休闲或娱乐。当然，其他因素如氛围、员工熟练程度和舒适感也是不可或缺的。转动室内空调旋钮就可以调整室内温度、湿度；向浴室、泳池和按摩浴池里提供温度适宜的热水都是通过人们看不到的设施来实现的。为了给客人一个安静舒适的住宿环境，饭店要控制及尽量减少给客人带来干扰的噪声，并且要尽量减少对饭店内或游泳池开放区域的监控。与设施有关的另一类重要问题就是安全，客人们都希望安全，希望住店期间人身和财产安全得到保障。因此，设施管理部员工的技能就显得尤为重要。当然，他们的所作所为一般是不会被客人直接观察到的。

除了满足客人安全、舒适的要求外，饭店设施在提供服务和产品时还起到"加工厂"的作用。设备间和相互连接的设备、系统能确保饭店正常运行，不管是电力提供，还是拨打电话、电梯运行，还有由各种设备设施、自控装置装备组成的现代化的厨房和洗衣房。除了"加工厂"这一作用外，有些设备设施本身就是员工的工作场所。这意味着这些所谓的工作后台要紧凑，舒适、安全。因此当设计这些工作后台如送餐服务、洗衣服务和其他服务区域时，就要经常请教这些领域的专家。

饭店设施可使饭店独树一帜有效促进饭店开拓市场。富于特色的屋顶、饭店店标店徽、色彩以及其他一些产品和服务标识可极大地吸引顾客。顾客通过饭店设施鲜明的特色能很快辨认出不同的饭店。不识字的小孩们坐在行驶的汽车里可以毫不费力地发现 300 米以外他们喜欢的快餐店。

人们一定已经意识到，饭店业之所以能不断发展壮大，得益于设备设施的不断增加和扩大。在互联网时代，许多服务是通过互联网提供的。而饭店作为一个服务行业仍需要在有一定的实物（设备）基础上提供产品和服务。当有些饭店靠提高服务价格和提高客房出租率（高端客户）来增加利润时，许多饭店利润增长点中相当部分来自饭店设备设施的增加。这一点以餐饮为主的饭店尤其如此。连锁饭店是靠增加建店设点来实现销售额，而不是仅仅依靠现有门店的销售。

像 ARAMAK 和 SOLEXHO 一类的饭店管理公司已经深刻地意识到设施管理对公司的发展会有很好的贡献。这些公司已经开始涉足设施管理领域，向饭店、大学、中学以及其他行业提供诸如客房服务、清洁保洁、绿化养护和健身房设施管理等服务。如果人们意识到设施管理所提供的机会和挑战，那么就可以向人们展示饭店设施管理的另一个作用——商机。

饭店（特别是大型饭店）的设施在两个方面向饭店业主提供投资回报：一方面，它们是企业产生利润的场所；另一方面，饭店可以按市值出售，以便饭店业主获取相应的收益。如果想以出售物业获取收益，那么饭店中的设施或设施管理无疑会起到很重要的作用。

另外，饭店设施在饭店本身所产生的收益中也起到关键的作用。一方面，很显然，客房、会议室、餐厅以及健身娱乐场所的存在使得客人愿意选择你的饭店。恰到好处的设计以及设备设施完美的布局可极大地满足客人的需要。当然，建成投入使用的设施很少有大幅度更新改造的余地。这是因为任何的更新改造都需要业主投入大笔资金。对于正在使用的设施而言，经理们能够做到的就是对设备设施的精心维修和保养。

最近一项有关设备设施维修保养与饭店收益的研究[②]表明饭店设备设施质量与饭店客房收益率（每间可用客房的收益率）息息相关。该报告显示，存在一个或多个饭店设备设施质量问题的饭店客房收益率与没有此类问题的饭店客房收益率完全不同，前都每间可用客房收益少了 3.12 美元。在客房浴室中至少有一处质量问题的饭店每间可用客房收益比没有这种质量问题的客房收益少了 1.32 美元。这是一组十分重要的数据。该研究报告估计，在 1990 年 2 月至 1993 年 1 月的研究中所涉及的饭店因设备设施质量问题遭受的损失将近 2000 万美元。该报告在结尾时这样说道：

"本研究充分印证了设备设施质量问题和运营成本的关系：存在设备设施质量问题的饭店每间可用房间收益大致要比没有此类缺陷的饭店少 2.8 美元。如果这类问题不加以解决，那么，它可以使每个饭店每年减少大约 20 万美元的收入。本报告同时指出，饭店最好准备设施改造和维护基金，用以解决饭店客房以及客房浴室内存在的设备缺陷。"

本书力求向读者提供能源管理、环境保护、设备设施维修保养等方面的方法和工具。成功的管理者认识到这里所说的"支出"并不完全是"花费"，它同时也和客人满意度、员工工作效率、饭店收入和利润息息相关。运行良好、能效优良的设备设施对饭店运营具有十分重要的作用。

饭店设施的成本费用

　　饭店设施的成本费用包括很多方面。首先是设施的设计、开发和建安成本。设备设施建设安装竣工后就得运行，设备设施投入使用一段时间后还必须进行更新改造。因此处于不同阶段的设备设施会产生不同的成本费用。

开发及建安成本

　　如今饭店设施千差万别，经济型饭店相对而言设备设施简单实用，而会议饭店、度假饭店等豪华饭店则复杂得像一座小城市。例如餐饮设施就分为机场快餐厅和大型主题餐厅。因此不同饭店家具和配饰的品质和奢华程度等会使得设备设施的建安成本费用大不相同。

　　图1-1列举了不同档次饭店的费用构成。从中可以看出，即使是一个100间客房的经济型饭店，其设备设施也要花费几百万美元，而一个大型的豪华饭店则要花费好几亿美元。对于这些投资巨大的设备设施的维修保养、运行管理以及更新改造，都需要设施部员工来完成。

图1-1　2005年饭店开发成本（以2004年每间客房为基数）　　（单位：美元）

		工地	建安费	软性成本	家具配饰设备	筹开期流动资金	合计
经济型饭店	平均数	14205	40796	4205	8308	3047	61761
	中位数	13560	37100	2238	8300	2796	50004
	百分比	16%	67%	5%	16%	7%	
中等规模饭店(不含餐饮)	平均数	16514	63743	11816	9774	4098	97313
	中位数	13916	56309	8513	9498	2748	81539
	百分比	15%	68%	10%	11%	5%	
市郊饭店	平均数	15330	74600	12252	13084	3317	128814
	中位数	13675	65419	10623	13500	2381	103239
	百分比	13%	64%	10%	12%	2%	
中等规模饭店(含餐饮)	平均数	17142	70382	13898	12659	3754	112271
	中位数	12553	58097	10876	11887	2993	96165
	百分比	14%	64%	11%	13%	3%	
多功能饭店	平均数	19933	110850	24541	22706	6941	205640
	中位数	15728	100719	15423	18527	5763	154408
	百分比	12%	64%	11%	13%	4%	

（续）

		工地	建安费	软性成本	家具配饰设备	筹开期流动资金	合计
豪华饭店及度假饭店	平均数	103177	320421	115016	55575	21436	608631
	中位数	105422	277878	98914	59284	19362	547321
	百分比	16%	53%	17%	12%	4%	

资料来源：2005 年饭店开发成本调查，HVS 国际公司。网址：www.hvsinternational.com/content/1724.pdf。

图 1-2 进一步介绍了新饭店的支出结构。除去大部分（60% ~ 65%）用于饭店建设安装之外，其余的支出大都用在家具、器具、设备设施以及更新和财务等费用上，当然饭店也会面临筹备期资金或储备金等问题。其他设施在这方面产生的成本资料目前不太容易找到。由于各地在土地费用上差异较大，因此未在图中列出。

图 1-2　饭店开发成本：百分比分解

成本类别	内容	百分比
工建	建安、水电费、场地、娱乐设施、附属设施	60% ~ 65%
家具、配饰及设备设施	内饰设计、餐饮设备、后台设备、各种系统及附件	15% ~ 18%
开发费用	咨询费（建安、工程、法律、财务项目管理、特种经营等）顾问费（可行性报告、保险土壤测试、环境评估）	10% ~ 12%
财务费用		8% ~ 10%
筹开期费用	工资、培训、广告、推广、办公费用	3% ~ 4%
流动资金		1% ~ 2%
备用金		3% ~ 5%

注：要了解特许经营饭店成本信息，可参阅《特许经营统一发行通告》。许多特许经营店都会按照《特许经营统一发行通告》的要求提供建安成本和一系列所需设备设施的费用明细。

* 可占到支出总额 10% ~ 20% 左右的土地使用费未包括在内。上图数字摘自康奈尔大学理查德·A.彭内尔教程。

饭店设施的开发和建设很自然地代表着投资者对该项目的回报期望。如同上文所提及的，对投资回报的期待源于两个方面：经营利润（来自客房、餐饮和会议服务），以及饭店物业的保值升值。为了保证经营利益最大化和饭店物业的保值升值，就必须保证设备设施运行良好并得到正常的维修保养。

饭店成本控制不仅包括购买优质设备设施的费用，也包括其维修保养，更新改造和运行管理的费用。相反，由于预算资金不到位，设备设施在设计、建设安装时就达不到使用要求，在投入运行的最初几年内就会面临巨大的麻烦。这意味着需要投入更多资金，工程维修员工以及其他人员将面对噩梦般的现实。

如图 1-3 所示，餐厅的建安成本非常高。这是因为餐厅需要配置大量的餐饮设备和与之相配套的加工设备。虽然饭店开设的餐厅没有停车场使用费用和土地使用费等，但它们的基本建安成本仍然很高。

图 1-3 饭店资金使用分解

	麦当劳	必胜客	波比餐厅	丹尼斯餐厅	苹果餐厅
建筑面积（百平方米）	2.8 ～ 3.4	2.8	1.5 ～ 2.2	4.4	4.6 ～ 5.0
土地建安费（千元）	$990 ～ $1123	$1230	$568 ～ $816	$1295	$1600 ～ $1755
餐饮设备（千元）	$461 ～ $707	$47 ～ $200	$175 ～ $230	$290 ～ $465	$370 ～ $430
软性成本	$33 ～ $86	$60 ～ $144	$75 ～ $113	$146 ～ $346	$612 ～ $884
每平方米平均费用	$507	$485	$494	$408	$549
注：所有数据均取中间值					

资料来源：特许经营与融资 2006 连锁餐饮业回顾（2006 年斯哥斯戴尔、阿瑞兹著：《通用资本之道》）第 79 ～ 80 页。

运行成本

设备设施一旦安装就位，就会持续不断地产生运行成本。与设施运行有直接关联的两个成本是运行保养成本 POM 和能耗成本。在美国，这两项成本每年超过 70 亿美元。

图 1-4 是美国饭店典型的设施运行与维修保养成本和能耗成本的汇总图。大多数饭店将全年收入的 10% 用于上述两笔支出，而设施运行与维修保养成本一般又高于能耗成本。运行保养成本包括工程部门的人员工资及各种福利费、维修保养材料费以及合同外包所需费用。维修保养人员工资及福利费又通常占运行保养成本的一半左右。

能耗成本指电、燃料、蒸汽和水的费用，而能耗成本中的大部分又是电费。燃料则可分为天然气、油和液化气。如果一个饭店（有些度假胜地也是如此）从当地供暖系统或中央热力厂接入蒸汽用于经营的话，就自然会产生供暖费用。水费包括饮用水和排污费。

不同类型的饭店其居高不下的运营及维修保养成本一般都与最初的建筑成本有关。盖楼时花的钱越多，花在维修保养方面的钱也就越多。能源消耗也因饭店类型不同而各异，只不过不像饭店运行、维修保养成本差别那么大而已。

在美国，全功能饭店平均花在运行、维修保养和能源消耗方面的支出占总收入的 9.5%，而功能性饭店则为 11.1%。能有效控制维修保养和能源消耗的经理（特别是在较大的饭店）可以花小钱办大事，即花最少的钱并确保上述费用在收入中占的比例最小（甚至可以帮助饭店扭亏为盈）。

图 1-4 的数据表明不同的饭店其运行、维修保养和能源消耗是不一样的。该图表明：对于多功能饭店、度假饭店、会议饭店而言，其运行、维修保养和能源消耗通

常要 100 万美元。度假饭店和会议饭店甚至要超过 100 万美元。很明显，饭店设施管理部的经理要对大笔的费用负责。

图 1-4　美国饭店运行、维修保养及能源消耗成本——2004 年中间值

	占收入的百分比（%）		每间客房成本（美元）	
	运行维修保养费用	能源费	运行维修保养费用	能源费
多功能饭店	5.1	4.4	2042	1756
功能性饭店	5.8	5.3	911	831
度假饭店	5.3	3.7	4564	3205
公寓式饭店	5.2	4.6	1425	1257
会议式饭店	4.7	3.9	2799	2303

　　资料来源：饭店业的趋势——美国专辑（旧金山 PFK 咨询公司，2005）。

饭店种类	平均客房数	运行、维修保养	能源消耗
多功能饭店	268 间	$547000	$471000
功能性饭店	124 间	$113000	$103000
度假饭店	366 间	$1670000	$1173000
公寓式饭店	143 间	$204000	$180000
会议型饭店	808 间	$2262000	$1861000

　　正如图 1-5 所示，餐厅的设备设施和饭店的设备设施对比起来就很有意思，餐厅的维修保养费用不包括人工费，而是包含在餐厅整体人工成本中。而饭店的运营、维修保养费用则包括人工费。这就不难看出为什么餐馆设备设施的维修保养费用低，而能源消耗却比饭店多，也就是说餐厅每一单位面积的能源消耗比其他商用物业的能源消耗要多。当然，餐厅每一单位面积的收入也比其他商用物业的收入要高，这就是餐厅能源消耗占总收入比例低的原因所在。

图 1-5　美国餐厅运营、维修保养和能源消耗——2004 年中间值

		占收入的百分比（%）		每一餐位成本（美元）	
		维修保养费用	能源费	维修保养费用	能源费
多功能饭店	消费 15 美元以上	1.5	3.4	114	258
	消费 15 美元以下	1.5	3.1	121	249
功能性饭店		1.4	2.8	126	317

　　资料来源：《2004 年运营报告》，华盛顿特区国家餐饮协会和加利福尼亚州洛杉矶市 2005 年出版的《德勤财务分析》。

　　关注点　有关饭店能源消耗和运行、维修保养费用与饭店出租率密不可分的争论由来已久。争论的焦点主要在以下几方面：第一，能源消耗受出租率的影响这没错，

但是不论饭店有没有人住总要供冷（或供暖），设备总要运转。天气因素在很大程度上左右着饭店能源消耗。出租率有时与能源消耗有关，有时亦无关。美国西南部地区的一个度假饭店可能冬季时出租率最高，此时室外气温不是太高，因此供冷就不像在夏季那么重要。科罗拉多州的滑雪饭店此时最需要的是供暖，能源消耗的高低和客房出租率是完全吻合的。可以这样认为：饭店设备设施 80% 的能源消耗是固定的，并不会受出租率的影响。

第二，饭店客房出租率高时，饭店和饭店设备设施使用率就高，这也增加了饭店和饭店设备设施的维修保养需求，饭店出租率太高有时甚至无法对设备设施进行维修保养，管理层会推迟对设备设施的维修保养（推迟使用维修保养费用）直至饭店客房出租率下降。而这样做的结果是："管理层原有的饭店客房出租率降低时可减少成本"的希望变成了泡影。饭店出租率高时，很难找到时间对饭店设备设施进行必要的保养。在这个阶段，饭店客房是满的，设备设施满负荷运转，维修保养人员无法进行必要的检查和维修保养，只有当饭店客房出租率降下来后，维修保养人员才可以着手解决久拖未决的问题，关闭设备、钻进机房狭窄的空间开始工作。饭店管理层应当意识到这一点，并要据此制订维修保养计划，特别是做好预算。计划好的维修保养往往会占整个维修保养费用的 50% ～ 75%。

图 1-6 表明 1998 年与 2001 年世界上不同地区饭店在运行保养和能耗成本在收入中所占比例（以美元为单位）。本图包含两年的数值，2001 年的数值（最新的）因受当年全球饭店业不景气的影响而有一定的变化。

图 1-6 饭店维修保养费用和能源消耗费——1998 年与 2001 年中间值

	占收入的百分比（%）				每间客房成本（美元）			
	运行、维修保养费用		能源费		运行、维修保养费用		能源费	
	1998	2001	1998	2001	1998	2001	1998	2001
亚洲	5.7	5.5	5.6	6.5	2035	1749	2010	2063
非洲中东	5.4	5.6	3.3	5.1	2168	1884	1324	1723
澳大利亚新西兰	3.6	4.4	2.0	2.5	1691	1254	968	695
南美	5.9	5.9	4.6	5.4	1680	1504	1325	1399
北美	5.1	5.0	3.6	4.1	1944	1891	1401	1552
欧洲	4.3	4.5	2.7	2.8	1763	1736	1108	1060
平均	4.7	5.0	3.4	4.1	1846	1759	1315	1448

资料来源：1999 年与 2002 年世界饭店业研究杂志，纽约霍瓦茨国际公司。

2001 年饭店设备设施运行、维修保养费用比 1998 年少了 10% ～ 25%。在饭店业不景气的时候，饭店管理层通常会减少饭店设备设施运行、维修保养费用，包括减少维修保养人员、减少设备设施能源消耗。只有澳大利亚、新西兰 2001 年饭店备设施能源消耗比 1998 年高。在饭店业不景气的时候能源消耗不可能很快降下来，因为许多只有依靠能源消耗才能提供的服务不可能随着饭店客房出租率的下降而减少（如走廊照明用电）。

比较 2001 年与 1998 年饭店设备设施运行、维修保养费用占饭店收入的百分比可以看出：2001 年的费用比 1998 年有所下降。而 2001 年饭店能源消耗占饭店收入的百分比则比 1998 年要高，世界各地的平均值从 3.4% 上升到了 4.1%。在本书出版前（2006 年春），全球原油价格已达到历史的最高点——每桶 70 美元，如果油价持续保持这样的水平，2006 全球饭店能源消耗将会达到创纪录的水平。

饭店运行、维修保养和能源消耗占饭店收入的百分比最高的是亚洲，达到12%；其次是南美洲，为 11.3%；而在欧洲仅占 7.3%。

有些国家，饭店设备设施运行、维修保养和能源消耗占饭店收入的百分比都比较高。多米尼加共和国饭店能源消耗占到饭店收入的 12.4%。饭店能源消耗占饭店收入百分比比较高的国家包括：中国（8.8)%、印度（8.6%）、马来西亚（8%）。印度饭店设备设施运行、维修保养占饭店收入的 10.4%、多米尼加共和国为 8.1%、印度尼西亚 7.7%、挪威 7.4%、墨西哥 7.5%。多米尼加共和国饭店设备设施运行、维修保养和能源消耗占饭店收入 20.5%，印度为 19%，而北美地区饭店设备设施运行、维修保养和能源消耗只占饭店收入的 9.1%。

图 1-4 至图 1-6 有关饭店和餐馆的数据是以饭店每间可出租客房或餐厅每个餐位为基础的。对比这两种业态的物业，有些数据非常有趣，但也会产生麻烦。假设能源消耗总量是不变的，有时部分能源消耗和设备设施运行、维修保养费用的确与饭店客房入住率或餐厅上座率直接相关；如不考虑饭店客房入住率或餐厅上座率而进行对比又会产生偏差。

在混合业态的物业中饭店和餐厅所占的比例太大就会带来另一个问题。假如一个饭店里设有一个大宴会厅及相应的设备设施，其设备设施运行、维修保养费用和能源消耗要分摊到客房里，那么饭店每间可出租客房的成本就会比没有这类宴会厅而客房数相同的饭店看上去要高。提供洗衣服务也会增加设备设施运行、维修保养费用和能源消耗。

商务楼宇设备设施运行、维修保养费用和能源消耗可以以每平方米为单位来计算，这种方法由于使所需费用与楼宇建筑面积挂钩而显得更加准确。大多数饭店在能源管理方面都使用这种测算方法，当然很少有人把这种方法用于计算设备设施运行、维修保养费用方面。

在比较两个不同饭店或餐厅设备设施运行、维修保养费用和能源消耗时需要考虑的其他因素还包括设备设施的使用年龄、楼宇系统型号、当地能源价格、当地劳动力市场价格和施工过程中明显的差异等（如窗户用的是单层玻璃还是双层玻璃）。

更新改造成本

与设备设施有关的另一大笔费用就是资产重置费，资产重置并非只是简单地更换破旧家具、配饰和棉织品。它还包括固定资产折旧、固定资产处置，例如根据《美国残疾人保障条例》规定更换的设备设施，以及保障客人人身安全更换的设备设施，满足特许经营，技术革新、市场对产品更新换代的要求对楼宇公共区域和大型设备设施更新改造。[3]资产重置费很特别且费用很高，因此，做好资产重置计划并按计划完成资产重置是设施管理部经理一项重要的职责，特别是当饭店已投入使用多年后。

就以往的经验看，根据饭店设备设施管理合同的要求，通常要提取饭店收入的 3% ~ 4% 作为资产重置储备金。在饭店运营的头几年这类储备金提取的百分比可以低一点，这是因为这段时间饭店一般还不会有赢利。而这种较低的提取比例为饭店业主提供了一个与设备设施重置费用、设备设施折旧年限不相符的错误的信息。资产重置费用一定时期内提取的比例可以为零也可以占总收入的 30% 左右，它不会是一个一成不变的数字。饭店业的一些专家认为："不适当的资产重置计划是本行业在 20 世纪 90 年代初导致饭店运营亏损和破产的一个主要原因。"[4]要想让物业得到良好的维修保养，提取资产重置费是必需的（资产重置费提取后不一定要用于设备设施的维修保养）。对于一个多功能饭店，开业后前 30 年资产重置费大体上相当于饭店总收入的 7% 或更多一点。图 1-7 列出了饭店开业后 30 年内此项费用的大致概

图 1-7　年资本支出占收入比例表

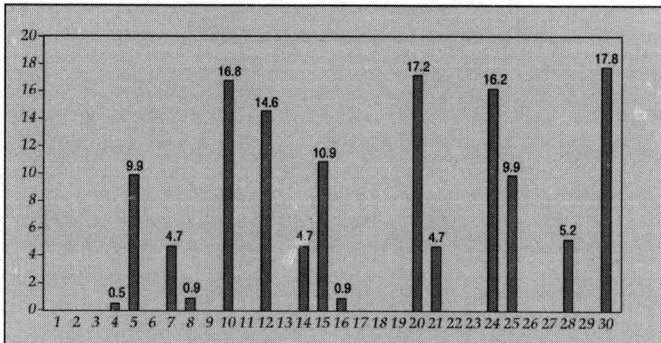

资料来源: 格列高利·A.丹顿，"资本支出管理"，《康奈尔大学饭店和餐饮管理》季刊，1998 年 4 月，第 30 ~ 37 页。

况。设施管理部经理应当帮助饭店业主和管理者认识到这一点并做好相应的计划。

设施设计对设施管理的影响

良好的设计无疑可以提高饭店的服务水平并达到一流的标准，它表现为较高的客房出租率及收入的增加。良好的计划还可以为降低人工成本、能源消耗和运行及维修保养费用奠定基础。粗劣的设计则会导致饭店硬件设施和服务功能的较早过时，饭店价值降低。当要评估一个饭店时，我们要关注运行成本是否超标，如果饭店经营不善，问题很可能就出在饭店设计上。[5]

我们最初关注的是设备设施的管理而不是设计。不过设施的设计会给日后管理提供方便。设施设计的作用可以表现在以下几个方面：

- 功能设计；
- 设施布局；
- 施工材料；
- 施工工艺和施工质量；
- 设备配置；
- 系统分布。

功能设计与布局

设施的配置要满足保养、更新和运行的需要。娱乐设施、厨房、餐饮设备、大小会议室以及大面积的绿地都需要满足维修保养的需要。

布局同样也会影响到维修保养的需要。一般来讲，摩天大楼使用的楼宇系统更复杂。另外高层楼宇也会带来诸如电梯维修保养、外窗清洁等方面的需求和费用。有的低层建筑如度假饭店，占地面积大，就需要增加对诸如交通设施维修的频次以及对设备设施巡视检查时间延长等方面的考虑。

施工材料、质量和工艺

一座大楼使用的材料不仅与维修保养需求有关，同时也与更新改造费用、能源消耗及保险标的在内的运行成本有关。许多长期从事饭店工作的人员（其中有些是饭店业主）都有因使用不合格材料而给维修保养带来麻烦的经历。例如：地面材料太过光滑、墙纸不适合当地气候、不合格产品导致的服务投诉、使用不合格材料导致维修保养费用上升等。这些问题不仅要花费大笔费用来解决，而且影响饭店诸多部门的运行。

大楼的施工质量也会影响维修保养、更新改造和运行管理。如果大楼施工质量优良，那设施管理部经理的主要工作就是维修保养。反之如果施工质量太差，那设施管理部经理就不得不很快把注意力集中到建筑物上。施工质量所导致的后果包括但不限于：

- 屋顶施工工艺差，很快会开裂，需要对墙壁和吊顶重新进行粉刷或更换；
- 大楼外墙施工质量差，不能按照要求抵御夏天强风暴的袭击，使得潮湿的空气渗入墙体，流进客房与客房之间的隔墙里，导致墙面发霉、变质、起皮；
- 就在几年前，美国东北部地区的饭店由于没有使用水管保暖材料，使得冬天频繁发生水管被冻裂的情况；
- 一个新建的郊野饭店使用了拼装门框而不是一次成型的门框，结果门框现场拼装不规范导致下坠，门锁打不开，客人常常因为发现自己被反锁在屋里而变得惊慌失措。

通过设计和施工，一个个不同专业的人员将他们的经验和智慧汇集在一起，共同完成了一个作品——一个为业主、管理层和客户工作的作品。当这个作品的某些设备设施不能运行，一个一个的问题就会接踵而来。业主要花大笔的钱解决这些问题，管理层发现他们很难做好成本控制、很难向客人提供良好的服务，客人会发现他们在饭店没有得到期望的服务。尽管有些施工质量的问题都是很小的问题，但小的问题太多也会累计变成大的问题。

位于堪萨斯市的凯悦饭店曾发生过一起严重的建筑设计和施工质量事故。1981年7月17日，位于密苏里州堪萨斯市皇冠中心的凯悦王朝饭店有两条人行道因设计和施工质量问题坍塌。此次坍塌事故造成114人死亡，数百人受伤。据说饭店业主（皇冠中心开发商）不得不花费1亿多美元才与受害人们达成庭外和解。另外，好几名参与设计的设计师受到法院指控并因此丢掉了设计师执照。坍塌事故发生时，堪萨斯市凯悦饭店仅开业不到一年。接下来的调查发现：事故是由连接人行步道的吊筋引起的。为了赶工期，吊筋的设计方和吊筋的施工方都不按规定办事，致使计算失误、施工交底不充分、施工任务安排不合理。[⑥]

除了因为设计和施工质量而导致问题发生之外，施工工艺也会造成建筑物本身费用的上升。木质结构的建筑在保险费用上要比砖混结构高得多。喷涂的外墙比没有喷涂外墙的维修保养成本要高很多。有塑胶隔断的设备设施比只用干砌围挡的设备设施维修保养费用要高得多。改造消防喷淋系统时，客房走廊内已预留检修口比没有预留检修口的要方便很多。那些由破烂的砖墙、屋顶以及开关失灵的窗户搭建起来的设备设施其能源消耗会比平均值高出很多。

设备配置

安装到位的设备设施本身也对维修保养费用产生很大的影响。海岛上的度假饭店要有自己的发电设备、海水淡化装置和污水处理设施，还要有较大的冷库。这些维修保养的复杂程度毫无疑问比起市郊一个只有 100 间客房的经济型汽车旅馆要复杂得多。影响设备设施维修保养和运行因素主要集中在设备设施的使用周期与使用寿命、可修复性、使用效能和可接近性几个方面。

使用周期与使用寿命　有的设备设施设计上就是一次性使用的，比如灯泡。有的设备设施适用于家庭但不能长时间持续使用。饭店的性质决定了它必须使用那些商用设备，如大型吸尘器。具备设备使用寿命和维修保养成本方面的知识有助于了解维修保养需求和制订设备设施采购计划。

图 1-8 列举了饭店常用设备设施的使用寿命。其中的数据均为平均值。这个数据显示了在商用建筑中经常使用的设备寿命差别很大。而且大多数昂贵的设备在投入使用后的 10~20 年内就要更新。这是导致饭店资产重置费和维修保养费居高不下的关键所在。

图 1-8　设备设施使用寿命

设备分项	使用年限（平均）	设备分项	使用年限（平均）	设备分项	使用年限（平均）
空调机		热水或蒸汽	25	冷却塔　金属镀锌	20
窗式机	10	空调终端		木质材料	20
分户式单机或多机	15	扩散器、格栅和储存器	27	陶瓷材料	34
商用机（穿墙式）	15	风机盘管	20	空调冷凝器	
水冷式空调机	15	变风量空调和双风道箱	20	蒸发器	20
热泵		空气处理器	17	绝缘材料　模压式	20
住宅空气交换式	15	风道	30	毯状式	24
商用空气交换式	15	阀门	20	水泵　基座安装	20
商用水-空气交换式	19	风机		加压泵（管道式）	10
屋顶空调		离心机	25	污水泵、井水泵	10
单机	15	同轴风扇	20	冷凝泵	15
多机	15	螺旋桨	15	往复式发电机	20

（续）

设备分项	使用年限（平均）	设备分项	使用年限（平均）	设备分项	使用年限（平均）
热水锅炉（或蒸汽）		屋顶通风机	20	蒸汽涡轮发电机	30
不锈钢冷轧管	24（30）	线圈		电动马达	18
不锈钢热轧管	25（25）	水、蒸汽感应器	20	马达启动器	17
铸铁	35（30）	电子感应器	15	电力变压器	30
电热炉	15	**热交换器**		**控制器**	
燃烧器	21	壳管式	24	气动开关	20
炉灶		**往复式**		电动开关	16
燃气或燃油	18	压缩机	20	电子开关	15
单元加热器		**制冷机**		**阀门执行器**	
燃气或电热	13	往复式	20	液压式	15
热水或蒸汽	20	离心式	23	气动式	20
电阻式加热	10	吸收式	23	独立式	10

图 1-8 中提供的信息并不意味着设备在超过设计寿命年限后不能继续使用。如果维修保养周到，设备使用寿命可以延长。但是，既然设备设施达到或超过使用年限，管理层就必须做好准备，为这种超期服役的设备设施的运行提供额外的人力、财力和物力，并且要有面对时常发生意外的思想准备。

可修复性 设备设施的可修复性包括几个方面的内容。维修保养人员可以对某些设备进行修理，而有的设备则需要由专门的技术人员进行检修。这就是为什么设备设施运行及维修保养费用的 50% 是用于设备设施本身而非人员工资的道理所在。一旦决定对设备进行检修或更换其中的部件，就会涉及不少方面的工作。已经超过使用年限的设备一般不值得再进行大修，除非可以大幅度延长其使用寿命。另外，修理工作可能会导致设备效能的降低，比如电机，重装后的效果一般都不如重装之前。

可修复性与设备零配件供应以及能否将设备移至可修复地点有关。有的设备是进口的，有时会发生零配件不能及时到位或者在国内找不到替代品的现象。虽然人们很清楚使用国外设备就不可避免地会面临类似的问题，但在美国各地仍然发生这种既费心又费钱的情况。所以，在签订采购合同之前，一定要了解清楚设备的售后服务以及零配件供应及质量情况。

对设备设施的维修不能损害安全，不能试图绕过、弱化设备设施的安全性或危及安全。修理电缆时拆走接地装置、修除草机时不先为电机放电、修电扇时不取下传送皮带，所有这些都会对员工和客人造成潜在的伤害。一个饭店为修复漏水的房顶，将客房的天花装错了，最终，房顶没有修复好，而掉下的天花板却砸死了熟睡中的客人，其教训是深刻的，即安全第一。

使用效能 在选择设备设施并考虑其效能时必须要牢记和了解设备的使用周期，有些设备设施一年的运行费是其购置费的 2 ~ 4 倍，例如洗衣房的热水器。其他像白炽灯，其使用费用是购买费的 30 ~ 50 倍。因此，有的设备购买费虽然高，但因其高效能，所以会产生真正的回报。

有时为了不突破预算，管理层会选购一些效能较差的设备。对此尚无良好的解决办法。不过管理层做出的最低级的决定莫过于当这些设备设施需要更新时，依然购置相同使用效能的设备设施。

充分理解不同设备的效能以及与此有关的各种因素结构可以帮助管理者在选购设备时做出明智的决定。

可接近性 设备设施的可接近性对设备设施的维修保养也很重要。几年前，一个汽车生产厂家生产出一部汽车，当需要更换火花塞时才发现必须拆掉整部引擎才行。还有一个例子，有一位业主将热水器装在了嵌板墙后，还用木板封了起来。这些现象确实存在，饭店设计和设备设施安装的位置也不无例外地会存在类似的问题。当然，压缩设备设施所占的空间以降低建安费用是对的，但其结果对今后的维修不得不说是一种灾难。无论有意还是无意，维修保养人员可能会因为不方便前去维修保养而逐渐忘了维修保养。

系统配置

楼宇中各种系统对设备设施运行管理非常重要。老旧建筑通常使用气暖，因此需要这方面的专门人员从事维修保养工作。因地方规范的要求，安装气暖的楼宇需要安排锅炉工值守。新设施通常是水暖，即热能是由热水转换而来，这样就降低了维修保养费用并能减少锅炉工及锅炉工的人工费用。

为了实时向客房提供可调节的冷暖室温同时又避免使用分体空调机，许多饭店选用中央（风机盘管）冷暖空调系统。与分体空调相比，中央空调系统有相当一部分设备设施在客房里是看不到的，但是，从运行成本角度上看，中央系统更省钱。该系统包括锅炉、散热器、冷却塔、泵阀及其他部件，所有这些部件都需要专业的维修保养，以及与这些维修保养水准相应的维修保养费用。

现代化程度较高的楼宇系统相当复杂。计算机要对所有传感器收集的数据及时进行处理，以便对所有设备设施的运行进行控制。同时系统之间相互交叉相互关联，例如大厦消防监控系统和中央空调系统都希望控制部分设备的运行，而能源管理系统则希望关闭这部分设备以便节省能源。

一些新的系统，如光缆，卫星电视接收系统的投入使用、赌场饭店内一些花样翻新的设备设施的安装，大大地增加了对设备设施的运行需求。这一趋势将持续下去。如今，在客房里安装和使用国际标准数据网（ISDN）、安装电子门锁以确保客人人身财产安全等项目使得设备设施维修保养的知识面和活动范围进一步扩大，室外安装了时标（计算机）控制的人造喷泉，大楼外立面照明越来越多。今后新系统的投入使用以及由此带来的维修保养上的新方法，促使对今天维修保养人员应具备的技能重新加以定义（可以设想本楼宇和这些新系统的设计和安装正是为了太空旅游提供服务）。

建筑系统设计——冗余量　楼宇系统设计之初就要考虑到方方面面的因素，技术规范要遵循，业主的要求和特许经营的标准需要服从，美学、建筑学方面的问题会出现，楼宇系统需要完全满足楼宇的用途。例如：楼宇的中央空调系统应运行正常，能为整个大厦服务而不留死角。理论上说，系统的建安费用和运行费用似乎很合理，但是不幸的是实际情况并非如此。楼宇系统通常在建设安装阶段就会超出预算，运行时其运行费用也会居高不下。近期对加利福尼亚一家建于 1988 年的饭店的翻建工程就说明了楼宇系统设计冗余量的重要性。

位于南加利福尼亚的这家饭店有 253 间客房，最初设计有两台 350 冷吨的制冷机组、两台 60 匹的冷冻水水泵、两台 25 匹的冷凝水水泵和两座 25 匹的冷却塔（通常进行系统设计时都是采用两套或多套设备以便一套运行、一套备用，以方便设备设施的维修保养）。2001 年所做的一项动力研究发现：在 90% 的时间里此系统运行效率还不到核定效率的 50%，最高负荷只是一套制冷机组的 71%。相当于这套系统只发挥了不到 36% 的作用。饭店业主当初在系统设计或采购设备设施时扩大了系统的冗余量，新系统安装时将制冷机换成了 185 冷吨、冷冻水水泵换成了 10 匹、冷凝水水泵换成了 10 匹、冷却风机功率换成 7.5 匹低能高效的设备，能源消耗降低了 68%，一年就节约了大约 15 万元能源费。[7]

我们不知道为什么这座饭店当初设计时系统的冗余量会这么大，但我们知道系统冗余量太大通常有以下几个方面的原因：第一，为了达到期望的负荷（未来不断增加的负荷）和补偿在使用过程中系统功能的退化，系统的冗余量通常会加大。第二，在建造饭店时，业主往往都不愿花钱设计电脑模型来确定设备设施的规格。第三，由于聘请了"单凭经验行事"的设计师，系统的冗余量通常会很保守或者只是上一个设计项目的翻版。第四，有时按系统设备设施造价的百分比支付设计费，也会造成为提高设备设施造价而造成系统的冗余量太大。饭店业主往往需要静下心来好好分析一下设计师们提出的备选方案。鼓励设计师提出理想设计方案并给予额外的奖励。

设施管理的职责

设备设施管理不仅涉及从事设备设施维修保养人员本身应有的管理职责，而且包括预算管理人员应有的管理职责，例如能源费、维修保养费特别是资产重置费等。这些费用的支出是为了其他部门有效运转以及为客人提供服务所必需的。与设备设施有关的部门的工作和他们的目的是一样的，无论来消费的客人还是内部员工都希望自己的需要能够得到满足。既然所有经理和部门都或多或少与设施有关，那么理解设备设施的管理职责和重要性就应成为大家共同的需要。

可以把设备设施管理职责分为以下5个方面：
- 安全；
- 守法合规；
- 服务；
- 费用控制；
- 资产管理。

"对客服务安全永远是第一位的，比守法合规还重要。"[8]设施管理部经理承担着许多安全方面的管理职责。设施管理部员工要对那些用来保护客人人身财产安全的设备设施，如防火系统，水净化系统，门禁和安保系统等承担管理职责。为确保安全，还要对饭店各种设备设施和系统及时修复使其正常运行。例如保证客房家具完好，照明系统和泳池周围没有电线短路或漏电发生。设备设施维修保养所遵循的标准、使用的方法和程序也存在着是否安全的问题。维修保养人员在工作中要遵守安全操作规程以避免伤害他人或自身受到伤害。设备设施更新改造时，"施工区域"设备安全以及客人的安全等都是必须要考虑到的安全因素。

守法合规包括遵守地方建筑法、卫生部门规定以及污染防治和环境保护方面的标准（包括强制性回收废弃物）和残疾人保障法。守法合规不仅仅体现在守法本身，同样要体现在各类合同之中。为确保设备设施有效运行，设备设施的保修合同就要包含一系列的维修保养条款。管理合同和特许经营合同中也会包含一系列维修保养和返修条款，与旅行社签署的旅游服务协议中也会包含饭店设备设施维修保养、环境保护以及保障接待和服务等方面的条款。

无论在设计阶段还是在实际操作中，设施管理部都是一个服务性部门。设施管理部员工都在为客人和其他部门提供服务，也是直接地或间接地为饭店的业主服务。饭店设备设施维修保养水平会在客人的记忆中打下烙印。设备设施如果维修保养得好，一台老设备也会在许多方面给客人留下美好记忆，否则就会在许多方面给客人留下不好的记忆。客人经常会向设施管理部以外的其他部门员工谈论对设备的看法。设施管理部员工的工作可以通过饭店的整体运行得到体现，他们可以增强也可以削弱其他部门的服务效果和服务质量。设备设施的有效运行可以使客房部、餐饮部、洗衣房员工快捷高效地完成他们的工作。

另外一点，负责饭店这座"工厂"设备设施运行管理、维修保养的员工向饭店业主提供重要的资产管理和保值增值服务。设施管理部员工其实代表着业主的长远利益，为他的投资保值增值尽心竭力地工作。

成本控制在设施部的工作中占有举足轻重的位置，有时甚至是头等重要的位置。设施管理部经理经手使用的费用包括能耗费（燃油、电、水及其他），设备设施运行，维修保养费（人工费、材料费、合同费用）和资产重置费（包括家具、用具、配饰和饭店大型设备设施和各种系统的更新）。做好成本控制首先要对每项大的支出了如指掌，因为有时不同支出是相辅相成的。例如，如果太在意费用的支出，而不去更换老旧设备设施或系统，可能会导致维修保养和能源消耗费用激增。

今天，设施管理部员工所从事的资产管理是资产管理者所从事的广义上的资产管理工作的有力保障。

资产管理者的职责之一就是资产保值。前业主和管理者对饭店的设备设施维修保养不到位就会而且一定会造成饭店的一些关键设备设施在使用寿命期内就不得不提前更换。即使在很小的饭店，中央空调系统和火灾报警系统都是很费钱的设施。资产管理者的职责就是要对饭店的关键设备设施了如指掌，并且要知道哪些需要维修、哪些需要更换及需要多少相应的费用。[⑨]

设施管理部经理在日常工作中通过维修保养管理好饭店的资产，同时要制订设备设施更新改造的资金使用计划。一个好的设施管理部经理就像是资产管理经理一样，他是饭店运行的优质"资产"，也是饭店业主称职的"资产管理者"。

最后，管理合同和特许经营合同都会强调饭店和餐馆服务环境问题，这也会涉及设备设施维修保养方面的管理职责，这些问题让我们在下面加以详细探讨。

管理合同及特许经营合同

管理合同要求管理者提取储备金，用于日后设备设施的维修之用。当然，在动用储备金之前，管理者要事先得到业主的批准，事后还要向业主报告资金的使用情况。管理合同通常列有要求饭店为家具、用具和设备设施的更新提取储备资金的条款，现在没有此类条款的管理合同已不常见。图1-9列出了上述两种情况的规范用语。

图1-9 管理合同相关段落

> 1. 家具、用品和设备更新储备金
>
> 业主应建立储备金并开设单独的账户，名称为"资产重置费和家具、用品和设备更新储备金"。储备金仅用于资本投资以及为保持饭店统一水准而必须对家具和设备的更换。
>
> 2. 维修基金
>
> 管理者应在本合同期的每一个会计年度内建立该基金，以便业主要求对大楼建筑和设备进行大修或保养时提供资金支持。本合同期的每一个会计年度按下列比例提取维修基金：大修计划完成的当年全年不提取；其后的每个会计年度计提0.5%。

资料来源：史蒂芬·罗斯摩尔著《饭店投资——出资人和业主指导手册》（波士顿：《Warren Gorman And Lamont》1990）第A3～12页。

20世纪90年代，管理合同的内容经过了不少变动，目的是让业主掌握更多的决策权。正如著名合同专家詹姆斯·J.伊斯特在以下拓展阅读部分中表述的那样，设备设施更新储备金与实际支出越吻合，越要求管理者对这些支出进行详细的分析和提出充足的依据。

大多数管理合同都规定管理者必须在业主批准后才能动用储备金，但获得批准无疑是十分困难的。因为管理者和业主往往很难就具体问题达成一致意见。例如：某一笔开支应该属于运行成本，还是应从储备金中支付，或是由业主资本中支出？如果属于运行成本，那它就会降低利润，因此就会减少管理酬金（如果管理酬金与财务状况挂钩而不是一个固定数额的话）。反之，如果这笔开支从储备金账户或业主资本中列支，总收入就不会受到影响，按一定比例提取的管理酬金就会很高。这是业主和管理者之间潜在的矛盾和争论的财务焦点。

> **拓展阅读**
>
> **储备金的建立**
>
> 建立家具、用品和设备更新储备金的话题近几年不断升温，其出发点就是实际支出更好地吻合。大多数合同中都规定每年总收入的至少3%要拿来放入储备金里。过几年后提高到5%。而业主希望只要需要用钱时有钱可用就行。而管理者则希望储备金的全部或大部分应采用第三方托管的方式续存。管理者希望那些经营者用在小修方面的开支

（续）

不需要业主的事先批准。

业主则经常要求，如果大笔开销或需动用储备金进行设备的更新时要通过竞标，要有成本效益分析报告，同时可以就费用总额讨价还价。业主和管理者的重大分歧集中在如何确定哪些开支属于维修保养而哪些属于资本支出上。人们经过反复磋商形成的管理合同大都有一个附表，该附表对每笔开支的性质以及到底归属于哪一类进行了明确规定和详细说明。同时，合同中也明确表示允许对有争议的部分通过仲裁来加以解决。

无论业主还是管理者都在考虑如何将更新储备金独立于资金支出预算之外。这种资本支出一般占收入的 1% ~ 2%。如果管理者要动用这笔费用，就必须要事先向业主提交成本效益分析报告，得到批准后方可使用。而在紧急情况下，或在关系到人员健康、安全、法律行业许可证以及商标等问题时，管理者有权在不经过业主批准的情况下先动用储备金。

不少业主要求经营者提供 3 ~ 5 年设备更新计划及资本开支计划，这些计划使得业主和管理者更优先考虑的是未来几年内的事情，而此类问题又会有很多不确定性。因此双方同意在每年的年初对全年支出做一估算，当实际情况证明需要费用支出时，管理者还是要提交相关文件及证明资料，待业主批准后再付诸实施。

资料来源：詹姆斯·J. 伊斯特著《美国饭店管理合同》，《康奈尔大学饭店和饭店管理》季刊 1997 年 6 月，第 30 页。

类似的冲突也会反映在服务外包上。而这种服务外包应包含在管理合同之内。引用合同中"紧急情况"条款可能会导致业主和管理者之间的摩擦，因为两者对紧急情况的理解是不一样的。例如，大楼大量跑水，这件事应该由饭店自己的员工处理还是应当依据合同呼叫专门外包服务来处理。

管理合同一般包括这样的条款，即经营者有责任对设备进行必要的修理、更新和改造，但是这种责任会限定在一定的花销或占收入的一定比例之内。同时，合同中还会有类似于需要业主事先批准等条款，以及业主有选择使用其他专业公司从事此类工作的权利。另外，合同中也会对这些支出是属于运行保养支出，储备金还是业主资本金做出明确规定和说明。

达成这些条款并一一解释清楚是一项棘手的工作。如果经营利润低，业主就不会心甘情愿地批准使用资本支出，甚至可能对修理费、保养费提出质疑。当要投入新设备或改造旧的设备而使得饭店经营状况面临的压力越来越大时，矛盾自然就会产生。这些都会对解决已存在问题的方式产生影响。[⑧]

特许经营合同中也会包括有关物业运行和维修保养方面的重要条款。大多数特许经营管理者要求设备设施的管理要达到《特许经营服务商管理手册》中的标准。

这些手册对建筑装修、设备安装、室内装修、能源供应、维修保养以及市场推广等都有起码的标准和要求。图 1-10 提供了可能会涉及的一些专门术语。

图 1-10 特许合同标准条款

> **许可证义务**
>
> 根据本合同的规定以及运营手册的要求，为确保饭店设施的运行、保养、客房设施保持一流的状态，为客人提供高品质的服务，饭店应在符合社会公德、职业道德规范，保证并遵守在不限于地方法规、州立法、联邦法律、海关法等法律法规的前提下开展正常业务和财务活动。

设施管理部的职责

如果要透彻地讨论饭店设施管理部门的责任，所涉及的范围会很广。下面涉及的主要是设施管理部员工的职责和范围。当然这些职责并不适用于所有的饭店，而在有些情况下，本部分所述的一些职责可由其他部门承担。

系统和建筑设计。设施管理部经理如能参与饭店的建筑设计和系统设计并从设备设施的角度提出一些观点会非常有益。这样做可以帮助设施管理部经理了解设备设施的运行和维修保养费用，同时有助于设施管理部经理了解饭店系统配置和系统包含的各项设备设施。

系统和建筑竣工验收。一旦饭店完工，各项系统安装完毕，就要进入竣工验收和设备设施开机运行工作。验收就是对系统安装的质量确认。整个过程包括验收、核对、出具证明文件，以保证大楼内的每一个系统都能按照业主的要求和标准满足饭店运行的需要、符合原始设计要求、不同设备达到了相关的功能，这个过程同时也是对安装质量的一个检验过程。®像类似中央空调和水系统这样典型的系统验收一般都采用测试、调整、平衡（TAB）的方法进行。

建筑和系统运行。饭店和系统日复一日地运行，以保证提供客人所需要的服务。对设施管理部经理而言，这意味着要注重细节。如保证门和门锁是否好用，根据不同情况调整阀门，确保会议室使用计划能及时输入楼宇计算机管理系统，以及其他一些看似细小却关系重大的事情。对于那些享受这些设备设施带来的服务的客人来说，在最理想的情况下，各个系统的运行都是可以感受到的，但各个系统的运行工作又是有效而无形的。

建筑的维修保养。业主对饭店主体结构和附属物的投资是巨大的，饭店建筑物主体是保证饭店出租和使用的基础。设施管理部员工应当对饭店主体结构给予足够的重视，像屋顶、外墙面、窗户、行车道以及停车场、人行道等都需要定期检修、维修保养及养护。饭店大楼外立面是向客人展示的第一印象，它的形象左右着客人对饭店运行管理的印象。

客房、配饰、家具的保养。客房的现状以及客房内设备设施正常运行的重要性怎么估计都不为过。每年定期对客房进行 3 ~ 4 次预防性维修保养是设施管理部的重要职责之一，其目的是给使用客房的客人留下良好的印象。

设备的维修保养。饭店每一套系统都维系着大量的各式各样的设备，这些设备需要设施管理部员工或外包公司员工进行维修保养以保证其正常运转。同时，设施管理部员工也有责任维修保养其他部门如客房部、洗衣房和餐饮部使用的设备。

设备的选型和安装。饭店使用的设备会随着时间的推移而需要更换，由于新的餐饮设备、洗衣设备和其他设备的成功开发，设施管理部员工就不可避免地要承担起新设备选型的责任。他们的参与可以确保选择适当的设备，从而使得设备的安装能够在节约的前提下顺利完成，安装后的运行、维修保养亦能事半功倍。

合同管理。相当一部分的设施服务是由外包方提供的。为了控制成本，保证所需服务及时到位，对服务合同和对外包方的管理就显得格外重要。设施管理部经理在对外包方的监督、协调和合同谈判方面承担着第一位的责任。

能源管理。能源管理已经成为日益复杂和充满挑战的工作，设施管理专业人士发现现在选择能源供应商的范围比以前要广阔，能源价格、供应商的可靠性和服务水准都是管理者做出选择的因素。同时，确定了能源供应商后管理者还要考虑如何控制服务成本。拿用水来举例，一些能源管理者发现，由于立法规定日益严厉，对超标用水罚款加大，使得他们不得不少用水。当然，随着能源管理人员成为环境保护的参与者，遵纪守法保护环境就会成为设施管理者和员工首要的职责。

废弃物的管理。设施管理部通常要担负起管理废弃物的职责，由此产生的费用通常计入设施管理部的预算之中。设施管理部人员应当具有环保法规方面的知识，设施管理部的专业人员义无反顾地挑起这副重担，有时要将它看作改善饭店环保形象的必要手段。

预算及费用控制。设施管理部的专业人员必须具备起草计划和编制财务预算的能力（能源费用、运行维修保养费用、资产重置费用），要有能力对计划和预算进行必需的解释和说明以及在权限范围内全面控制类似费用。饭店 15% ~ 20% 的收入要花在设备设施方面，因此，设施管理部经理一定要具备这方面的能力。

安全和保卫。安全和保卫的贡献往往是双重的。首先设施管理部必须保证其员工工作时的自身安全；其次，设施管理部员工又要尽力为其他部门的员工和客人提供安全可靠的环境。这种工作包括饭店和室外各个角落，以及保安监控系统和门禁系统等方方面面。

遵章守法。许多有关设备设施运行方面的失误都与忽视法规有关，像《消防法》、《建筑物安全法》、《公共卫生法和环境保护法》等。另外，特许经营合同、饭店管理合同甚至与客户签订的服务合同，也有与设备设施管理相关联的一些内容。

库存管理。设备设施运行、维修保养需要大量特殊备品备件，所有的备品备件必须得到有效的管控。由于这些备品备件可以带出饭店使用，所以要防止库存物品被盗，同时要保证备品备件在需要时能及时供应到位。

改建、扩建和维修。一旦设备投入运行，改扩建工作就会接踵而来，它可能是安装书架上的一面镜子，也可以是新建一座客房楼。在这些工作中设施管理部的参与和配合十分关键。由于改造或扩建工程不能影响正常的对客服务和其他部门的工作，因此在此过程中保证施工安全和控制成本就成为设施管理部人员的两个核心问题。

额外工作。额外工作指"突发"的任务，即要由设施管理部完成的、满足客人特殊需求的工作。如为表演或专业活动提供客用设备、配置灯光音响系统、创建特别的背景效果等。满足一系列特殊要求不仅可以展示饭店服务的多样性和创造性，也可以为饭店创收找到新的来源和渠道。

员工培训。对部门员工进行持续的教育和培训可促进员工职业发展，帮助员工掌握新出现的技术。当地职业技术学校和设备设施供应商可以为提高设施管理部员工专业技术和专业技能助上一臂之力。内部培训是提高技能的另一个重要手段。针对饭店运营中出现的共性问题，例如为《职业安全和卫生条例》所述的内容提供培训，是很好的内部学习方式。

应急方案和实施。由于设施管理部人员了解设备设施的情况，所以在制定应急方案和一旦有紧急情况发生并实施方案时，设施管理部员工起着中坚作用。设施管理部员工一般都是应急预备队队员，如果设备设施遭到损害酿成事故，设施管理部员工就要采取一切措施确保事故不再扩大，并要尽快着手使设备设施恢复运行。

报告。将设备设施运行记录下来对于设备设施正常运行至关重要，因为它可以提供设备设施运行轨迹。当设施管理部员工遇到设备设施、系统、环境或自然界方面的问题时，他们都有责任向上级报告，并及时地通过测量校正等手段，使设备设施恢复正常运转。

设施部员工还要经常收集、上报有关设施保养、维修、采购新设备以及政府颁布的新规定等方面的信息，这些报告不仅记录了设备和系统的运行状况和老化状况，也为今后在相同情况下的设备重置和维修提供了依据。

饭店设施经理

人们对管理饭店设备设施的人的称谓不尽相同，如工程总监、总工、物业总监、设施总监。无论怎样称呼，他们的职责是一样的。经济型饭店工程总监一般都要亲力亲为，而且具备的专业技能大于管理能力。在装修豪华的大饭店里，工程总监往往更像经理，他掌握着大笔的费用、管理大量的员工、处理着复杂棘手的问题。

除非在小饭店中，否则饭店设施经理一般不负责客房事务，也不负责安保方面的工作。但是，在商务型饭店里，客房部和安保部一般对设施经理负责。饭店中的这种分工并非千篇一律，有的饭店设立管理架构时就将设施管理部和客房部归属设施总监名下，当然这也是个别的现象。

饭店设施经理似乎都是在服兵役期间或是在工厂工作期间抑或是在技校期间开始学习专业技术的，而他们的管理技能往往都是在工作实践中或从管理讲座中积累而来的。在美国大多类似的设施经理一般没有 4 年大学理工科文凭，他们更多的是从实践中积累经验和知识，图 1-11 列举了设施总监应具备的专业技能。

就美国来看，饭店设施经理（总工）的薪水与其他部门经理相比要低，在 11 个

图 1-11　设施总监的岗位和任职要求

职责范围：

管理和协调技术工人的工作，重视客人的满意度，保证设备正常运行。

负责监督、管理和检查下列部门的工作：

- 工程部
- 维保部
- 安保部

（续）

任职要求:	
技术能力	**管理能力**
1.随时掌握安全和公共卫生方面的政策 了解政策实施后对饭店的影响。	1.善于参与管理。
	2.向员工贯彻"我能"的思想。
2.熟悉冷冻机、冷却塔、化学处理、空 气净化中控系统、水系统、锅炉、制 冷机组、压缩机等设备设施。	3.用"传帮带"方式进行管理。
	4.具备"以点带面、典型示范"的管理能力。
	5.善于与管理者、同事和员工沟通与协调。
3.较高的能源管理能力。	6.在全体员工中建立"客人至上"的理念。
4.具有较强的空调、强电、水暖、木工 等专业技能。	7.具备书面和口头方式清晰、简明表达 意见的能力。

职位排名中列第 9 位（图 1-12）。该表显示出这样一种趋势，即总工程师的工资会随着饭店豪华程度而变化。中档饭店的总工程师的工资在 11 个职位排名中居第 9，高档饭店中位居第 7 位，而在豪华饭店里位居第 6。这可能表明：越是在高档次的饭店里，设施管理部扮演的角色就越关键，起到的作用就越重要。

设施管理部人员的编制因饭店投入时间长短、服务项目多少、设备系统型号、自我保养和外来专业保养的比例以及其他一系列因素而不同。一般来讲，100 间客房

图 1-12 饭店设施经理工资对比表

平均基本工资（1998，美元）				
职位	**全国**	**中档饭店**	**高档饭店**	**豪华饭店**
总工程师	50400	36936	54781	70774
总会计师	63840	45411	63349	86295
餐饮总监	67364	50109	70134	83469
人资总监	58677	43651	55215	73788
客房总监	60850		60774	64379
销售总监	69763	49520	72090	98363
安保总监	44801		42065	51159
管理信息总监	55227		54148	57822
客房部经理	38810	30474	42785	55108
总经理	88060	63307	110409	153834
住店经理	74181		82167	92251

资料来源：饭店就业情报网 (www.hospitalitycareernetwork.com/careerresources/lodgprop.asp
as of April 14,2006)。

要配备 2 ~ 4 名设施部员工。但是在豪华饭店和高档饭店,客房房间大、套间多、占地面积大,所以设施管理部员工的配置就会多得多。

结　论

本章要达到的一个目的就是让人们了解饭店设备设施的重要性。本章中选用的资料可能过于专业,但是看看大多数饭店的前台吧,看看前台后面的设备吧,你就能体会到饭店业发展之快超出想象。如果饭店经理们希望很好地控制成本,为业主和股东创造财富,各部门管理高效有序,达到客人满意、饭店安全高效地运行,本章所载内容将使你受益良多。那些对以上问题漠不关心的经理最好另谋高就。设立和运行良好的设施管理部及由它提供的服务对饭店而言至关重要。至于设备设施的维修保养,你不仅现在要关注,今后要更加关注。

尾注:

① 莫里·沃尔什·博格:"过时的高科技饭店",《发明与技术》,1995 年秋,第 46 页。

② 切里·伊·姆斯:"产品质量与赢利—假日饭店经验谈"康奈尔饭店和餐饮管理季刊 2001 年 6 月,第 25 ~ 28 页。

③ 佩奇·博格与马克·斯金纳尔:"资产重置费—您用足了吗?" 饭店杂志,1995 年 4 月,第 48 页。

④ 佩奇·博格与汤姆·费伦奇:"90 年代的资产重置费",饭店杂志,1995 年 4 月,第 103 页。

⑤ 拉塞尔·凯特,(伦敦) HVS 国际公司董事总经理引自霍华德·杰·沃尔夫"设计中的上限和下限",《饭店投资指南》,1999 年 9 月,第 68 页。

⑥ http://ethics.tamu.edu/ethics/hyatt/hyatt1.htm 和格莱葛瑞·彭妮·卢瑟 "凯悦饭店倒塌事故报告",《设备设施现状》杂志,2000 年 5 月,第 51 ~ 60 页。

⑦ 肯特·威尔什·彼得森:"一次流量:冷冻水 – 转换站",《暖通与空调》,2004 年 3 月第 10 ~ 15 条。

⑧ 大卫·基·戈茨,《设备设施管理手册》,第二版,(纽约 AMACON, 1998),第 10 页。

⑨ 约翰·凯茜·博特格,"资产管理方案制定"保罗·比尔和格葛·丹顿编辑《饭店资产管理概论和实物》(美国饭店管理协会教育学院 2004 年兰辛,米歇尔出版),第 36 页。

⑩ 有关管理合同的资料,可参阅詹姆斯·丁·伊斯特的"饭店餐饮管理合同的沟通与管理",第三版,(纽约·伊莎卡 康奈尔大学,1988)。

⑪ 1999 年美国采暖、制冷与空调工程师学会出版《美国采暖、制冷与空调工程师学会实用手册》,1999 年,第 41 页。

主 要 术 语

《美国人权保障法》（ADA）：《美国残疾人保障法》，于 1990 年年初生效的该法属美国联邦法，它要求公共设施的所有者和经营者为残疾人提供方便。

资产重置费（CAPEX）：饭店业一项主要的费用，它包括旧家具、用具以及棉织品的消耗、更换，落实类似联邦残疾人保障法而产生的费用、保障人身财产安全、特许经营标准、技术更新、产品的更新换代以及饭店重大设备设施的更新改造费用。

设施管理公司（facilities management companies）：具有专门的技术并向饭店、学校、大学及各种工业企业提供客房服务、绿化养护、公共设备设施管理的公司。

家具、用具和设备（FF&E）：资产重置费的重要部分。

特许合同（foanchise agreement）：指发现了从事某一行业的形式或方式的一方——特许者，授予另外一实体：受特许者以此种形式或方式从事商务活动而双方签署的合同。

供热、通风、空调（HVAC）：特指饭店室温管理系统。它包括供热和制冷系统以及附属管网，附件、调节装置部分。

管理合同（management contranct）：由饭店业主或发展商与专业饭店管理公司之间签署的协议。饭店业主或发展商一般要承担该饭店财务和法律责任，管理公司则因管理该饭店获取事前约定好的酬金。

运行保养成本（POM）：设备设施运行与维修保养（含能源费）构成饭店投入运行后发生的主要费用之一。

维修保养费（R&M）：一般指对饭店设备设施进行定期或非常规的维修保养而产生的费用。

更新储备金（replacement reserves）：指为大型的维修和保养设备设施而专门做的现金储备（经常占总收入的一定比例），管理合同中要求经营者负责建立此项储备金以满足更换 FF&E 之需。

测试、调整、平衡（TAB）：在饭店验收阶段、它是重要的手段之一，以保证所安装的设备设施系统（如 HVA 以及水系统）的质量。

复习题

1. 设备设施在饭店的重要作用是什么？

2. 饭店设备设施费用支出主要表现在哪三个方面？哪些属于设施部经理管理职责范围？哪一种费用支出变量最大？为什么？

3. 以每间可出租客房为基础收集和测算能源消耗费用与设备设施运行、维修保养费用的优点是什么，缺点有哪些？

4. 掌握设备设施使用寿命知识的多少和制定设备设施维修保养计划两者之间有什么联系？

5. 管理者应具备哪些维修保养方面的基本知识，为什么掌握设备设施的知识对所有经理都同样重要？

6. 为什么会出现要平衡设备设施运行、维修保养费、设备设施更新储备金或资金账户这样的问题？这些问题经常什么时候出现？

网址：

若想获得更多信息，可访问下列网址。网址变更恕不通知。若你所访问的网址不存在，可使用搜索引擎查找新网址。

1. 高等教育协会设施部：www.appa.com

2. 饭店业主与管理者协会：www.boma.org

3. 英国楼宇服务工程师学院：www.cibse.org

4. 设备设施管理链接：www.fmlink.com

5. 能源决策：www.facilitiesnet.com/energy decisions

6. 物业管理协会：www.irem.org

7. 能源使用者信息：www.enegyusernews.com

8. 国际设备设施管理协会：www.ifma.com

9. 设备设施网：www.facilitiesnet.com

10. 今日设施部经理：www.facilitycity.com/tfm/

11. 设备设施管理数据：www.fmdata.com

案例分析

面向未来，迎接挑战

雷·密斯尼克是一家拥有 600 间客房饭店的总经理。最近他很后悔：他应该早知道饭店的设备设施需要维修保养，难道他父亲没有告诉过他？许多年前，他父亲经营着一家不大的家庭旅馆，雷上高中和大学时每年暑假都到他父亲的店里打工。雷依然记得他父亲掰着手指给他念叨："如果旅馆收了 6 美元，你就得花 1 美元给旅馆供暖、照明并且还不能停止。你可能不想花这 1 美元，但你不得不这么做。如果你不花这 1 美元，迟早你会掉进寒冷的冰窖里。"

这种情况现在就发生在雷身上，为了保持饭店正常经营，雷在各方面都精打细算，在饭店设备设施所需的费用方面也是如此，但现在他正面对着十分棘手的局面。

事情还得从 11 个月前说起，当时，雷手下的工程总监升职到集团另一家饭店工作。工程总监当时年薪为 10 万元，雷曾想花时间再招聘一位工程总监。后来，雷改变了想法。他觉得如果总监助理蒂姆·弗朗西斯科能通过考核，并可以保证饭店设备设施正常运行，那就不需要再招聘工程总监了，而且能节省了这个工程总监岗位的费用。

刚开始，事情进展得似乎很好，蒂姆像以前一样安排部门员工工作，把日常工作、物资采购等事务安排得井井有条，其他一些额外的文字工作也顺利完成。维修保养工作也和以前一样有条不紊地进行。一切都在向好的方向发展。

但是设施管理部的一些问题逐渐冒了出来。例如：工程总监离开后有好几次，雷接到饭店财务总监的电话：设施管理部怎么了？当月费用支出比预算少了很多。雷打电话给蒂姆，蒂姆总是说：对不起，我这有一些发票还没有报账。通常"一些"意味着是"一堆"。客人的满意度开始下降，主要与设备设施有关。能源消耗费用增加，雷不明白为什么，蒂姆也不明白。就在上个月饭店收到了市政管理部门的罚单，因为饭店电梯许可证被发现已过期。就在不久前的一次年度预算汇报会议上，蒂姆对设备设施维修保养费用认真做了预算，但对饭店资产重置费却没有做预算。这曾让雷感到不安，上一年他曾让工程总监把设施管理部整个费用支出做了一个详细的预算。

所有这些问题开始让雷重新考虑：不招聘工程总监而维持现状是否适宜，而昨天的事促使他下定决心一定要采取措施。昨天早上，厨房发生了一场火灾，厨房干粉灭火系统启用。庆幸的是大火很快就被扑灭了，但厨房一片狼藉，白色的干粉粉末到处都是，在清理打扫期间，厨房不得不关门歇业，成千上万的餐饮收入和送餐收入泡汤了。消防管理部门对火灾现场做了调查并对饭店的违法行为进行了严厉批评，因为饭店有 6 个月没有对厨房进行清理，这是因为蒂姆没有和维修保养外包方续签合同。消防管理部门的人员在饭店检查了其他的消防设备设施，他们发现其他消防设备设施既没有进行维修保养，也没有进行检测，因此对饭店进行了批评和罚款。

昨天，就是昨天给雷敲响了警钟，应该马上招聘工程总监了。蒂姆并非不是一位好员工，他将设施管理部管理得很好，日常的工作也完成得很好。但雷认识到要让这座拥有 600 间客房的饭店设备设施运行良好，管理者还需要有许多其他的设备设施管理经验和职责。如果雷不是太在意节约工程总监岗位的工资而及时将工程总监招聘到位，饭店的一些额外的费用和问题也许就可以避免。雷想想都后悔：爸爸是对的，有些钱该花时就得花。

雷从人力资源部要来了工程总监的职位描述，他发现职位描述还不全面，就提笔又增加了几条。他又事先写好了一些面试题。他认为：既然要花钱招聘人，应聘人一定要具备相应的资历。

讨论题

1. 雷在工程总监职位描述中又增加了哪些内容？

2. 雷面试应聘者时会提哪些问题？

3. 如果一家饭店比雷管理的 600 间客房的饭店要大得多（或小得多），面试问题需要怎样进行调整？

4. 除了雷以外，谁会参加面试？他们会问什么问题？

案例编号：2811CA

下列行业专家参与了案例的收集和整理：

1. 华盛顿特区·大都希尔顿饭店物业运营总监：理查德·马祖里那。

2. 纽约市纽约万豪马奎斯饭店工程总监、物业管理师，设施管理师，工程认证业务主管：艾德·匹萨克。

3. 纽约州伊萨卡市康奈尔大学饭店管理学院副教授大卫·马歇尔·斯蒂帕纳克。

第 2 章

概　要

设施保养和维护

维护管理系统

　　合同维护服务和外包服务

设施管理中的计算机和互联网应用

设施运行与保养及公用能耗预算

合同服务、责任会计及设施成本

资产重置费管理

设施基准比较

维保人员的管理

培训及证书

学习目标

1. 解释不同类型的维修方法。

2. 阐述维修管理系统的目标。

3. 列举并解释维修管理系统中几种重要的常用表格及文件。

4. 解释维修计划以及方案在预防维修方面的作用。

5. 介绍在设备维修和建筑更新中不同风格的计划或标准。

6. 介绍几种在紧急维修中的实用方法。

7. 介绍在外包服务合同中应注意的要点。

8. 介绍联网计算机的设备设施管理。

9. 解释预算和能耗费用的基本构成

10. 介绍在更新改造中维修部门的作用，解释基准比较。

11. 简述维修部门的人员管理问题。

2

饭店设施管理的方法、技术及趋势

　　理想的工程师所考虑的不仅仅是生产能力的问题，他还要能推断出合乎逻辑的结论：以最低的管理费用为客人提供满意的服务。成功的工程师应该能够与使用他制造出来的产品的部门领导以及员工协调配合好。工程师和他的团队必须要得到他们的认可。

　　我认为，工程师在配备全套现代化设备的饭店组织机构中的重要程度仅次于经理。工程师在这个组织机构中负责饭店的物理维护。电工、管工、木工、装饰工、瓦工、机修工、电话员、洗衣房管理员、银匠以及所有机房工作人员都在他的指挥之下。他负责检查和维护饭店里的每一台机械设备。

　　工程师在部门中应该能够得到他所需要的任何东西。他的部门应该在仔细编制的预算下运行。他应该始终能收到财务部门的报告，从而知道他的工作处于什么状况之下。

　　经理不能与负责"饭店心脏"的人紧密协同工作是美国饭店业体系中的最大的弱点之一。经理没有必要懂得不同类型的供暖系统、制冷设备和通风设备，他只要能够通过几个小时的学习掌握关键部分，就可以与工程师密切配合工作了。

　　工程师不会指望经理像他自己那样多地懂得工程，但是他会感激经理对于他的问题的同情和关注——他的问题归根到底还是经理的问题。

　　　　　　　　　　　　　　　　　　——加斯顿·劳瑞森 1929 年[①]

　　感谢并赞赏国立潘希韦尼亚大学卡若琳·兰伯特教授以及斯威敦公司丹尼斯·皮特先生对本部分的完善和建议。

　　无论在 1929 年还是在今天，"以最低的费用为客人提供满意的服务"和"与部门领导以及消费他所制造的产品的部门的员工协同工作"仍是工程部经理的目标。

实现这些目标需要使用正确的管理方法和技术，需要不断地关注相关的趋势和机会。在本章中，将讨论设施功能的管理，主要包括维护类型、维护管理系统、预算和人事管理。本章的目标是使你通过"几个小时的学习"，达到可以理解和评价"饭店心脏"运行管理的目的。

设施保养和维护

维护和修理费用在设施运行与保养预算当中占据相当的部分。维护工作是指那些维持某一物质的现有状态或防止某物质失效或衰败所进行的工作。修理工作是通过更换零部件或修复损坏部分以恢复设备的功能。以维护方式保障设备的运行比以修理方式保障设备的运行更具有本质上的价值。维护方式和资金支出的适当结合是将修理降到最低限度的一种合理途径。不过，在需要修理时，应该具备技能、配件和时间等方面的条件，及时地以最有效的方式进行修理，并将费用控制在预算之内。

对任何一种物业的维护可以有多种分类。有一种可行的分类方法把维护类型分为日常维护、预防性维护、客房维护、计划维护、应急与故障维护，以及合同委托维护。

日常维护。日常维护是指一般性的物业维护，周期性地重复进行，需要相对少的技能和训练。例如剪草、耙树叶、铲雪等工作就属于这一类，还有清洗地毯和地板等工作。

预防性维护。关于预防性维护人们似乎存在一些模糊认识。不过大多数实践者都认为它主要包括检查、润滑、小修理或调整以及启动维修单。设备的预防性维护通常是以制造商提供的维护要求为指导，结合机械知识和常规性判断来进行。对在测试和检查中发现的问题也可以进行预防性维护。

客房维护。这是在大多数饭店的公司维护手册里都能找到的唯一的维护类别。客房维护实际上是另一种形式的预防性维护，它包括客房中的许多检查项目、空调过滤网的更换、门和其他设备的润滑、小毛病的修理等，如果发现问题比较严重，则可以根据需要启动维修单。

计划维护。有些形式的维护工作需要相当长的时间才能完成，同时还需要专业工具和设备以及部门间的高度协作，因此要提前做好计划。计划维护包括根据季节变化需要做的设备准备工作（如冷却塔排水或水池防冻）和其他保持设备高效运行所需的周期性工作（如锅炉和水加热器除垢），还包括如更换主要设备或设备部件、更换建筑物自身的主要构件（如窗户）等重要工作。

计划维护有时不同于预防性维护，其主要工作并非仅是检查、简单清扫和润滑。计划维护可能会要求设备的主要部件退出服务几小时或更长时间。此外，所进行的修理可能是费用昂贵的，可能需要由合同维护人员来进行。例如，修理屋顶空调机制冷剂管线的泄漏段。如果维护人员在预防性维护检查中发现了超出其范围的修理需求，就要安排计划维护。

更换设备的工作可以被认为是一种计划维护。有时更换工作比较容易安排。例如，如果只对一个客房的空调单机进行更换，维护人员可能只需要在房间里工作半个小时，拆走旧机器，装上新机器即可。如果要更换的设备碰巧是物业的所有窗户或公共区域屋顶安装的空调机，时间进度的安排就显得非常重要了。

预测性维修近来逐渐得到重视。预测性维修与预防性维修有相似之处，可是通常要使用和依赖较尖端的科技方法来延长设备运行寿命和针对可预见的问题实施纠正性工作。预测性维修以检验分析法则来判断维修需要，代替以前惯用的经验法则或者定时段法则。预测性维修包括以红外线或超声波检验测试来检验电机设备状态，以振动数据分析运行机组，监督仪器的状态（经常是现代管控系统外的一个独立部分），以及使用液体与金属分析方法等。

被动式或称为应急与故障维护。这可能是最昂贵和最具颠覆性的一类维护，即不能按计划及（通常）不可避免。应急或故障维护是指那些直接影响收入的情况（客房退出服务，问题得不到解决就无法租出去），或是如果继续发展会影响收入的情况（管道泄漏，如果得不到修理会影响客房出租；工作不正常的食物冷藏系统不能提供合适的冷藏食品）。这些形式的维护对于运营来说特别昂贵，因为：

- 通常只能通过支付额外费用来解决（如加班）；
- 通常不能通过例行的采购系统购买部件或材料，因此会产生额外费用；
- 通常会发生相关的其他费用（例如，管道泄漏会损坏墙壁和天花板）。

合同委托维护。在所有物业中，维护工作包括由内部直接提供和通过合同委托提供。采用合同委托维护有多种原因，其中包括（但不限于）：

- 希望减少由饭店支付工资的维修员工的人数；
- 有些工作需要专业工具或持有专业证书的人员才能进行；
- 临时性人手短缺；
- 处理紧急情况的专业需求；
- 任务的复杂性超出现有维护人员的技能水平。

常见的合同委托维护包括电梯维护、垃圾清运、擦洗窗户、厨房除垢、庭院整修工作、施用除草剂和杀虫剂、水处理以及空调控制系统校准等。

维护管理系统

为了有效地对上述各种类型的维护工作进行管理，饭店业使用多种维护管理系统。这些系统的目标是：

- 有效地进行物业维护工作；
- 记录物业中有关设备和系统的基本信息；
- 为维护人员制定工作标准；
- 提供管理工作所需要的反馈信息，以评估维护部门的成绩和工作状态。

在关于维护管理系统的讨论中所使用的文件系统范本很容易使这些系统形象化，但是计算机还是越来越普遍地被应用于维护管理之中。本章也会谈到计算机系统的相关问题。

工作单或维修单是一种最常用的维护管理表格。这种非常简单的文件（通常是顺序编号的表格）用来启动维护服务，提供有关修理项目的基本信息（房间号、问题的性质、种类、报修人等），还有承担修理工作的人员以及任务完成后的信息反馈，包括所花费的时间、所耗用的材料，以及其他需要记录保存的信息。图 2-1 是一个维修单的示例。

在小规模的饭店里，

图 2-1　维修单示例

```
德耳塔表格 - 美国密尔沃基
（414）461-0086

凯悦饭店        维护请求
时间 _____1345239_____
报修人 _____ 日期 _____
位置 _____
问题 _____
      _____
      _____
      _____
承修人 _____
完成日期 _____ 所用时间 _____
完成人 _____
备注 _____
      _____
      _____
      _____
RPHK-04
```

```
凯悦饭店维护核查单

（☒）表示不良状态，在备注中说明
卧室—休息室—壁橱
□ 墙壁      □ 木器      □ 门
□ 天花板    □ 电视机    □ 灯
□ 地板      □ 空调器    □ 百叶窗
□ 窗户                  □ 窗帘
备注：
_____

浴室
□ 贴面      □ 淋浴
□ 排水      □ 灯
□ 墙纸      □ 涂料
□ 瓷砖或玻璃 □ 门
□ 附件      □ 窗户
备注：
_____
```

资料来源：凯悦饭店提供。

由前台或服务部门发出维修单。前台通常是接到客人的建议或抱怨时填写维修单。服务部领班发出的维修单有时来自客人的意见，有时来自当班巡视过程中发现的问题。有些小型饭店将所有的维修单归并在前台记录里，其他一般饭店则在各服务区保存单独的记录。他们可以通过查阅保存的记录来评判维修工作，了解相应的维修工作是否及时以及未完成的工作量。

许多维护手册中都附有书面说明和流程图，描述接到维修请求时应采取的步骤。图 2-2 描述了各种可能的维修请求的"发起人"。在这个例子中，客人、服务部门、质量检查、预防性维护检查、保险人员或经理检查都可以签发维修单，而且大多数会形成修理记录。

图 2-2　维护工作单流程图

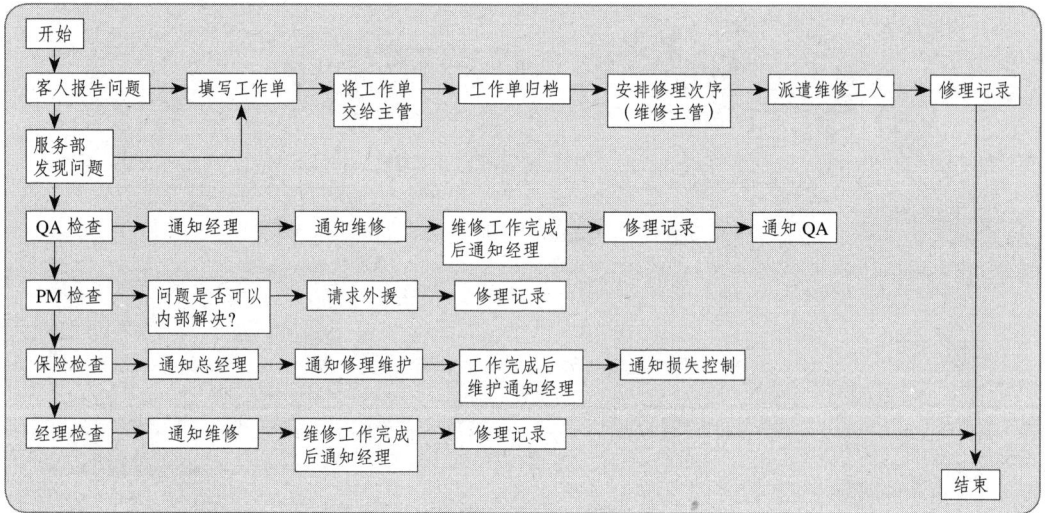

资料来源：美国天天旅馆（Days Inns of America）提供。

一个物业项目有很多设备。由于不能指望从经理到经理或从员工到员工的信息具有连续性，所以要保存有关建筑物和设备的几种类型的书面记录。设备数据卡用来记录所有主要设备的详细情况和重要信息，以便设备的维修。图 2-3 是这类卡片的一个示例。当一个物业开业或购入一台设备时，应该用来自设备的说明书、铭牌以及其他渠道的信息建立设备数据卡。设备数据卡可以为维护人员提供关键数据和技术规范，帮助他们对设备进行及时的正确的维护作业。

卡片还用来记录对设备进行的维护，如图 2-4 所示。这些维修记录卡中的信息可能在确定设备是否已接近（或已超过）其设计使用寿命时会很有帮助。在决定是修理还是更换一台设备时，这个信息特别有用。

图 2-3　设备数据卡示例

设备数据			
建筑物名称	设备标识号	设备安装位置	
设备说明	制造商		
从何处购买			
安装日期	订单号	价格	
保证维修代理			

机械数据		空调 / 制冷数据	
项目:		项目:	
制造商	立方米 / 每秒	制造商	过滤网
类型 / 型号	皮带轮	类型 / 型号	风机
系列号	皮带	系列号	控制
尺寸	轴承	BTU	制冷剂
加仑 / 每分钟	轴尺寸	加仑 / 每分钟	压力
转 / 每分钟	风机	转 / 每分钟	容量
油类型		温度范围	
容量		盘管: 加热	盘管: 制冷

电气数据						
制造商			系列号		购买日期	
电压	相位	周波	转 / 每分钟	功率因数	马力	安培

马达:		马达:		恒温器 / 控制		
类型	轴尺寸	类型	轴尺寸	制造商		
构造	皮带轮	构造	皮带轮	项目		
FLA	LRA	FLA	LRA	型号		
瓦特	启动器	瓦特	启动器	类型		
电容器	加热器号	电容器	加热器号	电压		安培

设备维护

资料来源: 美国天天旅馆提供。

图 2-4　维护记录卡示例

维护记录				
建筑物名称＿＿＿＿＿＿＿＿＿＿＿			设备标识号 ＿＿＿＿＿＿	
日期	维护内容	维护人	费用	
			人工	备件

资料来源: 美国天天旅馆提供。

由于客人在旅馆的主要活动集中在客房，有些饭店保存有关客房的信息。图 2-5 是一个客房数据卡的示例，用来记录每间客房的信息。这个卡片记载客房的基本物理特性以及房间内所有固定的或是可移动的主要设施的数据。当客房里的某件设施需要更换时，这些信息的价值就体现出来了，客房数据卡还为安排和核准房间的预防性维护日期留出了余地。

除了第一页所包含的项目（通常包括家具、用具和设备，以下简称 FF&E）外，客房数据卡第二页包含空调和房间里电气设施的信息。客房数据卡的设备部分有一栏，是用来输入保修信息的（如同设备数据卡那样）。对于新开张的饭店或新投入使用的设备，如果在保修期内出现维修问题，这些信息就非常有用，具有重要的潜在价值。

图 2-5 客房数据卡示例

客房数据							
单元名						单元号:	
位置						房间号:	
区域	长	宽	高	平方米	平方米	预防性维护日期	
	×	×	=	=		1月	7月
地毯	米	颜色	制造厂	价格	安装日期		
窗帘							
乙烯基							
窗户	尺寸		窗户	尺寸		2月	8月
门	尺寸		门	尺寸			
锁	样式	类型	锁	样式	类型		
床			隔板				
梳妆台			衣柜				
床头柜			灯			3月	9月
餐桌			灯				
壁橱			灯				
镜子			书桌				
沙发			椅子				
浴室		长×	宽×	高=	平方米	4月	10月
项目	类型	样式	项目	类型	样式		
浴盆/淋浴			管道				
盥洗室			冲洗阀				
马桶坐圈			厕所水箱			5月	11月
梳妆台灯			脸盆				
加热灯			地面瓷砖				

（续）

按摩浴缸			墙面瓷砖				
蒸汽浴							
			附件			6月	12月
项目	样式	型号	项目	样式	型号		
冰箱			咖啡桌				
酒吧			茶几				
电视/收音机			安乐椅				
烟雾检测器			躺椅				
喷淋装置			长软椅				
信息中心			凳子				
大衣橱			餐厅				
桌椅							
保险箱			图片				
电话			图片				

其他部件数据			
系统编号		制造商	
从何处购买			
安装日期	订单号		价格
保证维修代理			

空调数据				
	电加热	盘管		
		制冷	加热	
制造	制造	容量		容量
类型	电压	压力		压力
系列号	千瓦	介质		介质
轴承	安培	制造		制造
转/每分钟	备注	备注		
尺寸				
皮带和编号				
过滤网尺寸		过滤网		制造厂过滤网
型号		系列号		恒温器
类型		冷却液		制造厂
转/每分钟		容量		型号
加仑/每分钟		制冷剂		类型
温度范围	压力	传动		电压
电气数据				维护代码
制造厂				
系列号		购买日期		
马力		转/每分钟		
电压	相位	周波	功率因数	

（续）

电机		电机		
类型	结构	类型	结构	
FLA	LRA	FLA	LRA	
轴承	瓦特	轴承	瓦特	
皮带轮 / 滑轮	电容器	皮带轮 / 滑轮	电容器	
轴尺寸	电容器	轴尺寸	电容器	
启动器	加热器	启动器	加热器	
面板	回路号	面板	回路号	

资料来源：美国天天旅馆提供。

　　另一个重要的记录保管系统是维护部门的库存记录。饭店设施中的设备需要大量零配件，其中许多列在设备和客房数据卡上。维护部门的仓库里存什么、存多少会影响维护工作的响应速度、存储维护备品备件所需空间以及库存物品资金占用额。

　　在设计设施时，一定不能忽视保存备品备件的需求。没能考虑这一需求会造成空间不足。备品被放在角落里或缝隙中，会使查找很困难，也会造成库存损失或超量库存。建立一个正式的维护库存明细表、按照指标存储备件、对库存物品进行周期性盘点，可以确保在仓库里能找到需要用的东西，又不会导致库存积压。有些装备相同设备的连锁公司为其饭店设计了库存明细表。尽管如此，所有饭店还需要编制自己的明细表，以便掌握他们的设施所需的特殊零部件的库存情况。

　　预防性维护的计划安排和说明。它当然是预防性维护系统的主要部分。图 2-6 是一家连锁物业的预防性维护计划安排。这个列表展示了几种具有典型特性的预防性维护计划安排，例如：

　　第一，并非建筑物的所有部件和设备都要进行预防性维护。那些对客人满意程度、饭店整体形象和市场、安全保障以及其他部门职责的执行有重要意义的建筑物部件通常被列入预防性维护计划内。

　　第二，预防性维护频次取决于设备的类型。有些建筑物部件的预防性维护频次以周为单位，其主要内容是检查和执行重复性任务。其他设备需要的维护是按月、按季度或更长时间间隔进行的。但是，一旦需要维护，所要进行的工作通常就不仅仅是简单地检查。

　　第三，安排预防性维护计划时要注意让工作量均衡开展。避免工作集中在某个月的第一周或以某种方式到一定量时再着手进行，而是要把工作安排在年度的相关月份里，有效地错开进行，以达到有效使用人力的效果。

　　第四，计划安排仅仅是进度安排。计划安排上没有关于对每个系统、每台设备

图 2-6 预防性维护进度表示例

项目	1	2	3	...	52
1. 空调器——一层					
2. 空调器——二层					
3. 空调器——三层					
4. 空调器——顶层					
5. 空调器——服务区					
6. 浴室风口过滤网					
7. 锅炉——间					
8. 房屋外部					
9. 房檐雨溜					
10. 地毯					
11. 循环泵					
12. 清洗热水系统					
13. 清洗餐具机					
14. 栅栏					
15. 关门器					
16. 干洗机					
17. 电梯					
18. 应急照明					
19. 外部照明					
20. 火灾报警系统					
21. 灭火系统					
22. 急救包					
23. 冲洗具/水系统					
24. 排水沟					
25. 钥匙/钥匙卡					
26. 配钥匙机					
27. 景观绿地					
28. 洗衣房/洗衣机					
29. 剪草机					
30. 门厅层					
31. 锅					
32. 维护间					
33. 床垫轮换——一层					
34. 床垫轮换——二层					
35. 床垫轮换——三层/四层					
36. 相橱窗					
37. 全安室					
38. 小型计算机					
39. OSHA 210记录					
40. 停车场					
41. 游泳池过滤器					
42. 游泳池过滤器					
43. 剪枝/施肥					

注：在本季度第一个月的15日前轮换完所有床垫

（续）

项目												
44. 快速修理手推车												
45. 屋顶												
46. 客房服务员手推车												
47. 各种标志												
48. 烟雾检测器												
49. 楼梯、入口/出口												
50. 库房												
51. 电话间												
52. 吸尘器												
53. 行李车（每天检查不加油）												
54. 跨脚垫												
55. 水软化器												
56. 水温												

资料来源：拉·昆特汽车旅馆公司提供。

或区域应该做什么工作之类的信息。对应预防性维护清单上各个项目的这类信息在专门的预防性维护说明中可以找到。

预防性维护说明可以从几方面获得。设备供应商经常在他们的维护手册中提供关于维护工作如何开展和开展频次的建议。关于 FF&E、建筑物外观、建筑物地面的预防性维护说明通常来自经验、供应商和厂商提供的信息以及各种职业技术组织提供的信息。预防性维护说明书内也可能包括一个清单，列出进行预防性维护工作所需的专门工具和设备。

图 2-7 至图 2-9 是一个外挂式空调机、一个对流式烤箱和一个干衣机的预防性维护规程示例。这些示例仅仅作为举例而用，并不能代表是为这种设备所推荐的维护规程。尽管如此，它们说明大多数的预防性维护工作包括基本检查、清扫和润滑。预防性维护的工作目的不是诊断和解决问题。预防性维护说明书一般不写明怎样修理一件设备。很明显，维护人员必须配备专用工具和材料才能开展预防性维护工作。

图 2-7　外挂式空调机预防性维护规程示例

> #### #47 维护操作
> #### 频率：双月或一年一次
>
> **#7BM 维护操作**
> 1. 检查机器运行状况。
> 2. 清洗或更换过滤网。
> 3. 保证盘管清洁。
>
> **#7A 维护操作**
> 1. 从房间里拆下机器进行吹扫。
> 2. 用盘管清洗器和蒸汽或带压清洗盘管。
> 3. 彻底清洗风机轮。
> 4. 清洗冷凝板并涂刷沥青涂料。
> 5. 按照制造商的说明润滑风扇马达。

（续）

6. 检查所有电气元件和连接。

7. 运行机器并检查所有功能。

8. 对照制造商的技术规范记录电流安培数。

9. 清洗和重新涂刷任何破损的表面。

10. 在沿海地区，完成了全部维护操作后应做防腐处理。

资料来源：美国天天旅馆提供。

图 2-8　对流式烤箱预防性维护规程示例

#41 维护操作

频率：每月或半年一次

#41M 维护操作

1. 检查机器运行情况。

2. 检查机器是否已正确地清洗。

3. 询问餐饮主管是否有清洗问题。

#41SA 维护操作

1. 检查机器，清除所有油污。

2. 拆下风机单元并拆开机器。

3. 用去油剂清洗风机轮。

4. 清洁马达并按照制造商的说明进行润滑。

5. 拆下加热器，清洗并进行调整。

6. 检查所有电气元件和连接。

7. 检查门、密封及合页。

8. 重新组装好机器并进行运行检查。

资料来源：美国天天旅馆提供。

图 2-9　干衣机预防性维护规程示例

#49 维护操作

频率：每日一次、每月一次或半年一次

#49D 维护操作

1. 检查机器运行情况。

2. 清洗毛絮过滤网。

（续）

#49M 维护操作

1. 检查和紧固地脚螺栓。

2. 吹扫顶室和燃烧器系统的尘土和毛絮。

3. 吹扫下部电气室的尘土和毛絮。

4. 检查导线接头有否松动，按要求固紧。

5. 检查皮带的磨损情况和张力。

6. 按照制造商的说明润滑链条。

#49SA 维护操作

1. 执行 #49M 维护操作。

2. 按照制造商的说明润滑轴承。

3. 打开前装填门，检查转桶间隙。必要时使用后部的调节螺栓。

4. 彻底清洗干衣机。

5. 检查皮带轮同轴性，必要时进行调整。

资料来源：美国天天旅馆提供。

像预防性维护工作一样，许多客房维护工作包括检查、润滑和清扫。大多数饭店有客房核查单，用来进行客房维护。图 2-10 是其中的一个示例。用于客房（预防性）维护的核查单通常会列出客房里的所有项目并且附有关于检查类型、润滑或清扫工作的简要说明。由于客房维护的目的是确保客房的正常运行状态，所以核查单里也包括一些修理和更换工作。

图 2-10　客房核查单示例

<table>
<tr><td colspan="6" align="center">2 号院
每日饭店客房核查单</td></tr>
<tr><td colspan="6">□良好　□需要修理　□完成修理
物业＿＿＿＿＿＿＿＿＿＿＿＿＿
房间号＿＿＿＿＿＿＿＿＿＿＿＿</td></tr>
<tr><td colspan="6" align="center">**起始日期**</td></tr>
<tr><td rowspan="5">空调</td><td>恒温控制和风扇（运行）</td><td></td><td rowspan="5">门</td><td>把手（检查固紧）</td><td></td></tr>
<tr><td>恒温器旋钮（固紧）</td><td></td><td>锁具固定螺钉（检查）</td><td></td></tr>
<tr><td>过滤网（清洗或更换）</td><td></td><td>合页及合页销（用 WD40 润滑，固紧）</td><td></td></tr>
<tr><td>冷凝水排放（清洗），添加除藻剂</td><td></td><td>门链和门镜（检查，必要时修理）</td><td></td></tr>
<tr><td>格子窗（清洗）</td><td></td><td>锁撞针板（检查固紧）</td><td></td></tr>
</table>

（续）

电灯	开关（检查）		门	门闩（检查）	
	灯座（固紧）			门框橡胶缓冲垫（检查，必要时更换）	
	灯罩（修理或通知更换）			门挡（检查，必要时更换）	
	吊灯拉线开关（检查）		浴室	厕所冲水阀（检查）	
	吊灯罩（固紧）			马桶盖缓冲垫（检查）	
	灯泡（必要时更换）			马桶座合页（检查固紧）	
	插头（必要时更换）			马桶密封（检查是否泄漏）	
开关和插座	墙面出线板（检查、清洁、固紧）			浴缸排水装置（检查）	
	开关（检查、清洁、固紧）			混水阀（固紧手柄）	
	开关和插座（补齐丢失的螺钉）			混水阀垫圈（必要时更换）	
	插座（必要时更换）			冷热水龙头（检查或更换"H"和"C"按钮—如果渗漏）	
电视机	音频（检查收音频道）			锁眼盖（固紧）	
	视频（检查电视频道）			浴帘钩（检查，需要时更换）	
	旋钮（必要时更换）			洗脸盆下的存水弯（检查）	
	微调（必要时调整）			排水装置（检查）	
	天线插座（固紧面板）			水龙头滤网（清洗或更换）	
	天线插头（检查，必要时修理）			洗脸盆挂钩（调整固紧）	
	遥控器			卫生纸盒（检查）	
	底座			浴室墙上衣钩（检查固紧）	
电话	更换信息灯盖（如果需要）			地面和墙壁瓷砖（如果需要，在浴盆周围灌灰浆腻缝）	
	拨号说明（必要时更换）			肥皂盘和抓杆（检查固紧）	
	故障（报告前台）			毛巾架（检查固紧）	
家具	抽屉把手（检查，必要时更换）			盥洗台（检查固紧）	
	抽屉导轨（需要时用WD40润滑）			浴缸中的防滑垫	
	污渍（清洗修饰）			排气口格栅（清洗）	
	椅子腿（检查）			面巾纸盒（检查更换）	
	桌面（检查，修理小毛病）		综合	踢脚板（检查，需要时修整或更换）	
	床头板（检查固紧）			地毯（检查）	
	家具脚轮或腿（检查固紧）			乙烯基（检查，必要时修整）	
	椅垫（检查，丢失补上）			装饰画（检查）	
	椅子弹簧（检查）			天花板（检查裂缝和涂料剥落）	
	床头柜（检查固紧）			涂料（检查墙上和门框的油漆）	
	衣架（检查固紧）			价格卡	
窗户	窗户导槽（用WD40润滑）			火灾出口平面图	
	镜子挂钩（检查固紧）			检查空调器下的空气泄漏	
	窗户附件（检查固紧）			人行道裂缝	
床品与壁橱	床架（检查固紧）				
	检查和紧固所有窗帘架、卷轴和拉绳				
	衣架（应为8个），衣架挂钩（生锈时更换）				

资料来源：美国天天旅馆提供。

　　为了能够有效地进行客房维护工作，尽量减少维护时间，通常给客房维护人员配备一个维护手推车。这个手推车里装有处理常见问题所需的基本工具和必要备件。图 2-11 是一个典型的汽车旅馆客房维护手推车的工具和物品清单。不同的饭店会根据客房的布局和内容的不同而选择配置不同的工具。

图 2-11　客房维护手推车工具和物品清单

快速修理程序

工具：

1	3/8 电钻—可变速
1	套钻头
1	8″ 管钳
1	10″ 管钳
1	6″ 虎钳
1	8″ 镊子
1	线路工钳子
1	拔钉锤
1	圆头锤
1	验电器 0-250V，AC/DC
1	手持砂轮机
1	7 件套钉铣和錾子
1	6 件组合扳手（7/16，1/2，9/12，5/8，11/16，3/4）
1	油灰刀
1	6″ ×10″ 清洁塑料托盘，用于存放螺栓螺母螺钉
1	3″ 油漆刷子
1	2″ 油漆刷子
1	6″ 三棱铧
1	6″ 圆铧
1	6″ 平铧
1	套爱仑扳手
1	地毯修补用具包
3	十字头螺丝刀（小、中、大）
3	平头螺丝刀（小、中、大）

备件：

1	恭桶座
2	#1 抽水马桶垫圈
6	恭桶座铰链、销子、螺母
1	罐排水管疏通剂
1	罐瓷砖腻子
1	触点黏合剂 #1602
1	罐木工腻子
3	灯座
2	淋浴喷头
2	#782 浴室门双挂钩
4	价格卡和支架
4	住宿责任卡
4	通风机
2	淋浴喷头总成
3	排水装置总成
2	浴盆排水塞子
2	水箱浮球
4	塞子座
4	水龙头手柄帽
3	卫生间水控制系统配套元件
3	浮球阀配套元件 #41071
1	烟雾检测器
1	家具修整用具包

...

（续）

> 1 包型号齐全的砂纸
>
> 1 块状大海绵
>
> 1 管工工具
>
> 1 管工用通条
>
> 1 剥线钳
>
> 1 万能刀

资料来源：拉·昆特汽车旅馆提供。

　　许多饭店不仅为员工提供维护工作所需的工具而且配有使用说明。图 2-12 是一个这类说明的示例，它们用于修饰和修理损坏的家具。注意，对员工既要强调工作质量，还要强调工作安全。材料安全数据单（MSDS）用于告知雇员在工作场所使用的材料有什么潜在的危险，怎样安全地使用这些化学物品，在事故状态下应该如何应对。在美国，职业安全和健康署要求有害材料的供应商和厂商为每件产品提供一份材料安全数据单。饭店必须保存这些数据单并使员工可以拿到。

图 2-12　任务细目示例：木质家具表面修整

任务细目		
做什么：	怎么做：	补充信息
木质家具表面修整。	当划痕无法遮盖时对木质家具进行表面修整。 a. 在家具的损坏部位刷上脱漆剂，见 MSDS#25。 让脱漆剂风干，至少 20 分钟。 当油漆开始起泡时，用油灰刀把油漆刮掉。 用干净的抹布擦掉剩余的油漆。	推荐使用佛百（Formby）生产的脱漆剂。 使用脱漆剂时要仔细阅读包装上的说明。 注意使油灰刀与家具表面保持平行，以避免损害木质。
	b. 当打磨带装饰的家具时，在木头表面和装饰物之间插入一把平刀以防损坏装饰。 使用装备 #180 细砂纸的振动磨砂机缓慢地打磨损坏区域。 如果打磨后划痕依然看得见，在该处放一块厚重的湿布。 在湿布上放一个热熨斗，持续大约 5 秒钟。	湿热会使木头膨胀、划痕突出。 擦拭前染料风干的时间越长，它的颜色就越深。
	c. 顺着木纹抹一点与家具颜色相匹配的染料。 让染料风干。 用干抹布擦掉多余的染料。	上过染料的地方可以马上喷涂聚氨酯漆，这样表面有光泽，干得快，大约 1.5～2 小时。推荐使用米蜡（Minwax）产品。
	d. 在修整区域喷漆。见 MSDS#86。让油漆干透以避免沾上污渍、手印等。	

资料来源：拉·昆特汽车旅馆提供。

　　详尽的说明有助于保持工作标准。当发生人员更替时，或当员工对怎样完成一项任务有不同理解时这一点特别有用。

　　最好的预防性维护程序也不可能消除故障和避免紧急情况的出现，但是可以减少事故的发生。员工在预防性维护过程中对设备逐渐熟悉起来，这在设备需要修理时显得非常有帮助。为了掌握设备修理所需的信息，要注意保存制造商提供的设备技术规范文件和设备手册。另一个保存它们的理由是这些文件经常包含预防性维护建议。这些规范和手册经常包括故障处理清单，可以极大地帮助查找问题，决定解决办法。另一个有用的资料是控制原理图，包括电气设备里的继电器、定时器、保险丝、开关以及基本控制接线等。

当维护人员的工作涉及更新改造、建筑物本身，以及与建筑物安装成一体的设备时，建筑物的平面图和设计规范就成了关键。平面结构图使维护人员可以确定关键建筑结构元件的位置，这对于某些改造项目来说是最重要的信息。机械设计图说明空气和水的流动模式、控制方案、设备和系统的相互连接，以及基本的运行参数。电气设计图提供电路容量、导线规格、电路连接与走向，以及应急电源线路等信息。专业服务设施，诸如洗衣房、电讯、照明及声讯系统等平面图，可以在修理和更新这些系统时为维护人员或外部承包人提供帮助。

怎样保存这些平面图非常重要。平面图在技术人员需要时应该能够拿得到，并始终得到妥善保存。购买一个合适的柜子来保存图是值得的投资。当建筑物和系统发生变化和改动时，对图进行相应的修改更新是非常有益的。在更新改造时，未及时更正的平面图经常导致承包人出价过高或在工程中提出多项变更请求。这两者都会增加费用和延迟工期。

如前面所提到的，应急和故障维护的费用十分昂贵。本章所概述的维护管理系统有助于极大地减少应急和故障维护需求。尽管如此，也不可能完全消除这些需求。由于不可避免的紧急情况难以预料，所以，一个饭店必须有所准备。下面是一些用于紧急维护的对策：

第一，列出一个当前维护人员的电话号码清单。工程部经理和总经理必须能随时看到这个清单。

第二，对夜班人员进行适当的训练，使他们了解在常见紧急情况下应遵循的规程。在应急维护时，应知道主要水阀门和电气开关的位置。

第三，与合同维护公司和清扫公司保持经常联系。掌握他们的电话号码（昼夜）。在应急维护中如大风刮坏了屋顶，若在一开始就能投入足够的人力和设备，可以在很大程度上减少后续损失和修理费用。

第四，考虑在紧急情况中使用合适的后备系统。这包括在系统关键部位配备多台设备（例如，一个大厦的冷却水或热水循环系统使用两台泵，其中一台备用）或为关键系统设备存储备件（例如，系统里用一台泵，库房里存一台备用）。

合同维护服务和外包服务

合同维护服务通常用来为饭店物业提供各种服务。这些服务的管理工作在合同投标之前就开始了。下面是本书的作者认为在起草维护合同时要注意的一些主要条款。

- 保险：合同应要求订约人有适当的保险项目并指定其种类和限额，物业的所有者和管理公司在订约人的保险单上应署名为被保险者；
- 期限：合同应有指定期限，不设自动延期条款；
- 取消：物业管理者应该有权因未履行合同而用简短通知的方法取消协议，任何一方可以在30天内取消合同而不需要理由，不履行合同的罚金也可以包括在内；
- 承包商不是雇员：协议应该说明，承包商不是物业或物业管理公司的雇员或代理人；
- 合同不能转让：承包商应禁止转让合同；
- 具体说明：合同应包括非常详细的具体说明，讲明要进行的工作和每项工作进行的次数，具体说明应作为合同的附件；
- 合同费用：合同应该详细而精确地确定服务费用和额外服务费用，如果合同是一次性的维护工作，可以采用保有额费用，保有额设定为10%比较合适，在工作检查认可后支付。

所有的非技术性维护工作，例如大门警卫、除雪、停车场清扫以及大多数的景观美化维护可以依据物业的标准维护合同进行商谈。合同生效前应由一位律师把所有合同表格再检查一遍。不过，技术性维护，例如电梯、空调等，需要有一个为该项服务专门制定的维护协议。

大多数饭店业公司没有专门的技术维护协议，只能使用承包人的协议。在这种情况下，饭店管理者必须仔细阅读合同，针对其中可能对饭店或业主不利的协议条款进行谈判。[②]

此外，建议饭店使用相对短的合同期，特别是在与承包人建立关系的早期阶段，并且特别注意保险形式以及合同中的赔偿措施。所有的承包人应提供现行有效的保险凭证并存档。

一旦合同签订，工程部经理或其他有关的饭店负责人就有责任确保合同中承诺的工作顺利进行，并为完成的工作付账。一个饭店和一个公司订立了几年的锅炉水处理合同，当加热系统开始出故障时，系统检查发现有严重的腐蚀，需要更换锅炉和管道系统的一些部件。承包人没有做应该做的工作，饭店也没人追究合同是否执行了。

商业房地产的一个日渐增长的趋势是服务外包，这是一个过程，设施服务不是由内部的员工进行而是由合同服务商提供。这种在房地产业和饭店业里被普遍看好的趋势，有时也被称作外派任务，即从外部承包商那里购买专门设施服务（如擦窗户和电梯维护）。饭店业公司如阿拉马克（ARAMARK）、索迪斯（Sodexho）和服务能手公司（ServiceMaster）都积极地提供设施外包服务。

美国的饭店业的设施外包程度并不很高，尽管有迹象表明这种活动有上升趋势。美国以外的国家的饭店业外包水平要高一些。美国外包主要与独立的大饭店或建在大型综合建筑群里的饭店有关，在这种情况下外包也还没有达到涉及全部设施的水平。下面的拓展阅读中描述了一个物业是如何将许多设施服务进行外包的。但能源服务的外包比较少，有些饭店会使用地方公用能源，综合性建筑中的饭店会购买中央设备生产的蒸汽或冷却水。当然，饭店采用外包合同服务来满足多种需求是很平常的事。

设施外包可以向两个方向发展。一个公寓物业管理公司可以决定它将何时真正打入其他物业的设施管理领域。这些领域通常可以是写字楼、商场或公寓，但不会是其他的旅馆，因为其中牵涉到所有权和市场竞争的问题。占据建筑物一部分的饭店（例如，第一层用于零售，公寓在饭店的上面或下面）为其他空间提供设施服务是非常划算的。这样可以将典型的设施费用中心变成收入中心。

拓展阅读

博彩业采取服务外包

在能源基础设施外包，或整体能源管理服务（以下简称IEMS）——赛姆帕拉（Sempra）能源方案（以前叫作太平洋能源）中，南加利福尼亚煤气公司的一家企业和新泽西州大西洋城的大西洋热力系统股份有限公司（ATS），成立了一个叫作大西洋-太平洋拉斯维加斯LLC（Atlantic-Pacific Las Vegas LLC）的新合资企业，拥有和经营一个7000万美元的最新能源系统，为威尼斯提供服务。威尼斯包括一家拉斯维加斯旅馆、一座赌场和一个会议中心。

系统将为旅馆、赌场、会议中心和拉斯维加斯砂石股份有限公司（LVSI）正在开发的购物商场提供完全的"照明空调动力环境"。

合资企业将开发一个"总控键"能源服务包，为威尼斯提供高效能源运行服务，其中包括能源基础设施开发、设备理财、设备运行和维护服务，还有能源调配。

（续）

赛姆帕拉的权威人士称，除了节约 7000 万美元的能源基础设施建设费用外，威尼斯还可以减少 20% 的度假地能源系统运行费用。

大西洋 - 太平洋将为 LVSI 公司三个分立的设施提供成套服务。三个客户分别是威尼斯度假旅馆赌场：拥有旅馆和赌场；接口集团：拥有展览馆和会议中心；大运河购物中心：拥有购物商场。

IEMS 方案提供如下服务：

第一，能源基础设施所有权。大西洋 - 太平洋将提供资金并拥有 7000 万美元的能源生产和配送资产，包括中央工厂，热力配送系统，空调传输系统，火灾保护、控制系统和后备动力。

第二，中央工厂运行服务。大西洋 - 太平洋将负责所有中央设备的运行，为预防性维护和日常运行提供劳动力和材料供给。

第三，设施运行和维护服务。大西洋 - 太平洋将负责设施系统的控制及运行维护，包括联合企业拥有的所有设备和客户拥有的其他系统。

第四，能源调配服务。联合企业将为威尼斯进行能源调配管理，包括天然气和电力。

完成了前两个阶段的建设后，威尼斯将拥有两座饭店大楼，总计 6000 个豪华套房、将近 2 万平方米的两个赌场、大运河购物中心，有 150 多间专业零售店和精品店的室内商业街，还有毗连砂石展览中心的 15 万平方米的会议场所。

资料来源：《能源用户新闻》，1999 年 1 月。

经营者可以开发他们自己的维护管理记录和系统，也可以从不同的商家购买成套的卡片和记录保存系统。关键是要使用系统，维持合适的控制和记录，使得维护工作保持有效和受控。有些经营项目（特别是比较大的企业）使用计算机系统保存维护记录、生成报告和员工需要的维护说明。这些计算机系统有的是在物业的个人电脑上或物业管理系统中运行，有的是由外界服务公司提供。

设施管理中的计算机和互联网应用

自 20 世纪 90 年代起，许多饭店管理公司采用了各种计算机化和以互联网为基础的设施管理系统。在大多数情况下，这些系统独立于现存的"物业管理"系统。"物业管理"是一个商业房地产中的术语，其中经常包含设施管理的元素。饭店使用这个术语通常不包括设施管理，这是一个微妙的但重要的区别。

住宿业的计算机化的设施／维护管理系统（以下简称 CFMS/CMMS）具备多种功能。大一些的饭店经常用计算机控制主要建筑物系统（如空调系统）。这些系统的功能各有不同，最复杂的系统不仅可以控制设备运行和建筑物的舒适度，还能控制火灾防护接口、保安系统和电源管理。即使是独立的餐馆也有这类形式的系统，带有程度不同的智能电子设备，用于操纵建筑物的采暖、通风和空气调节系统以及其他设备。

维护与修理的文案工作和人员调度派遣管理也逐渐改由计算机系统来处理。预防性维护、计划维护和客房维护以及工作单都可以建立在计算机系统基础上。这些系统可以把工作指派给合适的员工、计算完成任务所需要的时间和材料，并建立工作记录。在一些情况下，这个功能是一个软件包的一部分，这个软件包提供大厦系统运行、CFMS 模块管理功能。然而现今通行的是一个更卓越的系统（以下称 CMMS 模块）。用计算机进行中央协调和记录保存时，可以使用很多其他的技术和工具。工作单可以通过传真机或通过寻呼机或个人数字助理（以下称 PDA）发送。通信可以借助电话、寻呼机以及 PDA。数据输入可以用键盘、电子传送或条形码识别器。

CFMS/CMMS 提供了一种途径，用以消除服务部门和工程部门之间有时存在的隔阂。维护管理软件包可以为客房服务管理提供多种语言的预编码信息，服务人员可以通过预录制的音信和其他资料使房客得到母语信息服务。服务部门用特定的电话信号（例如，编码 555，代表"灯泡需要更换"，这种做法取决于系统设置，也取决于房间号的编排）反映一个特定问题。计算机系统接到信号后，会生成一张给相关员工的工作单并通过寻呼机发送。员工完成任务后输入工作单号码表明工作已经完成了，从而使灯泡的库存量减少一个。所有以前手工操作的中间步骤（服务部门把灯泡故障报告给楼层主管，主管填写工作单递交给调度，调度登记并分发工作单，员工接收工作单、完成工作、填写完成工作的记录、填写出库单）在很短时间内自动完成。

CFMS/CMMS 不仅可以提高效率、提供更完善的记录，并且为各个运行环节上周到细致的决策提供了基础。这些系统能够产生以前的系统无法产生的信息。从系统中可以得到现成的综合信息，包括未完成的维护项目、平均反应时间、员工工作效率、修理类型、修理位置等，还可以创建许多其他的数据库。经理们现在可以依据维护数据做出决定，这是一个在手工系统年代经常谈论却难以实现的愿望。

CFMS/CMMS 有单元级、地区级和公司级。可以用远程方式对这些系统进行访问。一个地区级或公司级的经理可以采用这种方式监视单元级设施情况。一个负责多个运行设施的经理可以访问这些设施的运行数据而不必亲自到达每一个设备现场。在最好的情况下，这意味着一个工程部门经理通过与 CFMS/CMMS 的连接就能解决一台设备的运行问题，而不用在冰天雪地里开上一小时的车。

建筑物平面图和说明与设施管理软件的结合是一些 CFMS/CMMS 软件包里的附加功能，不过还没有广泛应用于公寓。办公楼、大学、联合总部甚至制造厂的管理者们发现这个工具可以特别有效地管理、计划和分配他们占用的空间。公寓物业还没有产生使用这类工具的需求，但是它的应用潜力显而易见，将来可能会变成饭店经营者的一个通用工具。

几乎可以确信，将来许多 CFMS/CMMS 可以不必把它们的系统加载到单元级的各台计算机上，而是使用国际互联网连接。有些有意思的活动已经出现在使用国际互联网的建筑物监视和能源管理中，如通过国际互联网使用 CFMS/CMMS，设施专业人员和外界商家可以访问建筑物和建筑物系统的历史和实时信息。

设施运行与保养及公用能耗预算

维护部门用于设施运行与保养（以下简称 POM）以及公用能耗的支出占美国物业收入的 10%。本书讨论预算的这两个组成部分，有些考虑是为了预算的编制，有些因素会导致预算发生变化。本书在讨论中使用 POM 和公用能耗账目的"标准"形式，这个标准可以在饭店业统一会计系统（以下简称 USALI）和物业账目实例中找到。

USALI 定义的 POM 和公用能耗科目如图 2-13 和图 2-14 所示。对大多数运营项目来说，薪金、工资、员工福利大约占 POM 支出的 40% ~ 50%。请注意，POM 账目中有若干项合同支出。合同维护费用占 POM 预算中非劳动力部分的 25% 或更多一点；垃圾清运是许多物业中一项快速增长的费用。公用能耗费用不仅包括通常所认为的能源（燃料和电力），还包括水（以及污水）的费用。这个科目的燃料和电力部分近年在大部分地区已经趋于稳定，而由于水的短缺和污水处理费用的增加，水和污水部分所占费用增长很多。公用能耗费用计划还把可能的销售（例如附近建筑物里的办公空间）或部门的费用回收（例如洗衣房）考虑在内。

图 2-13 POM 一览表

<table>
<tr><td colspan="2" align="center">物业运营和维护</td></tr>
<tr><td></td><td align="right">本期</td></tr>
<tr><td colspan="2">**工资总额及相关费用**</td></tr>
<tr><td>薪金和工资</td><td></td></tr>
<tr><td>员工分红</td><td></td></tr>
<tr><td>工资税</td><td></td></tr>
<tr><td>额外费用</td><td></td></tr>
<tr><td>员工福利</td><td></td></tr>
<tr><td>工资总额和相关费用总计</td><td></td></tr>
<tr><td colspan="2">**其他费用**</td></tr>
<tr><td>建筑材料</td><td></td></tr>
<tr><td>合同服务</td><td></td></tr>
<tr><td>窗帘和幕布</td><td></td></tr>
<tr><td>电气和机械设备</td><td></td></tr>
<tr><td>电梯</td><td></td></tr>
<tr><td>工程材料</td><td></td></tr>
<tr><td>楼面材料</td><td></td></tr>
<tr><td>家具</td><td></td></tr>
<tr><td>场地和景观</td><td></td></tr>
<tr><td>供暖、通风和空调设备</td><td></td></tr>
<tr><td>厨房设备</td><td></td></tr>
<tr><td>洗衣房设备</td><td></td></tr>
<tr><td>生命 / 安全</td><td></td></tr>
<tr><td>灯泡</td><td></td></tr>
<tr><td>锁和钥匙</td><td></td></tr>
<tr><td>营业用品</td><td></td></tr>
<tr><td>油漆和装饰</td><td></td></tr>
<tr><td>清运垃圾</td><td></td></tr>
<tr><td>游泳池</td><td></td></tr>
<tr><td>电讯</td><td></td></tr>
<tr><td>培训</td><td></td></tr>
<tr><td>制服</td><td></td></tr>
<tr><td>车辆维护</td><td></td></tr>
<tr><td>其他</td><td></td></tr>
<tr><td>其他费用总计</td><td></td></tr>
<tr><td>**物业运营和维护费用总计**</td><td align="right">$</td></tr>
</table>

资料来源：饭店业统一会计系统，第 10 版，美国饭店业协会出版，2006。

图 2-14　公用能耗费用一览表

公用能耗费用	
	本期
公用能耗费用	
电	
煤气	
油	
蒸汽	
水	
其他燃料	
公用能耗费用总计	
回收费用	
从其他经济实体回收	
对其他部门收费	
回收总计	
净公用能耗费用	$

资料来源：饭店业统一会计系统，第 10 版，美国饭店业协会出版，2006。

图 2-15 是一个拥有 485 套房间的市郊全功能饭店的 POM 和公用能耗年度预算信息。每个房间 POM 支出约为 2860 美元，占收入的 6%。员工工资总额和福利相当于这个数量的一半。整个 POM 支出经常分为大致相等的两部分，劳动力和其他类别。在这个示例中，合同服务占其他类别 POM 的 30%。这个数字在其他 POM 费用中可以高达 50%。

图 2-15　设施部门预算实例

485 间客房全功能乡间旅馆物业	$	
管理人员薪金	124623	
计时工资	373625	
加班费	31242	
年度奖金	15600	
工资总额总计	545090	（占收入的 2.4%）
员工福利	183443	
工资总额和福利总计	728553	（占收入的 3.2%）
其他 POM 开支		
一般维修	9600	
制冷维修	27000	
游泳池	6200	

（续）

常规用电	24000
消杀控制害虫	9600
机动车	18700
供热和管道	24000
厨房设备	21000
洗衣房设备	21000
电梯	6000
防火安全设备	600
涂料—内部	26400
窗帘/幕布	300
楼面材料	12000
家具	3000
涂料—外部	300
备品备件	30000
建筑物材料	66000
灯泡	12000
公共场地	143600
执照和许可证费	2400
垃圾清运	34400
电梯维护	96000
厨房烟罩清洗	5700
发电机维护	1200
消防泵维护	1800
冷却器维护	4400
苏打系统	1000
能源管理	12600
生命安全	9000
客房保安	3000
电视	4900
大理石维护	12000
水处理	7800
其他 POM 总计	657500
POM 总计	1386033　（占收入的 6.0%）
公用能耗	
电	602000
煤气	112500
水	174000
公用能耗总计	888500　（占收入的 3.9%）
POM 和公用能耗合计	2274533　（占收入的 9.9%）

图 2-15 中每个房间的公用能耗支出总计大约为 1830 美元，占收入的 3.9%。通常情况下，电费是公用能耗的最大支出项目，这里每间房的费用是 1240 美元。

图 2-15 中列出的是实际数字，真实地反映了这家饭店的设施需求中出现的各种因素。这家饭店最近至少是部分地改变了经营权的从属关系和管理，因为以前的管理不重视维护工作，忽视维护工作是支出中 POM 部分相对大的原因之一。此外，这家饭店在大量的场地维护工作中不仅产生了很多 POM 费用，还导致了高额水 / 污水费用。物业使用的电力服务价格相对比较低，所以这方面的费用也低一些（低价格与适宜的气候促使饭店选择用电力供暖）。

制作 POM 和公用能耗预算的过程应该使用不同来源的数据。对于 POM 中的劳动力部分，如果使用预期的员工人数、计划的计时工资和估算的福利费用，任何部门的预算都应该接近实际发生的数额。POM 科目的非劳动力部分需要区别对待。许多经营企业编制这一部分预算时，在前一年的总额上增加一个百分比，这种方法容易产生问题。特别是当作为基础的年份或预算的年份有特别的支出时，这种方法会产生不可靠的数字。例如，一个改造工程，不管是将要开工的还是刚好完工的，都会减少日后基本维修需求的费用。

公用能耗部分的预算是按实际的能源采购单位（千瓦时、升或其他适用的单位）处理的，要尽量使这些燃料的估计价格与来年供应商提供的价格相近。在 20 世纪 70 年代和 80 年代初期，由于能源价格以每年两位数的速度增长，编制能源预算是一个很大的难题。20 世纪 90 年代的情况稍微稳定一些。21 世纪的发展趋势好像不确定，石油价格波动，反常情况使得电力价格有可能变高也有可能变低。

合同服务、责任会计及设施成本

已经有了这样的例子，把饭店中特定部门的合同服务费用，例如计算机或复印机的修理和食品加工设备的清洗列入 POM 预算，而不是列在该部门的预算中。《饭店统一会计系统》（以下称 USALI）认为有必要改变这种做法。在 1996 年的版本中，USALI 做出了修改，其中包括"部门内的所有合同服务费用应记到该部门名下。例如，有关物业管理系统的合同服务费用记入客房服务部门，而售货点设备的合同服务费用记入餐饮部门。为了便于记录这些费用，已经为每个部门或成本中心创建了一个新的开支项目——合同服务"。[①]这一做法在 USALI 2006 年版中得以延续。尽管不要求饭店一定遵循 USALI 规则，但是上面提到的变更所显示出的意义非凡。

计算创收部门（例如，客房、食品和饮料）的收入时，只抵减了有限的可追踪到部门的开支。而未分配的运营费用，包括销售和设施运行与保养费用、租赁费、保险费、折旧和物业税等与营业总利润抵减的费用，则没有计算到创收部门。采用这种部门收益的计算方法是要保证科目的一致性。一致性对于运营单位之间的可比性是很重要的。

这种部门收益的计算方法使收入部门的许多重要的费用开支都没有计算在内。也许有必要把许多未分配的经营费用从运营总利润中提出记入收入部门，由此全面合理地考核部门的成绩。经理们有时会希望知道一个部门运营的全部费用。在评定一个部门的获利能力、决定服务和货物的价格、决定外购服务是否可行时这个信息是有用的。确定一个部门发生的费用还可以使得经理们对成本和资金负责。对资金负责的经理们要比不负责的经理们在花钱时要明智得多。让收入部门对成本负责还可以使部门经理们产生监视服务部门费用的动机，因为这些成本将被分摊到他们部门的头上。④

在饭店里用分表计量公用消耗，跟踪不同区域公用能耗的使用信息是完全做得到的。在楼宇建设过程中实现分表计量最容易，因为计量表的安装在那时最为方便。还可以根据区域和其他因素分摊公用能耗费用。随着饭店食品和餐饮外购的增长，饭店经营者和餐饮经营者都开始关心公用能源消耗量。

可以证明，把设施费用记入使用该设施提供服务的各区域的最简单方法是使用 POM 成本。计算机维护管理系统能迅速地计算出饭店主要收益部门以及其他部门（例如洗衣房）的 POM。

最后，尽管 USALI 中没有提到，还有一个机会就是把资金支出分摊到各部门。这项很大的开支可能会掩盖饭店各种活动的实际成本和赢利能力上某些引人注意的（并且可能是不受欢迎的）闪光点。

向一座大厦里的"房客"收取费用不是什么新鲜事。许多饭店管理公司已经在他们的管理区域里这样做了，如果饭店是综合性建筑的一部分，通常由带分表的中央设备提供公用能耗服务。将这种做法用于所有公用能耗服务的趋势正在增长，因为大家公认，分表用户直接为他们自己的消耗付费，要比没有分表计量的用户节约。几乎没有理由认为这种情况在饭店里的各部门中会遭遇阻力。

资产重置费管理

资产重置费管理是一个重要任务。在不同的部门，责任的大小随着饭店的规模以及饭店组织结构的不同而变化。在小型饭店中，业主或总经理会广泛地参与资产重置费的规划决策和实施。在大型饭店中，这个责任可能还掌握在业主或总经理手里，工程部经理也可能会起重要的作用。无论如何，与资产重置费相关的两个主要管理职能必须得到重视：计划和预算；实施。

资产重置费的计划与预算需要建立在了解设施各部分组件的期望寿命和更换组件的费用的基础上。寿命的定义包括一个项目的自身功能（厨房设备要比办公设备使用的时间长）、项目的耐用性（商业级的要比家用级的寿命长）、项目的维护程度（定期适当地清洗地毯会延长它的寿命）、使用频度（一个场所90%的使用率要比50%的使用率坏得快）、滥用的频度（项目不能承受客人或员工的极度滥用）以及管理和客人期望的整体外观水平（一件在五星级物业不能被接受的陈旧的家具在二星级旅馆还是相当不错的）。

与资产重置费计划关联最密切的是有关物业自身的数据。图2-16提供了一个建于1997年的200套客房全功能饭店的设备预期寿命和更新费用。这些项目的实际寿命和费用在各饭店是有差异的。值得注意的是，资产重置费大约在开业5年之内开始增长。一个饭店应该有自己的资产重置费计划，至少要提出近期需求（2～5年），并且要对长期需求（5～25年）有起码的了解。一个由国际饭店咨询学会进行的研究可以为资产重置费提供模型和基础数据。这个研究的最新版本为《资产重置费2000—美国饭店业资产重置费研究》。[5] 该研究成果计划每5年修订一次。

图2-16 更新费用估算和旅馆设备期望寿命

200间客房的饭店（1997年）	预期寿命（年）	费用	小计
客房			
纱帘、幕布、地毯	5	$255000	
乙烯墙面料、室内装潢、电视	7	240000	
照明器具、艺术品	10	75000	
床、装箱物品，室内空调	12	630000	
电子锁系统	15	70000	
			$1270000

（续）

浴室		
乙烯基、毛巾架	5	$70000
瓷砖、照明	10	100000
镜子、梳妆台、镶条	12	125000
固定设备	12	100000
		$395000
走廊		
地毯、乙烯基	5	$114000
门、照明、天花板、艺术品、镜子	10	40000
制冰机	10	21000
		$175000
大厅、前台、公共区域		
地毯、乙烯基	5	$27500
沙发靠垫	7	8000
前台、天花板、瓷砖、装饰物品	10	35000
卫生间梳妆台、瓷砖、固定设备	10	15000
		$85500
管理办公室		
传真机、复印机、计算机设备	4	$10000
地毯、乙烯基	5	2000
员工餐厅家具、瓷砖	7	2500
装饰物品、家具	10	5000
客房预订设备	10	24000
		$43000
餐厅和休息室		
地毯、乙烯基、室内装潢	5	$75000
照明、陈列品、地砖	7	25000
装饰物品、艺术品	10	45000
厨房设备	24	75000
		$220000
会议室		
地毯、乙烯基、幕布	5	$20000
设备	7	2500
照明、固定设备、隔板、家具	12	42500
		$65000
饭店的外部和后院		
停车场（标志和车道画线）	4	$20000
游泳池平台、家具、绿地	5	40000

（续）

项目	年限	金额
涂料	5	50000
洗衣房设备	12	39000
		$149000
楼宇管理系统		
健身房	7	$34000
管理系统	8	30000
电梯（内部装修）	8	15000
电话交换机、前台办公系统	10	100000
水加热器，软化器	12	24000
房顶	20	125000
中央空调	24	50000
电梯（索缆）	24	30000
		$408000
总计		$2811000

资料来源：格列高利·A. 丹顿：《使用价值工程管理资产重置费》，《康奈尔大学饭店和餐馆管理》季刊，1998 年 4 月。

图 2-17 是图 2-15 中拥有 485 间客房的饭店的资金预算。这家饭店是最近购得的，所以它的资金预算可以反映出与前期管理有关的拖延和疏漏导致的费用对比。约 1069 万美元的资金预算使得约 230 万美元的年度 POM 和公用能耗预算相形见绌。当年将近 50% 的收入要花费在资产重置费上。工程部门经理负责管理所有这些项目的合同。

图 2-17 工程部门预算示例

485 间客房全功能郊区饭店	
项目	预算
客房修缮——主楼	$3358200
广场俱乐部休息室	120200
电梯内部	60000
制冰机	75000
外立面翻新	1425000
会议室和舞厅	1950000
公用卫生间	150000
走廊	600000
食品饮料	200000
公共区域	50000
行政管理办公室	200000
饭店后台	250000
宴会桌椅	100000

（续）

标识牌	175000
景观绿地	175000
遵循残疾人法的改造	425000
铝氧化	100000
大厦外部密封	250000
冷却器改造	50000
浴室排风马达	50000
新屋顶	50000
公共区域天花板开裂	100000
停车场建筑 / 停车区	60000
Y2K（2000 年）机械 / 能源管理	100000
局域网	325000
电话	200000
前台 / 售货处	75000
闭路电视	42000
总计	$10690200

　　资产重置费计划的执行在许多方面与设施建设的过程相似，需要准备详细的安排和说明；要把这些材料发出去招标，以便选择商家和承包人；必须通过谈判签订合同。时间和计划必须与饭店的运营相一致。当计划开始执行时，要监视预算和时间表的一致，以及工作质量和材料供应。执行过程的监督通常是工程部门经理的任务。根据饭店员工的多少和任务的大小、员工的技能以及业主和经营者的选择，资产重置费的实际执行活动可以通过内部员工进行，也可以由外界承包商进行，或由两者结合起来进行。

　　在某些情况下，饭店的资产重置费计划甚至执行活动都是在一个资产经理的监督下完成的。资产经理是代表业主、投资人、财务和营销顾问以及项目经理等各方联合体的高级职员。由于饭店业的业主们认识到他们的利益可能还没有在资产重置费项目中得到适当的满足，所以资产经理在 20 世纪 80 年代末和 90 年代初逐渐发展起来。[6]

　　资产重置费是业主支出，表示会有大数额的现金流出。大部分的资本支出用于改善大楼外观以及内部装修，但也包括更换机械仪器和楼宇系统的开销。然而，进一步对节能仪器和系统方面的投资可以带来可观的费用节约。采购节能仪器和系统可能获得回扣或者返税。设备和资产经理必须清楚了解相关的回扣与返税政策以便为业主挣得可能的利益。

　　截至编写此书为止，回扣和返税政策主要来自三种渠道。第一，来自当地提供电与燃气服务的能源供应部门。这些能源供应部门对于采购节能仪器会给予回扣政策甚至会替业主负担一部分或所有节能审计费用。[7] 第二，来自国家、当地政府的回扣和类似协助政策。在纽约市，纽约能源研究和建设管理局，这个当地政府机构，提供了多方面的能源费用回扣政策还有节能仪器补助金政策。[8] 也有其他机构会经常定期发布相关特殊回扣的机会，例如可回收能源。[9] 第三，来自国家政府所发布的《能源政策法 2005》。此法对于室内灯光、空调系统、热水系统、建筑外立面系统的改善给以高达每平方米 0.08 美元的税收折扣。 在编写此书为止，此能源政策法的细节还处于确认当中。[10]

设施基准比较

设施基准比较，即制定一套数字的（和其他方式的）基准，使得特定的设施可以与其自身进行比较，或与其他设施进行比较，这并不是一个新概念。设施费用和公用能耗早就借用了这个概念。有了适当工具，可以为自身的设施服务做基准比较，从而深入了解有效可取的地方以及那些需要改进的地方。这样做的目的是期望改善成本控制和提供更好的服务。

行业所使用的财会系统会尝试对能耗做出比较，依据每套房间的能耗成本作为收入的百分数。如前面所指出的，与设施相关的费用和其他计量数据最好以每平方英尺或每平方米为基础来比较。这是其他类型的商业房地产基准数据的制定方法。图 2-18 是各种类型商业大厦的能源消耗数据（在这个例子中是平均消耗）。

图 2-18 能源消耗标准

大厦主要功能	能源消耗标准 BTU/Ft2 年
教育	$79300
食品销售	$213500
食品服务	$245500
卫生保健	$240400
饭店	$127300
商业和服务业	$76400
办公楼	$97200
公共场所	$113700

资料来源：美国能源部 ,1995。

有很多工具能协助饭店制定能源基准，在某些情况下，环境保护操作标准已在近年陆续呈现。在美国，环境保护机构已推出关于物业相关基准比较服务，[⑪]以便于让饭店的能耗与其他物业进行比较、评分。得到好评的物业将在环境保护机构网站予以发布。将来这项服务也会包括对用水评分。

截至编写此书为止，以旅游合作协会运行的环境基准比较网站目前还在更新阶段。所以，对于它们提供的服务暂时无法做出评论。旅游合作协会提供了一个有意义的文件，概述基准比较概念和鼓励项目将加入正在更新的 BenchmarkHotel 网站。[⑫]这将是个有偿的服务。

其他行业协会的基准比较活动在外国已经全面展开。印度饭店与餐厅协会有个不错的服务。身为它的会员，饭店在印度可以用此免费系统来获得环境基准比较服务。[⑬]

饭店内部是最容易得到基准数据的。与前一年同期进行性能比较或观测长期趋势很容易做到。以内部的基准作为比较可以回避与外界同类比较产生的压力。然而，只在内部寻找基准作为比较和最佳操作方式可能会导致自满态度和失去改善提升的积极性。

为 POM 预算所建立的基准可以用每套房间的支出总计或收入的百分比来表示。每套房间设施所使用的劳动力也可以拿来进行比较（每 100 套房间的员工数或每个员工负责的房间数）。对于公用能耗来说，按每套房间计算的基准数据可能会使饭店间的比较产生误导。商业地产公司倾向于使用类似每单元区域设施员工全职等值的数值。

图 2-19 是来自一个重要的饭店公司的基准数据。每个基准数据都会产生差异，而差异是由饭店实用年限、服务范围、地方公用能耗费用、劳动力和材料，以及其他许多因素造成的。

计算机维护管理系统的介入有效地增强了管理者使用其他基准数据的能力。在这些系统中很容易得到如下基础数据：

- 单位时间内完成的工作单：按专业、地点、设备类型和员工统计；
- 未完成的工作单：按专业、地点、时间和员工统计；

图 2-19　商业饭店标准示例

标准
人均房间数
人均平方英尺数
POM 占收入的百分比
每间房 POM 费用
每平方米 POM 费用
能源费用占收入的百分比
每平方米能源费用

- 工作单相应时间：按专业、地点、时间和员工统计；
- 工作单的生成：按地点、员工、部门和时间统计。

基准比较可以成为饭店经营者的一个有用工具，而且有迹象表明基准比较的使用将越来越普遍，尤其是随着环境问题的日益凸显。然而，在应用这些工具时还需谨慎从事。饭店的需求和服务能力会由于气候、设施、系统和使用年限等因素产生很大差异。引进基准比较作为管理工具的初期阶段最好使用饭店自己的基准数据。过后，再与其他设施谨慎地进行比较。由此可以为改善服务和降低成本找到一条可计量的途径。

维保人员的管理

维护部门人员的管理问题主要包括任职资格、岗位监督和员工劳动生产率。它取决于饭店的规模和设备的复杂程度。管理所需的部门组织的构建方法因上述因素而变得有所不同。

工程部门的管理人员应具有一定水平的机械和电气技能。饭店的规模越小，工程部经理就越多地在维修中起骨干的作用。随着员工人数的增加和部门职责的改变，工程部经理将会更多地成为管理者，而更少担当岗位工人的角色。

小型饭店工程部门的员工需要具有广泛的维护技能，因为在那里他们要承担各种各样的工作任务。通常，这些员工需要受过高中教学内容里没有的电气、机械和管道方面的职业教育。如果他们有几年这些方面的工作经验是最理想不过了。作为一种筛选技术，许多单位开发出一套有关他们自己设备类型的维护技术清单。求职者必须试着回答这些问题。此外，由于维护员工有时需要提起很重的物体，他们的健康和体力状况必须比较好。饭店应考虑在招聘过程中进行体格检查。如果真的要求体格检查，在美国饭店必须依照法律要求他们申明他们需要从事的工作；要求体格检查选择性地违反了《美国残疾人法》。

由于工程部门的员工在饭店的各个角落工作，经常处于最低限度的直接监督之外，所以要求每个员工诚实可靠，并能够独立工作。此外，他们应该知道什么是优秀的工作质量和适当的安全措施，以及如何遵守地方法规。虽然他们接受的职业教育中会包括这些内容，饭店仍需要建立和传达饭店自己的标准，例如，行为举止、怎样称呼客人和同事等。

培训及证书

为工程人员和管理人员提供必要的培训并不困难，但是确实需要师资、时间和费用。由于美国饭店工程部职工流动率低，长期以来在招聘员工和对新员工进行入店培训方面几乎没有投入。任何饭店都应对新招聘的员工提供"公平共享"的培训，做好资金和时间上的预算，使那些长期雇员不断更新他们的技能。对于需要有许可证书才能上岗的员工来讲，这一点尤其重要。

工程部员工可以从地方技术学校和行业协会提供的专业培训中受益。诸如国际设施管理协会和大厦业主和管理者协会等团体组织可以提供适合提高技术员工技能和知识的课程和认证程序。[④]还有，大多数的设备供应商提供购进新设备时需要的各种技术培训。这种培训可能包括在设备采购价格中，也可能收取额外的费用。[⑤]工程管理人员可以得到各种培训。管理人员不仅可以从一线员工的培训程序中受益，还可以从为设施管理者提供的认证程序中受益。国际设施管理协会和大厦业主和管理协会可以为公司和商用办公大厦的经理以及非营利性机构的经理提供各种类型的认证程序。

美国饭店业协会通过它的教育学院提供工程运行管理人员认证（CEOE）程序，承认个人在该领域的经验和知识（图2-20）。

图2-20 工程运行管理人员认证（CEOE）程序

作为一个通过认证的工程运行管理人员，你在饭店业领域里达到的优秀水平会在世界范围内得到承认。认证程序是由美国饭店业协会教育学院创办和管理的，其要求包括教育、经验和考试。认证的5个步骤分别是：

1. 从三种计划类型中选一种：

   a. 侧重教育，在这个计划中，你至少应持有正规学院的2年饭店学习证书，或成功地完成了教育学院五门课程认证的专业程序。

   b. 侧重经验，要求最少3年全职限定岗位的（例如工程部经理）工作经历。

   c. 前期资质，候选人在考试前必须在有资格的岗位上工作过。成功地通过考试以后，候选人应根据要求完成专业课程、专题讨论和研究班课程，取得规定的学分。这个计划没有教育需求，但是如果有学位就可以减少在资格岗位工作年限的要求。

（续）

2. 向教育学院专业证书客户支持中心提交一份申请，地址是：800 Magnolia Ave.,
Suite 1800, Orlando, FL 32803。

3. 证明。候选人任职单位的总经理或公司代表提交候选人推荐信并提供聘用证明。

4. 准备和考试。在这一步骤中，候选人可以根据情况用 6 个月的时间完成所有规定程序。候选人可以得到研究指导，也可以上复习班。

5. 换发新证和持有证明，候选人在其饭店生涯中的持续努力得到承认。

工程运行管理人员的认证将职业与饭店业联系起来，在饭店业和各公司中建立起一个期望和受人尊重的标准。

尾注：

① 加斯顿·劳瑞森，《被证实的降低工程成本的计划》，中西部旅馆记者，1929，再版于饭店工程 1（1941）。

② 理查德·F·穆勒巴赫和弗兰克·E. 赖安的《开发维护协议》，《物业管理》杂志，1988 年 3 月 / 4 月，第 40 页。

③ 《饭店业统一会计系统》，第 9 版（密歇根州，兰辛：美国饭店业协会教育学院 1996），第 ix 页。

④ 《饭店业统一会计系统》，第 183 页。

⑤ 《资产重置费 2000》，由国际饭店咨询学会出版，地址：515 King Street, Suite 420, Alexandria, VA 22314，国际互联网站点：www.ishc.com。

⑥ 关于更多资产管理可以参考保罗·比尔斯及格瑞格·登顿，eds.，饭店资产管理：原则及实践（美国饭店及住宿协会的教育学院，2004）

⑦ 其他有关能源计划的资料或信息，请参考艾迪斯机电学院的有关资料。本书在撰写过程中，EEI 网站也提供了部分与能源回扣计划相关的信息，具体请参考 www.eei.org/industry_issues/retail_services_and_delivery/wise_energy_use/programs_and_incentives/index.htm。

⑧ www.nyserda.org/incentives.asp。

⑨ 关于国家使用再循环能源的奖励数据例子可参考 www.dsireusa.org。

⑩ www.efficientbuildings.org。

⑪ www.energystar.gov/index.cfm?c=hospitality.bus_hospitality_bm_starter_kit。

⑫ www.tourismpartnership.org/PDFs/WWWF%20Benchmarking.pdf。

⑬ www.dainet.org/benchmarking/about_this_model.asp。

⑭ 更多信息请参考 www.ifma.org 及 www.boma.org。

⑮ 约翰逊控制公司提供广泛的技术培训课程。如果需要更多的信息请访问下列国际互联网站点：www.johnsoncontrols.com。

主 要 术 语

资产经理 (asset manager)：作为业主、投资经理、财务和营销顾问以及项目工程师各方联合体代表的高级职员。

资产重置费 (CapEx)：诸如 FF&E 和大厦系统的资金支出科目。

计算机化的设施／维护管理系统 (computerized facilities/maintenance management system，CFMS/CMMS)：计算机化的维护调度、记录保存及档案系统，使维护修理的"文书和派遣工作"现代化。

合同维护 (contract maintenance)：由合同服务公司进行的维护工作。

控制示意图 (control schematic)：表示设备中继电器、定时器、保险丝、开关以及基本控制接线的文件。

应急／故障维护 (emergency/breakdown maintenance)：对直接影响饭店收入的问题所进行的维护工作。

设备数据卡 (equi 预防性维护 ent data card)：用于维护、记录设备所有主要部件的实际情况和重要信息的卡片。

设施基准数据 (facilities benchmarking)：一个连续性的改进活动，制定数字的或其他形式的标准，使得一个特定设施可以与其自身和其他设施进行比较。

客房维护 (guestroom maintenance)：一种预防性维护，包括客房中许多项目的检查、门与其他设备的常规润滑以及小毛病的修理，问题比较严重时，启动工作单。

库存记录 (inventory record)：一个维护记录保存系统，用来跟踪设备和其他材料备件的实际库存。

材料安全数据单 (material safety data sheets，MSDS)：职业安全和健康署批准的表格，用于告知员工在工作场所中用到的材料存在什么潜在的危险、怎样安全地使用这些化学物品以及在事故状态下应该做什么。有害材料的供应商和厂商必须为每件产品提供一份材料安全数据单，员工必须能够得到这些表格。

外包 (outsourcing)：一种由合同服务公司提供、而不是由内部员工完成的设施服务。

设施运行与保养成本 (POM)：饭店设施建成投入使用后的日常运行费用，两个主要开支项目之一（另一项是能耗费）。

预防性维护 (preventive maintenance)：侧重于检查、润滑、小修理、调整以及启动工作单等的维护工作。通常使用制造商提供的信息作为这类维护工作的指导。

预防性维护规程 (preventive maintenance instructions): 预防性维护规程来自工作经验、供应商和厂商提供的信息以及各种职业技术组织提供的信息。这种规程可能会包括一个清单，列出进行每项工作所需的专门部件或设备。

预防性维护计划 (preventive maintenance schedule): 一项用于维护大厦中各种设备设施的计划，对于客人满意程度、饭店整体形象和市场销售、安全和保安以及其他部门的工作都会产生重要的影响。

修理单 (repair order): 一个用于请求维修服务的文件，也称工作单。

客房数据卡 (repair data card): 用于记录有关客房基本特性和主要设施信息的卡片。

客房核查单 (room checklist): 一个用于客房（预防性）维护的核查单，通常列出客房中所有的维护项目，提供关于检查类型、润滑以及需要进行的清洗工作的简要说明。

日常维护 (routine maintenance): 属于周期性重复进行的例行维护工作，需要比较少的技能和培训（例如锄草，耙树叶，铲雪，地毯和地板清洗等）。

计划维护 (scheduled maintenance): 重要的维护工作，需要预先计划，执行时间比较长，需要专业化工具和设备以及部门间的高度协作。

工作单 (work order): 见修理单。

复习题

1. 什么是与预防性维护有关的基本活动？
2. 对于饭店管理者来说，在什么情况下适宜使用合同维护服务？
3. 设备数据卡与客房数据卡的相同点与不同点是什么？
4. 为什么说在设计一个设施时考虑库存需求是很重要的？如果这些需求在这个阶段被忽视了会产生什么问题？
5. 预防性维护对有效使用劳动力能起到什么作用？
6. 如果发生变更后没有更新建筑物平面图会产生什么样的后果？
7. 决定能源预算和 POM 预算中的劳动力部分的最好方法是什么？
8. 饭店规模对维护功能在资金方案和更新改造中的角色有怎样的影响？
9. 影响饭店维护人员数量的因素是什么？
10. 哪些方法可以用来考查维护部门的生产效率？使用这些方法会产生哪些正面

和负面的影响？可以采用什么方法提高维护效率？

11. CFMS/CMMS 的主要好处是什么？

12. 什么是设施基准数据？

13. 设施基准数据对设施工程师有什么帮助？

14. 什么是分表？它在成本费用管理中的作用是什么？

15. 什么是资产重置费管理？

16. 资产经理在资产重置费管理中起什么作用？

17. 资产经理的任务是什么？

网址：

若想获得更多信息，可访问下列网址。网址变更恕不通知。若你所访问的网址不存在，可使用搜索引擎查找新网址。

1. 《美国学校和医院维护》杂志：http://www.facilitiesmanagement.com

2. 《建筑业》杂志：http://www.buildings.com

3. 《大厦运行管理》杂志：http://www.tradepress.com/publicat/bom

4. 能源决策：http://www.facilitiesnet.com/energydecisions

5. 能源用户新闻：http://www.energyusernews.com

6. 设施网：http://www.facilitiesnet.com/fn

7. 房地产管理学会，《物业管理》杂志：http://www.buildings.com

8. 国际饭店咨询学会：http://www.ishc.com

9. 维护方案杂志：http://www.tradepress.com/publicat/ms/index

10. 美国能源部能源信息署，商用建筑能源消耗调查：http://www.eia.doe.gov/emeu/cbecs

案例分析 案例 1：

需要拨打多少次电话才能更换一个灯泡？

电话再次响了。

铃声不断，到了下午 5 点 15 分，不会有什么好消息。阿贝尔·沃灵顿身为一个 1000 间客房的饭店工程总监，正在为总经理准备一份报告。总经理曾问他有关使用计算机维修管理系统后对于物业带来哪些好处。因为有个姐妹物业正在考虑是否要安装类似系统，阿贝尔想帮忙他们尽量利用好。

他拿起话筒还没来得及说话听筒的哪一边就传来了前台经理达芙妮的刺耳声音，"下面还有人工作吗？阿贝尔，你的部门在干嘛？这已经是这周的第四次了，48 间房处在维修状态，刚好又是入住高峰时间。我有个大型会议正要开始而客人却在大堂等待开房。我们的储存室都放满行李箱，服务人员都挤不进去了。"

阿贝尔进入电脑派工系统，好在所有的资料都在手上。"我 6 个月前是无法办到的，"他心想。"当然，6 个月前也没有这些问题。"

他快速地整理派工单，也看到了有 39 件派工单反映的恰恰是那 48 间房间。维修房间是因为室内灯泡不亮，而目前只有一位电工在上班。

他说："达芙妮，我们应该可以很快让他们入住。""可是你也应该可以理解总经理对于不亮的灯泡是有个'零容忍'政策的，他绝对不会让我们没换好灯泡就让客人入住。"

"我所知道的是现在我要提供免费饮料给疲劳的客人！"达芙妮说着就砰地挂掉了电话。

阿贝尔叹了口气，把报告放一旁就赶着去帮助上晚班的维修工换灯泡。他希望尽快处理好这 48 间房。90 分钟后，他与当值工程师弗农一起回到办公室。

"我不知道，领导。"弗农边说边穿上外套准备打卡下班。这样的日子好像越来越平常。开始的时候一天都没什么事，后来派工单都一起来了。如果派工单可以早一点来就好了。

饭店维修软件系统可以让房间保洁人员直接报修。报修程序是有自动指导功能的，也可选择各种语言。饭店已安装了英文、西班牙文、中文、法文及德文的操作模式。系统可以自动形成派工单、维护的优先等级，并传送到工程部员工所佩戴的呼叫机上。他们知道计算机派工系统有很多好处可是这都超过他们的期望。

阿贝尔快速回顾系统其他功能：

- 它可以制作派工单追溯；
- 它可以根据优先等级派工；
- 它可以跟踪记录是谁，内容，及几时形成的派工单，包括是谁报修的、是否是客户报修、是谁修复、报修时间、关闭时间、哪里派工及报修内容；
- 它可以让任何员工报修时只在电话中输入密码即可；
- 它可以按房间、楼层及楼宇分类数据；
- 它可以记录派工单的人工及物料费用；
- 它可以观察未完成，过期及等待维修的派工单；
- 它可以制作员工记录表格；
- 它可以制作各项报表并根据使用者的需要进行分类。

他已详细记载前两项的功能用处，还没记载第三项就被达芙妮的电话打断了。他接着回忆：

跟踪数据可让我们做到以前不可能做到的事。例如，根据返修分类中的重复报修项目，我们可以发现 455 号房的浴室顶一年来翻修了 6 次。每次都是不同的维修工施工，因此没有人发现是返修。这一数据为我们亮了红灯。调查发现其根源来自上面一层客房卫生间里漏水。这次我们将从根本上解决问题而不只是解决表面问题。

阿贝尔查阅了他的工作笔记。他写下了 4 点体会，详细说明计算机系统如何改变了部门操作流程。他想借助计算机系统完善他先前思考过的下述工作：

- 制订一个针对工程部和客房部的激励计划；
- 在饭店内部建立与同类同级别物业的服务效能比较；
- 发掘有哪些工作可以有效地实施外包；
- 为物业运行及维修费用制作预算和制作《员工作业指导书》。

当阿贝尔准备着手另外一项工作时，弗农的道别突然提醒他重新进入电脑派工系统。他快速查阅了派工时间作为分类的前数周的数据。事情开始明朗了。他发一封电邮给客房的行政人员安伯，约他明早讨论 15 分钟。之后就下班。

第二天早 8 点 30 分，阿贝尔来到安伯的办公室。"我希望你帮忙解决一个问题。最近我们有很多房间到了入住时间时无法使用。这导致前台压力增加，因为因为他们不得不为客人提供免费饮料。"他拿出数据表放在他面前。"安伯，你看一下。我发现 85% 的客房报修都在上午 11 点 30 分或在下午 3 点 30 分之间。这意味着我的工人没有多少时间维修就要吃午餐或者到他们要换班的时间了。"

"这是当然的。"安伯说。阿贝尔等着他解释。安伯叹气地说，"那段时间就是客房保洁人员休息时间或下班时间。"

"我还不理解，"阿贝尔说，"为什么我们会在他们休息时而不是他们工作时得到报修申请？"

"这是因为只有在这个时间客房保洁人员才把维修单提交给主管。"安伯以明知故问语气回答。

阿贝尔傻眼了。他停顿一下再问："为什么他们这样做？为什么他们不拿起电话直接向系统报修？"

"阿贝尔你在说笑，"她回复，"大部分的员工都在这里工作了 15 年以上。你真的认为他们会改变目前工作办法吗？何况大部分的人都说不知道如何使用这套系统？"

讨论题

1. 所有报修同时进入系统的问题对于内部及外部客户有哪些影响？
2. 问题的根源是什么？还有哪些因素助长了问题的存在？
3. 有哪些方法可以解决此问题？
4. 计算机派工系统如何提供信息来解决阿贝尔在报告里提及的四个议题：
   - 制订一个针对工程部和客房部的激励计划；
   - 在饭店内部建立与同类同级别物业的服务效能比较；

- 发掘有哪些工作可以有效地外包;
- 为物业运行及维修费用制作预算和制作《员工作业指导书》。

案例号：2812CA

以下是协助制作和建立此案例的行业专家：理查德·马祖里那，物业运行总监，华盛顿特区，首都希尔顿饭店；埃德·皮埃扎，工程总监；及大卫·马祖里那，物业运行总监，纽约万豪侯爵；还有马歇尔·斯蒂帕纳克，副教授，饭店管理学院，康奈尔大学，伊萨卡，纽约。

案例2:

是否取得认证?

金标准连锁饭店的董事局正在考虑以融入另外一家连锁饭店来扩展市场。在前期调查时，金标准连锁饭店的高层考察了好几个物业后都发现了它们的基本设施都存在问题，包括不到位的预防性维修计划及生命安全系统失灵。董事局现在要寻找解决方案及考虑金标准连锁饭店是否还要坚持进行收购。

凯特·艾伦，一位金标准连锁饭店的高级经理，参加完美国饭店业协会会议正在回家的路上。在会议上有个关于竞争者将要为他们的工程管理人员取得工程运行专业认证以提高管理服务档次的演讲。认证由美国饭店业协会颁发，而课程设置可以根据参训者的学历，经验或者早期资质而量身定制。学员完成全面课程后通过考试可以取得认证证书。

凯特就是从饭店业协会获得 CHA 认证的。她认为这对她的事业一直很有帮助。她心想，这种认证其实是对金标准连锁饭店现在面临的基础设施问题的一个很好的解决方案。"你知道，"她心想，"根本性问题应该是工程经理缺少经验或没有足够的培训提升。"她想着在金标准连锁饭店推广认证的可能性，她指导饭店要求每个工程经理都要参加一年 40 小时的培训。为什么不把培训标准化，这样一来，公司也会从中知道能得到什么了。"还有，"凯特想，"如果我们要求每个人参加同样的培训，这样每一个物业的每位经理就有了同样的标准，知道同样工作如何去做了。"

凯特下飞机就兴奋地打电话给董事长基思凯瑞，告诉他关于参加认证培训的想法。他说，"很好，听起来你参加了一个令人信服的演讲，可是董事局同意之前还需要更多信息来支撑对现行政策的改变。我需要你准备好一个关于执行此计划的利与弊的报告，包括解答工程人员有可能提出的相关问题。"

凯特知道这可是个艰难的任务，可是她有信心说服董事局，她知道，参加专业认证正是目前公司所需要的。

讨论题

1. 当决定要求工程经理参加认证培训之前，金标准饭店需要考虑哪些利与弊？

2. 关于这项要求，工程经理会提出哪些问题？凯特又该如何解答这些问题？

以下是协助制作和建立本案例的行业专家：

1. 华盛顿特区、大都希尔顿饭店、物业运营总监：理查德·马祖里那；

2. 纽约市、纽约万豪马奎斯饭店：工程总监、物业管理师，设施管理师，工程认证业务主管：艾德·匹萨克。

3. 纽约州伊萨卡市康奈尔大学饭店管理学院：副教授大卫·马歇尔·斯蒂帕纳克。

第3章

概　要

学习目标

1. 描述可持续发展及其在饭店业总体商业策略中的作用。

2. 阐明环境问题在世界事务舞台上对全球商业和经济、法规、市场以及社会责任所产生的推动作用。

3. 陈述设施管理者可以采用的垃圾减量和处理的主要措施。

4. 描述能源管理不善对饭店盈亏和当地社会团体的影响。

5. 概述供水和废水管理中所涉及的问题。

6. 描述公认有害物质的潜在危险及其防护方法。

7. 说明物业运营多种车辆的负面影响，以及工程部门经理可以用来减少或消除影响的措施。

8. 解释适当的土地使用计划管理在经济和社会方面的细微差别。

9. 描述饭店业在处理环境和可持续发展问题的过程中，让员工、消费者、社会团体以及合作伙伴的参与会获得哪些收益。

3

环境和可持续发展管理

饭店的环境保护计划可从多方面介入，而得出效果大多一致。有人产生了一个想法，并用"我们为什么不"来培植这个想法。加拿大太平洋饭店集团就用"我们为什么不"作为一个话题。这个话题来自费尔蒙特饭店和度假地负责公众事务和通信的副总经理安·莱顿。"我觉得现在（着手从事环境保护工作）恰逢其时了，"安·莱顿说。"我在自己的个人生活中就关心环境。我在家里循环利用废物，而在饭店为什么就不行呢？我们面临着同样的问题。为什么不试着在这里做人们在家做的事情？"

她雇用了一位专业环境顾问，并向员工征求建议："在这里工作了20年的人们应该知道该做什么。"莱顿把收集到的建议归纳成16个雄心勃勃的目标。太平洋饭店要把送到垃圾填埋场的废物减少一半，要开展一项广泛的回收利用活动（包括用来收集客房可再生物的蓝盒子），要重新制定采购政策，从源头上减少废物，要使用对环境无害的饭店用品。"我一开始觉得这种计划会在所有的饭店里实行，会产生比较好的效果，"莱顿说，"现在看来这些计划虽然只是刚开始，但总比什么都不做要强。"

莱顿认为太平洋饭店做了两件正确的事情。第一，启动程序之前在员工中进行民意测验。第二，开发了一套在集团整体范围内的激励机制，并将此机制列为环境保护工作的第二阶段计划。绿色激励机制旨在每个项目中建立小组，以便全面展开和进行环境保护计划。项目环境保护计划的推进和拥有新的保护办法的实施可为该项目的员工获得"太平洋树"的标签。到了年底，得到"树"最多的小组可以赢得去牙买加或阿卡普尔科（墨西哥南部港口城市）的旅行奖励。"员工们都想得到这些树，"莱顿说，"没有人愿意成为最后一名，所以许多饭店提交的建议多得令人难以置信，我们已经把这些建议编进了程序中。"[①]

关于饭店业的运行会对自然环境造成负面影响的忧虑继续增长。这种负面影响比起其他重工业来说也许不那么严重，但是饭店业的规模和增长的速度，特别是在主要旅游地区，意味着它对环境的总体负面影响可能会变得日趋严峻。由于认识到关注环境的必要性，美国饭店业协会在20世纪70年代初期成立了一个环境质量常务委员会。这个委员会的章程规定，要研究行业活动对其周围环境的潜在影响并针对这些影响设计相应的方法和程序。在现今的美国饭店业协会中，有一个工程和环境委员专门从事这些问题的研究。

20世纪90年代，美国旅游观光白宫会议和联合国把旅游观光的环境问题列入议程。大量来自各类娱乐业的公司也开展行动评估和减少他们的企业对环境的负面影响。[②]

在国际上，许多协会和企业高层领导纷纷参与有关评估及减少环境负面影响的获得。国际饭店和餐饮协会、世界旅游观光理事会和国际饭店环境行动组织搞了许多活动，加强人们鉴别和减少环境负面影响的意识。地方和区域性的旅游观光协会也积极提供培训材料、技术帮助和奖励最佳实践典型代表。洲际饭店、斯堪的克饭店和加拿大太平洋饭店都是这种活动的早期发起单位。

环境问题通常仅限于自然环境，并且偏向于关注全球气候改变的问题（特别是二氧化碳排放和氯氟碳化合物）、污染（空气、水、噪声、视觉和其他形式）、动植物栖息地/生态系统退化、资源消耗（包括固态废物问题）。与之密切相关但更为广泛的问题是可持续发展。可持续发展不仅包括典型的环境问题，还包括诸如3E——经济、环境和平衡（Economics, Environment, Equity）等方面的问题。

饭店业已经在许多方面开始关注环境可持续发展问题。经济可持续发展是一个主要问题，是所有饭店管理企业都要面对的严重挑战。改善环境可以避免饭店企业"杀金鹅"[③]，这是解决自然环境问题过程当中经营者必须顾虑到的。平衡方面的问题可能更具有挑战性。来自饭店业运营的收入和利润如何分配、这些运营对地方社区和文化有哪些负面影响，还有运营如何减少损害又如何为环境做出积极贡献，这些仅仅是许多平衡问题中的一部分。

可持续发展是遍及全球工商界的主题。它对于饭店业成功的重要性是毋庸置疑的。关于这一话题的详细讨论可参见本章注释。

关注环境问题的推动力

让集团公司和个体经营者对环境问题的关注并为此而付出努力存在多种推动原因。其中有经济上的考虑、法律法规制约、市场因素和社会责任方面的。

拓展阅读

追逐变革和意识转变

一盘美国饭店业协会教育学院制作的录像带强调了美国4个非常不同的饭店经营项目所取得的环境成就。它们的经营范围从小到大、从中心城市到度假地、从新到旧。这种广泛的活动不仅在项目里开展，还延伸到本地社区。

佛罗里达州——航天飞机饭店

在这一片段中，业主描述了环境活动对饭店盈亏的贡献，以及活动怎样改善了物业的周边环境和客人的感觉。使用节能照明和采取节水措施降低了运行费用，增加了利润。在饭店的门前恢复湿地创造了让客人们大开眼界的自然环境。

俄勒冈州——威斯汀饭店

在西海岸，一家市区物业认识并抓住了节约能源的良机。工程部门的员工采用创造性的方法回收废热，还通过其他途径减少能源使用、降低物业开支。这家物业和威斯汀饭店公司用行动说明和总结了因节约能源而对环境的贡献。

佛罗里达州——沃特·迪士尼乐园

这一片段是有关荒野饭店和沃特·迪士尼乐园固态废物管理工作以及贡献社区活动的报道。荒野饭店展示了一个考虑环境设计的物业。沃特·迪士尼乐园的固态废物管理工作包括在整个联合企业开展大规模的回收利用和堆肥。景观的害虫整体管理和废水处理也是行动的一个重要部分。与地方社区共享多余的食物是沃特·迪士尼乐园程序中的一个特有项目。

马萨诸塞州——檀香饭店

有关檀香饭店的这一片段介绍了该公司解决老城区物业环境问题的多种获奖成就。其中有许多革新活动，包括洗衣房热能和水的回收利用以及亚麻布制品的循环再使用。这一片段还介绍了该公司把环境标准与采购决策相结合的实践活动。

经济上的考虑

对于推行环境保护工作，经济因素通常既是强制性的又具有重大影响力。许多环境保护工作有很大的经济利益。比如说，把白炽灯换成小型日光灯，节约了能源，于是发电厂也减少了发电量。这种节约工作可以在几个月内得到回报（由于灯具寿命延长因而减少更换次数最终减少了维护费用）。另一个例子是固态废物的管理。开展回收利用活动可以减少垃圾处理费用。循环利用对环境和经济都是有利的。保持一方净土可以产生良好的经济效益：许多干净地方的饭店业主要依靠优美的自然环境吸引顾客。

法律法规制约

对废物循环利用、由于缺水而限制用水、各种限制排放规定，以及为保护环境进行立法不仅仅是为了保护环境而且对生意有好处。开发新产品必须考虑环境影响，从可行性研究阶段到商业运作、到更新换代都在规章制度的制约下进行。违反法律法规会危害新产品开发，还会招致罚款甚至刑事处理。

市场因素

市场因素推动环境问题的关注来自以下几个方面。第一，有高度重视环境的市场需求，在采购中寻找环保产品。20 世纪 90 年代出现的生态旅游市场就是一个最好的例证。第二，有关空气和水的质量以及食品安全的环境问题与全球的旅游业经营者都有关系。旅游业经营者开始要求与他们做生意的行业遵守政府颁布的观光业标准。那些觉得经济（节省费用）和法规不足以激励关心环境问题的经营者在主要的旅游业经营者拒绝和他们做生意时会变得积极主动起来。第三，全球工商业界对供应商／厂商通过 ISO 14000 标准（环境管理系统）环境认证要求的增加意味着顾客会寻找 ISO 认证，饭店管理公司也会在它们的卖主那里寻找这种认证。[④] 在不久的将来，（高水平的）环境成绩认证很可能成为做生意的必要条件，就像现在要求的良好的信用和要求适当的保险覆盖范围一样。

其他的市场因素也在继续出现。例如，在 2001 年，环境责任组织联盟（以下简称 CERES）开展了绿色饭店举措。CERES 这个举措的目的主要是要求它的成员在做出选择饭店的决定时要考虑到环境问题。"绿色会议"运动也逐渐得到重视，目的是要求减少会议和大型聚会对环境带来的负面影响。[⑤] 绿色会议的工作范围可从回收利用开始到食谱选择甚至到采取多种办法来抵消因交通而带的环境负面影响。[⑥]

在 20 世纪后期，经济全球化日趋明显。许多国家承认，它们不仅受到国内政治、社会和经济问题的影响，还受到来自其他国家的影响。公司企业都开始理解这一点。

环境问题在国家和世界层面上也被提了出来。承认全球的公民权也就意味着承认全球环境的负面影响。饭店业的单独行动对环境有潜在的重要意义，特别是饭店业规模巨大和发展迅速。非饭店业的行动对饭店业也有重大影响：请看20世纪90年代末期印度尼西亚旅游业受到的冲击。四处蔓延的大火产生的烟云使游客数量锐减、对航空公司的投诉增多。各公司要承担更为广泛的社会责任，即全球化的副产品。

社会责任尺度

许多饭店业内和业外的公司都认识到环境保护政策与公司的社会责任相互关联。6家洲际饭店把环境举措和社会责任活动结合起来并在它的国际互联网站上推出。[7]万豪国际公司承认有责任为它的合伙人、客人和社区保护环境，并在它的环境保护运行手册中对此进行了说明。[8]费尔蒙特饭店和度假地，包括前加拿大太平洋饭店集团，已经采用了加拿大太平洋优秀环境保护程序。[9]爱克（Accor）是另一个主动采取措施解决环境问题的饭店管理公司。[10]这些公司的举措是业内关注环境和社会责任的榜样。

饮食服务业方面的公司也开始变得越来越具有环境意识了。星巴克已经认识到并开始对环境问题和社会关注做出响应。[11]它们为单位里出色的环境保护成绩设立了"绿豆奖"，它们通过参加"CARE"和国际发展活动来担负起团体社会责任。麦当劳餐厅作为环境保护基金和保护国际组织的合伙企业，已经做出了大量努力，包括垃圾管理改革和雨林保护举措。麦当劳餐厅在罗纳德·麦克唐纳家族支持下所承担的社会责任也是显而易见的。[12]

列入环保计划的项目会由于公司、区域以及许多其他因素而有所不同。关于环保程序内容的指导，请参考旅游观光业议程21（图3-1）。

垃圾减量和管理

垃圾的减量和管理包括减量、重复利用、循环利用和垃圾转化，还有《垃圾拖运合同》的费用结构和管理。这些工作把垃圾减量处理和处理费用结合起来，有助于确保垃圾的最终处理方法符合环境保护要求。

很显然，服务的类型不同，设施的范围不同，产生的垃圾也不同。不提供餐饮、有一小片最简单的景观，没有会议设施，这种实惠型旅馆产生的垃圾相对比较少。

图 3-1　旅游观光业议程 21

优先级 1：垃圾减量和管理

目标：资源投入最小化，产品质量最大化，以及垃圾产出最小化。

优先级 2：能源的节约和管理

目标：减少能源的使用，减少可能对大气产生破坏性的排放。

优先级 3：洁净水资源的管理

目标：保护水源的质量，有效地、合理地使用现有水源。

优先级 4：废水管理

目标：为了保护水环境、保护植物群和动物群、保护和保持洁净水源的质量，尽量减少废水的产出。

优先级 5：危险物质

目标：用更有利于环境和健康的产品替代含有潜在危险物质的产品。

优先级 6：运输

目标：减少或控制产生有害排放和其他环境影响的运输。

优先级 7：土地使用计划和管理

目标 用适当的方式满足对土地的多种需求，确保开发活动不产生视觉上的环境侵害，在获得收益的同时保护环境和文化。

优先级 8：员工、消费者和社区参与

目标：在开发中保护和结合社区公众的利益，确保员工、消费者和社区公众学到的环境课程在家庭里得以实践。

优先级 9：可持续发展的设计

目标：确保新技术和新产品的设计污染减少、效率提高，社会和文化上适宜，在世界范围内可得到推广。

优先级 10：可持续发展的伙伴关系

目标：建立长期的可持续发展伙伴关系。

资料来源：《旅游观光业议程 21——为了环境可持续发展》。WTTC，WTO，地球讨论会议，1997 年。

全功能的度假地／会议饭店有饮食服务，大片高水准的景观，客人在住宿期间可以得到各种形式的服务，这类饭店产生的垃圾就比较多。快餐店的垃圾主要是一次性的最终产品包装物（杯、盘、餐巾纸以及同类材料），食物垃圾通过预处理可以实现减量。正餐馆的垃圾里最终产品包装物比较少，而残渣剩饭则比较多。

垃圾减量和管理可能带来的经济利益是很大的。《垃圾拖运合同》占饭店运行和维护预算中很大的一部分，每个房间每年超过 100 美元的开销是不足为奇的。监督和检查垃圾桶里的东西也可以减少不必要的损失，诸如餐具或其他不应该丢弃的材料。在《垃圾拖运合同》管理中采用下列措施可以减少处理费用：

- 只有垃圾桶装满以后才能运走（拖运合同是按满罐和垃圾重量付费的）；
- 要求过秤重量单和账单一起提交以核实垃圾量（在根据重量而不是体积付费的情况下）；
- 采用竞标的方式决定承包人。

垃圾减量实际上从采购阶段就开始了。采购散装产品、使用由再生材料制造的产品、控制产品的使用以避免产生垃圾，与供应商合作减少产品包装，都是减少垃圾来源的可行办法。不要忘了选购比较耐用的产品（使用寿命比较长），并采用适当的维护和服务程序来减少消耗磨损、延长使用周期。例如，在一个电子锁系统中，每个锁是用 6 节 AA 电池还是用一个 9 伏电池，取决于系统的选择。AA 电池平均可使用两年，而 9 伏电池可以使用 4 年。每过 4 年你要为每 100 个锁更换 1200 节 AA 电池，费用是 600 美元。对于使用 9 伏电池的系统来说，每 4 年你为每 100 个锁更换的电池是 300 块，费用是 90 美元。这就大大减少了费用和电池的处理工作。

重复利用作为一种垃圾减量的手段，在饭店业已经实行了许多年；诸如浓缩果汁和啤酒桶等饮料包装物的重复利用是最典型的。长期以来，饭店把运输底托和货盘返还给供应商以使物品重复使用。重复利用不仅限于把饭店用过的亚麻布织物捐赠给养老院或其他慈善组织。更新改造替换下来的家具和设备通常卖给财产清算人或以其他途径再利用从而延长其使用期限。

循环利用作为一种节约手段可以为企业创收。再生材料的价格有地理上和时间上的变化。地理上的变化是由于距离加工机械和再生材料用户的远近以及具体地区再生材料的开发利用程度造成的。时间上的变化是由于市场力量不仅与材料的供应有关，还与再生产品的需求量有关。对于一个物业的循环利用程序来说，实际的经济价值通常是节省垃圾拖运费而不是卖废品收回的钱。图 3-2 的数据说明了这一情况。

图 3-2　循环利用的费用和节约，芝加哥市海厄特摄政饭店

节约	1997	1998
节省拖运费	$200787	$176720
回收项目、设备	28459	33500
收入	8842	6000

（续）

总节约	**$238088**	**$216220**
费用		
劳动力费用	$73508	$74000
管理人费用	65000	55400
供应品	8250	9740
总费用	**$146758**	**$139140**
净节约	**$91330**	**$77080**

资料来源：芝加哥市海厄特摄政饭店年度循环利用报告，C.A.恩泽和J.A.西格沃《最佳饭店环境实践》，《康奈尔大学饭店和餐馆管理季刊》，1999年10月。

可循环利用的材料通常包括：

• 玻璃；

• 金属；

• 塑料；

• 纸张；

• 纸板；

• 庭院垃圾。

通过采购记录可以确定可再生材料的潜在数量。根据采购的各种产品和包装物的数量，可以很快估计出可再生物的数量。

对于玻璃的再生利用，最好用不同容器把不同颜色玻璃区分开，这样可以卖出好价钱。为了减小玻璃的体积，也许需要买一台玻璃破碎机（取决于饭店产出的玻璃垃圾的体积）。干净的、没有盖子的玻璃瓶也可以卖出好价钱。有些装饮料的玻璃瓶可以通过重复使用来达到循环利用的目的。一个促使玻璃循环利用的重要动机是返还饮料瓶可以退还押金。

饭店业里金属的循环利用通常指饮料罐（一般是铝罐）和食品罐头盒（含铁和锌）。铝比较值钱，有必要分拣出来。在某些地区，饮料瓶有押金，非常有利于回收。食品罐头需要清洗，有时还得去掉纸制标签。把罐头盒压扁可以减小体积，节省存储空间。

塑料的再生利用更具有挑战性，特别是在发展中国家，因为并不是所有的地区都有回收能力。和回收利用其他材料一样，对各种塑料进行清洗和分类是获得好的市场价格的关键。图3-3是用来识别不同塑料和塑料制品的通用标志。

纸张的循环利用是许多运营当中的可选项目。分拣各种类型的纸张——新闻用纸、办公打印纸以及其他纸类——如果量大的话，是可取的，因为混杂的纸张比分类的纸张价格要低很多。有些饭店还尝试着用废纸堆肥。不过成功的范例几乎没有见到。

纸板很久以来就是回收利用的。这种材料通常有稳定的市场，它自身的特性决定了可以现场收集、压缩和打包。如果纸板的量很大，可以考虑置办一台打包机。除了收货部门日常积累下来的零碎纸板以外，如果承担了更新改造项目，也会产生大量的纸板。在这种时候与厂商合作可以确保纸板的回收利用。

有的饭店没有庭院垃圾和来自海滩清理的海草，而有些饭店的这类垃圾会占到垃圾总量的 40% 以上。如果空间和时间允许的话，用这些垃圾和厨房非肉类的残羹剩饭堆肥，不仅可以降低垃圾处理费用，还可以提供有用的土壤和肥料来源。对于那些不打算堆肥的饭店来说，可以雇搬运工把这类垃圾运到堆肥场去。[13]

图 3-3　识别各种通用塑料的符号

	描述	使用范围
♲ PETE	1-PET、PETE（聚乙烯）PET 透明度好，硬度强，有良好的气和湿气隔绝功能。通常用于汽水瓶和注塑形成的消费产品包装。其他运用包括捆绑食物与非食物包装。洁净，再循环后的 PET 碎片和颗粒对于地毯制作，纤维填充，手工织物有很大的需求。又名聚酯纤维。	汽水，水，体育饮料，啤酒，漱口剂，番茄酱和沙拉酱。花生酱，果酱罐子。能经得起炉烘的食物盘具。
♲ HDPE	2-HDPE（高密度聚乙烯）HDPE 可用于瓶装牛奶、果汁、水和洗衣产品。未染色素的瓶是半透明，有良好的隔绝功能和硬度，适合用于短期寿命产品例如牛奶。因为 HDPE 有化学反应抵抗，可用于包装家用和工业化学品如洗洁剂和漂白剂。与无染色 HDPE 瓶相比有染色 HDPE 瓶有更强的硬度来抵抗破裂。	牛奶，水，果汁，化妆品，洗头水和洗衣剂瓶；酸奶，人造牛油容器；麦片盒衬垫；食品杂货，垃圾袋及售货袋。
♲ V	3-V Vinyl（乙烯基 / 乙烯聚合物氯化物 PVC）：除了有稳定固体成分还有化学反应抵抗，良好的耐候性，流动特性，稳定电子成分。PVC 产品大致可分为固定形状和柔韧形状材料。瓶和包装纸是主要固定形状，有时也常用在建筑工地例如管子，套管，地毯靠背和窗框。描述柔韧性例如电线电缆绝缘，薄膜和片材，地面覆盖层，人造皮产品，涂层，血袋，医疗软管还有其他用途。	食物和非食物透明包装，医疗软管，电线电缆绝缘，薄膜和片材，建筑材料例如管子，套管，地砖，地毯靠背和窗框。
♲ LDPE	4-LDPE（低密度聚乙烯）主要产品薄膜，基于它的硬度，柔韧度和相对透明度，特别在需要热密封时特别受欢迎。LDPE 也用于制作软瓶盖，瓶子和电线电缆方面。	干洗剂，面包和冷冻食物袋子，可挤压瓶子（例如：蜂蜜和芥末）。
♲ PP	5-PP Polypropylene（PP）（聚丙烯）有良好的化学反应抵抗，强韧还有高熔化点，用于热注液体最佳。大量用于固定形状和柔韧型包装和汽车与大型注塑塑料零件和消费者产品方面。	番茄汁酱瓶子，酸奶容器，人造奶油容器，药瓶。
♲ PS	6-PS Polystyrene（聚苯乙烯）是一种多功能化学物品，成品可以是塑料固体或泡沫型。通用 Polystyrene，较硬且脆。有相对低熔化点。常用于保护包装，容器，瓶盖，水杯，瓶子和盘子。	CD 盒，食品保护层，杂货店鲜肉包装托盘，鸡蛋盒，药瓶，水杯，盘子及餐具。
♲ OTHER	7-其他。这种符号表示其包装物归属不确定，即不能归至以上 6 种中的任何一类，或者采用超过一种以上的物质混合制成。	3 加仑和 5 加仑再利用水桶，有些果汁或番茄酱瓶子。

垃圾转化是一个在某些情况下值得考虑的机会。垃圾焚烧曾经很通行，现在一些地方也还在使用这种方法。垃圾焚烧可以是各单位自行处理，也可以交给大型垃

坂变能源设施。那些没有垃圾填埋场的地方通常会选择垃圾焚烧——例如在国家公园内或附近，如果有垃圾填埋场的话，动物会被吸引过去。如果把热能回收与垃圾焚烧结合起来，工艺过程要求很高；如果在焚烧前把垃圾中可循环利用的有毒材料剔出来，就可以被视为对环境的损害降到了最低限度。

制浆。垃圾转化的另外一种方法是制浆。在打浆机中把食物垃圾和水混合起来磨碎（很像一台垃圾处置器）、压榨，把罐中的水分离出来，剩下的废物成了渣滓。然后打浆机把浆排入贮藏罐。废物不进入下水道系统。打浆机在磨碎过程中使用的水是循环的。打浆机可以处理诸如塑料器皿和包装盒、纸餐巾、铝箔、麦秆、牛奶硬纸盒、瓦楞板等典型的食品包装垃圾。经过处理的垃圾体积可减少 75% ~ 80%，处理费用也相对较低。也可以用打浆机对食品包装垃圾进行打碎，以便于最终的堆肥处理。

图 3-4 提供了本章中讨论的有关固态废物处理和其他推荐活动的信息概要。选择和执行适合你的垃圾减量方法有助于解决经济和环境问题。

图 3-4　议程 21 垃圾减量

优先级 1：垃圾减量

- 选用产生垃圾最少的产品以减少垃圾负荷；
- 选择同意减少产品产生的垃圾量的供应商或坚持要求制造商尽量减少或重复使用非必需的包装；
- 在任何可能的情况下重复利用产品；
- 在无法减量和重复利用的地方或没有听起来更环保的垃圾处理途径（例如生物处理）时进行循环回收；
- 负责任地处理不可避免的垃圾；
- 鼓励员工在家也坚持垃圾减量原则；
- 与政府和其他官方机构协作，建立分类系统，提供产品和处理的实际环境信息；
- 对雇员和本地社区开放回收或处理设施，以提高总目标的质量。

能源节约和管理

能源的节约和管理长期以来是工业特别是设施管理者所关注的问题。能源（有时称为公用能耗）一般占饭店税收的 4% ~ 6%。美国饭店业能源年支出超过 40 亿美元。

能源包括电力、石油、水和下水（根据《饭店业统一会计系统》），某些车辆燃料以及在特定情况下购买的蒸汽、热水和冷却水。使用能源的副产品是一氧化碳以及其他燃烧排放物，诸如氮和硫的氧化物以及颗粒物质等。能源的节约和管理试图从减少能源的使用入手达到节约费用并减少环境污染的目的。

良好的设施管理实践中包括控制能源使用的各种举措。有助于控制能源使用的管理方法有：

• 记录能源用量和能源费用；

• 适当的设备维护；

• 适当的操作方法和记录。

一方面，为了监视能源的使用，有必要做好能源用量记录和能源付费记录。遗憾的是，有些饭店所使用的方法不能为工程部经理提供他们需要的信息。如果不把公用能耗账单交给工程部经理审核，不仅使饭店错过了对收费的必要核查，还使工程部经理失去了保存能源用量和收费记录的机会。另一方面，有些饭店已经开始采用先进技术去了解设施消耗了多少能源。在 20 世纪 90 年代，洲际饭店开发了一个内容广泛的能源消耗信息数据库，以此来衡量饭店的工作成果。

在大厦中使用计算机化的控制，工程部经理不仅可以得到随时间变化的能源使用记录，还可以监视即时用量。有些连锁饭店的经营者与供应商签订合同，供应商负责为他们监视大厦能源的消耗，提供书面或在线的公用能源消耗量报告。

另一个有利的选择是在大厦里安装分表来计量公用能耗的用量（包括水）。这样做可以精确地知道各种设施的能源消耗（如洗衣房），如果饭店愿意的话，可以向这些设施收费。类似这样的办法可以帮助饭店找到解决问题的有效途径和手段。

费用和消耗通常是按每间客房来计算的。这其中表达的概念是，实际的能源消耗是在客房发生的。对于许多经营来说，情况不是这样的。很多系统要使用能源，能源管理要针对那些使用能源的系统和系统所服务的区域。在新建筑中使用分表计量要相对便宜。由于许多饭店有诸如食品和饮料一类的外包经营，所以使用分表计量比较普遍。图 3-5 是可以由分表计量获得的信息。

适当的维护是使设备实现其额

图 3-5 总费用细目分类——对能源和水的审核

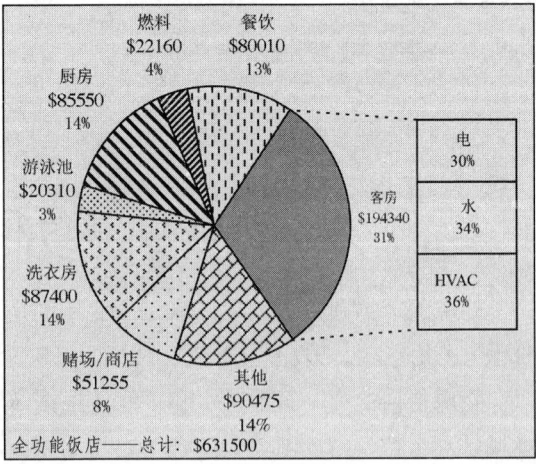

燃料 $22160 4%
餐饮 $80010 13%
厨房 $85550 14%
游泳池 $20310 3%
洗衣房 $87400 14%
赌场/商店 $51255 8%
其他 $90475 14%
客房 $194340 31%

电 30%
水 34%
HVAC 36%

全功能饭店——总计：$631500

定性能的关键。清洗可以提高效率，这一点可以由缺少定期适当清洗的锅炉和冷却器效率降低来证明。不能给锅炉和冷却器提供必要的水处理也会导致设备结垢频繁。设备的润滑和校准可以减少摩擦和磨损。确保阀门没有抱死在开的位置，这样可以使设备不会同时加热和制冷，或仅在需要时才排水而不是总在排水。

能源管理的另一个重要因素是工程部门和其他部门的员工正确地操作设备和系统。工程部门的员工应该知道，并且每天都要用到以下这些影响设备性能和运行的因素。这其中包括什么设备在能源需求的低谷期间运行效率最高，还包括控制设备不必要的运行。例如，不需要为没有人使用的会议室提供空调。其他员工要明白他们的行为对能源消耗和能源费用所产生的影响。用热水融化餐台的冰块、让洗衣机不满载运行、没人的会议室不关灯，诸如此类的行为会浪费大量的能源。

节约能源的途径包括：

• 提高效率；

• 减少运行时间；

• 减少能源供应载荷；

• 废能源的回收和再利用；

• 使用收费低的能源。

任何设备的能源消耗量都与设备的效率有很大关系。照明是一个生动（并且看得见）的例子。典型的白炽灯效率是每瓦20流明（光通量单位），日光灯的效率是每瓦60流明。这就是说，使用白炽灯照明要消耗3倍于使用日光灯照明的能源才能达到同等照明效果。了解各种设备效率的输出方式、能源的费用以及设备耗用的能源量，就可以进行经济分析，评估购买效率更高的设备的可行性。效率更高的设备带来的经济和环境方面的双重效益可以使一个管理者有足够的理由很容易地做出决定。

另一个减少能源消耗的方法是减少运行时间，也就是说，把设备关掉。一天24小时开着储藏区的灯、无论何时都让计算机／复印机／打印机开机运行、根据时钟而不是依靠光电元件控制停车场的照明，以及其他许多习以为常的行为都会造成大量不必要的能源消耗。

降低能耗载荷是一个经常被忽视的问题。窗户膜可以减少太阳热量的吸收。小流量淋浴喷头和抽水马桶可以减少用水量。在屋顶上加装隔离层可以降低供热和制冷的载荷。机会多得是。

饭店业有许多机会回收和重新利用能源。所有商业建筑都可以从排出的空气里回收热量和冷量。用排出的空气预热或制冷建筑物的进风是一种回收利用废能源的方法。洗衣房是又一个机会，可以从排出的空气和水中回收热力。对于足智多谋的人来说，机会几乎是无穷无尽的。设想用水去冷却制冷设备，然后把水送到洗衣房去洗涤衣物。这样做不仅回收利用了可能被放掉的水，而且水还是热的。对于一些饭店来说，回收利用废能的途径还包括由引擎驱动的发电机或者是在不远的将来，由燃料电池来产生现场动力。有创造力的设施专业人员和鼓励发明创造的管理者有机会做出惊人的贡献。

使用最便宜的燃料来源需要仔细地保存记录并进行研究。参考消耗的历史记录和价格信息可以得到燃料费用的必要信息。这里面可能包括打算用来购买电力的价格表、电力供应商以及直接购买天然气需要考虑的事项，还可能包括双燃料锅炉（经营者安装这种系统符合可具有中断燃气费率的权利）的评估，从地方配送系统购买蒸汽而不在饭店自备锅炉的"费用－效率"评估。对可行的选择进行研究是非常麻烦的，但是对于获得的结果来说却很值得。有些公司发现，与审计公用能耗账单的公司签订合同来查找差错或更正价格表很划算。提供这类服务的公司从它们审计出的节约资金里提取报酬，这一事实说明这是一个充满机会的领域。

有很多资源可以帮助工程部经理和业主减少和控制能源消耗。许多美国饭店管理公司是美国环境保护署能源明星建筑程序的成员。[⑭]这些程序提供了许多有关能源管理和设施管理的一般性信息。能源工程师协会、美国采暖制冷与空调工程师学会以及各种设施组织诸如 IFMA（国际设施管理协会）和 BOMA（建筑物业主和管理者协会）等也是很宝贵的信息资源。[⑮]最后，专业人员经常阅读的行业出版物，比如说《建筑与建筑运行管理》，还有诸如《能源决策和能源用户新闻》等专业出版物可以帮助掌握能源领域里的最新技术、挑战和机会。[⑯]

图 3-6 列出了生产有利于环境的能源方法，诸如太阳能、风力和生物等，还有其他节约能源和有效利用能源的技术可以利用。美国饭店经营者还没有大量采用有利于环境的生产能源的方法。在市区，这样做会遇到很多困难。[⑰]另外，有些能源技术的经济效果还没有得到认可或还没有经过客观的研究。对于许多物业来说，节约能源和废能回收是一种很具吸引力的选择；随着这些技术费用的降低和可靠性的提升，越来越多的饭店公司会欣然采用。另一个选择是只与用"绿色"能源生产动力的电力供应者订合同。对于关注环境问题的经营者来说，那些有特殊能力和专门技术采用环境保护手段提供动力的供应商是值得考虑的。

图 3-6　议程 21 能源的节约和管理

> **优先级 2：能源的节约和管理**
>
> - 执行减少能源浪费的程序；作为能源管理程序的第一步，采取简单的措施，诸如关掉不用的设备，可以获得经济和环境上的利益；
> - 研究替代的、有利于环境的生产能源的方法，例如太阳能、风力和生物能量等；
> - 建立、使用和推广节能技术；
> - 在所有新开发项目当中把节能方案考虑在内；
> - 培养员工关于节约能源的环境意识；
> - 对于跨国公司来说，要在发达国家和发展中国家的所有设施中都采用节能技术。

洁净水源的管理

由于全球洁净水来源是有限的——不到地球总水量的 1%——饭店公司需要妥善管理好这一宝贵资源，尽可能少地使用并帮助保护剩下的水资源。和其他环保动机一样，减少洁净水的使用可以节约开支。每个房间每天使用 380～760 升水（每个房间每年 138000～276000 升，每 1000 升 0.5～1 美元，有时要加污水处理费），所以节约用水可以给饭店盈亏带来明显的影响。

饭店业可能因为受到法规限制用水而感到用水紧张。供水紧张通常是受干旱气候、高使用率和供水系统故障而导致的。法规还可能禁止某些用途的用水或某些时间段的用水；例如，可能禁止或限制在傍晚时间浇灌草坪。法规可能会限定最高用水量，对超过部分加收罚金。

度假饭店的运行应特别关注社会责任，因为它的运行会牵扯洁净用水。在任何地区建立度假地都要考虑到对洁净水的巨大需求量带给地方社区供水的影响。用水量增大会产生对供水基础设施需求的增长，因而抬高地方水价。在建设和运行中，度假饭店需要注意保持洁净水源的质量，不允许向水源地排放有危害的水。尽管不是包罗万象，图 3-7 列出了一些可能有效管理洁净水源的考虑和机会。在限制用水的地区收集雨水是广泛使用的方法。将制冷装置的冷却水循环引入洗衣房是另一个办法。公司员工还可以创造出其他许多节约办法。

图 3-7　议程 21 洁净水管理办法

> **优先级 3：洁净水源的管理**
> - 采取所有可能的措施保护洁净水源的质量，建立适当的紧急程序应对水源面临的威胁；

（续）

- 在公共区域为地方社区提供洁净水设施，或出资兴建满足旅游者和地方社区供水的基础设施；
- 定期进行维护检查以减少水的浪费；
- 与客人共同努力减少用水量；张贴宣传告示向客人说明节约用水的重要性是一个常用的和有效的例子；
- 在保证服务质量的前提下采用节水设备减少水的消耗；
- 在景观中种植耐旱的植物；
- 制定适当的环境保护和设计标准，确保节约用水是新项目中的一个重要元素，如果供水不足且建筑工程会导致本地缺水，应考虑停建；
- 跨国公司要在发展中国家的设施中推广节水工艺和技术；
- 在任何可能的地方进行水的重复利用和循环利用；
- 鼓励员工和客户把水管理程序中的方法应用在日常家庭生活中。

废水管理

除了冷却塔用水和浇灌绿地用水以外，饭店使用的大部分洁净水最后都变成了废水。物业的污水处理开支是水费账单中单独的一项，或者是以自己的废水处理设施的形式支出（在那些没有污水处理厂的地区）。每个房间每年的废水处理费用是75～200美元。

通常是地方法规控制废水处理厂排放水的质量标准。再则，还有许多法规控制排放到废水系统里的废水的有害物质含量。®这些规则促进了厨房油脂收集器的诞生。在许多地方，规定还要求把收货码头的排水系统引到卫生系统而不是雨水系统，禁止把建筑工地排出的水和一般雨水排入卫生污水系统。

市场因素对污水管理有明显的影响。废水管理不善的沿海地区海滩受到污染，这不仅造成了令人不愉快的环境，严重时还会导致客人和当地居民生病。从生意的观点来看，这是灾难性的。旅游业的经营者会拒绝把旅游团带到这种地方去，除非问题得到了解决。即使客人对问题没有直接的反应，本地的植物群和动物群也会有反应。被污水排放严重损害的珊瑚礁失去了它们的应有魅力，从而会严重削弱经营的吸引力和赖以生存的地方经济。

向自然环境中排放未经处理的废水是对社会不负责任的行为。游客在短期逗留期间可能会看到废水，而当地居民不仅会看到废水，还会受到废水里病菌的威胁。

业主和经营者应确保自己区域内的污水处理装置运行正常——不仅是他们自己的现场设备，还包括该地区其他行业的设备。业主和经营者还应承担责任，确保由市政机构处理的废水对环境不会造成危害。不这样做就意味着对那些企业来说生死攸关的清洁环境将受到无法挽回的破坏。

图 3-8 概括了上述已经讨论过的几个与废水管理有关的话题及补充议题。那些合理承担废水处理责任的企业有利于确保客人、员工和本地居民拥有的健康环境。

图 3-8　议程 21 废水管理

> **优先级 4：废水管理**
>
> - 在全球各地使用废水处理设备，确保废水经过处理且符合世界卫生机构（WHO）的最低标准，并力争在适当的地方进行废水再利用。
> - 在没有废水处理设施的地方，与其他公司和管理部门协作修建适当的处理设施和制定相关制度；
> - 修建适当的贮水池，确保排放物中的有害化学物质不会进入废水系统；
> - 建立由员工、游客和社区参与的程序，清理恶化的水环境；
> - 建立应急程序，确保经营范围内的水环境不受灾害的影响；
> - 在任何可能的地方，避免使用含有最终会排入废水系统的危险物质的产品；
> - 负责任地排放废水。

危险物质

饭店业不会产生、一般也不会使用大量的危险物质。[11]然而，行业里的一些经营项目和活动确实会用到危险物质。根据定义，危险材料包括：

- 有毒物：在被吸入、咽下或吸收时会造成健康上、身体上或精神上损害的物质，例如农药和除草剂；
- 可燃物：容易被火星或火苗点燃并引起火灾的物质。需要特别关注的是那些低燃点的液体，例如溶剂和燃料；
- 易爆物：可由自身化学反应产生高温、高压或高速度从而造成周围物体损害的物质；
- 腐蚀物：通过化学反应毁坏其他物质的物质。这些物质在接触人体组织时会造成灼伤或组织坏死。危险最大的是皮肤、眼睛、肺以及胃。烤箱和抽水马桶清

洗剂通常都有腐蚀性;

- 传染物: 含有存活的微生物及其毒素、可以致病的物质。例如, 医院垃圾和被污染的食物(肉毒杆菌中毒、沙门氏菌以及军团病等)。

需要制定关于危险物质的行动计划, 该计划应包括下列目标:

- 尽量减少危险物质的使用;
- 使用更易于被环境接受的替代品;
- 未经专业培训, 不得接触和使用危险物质;
- 确保依据地方及国际标准和法规对危险物质进行储藏、标识、使用、处理和处置。

建议在行动计划中实行的步骤包括:

- 确定和记录危险物质的使用场所、使用对象和使用原因;
- 评估使用危险物质会带来的后果;
- 在可能的地方确定有利于环境的替代品;
- 检查处理、储藏、标识以及处置程序;
- 编制危险物质使用手册。

在 20 世纪 80 和 90 年代, 有两种危险物质受到特别关注: 即 PCB 和石棉。PCB(多氯化联二苯)用于变压器和其他电气设备。确保这些设备中的 PCB 不泄漏、确保其使用得到认可的方法处置含有 PCB 的产品, 仍是需要继续关注的问题, 特别是在发展中国家。

石棉问题主要在于这种物质可以在空气中扩散, 会被建筑物里的居住者吸入。识别和管理石棉的程序开发得很完善, 应该认真遵循。[①]

现场储存机动车油料和锅炉燃料在行业中很常见。燃料泄漏和排放会对环境造成很大的危害。为了保持储存系统的完善, 要有适当的工艺规程, 要定期检查储罐和管线。燃料储罐应该安装在高于地面的地方, 这样可以把不易察觉的泄漏减到最小, 并且把泄漏出来的液体控制住。

在住宿场所, 使用腐蚀性物质较为普遍, 包括有清洁剂 水池处理用的氯、洗衣房用的漂白剂。以臭氧性质的处理系统代替以氯性质的处理系统可能是个较好的减少使用及接触这些有腐蚀性有害物质的办法。

在美国的餐饮业及其他地方会采用"危险分析关键点"(HACCP)[②]来管理控制有潜在病毒传染性的食品。服务安全规程[②]是很多餐饮经营者乐于参加的一种有效培训方式。

图 3-9 提供了一组有助于减少危险物质问题的行动。遵守本章和图 3-9 中的准则,

可以在很大程度上减少危险物质的使用和释放。

图 3-9　议程 21 危险物质

优先级 5：危险物质

- 查验含有危险物质的产品使用的必要性，尽可能使用更有利于环境的产品；
- 在购买新产品之前评估它所涉及的环境和经济问题；
- 在没有环保替代品的地方，与政府和制造商进行合作开发；
- 尽量减少危险物质的使用，循环利用或重复利用任何剩余物；
- 负责任地处置任何不可避免的废物；
- 建立好产品清单及库存程序以防止盗窃和事故案件；
- 确保对所有相关员工进行处理危险物质的训练和应急程序的训练；
- 启动有毒物质环境排放规程，将其作为员工和当地居民"知情权"程序的一部分；
- 把环保工艺技术传授给发展中国家。

运输

很明显，饭店业如果没有运输客人、员工和供给物品的手段是不可能生存的。汽车、公共汽车、卡车、火车、飞机和轮船的燃烧排放肯定会造成空气污染。为了满足运输需要而建造的基础设施，诸如道路、机场和集散站等，需要改变地形，从而带来环境问题。交通堵塞会进一步带给客人和雇员不太愉快的体验。

为了降低尾气排放，饭店经营者可以购买节省燃料的车辆，考虑使用如天然气等洁净能源，鼓励员工合用汽车或使用公共交通。协调订货以减少送货次数、尽量购买本地产品等都有助于减少因运输而对环境造成的影响。

最后，由于环境程序不仅关注自然（非人类的）环境，还关注人类环境，所以鼓励安全运输的积极程序是重要的。鼓励使用安全带、安全操纵车辆、减少公路上公共汽车和其他车辆运输的过分拥挤十分必要。交通事故伤亡过于普遍，显然是需要改善的一个方面。

图 3-10 提供了有关改变交通运输问题的意见。其中包括鼓励使用公共交通工具，在采购决策时考虑运输可能造成的环境影响。

图 3-10 议程 21 运输活动

优先级 6：运输活动：

- 使用维护良好的和现代化的运输手段，这样可以减少对环境的排放污染；对于航空公司来说，应该尽量使用效率最高的飞机，这一点特别重要；

- 帮助发展中国家获得相应的技术或设备；

- 在员工中开展共用汽车、骑自行车或步行上班活动，给予鼓励以确保活动成功；

- 为客户提供信息，帮助他们使用公共交通工具、自行车道或步行道；

- 与规划部门合作，确保公共汽车站和其他下车点分布合理；

- 与供应商合作，不在交通高峰时间送货（交通阻塞会加大污染排放），送货车要满载；

- 与本地农场和其他行业合作，尽可能地在本地采购供给物品；

- 与政府部门合作，执行减少交通阻塞和污染的措施；这一点与航空运输和城市环境联系密切；

- 与政府部门合作，使各种运输方式一体化，从而减少对私家车的依赖；

- 把运输作为发展计划的一部分来考虑；

- 进行需求管理，减少对污染严重的交通方式的需求，支持使用污染少的交通运输方式。

土地使用计划和管理

每年大约有上万个服务业设施开始建设，包括餐馆、住宿和娱乐设施。设施的开发是检查行业的环境、文化、社会和经济影响的唯一机会。这种检查可能带来很大的好处。

从经济上来说，合理的土地使用计划和管理可以减少或至少控制开发和运行费用。重新利用现存的建筑物（现有的饭店和餐馆，或者是把其他建筑改造成这种用途）是土地使用计划和管理的一个例子，这样可以减少初期费用。利用现有的建筑物还有利于保留当地的文化和社会韵味，比拆了重盖的方法有更意味深长的影响。对新建大厦进行合理定位与现有景观的保存，从初期启动和长远观点来讲，都可以降低能源费用、减少用于保护景观的开支。

从法规要求的观点来看，对土地使用计划和管理的关注已经变成了项目批准过程中一个必需的部分，经常包含在环境影响报告书（EIS）里面。在规划阶段处理这些问题可以使报告书中的进程加快。对土地使用计划和管理的适当关注可以创造地域感更强的产品从而吸引顾客。

顾客对谨慎的土地使用计划和管理确实会有响应的。一个设计完善的设施与其周围的环境融为一体是销售的有利条件。这里还有一些微妙的问题：选择适合当地景观植物可以使其增加生长茂盛的机会，从而避免景观失去了吸引力或者产生难以照料的问题。利用场地的地形条件也可以得到回报。为了保护物业和客人，不要为改动景观而造成土地侵蚀和洪水泛滥。对物业地界以外的区域加以关注也是重要的。一个在环境中刺眼的东西（特别是由于物业开发造成的障眼物）出现在通向物业的路上不能恰当地反映管理决策的质量。

社会责任意味着对土地使用计划和管理的考虑不应该停留在物业的地界里。一个新物业的开发会产生土地和服务需求，即用于满足交通运输、员工住房供给、社区服务（特别是学校和医疗保健）的需要。在本地社区支持环境利益准则的行动应给予正当的考虑。提供给客人的服务质量是提供服务的员工质量的反映：员工应该享有良好的健康服务和卫生条件，住在优质的房子里，居住环境和工作环境的质量在某种程度上应该差异不大。

描述展示社会责任的实践活动有助于给概念下定义。维多利亚瀑布旅行饭店（津巴布韦）和龟岛（斐济）是环境奖的获得者，以设计和运营来展示它们的社会责任（见下页的拓展阅读）。从一开始，它们就关注自己对社区和环境的影响，使它们的存在给本地居民带来好处。另一个履行社会责任的物业是多米尼加共和国的旁塔·迦南海滩度假地。[29]度假地为员工的子女提供学费，为员工和他们的家庭提供医疗保健，还建立了旁塔·迦南生态基金会，用来保护 1000 公顷土地和为环境研究提供场所。

图 3-11 列出了一些议程 21 中推荐的典型的土地使用计划和管理措施。把这些措施和其他创造性的意图应用于当地环境，不仅是饭店所有者和运营者的责任，也是参与设施设计和改造的专业人员的责任。自愿限制开发可以有助于创造一个更理想的场所，带来可持续发展的经济和环境，以及利益的均衡。

图 3-11 议程 21 土地使用计划和管理

优先级 7：土地使用计划和管理

- 评估新开发项目潜在的环境、文化、社会和经济影响；
- 采取措施避免负面影响，或尽量减少不可避免的影响；
- 关注监督所有新工艺流程及规程所带来的负面影响；
- 在新设施的建设中使用本地原材料（实在的来源）和劳动力；

（续）

- 在新开发项目和更新改造项目中使用适合当地的环保技术和材料；
- 与地区和国家权威机构合作，确保新开发项目和更新改造项目的基础设施建在适当的位置上；其中包括准备开发项目中的废水处理设施或电力供应，还有对地方工业的支持；
- 在重大开发决策中考虑地方社区的参与（见图 3-12）；
- 在开发新产品时考虑承载能力和资源限制，特别是在小岛上；
- 与其他方面合作，确保开发格局的平衡与互补。

员工、消费者和社区参与

　　饭店的开发与运作可以从员工、消费者和社区在环境问题上的参与中受益。一个被授权参与环境程序的员工集体是程序本身的积极赞助者，他们可以把来自饭店的思想和理念带入家庭和社区。马萨诸塞州波士顿市的檀香饭店公司是员工参与环境程序的早期倡导者。檀香饭店的"SHINE 程序"（檀香饭店环境举措）对参与环境举措的员工进行奖励。

　　有些饭店经营者认为某些环保措施会引起负面的客户反应。在这种情况下，需要进行环保措施的市场考察，就像为客人提供其他任何服务前一样。在考察时向客人提供一些宣传也是可行的。檀香饭店环境举措的客户反应大都是积极的，并且带来了新的生意，消费者由于对环境问题感兴趣而选择了檀香饭店。

　　侨民饭店，一个缅因州肯纳邦克港的季节性度假地，获得了"最佳饭店环境实践"奖。下面一段话是对该度假地的评价：

　　"消费者积极地利用侨民饭店'客人友好'的环境实践，客人意见卡反映出的满意度很高。此外，由于环境程序的实施，度假地的生意有所增长。物业管理者认为，他们饭店程序的获奖起到了市场杠杆作用。所有对得奖者环境实践的报道都对员工的士气产生了积极的影响，增强了饭店员工的集体自豪感"。[30]

拓展阅读

维多利亚瀑布饭店，津巴布韦

　　维多利亚瀑布饭店是一家私营饭店，坐落在 65 公顷的丛林草原里，有天然的游戏水潭。饭店有 61 个标准房间，1 个残疾人房间，5 个豪华房间和 6 个不同级别的套房。

　　饭店是用茅草、本地的硬木林和为商业目的而种植的桉树树干建造的，尽量使环境

（续）

保持原貌。它利用了错综复杂的地势和本地的树木，有些植物甚至从屋顶上长出来，由此产生了开阔的开敞式树上小屋的效果。

饭店开工之前，对环境影响进行了评估，包括确认成熟的树林、自然特点和岩层。未经董事长的特殊许可，一棵树也不能砍，这是一直在执行的政策。

饭店在非洲的赞比亚边境上有一个姐妹项目，叫作桑苇点村，它是优秀的可持续发展伙伴关系的一个例证。它们与当地木昆尼村的首领和村民合作，创造了一个真正实用的传统村庄。旅游者在这里可以体验包括食宿、文化、古迹、历史、音乐和木昆尼人的传统。得到的投资使地方木昆尼社区在健康、教育和社会服务等方面普遍受益。

饭店所有的利益相关者，包括员工、供应商和地方社区，都承诺在生意活动中承担环境保护的道德责任，包括使地方社区受益的项目，通过对员工、客人和本地居民的教育以及与地方和中央政府的合作来保护环境。

资料来源：《绿色地球 21》，www.greenglobe.org。

图 3-12 提供了激励员工参与的方法。通过关心和参与地方社区各方面的事务，饭店可以和这些非常重要的利益相关者更好地合作。

图 3-12 议程 21 员工、消费者和社区参与

优先级 8：员工、消费者和社区参与
- 在旅游观光业的开发管理上考虑社区各方面的选择；地方观光讨论会或员工和社区成员的正式会议可以对此起推动作用；
- 为地方零售商提供商业市场；
- 与地方社区讨论发展计划和机会；
- 对地方社区开放仅供公司使用的循环利用、供水或废水处理设施；
- 把行业的风险和环境利益告诉社区；
- 确保社区的所有成员，包括妇女、原住民、青年人和老人，有机会在公司里得到雇用和提升；
- 开展由员工发起的大扫除等活动，以改善社区环境。

为了发挥旅游观光业对社区、消费者和员工的教育潜能，公司应该做到：
- 针对环境问题对全体员工进行培训，从最高管理层到临时雇员；
- 为关键岗位的员工提供专家培训；
- 把公司的环境举措告诉消费者，鼓励产品忠诚，确保学到的环境信息在节假日的家庭里付诸行动；

（续）

- 与地方学校和学院合作，把环境问题纳入小学和职业教育中；
- 对社区成员进行培训，帮助他们积极参与环境和发展程序；
- 让员工的家庭参与环境举措和活动；
- 为地区的其他行业提供培训机会。

可持续发展的设计

在改善饭店设施的设计中融入更多的可持续发展元素，这方面存在着巨大的潜力。处于行业各阶段的项目都存在这种潜力，包括新建项目，更新改造项目和其他重大资本投资决策。为了有助于实现这种潜力，要研究开发对环境影响最小的新产品。研究结果应该在行业和教育机构以及各公司之间进行交流，它们要把这些概念引入它们的方针政策和使命宣言中。

饭店业对可持续发展的理解和实践可以通过许多形式加以体现。斯堪的克饭店公司，一个在斯堪的纳维亚地区拥有100多家饭店的公司，展示了应对可持续发展挑战的方式。斯堪的克饭店已经获得了若干环境程序奖，并开创了它们所谓的97%再生利用房间，"材料是依据最佳环境考虑和我们对客人的照料而特意选择的。这意味着使用木地板、北欧树种制作的家具、纯羊毛和纯棉织物，尽量减少使用铬和其他金属部分。" 斯堪的克公司的商业使命包括为"保护资源和关注环境会成为我们未来日常生活的一部分，我们会担负起社会发展的责任"而奋斗。

最近不少饭店管理者以不同形式表达了他们对可持续发展设计感兴趣。国际商务领袖论坛旅游协作分会以及商务环境领袖管理机构，最近出版《可持续发展饭店的选址，设计及建造》，它"全面概述了饭店在可持续发展过程中面临的问题"。[⑤]对于世界生态住宿感兴趣的人可参考《国际生态住宿指南》，它向人们提供了"从生态住宿概念的设想，建成到实际运行的指导"。[⑥]

美国绿色委员会建立了LEED评分系统，它可让新建筑或现有建筑自身的设计和运行状况与可持续发展原则标准作为对比，并通过对比获得评价的机会。[⑦]同时，在美国，LEED标准为新建楼盘和已建成楼盘提供了一个标杆，用来对照楼盘实际设计运营中与环保理念有哪些不相符合之处。现阶段饭店虽然不在LEED强制推行之列，但它仍不失为对可持续发展原则、设计和运行感兴趣的饭店运行者的一个参考。

拓展阅读

龟岛，斐济

龟岛是南太平洋上一个不起眼的地方，是斐济共和国火山岛亚萨瓦群岛的一部分。它是一个度假地，位于斐济温暖清洁的海域，一次只接待 14 对夫妇。它为每一对夫妇提供一个手工搭建的茅草屋，凉爽而安静，还有面对蓝色礁湖的窗户。

为了保护岛屿的环境，度假地的主人——理查德·埃文森努力争取自给自足——建立起一个全能工场和一个临时家具制造厂，用本地的原木制造手工产品。树木种植计划正在有效推进，在过去的 10 年里已经在岛上种了 300000 多棵树。岛屿已被置于严密的保护之下，禁止出售岛屿，把游客的数量限制在 14 对，以及保护野生动物。在最近几年中，埃文森每两年一次资助眼科诊所为岛上村民提供免费服务和手术。

龟岛在 1998 年委托实行"文化审计"，建立了致力于保护视力的组织机构，从而提升了龟岛对构成提奇那及其周围区域的组织和个人在经济、社会和文化方面的影响。这种审计在世界上是第一次，它为经营者建立了关心社会影响的新典范。

资料来源：《绿色地球 21》、www.greenglobe.org。

图 3-13 提供了一些可持续发展方面的建议。理解可持续发展设计中的问题需要采用其他行业的创造性思想，需要了解在设计决策中处理问题的效果和方法。

图 3-13 议程 21 可持续发展的设计行动

优先级 9：可持续发展的设计行动：

- 建立公司全面的可持续发展开发策略；
- 开展更多的研究和开发行动；
- 检查新产品潜在的环境、社会、文化以及经济影响；
- 在发达国家和发展中国家寻找解决环境问题的方案；
- 在交通运输方面，加强交通运输和环境之间关联信息的收集、分析和交换工作；
- 为学校和学院提供环境问题的信息和支持，帮助增进制度上的、科学规划和管理能力；
- 做好自然灾害的防范准备，包括设计和建造新的能够抵御自然灾害的旅游观光设施；
- 通过信息平台例如世界旅游组织和世界旅游观光环境研究中心交换对环境问题的解决方案；
- 在其他国家进行设施开发时，确保使用的环境标准相当于起源国家。

可持续发展的伙伴关系

联合起来促进可持续发展是可持续发展的概念之一。所有利益相关人群的投入与协作是通过实现可持续发展提升经济、发展环境和平衡利害关系所必需的。尽管个别的经营企业已经从可持续发展中获得了巨大收益，还是要通过各种行业组织的领导层提供有组织的指导。

为增进环境保护意识，成立于 1994 年的"绿色地球 21 组织"致力于整理信息和进行全球可持续发展方面问题的对话。成立绿色地球 21 组织的目的是：

- 鼓励各种规模的公司和团体参加绿色地球 21 组织，展示它们所承担的保护环境的义务；
- 强调事实：实践优良的环境保护是企业长期经营的必经之路；
- 收集、宣讲行业最佳实践示例，分送给友邻行业和政府部门；
- 为了我们的孩子，还有孩子的孩子，维持我们假期的质量。

除了出版物、研讨会、专题会议和其他活动以外，绿色地球 21 组织还提供以环保方式运行的企业认证，以及对"相关议程 21"做出杰出努力的组织成员进行年度奖励。

另一个关注可持续发展问题的伙伴关系出现在加勒比海地区。加勒比海可持续发展观光业联盟（以下简称 CAST）的目标是：

- 提供高质量的有关可持续发展旅游观光的教育和培训，增强地区饭店和观光业经营者的环保意识；
- 向旅客和其他利益相关人群宣传行业的工作和成就；
- 成为加勒比地区所有与可持续发展旅游观光业有关联的利益群体之间的关键纽带。

作为加勒比海饭店协会的一个附属组织，CAST 成立了一个由行业和公众成员组成的顾问委员会。CAST 的行动说明了区域性基层组织为改善整个旅游观光环境所做出的努力和对观光业所产生的环境影响。有关 CAST 的更多信息可以在它的互联网站点上找到。⑧

美国环保机构运行着一个名为"能源星"的项目，它是一个由美国政府支持的项目，旨在协助企业和个体通过优越的节能办法实现环保。⑨一些饭店与旅游相关行业在近年参与了能源星项目并取得了业绩与认可，这是企业与政府自愿协作的成功范例。

以下是历年获得认可的企业名单：

年份	获奖企业
1998	迪士尼世界，Walt Disney World

2000	拉昆塔饭店，La Quinta Inns
2001	希尔顿饭店集团，Hilton Hotels Corporation
2002	喜达屋饭店集团，Starwood Hotels
2003	喜达屋饭店集团，Starwood Hotels
2004	美洲饭店，American Hotel & Lodging Association
2005	万豪国际饭店，Marriott International Saunders Hotel Group

图 3-14 是为对可持续发展伙伴关系感兴趣的企业提供的建议。建立合作关系可以使企业在环境和利益方面得到很大的增强。在这个过程中它们会发现，这一关系为它们生意的赢利做出了积极的经济贡献。

图 3-14 议程 21 可持续发展的伙伴关系

优先级 10：可持续发展的伙伴关系

• 促进经济发展，改善地方社区的福利；

• 利用由有代表性的部门或实体主办的联合资助的活动，测试可持续发展伙伴关系的结构；

• 促进行业间的对话，寻找共同问题的解决方法；

• 与小型和中型企业合作，交换管理技巧、市场开发和技术知识，特别是清洁剂技术应用；

• 与政府部门合作，建立一个可持续发展的框架；

• 促进旅游者和接待社区之间的相互关系，增强本行业了解其他文化的潜在能力；

• 提高和支持市场对旅游观光业广泛的兴趣；

• 在计划过程中考虑本地社区的实际状况，使它们可以有效地参与可持续发展行动。

结　论

全世界许多饭店、饭店管理公司和组织都在努力改善旅游观光业的可持续发展。前面提到的那些活动都是这些努力中最重要的部分。由于篇幅有限，不能对许多值得赞扬的方法，哪怕是一小部分，进行全面的讨论。所发生的一切是令人振奋的。然而，行业里还有经常违反法规和行动落后的企业，它们的行为反映了整个行业消极的一面。

承认环境和可持续发展在经济、法规、市场和社会责任方面的责任使大多数饭店管理者有足够的动机采取行动。如同上面讨论的项目所能说明的那样，许多问题有多种处理办法。可持续发展与其说是一个终极目标，不如说是一个过程。有些东西比其他另外一些东西更有可持续发展性，有些实践比另外一些实践更有利于环境。

几乎所有的东西都会对环境产生影响。挑战是尽量减少对环境的影响，在成本和收益的分配中取得平衡，以一种可以提供经济回报的方式运行我们的饭店。

尾注:

①卢·库克，《绿荫》，饭店，1999 年 10 月，第 66～70 页。

②关于美国饭店业环境程序历史的进一步讨论，参见大卫·马歇尔·斯蒂帕纳克的《美国饭店业和它的环境——一个历史的展望》，《康奈尔大学饭店和餐馆管理》季刊，1996 年 10 月。

③参见 E.W. 曼宁和 T.D. 窦提的《可持续发展的旅游观光业：保护金鹅》，《康奈尔大学饭店和餐馆管理》季刊，1995 年 4 月。

④ISO 标准是由国际标准化组织开发的。另一个饭店业经历过的 ISO 体系是关于质量的 ISO 9000 体系。

⑤参见 www.conventionindustry.org/projects/green_mtgs.htm 及 www.epa.gov/oppt/greenmeetings。

⑥参见 www.sustainabletravelinternational.org/documents/op_carbonoffsets.html。

⑦参见 www.ihgplc.com/environment/index。

⑧《万豪国际饭店集团环境指南—饭店经营的环境意识（ECHO）》，万豪国际饭店集团，1998 年 7 月。

⑨《绿色伙伴关系指南——怎样让你的饭店变绿》，第二版，费尔蒙特饭店和度假地，2001 年。

⑩ www.accor.com/gb/groupe/de_durable/environnement/asp。

⑪关于星巴克环境努力的进一步讨论可参见它们的互联网站点：www.starbucks.com。

⑫有关麦当劳环境措施的信息可参见它们的互联网站点：www.mcdononalds.com/countries/usa/community/environ/news/index.html。

⑬有关堆肥的信息可参见：www.cfe.cornell.edu/compost。

⑭参见 www.energystar.gov。

⑮参见 www.aeecenter.org；www.ashrae.org ；www.ifma.org； www.boma.org。

⑯参见 www.buildingsmag.com；www.facilitiesnet.com ；www.energyusernews.com。

⑰有关旅游业可再生能源运用可参考 《开启——旅游业的可再生能源运用》。参见 www.uneptie.org/pc/tourism/library/energy.htm。

⑱在没有地方法规的情况下可参照世界银行和世界卫生组织的标准。

⑲这一讨论是根据《饭店环境管理：最佳实践的行业指导》，牛津：巴特沃斯－海门1993 年，第12 章。

⑳有关石棉管理方针和程序的示例，参见《饭店环境管理》，第13 章。

㉑参见 www.haccpalliance.org。

㉒参见 www.nraef.org. 另外资源是 Ronald F. Cichy 的食物安全：管理 HACCP 程序 （美国饭店业协会教育学院，2004）。

㉓参见 www.hpuntacana.com and www.puntacana.org.。

㉔C.A. 恩泽和 J.A. 西格沃，《最佳饭店环境实践》，《康奈尔大学饭店和餐馆管理》季刊，1999 年 10 月。

参见 www.celb.org/xp/CELB/news-events/press_releases/09142005.xml。

H. Mehta, A. Base, P.O.Laughlin，国际生态住宿指导。

参见 www.USGBC.org。

参见 www.cha-cast.com。

参见 www.energystar.gov。

主要术语

　　环境责任组织联盟 (CERES)：一个环境意识联盟组织，鼓励它的成员在做出住宿业采购决定时考虑环境问题。

　　腐蚀物 (corrosive)：任何可以通过化学反应毁坏其他物质的物质。这类物质在与人体组织接触时会造成灼伤和组织坏死。

　　生态旅游 (ecotourism)：旅游市场细分中的一类，把目的地的生态环境置于很高的地位。

　　环境影响报告书 (environmental impact statement，EIS)：说明规划中的项目会对社区环境产生什么影响的文件。

　　易爆物 (explosive)：任何可由自身化学反应产生高温、高压或速度造成周围物体损害的物质。

　　易燃物 (flammable)：任何容易被火星或火苗点燃并引起火灾的物质。

　　危险物质 (hazardous substances)：任何可能对人的健康或物业造成危害的物质。

　　传染物 (infectious)：含有存活微生物及其毒素、可以致病的物质。

　　ISO 14000 标准 (ISO 14000 standards)：一套由国际标准化组织建立的环境指导方针，被认为是环境管理的全球标准。ISO 14000 标准的认证在行业中被公认为基准性成就。

　　土地使用计划 (land-use planning)：一个设施开发功能，对现有的物业、结构和自然资源进行认真合理的计划和管理，以保护周围社区的文化和社会组织构架。

　　打浆 (pulping)：一种转化废物（如厨房垃圾）的方法，在打浆机中把废物和水混合起来进行处理，使废物从固态变成浆状。打浆机和家用垃圾处理器的工作方式类似，把废物磨碎，把水挤出后排到储罐里。

　　再生利用 (recycling)：把垃圾中的某些项目分拣出来，破碎或熔化成制造新产品的基本材料。

　　重复利用 (reuse)：不止一次地使用某些物品，因而可以大量减少垃圾和废弃物。

饮料包装物、啤酒桶、运输底托和货盘是最典型的重复利用项目。

分表计量 (submetering)：一种按部门或职能跟踪记录能源使用情况的方法。这样可以把耗用的能源精确地匹配到具体的经营项目上并对之收费（如果希望的话）。

可持续发展性 (sustainability)：一种广泛的环境意识，从经济、生态和伦理道德上关注环境问题。

社会责任 (social responsibility)：饭店所有者和管理者承认有义务为他们的合伙人、客人和社区保护环境。·

有毒物质 (toxic)：任何在被吸入、咽下或吸收时会造成健康、身体或精神上损害的物质。

垃圾减量 (waste minimization)：一种有利于环境的垃圾处理方法，包括减量、重复利用、循环利用和垃圾转化，以尽可能地减少垃圾处理量和处理费用。它的最终目标是确保采用得到认可的、适合于环境的方法处理垃圾。

垃圾转化 (waste transformation)：把垃圾转化成可利用的形态，例如焚烧可燃的垃圾，利用产生的热能发电。

废水 (wastewater)：饭店排出的大部分的水（除了冷却塔用水和绿地浇灌用水）。

复习题

1. 发起环保计划有哪些推动因素？
2. 为什么说垃圾管理对于饭店经营者是很重要的？
3. 重复利用、再生利用和垃圾转化的例子有哪些？
4. 什么是打浆？它会给饭店经营者带来什么好处？
5. 完善的能源管理对环境实践和企业盈亏做出了什么贡献？
6. 什么是分表计量？为什么说分表计量是一种不错的管理方法？
7. 试举几个能源负荷减量的例子。哪5个方面最有机会节能和节约费用？为什么说洁净水源管理对于饭店经营者，特别是度假地的经营者是至关重要的问题？
8. 废水管理对特定的饭店／度假地的市场吸引力会产生怎样的影响？
9. 5种公认的危险物质是什么？它们各有什么潜在的危险？
10. 适当的土地使用管理会带来哪些与生意相关的利益？
11. 为什么说员工的参与是环境程序获得成功的重要因素？
12. 什么是可持续发展性？它对饭店的成功会产生什么影响？

网址：

若想获得更多信息，可访问下列网址。网址变更恕不通知。若你所访问的网址不存在，可使用搜索引擎查找新网址。

1. 美国太阳能协会：www.ases.org
2. 能源工程师协会：www.aeecenter.org
3. 蓝旗：www.blueflag.org
4. 可持续发展旅游观光企业：www. sustainabletravel.org
5. 加勒比海可持续发展观光业行动：www.cha.cast.com
6. 环境责任经济联盟：www. ceres.org
7. 能源与能量管理：www.energyandpowermanagement.com
8. 能源星：www. energystar.gov
9. 环境教育的基础：www.fee-international.org
10. GEMI—全球环境管理举措：www.gemi.org
11. 绿色地球：www.greenglobe.com
12. 绿色密封：www. Greenseal.org
13. 国际商务领袖论坛旅游合作伙伴：www.internationaltourismpartnership.org
14. 国际标准化组织 ISO 9000 和 ISO 14000：www.iso.org/iso/en/iso9000-14000/index.html
15. 国家可再生能源实验室：www.nrel.gov
16. 项目行星：www.projectplanetcorp.com
17. 联合国可持续发展委员会：www.un.org/esa/sustdev
18. 美国绿色建筑委员会：www.usbgc.org

案例分析

绿色怡东饭店

苏珊·塞尔斯是怡东饭店及会议中心的销售总监，最近她不开心。因为她听说，竞争者绿野饭店把她的生意抢走了。CERES 的年度会议已经确认在绿野饭店而不是在她的怡东饭店举行。CERES 是一宗好生意，不仅有占用 300 间客房三晚的住宿加会议房预订，还有午餐以及大型宴会。除此之外，苏珊原本还期盼她的饭店能通过这样的会议得到参会者们的宣传效应。有几家位列百强的企业将参加本次会议，还有很多企业在当地的业务都很活跃，可以为怡东饭店带来很多生意。

几年前，当地一个历史悠久可是运作不理想的饭店重新开业，并更名为绿野饭店。当时苏珊和其他销售人员是带着怀疑的态度来看待这家标榜"绿色饭店"概念的饭店的重张。她曾听闻过绿色销售，也知道有些成功的公司如 Whole Food 及 Body Shop，可是她当时怀疑这概念是否适用于饭店。她也曾有点惊异地发现：绿野饭店已获得美国绿色建筑委员会倡导的环境及能源设计的认证，相关报纸杂志也对此进行了连篇累牍的宣传，苏珊觉得是这些宣传帮助绿野饭店赢得了这笔生意。以前绿野饭店属于一家著名的饭店集团，但该集团旗下的饭店运营状况低于市场平均水平。如今，最新发布的史密夫旅游调研信息显示：绿野饭店的入住率已超越同级别饭店，而且房价与同档次饭店相当甚至略高。绿野饭店看来表现不错。

当苏珊准备为 CERES 会议投标时，该组织曾要求怡东代表填写 CERES 绿色饭店主动最佳实践的调研表。她把这件事交给了客房总监，经她确认后报了出去。她怀疑可能是调研表出了问题，于是就把副本调出重新审阅一番。

原来如此！怡东在"在这方面没有任何行动"一项获得 0 分，在其他列项如"主动性预算，提交调研报告并在一年内按计划落实"中仅获得 1 分；甚至在"完善实践 / 设备全面"项没能获得满分 5 分。她感觉在这方面绿野饭店或许走在了前面，取得了较好成绩。

一年后，苏珊被调到其他城市另外一间怡东饭店担任营销总监。碰巧 CERES 正想一年后在这个城市举办年度会议。她决定与新上任的总经理分享上次投标失败的经历以及绿色怡东如何才能获得 CERES 的生意。苏珊表示绿野饭店不在此城市与怡东竞争，也认为 CERES 是个有价值的客户应该争取。总经理支持了这种想法，并要求她组织一个专项工作组。苏珊发现她正在带领怡东的"绿色小组"，只不过她还没有一个团队，也不太清楚这是否意味着她的工作已经介入了饭店的环境管理范畴。

讨论题

1. 除了可以争取更多生意例如 CERES 会议外，还有哪些与绿色计划有价值的事项苏珊有可能会呈报给总经理？

2. 你认为苏珊会选择哪些人加入绿色计划小组？为什么？

3. 如果你是苏珊，你如何让这些队员加入绿色计划小组？你认为苏珊应该集中精力确保在 CERES 会议的竞标及最佳实践调研活动中胜出，还是应该考虑提高参与怡东饭店绿色行动的层次？

4. 苏珊应该做哪些工作来研究与饭店的绿色市场机会相关的问题？

第二部分

设施系统

第4章

概　要

饭店与安全

建筑物设计、维护和安全

客人洗浴安全

防火安全

　火灾预防

　火灾检测

　火灾通知

　火灾抑制

　火灾控制

疏散方案

　疏散通道

保安

　钥匙管理

　电子锁

恐怖主义和异常事件

学习目标

1. 描述在饭店业中怎样降低工伤率。

2. 概述建筑物设计和维护对安全的影响。

3. 识别出与客房浴室相关的安全问题。

4. 引证说明对防火安全的关注正在增长。

5. 识别出火灾预防、火灾检测和火灾通知中的要素。

6. 识别出火灾抑制和火灾控制设备及系统。

7. 概述疏散方案中涉及的几个问题。

8. 概述设施设计和管理中的几种增强物业保安能力的方法。

9. 识别出钥匙管理和客房锁系统的要素。

10. 列举一些可以协助抵御恐怖攻击的保护措施。

4

安全和保安系统

统计数字表明，当客人夜里睡在床上，如果这张床是在饭店或汽车旅馆里，则要比在其他地方——独家居住的房屋、两家合住的房屋、单元住宅、楼房、学生宿舍、公寓、宿舍等地方更可以免受重大火灾的威胁。

当前的状况（指饭店火灾）是行业自身改造导致的结果。在过去 15 年中，虽然饭店业服务人群在持续增长，但由于行业应对重大灾害的决心和持续不断的努力，火灾减少了一半多，火灾死亡人数减少了四分之三。[①]

人们长期以来一直认为饭店业能为客人提供相当安全可靠的环境。这个安全环境已经从多年前旅行者借宿的客栈里牢固的墙壁和紧锁的房门变成了许多现代饭店的电子锁、火灾喷淋装置、烟雾探测器和闭路监控电视。今天的饭店管理者必须懂得安全和保安的需求，因为它影响客人和员工的舒适与安宁，还关系生意兴旺与否。

促使管理者关注安全保障问题的因素包括：

• 关系客人和员工健康安全的道德伦理责任感；
• 与安全和保安相关的损失费用问题；
• 未能进行"合理照管"的法律责任问题[②]；
• 企业建立标准的政策和规程；
• 与工会合同有关的契约责任；
• 政府法令；
• 员工福利、出勤率和赔偿；
• 与市场问题有关的客人期望的安全保障标准。

饭店与安全

安全是要避免我们称之为意外事故的伤害和损失，例如，滑倒和跌落、割伤、灼伤，以及其他人身伤害，还有相关的赔偿金。安全问题之所以重要，因为它不仅影响客人和员工，还影响饭店的赢利能力。

图 4-1 中的统计数字来自最近的美国劳工部门关于工伤及疾病数据统计。在过去 15 年中，服务业工作场所的安全得到了明显改善，旅游住宿、全面服务型饭店和小型有限服务饭店的工伤和职业病率明显下降（导致数日无法工作、严重工伤案件和不得不进行岗位调整或工作限制案件数下降）。这些统计数据表明：与数年前相比饭店的工作环境已变得更安全了。饭店员工受伤率的下降也让饭店在"超过 10 件案件行业"名单中逃脱了恶名。这可谓一项成就。但餐饮业仍然在此名单中。可以设想，虽然餐饮业就业者队伍庞大，但是仍然可通过不断改进安全管理工作而使得它在今后几年内能从名单中消失。

图 4-1 2004 年 100 个全职工人工伤和职业病发生率

	总案件数	导致工作日无法上班案件数	导致进行岗位调整或限定工作工种案件数
旅游住宿	5.8	1.6	1.5
全面服务型饭店	4.1	1.0	0.3
小型有限服务饭店	4.3	0.8	0.5

资料来源：www.bls.gov/iff/osh/os/ostb1487.txt。

美国的有些饭店公司取得了工伤和职业病发生率低于国家平均水平的好成绩。它们把损失预防程序作为整个团体风险管理的一部分来看待。设计风险管理和损失预防程序是要确定主要潜在风险区域，找出减少损失的发生频率和严重程度的方法。执行限定责任程序，如图 4-1 中的数据所示，就是要为降低损失严重程度做出努力。图 4-2 列出了美国国家安全委员会（the U.S. National Safety Council）建议的 14 个安

图 4-2 成功的安全和健康程序中的 14 个要素

> **14 个要素**
>
> 美国国家安全委员会提出了 14 个要素作为安全健康程序的标准。所有有效的程序都包含这些要素，但是各要素的重要程度因各公司的需求不同而变化。例如，一个服务企业可能会把在一个严格管理的制造公司所认为是最高优先权的安全工作置于比较次要的位置。
>
> **要素 1：危险识别、评估和控制**
>
> 安全健康环境的建立和维护需要识别危险，评估它们潜在的影响，找出消除或控制它们的方法，并按优先级别处理相关活动计划。这个过程是成功的安全健康管理的基础。

要素 2：工作场所的设计和施工

在设施、工艺和设备的设计阶段考虑安全和健康问题是最容易和最经济的。工作场所的设计、生产工艺和设备的选择必须要考虑安全问题。现有的工艺、设备和设施也需要进行评估和调整，或进行更换，以提高其安全性。

要素 3：安全工作管理

在所有工作场所，必须建立安全工作标准。其中应该反映出可应用的常规要求、附加的志愿准则和最佳行业实践。

要素 4：常规条例管理

职业安全和健康署、矿山安全和健康署，以及政府安全健康机构建立和执行安全健康规则。其他机构，例如美国环保署，也在美国发布和执行与安全和健康有关的规则。

要素 5：职业健康

职业健康程序由简到繁，涉及范围很广。这些程序最少要为受伤或生病的员工提供现场急救和突发事件的应对，甚至为受伤员工提供周到的医疗服务，如医疗监护程序和企业内部医疗设施。此外，有些公司正在开始通过员工的健康计划以及类似的程序来关注员工在工作时间以外的健康与安全。

要素 6：信息收集

安全和健康活动，包括现场检查、保存记录、工业卫生调查和其他职业健康评估、伤害/疾病/事故调查，以及工作检查，都会产生大量的数据。安全和健康专业人员要收集和分析这些数据。小事故经常是严重的安全健康问题的早期预兆。完整和准确的记录可以用来识别危险、评估安全工作和改进现状，并且通过对数据的分析来确定今后的管理模式。使用计算机和市场上可以买到的软件可以极大地简化安全和健康数据的记录、分析和交流工作。

要素 7：员工的参与

经过设计和工程控制达到减少危险的目的是有限的。各公司现在都明白，它们拥有的真正资产是人，而不是机器；它们还认识到，员工必须懂得：一个安全健康的工作场所与他们有利害关系。由于员工更多地参与计划的执行和改进，使他们能更加主动地适应安全工作规则。安全和健康问题的解决办法经常来自受过伤害的员工。

要素 8：激励、行为和态度

激励旨在改变行为和态度，创造一个更加安全、更加健康的工作场所。

要素 9：岗位和入职培训

新职工和调岗的职工必须逐步熟悉公司的方针和程序，学会怎样安全有效地进行岗

（续）

位工作。现场模拟式、课堂教学式以及专业的培训可以有助于安全健康程序的顺利推进。完整的安全培训程序包括危险识别、常规守则和预防方法。对新老员工经常反复培训是加强培训效果的有效途径。

要素 10：组织沟通渠道

组织内部有效的沟通渠道可以使员工获悉公司的方针、程序、目标以及改进措施。对于团体内部宣传安全健康信息，员工和经理之间有效的双方沟通交流至关重要。

要素 11：外界风险的管理和控制

现在的安全健康程序必须涉及组织管理范围以外的风险。针对"万一发生意外事故"的预案和"假设最坏"的情况通常不仅要考虑到灾难本身也要考虑到包括承包方行为、产品和其他方可能带来的责任风险。

要素 12：环境管理

环境管理通常需要一个完整的独立程序。然而，许多公司把环境问题和安全健康问题一并作为它们综合管理程序的一部分。

要素 13：工作场所设计和员工安置

在计划和安置公司劳动力时考虑安全和健康问题是很重要的。其中包括工作安全规则、员工援助程序以及满足《美国残疾人法》的要求。

要素 14：鉴定、审计和评估

每个组织都需要对安全状况进行检查、监督员工工作行为是否合乎规范以及改进评估工具。可以使用多种评估工具来满足组织的需要，其中包括自身评估、第三方评估和寻求第三方监管部门做评估等方式。

拓展阅读

损失预防管理快报

自从 1997 年 8 月，《损失预防管理快报》每月都出版，由雷蒙德·埃利斯负责编发。他在损失预防管理学院、康拉德·N.希尔顿学院以及休斯敦大学担任教授和总监职务。快报的服务对象是美国饭店业协会会员，快报由损失预防管理学院、康拉德·N.希尔顿学院和休斯敦大学共同管理，由美国饭店业协会以基金会提供赠予的形式提供赞助。

快报覆盖了关于与住宿运行有关的多种安全和安保问题，也提供了减少事故发生频率和降低事故严重性的不错建议。在 www.losspreventionbulletin.com 可寻到快报的列表。损失预防管理学院在休斯敦大学的网站是：www.hrm.uh.edu/?PageID=273。

全和健康程序的成功要素。不同类型的物业需要强调的具体要素取决于本物业或单位的属性而定。

成立安全委员会是促进工作场所安全的关键。让员工参与制定安全方针、回顾事故案例、提出安全措施、参加安全检查和其他安全职能活动等可以引起他们的兴趣和积极参与。为饭店安全委员会起草一个有关组织、责任、建议以及规程的政策声明是很有帮助的。这种活动可以从企业自身以及美国饭店业协会[3]教育学院、国家安全委员会[4]等许多渠道得到帮助。

工伤和损失工作日会影响运行部门的正常工作。这种功能性的衰退反过来会影响企业的赢利前景。此外，工伤也会影响员工和他们的家庭。具有良好安全程序的物业才能够降低工伤发生率和工伤严重程度。

有些企业已经通过执行安全程序把工伤率降低到行业内的平均水平以下。这一类程序通常是整个风险管理程序的一部分。风险管理是一种整体化的进程，目的是减少各种与安全和保安相关的事故的诱因和带来的影响。风险管理中最重要的因素之一是得到最高管理层的支持和参与。一个研究人员写道：

风险管理的效果很大程度上取决于包括项目级和公司级的最高管理层的支持……最有效的程序通过损失罚款或安全奖励使饭店管理者对损失承担责任。此外，把执行培训程序作为部分企业文化的项目一般都有比较好的风险管理程序。在这个盛行法律诉讼的时代，拥有一套严谨的风险管理程序确实是一项值得称道的投资。[5]

设置专人或一个安全委员会来负责安全工作也是非常重要的。这个人或这个委员会必须有权力执行安全规则。安全委员会的成员和领导人应当由管理人员和重要岗位员工轮流担任。研究表明，"最有效的委员会包括总经理、某些部门的领导以及岗位员工。"这个研究发现，效果最差的方法是像一个经理报告中描述的那样：

"我们每个月开一次会，查看事故记录，然后提出建议。备忘录送给总经理过目，但是总经理除了要求我们必须减少事故率外，什么实际的行动也没有。于是总经理让我们开展竞赛，进行更多的培训。这种情况持续 2 ~ 3 个月，然后又一切如故了。"[6]

需要注意的是，安全和保安的责任不能委派给一个委员会或一个部门。安全和保安必须被视为各部门和管理层全体员工的共同责任——员工与管理层。然而，没有问责制度就不可能有责任。有一种办法可以拿来衡量员工及管理者在安全方面的表现。这项衡量可以是以行为或活动的形式，例如培训课程及跟踪意外发生的件数、有效地调查、安全检查等；也可以以具体的目标值来衡量，如所有意外以及意外带来的时间上的损失、特殊安全事故数量等。

根据《职业安全及健康法》的要求，对于员工安全问题关注是强制性的。此法衍生了职业安全和健康署，它巡视员工工作现场，报告视察结果。关注这些视察结果可以让饭店对安全问题给予更多的实际关注。

安全程序中有助于减少员工工伤的要素[①]包括：

- 编写安全方针，说明组织的责任和对员工的要求，以书面形式告知全体员工；
- 收集和利用一线员工的安全素材；
- 对饭店进行定期的安全检查；
- 制定减少事故的实际目标，严密地跟踪进程，对事故下降进行奖励；
- 要求员工承担减少事故的责任；
- 提供一个变更或过渡岗位程序，使受伤员工尽快恢复工作；
- 通过标语、竞赛、奖金和展览等方式增强员工的安全意识；
- 培训，培训，再培训；
- 把安全工作纳入考核范围。

拓展阅读

"军团病"导致的危机

1976年，在费城召开美国军人大会期间，爆发了一种神秘疾病，夺去了34人的生命，将近2000人受到严重感染。追查结果发现，这种疾病和饭店的空气处理器有关，细菌是顺着楼宇的冷却塔排出来的废气进入楼宇的，当时属于未知的细菌现在有了正式的名称——军团病毒。如今，在全球一些饭店还会陆续发现与军团病毒相关的问题。发现军团病毒的地方包括冷却塔，然而大部分的军团病毒与楼宇的饮用水有关，如淋浴间、水龙头、水池、水疗池、装饰喷水池及制作食物所需要的热水和冷水。

已经有人提议将"危险分析关键控制点"（HACCP）模式用于检测和预防食物带来的疾病，这种观点越来越被人们所接受。这种模式看来也可以用来解决与"军团病"有关的问题。在世界卫生组织修改过的《安全用水计划》里，该组织提倡用HACCP法来处理"军团病"。饭店系统的设计与维护对于减少"军团病"风险扮演着相当重要的角色。

"军团病"诉讼的后果

5个家庭成员和亲友来到镇里参加一个婚礼。为了让孩子们游泳，大人们就使用了饭店的水疗池、泳池，而自己则坐在水池旁。他们没有进入水里。婚礼后，大家各自分别回到两个不同州的家里。

在数日内，所有人都病倒了。祖母陷入昏迷，被发现得了军团病。她在医院待了一个月，回家后又调养了两个多月。其他成员包括一个在母亲怀里的5周岁的婴儿当时也在池旁，也得了轻微的军团病，确诊为"庞蒂亚克热"。

如果不是这家人的遭遇，没有人会发现这个病会如此剧烈地爆发。他们只相处一段不长的时间，所以可以准确认定被感染的地方。这家人通知了"疾病控制与预防中心"（CDC）。疾病控制与预防中心的报告指出"疾病爆发之所以被发觉是因为病案发生在两个不同州，且来自一个有血脉联系的家庭。他们都曾经住在同一个饭店，还有家庭成员把这一病情上报到州公共卫生局。"

疾病控制与预防中心的反应令人印象深刻，措辞严厉。它查验了整个饭店的水系统，搜集了泳池和水疗池的维护信息。疾病控制与预防中心对饭店的水疗池的评价是"维护不善"。维护记录显示：水疗池"在被检查的整个时段里，经常处于不佳状态"。

甚至当得知有人在水疗池里感染了军团病险些丧命后，饭店管理者依然没有采取改善维护措施。有一种水处理药物长期地处于超标范围。水池重开不到3个月，又在水池/水疗池里发现了军团病毒。

在诉讼过程阶段，公共健康备案记录显示，这家连锁饭店的水池或水疗池曾被所属州的18个健康管理部门查封了25次。这个案件没到审讯阶段就已达成庭外和解。

有一个民事侵权案。原告通常会要求两类索赔：经济类（例如：医疗费和误工费）还有非经济类（例如：所承受的疼痛和疾苦）。在此案例中，祖母的医疗费约10万美元。而该家庭经历了太多的磨难，承受了巨大的非经济类损失。

企业管理者也需要面对惩罚性的索赔，这是因为企业并没有证明自己事后及时地改善了饭店水系统的维护措施以防止这种严重的疾病的再次发生。水系统维护管理的预算拨款可能被视为浪费，可是被法律制裁的代价可能更为巨大。

---

* 上述讨论来自威廉·F. 麦考伊，《军团病——为什么问题还在》，ASHARE杂志，2006年1月，pp 24-27。

** 信息来自与李·T. 华勒斯面谈的结果，华勒斯是亚特兰大华勒斯律师事务所的律师，当时担任受害家庭的律师。

建筑物设计、维护和安全

适当的建筑物设计和维护对员工和客人的安全起着很重要的作用。维护良好和照度明亮的走道、楼梯和停车场可以减少发生跌倒和相关伤害的可能性。使用防滑地面材料和涂料可以防止员工和客人滑倒受伤。另一个重要的设计考虑是美国1990年的《残疾人法》，其中规定了适合残疾人使用的设施。

拓展阅读

安全和保安系统以及美国残疾人法

有残疾的客人在紧急情况下可能尤其危险，他们或者听不见警报，或者没有能力迅速逃离现场。有听力或其他感官缺陷的客人可能无法发觉某种形式的警报信号，而有某种行动障碍的客人在电梯不工作的情况下无法独立地撤出地面以上或以下的楼层。尽管这类情况已经被认识到很多年，但可行性解决方案的出台也只是近年的事。

为了向听不见声音警报的客人警示，可行性设计 ADA 标准要求在各区域安装可视的火灾警报装置（频闪灯），特别是在那些会把人隔离开的地方，例如卫生间、会议室以及客房等。频闪灯要符合最低要求，诸如安装间距、安装高度、闪光频率、亮度以及与正常报警信号同步等。

要求在所有轮椅可出入的客房和一定比例的普通客房内安装可听／可视的警报器，这些警报器由本房间里的烟雾探测器和楼宇火灾警报系统触发。轮椅可出入的客房也要像为一般公众提供的客房那样，可以选择房间类型和舒适程度，包括房间样式、服务级别、吸烟／不吸烟房间、视野等。

可行性设计 ADA 标准要求新建饭店安装全喷淋设施，每楼层均应设置紧急出口或救援区域。救援区域是设有防护设施的场所，直接通往一类出口（通常是火灾楼梯）。这种区域可以容纳两个轮椅并排通往常规出口，装备有连接到火灾指挥地点的双向可听可视通信系统。无法走楼梯的客人可以在这些有防护的区域等待疏散。令人遗憾的是，救援区域会间接导致饭店／汽车旅馆的保安问题。与紧急出口直接相连的场所会对饭店内其他客人造成威胁，因为那里的人员在保安员的视线之外。还有，如果储藏空间很紧张，那么，保证救援区在任何时候都畅通无阻就成为对管理工作的严峻挑战。

对于饭店经营者来说，建立后备运行程序以保证残疾客人的安全是很重要的。在客人登记住宿时，对听力障碍或行动不便的客人做标记，用这种简单的方法可以使员工在紧急情况时有效地找出需要通知或请消防人员优先检查的房间，以确认客人是否已经安全撤离。

通往阳台的滑动门上的玻璃，还有通往天井的门、出口／入口门等是另一个潜在的安全问题点。这些位置上一定要安装钢化玻璃。钢化玻璃比较结实，在被打破时会裂成圆形碎片，可以减少伤害机会。换玻璃时要注意材料的类型是否正确。此外，在玻璃门容易被误认为是敞开通道的地方，要贴上花纸或放置某种形式的障碍物，以提醒人们注意。

除了建筑物外，家具、固定装置和设备都要作为安全程序的一部分加以注意。在清洁这些物品时，要检查连接处是否有松动，零部件是否有磨损。这是又一个需要维护部门和服务部门紧密配合的例证。如果发现问题，要马上进行修理或令该物品退出使用。

还要注意产品召回和缺陷告知。近年来，有问题的喷淋头和高脚椅常在产品召回之列。

客人洗浴安全

客房的浴室是涉及旅客安全的一个特殊区域。需要注意的安全问题有：
- 热水的温度；
- 浴缸、淋浴、浴室地面防滑；
- 电击；
- 适当的浴室构造。

客人在饭店的洗澡间可能会被烫伤甚至会导致死亡。这个问题主要发生在老式建筑里，且经常是由系统的设计和运行缺陷引起的。事故带来的诉讼会使小饭店破产，大一些的企业财政状况也会受到严重影响。为了防止烫伤，对经营者提出如下建议：
- 供客人使用的热水，在源头处不要超过 120°F（49℃），在水龙头出水口处不要超过 110°F（43℃）；
- 把饭店供水系统中为商业设施、客房、更衣室的供水与为厨房和洗衣房的供水隔离开；
- 给浴缸和淋浴安装带温度压力补偿的阀门，这种阀门预先设置冷热水的混合，并根据系统的变化自动调整。

浴缸的防滑也是一个问题，因为光滑的浴缸会造成伤害。美国材料实验协会已经制定了"光滑"指标。在购买新浴缸和淋浴时，应根据"ASTM F462 标准"选择涂抹了防滑材料的浴缸。

浴缸及淋浴的防滑质量等级有可能过了一段时间会下降，这里有使用老化原因也有使用清洁剂产生的化学反应原因。浴缸及淋浴供应厂家通常会建议清理材料及办法。当要重新修复表层时，确保合约里明确要求产品要具备防滑功能；并要求承包商根据"ASTM F462 标准"提供关于完成品样板的测验报告。

在浴室安全事项中，拉手的安装和安装位置也很重要。图 4-3 是建议的拉手定位安装方法。所有固定在墙上的拉手在安装时要适当加垫衬，以确保稳固。

淋浴间里使用的任何玻璃和镜子应该是经过打磨的。淋浴间的门要使用钢化玻璃，以减少门破碎时可能造成的划伤。

浴室的地面也应该是防滑的。在选定地板材料时，应该要求厂家提交由独立实验室出具

图 4-3　浴室拉手的定位和安装

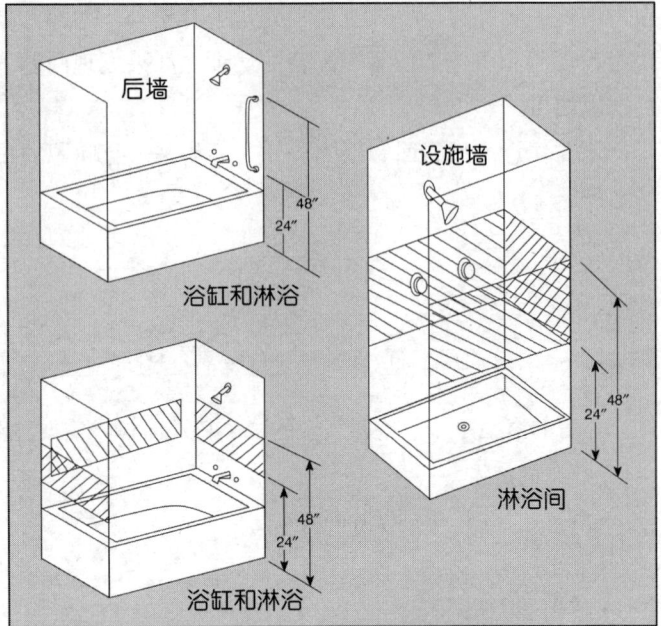

资料来源：罗伯特·L.科尔，《浴室设计中的安全因素》，《饭店》杂志，1989 年 5 月，第 28 页。

的防滑测试鉴定书的复印件。测试结果应说明该产品适合用作地面材料。厂商也可以推荐能够保持地面防滑性能的清洁剂。这些方法都有助于减少滑倒和跌落事故的发生。

为了减少客人在浴室里遭受电击的危险，应为电源插座提供接地故障保护。如果饭店提供烘发器、风扇等用品，则电线应埋在墙内，插座应带有内置漏电保护开关（GFCI）。

防火安全

美国的饭店业在提高防火安全和减少火灾次数及严重程度方面取得了很大成功。在 20 世纪 70 年代末期，饭店 / 汽车旅馆每年平均发生火灾 11500 起。到了 2002 年，这个数字降至 4200 起，[⑤]饭店 / 汽车旅馆火灾死亡人数从年平均 100 多人降至约 16 人。这些成绩的获取伴随的是饭店 / 汽车旅馆房间数量增长期。国家防火协会认为，这事

实上是饭店业防火安全方面引人注目的、不同寻常的进步过程中的一个里程碑。

这个行业是怎样取得这样的成就的呢？一个主要因素是注重火灾预防——识别可能的火灾起因并努力减少或杜绝它们。饭店已经极大地改善了检测火灾的方法和通知建筑物中的人员疏散的策略和手段。当然，还有新技术的作用。现今广泛安装了新一代火灾抑制系统，可以有效地控制火焰和烟雾的蔓延，甚至可以控制初期明火。

读者会问，有了这些改进，为什么还要继续讨论这个话题呢？美国饭店业创造的令人钦佩的防火安全记录会在自满自得、安全错觉和对火灾问题缺乏管理中丧失殆尽。与此相关的典型案例是1990年发生在马萨诸塞州坎布里奇市的一次饭店火灾。宴会服务人员把一个重20磅的丙烷罐搬进操作间，用于加热自助餐的烤架。烤架冒烟，触发了室内的烟雾探测器。员工为了让烟雾散掉，打开了排风扇。随后，员工在拆走丙烷罐时没有注意到燃料罐开关并未拧紧。屋顶风扇使逸出的丙烷气在室内流动，遇到火源，爆出一个火球。令人略感安慰的是，此次事故只导致1人死亡，其他10人住院治疗。在另一篇报道安全火灾的文章中作者写道："防火安全的技术知识也许在最需要它的人——宴会服务人员那里没有做到深入人心。"[9]这一事件提示我们，管理工作不仅要知道做什么，还要把信息传达给员工，以确保政策规程的切实执行。

快速发展的火灾检测和抑制技术也要求对防火安全不断地加以关注。新技术、新系统和新设备需要经常地维护和测试。然而不幸的是，即便如此还可能会发生问题。饭店火灾的大量减少和日益成熟的防火技术应用可能会使管理者产生安全上的错觉。烟雾探测器和喷淋头是需要维护的，不能安装以后就把它们给忘掉了。还有，各种系统部件也需要检查，有时可能还需要更换。

市场因素给予那些采用正规的防火安全方面的技术和系统的管理者以实际支持。例如，联邦政府颁布了继续执行《饭店和汽车旅馆防火安全法》，该法规定了联邦机构雇员住宿设施的最低防火标准。住在不遵守联邦防火安全要求的饭店里的联邦机构雇员得不到住宿费用的报销。由于联邦政府在美国是最大的雇主，所以它代表了一个巨大的饭店客源市场。[10]

虽然饭店防火安全已经跨出了一大步，但是还是存在较大的差距。有些问题发生在美国内地。不过在20世纪90年代，饭店业的重大火灾人员伤亡主要发生在国外。最近发生在美国或其领地的、造成重大火灾人员伤亡的饭店首推波多黎各杜旁广场饭店1986年的火灾。在20世纪90年代，美国本土以外的地区的饭店和各种社交舞会俱乐部屡有导致重大人员伤亡的火灾发生。图4-4即是一例造成91人死亡和51人重伤的饭店火灾事故。

图 4-4 泰国饭店火灾

1997 年 7 月 11 日，上午 10:20 左右，泰国曼谷东南 200 公里的卓田海滨皇家度假村一层的咖啡厅开始着火。火灾导致 91 位饭店客人和员工死亡，51 人重伤。

首先报告起火的是在附近巡逻的地方海滨救援基金会的工作人员。

离那里最近的消防队在监听无线电通信时偶然听到了呼叫，马上开始行动，在 7 ~ 10 分钟内赶到了现场。他们看到火势很猛，火焰从饭店第三层（17 层建筑）的迪斯科舞厅顶部冒出来。饭店大厦的顶部在冒烟，第三层在着火。

首先到达的消防人员还注意到，有 14 个人已经从第二层的一个窗户里爬出来，落到了大厅的天棚上，正在受到大火的威胁。

在行动的开始阶段，消防队员把精力集中在营救和保护受到火灾威胁的人们。消防车把水用光以后只得离开现场去补充水。

第二批赶来的一台高空消防车带有转盘梯，它停在饭店的入口处，消防队员把大厅天棚上的 14 个人救了下来。

进入饭店内部的消防队员打算装上使用输水管的灭火设备，但是发现没有水。事后调查证明，输水管没有连接，消防队无法启用输水系统，只好使用电泵输水。

度假村仅有的由市政供水的外部水源在建筑群的西南部，饭店游泳池附近，是用来保持游泳池水位的。那里无法停放一辆够得着阀门出口的消防车。当消防队员试图在阀门上接一个水龙带时，他们发现阀门接口与水龙带不配套。

旅馆里仅有的水源是游泳池，里面大约有 33.6 万升水。消防队员用一个浮动泵和 5 个便携泵抽水。罐式救火车用旅馆外面的水源补充实施救火。

火灾原因和发源地

在火着起来之前，大约有 8 个员工闻到了气味，他们认为是从咖啡厅的餐柜散发出来的。在调查气味来源时，一位男性员工说，气体是从一个 9 公斤的液体丙烷钢瓶的阀门处泄漏出来的。钢瓶的阀门通过一个 "Y" 形三通和橡胶软管连接到两个炉灶火眼上。炉灶是每天用来给饭店客人做早餐的。

那位员工发现漏气，试图关掉钢瓶的主阀门。但是他无意中拧错了方向，非但没有关上阀门，反而开大了。释放出来的气体膨胀蒸发，很快被点燃……钢瓶周围的可燃气体使火势迅速蔓延，片刻间就大到无法用手提式灭火器来控制了。

据负责事故调查的地方警察称，一个饭店高层经理的姐姐在意识到没人负责疏散饭店客人之前从火灾区域逃了出来。当她想再冲进饭店救人时，大火已经把她拦在了外面。

内部可燃物、西向的微风、缺少火灾区域化隔离和有效抑制系统，使得饭店低层的

（续）

> 火势迅速蔓延。随着火势增大，楼梯间气压下降，许多上面楼层的门没有闭门器，竖井里没有阻火设施，于是浓烟向上弥漫，致使整个饭店里充满了烟雾。
>
> 国家防火协会主任、火灾调查员爱德·卡缪认为，从这次火灾中得到的教训已经在美国和世界各地重复了很多次。
>
> "虽然通过实行法规和防火安全教育，已经取得了很大进步，但还有很多工作要做。"卡缪说。

资料来源：NFPA 杂志，1998 年 3 月 /4 月，作者盖瑞·J. 马丁，澳大利亚墨尔本市大城市火灾和应急服务委员会
        火灾调查分析部视察员。

饭店防火安全程序会牵扯防火、检测、通知、控制、抑制和疏散。防火安全程序不可能永远消除起火的可能性。不过，一个经过充分策划和妥善管理的防火程序可以减少火灾的发生频率和严重程度。过去 10 年的努力已经在很大程度上减少了在火灾中的死亡人数。此外，在同期饭店火灾次数也明显下降。

许多饭店公司已经通过火灾防护方面新设施的设计和对老设施的改造，以及制定和执行各种防火安全规则改善了它们的防火安全备案记录。使用项目级核查单来识别和整改危险情况是这些规则的特点之一。图 4-5 是一个来自国家防火协会的核查单，其中提出了许多物业项目防火的关键问题。应该准备和使用这类核查单来帮助维护防火安全设施。

一个重要的规定是：所有的火灾保护设备必须在断电的情况下仍然能使用。因此，在模拟断电的情况下核查设备的连接质量和消防保护的设备完好状况也是很重要的。

图 4-5　国家防火协会饭店防火安全核查单

> 由主任工程师、安全主管或同级人员完成：
>
> 1.是否有火灾警报系统向在场者警告火灾？这个警报系统是什么形式的？
>
> a.铃声　b.喇叭　c.不急促的叫喊　d.其他
>
> 2.出口和通往出口的路径上是否有标明"出口"的灯光指示牌？
>
> 3.出口通道和出口楼梯是否有应急照明？
>
> 4.走廊里、出口门道、出口楼梯以及其他出口路径上是否有任何障碍物？
>
> 5.会议、饮食服务或娱乐区域的出口门是向外推开式的吗？
>
> 6.出口门是不是锁着或以任何形式紧闭着从而影响随时使用？
>
> 7.容易被误认为是出口的门是否有适当的标记？至少要标明"禁止通行"。

（续）

8. 通往出口楼梯的门在使用后能否关好并自动闭锁？

9. 能否从出口楼梯到达客房楼层？

10. 每间客房里是否有明显的提示，告知具体的火灾警报信号和最近的出口位置？

11. 客房门是不是自动关闭的？有没有会使烟雾弥漫进房间的气窗或百叶窗？

12. 每个电梯间里是否有"一旦发生火灾，请勿使用电梯"的明显告示牌？

13. 在会议室或活动室的主要入口处是否贴有限定最多人数的告示？

14. 如果在紧急情况下一个出口不能用，是否在远处有另外的出口供客人使用？

15. 折叠屏风或气墙的安置会不会挡住疏散出口？

16. 出口附近是否有容易使疏散人员产生错觉的镜子？

17. 会议室是否有足够的出口允许大批人员迅速离开？其比率如下：

      多于 1000 人   4 个出口（最少）

      300 ~ 1000 人   3 个出口

      50 ~ 300 人   2 个出口

18. 所有走廊、楼梯间或过道里是否临时或长期存放有送洗的衣物、桌椅、客房服务托盘以及废旧物品等？

19. 是否有指派的高级职员负责现场防火安全检查？

      姓名：_____ 职务：_____

20. 你遵守防火法规吗？遵守什么防火法规？

21. 是否有明显的或未纠正的妨碍防火安全检查的行为？如果有，请记录下来。

22. 你们的设施是否有火灾应急操作规程？在进行核查时请附上一份复印件。

23. 你们的设施是全喷淋式的吗？如果不是，指出哪里安装了喷淋装置。

      a. 会议室   b. 走廊   c. 大厅   d. 客房   e. 公共盥洗室   f. 其他

24. 饭店所有区域都安装了烟雾探测器吗？如果没有，指出烟雾探测器的位置。

      a. 会议室   b. 走廊   c. 大厅   d. 客房   e. 其他

25. 所有的烟雾探测器都通过硬连线接到中央信号系统或直接通到消防队吗？如果不是，哪些没有连接？

火灾预防

    防火是每个人的工作。它与维护密不可分，防火安全本身涉及饭店所有部门。"认为防火安全工作不是我的事"的态度实不可取。

    维护工作与火灾预防之间有很多联系。有内部洗衣房的单位需要定期清理烘干机的管道系统，经常清除过滤器里的毛絮，以减少发生火灾的危险。如果使用织物滑道，那么滑道也需要定期清理。此外，所有织物滑道要锁闭，并装备自动火灾喷淋装置。定期对楼宇电气系统（特别是电气连接线的热扫描）的检查也有助于防火。在饭店业中，信息灵通的员工队伍尤其重要。管理者应该把防火和相应训练放在工作的首要位置。培训材料可以从很多渠道获得，包括火灾预防机构、本地消防队、政府部门以及行业协会等。例如，美国饭店业协会教育学院已经与国家防火协会联合制作了一套火灾预防演练的录像，强调防火安全问题对饭店业至关重要。⑪

厨房区域发生火灾的危险性最大。注意正确进行厨房操作和定期清理通风管道系统有助于防止火灾并降低火灾严重程度。及时发现运行不正常的厨房设备可以防止发生火灾。

厨房的通风或烟罩系统⑫对于防火安全和卫生环境都具有特别重要的意义。这个系统必须设计合理、正确维护。清理烟罩系统是一项重要的维护工作，其范围和特性取决于烟罩系统的类型以及所使用的过滤方法。有些老式的烟罩系统很难清理，然而又需要经常清理。新型设计的烟罩具备自动定期清理功能。尽量减少容易积累油污的凹槽和缝隙，使用油脂抽提器代替网式或挡板式过滤器。周期性地清理管道系统和风扇可以减少火灾危险，避免风扇附近的屋顶和墙壁附着油垢。这种清理工作通常由专业服务承包商来完成。⑬

垃圾废物的存放和处理也应该考虑到起火的可能性。在建筑物附近（例如在装卸平台上）存放垃圾给纵火犯提供了燃料，他只要用一根火柴就可以放火。建筑物中没有保安措施的垃圾间和其他储藏区也会为纵火犯提供相对便利的引燃物存放处。

火灾预防在装修改造中也是一个重要问题。装修改造无非是内部装饰的更换或建筑物实体的改造。在更换内部装饰时，一定要考虑材料的阻燃性和易燃性。地方防火法规和公司的标准通常对这些装饰材料规定了最低要求。如果没有这类标准，应参考国家防火协会的刊物，诸如 NFPA10—生命安全法规（The Life Safety Code）。还应注意堆放新家具、地毯和其他可燃物的地方。不要给纵火犯创造机会，也不要让乱扔的烟头酿成一场火灾。有些重大的饭店火灾就是这样引起来的。

大范围的装修改造有时会带来意外的风险。为了敲碎和拆除部分建筑结构，承建者经常把设备运到现场来，由此会产生火灾隐患（例如切割机和燃料罐）。要对承建者强调防火安全，指定专门的吸烟区域和存放危险物料的区域，检查他们在工作中是否有不安全行为，确认饭店和他们都有必要的保险合同。饭店应该知道所有在更新改造中暂时不起作用的火灾检测、通知或抑制系统的元部件，这一点也很重要。

在系统停运前要安排例行通告并加强现场监视。

火灾检测

火灾通常首先是由人发现的。不过，仍需要无人操作的火灾检测手段。这些手段包括热探测器、烟雾探测器、喷淋触发探测器等。

热探测器根据一个地方的实际温度（固定温度探测器）、一个空间的温度变化（温度上升率探测器）或者是两者的结合速率补偿式探测器起作用。它们适合用于不宜使用烟雾探测器的场合，比如说灰尘比较大的地方。

烟雾探测器有充电式和离子式两种类型。当烟雾微粒扩散或遮住光线时充电探测器即被触发。离子探测器含有少量的辐射物质，在导体的电极之间建立起离子化的空气流。烟雾的产生会改变离子化空气的流动从而触发探测器。

烟雾探测器上累积的灰尘能够触发"讨厌的"警报。因此，需要周期性地清理。此外，探测器的灵敏度随着时间的推移会发生变化。变化太大会影响系统运行或发生误报。由于探测器的灵敏度会发生偏离，所以必须时常对探测器进行校准。有些探测系统能监视探测器的灵敏度，自动对其进行调整，并在探测器误差超过允许范围时发出信号，以提示进行维护。对于其他系统来说，必须进行定期校准。有关测试方法和测试间隔，请参考制造商的说明书。

现在许多饭店都安装有喷淋系统。这些系统不仅能够抑制火灾，还可以探测火灾和触发警报。警报是由喷淋管道里的水流触发的，检测管道水流的传感器连接到大厦的警报系统上。警报系统还可以识别具体的传感器，所以能够判断出火灾的大概位置。

火灾通知

警告包括多种手段，警告不仅用来通知客人和员工出现了火灾，还可以提示人们面对火灾中要采取的正确行动。通知有若干种方法，每一种都需要维护方面的关注和考虑。通知系统的要素是：

- 应急说明和楼层平面图；
- 楼宇警铃和警报器；
- 语音警报，视觉警报和通信系统；
- 单站烟雾探测器。

地方消防法规会规定建筑物各方面火灾防护的最低标准，多数消防法规会涉及上面列出的项目。

应急示意图一般都张贴在客房的门上。它告诉客人在火灾或其他紧急情况中应该怎么做。指示中应包括楼层平面图，并且应该标明最近的出口位置。如果有电梯，指示中应该告诉客人在火灾时不要使用。指示还要求客人带好房间钥匙（使客人在警报解除后或被大火围困时可以返回房间）。如果楼梯间的门是自闭的，应该向客人说明。饭店特有的应急指示也应包括在内。随着外国游客的增多，示意图应该使用图示和用饭店客人普遍使用的语言写成。

有些饭店制作了安全和保安信息的录像带。这些录像带在客房电视的信息频道里播放。电视机在打开时可能会自动调谐到这个频道。在有些地方，这种频道会有好几个，分别使用大多数客人能听懂的语言。

根据地方法规和公司标准，楼宇警报器要定期检查。无论饭店最近在警报器的电路上或其附近进行了什么调整，都要做专门的测试和检查。在客房里应该能够清晰地听到警报器的声音；法规通常会规定警报器在客房中的音量级别。必要时应进行调整，以达到标准要求。

有些警报器带有专门用于测试的开关和复位按钮。其他的警报器只有当使用者打碎玻璃屏时才有所反应。在测试这类警报器时，要把玻璃取下来；测试过后一定要回装玻璃。负责维护的员工应互通信息，以确保及时恢复系统的正常工作。

为了更好地向客人提供信息，不少饭店已经安装了更多的语音和视觉警报器以及通信系统。语音警报系统一般是把警报和预先录制好的语句结合起来，在火灾发生时告诉客人应该怎样做。这种系统允许饭店员工或消防人员用其他指令代替预制的消息。要记住，说外国话的客人也许听不懂这些消息。如同客房里需要使用多语言的书面应急措施一样，有时可能也需要多种语言的指示。语音警报系统和其他通信系统需要定期测试，以保证其正常运行。

为了向有听力障碍的客人通报火警，现在通常使用可视信号设备。目前，饭店客房和走廊以及门厅的出口标志牌上都需要装上频闪灯。这些可视设备可以在所有房间启动，也可以仅在听力有障碍的客人的房间启动，采取哪种方法取决于地方法规的规定。

我们已经提到过，烟雾探测器是火灾探测系统的关键功能部件。有些探测器还可以用作就地警报设备，也就是说，它们不触发楼宇火警。这些被称为单站烟雾探测器的设备和居民住宅里的设备类似，由一个烟雾探测器和一个警报器组成。不同于住宅设备的是，它们由专门电路供电，而不是由电池供电。在客房里可以发现这种探测仪器。今天，安装与总系统连接的客房警报探测器有增长趋势，总火灾警铃系统可以监察这些探测器。系统连接的客房警报探测器不会直接启动整个楼宇的警报系统。一旦被启动，它们会将警报讯号传送到总火灾警铃系统，工作人员接到这类讯号时就会派遣饭店员工查证该房间。这样一来，就可以实现在客人受到严重伤害前即可发现和监控火情的目的。

火灾抑制

尽管设计者和经营者为减少火灾次数迈出了成功的一步，但饭店业的火灾还是会发生。因此有必要装备充分的火灾抑制和控制设施，以及了解怎样使用这些设备，怎样使它们保持正常运行状态。

火灾抑制设备包括喷淋装置、输水管和水龙带系统、手提式灭火器以及其他相关设备（诸如消防泵、应急发电机和水管等）。

喷淋系统在饭店的应用变得越来越普遍，因为它们的作用日益为人们所知，修订后的消防法规也要求使用它们。湿管喷淋器的应用在饭店中比较常见。这些系统由充满了水的管道和靠温度触发的喷淋头以及有足够压力的水源组成。对于低层建筑来说，通常用的是区域内自配的水源，其压力足够，不必使用压力补充水泵。对于高层建筑来说（通常是指高于 5 ~ 7 层的大楼），一般要安装消防泵来提供必要的水压和水量。

2004 年美国饭店业和史密斯旅游研究所的调查表明：在饭店内安装喷淋系统尽管已经比较普遍，但还不够普及。图 4-6 是对此次调查结果的描述。法规没有要求较小的物业安装喷淋系统，特别是那些客房直通户外的饭店。相比之下，99% 以上被调查的物业都安装了烟雾探测器。

物业应该储备喷淋头，用来更换损坏的或是一次小火灾后需要更换的部件。如果手头没有这

图 4-6 **装备房间喷淋的饭店比例**

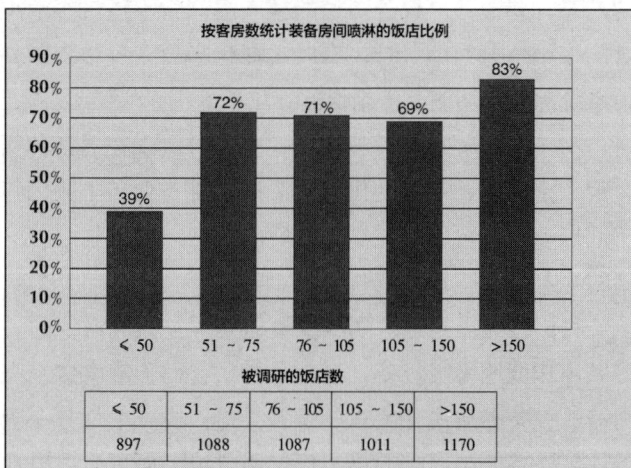

按客房数统计装备房间喷淋的饭店比例

< 50	51 ~ 75	76 ~ 105	105 ~ 150	>150
39%	72%	71%	69%	83%

被调研的饭店数

< 50	51 ~ 75	76 ~ 105	105 ~ 150	>150
897	1088	1087	1011	1170

（续）

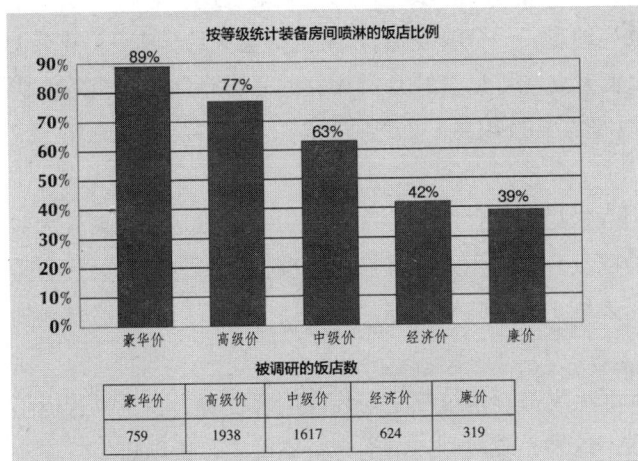

按等级统计装备房间喷淋的饭店比例

	豪华价	高级价	中级价	经济价	廉价
被调研的饭店数	759	1938	1617	624	319

资料来源：美国饭店业协会（AH&LA）和史密夫旅游调查（Smith Travel Research），2004 年。

些配件，发生小火灾后就不能允许客人再进入建筑物。这至少会给客人和员工带来不便，糟糕时会造成严重收入损失。

手提式灭火器主要用于对付初期火灾。不过，要使用正确类型的灭火器和操作方法才能有效地灭火。图 4-7 是适用于各种火灾的各种灭火器一览表。一个特定区域的灭火器应该适用于该区域容易发生的火灾类型（比如说，电气室里不要配置水灭火器）。有些灭火器有多用途标志（例如，ABC 灭火器），而其他灭火器则标明用于特种类型的火灾。

最近有关手提式灭火器的两个发展成果应该加以注意。一种新型、新类别的灭火器已经出现了，它的类别是 K。这种新型灭火器被用来对付大型油炸锅和其他大量使用植物油或动物脂肪的厨具着火。新型灭火器可以减少火焰复燃的可能性。在 K 类灭火器开发出来之前，自燃是一个问题，因为尽管其他灭火器开始时能把火抑制住，但脂肪里保存的热量可以把火再点燃。K 类灭火器可以有效地防止复燃。可以把 K 类灭火器看作已有火灾保护系统的补充和后备。

另一个新动向是灭火器等级的扩展。在以前使用的字母前面加了一个数字。现在出现在字母"A"前面的

图 4-7 火灾和灭火器类型

种类	符号	火灾类型	可燃物
A		普通燃烧物	木材、纸、织物等
B		可燃液体和气体	汽油、丙烷和溶剂
C		着火的电气设备	计算机、传真机
D		可燃金属	镁、锂、钛
K		烹调介质	烹调油和脂肪

类型	A	B	C	D	K
化学泡沫	☆	☆			
水（泵罐）（筒）（加压的）	☆				
含沙水流	☆	☆			
干式化学品		☆	☆		
干式化学品（A,B,C——3 种用途）	☆	☆	☆	不常见于饭店	
干式化学品与泡沫相容		☆	☆		
湿式化学品					☆
二氧化碳		☆	☆		
哈龙（碳、溴或卤的气体化合物）	☆	☆	☆		

注释：根据蒙特利尔协议，哈龙系统不允许再充气，要按协议规定的期限逐步进行替换。许多地方正在用传统的水喷淋系统或水雾系统代替哈龙系统（喜来登公司和百哲火灾保护公司提供）。

数字代表灭火器中所含灭火物质的量。一个等级为 2A 的灭火器大约含有 9.5 升灭火剂。字母"B"前面的数字代表灭火器可覆盖的 B 类火灾的平方米数。一个等级为 20B 的灭火器可以抑制大约 1.9 平方米的 B 类（可燃性液体）火灾。字母"C"和"K"前没有数字。

所有手提式灭火器都要列入饭店预防性维护程序。维护人员应定期检查灭火器的软管、配件、指示计、压力以及介质的重量和状态。要确保正确类型的灭火器随时可用。如果雇用外面的承包人维护手提式灭火器，一定要安排饭店员工监督他们的工作。

许多年来，厨房使用的标准火灾抑制系统都是安装在主要设备上和通风管道里的一组喷嘴喷洒干式化学物质。这种系统对管道的运行特别敏感，所以任何管道改动都要经过工程勘察后才可以进行。要定期检查系统中化学品的存量，检查所有管道是否有泄漏。这些系统是手动启动的，或者由烟罩或通风管道系统中的熔断链启动。在一些餐馆火灾中，因为火灾保护设备的安装、厨房设备的安装以及维护方面存在的问题，使得火灾保护设备不能正常启动。

由于需要抑制和控制植物油和动物脂肪着火，又考虑到干式化学品系统带来的大量清洗工作，有些饮食服务设施已经开始在厨房烟罩中使用湿式介质。有一种湿式介质系统采用钾盐和水的混合物喷雾。这些灭火介质用于 K 类火灾（诸如油炸锅一类大量使用烹调油的厨具）。这类湿式化学品灭火系统在滚烫的或燃烧的油脂表面形成一层泡沫，从而控制火势、防止复燃。此外，液态泡沫有冷却作用。冷却作用对于减少自燃火灾复燃的可能性非常重要。湿式系统的优点是易于清洁，腐蚀性小。干式介质是碳酸氢钠，不仅十分不易清理，还对厨房设备有腐蚀作用。湿式介质的使用比较受局限，但可以用海绵和毛巾擦掉。用于这些系统的介质必须通过保险商实验所"UL300"测试。[⑪]

厨房烟罩系统有很多种，其中有的设计考虑了节省能源。有些节能型的烟罩不能提供良好的厨房通风。工程和餐饮服务部门的经理在考虑节能型通风系统的时候一定要确保系统的通风能力符合相关法规的要求。

维护人员要注意检查烟罩系统连接适当；喷嘴帽处在合适的位置，能够防止喷嘴被油垢堵住；喷嘴的方向正确；熔断链没有被污垢覆盖。熔断链需要按维护手册的要求定期更换（通常是每年换一次）。库房要常年储存备用熔断链。用于手动启动的电缆连接也要进行检查。

当厨房火灾抑制系统启动时，它会切断设备的燃料供应。在安装新设备和改动原有设备时要注意不要影响火灾保护系统的切断功能。把一台新灶具连接到两条燃气管线上却只在一条管线上安装了切断阀，当火灾发生时就会发生问题。这种情况在维护人员更换设备或根据需要改动安装时很容易发生。定期检查火灾抑制系统可以确保一旦需要时系统的正常使用。

另外，并不是所有设备都需要自动切断。不要把没必要切断的设备连接到自动切断阀上。例如，一个厨房警报器切断整个楼宇里的燃气供应。为厨房安装分立的燃气管线，或使用其他燃料（如电力）作为楼宇其他部分的主要或后备能源。

对厨房火灾的研究表明，有时连接干式化学品罐的管件、管道和喷嘴没有接好，或在维护中被断开后没有复位。在另外一些案例中，熔断链被换成了导线、螺栓或其他不适宜的替代品。结果导致火灾抑制系统在需要时失效。你需要了解这些问题。你不能在事关系统运行的问题上有任何妥协。由外部承包商进行的餐馆火灾抑制系统的维护工作要始终处在饭店人员的监控之下。

维护人员经常是应急防火队成员——特别是在规模比较小的饭店里——他们应该学会正确使用灭火器和其他设备。图4-8是有关几种常见手提式灭火器的喷洒时间和距离的信息。对于灭火系统的任何操作人员来说，熟悉这些数据十分必要。

图4-8 手提式灭火器：典型的喷洒时间和距离

类型和容量	喷洒时间	喷洒距离	UL 分类
水，9.4 升	60 秒	9～12 米	2-A
干式化学品 1.2～2.3 公斤	8～25 秒	1.5～6.1 米	5～20-B;C
湿式化学品，9.4 升	45～85 秒	2.4～3.7 米	1-B;C 或 2-A:1-B;C
二氧化碳 1.1～2.3 公斤	8～30 秒	0.9～2.4 米	1～5-B;C
哈龙 0.9～1.4 公斤	8～10 秒	1.8～3 米	5-B;C

厨房的员工也要进行使用手提式灭火器的训练。要对他们特别强调如何扑灭油脂火灾。二氧化碳灭火器使用不当非但不能熄灭油脂火灾，还有可能使其蔓延开来。还有，员工应该演习怎样把灭火器从墙上摘下来。灭火器不要放得太高或放在不容易拿到的地方。员工一定要在火灾发生前学会使用灭火器。进一步的灭火器使用训练可以在地方消防队、市政培训机构或国家防火协会进行。[15]

火灾控制

火灾和烟雾控制设备包括空气处理系统里的挡板、空调管道系统里的烟雾传感器、楼梯间增压系统、客房自动闭门器，以及由火警启动的火灾烟雾控制闭门器等。

火灾控制还包括可防止火焰和烟雾蔓延的建筑结构和设施。了解这些设备、设施的作用对进行楼宇的维护和更新改造是很重要的。

火灾挡板安装在管道系统中穿透墙壁和楼层的管道部分。挡板可以限制火灾的蔓延。在正常情况下，挡板处在开的位置；发生火灾时，用来控制挡板的链条熔断，使挡板关闭。据说有的维修工人发现链条断开或丢失就用电线代替。这种做法严重削弱了楼宇火灾控制的设计能力。1980年一个重大饭店火灾调查表明，有人用导线或铁丝保持挡板打开，导致火灾发生时挡板无法关上。不管是内部员工还是外部承包商所为，这种对楼宇火灾控制设计的改变都明显地增大了火灾损失和伤亡的风险。维护人员应该懂得这些功能部件的设计意图，不要使它们失去应有的作用。

烟雾挡板是用来防止烟雾在管道系统中流动的。烟雾挡板由烟雾传感器控制。烟雾传感器还可以在探测到火灾时通过关闭空气处理系统来控制烟雾。楼梯间增压系统用于加大楼梯间的空气压力，从而使其处于相对无烟的状态。

客房门上的自动闭门器应该作为客房预防性维护的一部分进行定期检查。如果自动闭门器能够正常工作，一场致命的重大饭店火灾就有可能降低为仅仅是一个小事故。火焰和烟雾控制门绝对不要被堵住，而且应完全关闭。

有些门是与自动释放装置连接的。释放装置在正常情况下把这些门打开，出现火警时自动把门关上。遗憾的是，如果动力中断，门也会关闭。由于这些门是用于火灾和烟雾控制的，所以必须符合某些最低建筑标准。例如，门上使用的玻璃必须经过防火测试（通常是指必须使用钢化玻璃）。

任何出口（诸如客房走廊或防火楼梯）周围的墙壁必须符合最低防火标准。进行更新改造时一定要注意这个问题。出口附近墙壁门窗的更换必须满足适当的阻火要求。此外，管道系统的沟槽和穿过墙壁与地面的部分要安装烟雾和火灾封堵物（用来对建筑结构缝隙进行密封的手段）。维护部门显然有责任保证这些设施正常工作。

20世纪80年代初的一起饭店火灾证明了进行维护时更换烟雾和火灾封堵物和关闭防火门的重要性。多伦多饭店2层的火灾造成6层、12层和23层的人员死亡。由于防火门被滞门器打开，而且维护时没有在管道沟槽里放置火灾封堵物，烟雾和火焰得以在大厦中蔓延。这些因素助长了大厦中烟雾和火焰的垂直运动。管道井和其他垂直井道犹如大楼烟囱，让烟火随意蔓延到整个大楼。

以上关于防火安全的讨论仅仅是饭店防火安全工作面临的诸多关键问题中的一部分。大多数饭店公司有建筑设计标准，其中包括防火安全规定。许多企业开发了自己的培训材料，帮助员工了解防火安全问题以及他们在饭店中使用的防火系统。

图 4-9 是一个火灾防护维护时间表的摘要。每个饭店都应该根据自己所使用的设备编制类似的时间表。时间表的编制应充分利用饭店设计者和设备供应商提供的信息。维护信息的另一个来源是 NFPA，它提供的各种火灾保护设备的标准中包含维护建议。

图 4-9 火灾保护设备周期性测试要求

设备	周期	说 明	NFPA 编码
控制阀	每年	每季度校验一次阀门位置，每年进行一次全行程校验——关上再打开。	25
主排水管（2"）	每年		25
防止回流设备	每年	根据法规要求，必须测量流量并计算摩擦损失。	25
干式消防竖管阀	每年	每年进行一次跳闸试验，每三年进行一次注水。试验快开装置。	25
消防泵	每周	搅动试验（无水流），马达驱动泵，最少 10 分钟；引擎驱动泵，最少 30 分钟。	25
消防泵	每年	满流量测试。	25
消防泵警报信号		在每周运行测试时校验泵的运行信号。其他信号在年度测试时进行校验。	
水流警报	每季度		25
输水管		流体静力测试和供水测试——5 年。减压阀（水龙带连接）——5 年。	25
阀门监控开关	每半年	校验阀门两个转向信号，或五分之一行程的信号。	25
烟雾探测器	每年	离开正常位置的距离。	
热探测器	每年	对于不可恢复型的，进行电气测试。对于可恢复型的，使用制造商允许的烟雾剂。	72
手动火灾警报器	每年		72
火灾通知：语音的和可视的	每年		72
电梯捕获/返回		按 ASME/ANSI A17.1 要求每月进行一次，并做书面记录。	101
电动机械门释放	每年	与手动火灾警报器联合测试	
楼梯间增压	每半年	所有运行部件，每半年测试一次，记录测试结果。	101
餐馆烟罩灭火系统	每半年		96
引擎驱动发电机	每周	每周检查/运转一次。每月带载运转一次。	110

NFPA 25　检查标准。基于水的火灾保护系统的测试和维护。
NFPA 72　国家火灾警报规范。
NFPA 96　商业烹饪设施的通风控制和火灾保护标准。
NFPA 101　建筑物火灾的生命安全法规（生命安全法规）。
NFPA 110　应急和备用动力系统标准。

疏散方案

建筑设施中疏散的可能性是实际存在的，因此必须做出安排。疏散和返回的过程应尽可能容易。尽管在此不可能对这些方案的所有方面进行详细讨论，不过方案

应该包括:

- 指定员工负责引导客人疏散,沿疏散楼梯下楼,到达预先安排好的集合地点;
- 指定设在楼宇外面的集合地点;
- 预备住宿登记客人的名单和房间号以及当班员工名单,以便在需要时统计楼里的人数;
- 指定员工保证特殊客人,例如残疾人,能得到疏散消息和受到专门照顾;
- 指定专人迎候消防队,为他们提供需要的帮助和信息;
- 妥善保管现金和其他贵重物品。

疏散通道

住店的客人需要简单了解所住饭店的布局。在发生火灾的情况下出口指示和灯光扮演很重要的角色。此外,出口指示通常是消防局的必查项。管理者有明确的责任确保出口指示保持明亮和出口道路无任何障碍。紧急灯光应保持始终处于运行状态。检查和维护紧急灯光通常会使用紧急测试开关和检测电池液体液位(用于电池操作的灯光系统)。由紧急发电机推动的系统应该在发电机负载的情况下做功能核查。不是引导出口的门和走道应该有明显"非紧急出口"的指示。不断地改造装修工程也经常改变出口的引导模式,应注意这一点。

关于刻意影响防火门和出口道路的危险举措在这里也必须引起足够的重视。我们常见,当饭店运营时,有很多防火门会被木楔子强行敞开。这样,楼宇原有的防火保护设计已被破坏。烟火控制门不应该被任何物件强制打开,除了在救火过程中需要打开时打开之外。同样的,出口通道也不应该用来储存设备和家具(或者任何其他一切物品)。此行为不仅降低了出口通道的功能也提供了火势持续燃烧的原料。

保安

前面已经提到过,管理层关注安全和保安问题的动机之一是市场因素。客人担心保安问题!

一个能够把保安状况维持在高水平的饭店是通过设施设计和管理实践的结合来做到这一点的。全面兼顾保安问题的设施才能有助于饭店迎来入住的客人。这些设施能够防止强行进入,允许对入口和出口进行监控,并提供适当的照明。管理工作的需要进一步扩大了保安职责范围，从制定程序到保障客人隐私权、保存足够的记录以便为保安方面的判定提供依据、训练员工有效地确认和处理与保安有关的需求，并遵守增强物业安全性的程序。

为了减少饭店可能发生的保安问题，以下若干设计和运营上的要素应该加以考虑

- 安装电子锁；
- 可使用美国饭店业协会提供的"旅行者安全提示"或类似的材料为客人提供安全和保安信息。图4-10是旅行者安全提示样本；
- 为客房安装电话，使客人可以进行紧急呼救；
- 为客房安装能够自闭和自动上锁的门。门上应该有锁定插销、观察口或等效物，以及可以保持门半开的保安链或门栏；
- 在连接门的两侧都安装锁定插销；
- 确保客房中可打开的窗户和滑动玻璃门都有锁定装置：窗户不能打开到人和物体可以通过的程度；一层（还有通阳台的其他入口）的滑动玻璃门应考虑安装第二道门栏装置（带铰链的栅栏、门道里的金属或木质拦挡，或其他的锁）。

图4-10　旅行者安全提示

1. 在饭店或汽车旅馆的房间里，没有弄清来人的身份时不要开门。如果来人声称是饭店员工，请打电话给前台，询问是否有员工要进入房间以及进来干什么。

2. 夜里回饭店或汽车旅馆时，应走饭店的大门。进入停车场时要观察一下周围的情况。

3. 进入房间后，无论何时都要把门关好，能锁闭的门都要锁上。

4. 在公共场合不要随便出示房间钥匙，不要把钥匙随手放在公共卫生间的台子上或游泳池里，以及其他容易被盗的地方。

5. 不要显露大量的现金和昂贵的首饰，这样会引起他人对你的注意。

6. 不要邀请陌生人进入你的房间。

7. 把所有贵重物品存放在饭店或汽车旅馆的保险箱里。

8. 不要把贵重物品留在汽车里。

9. 检查所有滑动玻璃门或窗户以及连接房间的门是否锁好。

10. 如果发现任何可疑情况，请向管理部门报告。

赌场采用闭路电视已有好多年。采用闭路电视的饭店也在逐渐增加。美国饭店业协会的最近调研显示，在大堂采用闭路电视的饭店数目已从2001年的52%增长到2004年的60%。图4-11提供了从2004年调研中获取的更详细的信息。如果要及时处

理影响饭店安全的事件，有效监督闭路电视是关键。必须建立记录程序，尤其是当录像记录要用于缉拿犯人和法律起诉方面。维护这些系统尤其数码录像系统相对容易。

饭店客人可能有贵重物品希望在住店期间安全存放。长期以来，这项服务是由前台附近的安全寄存箱提供的。使用寄存箱的各种手续和规则以及工程部门的职责通常限制为丢了钥匙的客人撬锁。[⑩] 近年来，许多饭店安装了室内保险柜。有几个因素导致了这种趋势。第一，现今的顾客通常希望有安全的地方存放笔记本电脑。许多现有的寄存箱系统没有空间来存放这些东西。第二，客人把计算机和其他物品存放在室内保险箱里要比前台寄存箱方便。第三，饭店可以因室内保险柜增加收入。室内保险柜将来很可能成为标准设施。图 4-12 是根据饭店的规模和等级统计提供的室内保险柜的比例。

图 4-11　装备大堂闭路电视的饭店比例

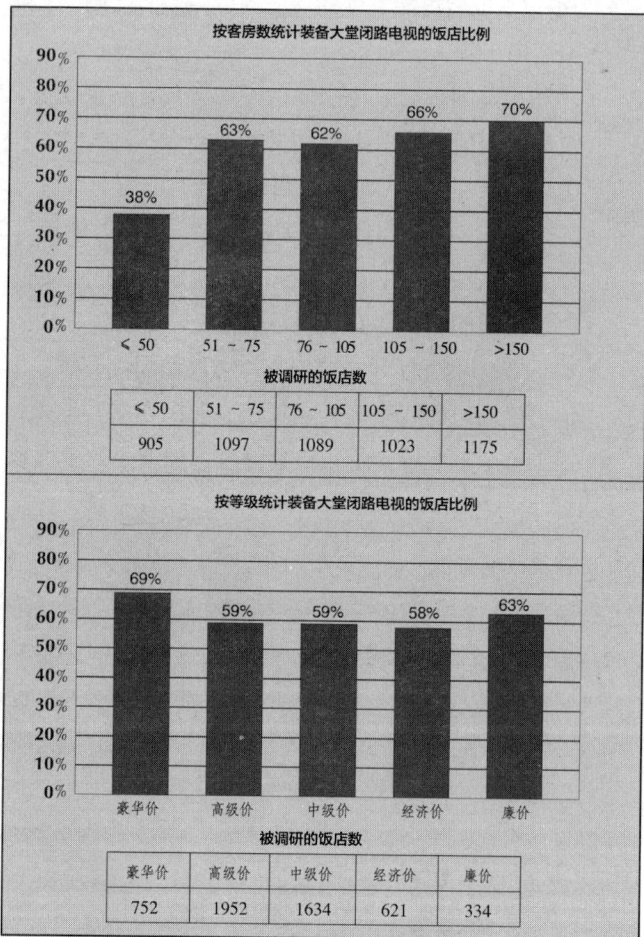

按客房数统计装备大堂闭路电视的饭店比例

	< 50	51 ~ 75	76 ~ 105	105 ~ 150	>150
被调研的饭店数	905	1097	1089	1023	1175

按等级统计装备大堂闭路电视的饭店比例

	豪华价	高级价	中级价	经济价	廉价
被调研的饭店数	752	1952	1634	621	334

资料来源：美国饭店业协会和史密夫旅游调查，2004 年。

所有员工在做出每一个决定时都要注意保安问题。特别建议对员工进行训练，以识别和报告可疑的人和不安全的情况。美国饭店业协会教育学院制作了一系列保安方面的录像带，是很出色的培训教材。[⑰] 各饭店自身特有的信息应该作为培训教材的补充。

2004 年 NBC 利用"隐蔽摄像机"对饭店安保素质进行了调查。这项调查突出了人员因素在安保方面的重要性。调查显示，会议室内发生偷窃，女房客在她的房间里被强奸、她之前的呼叫被饭店主管和安保人员所忽视，还有一位饭店员工协助未经许可的记者和他的团队通过货梯进入限制区域楼层等。这些事件都在高档饭店发生过。"看来不是高科技安防仪器没起作用，而是要问饭店员工是否在观察——是否尽职。这全部归于人员因素"。[18]

钥匙管理

饭店保安的核心问题是钥匙管理。门锁系统的钥匙管理对建立和维持设施的安全保障至关重要。不管使用机械锁还是电子锁，对钥匙的管理基本上是相同的。机械锁装置多依赖于连续的管理工作，而电子锁系统本身包含许多钥匙管理功能。

讨论这个话题时要记住"钥匙管理的 5 个 R"：

- 原则（Rationale）；
- 记录（Record）；
- 收回（Retrieval）；
- 轮换（Rotation）；
- 更换（Replacement）。

钥匙管理系统的原则包括用于编制钥匙一览表的标准以及确认什么人可以存取什么级别的钥匙。换句话说，原则决定了钥匙分几级，什

图 4-12 配置房内保险箱饭店比例

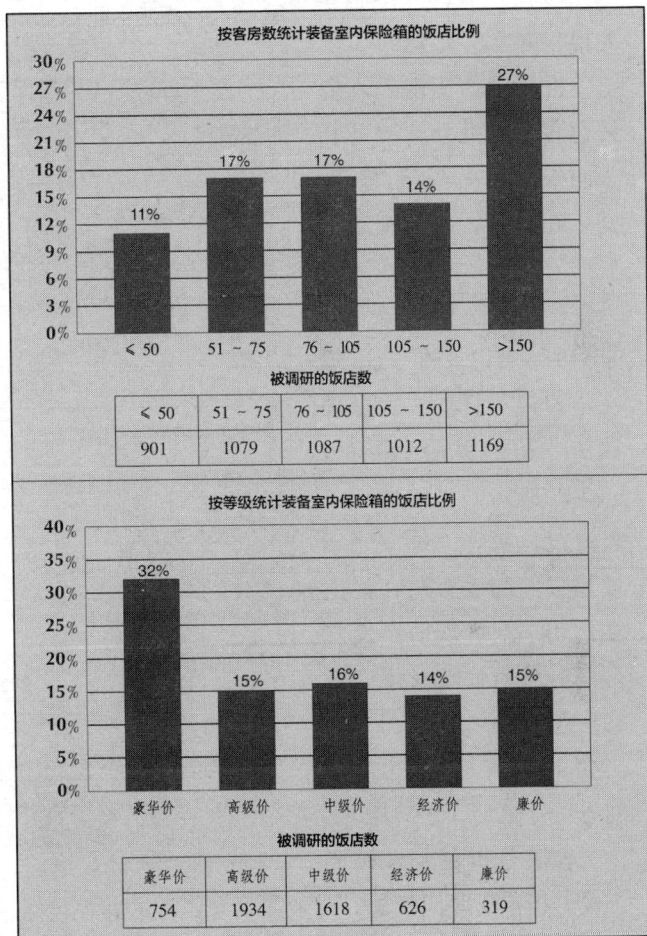

按客房数统计装备室内保险箱的饭店比例

被调研的饭店数				
< 50	51～75	76～105	105～150	>150
901	1079	1087	1012	1169

按等级统计装备室内保险箱的饭店比例

被调研的饭店数				
豪华价	高级价	中级价	经济价	廉价
754	1934	1618	626	319

资料来源：美国饭店业协会和史密夫旅游调查，2004 年。

么人拿什么级的钥匙。需要考虑的问题包括楼宇的布局、各部门需要进出的场所、工作效率和各部门员工的相互影响、客人的需求，以及整个设施的保安需求。你可以根据以上原则编制出一个有条理的饭店钥匙一览表，如图 4-13 所示。

钥匙管理记录包括许多内容。关于客房，有效的钥匙管理要求保存客房钥匙状

况的信息、房间居住者的姓名，以及进入房间的任何其他人的姓名。关于把钥匙发给员工，记录要说明哪位员工有哪里的钥匙。规定的执行会有赖于这些记录。例如，一个房间的钥匙应该只交给房间的居住者，并且只能在他们的身份得到确认以后才能给他。饭店还需要保存客房门锁的问题记录（维护和事故），还有为增强安全性所采取的措施，其中包括轮换和更换。

机械锁的钥匙毛坯要注意保管。毛坯的数量和去向要做记录并进行核查。安装在每个客房的锁芯也要登记。

在钥匙上标明房间号是一种保存记录的习惯（现在不建议这样做）。这种做法，或类似在钥匙上附一个写有房间号的牌子，很可能危及客人的安全。如果你们的饭店还在使用客房钥匙，应该把钥匙与房间号分开——采用印制的钥匙封套、便条纸等——与使用电子锁的饭店常用的方法一样。

图 4-13　饭店钥匙级别示例

主钥匙	副钥匙	保密钥匙
行政部门	行政办公室 销售和租赁办公室 财务办公室 人事部	出纳员办公室（保险柜） 会计文档 保险柜存放区
客房部门	前台 大堂 客房（按楼层）	零售商店
餐饮	厨房 食品窗口 饮料窗口 食品和饮料库房 餐饮部办公室，采购 接货区	葡萄酒和酒精饮料库房 冷藏和冷冻 瓷器和银器库房 演艺人员服装间
功能区	多功能厅 多功能库房	视听设备库房
服务部门	客房（按楼层或其他服务员单位） 织物/日常事务 衣帽间和员工餐厅	失物招领栏
洗衣房	洗衣房 织物库房	
工程部门	工程部办公室 工作间 机械区 电气区	变压器室
娱乐设施	健身俱乐部和游泳池 远处的设施 （网球俱乐部、高尔夫俱乐部、游泳池）	

资料来源：沃尔特·A.鲁特斯和理查德·H.皮纳尔，《饭店规划和设计》（纽约：惠特尼设计学校，1985年），第220页。

收回是指在客人和员工离开楼宇时收回钥匙。对于客人来说，这其中包括在管理上强迫客人留下房间钥匙。在结账时请客人交回钥匙，并在出口处设置投放钥匙的盒子，都有助于收回钥匙。除此之外，要告诉客房服务人员在房间里发现了客人的钥匙应该怎么办。

收回员工的钥匙也是很重要的事情。员工不应把钥匙带出饭店。换班时交接钥匙应该签字。钥匙应放在安全的地方，不管用还是不用。客房服务人员应该把钥匙带在身上，不要放在手推车里。离职雇员手里的钥匙无法收回是极常见的现象。在每年的调查中都可以发现，饭店的实习生手里有他们以前工作过的饭店或餐馆的钥匙。

把楼宇某些地方的钥匙交给外面承包人使用时，一定要特别注意。如果可能的话，尽量避免这样做。

轮换是指把客房门锁从一个房间换到另一个房间以保证安全——这是一种预防性安全措施。有些饭店定期（6个月或1年）轮换门锁，如果某间客房的钥匙丢了，则要采用其他轮换方式。如果客房安全已经出现了问题，轮换门锁也是一个好办法。要采取措施避免因门锁轮换造成客人不便。例如，当给有人住的客房换锁时，要在客房门上挂上"门锁已换"的通知牌。

尽管在钥匙管理上做了很多努力，最终还是要更换部分或全部门锁系统。如果发现存储食品饮料的库房以及饭店后院其他地方存在安全问题，一定要更换门锁。丢失万能钥匙可能会导致更换饭店里所有的门锁。当饭店被出售、特别是员工变动比较大时，也要考虑更换门锁。

现在使用机械锁的地方在换锁时可能会转而安装电子锁。许多现在就在使用电子锁的饭店，10年后可能会面临系统更新。从图4-14中的2004年调查数据可以看出，还有相当多的小型物业没有安装电子锁。等到这些物业更换了它们的门锁系统，钥匙管理的"5个R"就都实施了。此外，在饭店后区还有不少不同性质的房间还

图 4-14　装备电子锁的饭店比例

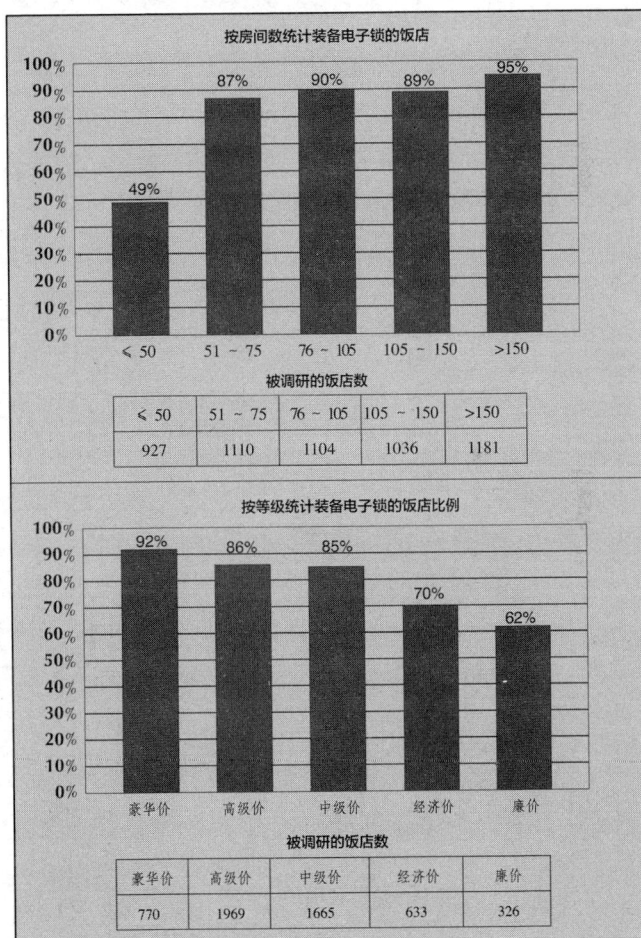

按房间数统计装备电子锁的饭店

	< 50	51～75	76～105	105～150	>150
比例	49%	87%	90%	89%	95%

被调研的饭店数

< 50	51～75	76～105	105～150	>150
927	1110	1104	1036	1181

按等级统计装备电子锁的饭店比例

	豪华价	高级价	中级价	经济价	廉价
比例	92%	86%	85%	70%	62%

被调研的饭店数

豪华价	高级价	中级价	经济价	廉价
770	1969	1665	633	326

资料来源：美国饭店业协会和史密夫旅游调查，2004年。

在使用机械锁。

电子锁

电子锁系统具备了前面描述过的钥匙管理的许多功能。为了系统的采购和有秩序的安装，要制定一个钥匙发放的基本原则以及主／副层次。中心计算机保存着钥匙发放记录。由于新来的客人进入房间后，房间的号码组合会改变，所以就没有太大必要收回钥匙了。对于每一位新房客来说，门锁实质上是自动轮换的。如果万能钥匙丢了，完全没有必要费时耗力地更换所有的门锁，因为中心计算机和个别单元是可以重新编程的。此外，电子锁系统的钥匙要比机械锁的钥匙便宜得多。

有些门锁可以保存用来进入房间的钥匙的使用记录。这种锁的"讯问"功能在发生保安问题时有着明显的好处。它不仅可以用来调查盗窃案，还可以起到重要的防范作用。饭店安装了这种系统以后，员工在客房内实施盗窃的案件大幅度下降。由于每次进入客房都有记录，每一把开客房门的钥匙都要识别，所以员工知道进入客房不可能不留下记录，也不能无中生有地说有盗贼进过房间。

电子锁已极大地改善了客房的保安状况。尽管这些系统增加了特别的维护责任（如更换电池），但是系统带来的节省和方便足以补偿这些额外的工作。

电子锁的技术在不断改进。现在有些系统可以在门关上后自动锁定插销，以减少强行入室盗窃的可能性。有些电子锁使用了"聪明卡"技术，客房钥匙卡可以用来在整个饭店里记账消费。还有的电子锁系统集成了饭店里的其他服务管理功能，如可以提供客房占住状态信息。这些系统能与客房采暖、通风和空气调节控制系统相互作用，把客房占住情况通知服务部门，并与前台联通。

图 4-15 中列出的信息来源可以看作是对本章所做的一般性概述的补充。本书的前一版中描述了一个美国游客在 20 世纪 80 年代末期对欧洲的访问。这位旅行者评论说，客房里没有烟雾探测器、应急说明和喷淋装置。此外，独立的四星级饭店客房没有观察口和锁定插销。遗憾的是，诸如此类问题在美国和国际市场上仍然存在。

这位作者最近访问了加勒比海地区，发现新建的高层饭店唯一的出口楼梯间（位于客房楼层的中央）没有防火门和其他隔离客房楼层的措施。这意味着楼梯间很容易冒进火焰和烟雾，因而也就基本上失去作用了。客房门上也没有保险链。在另外一个饭店，门上没有观察口和保险链，客人不打开门就看不见来人。还有一个饭店，里面正在举行一个重要的区域性观光会议，饭店的门是非常易燃的木结构，并且不能自闭。钥匙牌上写着客房号，门上没有锁定插销。此外，防火通道的紧急出口在

图 4-15　安全和保安参考资料来源

损失预防管理会刊

损失预防管理学会

康拉德·N.希尔顿学院

休斯敦大学

得克萨斯州休斯敦市

保安和损失预防管理，第二版

雷蒙德·C.小埃利斯和大卫·马歇尔·斯蒂帕纳克

美国饭店业协会教育学院

《饭店、赌场、度假村安保》

LRP 出版物

棕榈海滩，佛罗里达州

《饭店职业安全和健康指南》

雷蒙德·C.小埃利斯

美国饭店业协会教育学院

夜间被锁上，出口楼梯的门却敞开着，一个出口的楼梯间被用来存放家具和杂物，饭店未使用的高层楼层也被用来做库房，并且与饭店紧急出口前室连通。

类似这样的问题并非仅出现在美国以外的地区。在 2000 年，一个新闻调查节目访问了美国东南部的一个汽车旅馆，那里发生了客房袭击抢劫案。除了上述问题外，这家汽车旅馆甚至在明显发现歹徒用钥匙进入饭店的情况下也没有轮换或更换门锁。在另一个事例中，这家新闻节目拍下了保安人员在停车场的汽车里睡觉的录像——这家汽车旅馆有保安问题的历史记录。这次调查活动还发现了另外一个保安管理上的漏洞，尽管饭店安装了电子锁，但是没有在钥匙卡上设定有效期编码，使得客人离店以后钥匙卡还长期有效。

恐怖主义和异常事件

过去几年，恐怖分子一直针对所谓的"软目标"，其中就包括饭店已进行了数次导致大面积伤亡的袭击。他们采用的手段包括汽车炸弹、自杀式炸弹和在办公包里隐藏炸药。这些袭击意味着那些只拥有基本安保措施的饭店是吸引他们注意力的首要袭击目标，因为军事设施和政府大楼拥有更完善的保护和安全措施。有些因素会让饭店增加遭受袭击的风险，包括饭店的地理位置、客户群和强烈视觉冲击力的饭店外立面。任何拥有这些因素的饭店应该进行风险评估，发觉漏洞，降低风险。

以下是饭店可以用来降低遭受袭击风险的防护措施：

- 鼓励工作人员保持警惕，留意可疑行为和汇报任何可能有威胁性的异常活动；
- 使用汽车阻挡装置或护栏或改编交通模式，如把车辆移到远离楼宇的地方；
- 控制好楼宇门禁，尽可能实施限制，只让有登记的房客和顾客进入；
- 在明显位置安装监控录像机和布置保安人员。要经常回放监控录像影片；
- 留意穿着不符合季节或者明显宽松服装的人员；
- 经常进行有关如何防止恐怖分子袭击的人员培训。

恐怖主义只不过是异常事件中的一类。其他包括意外性的（如有害化学物泄漏），有目的性的（如战争和恐怖袭击），自然灾害（如飓风）。当诸如此类的事件发生时，设施人员和其他人会面对一系列异常的挑战。美国热力制冷及空调工程师协会出版了一些对专业人士有指导性的刊物，内容包括如何在异常事件情况下面对影响空气、水及食物系统的威胁。^⑧在世界某些区域的饭店对于应对某种自然灾害已经驾轻就熟，那就是飓风（或者发生在太平洋地区的台风）。加勒比海饭店协会和加勒比海旅游组织已准备了《飓风应对程序手册》，以协助饭店运行者来处理这类自然灾害。^⑨在2004年12月，不少太平洋海边的地方都受到海啸袭击，导致数万人死亡及数十亿美元的财产损失。很不幸的是，今后应对类似异常事件会变得越来越经常化了。

尾注：

① 《从上到下的饭店防火安全》，NFPA 杂志，2000 年 3 月／4 月，第 72～76 页。

② 在美国，饭店经营者通常有责任为客人提供"合理照管"——这是一个法律概念。不过，法律尺度、法律蕴含以及这一责任的限度不是本章的主题。有关饭店业安全和保安方面的更多信息，可参考雷蒙德·C. 小埃利斯和大卫·马歇尔·斯蒂帕纳克的《保安和损失预防管理》，第二版（密歇根州兰辛市，美国饭店业协会教育学院，1999 年），杰克·P. 杰弗里和班克斯·布朗的《了解饭店相关法律》，第四版（密歇根州兰辛市，美国饭店业协会教育学院，2001 年），第 10 章。

③ 《安保和损失预防管理》，第二版，美国饭店业协会教育学院出版，请看 www.ei.ahla.org 或拨打 1-800-752-4567。

④ 特别感兴趣的是国家安全委员会的刊物，企业意外预防，一个有关工作环境，健康与安全的三集出版物。

⑤ 加米拉·塞德《风险管理方法》，《康奈尔饭店和餐馆管理》季刊，1990 年 8 月，第 45～55 页。

⑥ 塞德，第 54～55 页。

⑦ 塞德，第 45～55 页。

⑧ 马蒂·阿伦斯，美国火灾选项住所——饭店和汽车旅店。

⑨ 尼古尔·伯尼《饭店火灾引证》，会议新闻，1990 年 7 月，第 21～23 页。

⑩如需要更多关于联邦饭店和汽车旅店消防安全法方面的信息，请参考 www.usfa.fema.gov/applications/hotel。

⑪如果需要《饭店火灾预防和应对》录像带，请与美国饭店业协会教育学院联系。

⑫有关厨房通风设备的安全问题，参见NFPA96—《商业烹饪设备油烟的去除》。请与NFPA联系，马萨诸塞州，昆西市，百特瑞马奇区1号。

⑬有关厨房通风系统清洗和维护的更多信息可以从国际排气装置清洗协会得到，网址是www.ikeca.org。

⑭见NFPA 17A，《湿式化学品灭火系统标准》。

⑮NFPA录像带《用手提灭火器灭火，灭火器：灭火或逃生》，以及《消防队训练程序》，都可以用于这一目的。

⑯埃利斯和斯蒂帕纳克，第三章。

⑰有关《员工意识和问题预防，钥匙控制和今日客户隐私，及骚乱处理》一系列标题。更多信息请联系教育学院。

⑱李汤普森，《你的饭店有多安全》NBC 期限，www.msnbc.msn.com/id/5114121，2004年6月4日。

⑲有关健康，安全和异常事件的环境安保的风险管理指导（亚特兰大：ASHRAE，2003）。

⑳飓风程序手册（华盛顿特区：美国组织，1998 年），在线获取 ww.oas.org/cdmp/document/chaman/chaman.html。

主要术语

紧急语音报警通信系统（emergency voice alarm communication, system EVAC）：一种把某种类型的警报和预先录制或直播的语音消息结合起来的系统，在火灾发生时告诉客人应该采取什么措施。

火灾挡板(fire damper)：安装在通风管道里的一种装置，可以限制火灾的蔓延，通常是由正常情况下把挡板保持在开的位置的链子熔断引起动作。

热探测器(heat detector)：一种装置，根据一个地方的实际温度（固定温度探测器）、一个空间的温度变化（温度上升率探测器）或者是两者的结合（速率补偿探测器）起作用。它们适合用于不宜使用烟雾探测器的场合，比如说灰尘比较大的地方。

钥匙管理 (key control)：是经多方协调，努力为建立和保持饭店门锁系统安全而进行的工作。

风险管理 (risk management)：是为了减少各种形式的安全和保安方面事故的起因

和影响而需要多部门协调的事项。

单站烟雾探测器 (single-station smoke detector)：一种烟雾探测器，带有由专门电路供电的集成警报器。

烟雾挡板 (smoke damper)：安装在通风管道里的一种装置，可以阻止烟雾扩散。

烟雾探测器 (smoke detector)：一种光电或离子设备，在出现烟雾时动作。

烟雾传感器 (smoke sensor)：一种在探测到烟雾时操纵烟雾挡板、关闭空气处理系统的装置。

楼梯间增压系统 (stairwell pressurization system)：一种增加楼梯间空气压力的系统，可以在发生火灾时保持楼梯间里相对无烟。

复习题

1. 什么措施有助于减少员工伤害？

2. 采取什么措施可以减少客人和员工在客房浴室中受伤的机会？

3. 此章列举了管理者应积极面对安全和安保问题的各种原因。以消防安全为题进行说明。

4. 饭店业和饮食服务业经营者会面对防火安全方面的哪些挑战？经营者怎样应对这些挑战？

5. 防火安全程序中的5个基本要素是什么？这些要素怎样结合成一个密切配合的整体？缺少其中一个或多个要素会发生什么问题？

6. 火灾通知系统的作用是什么？这种系统在饭店与饭店之间有什么差异？系统中的什么要素取决于饭店客人的主要种类？

7. 为什么说内部员工和外包商维护人员要理解火灾控制系统的设计意图是非常重要的？什么类型的维护工作经常有可能破坏这种设计意图？

8. 怎样把设施和管理结合起来创造一个高水平的保安环境？设施设计怎样帮助防止犯罪？

9. 钥匙管理的"5个R"是什么？钥匙管理在饭店保安工作中起什么作用？如果钥匙管理松懈了会出现什么问题？

10. 使用电子锁的优越性是什么？它有什么缺点？

网址：

若想获得更多信息，可访问下列网址。网址变更恕不通知。若你所访问的网址不存在，可使用搜索引擎查找新网址。

1. 联邦应急管理局 :www.fema.gov
2. 损失预防管理学会：www.hrm.uh.edu/?PageID=273
3. 国家火灾保护协会：www.nfpa.org
4. 美国劳工部—劳工统计局：www.bls.gov
5. 美国劳工部—职业安全和健康管理局：www.osha.gov

案例分析

我们处于"水深火热"当中

安德烈开心地吹着口哨把改锥放回工具包里。淋浴阀修好了，水供应已恢复正常。他拿起电话报告：933房可以恢复使用。又是繁忙的一天，要把所有客房派工单完成确实面临很多的工作压力。

这个有400间房的饭店正在为一个大型会议做准备，这是他们首次承接这么大型的会议。这个有着30年历史的饭店入住率为100%，维修人员也尽力工作确保客房设施完好不会产生退房的情况。

刚进入凌乱不堪的维修机房时，就发现当值的约瑟华面色惊慌，安德烈立即停止吹口哨。当安德烈外出时，约瑟华还在查看浴缸翻新项目的报价。而现在他把文件推至一旁，用力拍着水箱。

"发生了什么事？"安德烈问。

"有个客房的热水器坏了，"约瑟华回复，"整个水箱是冷的，今晚的工作将十分艰巨。我刚打电话给外包商，他们明天早晨才可能派人过来。"

"我们没有后备吗？"安德烈问。

"我们是有，"约瑟华回复，"可是它不足以满足今晚和明天早晨的需求——需求实在太大了。"

"这可糟了，"部门行政助理莫拉说，"为了应付陆续而来的冷水投诉，你已把水温从48℃调到54℃。"

"你联系马蒂了吗？"其中一位工程师问，马蒂是工程总监，一天前刚请了两周婚假。

"我不可能在他新婚期间给他打电话，"约瑟华回复说，"他让我负责，我就必须想办法解决。我早就说过我们必须把它修好。"

"如果他们不是为了大堂那幅新画而从维修预算里把订购热水器删除，我们就不会有这情况。"莫拉说。

安德烈抓了下他的头发又回头看了看热水器，"我们可以暂时凑合一下。洗衣房的热水器只不过离这里数尺远。只要些水管，我们把两头连接起来，把阀门打开水就可以循环起来了"。

"这倒是个创新的办法！" 约瑟华说，"洗衣房的热水是 70℃。这足以满足今后任何的需求。"

"我马上去拿管子，这就干。"安德烈说，"我应该可以在半个小时内搞定。"

约瑟华笑了，拍了拍安德烈： "你是救世主。这能体现出你为什么连续 3 个月当选优秀员工。"

"顺便说一下，"莫拉说，"客房部那里报修，说一个门拉手松了。"

"真的吗？"安德烈说随着离开房间，"我没注意到。可能不是很严重——我明天再处理也来得及。"

在饭店的其他地方，所罗门·埃尔维在前台办理入住手续时，无意之间听到前台服务生提起关于冷水的投诉。他在脑海里告诉自己洗浴时要调多一点热水。

服务生迅速地来到他旁边随他走进 933 号房，这是个行政套房。饭店为客人准备了果篮，是为了表示对所罗门为饭店带来大型会议的谢意。他花了几个小时用计算机准备明早开幕式上的演讲 。最后，要休息了，他确定该享受一个热水淋浴后再订晚餐。

口中念叨着演讲词，踏入浴缸拧开水龙头。

回到维修机房，安德烈已把热水器连接好，约瑟华也把洗衣房的热水导入系统里。"这场危难总算被避免了，"约瑟华说，"做完记录我们就收工吧？我请大家喝一杯。"

在 933 号房，所罗门把演讲稿念了一半时突然一股滚烫的热水令他大吃一惊。他叫喊着，慌乱中刚后退一步就滑倒在浴缸里。滑倒前他想抓住门拉手，可是拉手从墙里被扯了出来，正好打到眼睛，墙砖块也落在他身上，头也撞到浴缸边，滚烫的水继续向他的全身涌来。

所罗门爬出了浴缸，把冰桶里的冰水淋在他灼伤的身体上。他缓了口气后，包上冰块敷在眼部。"这可好了，明天我可以以这样的面目'闪亮地'迎接我的会员了。" 穿上浴袍走出浴室时他这样嘟囔着。

他拿起了电话要求紧急护理。放下电话后，又开始寻找律师的电话号码，所罗门·埃尔维刚好也是国家安全管理部门的总裁。

不久，安德烈把夹克的袖子挽了起来，看着约瑟华静静地听着电话时的脸色表情。

约瑟华挂上电话，深深吸了一口气。

"我想我们还是联系马蒂，告诉他他的婚假结束了。"

讨论题

什么因素导致所罗门·埃尔维受到了伤害?

以下是协助制作和建立本案例的行业专家:

1. 华盛顿特区、大都希尔顿饭店、物业运营总监: 理查德·马祖里那。

2. 纽约市、纽约万豪马奎斯饭店: 工程总监、物业管理师, 设施管理师, 工程认证业务主管: 艾德·匹萨克。

3. 纽约州伊萨卡市康奈尔大学饭店管理学院 副教授大卫·马歇尔斯蒂帕纳克。

第 5 章

概　要

水在饭店里的使用
供水系统
供水质量
　排放污水
　军团病
水加热
　水加热的方式
水系统维护
娱乐休闲用水
　游泳池水系统
节约用水
　有用资源

学习目标

1. 概述饭店中水的使用标准和方式，描述供水和废水系统的基本结构。
2. 识别各种可能的水质问题，概述水加热方面的问题和选择，识别各种水系统维护问题。
3. 解释饭店内的娱乐休闲设施怎样用水，描述与游泳池水系统有关的问题，概述饭店业节约用水的问题。

5

供水和废水系统

　　除了私人住宅以外，配备有室内管道设备的饭店是豪华舒适的堡垒。
1829 年，年轻有为的建筑师、26 岁的伊赛亚荷·罗杰斯以他在波士顿
创建的特利蒙饭店令全国敬畏。这是第一家有室内管道设备的饭店，它
因此而成为美国现代一流饭店的样板。

　　这个饭店共 4 层，第一层有 8 个盥洗室，坐落在中心庭院的后部。
庭院和卧室侧楼、餐厅以及大圆厅之间用玻璃走廊连接起来。

　　底层的浴室、厨房和洗衣房都装有自来水。浴缸是铜质或锡质的，
有的浴缸还配有扶手，气炉装在一端。浴缸如同法式或英式的，形状有
些像一只鞋，浴缸里的水会循环流动起来直到整个浴室暖和起来。

　　特利蒙饭店从安装在屋顶的金属水箱里取水，新近发明的蒸汽泵把
水抽到高处。一个简单的输水系统把粪便排入污水管道。和那个时代其
他建筑物一样，饭店都有自己水的来源和去处。

　　5 年以后，在纽约市，罗杰斯超越了自己在特利蒙饭店创造的成就。
他建造的阿斯特饭店有 6 层楼，房间有盥洗室和浴室，可接待 300 位客人。
阿斯特饭店和特利蒙旅馆是最先安装室内管道设备的现代建筑（相比之
下，1908 年，布法罗市的斯达特勒饭店因为提供"带浴室的 1.5 美元房间"
而引起轰动）。

——管道设备的历史[①]

　　在饭店设施中，客房的浴室和卫生洁具、餐饮、清洗设备都要用水。此外，餐
馆里的清洗和烹调、洗衣房运行、娱乐设施和室外环境（例如游泳池和景观水池）、
防火安全系统以及各种设备的冷却介质也都要用水。除了冷却塔的补给水、游泳池
以及草坪和灌木丛浇灌用水以外，大部分"用过的"水通过饭店的污水系统排走。

　　饭店热水的使用是用水的一个重要环节，它不仅要耗费水，还要耗费加热水的
能源。把水加热的费用是水自身费用的 4 ~ 20 倍，取决于加热水所用的燃料来源。

饭店业毫无疑问要关注水和废水问题。许多度假地主要依靠洁净的水来吸引顾客。有些地区饭店设施的扩展受到水源或废水处理系统能力的限制。有些地区水短缺导致了定量配给。即使是在水源充足的地方，水处理费用升高或水质恶化也会导致限制用水。对于使用水井或非市政水源的度假地或其他设施来说，要格外关注水的质量问题。

水在饭店里的使用

美国饭店业年用水量为几千亿升，总用水费用和污水处理费用近几百万美元。各家饭店的实际用水量取决于其类型、位置、设施和用水管理。图 5-1 表示了不同规模和类型的饭店以及商场水消耗的平均值数据。这些数据表明：

- 服务水准和舒适度越高，客房里水消耗量越大；
- 相同等级的饭店，其用水量也存在差异（取较高数据值）；
- 度假饭店平均每个客房用水量最大，而小型季节性饭店则最小。

通过对水消耗数据的进一步分析可以看出，内部洗衣房、厨房、大面积的浇灌和冷却塔是影响水消耗量的重要因素。例如，研究数据显示，饭店内部洗衣房的用水量约占饭店全部用水量的 5%～29%。厨房和冷却塔的水消耗量也在这个比例范围之内。有些饭店景观水消耗量占总用水量的 20% 以上。

如果没有装备分计量表就难以掌握饭店不同区域的用水量。图 5-2 显示出通过分计量表列出了两个处于不同气候环境下的饭店用水数据。与处于较冷地区的德国相比，雅加达的冷却塔运行用水量明显较大。业界经常以平均每个客房来测算用水量，而图 5-2 则同时标示出了除

图 5-1 饭店水消耗量

	每房中值水消耗量		每房标准偏差	
以加仑计算	年	天	年	天
经济、廉价（N=112）	39137	107	19643	54
有限服务功能（N=154）	33910	93	17818	49
中档带餐饮服务（N=37）	40147	110	16774	46
中档无餐饮服务（N=140）	36694	101	23916	66
豪华、高档（N=112）	58783	161	28454	78
度假地（N=42）	107873	296	65868	180
以公升计算	年	天	年	天
经济、廉价（N=112）	147938	405	74251	203
有限服务功能（N=154）	128180	351	67352	185
中档带餐饮服务（N=37）	151756	416	63406	174
中档无餐饮服务（N=140）	138703	380	90402	248
豪华、高档（N=112）	222200	609	107556	295
度假地（N=42）	407760	1117	248981	682

资料来源：能源与水管理手册，巴斯饭店和度假地，2000。

图 5-2　水分计量结果

较凉气候：在德国的一间拥有 300 间客房的不同区域用水计量	
客房	34%
厨房	22%
更衣柜、公共卫生间	20%
洗衣房	17%
生产蒸汽	4%
泳池	2%
采暖通风和空气调节	1%
热带气候：雅加达地区一家有 800 间客房及 100 个套间，外加 10 公顷的花园，且具备健身中心与标准游泳池的饭店用水量	
客房	34%
采暖通风和空气调节	16%
厨房	14%
洗衣房	11%
水处理	7%
泳池	5%
员工更衣室	5%
公共区	4%
其他	2%
锅炉	1%
花园	1%

资料来源：能源与水管理手册，巴斯饭店和度假地，2000。

饭店客房之外其他地方的用水量。

饭店经理最关心的问题大概是水的费用。这些费用可以分为两部分：购买费和处理费（或称可饮用水费和污水费）。一项研究表明，2005 年的饮用水每 1000 加仑（3785 升）水的平均费用是 2.34 美元，污水处理费用是 3.44 美元，总费用为每 1000 加仑水 5.78 美元。[②] 可是这些平均数隐藏了美国各州不同费用的巨大变差。在匹兹堡购买价高达每 1000 加仑水 4.76 美元，在波士顿则是 4.16 美元，而在芝加哥购买 1000 加仑水只需要 1.29 美元。购买和处理水的总费用以西雅图（每 1000 加仑 12.17 美元）及旧金山市（每 1000 加仑 11.25 美元）价格最高，而芝加哥市（每 1000 加仑 2.36 美元）价位最低。

在全球范围内，很多国家的饮用水价都偏高。2002 年的全球水价调研显示以下的数据：[③]

每 1000 加仑（每立方米）费用

德国　　　美元 6.7（美元 1.78）

英国　　　美元 4.66（美元 1.23）

法国　　　美元 4.10（美元 1.08）

澳大利亚　美元 2.07（美元 0.55）

加拿大　　美元 1.42（美元 0.38）

近年来，饮用瓶装水的需求量剧增。但这其中有一些只不过是把过滤好的自来水灌入"矿泉"水瓶而已。对比自来水和瓶装水的价格可谓有点意思。一个 0.3 千克的瓶装水根据品牌不同，可卖到每瓶 1 ～ 4 美元。以售价 1 美元的瓶装水来计算，相当于是每加仑 10.67 美元或每千加仑 10667 美元，超过"自来"水价的 1000 倍。不断增长的瓶装水产品也影响了垃圾循环处理，即如何处理瓶装水水瓶。绿色组织提倡充用大容积水罐收集小水瓶里的剩余水，用于浇灌。[④]

公用能耗通常假定购买的水量和污水系统处理的水量是相等的。然而，饭店设施所用的水并非都进了污水系统。例如，冷却塔用水和浇灌用水。考虑到这些因素，许多自来水公司对那些有足够证据证明未排入污水系统的水不收处理费。水处理的高额费用促使饭店积极安装扣减表。冷却塔、浇灌和（小型）游泳池加在一起占设施总用水量的50%或更多（节能型设施大约是20%）。扣减表计量这些不排入污水系统的水，从而让饭店少缴纳污水处理费。有数据表明，使用扣减表可以节省高达50%的饭店污水排放费——这是一项可观的节约措施。

研究表明，60%装备冷却塔的设施和40%需要浇灌的设施安装了扣减表。根据调查，有75%的自来水公司允许安装扣减表，这也证明仍然有许多可以从中受益的饭店没有安装扣减表。

在调查中还发现，由于游泳池的用水量相对较少，在游泳池使用扣减表比在冷却塔或浇灌中使用扣减表的收益要低得多。这可能是只有22%的饭店在游泳池安装扣减表的原因。

供水系统

水源分很多种，包括河流、湖泊、井水、雨水收集，还有海水（通过脱盐处理）。饭店可以从自来水公司买水，或者由自备的装置供水。

建筑物的水系统实际上由若干个子系统构成，子系统之间有相应的隔离设备。常见的各种子系统如图5-3所示。每个子系统的设备专门生产符合使用条件的水。例如，为了给洗衣房供应热水，饭店要使用软水器和洗衣房专用热水器。

图5-3所示的子系统通常还有自己的分子系统。建筑物制冷和供暖系统中循环的冷、热水不属于建筑物水系统。这些系统里的水是不可饮用的。

在建筑物水系统中，制作水管的材料有白铁、钢、铜或塑料（PVC或CPVC），管子里的水是带压力的。压力由自来水厂或饭店的水泵提供。管道上有阀门，用来隔离系统中的各种部件，切断局部或整个系统的供水。系统中还有被称为回流抑止器的阀门，防止一个子系统的水流到另一个子系统去。例如，一个回流抑止器或一个外面的水管接头可以防止水管里的水回到建筑物水系统中。

需要使用合适设备以保持饭店管道里的水具备合适的水压。一般来说，压力处

图 5-3　建筑物水系统和用途

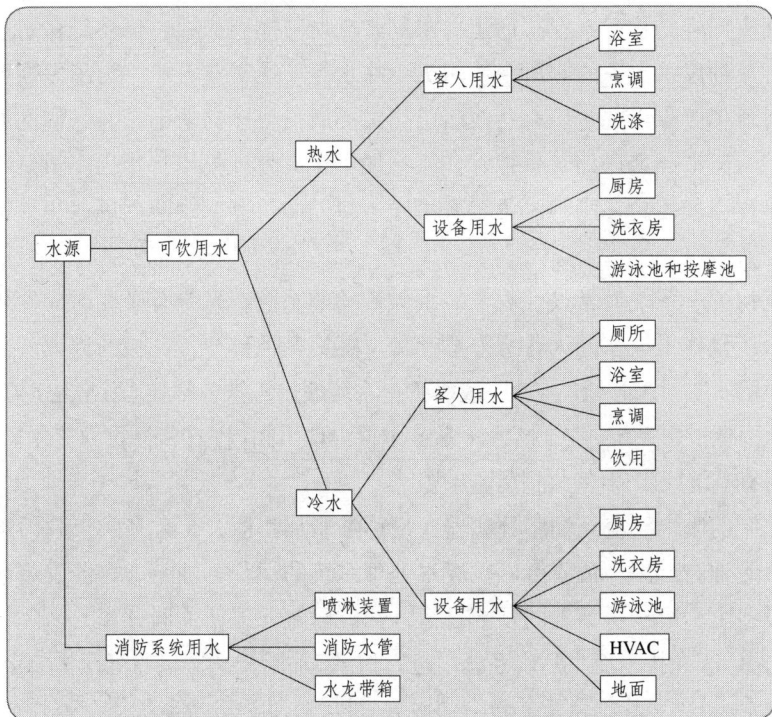

于 30 ~ 80 psi 之间比较合适。可是有些仪器在压力低于 50 或者 60 psi 就无法正常运行了。例如，喜达屋饭店的 "天堂淋浴" 仪器需要至少 50psi 来运行，而 60psi 为理想压力。在高层建筑里，太高的压力也会产生问题。高层建筑楼可用减压阀来降低垂直长管里的水压。一个 67 米高灌满水的水管可在水管根部形成 86psi 的压力。

建筑物废水系统和它们的子系统如图 5-4 所示。暴雨排水系统是用来处理雨水的。雨水直接流到排放地点，从那里进入河流、湖泊或其他排水系统。相比之下，卫生污水系统要对设施排出的废物进行处理。这个系统把废物先输送到污水处理装置里，经过处理后再排出。

近年来，基于节约用水的意愿及卫生污水系统的改进，导致水管装备方面有些变化。感应水龙头已相对普遍出现在公共卫生间中，这样可节约用水，提高公共卫

图 5-4　饭店废水系统的基本分支

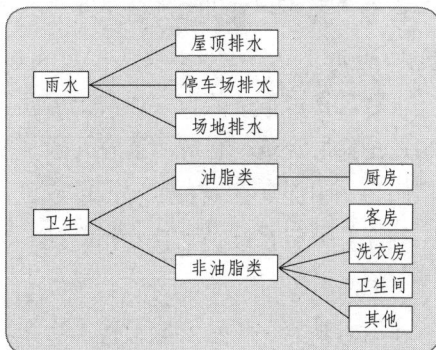

生清洁度。因为客户不必碰到水龙头的手柄。感应冲水阀也同时普遍出现了，因为它们也拥有同样的优势。在客房里，水箱式厕所（非感应式）仍然是最普遍的。在这里为了节约用水，新的厕所会使用更少冲水量（通常6升）。为了提高厕所的功能也同时使用更少量的水，有些饭店已指定厕所需要压力协助阀。它们的原理是使用现有的水压来制造压缩气再把它注入，便于更有效地把废物排出。虽然与传统厕所相比这样会产生更多噪声，可是有了压力协助的仪器表现会更好，尽管前期费用的投入会高一些。

建筑物废水系统通常设计成依靠重力流动的系统。只在有必要时才使用水泵。这就是饭店设施里浴室的天花板一般都低于客房其他部分天花板的原因：卫生间顶部需要预留安装污水管线的空间。废水管道系统使用铸铁或塑料（通常是PVC）管件，其设计压力低于水系统。在饭店废水系统中很少使用阀门。在依靠重力流动的系统中，要避免所有减缓或阻碍流动的情况出现。

含油脂的废水要流经油脂分离器（也称油脂捕集器）。大多数市政污水处理系统要求脱除油脂，因为油脂会影响废水处理系统的运行。油脂分离器安装在楼层区或特殊设备上。废水从装置的顶部进入，在贮藏罐（促使油脂分离）内降低流速，然后流向出口，在排入卫生污水系统前进行过滤。油脂分离器里的沉积物要定期清理，或用泵抽走。这项工作通常由外包合同服务来进行。如果分离器里还有另外的过滤器，也应该根据需要定期检查、清理和更换。

有些饭店自己装备污水处理装置。少数饭店使用化粪池，其他多数使用整体废水处理装置。这些设施的正常运行至关重要，因为设备故障可能会造成不利的环境后果。然而，这种非常专业化的操作和维护需求超出了本书的讨论范围。使用内部污水处理装置的饭店最好与它们的州环境保护机构、州健康部门和设备厂商联系，以得到运行的有效建议和指导。有一个很好的获取操作说明的信息来源：水环境联合会，弗吉尼亚州22314-1994，亚历山大市，威思路601号（Water Environment Federation, 601 Wythe Street, Alexandria, Virginia 22314-1994）。

建筑物水系统的设计通常把房间垂直分组，特别是高层建筑。此外，不管是高层还是低层建筑，客房的浴室一般都是背靠背的。这两个设计特性决定了一层两个房间为一组，垂直地在客房区供应可饮用水和排放废水。我们已经知道，这种管道系统立管分组在维护上会互相牵扯。为了对一处水系统故障进行维护，有时要切断上下的同组房间供水。

供水系统在热水管线上使用小循环回路，使热水在建筑物管线中流动。这样做可以减少客房热水管里积存的冷"热"水。

由于废水系统靠重力流动，用户端是敞开在大气中的，所以它与大气相通并有存水弯。存水弯是管道里一个充满水的部分，用来防止下水道气体和气味进入建筑物。

水和废水系统都要使用隔热管道。水系统管道隔热是为了防止热水管道的热量损失和冷水管道的冷凝。屋顶排水管通常也要隔热，以防止冷凝水弄湿墙壁和天花板。在进行有关水系统的维护和更新时，一定要注意更换这些隔热材料。

用于火灾消防的水系统包括喷淋装置和消防水管。消防水管用于饭店的防火系统，为消防队携带的水龙带供水。这些十分简单的系统依靠给水干管或消防栓以及消防车的水泵供水，基本上不需要维护。

如果把水系统中每个子系统的部件都标识清楚，维护和应急修理就容易多了。每一条管道、每一个阀门和每一台水泵，都要标明它属于哪一个子系统以及管道里的流体方向。由于有些管道也用于 HVAC 的循环水，有必要用编码来识别它们。编码一般是由字母组成的（例如，CWR 代表冷却水回流）；有时也使用颜色编码系统。维护人员和主要管理人员要知道水系统切断阀的位置，以减小紧急情况下造成的损失。

供水质量

水的用途不同，水质的各个元素的重要性也就不同。最重要的问题显然是可饮用性——也就是说，可以喝。可饮用性对于客人和员工来说是特别要关注的问题。需要检验的各种指标包括水中细菌、硝酸盐、微量金属和有机化学药品的含量。其他不直接影响水的可饮用性的问题包括颜色、气味、味道、纯净度和酸度/碱度。

任何依靠水井、湖泊、河流或小型自来水设施供水的饭店都要定期检测水源的水质。据美国环境保护署的估计，美国 20% 的公共自来水系统不符合最低水质标准。私营自来水系统达不到标准的比例可能更高。

可饮用性的问题曾经主要是指大肠杆菌的问题（指水中人和动物排泄物的存在）。水井附近的化粪池污染井水就属于这种情况。通常的解决办法是加氯消毒，也有使用碘化或紫外线辐射消毒。

可饮用性的问题新近已经扩展到化肥、农药、除草剂、汽油和其他碳氢化合物以及各种重金属。这些污染物对客人产生的影响很小（因为它们的停留时间很短）。然而，如果污染物的含量比较大，则会影响到员工健康。安装相当昂贵的处理系统，例如反渗透系统，可以除掉大部分污染物。由于地方卫生部门和水处理设备供应商提供的水质检测不够全面，饭店应该要求对这些污染物进行专门的定期检测。

在美国，环境保护组织（EPA）建立了《国家基本饮用水标准》，规定了存在公共饮用水系统里的污染物可允许最大限度。此标准会根据污染物带来的影响形成的最新数据定时调整。要取得更详细的标准信息可参考 EPA 网站。[⑤]其他国家及当地政府都有它们的各自水质量标准。很多标准都引用世界卫生组织（WHO）的标准。要取得更详细标准信息可参考 WHO 网站。[⑥]

水质问题还有几个与可饮用性不直接关联的方面。这些问题主要是审美方面的（例如气味和混浊度），或者与用水设备有关（例如硬度——溶解在水中的矿物质）。这些问题通常由专业水处理公司来解决。如果有些地方，例如冷却水塔（这是一个后面会提到的话题）发现有微生物，一定要请教专家。

减少水中钙、镁、锰、铁含量的一般处理方法是软化水。钙和镁会在锅炉和水加热器里结垢（矿物质沉积），或附着在加热元件上。此外，硬水会使肥皂不爱起泡，产生令人讨厌的肥皂浮沫，蒸发以后会留下矿物质污渍，从而进一步降低织物的质量和寿命。铁和锰会损坏管道设备和织物。水的软化程度应由水质专家来决定，因为过度软化会腐蚀管道和设备。由于软化过程是用钠来置换水中的矿物质，所以除非在特殊情况下，软化水不可以饮用。

软化水系统通常不需要太多的维护。所有要做的事情就是给盐水罐补充盐和检查反洗电路定时器。沸石（软化器中用来除掉铁等物质的材料）需要定期更换，周期由生产厂家决定。

排放污水

饭店和餐馆过去并不关心它们排入污水系统的水量和水质。经理们只要知道雨水没有混入污水系统、油脂分离器工作正常就行了。但是时代已经变了。

由于废水处理的高费用和扩大水处理厂的费用，地方政府加紧关注饭店和餐馆的废水处置问题。污水的排放温度、BOD、FOG 和 TSS 是特别需要关注的问题。"BOD"代表生物化学或生物氧需求量——标准实验室条件下有机物生物化学氧化过程 5 天内消耗的氧气量。"FOG"代表脂肪、油类和油脂——通过标准实验室测试过程检测到的漂浮或乳化的植物、动物或石油类的脂肪、油类和油脂。总悬浮固体物质——TSS——由实验室过滤器去除的漂浮或悬浮在水中的总悬浮固体物质。此外，含氨态氮和大肠杆菌的排放也需要关注。这些成分的允许排放标准由地方污水处理权威机构规定。

饭店和餐馆采取节约用水措施会导致废水浓度增大、BOD 上升。油脂捕集器使用不当会增加 FOG 的排放量。使用厨房垃圾粉碎机和搅碎机会增加 TSS 值。餐馆会发现它们排放的废水中 BOD、FOG 和 TSS 指标是影响年污水费用的重要因素。美国一个地区 134 家饮食服务企业的数据表明，快餐厅每年的附加费用高达 5 万美元；该地区餐馆每年的平均附加费用是 4500 美元。设计合理的废水处理系统、适当的维护和化学生物处理有助于降低废水处理费用。[7]

军团病

饭店水处理的另一个重要方面是预防冷却塔的"军团病"（正式的称呼是军团病菌肺炎）。军团病首次确诊是 1976 年，在费城的贝尔维尤 - 斯特拉特福德饭店。这种致命的疾病以前在其他许多包括大饭店在内的楼宇里发现过。引起疾病的细菌在环境中传播的速度惊人。冷却塔里的环境温暖潮湿，有藻类存在，是适宜细菌生长的地方。冷却塔的卷流把细菌散布到空气中，周围的人们会把细菌吸入。预防这种疾病的最好策略是采用专业设计制造的冷却塔处理程序。

调查表明，那些面临涉及军团病诉讼的饭店都没有冷却塔处理程序。把冷却塔排出的气体置于楼宇通风口附近也是导致疾病蔓延的一个因素。尽管在美国饭店业军团病最严重的爆发与冷却塔有关，淋浴、加湿器和按摩池也是潜在的细菌传播途径。事实上，许多发生在美国以外爆发的军团病都与冷却塔以外的设施有关系。

军团病的爆发除了对客人和员工产生有害影响外，还会带来长期的负面公众效应。贝尔维尤 - 斯特拉特福德饭店，美国第一个军团病爆发地，由于失去客源而破产。很明显，在管理上关注和防范军团病问题至关重要。[8]

水加热

从客房淋浴到洗衣房，饭店需要使用大量的热水。加热水的费用总是要超过被加热的水的费用。客房、洗衣房和厨房所需的热水主要是设施用水。员工更衣室和健身房设施也可能是用水大户。这些需求不尽相同，应区别处理。相关机构及组织也提供了水加热系统设计的指导方针。这些指导方针可以从特许经营者（在他们特许经营规范里）、当地权威标准和国家工程协会那里获得。[9]

所有饭店的客房都要用热水。在一些饭店中，热水需求主要集中在早晨起床后的一段时间。饭店使用热水储存和生产设备来尽量满足这种需求。为了适应集中使用热水的需要，有些饭店采用提高热水温度的方法。这样做有可能发生危险，因为设施里的水温超过46℃会烫伤客人。

通常安装混水阀来控制热水的温度。混水阀装在热水和冷水管线上，通过调节两个水源的流量把供出的水保持在恒定温度上。这种设备经常是客房水系统的一个组成部分，或者是一个系统元件，比如淋浴控制阀。正确安装混水阀可以防止热水灼伤或烫伤。

饭店面对的许多诉讼案都与热水温度高有关。得克萨斯州的一桩灼伤案导致赔偿伤者350万美元。在这个案子中，客人在进入淋浴前试水温时被严重灼伤，原因是水温高和混水阀安装不当。热水系统的运行如此不稳定，即使倍加关注，也还是有客人受到严重伤害。

从这个例子中至少可以总结出两个教训。第一，饭店在设定设备和建筑物系统运行条件时要切记安全问题。第二，只有正确安装安全设备，安全设备才能正确运行。得克萨斯州那家饭店没有这样做，不但给客人造成了巨大的痛苦，还使饭店损失了大量金钱。除了正确设计、安装和操作建筑物系统外，别无他法。

由于厨房需要的热水温度在82℃左右，大多数系统设计者为厨房设置了单独的水加热器或辅助加热器。有的洗碗机上装有辅助加热器。洗衣房的运行经常需要在短时间内使用大量热水，所以它通常有自己专门的水加热系统。厨房和洗衣房有时由同一个热水系统提供热水。这种热水是经过软化的，有利于设备正常运行。

水加热的方式

在多种可能的加热水的可选项中进行选择以决定使用什么设备和什么燃料。图5-5列出了各种备选的设备和燃料。最普通的是直接燃烧型水加热器。这是一种常见于许多家庭、餐厅和公寓的典型的水加热器。燃料燃烧产生的热量传给水。除了用电外，所有燃料燃烧时都需要空气；燃烧产生的气体

图5-5 水加热设备和燃料可选项

水加热设备	燃料
直接燃烧型	天然气、油、液化石油气、电
间接燃烧型	天然气、油、液化石油气、电
热力泵	电
废热回收	废热（来自制冷设备或其他废热源）
太阳能	太阳

需要从烟道排出。直接燃烧型的水加热器都有集中式或分离式的储藏罐。

间接燃烧型水加热器在使用蒸汽的设施里经常见到。蒸汽进入盘管或热交换器，蒸汽和水在里面进行热交换。在这些设备中，蒸汽和水通常是隔离开的。由于只有出产蒸汽的地方（不是水加热器）需要烟道，间接燃烧型水加热器可以安装在地下室等没有外部空气通路的地方。

热力泵水加热器（以下称 HPWH）从一个空间里的空气、室外空气或一个水源提取热量。HPWH 利用制冷循环把空气（或水）中的热量传递到要加热的水中。由于制冷系统靠电力运行，没有燃烧，也就不需要烟道。HPWH 能够产出相当便宜的热水，因为制冷循环比电阻加热所使用的能源要少。制冷循环传送热量的效率要比电阻和燃气水加热器产生热量的效率高。HPWH 有时可以在一年内很快地收回投资。

在饭店的中央制冷系统里，HPWH 可能是个具有效益的装备，尤其在气温较高的地区。在这些装备里，冷却回管的热量被 HPWH 转移利用来加热可饮用水。从制冷机的凝结器流出的温水可作为 HPWH 的热量来源。最理想的运行结果是水只需要部分被 HPWH 加热（有时可只到达 38℃），温度高达 60℃ 也是有可能的。在美国夏威夷有很多饭店已使用 HPWH 技术。[18]

考虑到运行费用问题，废热回收和太阳能可能是最低廉的水加热设备。不过两者的投资是相当大的。废热回收装置通常是利用制冷系统的冷凝器，那里每吨冷量（或每小时 12000Btu）产生 15000Btu 能量。[19]可以考虑在长时间运行的设备上安装废热回收装置，如餐饮服务的制冷系统。废热回收装置也可以用在内部发电设备上。

太阳能在水加热方面已经有了实际应用，主要是在阳光充足的地方。用这种方法提供热水，燃料的费用很低，而设备本身的费用则比较高。太阳能水加热装置需要一块向阳的宽阔区域，通常是在房顶上，还需要有储存热水的设备（因为日落以后要用热水）。尽管岛屿度假地和气候温暖的地方广泛使用太阳能水加热装置，但目前看这还不是大多数饭店的首选。

各种水加热系统的运行费用取决于水加热设备的效率、燃料费用、热水的用量和水温的升高量。对应各种燃料的水加热费用如图 5-6 所示。电阻水加热通常是最昂贵的选择。从运行的角度来看，热力泵水加热系统（用电）与燃油或燃气水加热系统相比具有较强的竞争力。

图 5-6 中没有包括废热回收水加热系统的费用。这些装置在运行中很少发生或不发生能源费用，但是其投资比常规水加热系统要高。这些系统通常用常规水加热系统做后备，一方面因为它们是改进项目；另一方面是因为要在废热源中断或热水需

图5-6 各种燃料加热每1000加仑水的费用

天然气		石油		液化石油气LPG		电		HPWH2.5		HPWH3.5		蒸汽	
每100立方尺美元	加热1000加仑的费用	每加仑美元	加热1000加仑的费用	每加仑美元	加热1000加仑的费用	每千瓦时美元	加热1000加仑的费用	每千瓦时美元	加热1000加仑的费用	每千瓦时美元	加热1000加仑的费用	每100每磅1b美元	加热1000加仑的费用
0.70	6.23	1.50	9.53	1.10	10.30	0.03	6.52	0.03	2.35	0.03	1.68	0.40	2.97
0.80	7.12	1.60	10.17	1.20	11.24	0.04	8.69	0.04	3.13	0.04	2.23	0.50	3.71
0.90	8.01	1.70	10.80	1.30	12.17	0.05	10.86	0.05	3.91	0.05	2.79	0.60	4.45
1.00	8.90	1.80	11.44	1.40	13.11	0.06	13.03	0.06	4.69	0.06	3.35	0.70	5.19
1.10	9.79	1.90	12.07	1.50	14.05	0.07	15.20	0.07	5.47	0.07	3.91	0.80	5.93
1.20	10.68	2.00	12.71	1.60	14.98	0.08	17.38	0.08	6.26	0.08	4.47	0.90	6.67
1.30	11.56	2.10	13.34	1.70	15.92	0.09	19.55	0.09	7.04	0.09	5.03	1.00	7.41
1.40	12.45	2.20	13.98	1.80	16.86	0.10	21.72	0.10	7.82	0.10	5.59	1.10	8.15
1.50	13.34	2.30	14.61	1.90	17.79	0.11	23.89	0.11	8.60	0.11	6.14	1.20	8.90
1.60	14.23	2.40	15.25	2.00	18.73	0.12	26.07	0.12	9.38	0.12	6.70	1.30	9.64
1.70	15.12	2.50	15.89	2.10	19.66	0.13	28.24	0.13	10.17	0.13	7.26	1.40	10.38
1.80	16.01	2.60	16.52	2.20	20.60	0.14	30.41	0.14	10.95	0.14	7.82	1.50	11.12
1.90	16.90	2.70	17.16	2.30	21.54	0.15	32.58	0.15	11.73	0.15	8.38	1.60	11.86
2.00	17.79	2.80	17.79	2.40	22.47	0.16	34.75	0.16	12.51	0.16	8.94	1.70	12.60
2.10	18.68	2.90	18.43	2.50	23.41	0.17	36.93	0.17	13.29	0.17	9.50	1.80	13.34
2.20	19.57	3.00	19.06	2.60	24.35	0.18	39.10	0.18	14.08	0.18	10.05	1.90	14.09
2.30	20.46	3.10	19.70	2.70	25.28	0.19	41.27	0.19	14.86	0.19	10.61	2.00	14.83
2.40	21.35	3.20	20.33	2.80	26.22	0.20	43.44	0.20	15.64	0.20	11.17	2.10	15.57
2.50	22.24	3.30	20.97	2.90	27.16	0.21	45.61	0.21	16.42	0.21	11.73	2.20	16.31
2.60	23.13	3.40	21.60	3.00	28.09	0.22	47.79	0.22	17.20	0.22	12.29	2.30	17.05
2.70	24.02	3.50	22.24	3.10	29.03	0.23	49.96	0.23	17.98	0.23	12.85	2.40	17.79
2.80	24.91	3.60	22.88	3.20	29.97	0.24	52.13	0.24	18.77	0.24	13.4	2.50	18.53

假设:

1. 燃气,油和液化石油气加热器的效能:75%,包括储存与管线的损耗。
2. 电和间接加热器的效率:90%,包括储存与管线的损耗。
3. HPWH2.5:性能系数为2.5的单元,包括储存和管道损耗。HPWH3.5:性能系数为3.5的单元,包括贮存和管道损耗。
4. 各种燃料的能量:燃气—1000Btu每立方尺;油—140000Btu每加仑;LPG气—95000Btu每加仑;电—3413Btu每千瓦时的kwh;蒸汽—1000Btu每磅1b。
5. 水温上升80华氏(27摄氏)度。

求量非常大时正常供水，就一定要有后备系统。

水系统维护

尽管水系统需要周期性的维护，但总的来说，如果没有恶化到需要大修或更换的程度，日常消耗的维护时间和费用都是不多的。水系统的预防性维护包括下列内容：

- 对水进行处理，使其达到使用要求；
- 更换水加热器中损耗性的阳极（用于减少管道腐蚀）；
- 清洗过滤器和过滤网；
- 对水泵进行润滑；
- 检查热水温度设定值；
- 检查水加热器中的压力释放阀工作是否正常。

此外，还有客房维护中的修理泄漏阀门和固定设备的堵漏密封。

工程部经理（以及业主）应该注意到水管系统可能产生的腐蚀和冲蚀。腐蚀是指金属或合金由于环境的化学作用或电化学作用而造成的损坏；冲蚀是摩擦造成的管道内壁磨损。

腐蚀的类型有很多种，主要原因包括：

- 水的 pH 值；
- 水中的氧含量；
- 水的化学成分；
- 在管道系统中（或与管道接触中）使用不同的金属产生化学电流腐蚀的量；
- 水的温度。

工程部经理可以测试水的 pH 值，以决定水是否因过于偏酸性（或在极少情况下过于偏碱性）而需要加以处理。高度氧饱和的水（比如说，循环喷泉里的水）容易产生腐蚀。水中的化学成分与腐蚀有很大关系，许多不同的化学物质都会使水产生腐蚀性。盐是有腐蚀性的；管理人员和游泳池的维护人员都知道池中含氯的水有腐蚀性。化学电流腐蚀是因不同的金属发生接触引起的。最后，水的温度越高，各类腐蚀发展得就越快。管子的外壁也会发生腐蚀，特别是埋在地下的管子。在这种情况下，可能是管子与周围的土壤或填充物发生了反应，或者是地下水漏进了管子周围的土壤或填充物（特别麻烦的是街道或停车场排出的含盐的水，这些地方通过撒盐水来清除冰雪）。

管道系统的冲蚀是另外一类问题。水系统中的湍流（产生于水的高速流动、管道拐弯和障碍物）会造成管道内表面的磨损，也会造成铜管内壁氧化保护层的磨损，因此要避免水的流速超过每秒 1.22 米。水中含有固体颗粒物（沙子、金属屑等）也是加速管道冲蚀的因素。足够的水过滤应该可降低这类问题。

使用石油燃料的水加热装置需要定期检查火焰情况，以保证正常燃烧。烟道也需要检查，防止堵塞。所有水加热装置都要对水垢进行常规检查，定期清除排放。如果不这样做，装置的效率和寿命都会受到影响。

废水系统也需要定期清理以防止堵塞。有些位置的存水弯（例如干燥地区楼层的排水管）也需要定期充水。泄水槽、屋顶排水管、场地下水道等所有向暴雨污水系统排水的设施都要进行检查，把碎屑杂物清理干净。这一点在一年当中的暴雨季节来临前非常重要，树叶一类的杂物会阻塞下水通道。

客房维护通常包括修理漏水的龙头和阀门，清理充气水龙头（水龙头喷出的水通过一个筛网把水流散布开）堵塞的过滤网。清理堵塞的下水道时，化学方法和机械方法都可能要用到。员工在维护客房的管道系统时，要检查管道固定设备周围的瓷砖和缝隙，进行必要的修理。

对水系统的故障应急维护需要员工具备主要水截止阀、可饮用水和废水系统的管道布局和使用相应清除设备的知识。所使用的设备至少包括湿/干真空吸尘器和水泵等。

娱乐休闲用水

水不仅仅是公共资源，在一些饭店中，它还在娱乐休闲设施中扮演主要角色。水经常用于外部景观——池塘、溪流及喷泉等。有时这些景观被布置在户内。例如，在迪士尼乐园的荒野饭店，一条溪流涌现在门厅里，然后流到室外。在室外，水流变成瀑布，还有间歇泉喷发。迪士尼在它的主题公园里也力求把水的特性发挥到极致。

拉斯维加斯的许多饭店和赌场把水用在娱乐设施上。金银岛娱乐场在一大片"海"上模拟一场海战，一艘 18 世纪的战舰沉没——一小时表演一次。宝丽嘉饭店创建了"宝丽嘉喷泉"。[2]喷泉建于 1998 年，占据了一个小湖泊的大部分，有 1200 个喷嘴（许多是机械化同步的），水下有 5400 盏独立编程的灯，随着卢西亚诺·帕瓦罗蒂、亚伦·科普兰、弗兰克·西纳特拉等的音乐节奏变换不同的图案。设计师、音乐家和表演艺术家们都为让水随着音乐运动绞尽脑汁。在观众的眼里，喷泉似乎是活的，有心脏、有灵魂，还有自己的情绪。喷泉的设计者用水诠释了宝丽嘉的浪漫精神。

迪士尼乐园和宝丽嘉那种规模宏大的特色水景观当然是感人至深、不同凡响。而水上公园、水滑道，以及冲浪池等更是常见的水上娱乐休闲设施。它们变得越来越精致、越来越流行。亚利桑那州凤凰城近郊的 8 个度假地已经投资了数百万美元用来修建瀑布、河流、洞穴以及水滑道等。由于这些特色水景观和设施，度假地的出租率增长了 4%～5%，夏季平均价格上涨了 5%～10%。⑬

由于这些设施利用天然水域，例如海洋与湖泊，水体的水质是很重要的。蓝旗（Blue Flag）是在欧洲成立的一个组织，目的是改善和维护海滨、码头以及其他海洋环境的质量。它关注如下领域：

资料来源：宝丽嘉的喷泉蔚为壮观，引人入胜（内华达州拉斯维加斯宝丽嘉饭店提供）。

- 水质；
- 环境教育和信息；
- 环境管理；
- 安全与服务。

蓝旗与地方社区以及海滨、码头的经营者协同工作。这个组织认为，商业组织和社区要共同努力来改善和保持它们的海洋环境。蓝旗组织正在全球范围内发展壮大。

游泳池水系统

许多饭店设有游泳池。保持游泳池安全舒适是一项持续进行的工作，需要投入大量的时间和人力。否则，会产生严重问题。

图 5-7 是一个典型的游泳池管道、过滤以及加热系统示意图，用来说明游泳池在维护和运行中需要关注的区域。游泳池的维护包括清洁水池、设备和水。

清洁水池时要撇去水面上漂浮的杂物，吸掉沉在水底的杂物。水池的墙壁、台阶和周边区域要刷洗，除掉污垢。游泳池水面附近的瓷砖要定期清洗（用相应的瓷砖清洁剂和设备），除掉石灰质沉积物。

图 5-7 典型的游泳池管道、过滤，以及加热系统示意图

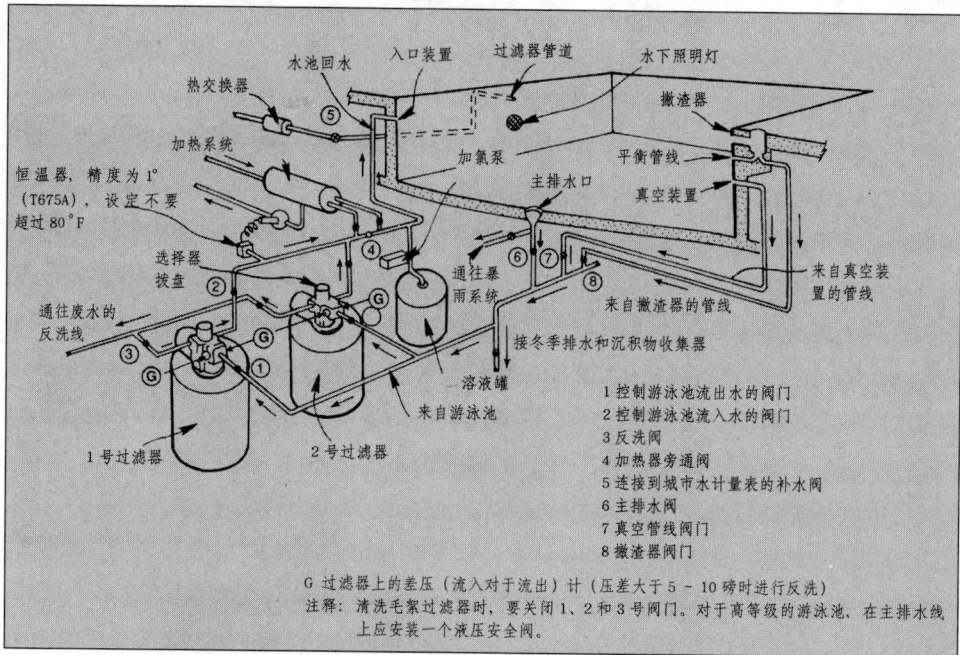

资料来源：米尔·A.悉尔 (Mel. A. Shear)《大厦维护管理手册》(*Handbook of Building Maintenance Management*),Reston Publishing 公司，第 318 页。

　　游泳池设备是专门为游泳池环境设计的。水泵通常是在制造厂润滑的，除了每日清理过滤器和撇渣器外，基本上不需要维护。清洗过滤器时，一定要将各阀门关闭，避免放掉水池的水（如果过滤器在水面以下）或过滤器水泵入口管线的水（如果水泵在水面以上）。过滤器要定期清洗或反洗（取决于过滤器的类型），以确保水的清洁和管道系统中水流充足。

　　游泳池水的清洁包括维持水温和酸碱度平衡。由于游泳者的人数、阳光的强度、刮风下雨（对户外游泳池而言）等都会影响游泳池的环境，所以，游泳池的状态维护颇具挑战性。维护不当会使游泳者感染上疾病或带来不适，还会使游泳池的金属部件腐蚀、石膏材料流失。

　　为了保持游泳池酸碱度的平衡，要用测试设备测量水的 pH 值。pH 值应为 7.2 ~ 7.6（略微偏碱性）。游泳池的自然发展趋势是相对于期望值越来越偏碱性。可以用盐酸或硫酸氢钠来控制 pH 值。测试 pH 值要在加氯前进行，因为残留氯气会影响 pH 值的读数。

　　游泳池水质的另一个问题是藻类。藻类会堵塞过滤器、产生让人厌恶的味道。

此外，藻类还会影响消毒剂的作用，使地面和台阶打滑。虽然正常含量的氯气可以控制藻类的生长，但是不能根除它们。需要常规性使用除藻剂才能杀死水藻。

除了氯气之外，还可以使用臭氧、通过电离作用或化学药品来对游泳池的水进行处理。这些方法可以用来补充或替代采用氯或溴消毒的方法。所有的化学药品要以安全方式使用，要遵循供应商的建议和地方法律、法规的要求。

泳池管理者近期开始以"盐水处理办法"来处理泳池的卫生。盐水处理使用电解办法从盐水（氯化钠）中提取次氯酸钠来处理泳池的水，这导致池里的水总是处在一个有微盐的状态。在持续使用次氯酸钠的过程里可以预防氯胺和其他有氯成分的形成，而使用其他处理办法时则会导致氯胺和其他有氯成分普遍存在。清除了这些成分，异味和使用氯化学物带来的其他问题（如皮肤刺激，毛发损害等）也基本解决了。其他优势也包括安全性的提升，由于不再使用氯，因而减少或阻止了每当水藻出现时使用氯而给泳池带来的"冲击"。费用也会大幅度地减少，因为盐水比化学物廉价，使用量也较低。最终留在池水里的盐量其实是少于眼泪里盐分量的。

有些地方游泳池的水需要加热，所有的室内游泳池都要对水进行加热。对大多数人来说，水温在21℃～27℃、空调温度在24℃～27℃，相对湿度为50%～60%的环境是最感舒适的。游泳池水的加热可以采用直接或间接燃烧游泳池专用加热器，也可以用专为游泳池设计的一种热力泵。直接燃烧型的加热器在室内游泳池使用会有一氧化碳中毒问题。燃烧空气不足和废气排放不当是问题的原因。经理们要检查游泳池加热器的运行情况，及时处理发现的问题。

热力泵作为控制室内游泳池环境的手段，可以节约水和化学药品，减少能源消耗，所以越来越多地被人们使用。有些装置安装在游泳池气流排出的地方，吸收水（返回游泳池）和热量（用来保持游泳池空气舒适）。还有些装置安装在游泳池区域，对空气进行除湿和加热。不管用什么方法，热力泵总的效果是降低游泳池周围的湿度。这样可以减少腐蚀、气味以及潮气和含氯空气产生的其他影响。

游泳池和其他以水为主体的娱乐设施都有同样的安全风险。图5-8提供了一个推荐的游泳池安全问题核查单。

图 5-8 游泳池安全核查单

- 复习适用的州、县以及市政条例，这是必须遵循的最起码标准；
- 雇用一个有证书的、受过训练的救生员；如果不打算设现场救生员，应竖立告示牌，

（续）

> 提示客人在游泳时要自担风险；在游泳池开放时间在现场安排一个受过急救训练的员工负责巡视；
>
> - 张贴演示人工呼吸方法的示意图，说明什么情况下应该开始进行人工呼吸并在职业救援人员到来之前持续进行；
> - 救生杆一类的安全设备要随手可及；
> - 使用绳索、浮漂或池底不同的颜色把浅水区和深水区明显地区分开；
> - 游泳池四周要有围栏，以控制通道和防止儿童溺水事故；
> - 常规性地清洗、检查和修理游泳池，保证所有爬梯的稳固；
> - 游泳池周围要铺设防滑地面；
> - 提供急救电话，标明急救电话号码；
> - 清楚地标明水的深度：如果你的设施吸引了许多外国游客，要考虑用米和英尺一起标注；
> - 竖立禁止潜泳的告示牌；
> - 竖立禁止在游泳池唱歌的告示牌；
> - 竖立游泳池开放时间的告示牌。要严格遵守开闭馆时间；
> - 禁止醉酒的客人游泳：禁止在游泳池附近出售酒精饮料，如果这种方法不能实行，要密切注意醉酒的客人，防止他们下水游泳；
> - 禁止在游泳池内嬉笑打闹；
> - 保存在游泳池内外制止不良行为的记录文件。

资料来源：摘自《饭店法》，1999 年 7 月。

节约用水

随着水费用的增加和水资源的减少，以及政府对用水的限制，饭店业有若干理由减少水的用量。本章的附录介绍了几种由一家政府机构建议的可行的节水方法。除了这些建议之外，注意洗碗机、洗衣机阀门的维护和操作，也可以减少泄漏，使用水量保持在允许的范围内。

饭店业已经在节约用水方面做了不少努力。有些做法，例如安装小流量淋浴喷头就很实用，这不但节约了水，还节约了加热水的能源。然而，再生水（也称为中水）的利用比较少见（不过正在逐步增长）。随着减少用水量压力的增大，饭店会进一步利用再生水。利用再生水有两个主要问题，一个是要得到地方官员的认可（在某些情况下），另一个是要改造现有的管道连接（需要资金投入）。

增加再生水的使用量可以表现在用再生水进行绿化及高尔夫场的浇灌上。水紧缺的地区如加利福尼亚、夏威夷、佛罗里达州、亚利桑那州、内华达都使用处理过的再生水来实施浇灌作业，费用通常比使用可饮用水降低很多；通过这种办法也有利于地下蓄水层的补充。使用再生水最广泛的是位于佛罗里达州的迪士尼主题公园。里迪溪水厂为迪士尼主题公园园区提供再生水来浇灌那里的 5 个高尔夫球场、5 个饭店的绿化区、高速道路的绿化隔离区，还有观水花园。再生水也用来冲洗迪士尼的旅游客车和为 45 公顷的园林农场实施浇灌，这 45 公顷的园林是为迪士尼园区内提供绿植的园艺苗圃。一个由 85 个快速渗透集水盆组成了补充地下水层的网状结构。回收系统的许可回收量是每天 15700 万升。在 2003 年里，大约 1700 万升的回收水用于浇灌，1900 万升用于补充地下水源。[⑭]如需要更多关于水再利用方面的信息或资料，可参考水再利用协会网站 (www.wateruse.org/tehres.html)。

在饭店的运行当中用水量极大的地方极有可能是洗衣房。近年来，很多饭店已开始使用臭氧洗衣技术来代替氯漂白剂。这一转变的结果是减少化学物和水的使用量。另外，也存在大幅度地减少——甚至完全停止——使用热水的可能性。采用此技术可减少 30%～40% 的化学剂使用，减少 80% 或更多的热水使用和减少 30%～40% 的总体水量使用。[⑮]如果毛巾浴巾重复利用计划能全面实施，降低用水（包括降低能源和化学剂）的可能性会进一步增加。[⑯]

在水管线安装分计量表和经常查水表有助于节约用水计划的有效实施。在浇灌水管线安装分计量表可让我们捏早发现泄漏，因为这些管线通常埋在地里且分布极广。在冷却塔补水管安装分计量表可让我们计量及观察冷却塔的用水量。冷却塔和浇灌水（如果有分计量）可以获取废水处理费的减免，这样可以促进饭店运营费用的进一步降低。

采用对客人有影响的节水措施要慎重。有一家饭店，在安装了小流量淋浴喷头以后接到了许多客人的抱怨，以至于最后不得不重新使用原来的喷头。另一家饭店在安装了新的小流量淋浴喷头以后才发现，管道的状况不允许把水的压力提高到能使喷头正常工作的水平。打算采用节水设备的经理们应该先少量安装一些，做一下试验，观察一下效果，在全面安装设备之前对试验结果进行评估。

稍加注意就可以减少水的用量。控制景观浇灌、在厨房安装脚踏式水龙头、对水系统进行基础维护等都是十分有效的节水措施。

有用资源

此章的内容部分参考了《水使用及节约手册》，该书由艾米·威克撰写。美国水务协会（The American Water Works Association）称赞该书为"关于水的使用及节约的最详细的参考书籍"。 鼓励读者参考该手册以取得更多启发及信息。

关于更多饭店和度假村的水管理信息，请参见《水和废水管理手册：旅游业如何提高效能》 （联合国环保计划，2003）。 参见 www.uneptie.org/pc/tourism/library/waste_manula/htm。

有一些值得参见的节约用水案例可以在以下网址寻到：

• www.cityofseattle.net/environment/HotelWaterConservationPilotDec2003.pdf;

• http://pdf.dec.org/pdf_docs/PNACG407.pdf;

• www.environment-agency.gov.uk/subjects/waterres/286587/651262/?lang=_e。

尾注：

① 《管道工程历史——第二部分——美国管道工程》，《管道和机械工程师》杂志，1996 年 7 月。

② NUS 咨询公司调研诉美国水价又涨了。电讯网，2005 年 11 月 18 日。

③ 《调研发现世界水价上升》《水世界，一月份》。

④ 参见《绿色会议行业委员会》（www.greenmeetings.info） 和 《蓝绿会议》 （www.bluegreenmeetings.org）。

⑤ 参见 www.epa.gov/safewater/mcl.html#mcls。

⑥ 参见 www.who.int/water_sanitation_health/en。

⑦ 数据由食品服务废水咨询股份有限公司提供，2000 年 5 月。该公司面向建筑师、工程师、国家餐馆协会的建筑业高级职员组织等。

⑧ 有关这个问题的更多信息参见《减小军团病的危险》，建筑业工程师学院，地址是：Delta House, 222 balham High Road, London SW12 9BS。

⑨ 关于《美国供热，制冷和空调工程师》提交的水加热的设计信息的例子在 39 章里。应用手册关于水加热。

⑩ www.heco.com/images/pdf/heatpumpguade_sept03.pdf。

⑪ Btu，或称英制热量单位，定义为把一磅水的温度升高一华氏度所需的热量。要把英制热量单位换算成大卡，用 Btu 乘以 0.252。

⑫ 这一段中的信息摘自 J. 科斯齐的《去那有喷泉还在喷涌的地方》，《管道和机械工程师》杂志，1999 年 7 月。

⑬艾默里·H.特罗布里奇的《亚利桑那州度假地和饭店的水上公园、水滑道和冲浪池的市场：一个案例研究》，《度假市场》杂志，1998 年，卷 5，第一部分，第 82～93 页。

⑭www.dep.state.fl.us/water/reuse/project.htm。

⑮更多关于臭氧科技和供应商信息可上行业网站搜寻例如《饭店在线》（www.hotel-online.com）或使用任何网上搜寻引擎。

⑯关于浴巾和床单织布再利用的计划由《项目星球》（www.projectplanetcorp.com）制作。

主要术语

回流抑止器 (backflow preventer)：用于防止水从一个子系统流到另一个子系统的阀门。例如，防止水龙带里的水再进入建筑物水系统。

扣减表 (deduct meter)：用来计量饭店使用的、不流入污水系统的水（例如，冷却塔用水、浇灌用水和游泳池用水等）的分表，从而可以抵减污水处理费。

直接燃烧型水加热器 (directly fired water heater)：一种最常见的水加热器，把燃料燃烧产生的热量传递给水。除了电力以外的所有燃料都需要燃烧空气；燃烧产生的气体由烟道排出。可能需要有集中或分立的储罐。

油脂分离器 (grease separator)：用于在废水排入污水系统前收集水中油脂的装置。也称作油脂捕集器。

热力泵水加热器 (heat pump water heater(HPWH))：一种水加热器，采用制冷循环的方法从一个空间的空气中、户外空气中或水源中提取热量，传送给被加热的水。

间接燃烧型水加热器 (indirectly fired water heater)：一种水加热器，蒸汽进入盘管或热交换器，把蒸汽的热量传送给水。

可饮用性 (potability)：可以喝。

立管 (riser)：一层两个房间为一组，垂直地在客房区供应可饮用水和排放废水。

生活污水系统 (sanitary sewer system)：把水中的废物除去后送到污水处理设施的系统。

暴雨污水系统 (storm sewer system)：雨水直接流到一些排放地点，从那里进入河流、湖泊或其他排水系统。

存水弯 (trap)：管道中一个充满水的部分，防止污水产生的气体和气味进入建筑物。

水的软化 (water softening)：除去水中的钙、锰、铁。

复习题

1. 构成饭店水费的两大部分是什么？为什么同样水量使用的水费会在不同的地区有差别？

2. 什么因素会导致同样规模的饭店用水量产生很大差异？

3. 什么情况下使用扣减表是个好主意？在安装扣减表之前应该了解些什么？

4. 暴雨排水系统和生活污水系统的区别是什么？各有什么子系统的水流进这两个系统？

5. 管道系统立管的结构对维护工作有什么影响？

6. 水质中最重要的问题是什么？其余几个相对次要的问题是什么？

7. 什么是军团病？应采取什么措施避免这种病的暴发？

8. 在为新建饭店选择水加热燃料时，除了价格以外还要考虑什么因素？

9. 使用直接燃烧型水加热器加热室内游泳池时要注意什么安全问题？在这种环境中使用热力泵水加热器有什么优越性？

10. 什么节水措施可被饭店广泛使用？

11. 什么是"中水"？中水在饭店里有什么用途？

12. 为什么饭店会考虑在洗衣房运行中使用臭氧技术？

网址：

若想获得更多信息，可访问下列网址。网址变更恕不通知。若你所访问的网址不存在，可使用搜索引擎查找新网址。

1. 美国自来水厂协会：www.awwa.org

2. 《管道工程和机械》杂志：www.pmmag.com

3. 泳池和按摩池专家协会：www.theapsp.org

4. 预防性维护工程：www.pmengineer.com

5. 咨询 - 特殊工程：www.csemag.com

6. 水在线：www.wateronline.com

7. HPAC 交互工程：www.hpac.com

8. 水网：www.waterweb.org

附　录

节约用水核查单
一般建议

增强员工节约用水的意识。

征求员工的节水建议；在显著的位置设立意见箱。

在员工中开展竞赛活动（例如海报、标语，或树立节约观念等）。

在员工和消费者休息室布置告示牌，鼓励节约用水。

开展清洁工作时实行定量用水。

每周抄一次水表，检查节水措施的效果。

安排一名员工监督水的使用和浪费情况。

明确水的用量和用途。

决定其他节约用水的方法。

大厦维护

检查供水系统的漏水问题，切断所有不必要的水流。

修理滴水的水龙头和淋浴喷头以及跑水或漏水的抽水马桶。

在管道设备上可能的地方安装减径接头和水龙头充气器。

减少抽水马桶的冲水量，调整冲水量控制结构，或在水箱中放置减少水量的替代物（隔断板、瓶子或袋子）。

切断向未使用的设备间的供水。

按照制造商的建议尽量减少冷却设备的用水，例如空气压缩机。

减小空调单元的载荷，关掉不使用的空调。

保持维护热水管道隔热层。

避免锅炉和空调器过多地排放冲洗（监视溶解物的总水平，必要时再排放）。

要求保洁人员擦地时少用水。

用干粉方法替代地毯的湿洗或蒸汽洗。

改变擦洗窗户计划，把定期擦洗改为应约 / 需要时擦洗。

游泳池

把游泳池泼溅出来的水引入景观区。

降低游泳池水位以减少泼溅出的水。

在游泳池不使用时将其遮盖起来以减少水的蒸发量。

减少清洗游泳池过滤器的用水量。

厨房

关掉咖啡 / 牛奶 / 苏打饮料台冲洗托盘的长流水，仅在必要时洗涤托盘。

洗碗机在不用时要关掉，满负荷时再开启。更换喷头以减小水流。必要时使用水池里的水。

使用蒸汽保温食品台的水冲洗烹饪区。

不要使用流动水化冰或解冻食品。

使用节水型制冰机。

按照州和地方要求在可行的地方使用循环水。

循环使用洗碗机的漂洗水，或送到垃圾处理装置去循环利用。

把要洗涤的烹饪用具和餐具预先浸泡在水池里，不要用水冲。

在水池里洗蔬菜，不让水在清洗池里流淌。

使用蒸汽保温食品台的水代替新鲜水冲洗烹饪区。

酒吧

不要用流动水融化冰块。

洗衣房

如果可以且不受健康规则的限制，重新编排机器的程序，去掉一个漂洗或肥皂水洗循环。

在可能的地方降低水位，尽量减少每一次洗涤的用水量。

仅在满负荷时开始洗涤。

对洗涤程式和机器循环的用水效率进行评估。

外部区域

把用水量大的草坪、树木、灌木转换成适应干旱环境的景观——景观设计中选用颜色美丽、用水少的植物。将来的景观设计要考虑减少用水。

记录用于景观区域的户外用水量。

不要每天浇灌景观；一周浇 2 ~ 3 次足够了。

停止用水管冲洗便道、车道、停车场。

减少刷洗汽车、大客车、卡车的次数。

避免给植物施肥、剪枝，那样会刺激过度生长。

除掉野草和生长不良的植物，这样可以节省浇灌用水而又使留下的植物得益。

在许多情况下，老的、移植的植物不需要频繁地浇水。观察需要浇水的迹象，例如枯萎、变色、土壤干涸等。

在喷水系统上安装土壤湿度人工设定装置或定时器。

如果可能，在早晨和黄昏水蒸发量比较小的时候浇水。

确保灌溉设备均匀供水。

调查研究安装滴灌系统的优越性。

在植物根部放置覆盖层以减少蒸发和抑制杂草疯长。

清除杂草，松土，让水渗进植物的根部。

避免浇灌时水溢走，保证喷出的水正好覆盖草坪或花园，不要喷到便道、车道上或水沟里。

在冬季，只有在持续温热干旱期间再浇水（在春季和秋季，多数植物所需要的水量大约是夏季的一半。）

许多工业和商业用户成功地应用了这个核查单里提供的节水技巧。这个核查单对洛杉矶水和动力部最初出版发行的原本进行了修订。其中提出的主意仅仅是建议，不是加利福尼亚水资源部认可的方法、步骤或专门产品。

资料来源：加利福尼亚水资源部，《饭店和汽车饭店节水措施核查单》。

第6章

学习目标

1. 简要描述电力系统组成和有关系统设计以及运行规程等重要事项。
2. 阐明可靠的电力系统元件和设备维护要素。
3. 了解电气系统组成：熔断器和断路器；配电箱和配线；电动机、控制器和启动器；电子设备；应急电力系统；电气维护工具。
4. 电能计费方式，如何识读电表，为什么要核对电费账单，选择最佳费率优化用电，讨论公共用电费用的免除。
5. 简述通信系统及目前饭店管理此系统的关键因素。

6

电气系统

　　假定产生了电流，那它一定是直流电。如想在建筑物内使用交流电，则它必须符合外来服务的要求。建筑物内部直接发电的费用和外来交流配电的费用大致相等，但直流电用在那些无极调速的马达上较好，用于电梯运行效果最好。

　　采用市政供电饭店会遇到所供给的电是 25 周波的交流电的情况，此情况下有些设备可以运行。但照明灯在低频供电时会明显出现闪烁，使人感到不舒适。如果频率是 60 周波，照明灯光的感觉与直流供电是相同的，建筑的照明可通过整流装置将交流供电转为直流供电。在使用 25 周波交流供电时，直流马达需要足够大的整流装置，它被称为动力和照明总负载的转换电源。[①]

　　很明显，《电子世界》杂志 1923 年刊登的文章中所描述的情景至今已发生变化。今天，60 周波的交流电源在美国使用得最为广泛，大多数用电者购买供电公司的电，而较少使用自己发的电。世界各国的饭店也随之改变了设备用电。1920 年开业的饭店非常多，现代化的饭店支付相当昂贵的电费来为它们的客户和雇员提供用电需求。

　　在现代饭店行业里，电是使用最广、花费最多的能源。为有利于广泛使用的电气设备着想，就要求有一个高质量、可靠性强的电源。这些用电设备从照明到计算机、从厨房设备到空调系统等。有功功率占业主实际用功率电的 90% 以上，控制用电费用包括控制特殊的用电消费，是毋庸置疑的。正确的设计、适当的运行和注意对电气系统的维护是对客户和雇员提供舒适和安全环境的重要保障。2000 ~ 2001 年加利福尼亚能源危机期间，加利福尼亚的饭店经营者通过控制用电，为顺利渡过难关和可靠供电运行起到了极其重要的作用。

电气系统简介

如图 6-1 中框图一样，电气系统是由电源、配电网系统、控制装置及与其连接的各种设备组成。正确地了解电气系统的组成部分将有助于建筑物的业主安全并能有效地使用供电系统。

图 6-1　电气系统框图

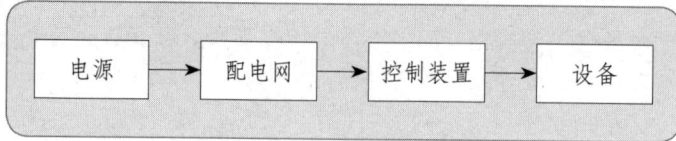

有些饭店自己生产动力。在国际上称为热电结合动力（CHP），它是一种自己生产提供动力的方法。[②]这在美国称为热电联产。这两种名称都有生产热力和电力的情况。这种生产通常是通过引擎发电机，引擎发电机的热量会被用于引导加热水温或作为一种热源给予通过热力驱动的（吸收式）制冷系统。也有其他不同的情况存在。

很多饭店的运行电源都来自当地的供电公司。有些设施是处在较大型的综合建筑里，这些设施的电源可能是综合建筑的业主提供的，业主通常是以转售电量方式提供电力（他们先是向当地的供电公司购买电量然后再转售出去）。供电公司有责任提供准确的电压和频率。供电公司所供的电力可通过电表来计量，数据记录在用电收费账单上。

供电公司为建筑提供规定电压和电源相数，并按规定的频率提供足够容量的电流。供电公司提供的电压用电压表测量（好比水系统中的水压）。频率参考交流电（AC）的速率和供给交流电的电流方向。北美国家使用频率是 60 赫兹，但世界上不同的地区使用的频率不同；许多国家使用 50 赫兹系统。相数主要是看供电相位的数量或"火"线数量（主要是单相和三相），供应的安培值参考系统中最大的电流值（用安培作单位），线径的大小必须根据建筑要求选用。当容量扩大或添置重要的电气设备时，必须增大配电线路的截面直径，使线路能流过更大的电流。较老的建筑物改造时更换电线是必需的。

事实上，美国的小餐馆可能使用 120/208 伏特、500 安培、三相、60 赫兹的交流电。较大的饭店、汽车旅馆或饭馆可能使用 277/480 伏特、三相、60 赫兹的交流电，系统总电流容量能达到几千安培。

拓展阅读

用户自发电力

概述

大使套房布莱德饭店是处在加利福尼亚布莱德中心商业区的一座提供全服务型的饭店。饭店拥有 228 间客房，400 席位的餐厅和休闲区，大小型会议室，健身房，室外泳池和水疗池。饭店里提供礼宾服务，专业及商务服务，并聘请了 200 名全职和兼职的服务人员。在遇到能源费用的上涨及南海岸空气质量管理局的严格环境标准的挑战下，带来了饭店使用现场动力自发电的机会。

大使套房布莱德饭店管理层与动力能源管理团队（PHE）协作，共同减少饭店的电力需求及热水和泳池的供热需求。总结分析了生产能源系统的（DG）技术及经济优点，饭店管理团队批准了一个 PHE 建议的电热联产能源管理团队（Integrated Combined Heat and Power System，ICHP）。该小型涡轮系统在 2003 年 6 月安装完成投入使用。

技术应用

小型涡轮系统（由加州爱迪生公司提供）和饭店的现有的电力供应是并联安装的。小型涡轮系统不间断地提供约 115 千瓦的电力来抵消饭店平均 300 千瓦的电力需求。小型涡轮系统产生的大约每小时 750000Btu 的热力被尤尼芬（Unifin）回收，回收机组将热力提供给生活热水箱，这样来抵消客房、洗衣房和厨房的热力需求。获取的热量，可利用 4.4℃ 水中的温升再以小型涡轮系统的热力回收机组以 80gpm 输入给生活热水箱，这样就减少了饭店的两个 120 万 Btu/每小时锅炉运行时间。锅炉就转变成为 ICHP 系统一个储备或后备容量，只在冬季每天使用几个小时。在夏天 ICHP 系统基本提供了所有生活热水供应。

室外泳池的供热是通过热交换与 DG 系统结合为一体，连接生活及泳池热水管线。多余的热量，以及在日常或夜里未被利用的饭店生活热量需求将被引导去预热泳池的热水管线。小型涡轮所制造出来的约 90% 热量在 100% 的时间得到了运用。

这装置使用两台 60 千瓦小型涡轮机组，一组科普兰蒸汽压缩机和一组尤尼芬(Unifin) 热交换回收机。它们安装在现有的机械机房内，并与一个 200 安培配电开关及外来燃气供应设备连接起来，这对饭店的运行没有任何影响。为了给系统足够的通风及空气流动，送风机和排气扇安装在机房的室外隔墙上。

财务业绩

PHE 是通过一个能源服务协议来提供"便捷有效"的装置，这个协议保证饭店在 15

（续）

年期间获得一定的电力和热力能源节约。约定这 15 年里，PHE 负责所有安装、服务及维修。饭店每月要支付的费用是以现有的能源费用节约部分再扣除运行费用和燃气费后的剩余部分。ICHP 能源系统提供了超过 35% 饭店的电力需求及 64% 的热力需求。可靠稳定地启动试运转，在 6 月已达到 95%，从 7 月开始达到 100%。

在夏天高温时小型涡轮机组的电力产出减少约 10%，要注意的是在高温天气里任何电力产出的降低会发生热力产出的提升。在较冷的天气里，小型涡轮机组会回到电力产出的最高点。ICHP 的运用可获得资格申请加州在总安装费用 30% 的返还。对于饭店的能源节约一直以来是非常好的，会有每年约 18000 美元的净节约或在整个能源服务协议里可获得 270000 美元的节约。

饭店这项节约是已扣除天然气及设备寿命维护周期的费用。PHE 的总安装费用是170000 美元，包括国家 30% 的返还。

感谢大使套房布莱德饭店的山姆桑塞给予此次配合报道的机会。

资料来源：www.powerhouseenergy.ws/ES_Brea_Final.pdf. 已经获得翻印批准。

电力通过电表进入产权单位的配电和控制系统。图 6-2 举例说明了一座建筑物内电力系统的设计框图。系统通过馈电线将电流分配至各个支路设备。馈电线将电流传递到主要设备和建筑物的各个部位。

图 6-2　某建筑物电气系统框图

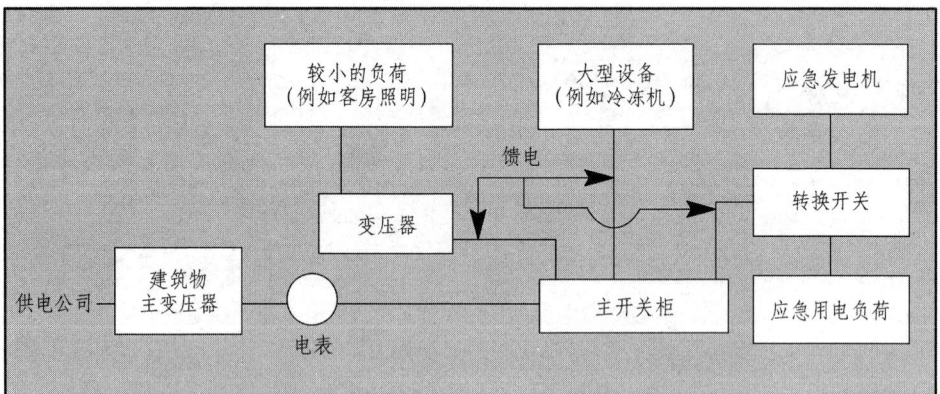

如果供电电压不能适用所有的用电设备，系统将通过变压器来改变（升压或降压）设备的供电电压。多数较大的设备，即主设备多使用 208/277 或 480 伏特的电压。

而在客房照明用电上，则通过变压器降压变为 120 伏特的电压。建筑内主变压器的维护可由供电公司或业主负责。一方面，业主可以通过维修保养降低变压器的能耗，从而降低变压器的损耗费用。另一方面，商家因为自己拥有主变压器可常常按较低的费率支付供电公司费用。精明的经营者也可以自己运行另一台变压器来满足用电需求。

正像在本章后面将讨论的某些负载被称为是应急负荷一样，正常情况下，这些设备由普通电源供电，而在另一种情况下，这些设备将由应急发电机或备用电池供电。在图 6-2 中，应急转换开关将中断普通的电源。当普通电源被中断时，开关将转接到应急电源上来，并将应急负载转接到应急电路上来。

美国饭店规定得很清楚，从其他国家来的客户所带的电器设备不能在饭店内使用，因为设备规格不同，同时当连接到典型的美国国内电力系统上时，甚至可能会损坏设备。例如，要求使用 240 伏特电源供电的设备，当接到 120 伏特系统上时，其性能会大大降低。另外，因很多设备使用 50 赫兹频率，当这些设备使用 60 赫兹时可能产生其他问题。凡使用 50 赫兹频率的设备，若在 60 赫兹电源上运行，即使当变压器已将电压转为 240 伏特，其时间或速度仍然很快。在相反的情况下，即美国游客住在国外饭店时也有问题。一名美国游客携带适配器及烘发器（供美国市场使用）试图在国外使用，则可能产生瞬间放电而损坏电器，甚至可能导致饭店电源短路。

世界各国插头外形均有所不同，其目的是为消除因各国电气系统不同，使设备误插到另一个系统上，造成设备损坏等问题。图 6-3 显示了不同国家的各种电器设备的插头。

图 6-3　国外使用的插头外形

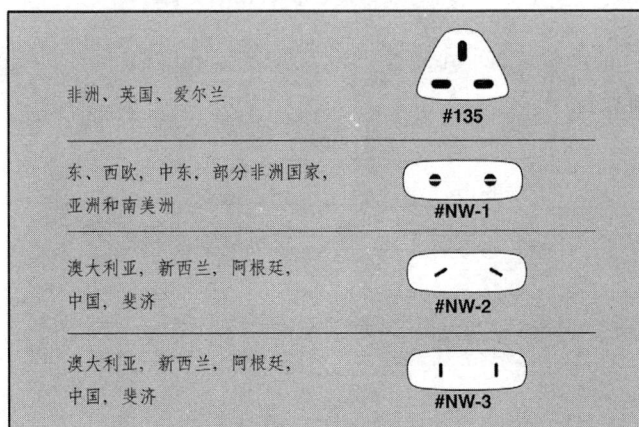

非洲、英国、爱尔兰　　　#135

东、西欧、中东、部分非洲国家，
亚洲和南美洲　　　#NW-1

澳大利亚，新西兰，阿根廷，
中国，斐济　　　#NW-2

澳大利亚，新西兰，阿根廷，
中国，斐济　　　#NW-3

系统设计和操作标准

电气配电系统主要是根据有关的标准和规范进行设计和操作的。建立和执行这些标准及规范可提供安全可靠的供电电源。不按照标准和规范条文执行，将可能出现故障，甚至发生火灾。

在美国，电力系统的规范条文由当地政府制定。通常情况下，国家电气规程(NEC)批准国家防火安全协会拟定的这些标准。国家电气规程和其他标准条文主要内容是关于安全方面的。这些规定将作为最低标准。国家电气规程和当地类似的条文可相互替代，例如，选择合适的电线规格和类型（根据负荷和现场情况）、测定电路的负荷和容量、确定配线协定等。随着时间的流逝，这些条文也将被新的标准和使用的新型材料所取代。③一台旧设备的更新改造可能需要电力系统的增容，这需要满足当前的用电需求。在国家防火安全协会"NFPA70E"中明文规定了业主使用或维护电力系统的责任，即"业主提供的工作地点必须保证用电安全"。

未来电气系统和安全设备的法律规定将包含职业安全和健康署的内容。职业安全和健康署提供大量的关于电气安全的规定，主要有电力系统的设计安全标准，安全运行、安全维修要求以及对特殊设备的安全要求。当维修步骤增加时职业安全和健康署标准也将收编备查。他们收录了维修用电安全的最低标准。

系统和设备维护

保证电气设备正常运行非常重要，因为这些设备在建筑物中起着重要作用。现列举下列电气维修程序：

- 建筑电气系统平面设计图；
- 维修人员掌握建筑物的电气系统和电工知识（及其他相关知识）；
- 一名优秀的客房服务员也应了解一些电气设备使用常识；
- 有良好的安全程序；
- 根据电气维修步骤对设备进行预防性维修。

电气平面图

许多建筑物中出租的客房都配备电气系统的终端设备。因此，客房的电气平面图可以很好地反映各种系统元件。电气平面和内部设计平面一定要符合实际，以保证提供准确的设备位置。

图 6-4 是一张标准套房电气平面图的复印件。图中附有电气平面图中使用的符号图例。这张平面图没有画出供电系统，但显示了灯开关、语音插座、烟感探测器、有线电视插座和温度调节面板等位置。平面图中一般不画线路，以避免平面图显得过于混乱。

图 6-4 国王标准套房电气平面图

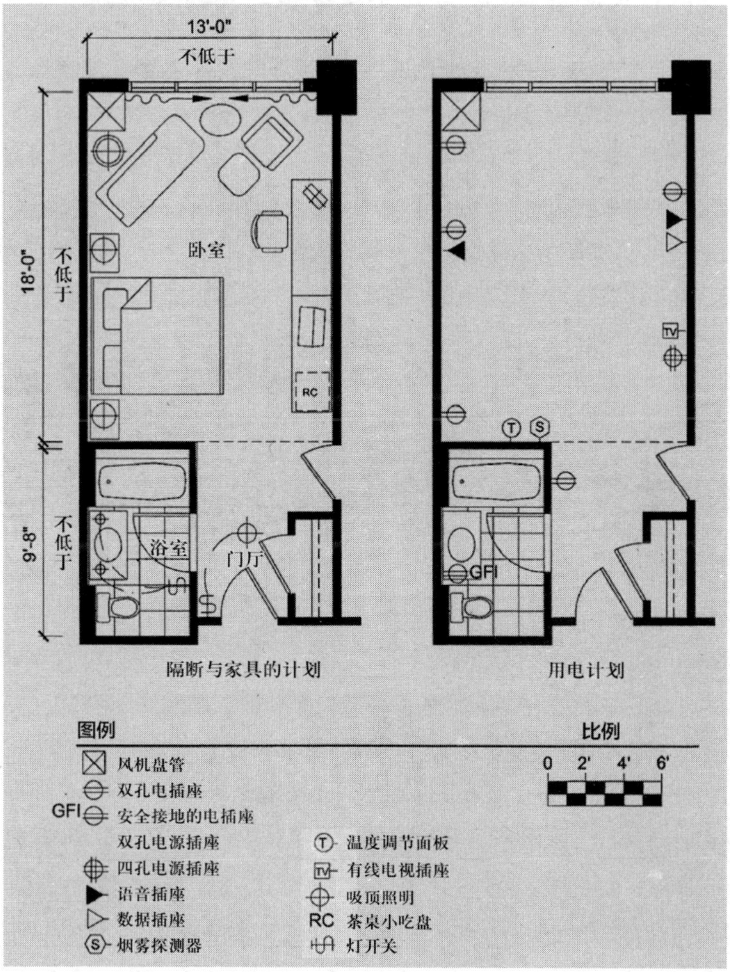

图例

⊠ 风机盘管
⊖ 双孔电插座
GFI ⊖ 安全接地的电插座
⊕ 双孔电源插座
⊕ 四孔电源插座
▶ 语音插座
▷ 数据插座
Ⓢ 烟雾探测器

Ⓣ 温度调节面板
Ⓥ 有线电视插座
⊕ 吸顶照明
RC 茶桌小吃盘
灯开关

比例
0 2' 4' 6'

图 6-5 是一张宴会厅的电气平面图。套房与宴会厅的供电用途有许多不同。在此图区域 3 中，有 208 伏的三相电源插头，这可给较大的设备提供电源。每个区域都有"断容器，总容量为 400 安培"，它可确保三相用电的特别需求例如娱乐灯光的需求。另外，每个区域都有 120 伏、30 安培的插头可提供较大的单相用电需求（标准客房里的插头只能是 15 或 20 安培的）。宴会厅的每个区域也提供了额外的音响视频条件，这包括屋顶的线槽连接来支持安装在天花板上的舞台灯光及投影机的使用。

图 6-5 宴会厅电气平面图

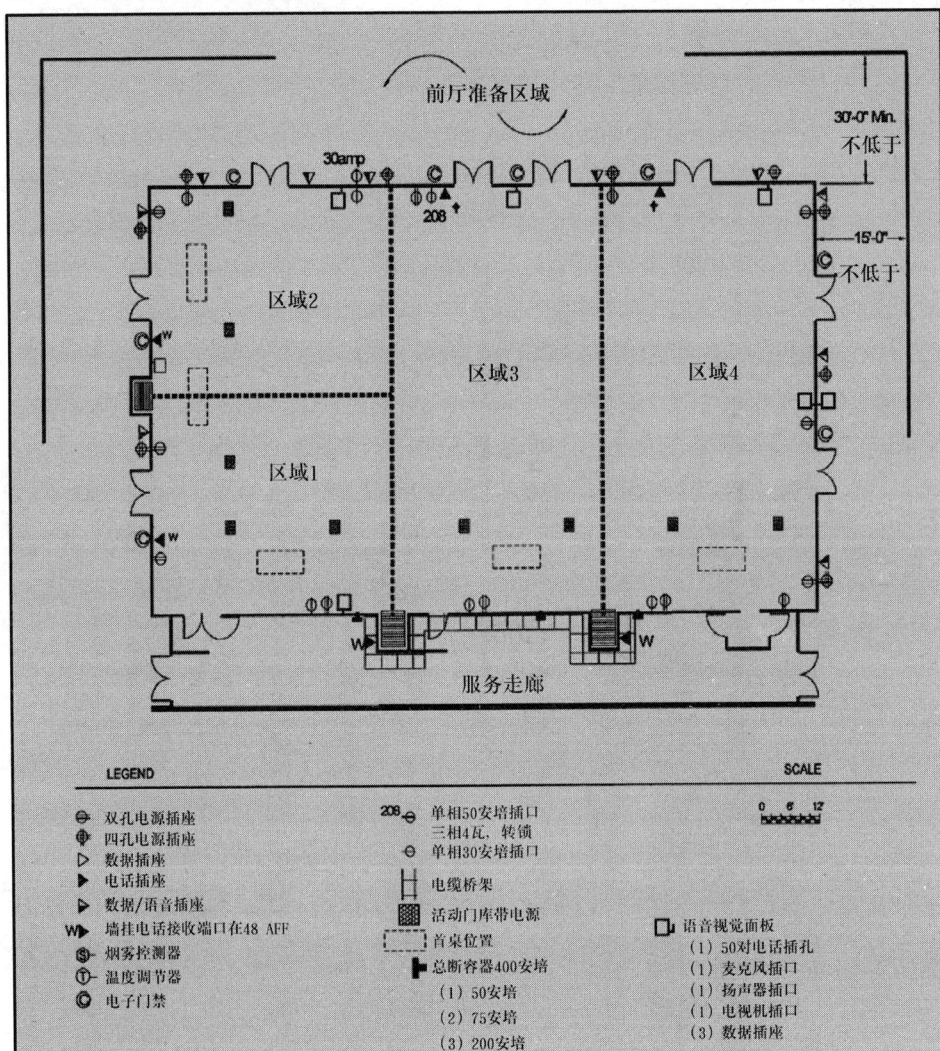

建筑物内电气平面图被广泛使用。平面图与建筑实际施工情况应保持一致。有时人们在维修后更改平面图，有时则不变更。但现在的情况是：运行维修人员不更新平面图，而只靠个人的记录。若干年后，因运行需要再找那些资料时才发现，他们雇用的维修人员已辞职或退休，他们将这些重要的变更资料也一同带走了。一套完整的平面图可以加快解决问题的速度。在进行更新改造或建筑完善中也可以节约大量的开支。

操作培训和安全技术规程

维修工和其他关键职员应接受与他们工作相关的建筑电气系统安全操作的培训。对于电气系统的了解及掌握应该作为这些职工的绩效考核的一部分。

公司应给维修工一套与建筑电气系统相关的资料。这些资料可成为他们培训内容的一部分，也可以作为员工晋升的测试内容。同时也可以考虑订购一些有关电气最佳实践的专业杂志，作为工程人员的学习资料。④

关于基础电气系统维修的问题也可以作为入职测试的一部分，这样就可以考查应聘维修工岗位的人的能力水平（图6-6）。也可以要求应聘者演示基础技能，例如如何对电路接线或对故障线路进行检测以进一步核实应聘者的能力水平。

虽然大多数的职

图6-6 给电气维修工提出的问题

1. 设备接地使用什么颜色的线？
2. 电源线使用什么颜色的？
3. 什么原因可导致压缩机停转？
4. 如何检测一台压缩机的转子是否与外壳短路？
5. 如果三相电动机通电后反向运转，你将怎样解决这一问题？
6. 电动机在电压降到多少时不能正常运转？
7. 密封式电动机通常有多少接线端子？它们的名称是什么？

上述问题的答案

1. 绿色或裸线。
2. 除绿、白或裸线以外的其他颜色。
3. 潮湿、高压、三相电缺相、启动转子被卡。
4. 用欧姆表可以测出压缩机外壳与启动、运行及公共转子间是否短路，以及启动和运行间是否短路。
5. 调换电动机上的任何两根相线。
6. 10%。
7. 三排。(1)启动端，(2)运行端，(3)公共端（中性的）。

注：这些答案在许多国家适用，但并不适用于所有国家。

资料来源：由汉普顿公司提供。

工不需要进行电工基本原理的培训，但必须要求职工对建筑物的电气系统要懂一些。在前台值班的职员，特别是夜间工程师不在岗时也需了解电路断路器的位置、不同电器的控制位置等。值班员工还应知道建筑内电路开关和应急发电机的位置。提供一套清晰明确的断路器和控制器标识可以提升员工对客户的响应速度。

员工应熟悉饭店内电气系统的特性（电压、频率），并且能应付客户对国外电气设备兼容的一些要求，例如剃须刀、电吹风、计算机等。员工还应知道饭店里或附近的便利店是否有客人所需的适配器。

全体员工都应该意识到电气设备报修的重要性，以及因为电气故障而导致的各种安全问题的严重性。如果员工严格按照操作规程运行，将会大大降低电气维修次数。这方面的工作主要包括下列内容：

- 保持电气设备的清洁；
- 避免电气设备受到潮湿；
- 当要拔出插头时应该拿住插头拔起而不应拉扯电线；
- 设备用电与功率需求应匹配。过载可能引起电动机故障或引发其他问题；
- 电气设备出现故障应迅速报告，并及时更换解决；
- 不要一人单独更换或更改电气线路和装置；
- 不要在变配电室存放杂物，以避免阻碍配电柜、变压器的空气流通，或产生其他可能出现的安全问题，造成设备隐患。

当执行电气维修任务时，安全意识是非常重要的。在电气维修工作完成后，接下来执行下列程序（在美国，OSHA 要求人们照此执行）。这些内容包括某人正在停电设备上检修时，禁止其他人合闸供电。图 6-7 介绍了一家公司所使用的停电程序和形式。

图 6-7　停电安全操作程序举例

> **安全断电操作程序**
>
> 　根据设备类型的不同，在断电维修更换设备时，为减少客户的抱怨必须采取下述任一措施：
>
> 　停电前应采用适当的停电告示牌。
>
> 　或
>
> 　在断电配电箱上贴上告示牌。
>
> 　或

（续）

拉闸或切断维修区域的设备用电前应采用适当的停电告示牌。

如果任何一件设备被搬走维修 8 小时以上，停电原因一定要在工程师记录本上做好记录。

如出现故障，应按照安全操作程序发布检修通知，终止一切用电。

只有挂警告牌的人才能摘掉警告牌或打开安全锁，这个人是维修该设备的职工或维修工程师。

电路检修警告牌

正面	背面
危险	**危险**
电路检修警告牌	电路检修警告牌
电源开关已断开 在电路检修期间请勿 合闸。	禁止操作本设备 电路检修期间将按照 下列步骤进行：
此标志牌只许本人拿走。	1. _____ 2. _____ 3. _____ 4. _____ 5. _____
签名： _____ 日期： _____	签名： _____ 日期： _____

资料来源：由汉普顿公司（Hampton Inns, Inc.）提供。

即使在非电气设施上作业时电气安全也是一个焦点问题。因为许多相邻区域都涉及电气保护，带电线路无所不在。当完成维修工作时，为避免出现线路上的故障，应仔细检查以确保安全。下面列出一些安全提示：

第一，当要在现场挖掘作业时，请务必查看平面线路图检查是否有暗埋的电缆（或其他相关水、电、气管）。这就是要保存好完整的建筑施工图和修改图的重要原因。如果存有疑问，可使用一台电缆探测器确定电缆的准确位置。任何场所在使用起重吊装机时应该观察现场是否有高架电缆线。当注意力集中于地面的任务时，上方的电缆线情况容易被忽视。

第二，在屋檐刷漆、维修雨水口或在屋顶和建筑外墙面做其他工作时应避开电气设施。

第三，远离脱落的电缆线。隔离人群及迅速通知供电公司来人处理。

第四，防止树木或树枝靠近电缆线。发现有树杈挂落在电缆线上，请不要尝试清理，应通知供电公司。

第五，带电作业时应佩戴安全眼镜，穿橡胶底鞋或有橡胶底后跟的安全靴。

另外，还有一个问题值得关注。老一代的电力变压器使用油作为绝缘体和冷却体，它含有多氯化联（二）苯（PCBS）。如果电气火灾中牵扯到这种变压器，将会产生有害的化学物质。美国政府（通过环境保护机构——EPA）已发布一系列的法律和法规，为继续在商业建筑里使用这些变压器的用户提出控制性条件。法律规定：使用单位必须到本地消防部门登记备案，在建筑内安装此类设施时的区域限制、移动和处理都要遵守相关流程且符合相关条件等。不遵守规定会受到罚款和其他处罚。管理人员必须了解并遵守这些规定。当你确认建筑内使用的变压器含有 PCBS 时，请立即联系 EPA 并办理相关的手续。

系统的组成

我们早已认识了变压器和配电设备。电气系统其他部分是熔断器、断路器、电动机控制装置、继电器和应急电力系统及电路。

熔断器和断路器

电气系统里有一些元件是设计成为"自动断开"的，它们包括熔断器、断路器。当被检测的电流超出安全值时，熔断器和断路器将切断供电系统。安全值的确定依据线路带载容量和本地条文要求而定。

在老旧建筑里，保险丝的规格（大小）选择是要刻意设计它在电路的电流超过电线容量时自动断开。保险丝熔断，表示了有短路的安全隐患或有电流过载的安全隐患存在。有些保险丝有可替换的元件及可重复利用的保险盒，而有些是一次性的。根据实际情况可选用可替换的或重复使用的熔断器。保险可以是螺旋插件或圆柱芯座，或是刀闸式的。

在使用熔断器时，根据保险座的要求正确替换相应电流规格和类型的保险丝。当电路中有电动机这类负载时，常被选用的是延时型保险丝。这一类型的保险丝允许瞬间较高的电流通过而不会被熔断；这是因为电动机在启动瞬间电流较大，采取这样的措施保证电动机正常启动是必要的。如果用普通的保险丝替代延时保险丝，则电动马达启动时保险丝会熔断。

断路器的作用与熔断器相同，所不同的是断路器动作后可重新复位，而熔断器的保险元件熔断后一定要更换。通常，断路器动作后必须先拉下然后再重新复位。该断路器操作非常容易，以至今天在许多应用场合广泛采用这种安全装置。

有一种断路器是漏电保护开关（GFCI）。这种保护开关比标准的断路器保护等级要高，它主要被设计用来保护人身安全。漏电保护开关被安装在浴室、室外电源插座、游泳池以及根据法律条文要求安装的区域。经常安装在有水和电同时存在的地方。漏电保护开关可以是墙壁插座的一个部件，也可以安装在配电箱内。漏电保护开关一般带有漏电测试钮。测试漏电开关应作为预防性维修计划当中的一项工作。

熔断器或断路器不应该随意增大，以便能承受更大的电流，除非经过分析核实电路及其他元件均可承受较大的负载时。

如果频繁出现保险丝熔断或断路器动作，则表明电气系统存在电气故障，必须重视此问题。维修人员须检查熔断器和断路器。检查中可以关注变色、燃烧气味和过热或短路的其他迹象，以及残骸污垢和湿气等。

为避免人为损坏和随意动用电气系统设备所带来的问题，配电箱平时应上锁。配电箱钥匙由维修人员掌管或采取其他保护措施。当然，应随身携带以满足使用要求。

配电箱和配线

建筑物与建筑配套的设备都离不开配电箱和电缆线。尽管这些系统设备通常不需要维修，但定期检查清扫配电箱和电缆线是必要的。电缆线虚接或过载都可能出现安全隐患。如过热能引起火灾。另外，过热和过载可导致用电设备不能正常工作甚至出现设备故障和危险。

当完成了下列定期检修工作后，诊断配电箱和电缆的问题就变得容易多了：

- 检查线路连接点是否紧固，以保证良好的接触；
- 测量电路的电流值是否在额定的范围内；
- 测量设备供电是否在额定值范围内，此项测试应在有负载的条件下进行；
- 检查电缆线、电动机及其他电气系统元件的工作温升，工作温升不应超过设备的额定值范围；
- 检测电缆线、终端模块箱的温升值超出环境温度8℃～14℃预示着有问题存在，当周围环境温度超过25℃～50℃时，则应引起高度的重视；
- 检测三相供电各相的电流值，以保证三相电中的各相负载基本平衡。

一些老饭店可能用铝电缆线，而在较多的公共场所采用了铜芯电缆线。铝线是一种好的导电材料，它比铜线要便宜。正因如此，许多年前使用得非常普及。不幸的是铝材有"潜变"或导致连接处疲劳冷变形的这种物理现象而受到局限。特别是使用螺旋件或卷曲时易出现虚接，形成温度升高，这是非常危险的。业主使用铝制线材必须定期检查以保证不出现虚接问题。后面的章节将讨论如何用热扫描仪作为诊断工具来检测过热的电路。这也是一种用来检查铝线系统是否有虚接的非常有效的方法。

电动机、控制器和启动器

在系统设备中许多装置内都有电动机。例如，空调设备、吸尘器、洗碗机和洗衣机。另外，建筑内还有一些大功率的电动机设备，如：制冷机中的压缩机、空调机组和冷冻水泵等。

与其他设备组成一体的电动机（例如客房中的空调设备和后厨洗碗机里的电动机）将随着整体预防性维修计划定期检修。一些内置电动机的设备可能是免维护的。

对于电动机进行预防性维修的周期，完全取决于电动机规格以及它对运行的重要性。请记住，预防性维修的目的是在确保设备安全可靠运行的前提下尽可能地降低维修开支。

预防性维修流程包括定期检查，如对运行情况的测试及记录（例如电压、电流和工作温度）；总体情况、噪声和振动观察；以及完成清洁和润滑工作。根据不同的运行条件情况制定不同的维护频次。例如，明显很脏的环境可以增加清扫和检查的频次。

图 6-8 中列出一家连锁饭店对电动机维护的预防性维修计划。一年四次的检修工作包含检查、清洁和加润滑油等内容。每年一次的检修包括按季定检的内容，并增加检查和对重要参数进行测量，同时需要更换一些部件。因为电动机种类繁杂，根据它们的使用情况及各种类型、使用方法（特别是运行时间）和供货商提供的维修建议来编写定期检查步骤是非常重要的。如果电动机购买者

图 6-8　电动机定期维修举例

> **定期检修程序：电动机**
>
> **维修编号：#21**
>
> **检修周期：1 次／季度**
>
> **维修编号：#21Q**
>
> 1. 检查电动机并查看是否有异常噪声。
> 2. 清洁电动机。
> 3. 清除污垢和尘土。
> 4. 注入厂家指定规格的润滑油。
>
> **维修编号：#21A**
>
> 1. 完成维修编号 21Q 的检修工作。
> 2. 检查轴承。
> 3. 检查接线端子的松紧。
> 4. 根据铭牌参数检测运行电流。
> 5. 清洁启动器并重新接好。
> 6. 检测运行温度。

资料来源：由美国天天饭店公司提供。

不按照供货商的要求定期检修，则原厂家可以不为设备的运行进行质量担保。

当电动机用在大型设备上时，常常需要通过某种传动机构来实现。传动机构包括皮带和皮带轮、传动链条或变速箱等。设备的定期检修不仅仅针对电动机，也要包括这些传动机构。

另外，电动机的控制器也需要定期检查。电动机控制器是提供电动机与电气系统之间联系的界面装置。它可以控制电动机的运行和电动机的启停，有时可以改变电动机的运转速度。继电器适合使用在控制功能上，它在接到控制设备传来的信号后控制其电路的接通或断开。

首先，电动机损坏或出现故障停止运行时，经理就需要做出修理或更换的决定。做出此决定的原则如下：一方面，当购买新电动机（或设备带电动机）时，指定用EPAct节能电动机。"EPAct"是指1992年公布的美国能源政策法案。这一法案规定了设备制造厂在1997年10月24日以后出厂的电动机必须满足其最小功效值，且在铭牌上印上EPAct的电动机功率值。另一方面，如果电动机修理费是买新的电动机费用的60%以上，建议购买新电动机。

其次，值得注意的是，评估是维修还是更换电动机，要看维修后的电动机的功效是否受到影响。在修理普通电动机时有可能损失3% ~ 5%的效率，在修理高效能电动机时可能损失1%的效率。

再次，降低电动机的运行费用可以通过在电动机上安装变频器实现。变频器应与连接负载电动机的速度相匹配，使电动机高效运转。这样做，既降低了能源消耗，延长了所连接设备的使用寿命，又达到了电动机输出的最佳值。

拓展阅读

电动机更换注意事项

在饭店运行当中使用了大量的电动机，有些电动机是内置的，而有些是与设备外部相连的，例如风机和水泵。在购买设备时，设备中的电动机的效率是影响整个设备的效率最重要的因素。然而在购买设备时通常只有几种电动机可选择或没有选择；一件设备通常是配备一台标准电动机而没有其他选择。只有当电动机需要修理或更换时才有机会考虑电动机功效问题。

在美国，政府制定了电动机的最低功效参数。因此，现在出售的电动机比10 ~ 15年前所出售的电动机要高效很多。同时也可以选择购买高于最低规定效率的高效电动机。

（续）

当饭店位于较高用电费率的地区时，或希望电动机能运行较长时间时，选择好的电动机更显得尤为重要。

为了替换而购买电动机时，首要是要问清所选的电动机是否与要替换的电动机功率一致。遗憾的是，电动机功率往往过大，情况更糟糕的是，使用电动机负载量刻意地降低。如果调查显示一台过大的电动机（电动机总是在满载电流的85%以下工作时），经理应考虑使用更换一台较小的电动机。这样做，业主不仅是在电动机方面节省费用，还会在电动机的运行费用上节约开支。

更多信息关于高效电机的评价可以查询www.nema.org/gov/energy/efficiency/premium。

最后，在考虑电动机和电动机运行时，注意功率因数也是一项必要的工作。"功率因数"是电动机功效的另一个量度标准。它是电动机使用交流电的电压和电流的参数。一般设备运行时功率因数应大于90%。当电动机的运行低于额定功率的65%时，电动机将受到损害。正确选择电动机的大小，可以提高电动机的功率因数，从而降低运行费用。

电子设备

虽然电动机始终存在不同的供电电源问题，随着现代化工业的发展，电子工业设备激增，对高质量供电系统的需求也随之增加。电子设备对供电电源电压的瞬间下降和振荡、瞬间的功率损失、电源噪声和谐波失真等品质非常敏感（这些电源质量问题可能损伤电动机）。

瞬间的高电压、短路、快速的电脉冲将可能立刻或延时毁坏电子设备。跌伏振荡意味着比正常电压值偏低或偏高。电压下降可能引起电动机升温或出现制动问题，而电压振荡可能烧坏白炽灯和计算机电路板。瞬间失电能破坏数据处理、内存板和程序的功能。电噪声和谐波失真成为电子信号混杂在不具有完善设备或某些类型的电子设备的电器系统中。噪声和谐波会发出错误的"信号"，致使灵敏的电子设备工作不稳定，甚至可能损坏设备。

这些问题的来源包括自然现象（例如照明）、正常的定期检修（例如设备维修）、邻里用电（例如邻居用不完善的电系统从事商务活动）以及自己内部电路问题。用不同的方法都能达到解决电源质量问题的目的，[5]主要包括：

- 线路集中解决办法，例如线路改进升级、接地线的改进及与设备负载的隔离；
- 设备集中解决办法，例如使用电源滤波器设备、稳压电源、隔离变压器和不间断电源等。

　　线路升级包括更换能承载较大启动电流和较大负载设备的电缆线。较大线径的电缆线可消除电压差。保护接地线的更换应保证建筑内的电系统地线与大地连接良好。可降低雷电感应电压所产生的噪声问题。在对电源要求较高的负载前面加装隔离设备，可使电源噪声被隔离，从而使电源噪声、电压差和其他问题对设备的影响降到最低。图 6-9 中列举并提议了采取设备隔离措施以便把 "受影响" 电子设备和另外 "制造影响" 的电子设备隔离开。给电子设备供电的电路中不能使用便携式设备，如吸尘器和其他清洁设备。

　　尽管全面更换线路需要很高的费用，但集中解决设备问题的方案也不省钱。稳压电源设备可限制瞬变电压的幅度以便减少给敏感电子设备带来的损害。在电源进线处，在电子仪器的配电箱进口或者在仪器的本身安装稳压设备可能是必要的。提供仪器的数据线及天线接收装置也是要保护的对象。为此购买这种设备须选用 UL（保险商实验所）指定的稳压电源设备。它也应具有显示正常工作的相应功能。

图 6-9　设备隔离表

不要将 "受影响" 的设备与 "产生影响" 的设备连接在同一个电路。		
问题	受影响设备	产生影响源
失压和浪涌	信用卡识别刷卡系统、计算机主机、个人电脑及终端	空调单元 传统烤箱 HVAC 设备 搅拌机 制冷设备 冷却水塔
电容间歇放电	门禁刷卡器 信用卡识别刷卡系统 数字测量系统 传真机 防火/保安系统 主/个人计算机 输入终端 电话系统 收款机 视频显示器	传统烤箱 空调设备 搅拌机 照明控制 制冷设备
噪声干扰	无线电系统 能源管理系统 传真机 防火/保安系统 电话系统	复印机 空调设备 搅拌机 制冷设备

资料来源：爱迪生电力研究所，《你的餐馆内的电源质量》，第 13 页。

　　电力电压调节器可以自动调整电压的波动以针对电压浪涌及跌落问题。它的响应时间小于或等于 1.5 周波；工作效率达 90% 以上，因此得到了广泛使用。隔离变压器可以帮助消除系统噪声干扰，但没有防电压浪涌及跌落问题的保护。这种设备减少噪声的防护是用 dB（分贝）来表示等级的。应选择高达或超过 80dB 的等级的设备以便有效地降低噪声干扰。

　　后备电池器可在停电时候提供电源。在后面的应急电源部分中将再做详细论述。

　　图 6-10 总结了一些与电磁干扰带来的常见故障征兆，并提出了解决办法和使用范围。任何一种解决办法的成本效益取决于问题发生的可能性及发生故障征兆所带

来的费用而定。在很多运行当中都证明了采用保护设备是必要的，因为它可以避免电子系统出现问题后所带来的大量时间和金钱的损失。

应急电力系统

应急电力系统的存在是为了在建筑内电源系统中断时能提供后备电源。应急电力系统包括发电机和电池组，可以为照明和计算机提供不间断电源支持。

图 6-10　电源问题备考

征兆	问题	解决方法	费用
扫描仪停机 扫描仪损坏 存货数据丢失 故障频率增高 数字测量器损坏	瞬间 （尖峰信号）	瞬变抑制	1000 ~ 7000 美元
计算机重新启动 压缩机出现故障 灯光发暗或闪烁 灯寿命缩短	压降和波动	更换线路 重新整理负载 整理线路	500 ~ 20000 美元
计算机文件丢失 扫描仪和 计算机重新启动	失压（中断）	电池后备系统 减少电缆绝缘降低	500 ~ 30000 美元
无法解释的文件错误 PA 系统中的噪声乱码	噪声	整理线路 电池后备系统 重新连接设备 隔离变压器	500 ~ 20000 美元
压缩机升温	谐波失真	滤波器	500 ~ 5000 美元

资料来源：爱迪生电力研究所，《你的餐馆内的电源质量》，第 15 页。

尽管这些系统很少被使用（仅起后备作用），但在紧急情况下，它们可以解决问题；因此正确的操作使用非常重要。

断电对饭店的影响可以从 2003 年 8 月 14 日的断电事件中看到，此事故影响了美国东北大范围区域。受影响的饭店 16 小时（平均）处于没电状态，有的甚至数日没电。幸运的是，没有严重生命伤害或财产损失，这是因为停电发生在温热的夏季。如果断电发生在气温在零摄氏度以下大雪纷飞的冬季，结果很可能就糟多了。此次断电，饭店的客人及员工都可以被安置在饭店外面而不必顾及他们受到寒冷气候的袭击，饭店也没冻结水管的风险。然而情况很可能更糟糕，即饭店在这期间的表现反映出它们在应对准备上的不足。一项断电调研提供了很有价值的信息。图 6-11 显示各类楼宇在断电时的受影响程度。接受调研的饭店里有半数只有不间断电池提供应急电源。

《国家电气规范》（*The National Electrical Code*）中提供了各种行业应具备的应急动力类型及应连接应急动力的各种负载类型。当地政府可采用此规范，也可做修改。除了小旅馆外，应急系统通常在饭店业里是有要求的。需要连接到应急电力系统的包括应急照明、火灾报警系统、消防水泵和公共安全通信等系统的用电。

后备电池系统可以是后备电源单元（SPS）或不间断电源（UPS）两种供电模式。当正常电源中断时，可将后备电源单元从原供电系统转到后备电池供电。因此会出现瞬间的电源中断。选择这种设备的标准是它的转换时间应小于 15 毫秒。另一个标

图 6-11　2003 年断电对饭店设施及工作流程上的影响

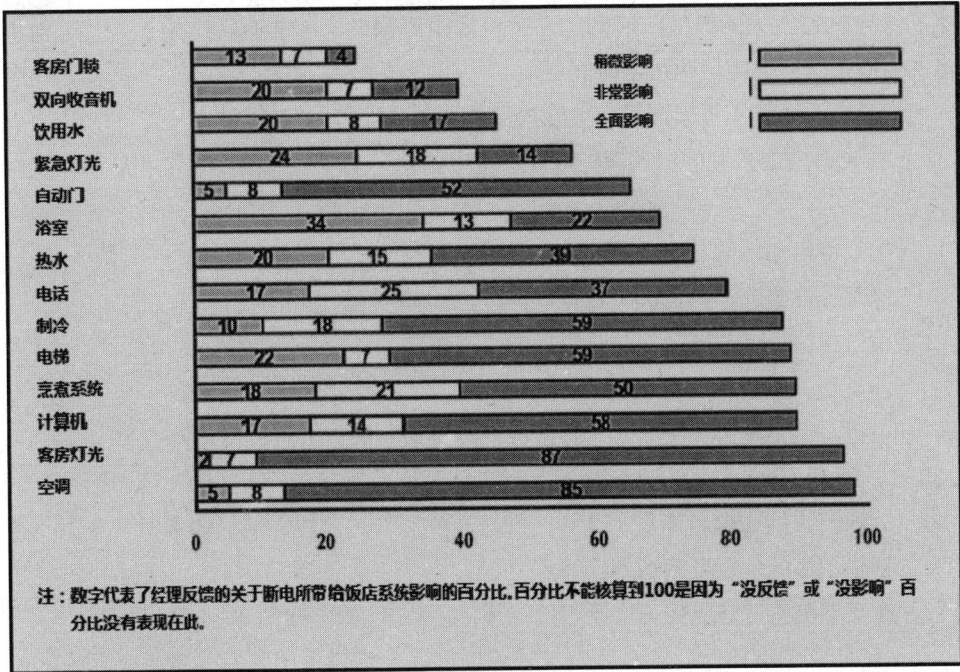

注：数字代表了经理反馈的关于断电所带给饭店系统影响的百分比。百分比不能核算到100是因为 "没反馈" 或 "没影响" 百分比没有表现在此。

资料来源：罗伯特·J.克沃尼克 CHR 报告《当灯光灭了：饭店经理对 03 年断电的看法》4,4 号（2004 年）15。

准是电压应在不低于设备额定电压的 8% 以内工作。

　　相反，不间断电源总是在线运行。平时电源通过不间断电源给电池组充电同时向设备供电，不间断电源所提供的交流电是经过电子处理后的 "干净" 的电源。不间断电源的选用其效率应在 70% 以上。不间断电源和后备电源系统的报价都应包括所用的蓄电池组。

　　较小建筑内的应急电源可用蓄电池组来提供。蓄电池组一般为走廊、楼梯间和会议室等区域的照明供电。如果应急电路负荷较高，则需在建筑内安装应急发电机。

　　建筑内安装的发电机仅给必要的或法规条文规定的设备（例如应急照明和火灾消防系统）以及有特殊要求的设备供电。有特殊要求的设备包括计算机系统、食品冷库和建筑供热系统（特别是温度较低的地区）。引擎发电机一般使用柴油发电，所以要求现场有柴油储油库，并安装各种防止噪声和振动的设备以便楼宇不受发电机的影响。应急用电的负荷是由一个自动切换开关连接到应急发电机上的（图 6-2）。这种装置在正常时是从供电源配出，在供电源中断的情况下，装置将自动切换到应急供电源。

因为法规条文规定发电机的燃料储备应满足满负荷工作状态下 2 小时的用量，所以发电机要作为能提供长时间的后备电源是有限的，除非有特殊要求。蓄电池供电的照明系统所提供照明用电时间更短。

应急电源系统应每周进行一次维护工作，主要工作内容包括：

- 检查蓄电池系统的电瓶液位（注：蓄电池组可用于应急照明用电和启动发电机用电）；
- 检查蓄电池组的充电电压；
- 检查电池室的通风情况是否良好；
- 清扫和清理电池电极，防止电极端子的腐蚀；
- 带载测试发电机系统。因为启动发电机会产生很大的噪声，故维修电工启动发电机时通常戴上耳塞，并选择对客户影响最小的一天进行测试；
- 观察并记录每台发电机的测试数据。主要包括地方法规要求的和维修记录要求的内容，例如燃料储量、油和冷却液高度、开关位置、油温和水温及压力、关键指示灯的位置及测试；
- 在发电机测试完成后一定要归位，并将应急发电机退出工作状态。

一套具有完整功能的应急供电系统可以保证正常供电中断时的供电。系统的测试和保养是紧急情况下系统能正常工作的保证。

很多运营商都为关键计算机设备安装了不间断电源，即使法规没有要求。不间断电源可使计算机继续工作或有序地关闭设备。不间断电源的选用一定要与设备负荷和希望的运行时间匹配。要确保计算机在断电的情况有更长的使用时间就需要不间断电源与应急动力系统连接起来。

装配应急发电机可以为饭店带来节约费用的效果。饭店可以设定在高峰用电时段使用自己发的电，这样一来就可以降低饭店高峰时段电的需求量，从而大幅度减少饭店的需量费用（有时同时减少能源费用）。为达到此目的，在有些电网超负荷的地区，供电公司也曾要求饭店及其他商用建筑使用自己的发电机，并提供优惠电费率来鼓励此行为。

电气维护工具

迄今为止，进行各种维修工作都需要合适的维修工具。这些设备包括：

- 万用表：使用范围很宽，它是测量电压、电阻和电流等参数的测试工具，适用于配电电路和控制电路及低压电路的测量。

- 插座分析仪：用在有墙壁电源的地方（有时称为便携式分析仪），这种装置被接到墙壁电源上来监视电路情况，零线和地线接反、地线的接地质量以及零地混接等问题都可以被分析器检测出来，它可以实现对线路成分的快捷诊断；
- 更换保险管的专用工具：这些工具可安全地更换保险；
- 绝缘橡胶靴、绝缘手套和绝缘梯子：使用这些安全工具可避免与带电设备的接触；
- 液体比重计：用于测量比重及蓄电池充电液的比重。

其他电气维修工具也可能是需要的，主要考虑设施设备维护的复杂性和员工的工作范围，通常会包括电缆故障探视器，变压器油的测试工具箱和振动分析仪等。

由于给电力系统中的所有元件测定并获取准确测温是有难度的，所以在定期的电力系统检修中已逐渐广泛使用热扫描仪进行检测。扫描仪中带有红外线（IR）视频图像系统，可以用扫描出的彩色图像显示物体的不同色温。扫描仪可鉴别出过热的电气元件，从而可以检查出电力系统中的安全隐患和运行问题。

温度图像检测通常采用外协签约服务形式。作为一种测试手段，温度图像检测既可以在新建筑物设备调试过程中采用，也可以在既有建筑物里作为定期检查的一项。这项检测对于要进行线路更新改造的老旧建筑来说很有帮助，因为要审核负载设备的连接和电缆线规格大小等是有难度的。大饭店和连锁饭店可考虑购买红外扫描枪以备不时之需。

供电公司的账单和建筑运营费用

正像本章开始简要说明的那样，建筑物用电是物业管理中一项重要支出。了解供电公司的电费收费标准，对楼宇运营的影响及控制运行费用是非常有用的。

首先，在美国和全世界已有成百上千家供电公司，而每家公司各有不同的用电量记账方法。几乎所有这些公司都给商业用户，如饭店、汽车旅馆或餐厅定期提供账单，这些账单与提供给居住用户的账单相比并不一样。在打出的商业账单上，最主要的不同在于推出了能源（或能耗费）费和需量费（容量）。居住用户只缴单一的能源费。

能源费是根据用户在一段期间内使用的电量计算出来的。电量的计量单位是千瓦时（缩写为 kWh）。若使用 100 瓦特的灯泡开 10 个小时，则用电量是 1 千瓦时。

与想象的一样，千瓦时不是一个很大的能量单位。商业用户在30天内能够使用成百上千度电（这是供电公司采用的典型的计量天数值）。商业用电收费一般是每度电在0.6~0.12美元。

居住用户一般不需要支付需量费（尽管他们付的每度电的费用比商业用户高一些）。需量费是根据商业用户要求的最高用电量而取费的。它的计量单位是千瓦(kW)，通常是收费期间分时段计量，按每15分钟时段或30分钟时段记录用电量。账单的计算办法常按收费期间的每个时段的最高用量或需求量的平均值计算。需量费的范围可从3美元每月每千瓦至20美元每月每千瓦。

我们可以将能源费和需量费比作汽车出租公司每天收费，你可以从按汽车每日收费或按每公里收费中任选一种。按日收费就好比需求收费。汽车越好越大收费就越高。对应的需求大，收费就高。按每公里收费就好比能源收费，你租车时间越长，你付的费用也就越多，因为你行驶的里程数在增加。

正像租车费率结构有变化一样，供电公司费率结构也有变化。一些公司的收费费率按年或月计算。

另一些公司收费则根据需求量和能源的使用情况来调整。还有一些公司以每年的高峰期内最小的需求量定为最低收费基数（不只是以当月使用情况收费）。在交费时，你应记住"不可逆"这个词，即某一个月的高需求，会导致后11个月或12个月的需求费都是高费率。通常供电公司都会根据用户的用电量高峰时间段作为计算需求量的收费基数，而这一时期正是美国南方城市的夏季和美国北部地区的冬季。

拓展阅读

电费账单计算举例

让我们以此章附件的电费率表作为举例来计算饭店的月度电费。饭店的电表读数显示高峰电需求是700千瓦和夏天的月度电量总共300000千瓦时。根据此电费率表，饭店的用电费是以每日的个别时间段来计算的，所有我们需要知道在高峰和低谷时间是段使用的电量。高峰时间段是从早上9:00到晚上10:00,适用于星期一到星期五，假日除外。供电公司会计量每个时段的用电量。饭店在低谷时段使用了200000千瓦时及在高峰时段使用了100000千瓦时。

| 用户费 | 39.93 | |
| 需量费 | 9968.00 | 700kW × 14.24 美元/kWh |

（续）

低谷用电	4682.00	200000kWh × 0.02341 美元 /kWh
高峰用电	5599.00	100000kWh × 0.05599 美元 /kWh
总费用	20288.93 美元	

此计算说明了需求费有可能给商务用途建筑带来的昂贵的电费（在这例子中占据大半的总电费用）。此计算并没有体现另外一些常见的费用，那就是销售税和燃油费。

因为需量费是按每 15 分钟或 30 分钟时段的最高需求量作为计费基数，所以收费情况可以查到。一些季节性运行的饭店为出售此饭店，将建筑内全部系统、照明和室外设备开启，以证明给买家饭店的设备是完好的。这种举动影响高峰需求量计算，因此后几个月付出更高的费用。还有一种常见的现象就是断电后需要重新启动楼宇的设备。同一时间段开启所有设备都会导致高电需求。分开时间段来启动设备可帮助避免高需求费用。有一种做法能达成此效果，那就是派一名职工在站内观察电表。这名职工可以查看设备运行效果并与另外一名职工通过电话或对讲机联系情况。当然前提是，另外一名职工必须具备启动及关掉设备的能力，而且有关设备也不会因关机或断开电源需要重新输入程序或设定程序。

能源费和需量费表明：能源费中水、电、气的费用占比最大。有些供电公司的收费办法注重于能源费用，而其他则注重于需求费用。需量费用占总账单的 25% 以上并不为奇。在特殊情况下，需量费甚至超过账单总费用的 50% 以上。

供电公司的账单上通常还列有另两笔费用。大多数供电公司使用燃料发电，因其燃料单价的调整，其相应的费率也随之调整。这一调整在总账单中则表现为附加费或每度电的信贷节余。账单上的另一项费用就是销售税。

如果账单上出现了因低功率因数而产生了巨大的费用，建议联系供电公司并要求搞清收费的原因和如何降低此费用的办法。

在这里讨论的电费率定价与客房收费如何定价具有相似之处。今天许多饭店已采用了收益管理办法：也就是说，客房收费是以期段内的预计客房需求量而调整定价。建立以客户的用电时间段为收费基础也是一种收益管理形式，其初步用意是想以费用价格作为信号来提醒客户关于他们的用电成本。在能源收费方面的这一新尝试于 1970 年年初提出，其本意是控制好用电的需求量增长，特别是高峰期的用电。航空业和饭店行业后续也都采用这种定价策略，目的是在控制好需求量的同时提高自身的收益。

电表读数

供电公司常将一块仪表读卡机安装在用户所在机房内，记录能源和需求用量。良好的运行操作可以使企业自行读表。通常每月一次，有时每班一次。这将是值班工程师每月责任的一部分。读表结果可直接报给工程师或部门经理。读表的目的是能早期诊断问题，避免问题的扩大。例如，由于电气维修用电引起的消耗用电增加。如果供电公司账单企图多收电费而导致意见分歧，则电表读数也可以用来做证。

本章列举了各种类型电表的刻度盘。[⑥]不同用途的计量表可以有各种类型和形式，但读表的方法是相同的。通常，消耗量减去表的开始读数（以末期读数计）就是能源总数。如果在刻度盘上有倍率数，则两个读数的差值乘倍率值所得到的就是最终能量消耗值。

通常有两种类型的电表：千瓦时电表和千瓦时与千瓦需求合一的电表。

千瓦时电表 关于千瓦时电表这种类型的计量表常用于读取最终的千瓦时的用电量。千瓦小时电表上的数值一般从左至右顺序读取。一般读取每一个刻度盘上两数之间较低的数值（图6-12）。

图6-12 千瓦时电表

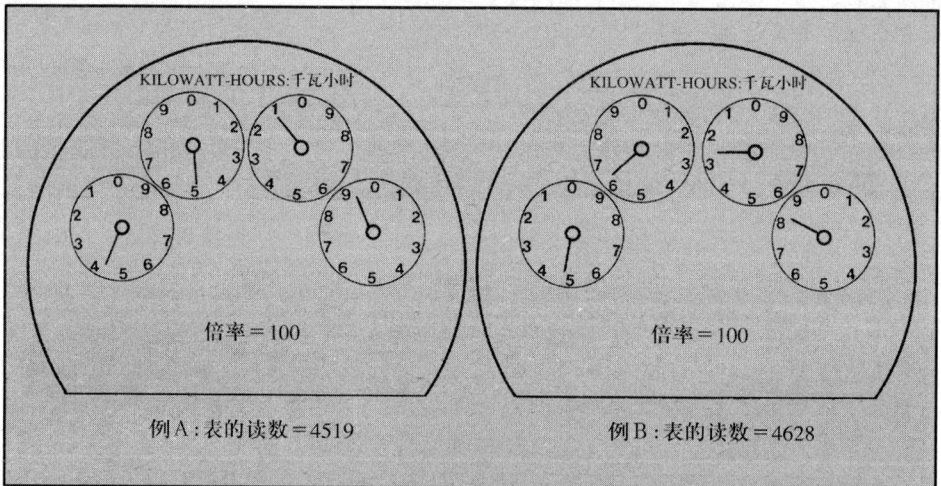

在图6-12的例A中，第一个刻度盘读数是4，第二个读数是5，第三个读数是1，第四个读数是9。因此，该计量表的读数是4519。例B中，计量表的读数是4628。计算千瓦时的使用量时，是用第二个读数（4628）减去第一个读数（4519）。两个读数的差值等于 109。因为计量表面板上标有"倍率数 =100"，所以计量表的读数109 须乘上倍率数 100，得出的千瓦时的结果是 10900。

带千瓦需求的千瓦时电表　在这种组合电表中，标有"千瓦 - 小时"的刻度盘的读数方法与读千瓦 - 小时电表的读法一样。需求电表有许多不同类型，而且每种的读数方法也有所不同。供电公司把电表安装在饭店的配电站里时，饭店要问清如何读取数据。下面列举了三种不同类型的组合电表，并提供每种电表的读表方法。

最高需求　图 6-13 中例 A 指针在外环形刻度尺指示的是最大需求量。刻度数值可直接读出或乘上相应的倍率值。例 A 中需求量的显示是 0.4 千瓦。由读表人将指针复位到零。这种计量表只能显示从起初值到结算期间的最大需求值。

需求刻度盘　图 6-13 中例 B 显示了另一种计量刻度盘的需求计量类型。它与读千瓦时计量表一样，从左向右读取数据。刻度盘上的小数点用一条垂直线分开。如果刻度盘上有倍率数，则在读表后一定要乘以倍率数。例 B 显示的需求量是 96.2 千瓦。这种需求电表也是在读取数据后由读表人将其复位到零。

图 6-13　千瓦时和需求组合计量表

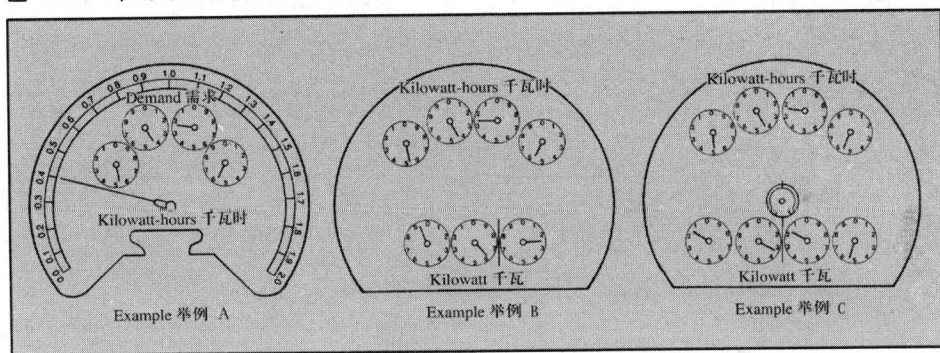

累计需求记录　需求量的记录方式如图 6-13 例 C 所示。读表和工作方式与千瓦时电表的方法一样。刻度盘的读取方法也是从左至右。小数点也是用一条垂直线分隔。举例中的需求值是 13.15 千瓦。

累计需求记录表的刻度盘显示最后一次读取计量表的最大需求值。读表人获取近一时期的最大需求量的方法是，在计量表上插入钥匙，通过显示以前的记录和新的刻度值来获取最新的读数，两个读数之间的差就是最大需求值。在下次读表时这一新数值将作为基数保留。

读表人一定要使用他的钥匙打开上述电表，这样可以计算出这段时间的需求量。

因此，通过抄表人来之前的表底数和抄表人离开以后的表底数，便可以检查供电公司每个收费账单中需求值的计算情况。

记录需求值的电表 采取每天记录一次的方式，便于供电公司了解正在增加的千瓦时数所对应的能源消耗量。这种方法最简单，并可以安装多块电表来分别记录每天或每年的能源消耗值。另外，特别是在较大的商业设施内均使用这种需求电表。

记录装置常以一个月间最高需求值作为计费的基数。例如，收费表可以规定以每月当中两个、三个或四个最高需求值的平均值作为收费基数。另一种记录装置则可以用来记录个别消费者使用系统中的最大负载耗能量。这使供电公司能够测定出消费者高需求与系统高峰期的用量。

需求量记录装置有几种记录格式，包括条带图表和圆形图表。无论哪一种装置都可以使用磁带记录。需求值磁带记录器可在一盘磁带上记录一个月内每 15 分钟或 30 分钟为间隔的需求值。每月从计量表中取出磁带并送到供电公司，使用计算机计算并打出账单。有些供电公司通过专用装置经电话线将记录数据传到公司的计算机进行计算。

检查账单

通常，当账单交给财务部门时，工程部门对账单的复印件进行核对是非常必要的。因为饭店要根据账单支付费用，所以查验账单是否有误是工程部门的职责。接下来，工程部门将在能源消耗记录表上记录账单上的数据。工程师将账单记录数与自己记录数值进行比较。有时，供电公司记录也会出现错误。实际上，当需求计量表每次读完数被归零后，需求量的读数错误很难再被发现。有时仅有一名工程师知道账单是如何计算出来的，故账单将继续记录错误的数据。

由于使用非合同工监视或检查账单，将读数直接记上而导致账单错误是很普通的事。这些饭店用大量的数据来分析供电公司的账单，它们检查计算两方面可能存在的错误（例如，饭店支付楼宇的费用比商业电费还要高或付错或少付了商业用电的费用；甚至同一种商业活动也可能有不同的商业用电费率，供电公司没有义务为你选择最优的支付方式）。因为账目的错误可能带来很多问题，所以一些单位采用聘请审计人员的办法处理这样的问题。因此，只要认真一些，每家用户都可以在账面上发现同样的错误。

选择最佳的费率

选择供电服务的收费或费率可能有点困难。用户会面临很多的选择，而且用户可以自己选择按哪种费率选项付费。供电公司提供收费价目表并由用户自行选择决定。

一些饭店会雇用专业公司为它们选择最优的电费率选项并负责审计供电公司账单是否有误。有一些专业公司也提供"免费"咨询服务,它们将从为这家饭店审核节约下来的电费中按百分比提取服务费。

当出现下列情况时,重新选择合适的用电费率选项是必要的:

- 管理者正考虑更换建筑内的电源变压器;
- 管理者正考虑在建筑里增加大量设备或有其他改动将增加用电量;
- 正在实施节能措施;
- 供电公司宣布改变费率结构(饭店应当把供电公司现行费率表复印后存档)。

本章附录提供了一份为芝加哥供电的联邦爱迪生公司的费率表。这份费率表举例说明了供电公司账单的共同特征。例如,需量费以年为时间段改变,能源费随每日时间段变化。有些供电公司是随这两种变化而改变,即根据年和每日的时间段改变而调整费率。有时这些边缘费用(增加用电设备的收费和供电期内储能)与一般的收费完全不同。掌握费率方面的知识可使管理者选择较便宜的付费方法。

收费常识与建筑自动控制系统结合,可以为管理人员进行电能储备提供机会。例如:纽约万豪侯爵饭店与肯·爱迪生供电公司共同参与了"实时价格(RTP)试验"。肯·爱迪生供电公司正在调查用户对按每天每小时变化收取电费的反应,同时将当天收费信息提前传给用户,使用户能随时调整他们的电量消耗。侯爵饭店的主管工程师看到实时价格,可做出能源控制的选择。

万豪侯爵饭店采用了变风量空调控制系统(新风处理系统的风机变速控制)和无客人房间断电装置,在高电价时间段允许关闭或缩减用电负荷。这个结果是令人满意的。主要的节能效果包括:

- 自控系统与实时价格收费相连,饭店 4 年可节省 100 万美元以上电费支出,与常规的用电时间相比节约近 8.3% 的电费;
- 年平均电力消耗量降低了 200 万千瓦,即从监控前的 3800 万千瓦降低到监控后的 3600 万千瓦,与常规用电比较节约能源大约 5.2%;
- 高电价时间段,最高用电负载减少了 1400 千瓦时;
- 所采取的节能措施并没有影响客人的舒适感和服务标准。[7]

图 6-14 列举了万豪侯爵饭店一年的试验中所获得的满意的节能数据,这主要是建筑内设备发挥了作用。

图 6-14　各种类型设备使用实时价格计费节约的千瓦时数

月份	空气处理系统	制冷机	排风机	照明	其他负载	RPT 减少千瓦时数
1 月	74386	0	18498	0	0	92884
2 月	174472	207	38100	0	0	212779
3 月	194880	1979	44115	17600	11000	296574
4 月	120140	11445	4255	0	0	135840
5 月	126704	28253	4485	0	0	159442
6 月	132786	68652	6095	0	0	207533
7 月	234648	145683	40655	7200	4500	432686
8 月	145588	79152	13405	3200	2000	243345
9 月	141554	49293	1035	0	0	191882
10 月	150904	17222	2875	0	0	171001
11 月	197254	14136	28840	5280	3300	248810
12 月	173382	1589	11200	800	500	187471
总计	1866698	417610	213558	34080	21300	2553246

供电限制的开放

　　美国供电系统几十年来都是管制及垄断经营的。电力公司给一个区域供电，而它的供电价格是经国家供电局审批核定的价格。用户没有选择供电公司及收费价格的权利。供电服务从 1999 年中期才开始像电话公司那样实行管制开放。

　　结果是供电公司开放管制后，用户面临做出另一个决定：选择哪家公司供电？这是一个很难做出决定且存在潜在危险的事情。首先，选择哪家供电公司是一件头痛的事，判断哪家公司可靠和有信誉也是非常不容易的。其次，一些供电协议中价格也是不固定的；费率的收取随市场电价变化。1990 年年底供电市场价格就出现了短期大幅振荡现象。

　　供电限制的开放是根据每个州区不同的供电情况及不同的规定（还有变更）逐一放开的。美国能源部门的一个网站提供开放工作以及其他信息（例如国家公共电局的信息），请参考 DOE 网站（www.eia.doe.gov）。限制开放引起了管理者关心的另一个问题。开放供电市场的限制，就等于减少了管制当局的监督，供电公司的垄断利润已不存在。供电公司现在可以尝试获取较大利润，而且鼓励愿意经营电力的公司加入供电工业行列，并获得它们希望的高额利润。另一些公司在要求增长利润的压力下，采取减少设备维修行为和系统储备容量。这种做法会导致频繁地断电和降低电源可靠性。

1990 年年底，许多区域出现了照明灯变暗（电压降低）和要求减少用电限制（断电）的现象。人们开始担心这些问题是否将会延续和继续恶化。

拓展阅读

绿色能源

除了从"典型"的电力公司购买电力，有些饭店选择了购买"绿色能源"因而得到了肯定。

阿斯彭滑雪度假胜地

在 1997 年，阿斯彭滑雪度假胜地是首位购买风能动力的，阿斯彭提倡可再生能源及环境保护已有许多年了。除了每年购买 1200MWh 的风能源，阿斯彭也建造了一个 115 千瓦的微型水电场，是它的 5% 总使用电量。阿斯彭是芝加哥气候交易所里的首位也是唯一的滑雪行业成员。以 1999 年作为基准，希望能在 2010 年里减少 10% 的二氧化碳排放量。澳大利亚滑雪行业也曾邀请阿斯彭分享它们对气候变化及再生能源的看法，这种感染力及传授性的展示可以让我们看到阿斯彭扮演何等重要的角色。在 2004 年，又有另一家滑雪场使用了风能源，这更说明了阿斯彭是这方面的领袖。阿斯彭滑雪公司给予绿色能源的大力支持已成为滑雪行业里对环境保护的楷模。

达拉斯凯悦饭店和 DFW 凯悦饭店

在 2005 年 6 月，达拉斯凯悦饭店和 DFW 凯悦饭店在达拉斯机场签署购买约 36000MWh 的 100% 可再生能源。此项购买，使这两家饭店位列全国首批 20 家绿色能源的购买者，在得州位于第 5 名。身为全国最大的绿色能源购买饭店，此举动代表了在饭店行业里关于可再生能源方面的一项巨大的投入，会推广到成千数万的潜在倡导能源的消费者和商务购买者。除了推广给客户关于能源及水资源的节约，这两家饭店也会在客房电视里宣传播放有关可再生能源的视频展示。相关培训计划会更有效地让员工了解可再生能源的益处，员工及客户因此被鼓励在自己的社区里购买绿色能源。身为这方面的领袖也拥有着庞大客源，凯悦公司通过这两家饭店的努力可以协助推广可再生能源在全国的使用。

星巴克咖啡

身为全世界公认的咖啡品牌，星巴克的举动很少会被忽视。2005 年 4 月，星巴克宣布要从 REC 购买 24000MWh 的风能，这一举动就让企业 5% 的用电量由可再生能源提供。

（续）

> 此购买可支持加利福尼亚和明尼苏达州约 9MW 的风容量。作为多方面的环境可持续发展策略的一部分，星巴克认为让大众了解此购买是很重要的工作。在内部，星巴克通过每月的月报向 10000 名合作伙伴（员工）通报关于气候转变的信息。星巴克也会在《企业社会责任报告》里提及可再生能源购买事宜，此报告可传达给 30000 个读者。在 6 月份，星巴克也参加了在旧金山市举办的联合国环境日活动，在宣传使用绿色能源也同时提高群众对环境变化问题的认识。

资料来源：www.epa.gov/greenpower/winners/index.htm.

　　饭店和餐厅的连锁店和行业协会也同样对开放供电市场做出了反应。它们收集了市场供电价格的信息用以签订新的购电协议。一些饭店则直接与电力公司进行谈判；另一些公司聘请了购买电量专家为它们买电。现在是提前决定饭店是否会有电费节约的时候了。如果用 1980 ~ 1990 年购买天然气的经历作为例子，节约的数字是客观的。在天然气行业开放以后，通过直接购气，有些饭店可节约 10% ~ 25% 甚至更高的支出（当然，使用天然气的用户也可以选用油做燃料，而使用电的用户不能有其他选择）。

　　分析能源购买选项是件很复杂的事，可也是很值得的事。联邦爱迪生（供电给芝加哥和其他区）提供了以每小时变更的价格选项（与前天价格相比）。如果一个饭店拥有良好的历史用电数据，那它就会知道如何改变使用规律（例如，安排洗衣房运行时间在电价低的时段），这样可从浮动的电价得利。可是，要做出正确的判断需要大量的能源数据以及分析。

通信系统

　　由于手机及个人计算机的广泛使用以及高速网络连接（通常是无线网）已大幅度减少饭店从中获取的收入及利润。全服务型饭店、度假型饭店，以及会议型饭店目前的通信平均收入是总收入的 1.5%，其中三分之二是成本。[⑧] 近年来饭店在通信这方面的收入一直呈下降趋势。因此饭店对于通信的重视程度已大不如前了。尽管如此，这项服务功能不会完全取消。本节的讨论会伴随着对通信系统的概述一并展开。如果读者对于通信有兴趣可参考各类通信报刊。[⑨]

　　通信系统在饭店使用的设备主要为客户及运行提供通信服务。这些设备应可与电讯公司连接以便提供饭店外的本地及长途通信服务。另外，通信设备应该可以与其他饭店里的不同设备仪器相融，例如物业管理系统。

　　饭店运营的交换机（PBX）可以把内部使用者的内线互相转移，其他使用者分享一定数量的外线（也称为长途线）。交换机的使用是为了给客房提供内部通信服务，以及电话接线员操作提供客户的通信服务。饭店的交换机系统与寻常办公及商务交换机有以下不同的特征：

- 加强接收后备，这项功能可让接听员接收多数来电；
- 接收察觉，这项功能可察觉客户的来电是否被处理，这点特别重要，因为是与电话收费有关，对于跟踪行政电话也很有用；
- 紧急警报，饭店有义务在紧急情况下提供必要的支援，大多数通信系统可以向不同的部门发出警示或提示，如前台和安保部，一旦客人拨打报警电话，系统可以显出拨打的来源；
- 呼叫中心，特征包括自动来电显示及与其他自动拨打器结合，这对于预订部门的效率是有帮助的。

另外，饭店的交换机系统可被设计成能与物业系统结合来提供以下的功能：

- 客户入住登记后，自动开通客房内的通信服务及退房后自动关闭；
- 显示客户信息，特别是名字和房号；
- 生成客房电话拨打数据报告；
- 作为与客房保洁人员的沟通工具，检查及报告客房的情况；
- 提供叫醒服务；
- 屏蔽房间通信及限制房间对内部或外部的拨出。

　　在目前，大多数客房的电话是模拟电话。模拟电话拥有的特征是信息等待信号、快速拨打按钮、显示选择、无线话筒及免提功能。数据电话也有相同的特征例如数据显示、会议、分机呼叫转移、多重话线、可设计按钮功能及来电等待功能。

　　饭店使用电话会计系统来转卖通信服务给客房、会议室、活动区，及其他公用客户区。这些系统让饭店业主独立地获取及分析客户使用电话的规律，然后独立地控制好利润率及出售价格办法。有些电话会计系统安装在交换机系统里，其他则安装在交换机系统外。电话会计系统还有很多其他功能及选项，但这些不在本书讨论范围内。

　　通信系统需要一些特殊的设计考虑。交换机为了在断电的情况下可以继续工作，应该与不间断电源连接。不间断电源系统为此目的可以设成"待命"或"离线"装置。

系统当察觉到主电源已断开就会切换设备到不间断电源或"在线装置，不间断电源"抑或在线装置处在外来电源与通信设备之间。它们从外来电源获取电源然后"清理"它，这样一来可确保交换机及其他通信设备所用的电源既是不间断的，也是干净的。

通信系统机房可能有独特电力要求。设备通常都安置在专用的电路上。机房也要得到足够的冷却，因为如果有持久断电情况可以考虑使用冷却设备来冷却应急电源。从电讯公司取得关于通信机房的规格要求以便有足够的富余空间留给设备连接及维护。

通常饭店的员工不会负责维护通信系统，所以饭店必须与厂家签订维护协议以便在系统出现故障时得到及时的支持。维护协议中需要确认以下条款：

- 响应时间：迅速的响应是必要的，协议里通常指定 2 ~ 4 小时内赶到现场的紧急服务支持；另外，协议应有紧急情况的定义及各种紧急情况支持的程序；协议里也应包括不及时响应的相应追究责任；

- 新零件与翻新零件：服务商通常会使用整修翻新的零件来维护系统，虽然这可能是行业里的惯例，饭店需要确认这种行为是否可以接受来维护它的系统；作为最低限度，饭店应指定可接受的故障次数，而当故障次数超标时，饭店应有权要求服务商使用新零件；

- 使用有合格认证的技术人员：协议里也可以指定来维护饭店系统的服务商的技术人员必须持有专业合格证书；

- 使用分包商：协议里也要指定是否允许由分包商来提供服务，如有此情况，分包商名单必须列出核实，分包商也应承担与主服务商同样的责任及义务；

- 责任的限制：在通常的情况下，服务协议不会负责因雷击、政治暴动等原因所致的损毁，饭店应该知道有哪些限制及尽可能提供不间断电源设备来保护它们；

- 客房电话支持：客户的电话可以以交换机服务协议或由饭店的工程部门来维护；在某些情况下，以工程部门来维护可能更具成本效益，或者储备电话配件，需要时就更换；在任何情况下，协议里应逐项列出并明确每项的责任人；

- 电讯公司服务支持：在很多情况下，电讯公司有责任维护所有接到建筑物之前的电讯线；因此，电讯公司需要与当地的交换服务公司维持一定的关系，如果界定是电讯公司的责任就需要在合约里标注清楚。

尾注:

① 参考 1923 年 11 月建筑学术会上的文章《发电和制冷设备》，第 257 页，作者 J.F. 穆赛曼。

② 参阅欧洲联盟的有关电热联产系统 CHP 的网站（www.chp-info.org）。在美国有关 CHP 信息可参考 www.uschpa.admgt.com.

③ 这些更新的信息源自 Primedia 商业出版社出版发行的《建筑电气及维护》杂志。出版社邮政信箱：12914；邮政编码：66282-2914；国家防火保护协会的邮政编码 0226-9101，昆西军事学院邮政编码：02269-9101。

④《建筑电气及维护》是一本有参考价值的杂志。

⑤ 爱迪生电力研究所为用户解决问题出版了两本刊物，它们分别是《餐馆的电源质量》和《汽车旅馆的电源质量》。出版社地址：华盛顿特区，西北部宾夕法尼亚大街 701 号，邮政编码：20004-2696。该出版物可以指导读者通过诊断程序解决电气质量问题。

⑥ 读识计量表这节摘自罗伯特·E. 阿尔倍茨编写的《能源和水资源管理》第二版（密歇根州兰辛市，美国饭店业协会教育学院，1988 年），第 124～126 页。

⑦《自动控制与电费及时计价的应用》1998 年 11 月刊登在 ASHRAE 杂志上，第 26～29 页。文章作者是戈贝尔（S. D. Gabel）、卡米歇尔和沙维特。

⑧《美国饭店行业的趋势》2005 年版 （亚特兰大，Ga.：PKF 饭店研究，2006 年）。

⑨ 通信系统的讨论参考《饭店行业的通信系统》（2003 年），来自美国饭店和住宿协会科技委员会。有兴趣得到更多关于通信的信息，请看安娜贝尔·Z. 多德，通信的必要指导书，第四版。（安林尚，N.J. 普伦蒂斯霍尔，2005 年）。

主要术语

安培（ampere）：它是电气系统中测量电流的单位。每秒通过导体截面 6.251 × 1018 个电子被称为 1 安培。

需量费（demand charge）：供电公司账单中的一项，它以电力使用最高费率为基数，测量单位是千瓦，也称为容量费。

电量费（energy charge）：供电公司账单中的一项，它是以电能使用总量为基数，测量单位是千瓦时，也称为能耗费。

馈电线（feeder）：建筑物电气系统的一个元件。通过它给建筑物的各个部分和主要设备供电。

频率（frgquency）：电力方面的单位。一路交流电源（AC）提供的电流方向是交替的，单位是赫兹或周 / 每秒。

漏电保护开关（gramd fault circuit interrupter,GFCI）：是一种很灵敏的线路断路器，被设计用于防止人员触电，常用在有水的地方。

国家电气规程（National Electrical Code, NEC）：国家防火协会编写的出版物，文中详细介绍了电力系统的安全标准。

相（phase）：电力系统中，供给电压线路的数量称为相，一般分单相和三相。

不可逆条款（ratchet clause）：供电公司账单是以用户用电期或超出现账单统计期的最高需求量作为收取需量费的基础。

变压器（transformer）：改变供电电压的装置。

电压（voltage）：电力系统中的测量电位。在不同电位的两点间有电流。好比水系统中的压力。

复习题

1. 哪些因素可令业主选择使用发电机供电？

2. 使用自己的变压器运行有什么优缺点？

3.《国家电气规程》的用途是什么？

4. 当对设备进行改造后，为什么说及时变更电气平面图非常重要？

5. 什么是停电挂牌程序？为什么它对电力安全至关重要？

6. 为什么要对电力设备使用电气维护工具进行定期检修？请列出理由。

7. 采用什么方法可降低使用电子设备时产生的电子干扰问题？

8. 什么时候使用电池备用系统最合适？备用电源支持系统和不间断电源供电系统两者之间有什么不同？

9. 需量费和电量费之间有什么不同？为什么说了解它们是重要的？

10. 如果建筑内的设备面对多种费率表的限制，如何从中选出可利用的费率表？

网址：

若想获得更多信息，可访问下列网址。网址变更恕不通知。若你所访问的网址不存在，可使用搜索引擎查找新网址。

1. 咨询顾问工程师：www.csemag.com

2. 爱迪生电力研究所: www.eei.org

3. 建筑电气与维修（Electrical Construction & Maintenance）: www.industryclick. com/magazine.asp?siteid=13&magazineid=31

4. 电力研究所: www.epri.com

案例分析

当黑暗降临时

埃德·瓦斯感觉他终于可以从一周前断电的噩梦中摆脱出来了。一个阳光普照的夏日，因整个城市从上午10点遭遇了全面断电，且断电持续了一整天，事故恶化成灾难。身为300间客房的爱迪生饭店的工程总监，埃德从未遇到过如此挑战。应急发电机提供的电量仅能满足楼梯、走廊的紧急照明和消防报警系统以及其他法规要求的项目。根据法规的强制要求，发电机的燃油储存量也仅能保证2小时的运行。到了中午，发电机停了，饭店陷入一片黑暗。饭店丧失了必要的生命安全系统，也没有水供应（因没有水泵循环），饭店无奈地把客人疏散安置到街头，与从市中心其他楼宇疏散出来的人们混杂在一起。电梯无法使用。通过黑暗的楼梯和走廊疏散客人非常不容易。埃德也很担忧所有的蜡烛，它们似乎布满整个饭店。在走廊里，员工想尽办法来协助和照顾客人，提供食物及瓶装水（直到发完为止）。黑夜来临，客人发现他们将整夜露宿街头（因为没电任何事都不能做）。饭店发放了枕头与棉被。幸好，夜里过得还顺利。

庆幸的是电力在隔天上午的10点恢复了。饭店开始整理，逐步恢复运营状态。因曾频繁打开冷库拿取食物，冷库里的温度已上升，餐饮员工决定要扔掉大量的储存食物。前台忙于核对所开的房间账单及结账事宜。客房部要整理所有房间，面对的是前日遗留的服务托盘及重新调试所有停摆于12:00点的时钟。好像还有一百万件事情要等着所有部门去处理。

虽然爱迪生饭店日常运营已从断电恢复起来，可是埃德的工作并未完成。在员工例会中回顾对断电的反应，饭店感到它们是很幸运的。在断电当中没有生命伤害也没有被诉讼案件（除了与保险公司有关的事宜）。可是总经理再也不希望重复这种经历，在黑暗的环境带着大量的行李，疏散人员下楼梯，而且到处都布满了蜡烛。每个部门都需要提供"快速响应"预案，写明再次遇到断电事件所要做的事情，以便能从容有效地应对。同时也考虑了增加预算费用。各部门领导也编制长期应急方案及清单。

埃德处理断电的工作还在进行。有很多工作好像已经有了应对方案。

讨论题

1. 有哪些工程工作埃德应加入他的"快速响应"预案里，以便协助爱迪生饭店更好地应对将来的断电事件？这些"快速响应"预案项目如何协助饭店来解决再次断电所带来的问题?

2. 有哪些项目有可能加入埃德的长期应急方案里,以便协助爱迪生饭店更好应对将来的断电事件? 这些长期应急方案会协助爱迪生饭店吗? 它在审批过程当中将有可能遇到哪些挑战?

3. 在哪些方面埃德的长期应急方案可以协助饭店降低正常运营成本?

4. 其他部门(销售部,客房部,餐饮部)有哪些项目应加入它们各自的"快速响应"预案及长期应急方案里?

附　录

供电公司价格表
一般服务

附录

供电公司价格表

一般服务

适用

除费率表 6L 中提供的范围外,本收费价格适用于公司全部用电要求最高需求不大于 1000 千瓦的商业、工业或政府用户。在 1975 年 9 月 2 日之前按另一费率表执行。现行收费要求规定如下。

一般工作时间

收费将适用于:(1)在收到账单的那个月的前 12 个月中有 3 个月最高需求等于或大于 500 千瓦,但小于 1000 千瓦的用户。(2)对接受我公司服务的新用户的收费应按接受日之前所评估的最高需求执行。需求要求参照上方条款(1)。(3)新客户最高需求评估也参照上述条款(1)。(4)所有用户先前的记账除下列条款外均依照条款(1)或(2)。

除非用户要求并得到允许外,这些费用将不适用于那些将电力用于电加热的目的或类似目的(根据 1977 年 11 月 23 日以前发布的附件 25 中关于照明电加热的规定)。

如果用户接受我公司的服务,并符合前款 (1) 的要求,而且(A)打出账单月之前的 16 个月中任何一个月的需用量都不超过 400 千瓦,或(B)打出账单月之前 24 个月中任何一个月都不大于也不等于 500 千瓦,则这些用户可以选择一种记账方式予我公司。一般服务——每日工作时间将不再适用,直到用户提出一般服务——每日工作时间的要求。

一般服务——非每日

一般服务——每日非工作时间收费将适用于所有有服务资格的用户使用这一价格。

收费

一般服务——每日

每月用户收费

每月用户收费..39.93 美元

需求收费

每千瓦收费(本月最高需求的千瓦数):

夏季月份..14.24 美元

所有其他月份..1.13 美元

为此,夏季月用户首月账单将是以月末计量数作为基数或按 6 月 15 日之后 3 个月中 1 个月的用量作为基数。

能源费

每千瓦时收费(本月千瓦 - 小时供应数):

用千瓦时计

能源高峰期使用..5.599 美分

非能源高峰期使用..2.341 美分

一般服务——非工作时间:

每月用户收费

每月用户收费..8.83 美元

需求收费

每千瓦收费(每月最高需求的全部千瓦数):

夏季月份..14.24 美元

所有其他月份...11.13 美元

与使用需求收费的规定一致，有些小用户没有需求费，则这些用户需按照能源费标准支付每千瓦时的费用。

需求收费的场所每月每千瓦 - 小时需支付：

夏季月份...6.057 美分

所有其他月份...4.798 美分

费率 6
一般服务
（续表 No.24）

收费（续）

一般服务——非工作时间（续）

需求收费（续）

为此目的，夏季月用户首月账单将是以月末电表的读数作为基数或按 6 月 15 日之后 3 个月中 1 个月的用量作为基数。

能源费

在 1 个月里每千瓦时的供电收费：

第一个 30000 千瓦时...4.247 美分

达到 470000 千瓦时...3.167 美分

超过 500000 千瓦时...3.118 美分

延迟交费

不按期付费将按有关条款和费率表的要求加收罚金，这一条款适用于本费率表的所有费用。

最低收费

每月最小的费用是每月用户费。

最高收费

使用需求计量的用户，除每月支付费用以外，每月电费的平均费用将不超过每千瓦时的最高收费。除了可以不动用保证金之外，还可减少用户的账单费用。

最大需求

一般服务——用户每日工作时间，在任何 1 个月中的最高需求就是需求最大的那个月中每 30 分钟所测量的需求值中最高的那个需求值。

一般服务——用户每日的非工作时间，最高需求值将是那个月期间任何一个时间中每 30 分钟所计量的最高的那个需求值。

需求交费的申请

我公司将提供需求电表，用户在一年中的 3 个月每月用电账单不超过 2000 千瓦时，或它的最大需求和每月用电值估计不超过 10 千瓦或 2000 千瓦时两者之一的情况下，用户应在第二年至少 3 个月内提出需求量申请。用户在需求检测期间可不交需求费，但要支付适当的电表租金，用户如果需要用需求电表，则账单需求费较实际需求费要高。在这种情况下，电表租金将按用户选择使用期间付费，但租期不得少于 12 个月。除非我公司授权要求计量在 12 月底结束。若给用户授权，则可不支付需求电表的租金和其他电费。

当用户安装需求电表测出每月用电量超过 2000 千瓦时或 12 个月中有 3 个月的需求超过 10 千瓦时，则需要支付需求费。在用户每月的用电量低于 2000 千瓦时和他的最大需求在以前的 16 个月期间的任何一个月都低于 10 千瓦，用户可不再支付需求费，除非用户要求需求电表并选择账单记录需求费。

此先应用需求计量的用户，将从每次计费账单得到重要的提示，特别是每次账单出现高于 2000 千瓦时用电和 10 千瓦的用电要求时的提示非常重要。

第7章

学习目标

1. 介绍使人舒适的基本要素及如何使空调系统达到舒适要求。

2. 介绍热源、加热设备的类型及设备的运行和保养。

3. 说明蒸汽压缩制冷循环过程。

4. 冷却系统的运行和保养问题。

5. 描述几种客房的空调系统,包括集中、分散和混合系统。

6. 其他建筑区域空调系统的类型与保养。

7. 空调控制的种类和维修保养要点。

8. 冷却塔的各种维修问题。

7

采暖、通风及空调系统

空气调节是机械控制科学，它包含温度、湿度、空气纯度，以及建筑内及周边的空气移动4个要素，通过控制可以对人及周围空气进行调节。

舒适和健康的空气环境是人对变化的空气温度、湿度、纯度和流动的反应。感官或感觉暖和是依赖于空气中的水分含量，而不是在其纯粹的温度。为了达到舒适和健康的要求，加热的同时也要进行湿度调节。当然，人呼吸纯净的空气对其身体健康非常重要。被异物污染的空气对人体功能有害，特别是在拥挤的市中心、厂区或靠近有污染源的地方。由于空气分配不当，会影响人体健康，同时也会破坏环境的舒适。空气调节是一种健全、可靠的方法，通过对有众多人群的场所进行空气调节，可改变人的精神状态。就像春天到来后的第一个爽朗的日子会给人带来无穷力量的感觉一样，增加新风量同样也可以达到带来新能量和舒适的目的。制造出来的气候被称为"每天都是一个好天"，因此增加了饭店客人的满意度，降低了住店客人的不适，从而提高的是效率，而不是空调设备投资后增加的运营成本和员工的奖金。[①]

采暖、通风和空气调节（HVAC）系统可以保证业主和客人所要求的舒适环境。空调系统的选择和应用必须按照设计标准进行设备选型、运行和维护。要保证舒适，饭店需要了解舒适的基本要素、潜在能力、局限性和各种类型的暖通空调系统运行费用，这些都很重要，特别是涉及设备的选择和总体成本控制决策。

空调系统的正确维护不仅可以保持一个舒适的环境，而且有助于控制设备运行成本。补充专业知识能帮助提高管理水平，做出一些应用和改造的决策。此外，选择空调系统要特别注意，避免潜在的健康和安全问题。

虽然系统的类型有许多，但它们运作的基本方式是相似的。了解如何正确地选择加热、制冷和通风，将帮助饭店了解每一台设备，从而有助于创造舒适的建筑环境。

影响建筑热舒适性的因素

"舒适"的概念包括许多因素。空调系统可通过修正和控制影响舒适的要素来保持热舒适度。这些使用的系统设备包括制热锅炉、空调机和制冷机、传送空气的风机和风管道，以及过滤器和空气净化器。

影响热舒适度的因素包括:

• 室内空气温度;

• 室内空气流动;

• 室内空气中相对湿度和湿球温度;

• 室内活动情况;

• 室内居住者衣服的新旧;

• 室内表面温度。

这些因素对饭店来说多数是显而易见的。一个房间的舒适程度可通过提供空气流动改变，如: 夏季使用风机。在夏季同样温度下，高湿环境比干燥环境舒适性差。如果客人做运动锻炼，他们会发觉较冷的地方更舒适。一个人穿一套衣服或穿厚运动衫比穿薄短袖衬衫和短裤要感到暖和。

一个人的舒适感是他的身体和周围环境产生的热平衡的结果。人体热量通过对流、辐射和蒸发而失去。对流是一种热量转移，它是由于流动的空气吹到人的皮肤上，在空气和皮肤之间存在温度差所致。空气流动越快或空气温度越低，热量转移也越快。当两个表面存在温度差时，将产生辐射热量转移。通过从暖表面到冷表面，热辐射形式达到能量的转移。

由于蒸发传热，附着在水中的热量由液态变为气体。当人体排汗时，汗水从他的皮肤表面将热量蒸发带走，使其感到了舒适。

室内表面温度辐射热的散失会产生显著的影响。在冬天，当人坐在寒冷的窗户附近时就会产生这种感觉。窗户的冷玻璃可导致人的身体直接辐射热量，并使得人靠窗户一侧的身体感到冷。大多数建筑采暖系统的散热装置都位于窗户下方，这样采暖系统可以将窗户表面加热，从而减少从窗户进入居室的冷空气。

空调行业提供了一种确定热舒适度的简化视图，通过给出的温度和相对湿度便可以得出舒适的区域。通过人体对各种室内空气条件下的反应测试，在各种室温条件下有 80% 的人认为舒适便被定义为舒适。图 7-1 举例说明了被工程师称为含湿图的这一区域。温度和相对湿度线在指定的范围内表示出了房间空间的期望条件。该区域数值表达了人们的直观了解。夏季比冬季感觉更温暖舒适。当气温上升，无论什么季节，舒适的变化均在较低水平的湿度范围。

图 7-1 图中画阴影线部分的含湿图反映的是舒适区域。图中从左向右上升的线，上方标有百分比符号的斜线是相对湿度线。相对湿度是衡量空气中水分含量的相对值，取值范围是 0 ～ 100%。在图上标注斜线从 100% 到 30%，公共建筑环境的舒适区域大部分位于 30% ～ 60% 的相对湿度之间。图中从右向左的线是湿球温度线。如果从 64°F（18℃）湿球线垂直移到 68°F（20℃）湿球线，可以看到相对湿度增加的结果。左轴（Y 轴）是露点温度——使水冷凝时的温度。右轴线是测量空气中含水的绝对值，表示每 1000 磅的干空气中含有水蒸气的磅数。底部（X）轴是干球温度，被称为运行温度。

图 7–1 冬季和夏季的舒适区

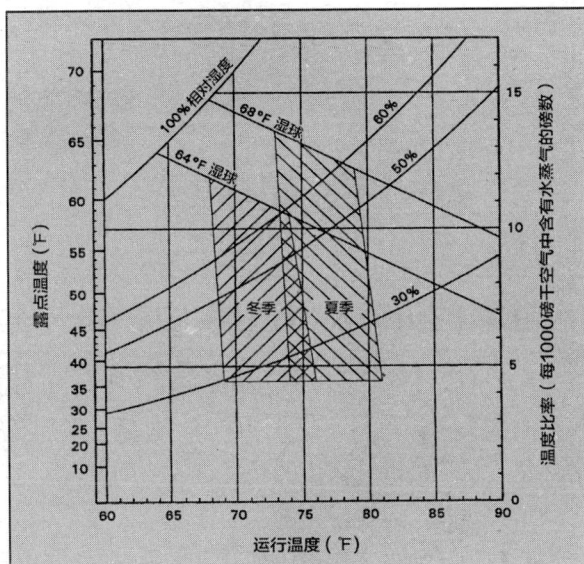

资料来源：经 ASHRAE（美国采暖、制冷与空调工程师学会）允许翻印。

干球温度通常指的是"温度"，可用温度计测量。湿球温度值通常用一小块湿布包住温度计的小球来测量。湿球温度和相对湿度经常可以互换使用。如果有一个干球温度是 85°F（29℃），我们也可以说相对湿度约是 30% 或湿球温度是 64°F（18℃）。如果使空气降到约 50°F（10℃），它将会达到露点并出现冷凝现象。所有这些关系可以用图 7-1 来说明。

冬季舒适区域大约从 68°F（20℃），对应 60% 相对湿度，到 76°F（25℃），其湿度低于 30%。夏季舒适区域与冬季舒适区域比较大约高 5 （例如，这个区域被向图右侧移动 5°F）。这就是夏季比冬季穿衣服少的根本原因。图 7-1 中的舒适区域针对的是久坐的人而不是特殊老人群体。众所周知，80 岁的老人对舒适温度的感觉要比 20 岁的年轻人高 3°F。

舒适区域不是一个最完美的指南。它不适用于所有情况，因为它是在特定的气流、行为和衣着下测出的结果，不具有普遍性。尽管如此，图中的多数空间是有用的。

舒适和能接受的室内环境，还将涉及设备噪声、气味和送出的空气质量等更多的需求。空气品质是人们对空气的最基本的要求，比如要有足够的氧气，而不能有毒气成分。空气质量也包括霉菌孢子、细菌和各种微粒的传播。好的空调设计应使空调系统具备可满足所有舒适要求的功能。在努力满足热舒适性的需求，一定会遇到其他方面的舒适要求。听觉舒适度是这些舒适需求之一。空气调节系统通常要传送空气、水或两者兼有。它们的流动可以产生噪声，主要是流动过程自身的噪声或水泵、风机等产生的噪声。有的厂家专门设计低噪声设备，例如，一个供风系统可以掩盖其他声音。这就是所谓"白色噪声"方法。同样，高速流动的空气在管道中也会产生恼人的噪声。控制流通空气的气流速率是必要的。

当设备用于传递流动的媒体时会产生附加的噪声和振动。一台缺少动平衡的风机、一台缺少减振装置的风机或水泵、轴承的损坏及相关的问题都会将振动传到通风管道、水管或建筑物自身中。虽然这些问题在系统设计中已得到了处理，但由于不完善的维修保养仍可导致这些问题再次出现。

建筑的负荷及舒适性

图 7-2 中列举了客房空调系统运行中所面临的需要处理的一些问题（其他空间也可以画出类似的图）。在不同季节，外墙、窗户和客房的天花板会增加或减少空间的热量。窗户可以让太阳的热能进入房间升温。客人、电视、灯和其他设备也会给房间增加热量。人在浴室淋浴同样会带来热量。在不同季节，冷空气或热空气会沿着窗户和门（如果客房门向外开）渗进房间。房间的客人洗脸、淋浴、呼吸以及皮肤蒸发出的热量等都会增加房间内的温度。浴室排风机可将这些空气排走。置换来的空气最终会从室外进入建筑内，但补充的空气是经过加热或制冷的。空气调节系统可以很好地处理空间中的输入输出变量（工程师们称之为负荷）。

建筑负荷可以分解成不同种类。最简单的是显热和潜热。显热增加（或降低）的结果仅是干球温度的上升（或下降）。潜热包括湿气的增加（或降低）仅仅导致相对湿度的上升或下降。如果在图 7-1 中水平移动，将看到显热的变化过程。如果垂直移动，将会看到潜热的变化过程。许多热负荷包含明显的和潜在的成分——空气遇冷后湿气会被除掉。有时空调设计失败是因为过度重视一种负荷的需要（通常是显热），而忽视另一种负荷（通常是潜热）的需要。客房内没有足够的低温除湿将会使霉菌滋生。

图 7-2　客房空调负荷

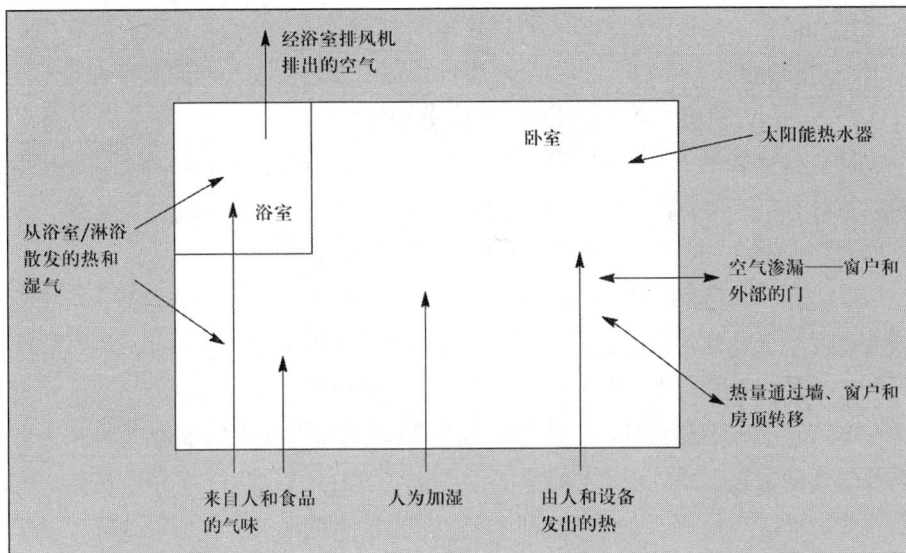

注：箭头方向代表热和湿气流动方向

　　建筑的负荷也能用其他的方法分解。空气调节设计谈论的是传送/传导、通风、渗透、太阳光和内部负荷。传送/传导负荷包括热量通过墙、天花板、窗户和建筑物的其他结构因素传导。热总是从较暖的地方向较冷的地方传导。即传导负荷能使热量失夫（在冬季）或热量增加（在夏季）。传导负荷可以通过增加墙、天花板和窗户的保温绝缘使其减少。

　　通风渗透负荷的许多处理方法是相同的。在建筑内设计专门的通风负荷以满足舒适和安全的需求。在建筑里渗透负荷没有做设计，但建筑从里向外或从外向内的渗漏作用是相反的。如果从外向里，进入的空气一定要制冷或加热以维持室内的温湿度在舒适区域内。如果从里向外，则补充的空气一定要经制冷或加热来维持这个空间处在舒适的区域内。处理渗透负荷主要是找到系统设计未考虑到的部位，从而设法采取措施补偿，如靠近门或窗户的渗漏部位。因此，在所举的例子中，负荷通常也需要使用能源来加热和制冷。在正常的环境下，在制冷设备停用时也可以采用空调通风直接提供冷空气。有关通风和渗透问题的详细讨论将在本章附录中加以介绍。

　　阳光的照射加大了负荷，并通过窗户进入建筑物或通过建筑外部表面将产生的热传导到建筑内（特别是屋顶）。照射到建筑表面的日光将迅速转成热，结果是使空气表面温度首先上升。随后，热将从表面向内传导。这个过程需要几个小时，结果是太阳照到屋顶，客房内不会马上感觉到热，直到早上 6:00、8:00 甚至 10:00 才可能显现出热。在气候较热的地方，将屋顶涂上白色涂料或其他一些反光涂料则是防止阳光照射的好办法。例如，白色小轿车的顶部与黑色轿车的表面温度肯定不同。在冬季期间，阳光照射能减少因屋内加热而对能源的增加。

内部负荷包括在一个空间里所有东西提供的热或湿气。人、咖啡壶、头顶上的放映机或计算机产生的热、湿气或两者兼而有之。在一些特殊环境下（比如一只装冰饮的大茶水壶或一座冰雕）可以将热和湿气吸收掉。

为保证舒适，空调系统一定要将负荷中所带的热量和湿气除掉，这是一个挑战。假设要改变一个礼堂的负荷或设定空间"舒适"温度为 77°F（25℃），相对湿度为 40%，当一千人突然从外面走进礼堂，则此时礼堂的温度是 95°F（35℃），相对湿度为 80%。这些人不仅自身产生热量（内部负荷），而且他们从外面带进来大量的室外热气（渗透）。显热和潜热带来的结果是突然的热量增加。系统检测到这些信息后就要处理这些负荷。许多问题都出现在客房的空调系统上。原设计只考虑了房内居住者和较小的内部负荷，但实际遇到的问题是房内要面对大量的人和很大的内部负荷。也就是原客房改成了会议室或变成了娱乐的休闲室。如果房间功能变了而原空调系统没改变，则可以肯定原空调系统将无法达到峰值负荷时的空调效果。结果是感到不舒服的客人投诉这个区域空调不够。如果不花费很多美元改造空调系统，将无法达到满意的结果。

热源和热源设备

客房和许多地方的空间环境都需要供应冷气。然而在较冷天气下，这些地方则需要大量的供热，所以维护加热设备是非常重要的。通常加热设备比供冷设备对安全的要求更高，特别是防火灾排烟风道。在这种条件下，由于冰冻的原因导致加热系统产生的故障会给建筑内设备运行带来重大损失；相反，供冷系统故障对建筑本身带来的影响就比较小。

热源

用于采暖的燃料选择如图 7-3 所示。当地燃料类型的选择将根据它的可靠性、燃料费用、设备花费和系统使用燃料的环境约束以及安全关系等因素决定。

图 7-3 采暖燃料选择

燃料类型	热容量 / 购买单位	注释
电	3413 英国热量单位 / 千瓦小时（Btu/kWh）	用于电加热器。由于不用燃烧，所以不需要烟道。一般采用电加热时费用最高。
天然气	1000 英国热量单位 / 立方英尺（约）（Btu/cubic foot）	燃烧清洁，需要烟道。经压缩的气体效率高。气体通过地下管道输送到建筑内。
液化石油气	95000 英国热量单位 / 加仑（约）（Btu/gallon）	燃烧相对清洁。建筑外需设置储气箱。冬季燃料汽化慢。用卡车运输。也可以用于炊事燃料。
燃料油	140000 ~ 150000 英国热量单位 / 加仑（Btu/gallon）	比天然气脏。燃烧时易产生污垢和烟气。现场需设储油箱。由运油卡车运输。燃料油的不同标号用于不同的需求和燃烧特性。
蒸汽	1000 英国热量单位 / 升磅（Btu/lb）	大多采用市政集中供蒸汽。大型综合楼也可以由锅炉房集中供汽。供汽管送的是蒸汽，回汽管为冷凝水。

电是安全、可靠和清洁的燃料源，但它是所有燃料中花费最高的一种。当建筑对热量需求较小时或采用其他燃料源设备费较高时，则可选择电作为燃料源。如果其他各种燃料都得不到可靠的供应时，也可以选择电运行设备。一般电采暖设备是通过电阻装置将电能转换为热。另一种使用电的方法是运行热泵，加热方法见本章后面的描述。

天然气、LPG（液化石油气——液化丙烷）和燃料油燃烧的结果产生的都是热。燃烧需要有足够的氧气，同时产生热量、二氧化碳、水和其他物质。燃烧是在采暖炉或锅炉内进行。采暖炉是制热的设备。一些分时段出租的小餐厅和旅馆多使用这种采暖炉。锅炉生产的蒸汽或热水可用于建筑内空间的加热和其他需要采暖的地方。

在燃烧过程中，燃料需要适当地与空气混合。通常，燃料燃烧时会被加压和注入空气。将燃料（燃料为液体时）喷成雾状与空气的混合处理可提高燃烧效率。启动锅炉时通过控制火焰或火花使其燃烧。

采暖炉和锅炉的运行与保养

采暖炉和锅炉的维修需求是类似的。通过维护可提高设备的效率、保证设备安全运行，并延长使用寿命。这 3 点是很重要的。提高效率的做法也可以延长设备使用寿命。因为采暖炉和锅炉对客人和业主非常重要，所以运行人员必须知道如何正确和安全地进行操作。

采暖炉和锅炉的效率包括两方面——燃料高效率的燃烧和燃烧产生的热有效地传递给被加热的空气或水。有效的燃烧要求燃料和空气的混合比要适当。燃烧空气太少会使燃料燃烧不充分而导致浪费。燃烧空气太多会降低燃烧气体的温度，因此导致大量的热被气体带走。

维修人员或代维公司的维修人员每半年或一年要对采暖炉或锅炉的燃烧效率进行一次检查。当大采暖炉或锅炉安装并在现场运行使用时，必须频繁地检查运行状态。

燃烧效率的检查可通过测量氧气或二氧化碳的含量和烟气的温度来进行评估。烟气中氧气或二氧化碳的含量可反映设备补氧量是否正确。规模较大的商业建筑内使用的锅炉都带有控制和调整空气（氧气）比例的装置，用于控制燃烧过程。烟气的温度可以反映效率问题。烟气温度低可能表明空气供给量过大。高的烟气温度可能说明燃烧不充分。出现这两种情况都需要通知维修人员进行检查校正。

除了适当调整空气和燃料比以提高燃烧效率外，定期的维护包括清洁内外的热传递表面。燃烧的喷嘴必须进行检查并仔细地清除污垢、碎片和其他杂物。采暖炉必须清除燃烧面的烟灰和污垢，并清洁外部。一般用硬刷子和真空吸尘器进行清洁。锅炉同样也需要清扫燃烧面，有时还需要进行水盘管的清刷。

锅炉通水的清洁程度取决于锅炉循环水的水质。如果循环水中含有像钙或镁这样的矿物质，则锅炉产生的水垢会带来问题。水垢是在锅炉壁上由钙或碳酸镁累积形成的物质。水垢使锅炉壁加厚，导致热传递效率降低，同时增加了锅炉的运行温度。水垢问题可通过对锅炉系统水的过滤或软化方法将钙、镁物质去掉，或采取定期清洗锅炉的方法去除水垢。清除周期主要根据设备运行情况和整体的预防性维修保养计划来安排。

锅炉水的水质应保持在适当的 pH 值下，这样可以避免水中酸对锅炉的侵蚀，在补水时应保持锅炉内的氧分。蒸汽锅炉运行时，特别是给洗衣房供应蒸汽时，要补充大量的水。因此要定期排出锅炉内含矿物质的水垢和杂物，故需要向锅炉内补充水。

有的系统为了避免锅炉低水位的危险安装了自动补水装置。可以在锅炉的补水管线上安装一块水表，它可以记录补水总量。如果锅炉管线或其他原因漏水，则水表读数会有所增加。如果系统很大，则很难仅根据水表读数判断泄漏情况。

由于烟道里烟灰的积累和其他物质的堆积，烟道的检查和清洁应安排在计划表程序中进行。疏忽清扫烟道的积尘可导致燃烧气体返回锅炉房，致使锅炉燃烧用氧量增加。这种情况会产生一氧化碳，如果长时间吸入可能有生命危险。

所有产生废弃燃料的燃烧加热设备都需要进行泄漏检查。采暖炉的炉膛 / 热交换器部分应受到格外重视，建筑内的空气首先与燃料接触。所有的接合处和接缝都要特别注意，尤其是老设备。烟道系统也应检查有无漏点。燃烧产生的废气采用排气的方法是解决问题的最好途径。

应该也注意排烟道出口的位置与建筑空气入口的位置是否合理——特别是老旧

建筑改造后的变化。很明显，烟道不应靠近建筑物新鲜空气入口，这点至关重要。但在实际运行中，锅炉排气口与冷却塔的气流入口往往相当近。由于每年烧锅炉加热水是不规则的，所以进入冷却塔的空气的冷暖也是不规则的。在这种情况下，燃烧的废气更多地进入冷却塔。冷却塔的效率被削弱，同时冷却塔的寿命也因此缩短。

由于锅炉或采暖炉的热传递常常由各种水泵和风机进行，所以对这些设备的维修检查需列入锅炉或采暖炉的计划表检修日程之内。主要内容包括加润滑油、校对和防振动检查及清洁。采暖炉常常在空气入口处安装过滤器。过滤器应定期更换，一般每月更换一次。在环境较差的地方，可加大更换过滤网的频率，即使建筑是刚开始投入使用或刚经过改造，水系统的过滤器仍需要列入计划表日程中。

锅炉系统应适当地操作，所有的控制和安全装置需要正确地运行。锅炉的减压阀和低水位切断开关也应定期检查。控制系统可使用压缩空气对阀门和其他装置进行控制。如果使用压缩空气，这些控制应定期接受校准。另外，压缩空气系统中的空气干燥器应定期进行检查并在必要时更换，同时应检查和调整压力，清洗或更换进气过滤器，另外需检查接合部位是否存在泄漏等。

如果产生的蒸汽高于15psi（磅/每平方英寸），则锅炉运行需要获得许可证。大多数的设备在维修保养期间由各种锅炉生产厂家提供备份支持，锅炉的容量一般与负荷是匹配的。由于负荷的变化导致锅炉不能使用，或保持系统较高的压力会产生浪费时，管理人员应关闭不需要的锅炉，使设备容量与在线的负荷相匹配。

表达锅炉容量或额定值有几种不同的方法。锅炉可以用马力表示额定工作值。一台锅炉的马力相当于从锅炉产生33475英制热量单位/小时（Btu/hr），9.8千瓦（kW）的热量输出值或在标准压力下每小时34.5磅（lb）的蒸汽。②

冷源和冷源设备

机械制冷设备在许多气候下用于提供冷源。这种设备从空气或水中吸收热并使用冷却的空气和水吸收建筑空间的热，从而使空间环境变凉。设备可以使用蒸发式压缩方法或吸收式方法。由于蒸发式压缩机应用更普遍，故本章不对吸收式方法进行讨论。然而，鉴于蒸发式压缩机所使用的制冷剂对环境的影响（本章后面讨论），因此建议使用吸收式方法，吸收式制冷方法可使用在客房的电冰箱和迷你吧上。

制冷循环

图 7-4 显示了蒸发式压缩循环的基本构成。在这个循环中，回路中的制冷剂从一侧吸收热量，然后将热量转移到另一侧后放出热量。在蒸发器中吸收热量，然后热量在冷凝器中散出。压缩机提供必要的能量来实现热的转移。膨胀阀则用来控制制冷剂通过系统的流量。

图 7-4 蒸发压缩制冷循环过程

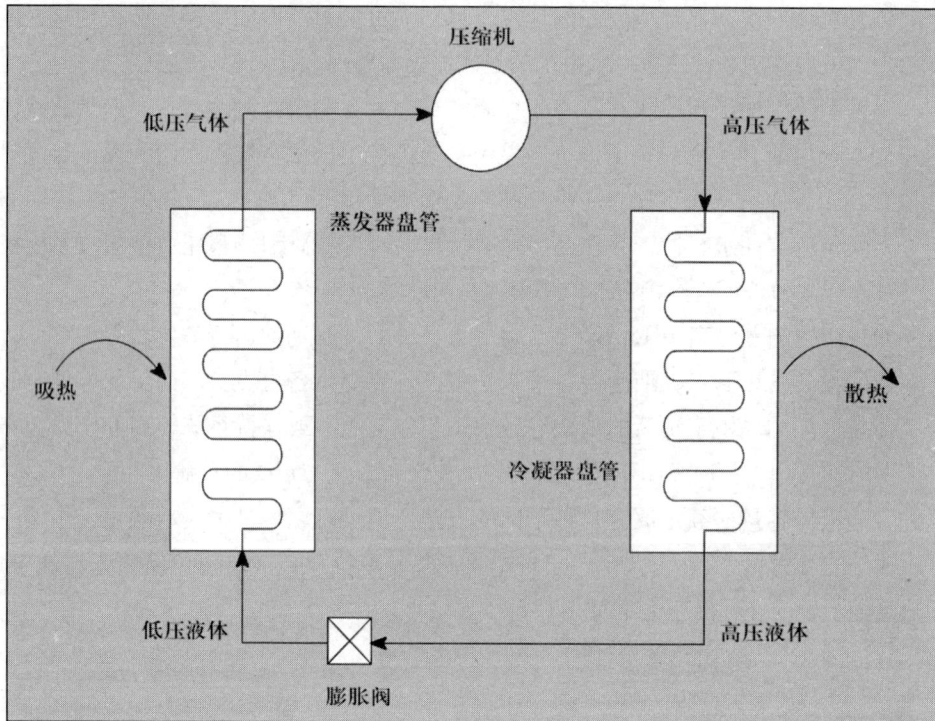

在蒸发压缩处理过程中，制冷剂达到沸点或在蒸发器中从液态转换为气态，而达到沸点的制冷剂则将空气或水制冷。制冷剂蒸发然后从蒸发器进入压缩机，这时温度和气体压力将升高。压缩机由电动马达提供动力装置，它是制冷循环的主要耗能部件。

高温和高压下的制冷剂气体离开压缩机后进入冷凝器，在冷凝器里将热量释放给冷凝器的冷媒——空气或水，然后转换成液体。液态制冷剂流到膨胀阀，这时它的压力被减小，温度下降。低温低压的制冷剂液体进入蒸发器并进行下一个循环。

冷却系统的运行和维护

所有的制冷系统设备都有各自的功能。制冷系统的维修工作主要包括下列内容:

• 检查设备有无制冷剂泄漏: 可以通过查看系统外部有无泄漏出的液剂来判定, 特殊的装置需通过测漏试验来确定;

• 检查制冷的干燥器以防止水污染 (干燥器是安装在制冷线路用于收集和保留湿气的装置), 当有进水迹象时, 便要更换所有的干燥器, 当再次检查这些干燥器时, 迅速确认进水问题不再重现;

• 清洁风冷的冷凝器和蒸发器;

• 清洁冷凝器托水盘和蒸发器的排水管, 更换托水盘中除海藻的药片并刷防护油漆;

• 检查设备运行条件, 确保每台设备正常运行 (具体参看设备手册);

• 完成所有推荐的任务, 包括驱动马达的维修, 特别注意运行温度和马达启动控制, 运行温度过高和经常重复启停是造成制冷系统马达故障的主要原因。

空气冷却设备使用三种不同类型的压缩机: 往复式、离心式和螺旋式。每一种都有专门的维修要求。往复式压缩机通过内汽缸的柱面做往复运行来压缩制冷剂。维修过程类似汽车的发动机, 现场的员工有时能处理这些问题。因为压缩机较小且可以变更设计, 也可以调换由其他的压缩机代替。假设饭店经营业绩已经很低, 但若维护不善会使设备运行效率变得更低, 从而导致机器性能下降。

离心制冷机比一般压缩机较大, 维修和关机时要求更小心、仔细。特别要注意避免水和空气的进入, 它是导致故障的主要原因。由于这些离心机组较复杂, 所以经常采用合同方式委托专业公司提供服务。

螺旋式压缩机是三种机型当中较小的压缩机。它一般安装在客房墙外或在与客房相同大小的其他场所使用。由于这种机型安装尺寸小, 所以更换一个交换部件比维修恢复功能更容易。

冷却设备容量有几种不同的表示方式。设备的冷却速率的单位用英制热量单位 / 小时 (Btu/hour) 表示 (或 BTUH)。安装在客房的一个装置可能有 7000 ～ 14000 英制热量单位的制冷容量。制冷比率或容量也可以用冷来表示。1 冷吨等于 12000Btu/hour (英制热量单位 / 小时) 的制冷比率。一个大饭店可以有几台冷冻机来制冷, 一般每台有几百冷吨的制冷量。为比较各种设备, 一般所有的设备都统一采用一种计量单位。设备运行费用主要取决于设备负荷、设备效率和电费 (通常制冷机用电量最大）。

氟利昂制冷剂与环境

在 20 世纪 80 年代，人们开始越来越关注大气层中的臭氧消耗和全球温度变暖问题。研究结果表明，臭氧层的损耗主要是氯氟烃（以下称 CFCs）和次之的氢氯氟烃（以下称 HCFCs）排放造成的。CFCs 和 HCFCs 是一种化学混合物，被用作溶剂或制冷剂。

在过去的 10 年里，大量的 CFCS 和 HCFCS 被广泛使用在空调和制冷设备中，离心式制冷机组使用 CFCS R-11 和 R-12；活塞式制冷机使用 R-12。HCFC R-22 已用于制冷设备以及一些成套的制冷设备上，如独立空调系统和窗式空调。

依据设备类型、年限和供货商提供的具体建议，选择可用来改造现有设备的制冷剂。然而，一些设备的制冷剂没有替代产品，新设备使用对臭氧损耗较低的 HCFCS 或替代制冷剂如氢氟碳化合物（HFCS）等具有零臭氧消耗率。制冷剂替代品的信息和制冷剂相关的数据可从美国环境保护署[③]和联合国环境规划署[④]的网站上获取。决定改变制冷剂应在认真评估和咨询设备供应商后，再决定使用何种制冷剂的替代产品。更换制冷剂不应像更换汽车上的机油那么简单。

新制冷剂同样也会涉及一些安全问题。在机器内安装制冷剂监视装置是必要的，溢出的制冷剂有潜在的毒性作用。为保护员工，在泄漏地点操作时应配置呼吸装备，设备供应商和地方卫生局应制定解决这些问题的办法。

使用吸收式（热驱动）制冷机是一种解决 HCFCS 和 HFCS 不可靠性和降低成本的替代方案。图 7-5 列举了一台吸收制冷机的应用实例，其中介绍了在考虑技术升级

图 7-5 费城万豪饭店使用的燃气制冷

费城万豪饭店拥有 1400 多套客房，空调面积约 10 万平方米，使用天然气的燃气吸收式制冷机制冷。费城天然气公司（PGW）采用简捷的设备管道供应方式，它可以由客户决定何时开启和开启多大，以实现节约和能源功效的最大化。

饭店的混合制冷系统设计达到最小的运行花费，因为在潮湿的夏天燃气制冷机采用电气装置辅助发热提供空调。费城天然气公司每年的收益主要来自它的燃气负荷。但夏季期间，公司的销售额是较低的。目前 PGW 的燃气制冷总负荷约 700 万立方米/季。

背景介绍

费城万豪饭店地上 23 层，位于城市的商业地区，于 1995 年开业。饭店提供 1000 平

方米的会议室、4 间舞厅、4 个餐厅和休闲室，零售商店和许多其他的娱乐设施。

采暖、通风和空气调节（HVAC）系统由焦瓦内蒂和舒尔合作设计（美国宾夕法尼亚州，德雷克塞尔，希尔），他们选用了各种经济的燃料和设备，包括市政蒸汽管线、电动式冷水机组、热泵和风机盘管等。万豪的选择基于经济和高效，选用特灵（Trane）公司生产的 1000 冷吨（Ton）吸收式制冷机组。燃气制冷机燃气费比电费低，加上购买设备的优惠是饭店决定选用它的重要因素。

安装应用

万豪饭店使用的特灵牌制冷机组采用直接燃烧、双效制冷机，使用天然气运行。在制冷季节的高峰期，燃气制冷机将辅助开利（Carrier）公司生产的 1000 冷吨离心式冷冻机组共同运行。两台机组管线串联以确保吸收设备优先。

其他的节能设备，包括 HVAC 系统的变频水泵、水和空气的节能装置和变风量调节设备。

优势

与大多数燃气制冷系统一样，吸收式制冷机的最大优势是运行费用低。在高峰用电期间，主要是在炎热的夏天需要空调时，其收费很高。在混合的制冷系统中，燃气制冷机为使用者提供了机动的选择，燃气和用电两种能源组合更为经济。

运行费用固定为 12.72 美元/千瓦，在一个极其复杂的费率公式中，电的费率可达 8.9 美分/千瓦时。由于采用分时计价条款，每年用电高峰期将强制执行。即使在冬季期间，饭店也要支付（最高的）15 分钟夏季峰值需求费的 80%。

PGW 提供了很有竞争力的燃气制冷费率，即在 5～9 月这个时间段收费为 4 美元/千立方英尺。万豪饭店选用双燃料制冷机（天然气/#2 燃油）以便在分段运行中降低运行费用。在 4 年的运行中，也就是制冷季节系统从未中断过运行。PGW 也提供吸收式制冷机的收费标准，视情况增加夏季供气量。

燃气吸收技术的其他优点包括运行噪声低、故障率低和环保的无害制冷剂。万豪饭店总工程师布瑞恩·马祖克说："我们很少有问题。即使在负荷较小时，制冷机也能高效地运行。我们使用天然气作为主要燃料是因为它更便宜和清洁。"

资料来源：《地方案例研究：费城天然气公司——吸收式制冷机》，1999 年 8 月。

时的各种思路和机会。

1987 年签署的《蒙特利尔协议》，经过几年的实施后又进行了修改，协议中制定分阶段停止使用破坏臭氧层的制冷剂的规则和条例，包括对这些材料的全球税收规定的最后期限。许多国家签署了该协议，因此从法律上讲，签约国有义务保证它们的城市按期达标。臭氧层被破坏主要是由于制冷剂的散发所致。该协议是一项重大的全球范围行动，以解决臭氧损耗引起的环境被破坏问题。

高档饭店和个体经营企业将依据《蒙特利尔协议》，按照本地区规定的进度逐步替换制冷剂，特别是在维修和购买新设备时考虑更换与 HFC 和 HCFC 有关的制冷剂。《蒙特利尔协议》促使人们购买使用较低的或零臭氧损耗的制冷剂的设备，而这些设备比现存设备更有效率。应对环境"威胁"的响应就是建议生产出更好的产品——提供更可靠的、降低运行费用的设备。

开支增大与用 CFC/HCFC 的结果有关。首先，由于新的税收和使用限制 CFCS 的成本已大幅上升，从而限制了实用性。CFCS 已于 2000 年停止生产。HCFCS 大约在 2020 年停止生产，也可能在此之前就会被淘汰。因此，这些产品将有置换需求回收的必要。回收和再生处理的费用将反映在较高的制冷剂价格上。

过去大量的制冷剂从设备中排放，主要原因是缺乏设备保养或缺乏维护经验。一定要避免制冷剂明显的泄漏，至少要把泄漏降到最低水平。过去，泄漏可以忍受是因为制冷剂较便宜且认为是惰性和安全的液剂。这种状态不会维持很久。维修工将接受再教育，并且应获取有关操作资格的证明。制冷剂的排放一定要按照标准的排放方法清洗干净。一定要从设备中将制冷剂彻底排净，现场再生使用或储存最后收回的制冷剂应存放在非现场的房间内。

决定替换、改变现在使用的制冷剂设备将会有许多困难。使用现存的制冷机意味着继续使用 CFC 制冷剂，但设法放弃这种制冷剂的可能性非常小。这可能意味着设备安装要考虑制冷剂的回收。

另一种选择就是更换制冷剂。经仔细分析，最终会做出更换制冷机的决定。

每一种选择都需要对问题进行评估，需要收集大量的数据，并请教有关专家。位于美国佐治亚州亚特兰大的采暖、制冷与空调工程师协会可以提供最新的行业动态。

客房空调系统类型

图 7-6 列出了客房空调系统选择方案的部分主要内容。系统分集中式和分散式两大类型。现在所有的集中式系统都是将冷、热水管安装到客房的风机盘管上。冷冻

水和热水分别由制冷机和锅炉提供。大多数很分散的客房，可采用分体空调，使用客房内的电源提供房间的冷、热源。图7-7里"混合型和其他系统"较少使用，但它在一些地方也可以使用。

图7-7为饭店客房里的风机盘管简化示意图。在许多住宿场所使用成套的末端空调机（PTAC），也被称为穿墙式末端空调机。这些末端空调机可以为客房提供冷却，在许多情况下，还可以进行加热。因末端空调机被安装在预留的建筑墙孔洞中，使它们的安装、维护和更换相对更容易。末端空调机使用房间内的电源，并采用客人进入房间插卡接通房内电源方式供电。图7-8为一台末端空调机装置示意图。

图7-6　客房空调系统选择

集中式系统
- 双管系统
- 三管系统
- 四管系统

分散式系统
- 地脚式电加热器／墙壁式电加热器
- 分体空调机
  - 单冷
  - 制冷带电加热
  - 冷暖式（热泵加热）

混合型和其他系统
- 水源热泵
- 带或不带冷却炉

房间空气经风机吸入末端装置前端，空气通过过滤、盘管的冷却或加热盘，然后通

图7-7　室内终端系统

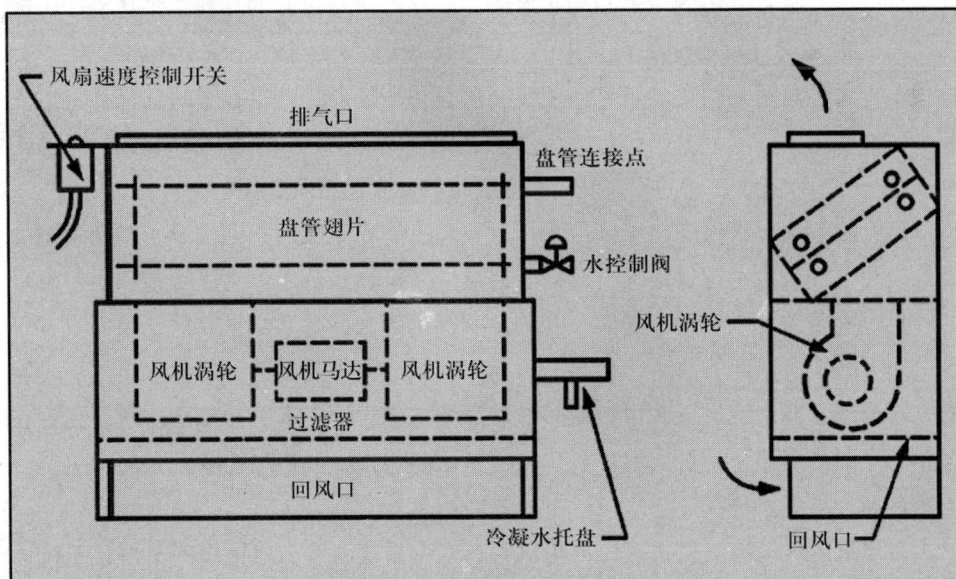

图 7-8　末端空调机

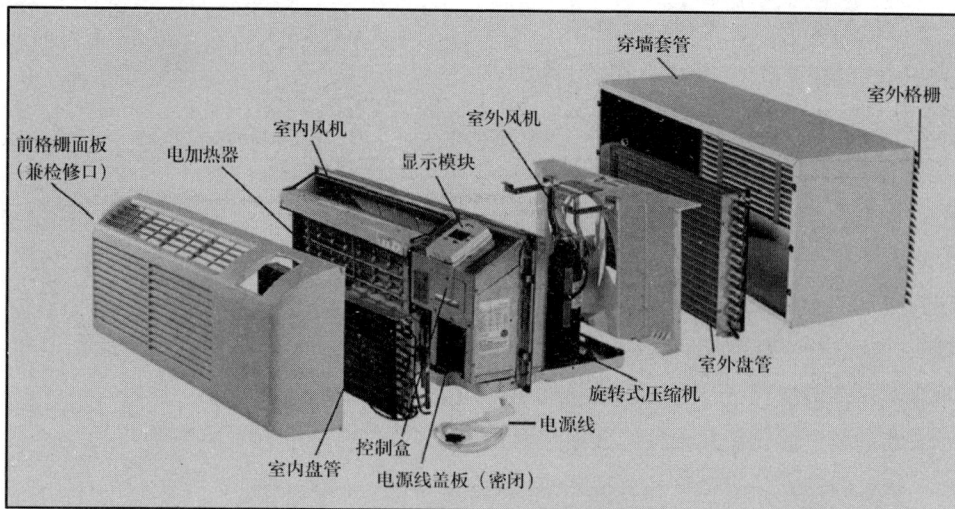

过末端空调的顶部格栅返回房间。室外空气经过冷凝器盘管从空气中提取热量。

集中式系统

　　集中式系统由锅炉供应热水，用制冷机供应冷水。冷、热水在客房的风机盘管中循环。风机盘管吹出的风经与冷水盘管的冷水或热水盘管的交换达到送出冷风或热风的目的。由于客房内风机盘管中的风机功率较小，所以集中空调系统相对较安静。

　　由于风机盘管无须在建筑外面安装附属设备，所以它可以在客房的任意地方安装，包括在窗下、进口处天花板上；水平安装和靠墙垂直安装均可。立式设备通常背靠背安装，以减少水管的安装费用，同时也可减少建筑垂直配电材料的费用。

　　两管制系统允许供应热水或冷水，但同一时间只能供应一种水源。在两管制的设计中，工程人员一定要考虑空调供应期是供冷水还是热水。供应冷水和供应热水的转换过程要花几个小时，甚至一两天，所以正确选择是非常重要的。因为只有一种供应方式，所以两管制系统要想一天内同时供冷或供热来达到舒适效果是不可能的，两管制空调系统运行费用相对较低，因为它们主要在客房内使用，所以允许在每年的不同季度停止锅炉或制冷机运行，可以随意选择油燃加热和高效的中央制冷机运行。

　　在建筑内环境温度变化时，使用双管制空调系统的客人可能因不了解该系统而无法调节到所要求的温度。如果室外的温度较低，而阳光日照充足或昼夜室外温差很大，则要想保持客房达到舒适的要求是非常困难的。在这种运行模式下可以做一些小调整，即将建筑部分区域的部分管线进行相对较小的调整，并将部分管线与制冷机相连，另一部分管线与锅炉相连。另一种选择是在更换客房风机盘管时安装水源热泵，但必须保证风机盘管有电情况下才能允许这样做。

为了在两管制空调系统中增加舒适性的调整余地，一些地方安装了小型的电加热器。这样可以由客人选择加热或制冷。在一些加热季节较短，又缺少使用锅炉资金的地方常常使用这种方法。如果建筑内安装了锅炉，则在建筑系统供热时，电加热器通过传感器的检测而自动停止工作。

虽然两管制设计流行使用热水，但在较早的设计中也使用蒸汽。在这种情况下，将风机盘管接到制冷机上是不可能的。如果需要，盘管将用于其他用途。

三管制空调系统相对较少见，特别是近几年。系统同时向风机盘管供应热水和冷水，经混合再从风机盘管返回。由于三管制空调系统同时能满足冷热调节的需要，所以它能使客房达到舒适的要求。然而，因为锅炉和制冷机使用混合后的水作为加热或制冷的输入水，导致效率降低，也致使运行费用增加。也就是说，系统要加大能耗对混合水进行升温或降温处理，促使原锅炉和制冷机的温度发生变化。

四管制空调系统与三管制系统一样可以提供舒适的环境，但它能保证冷水和热水回水是分开的。由于减少了对回水的重新加热和重新制冷，所以使锅炉和制冷机效率大大提高。四管制空调系统在集中式空调系统中是最贵的一种选择，因为它需要安装更多昂贵的水管，风机盘管也使用两套翅片。

根据不同的系统，调节客房内的空调设备有几种不同的方法。这些系统多数将温度控制开关安装在墙上，一般温度控制开关控制一个或多个风机盘管的阀门。如果使用冷热温度调节开关，则可以根据温度设定点（要求的室内温度）和实际的室内温度来控制加热或制冷两种运行模式（热水或冷水阀的调整）。风机的启停和速度可通过操作每间房内的温度控制开关来实现。温度控制开关通常只控制加热和制冷。温度控制开关同时控制风机的较少见。不安装在墙上，而是自带控制的空调设备，则可以直接选择加热或制冷、风机风速和温度的控制。

分散式系统

分散式系统将加热和制冷源安装在客房内或室外墙面上。一台地脚式电加热系统就是一套分散式加热源。带风机的电加热器也可以安装在墙上，在一些浴室内常这样做。用电的地脚暖气或风机动力设备通常不与供冷设备做成一体机。冷天或过渡季节时用它们只提供热源就可以满足要求。然而，大多数客房带加热和制冷，有一些房间仅有制冷。

分散式系统提供冷源用小型制冷系统（压缩机、冷凝器、蒸发器和膨胀阀），安装在房间外墙上的柜体内。"分离的"分散系统是指客房里的蒸发器和室内风机与安装在建筑外的阳台、屋顶或地面上的冷凝器和压缩机分离。冷凝器与外部空气交换散热。蒸发器安装在室内，室内空气通过蒸发器循环，达到制冷和除湿作用。

分体式空调比典型的分散系统运行时更安静。此外，分体式空调可以灵活地安装在房间不同的位置，比如可以放置在室内墙壁上（或安装在天花板下方），且分体式空调效率更高。分体式空调系统也可以被购买用来作为热泵。

分散系统（即穿墙式末端空调机或 PTACs）被广泛应用在小型饭店的客房里。购买末端空调机价格相对便宜且安装方便。它们只需使用电源供电。因大多数分体空调需要在室内外安装室内和室外机，因此，室内装修和家具不得遮挡空调机，以确保空调的正常运行。在潮湿的地方，安装分体空调可以通过制冷除湿达到减少霉菌的效果。

了解影响制冷系统效率的各种因素，有助于在实现系统的最佳性能基础上，控制运行成本，并评估设备采购。

对冷却系统效率的影响和定义的理解，有助于实现这一系统的最佳性能，也便于在采购时评估设备以达到控制经营成本的目的。

制冷设备的效率等于设备的总制冷量（输出）与系统运行所消耗的总能量（输入）之比。这个比率可以用几种不同的方法进行表达。对于较小的设备，如使用在客房的分体空调机，其比率可表示为能效比（简称 EER）。能效比等于设备输出的冷量（单位：Btu/Hr）除以设备消耗的瓦特数。英制热量单位 / 小时（Btu/Hr）是通过美国瓦茨得出的单位。能效比越高，则设备的效率就越高。能效比越高，其空调制冷的效率越高。

图 7-9 列举了穿墙式空调机（PTAC）制造商提供的特性参数摘要信息。表中所列举的空调制冷量几乎是相同的。它们都可以满足客房的使用需要。运行电压（230/208V）标出了两种可能的工作电压，用 265V 也是可以的（数据未写在表中）。安培（A）是在制冷模式下运行电流单位。在热泵模式下运行时，设备工作电流较小；但如果采用电阻丝加热时，则工作电流将会很大。除非制冷季节非常短，否则尽可能购买能效比更高的空调设备。

图 7-9　各种规格的空调机

空调机类型	A 型空调机	B 型空调机	C 型空调机	D 型空调机	E 型空调机
	交流电 + 电加热	交流电 + 电加热 + 除湿	热泵	交流电 + 电加热	热泵
制冷量（BTUH）	9000/8800	8600/8400	9000/8800	9000/8900	9000/8900
电压（V）	230/208	230/208	230/208	230/208	230/208
电流（A）	3.8/4.1	3.6/3.9	4.9/5.3	3.7/3.8	3.7/3.8
功率（W）	750/735	750/730	750/735	840/830	750/733
能效比（EER）	12.0/12.0	11.5/11.5	12.0/12.0	10.7/10.7	10.7/10.7
除湿量（pints /hr.）	2.7	3.4	2.7	无	无
加热容量（BTUH）	8600/7100	8600/7100	8400/8200	7800/6400	7900/7800
热泵性能系数（COP）	无	无	3.6	无	3.1
大约单机售价	570 美元	720 美元	660 美元	470 美元	570 美元

从图 7-9 可以看出，选购空调机要分析 PTAC 机组的性能价格比。对比 A 型和 D 型空调机（来自不同的制造商），可以发现 A 型机能效比为 12，D 型机为 10.7。这将意味着 A 型空调比 D 型空调减少 12% 的能耗。在美国南部地区，D 型空调运行一年约花费 120 美元的电费成本，而 A 型空调只需约 105 美元 / 年（按发电成本为 10 美分 / 千瓦时计算）。每年每台空调机节约 15 美元，则 6 年多就可收回 100 美元的投资成本。但是不少管理者显然对用这么长的时间收回成本感到不满意。在过去的 5 年中，几乎所有的分体空调机组的能效比值都有大幅提升，能效比值很容易接近 12。能效比值低于 10 的空调机已不存在。

B 型空调机具有很好的水分去除能力。安装该空调机型可保持客房干燥的空气环境。这将有助于解决和减少因客房室内水分含量过高可能产生的霉菌和霉变问题。较低的冷却能力和能效比也可以有同样的结果。

空调机尺寸应与需制冷的空间匹配，并非越大越好。通常较大的空调机价格稍高，效率较低，但可能有助于客房内潮湿的条件下运行。为满足客人需求，提供高效运行的最佳服务，安装与房间匹配的空调机或选择略低于峰值需求或一般高峰需求，降低一点空调机的制冷能力对热天或平时会有更高的效率。饭店经营者通过反思后，在仍然维持原空调机的设计容量不变的前提下，将客房窗户改造成节能窗、保温门窗、安装节能照明等，即可满足房间加热和制冷需求。选择较小的、价格较便宜的空调机应该是令人满意的，这既能节省初始成本又可以节省能源成本。

采用穿墙式安装的热泵机组比用电加热器更好。热泵机组比电加热器投资花费高 15% ~ 20%。然而，热泵机组每年的采暖能耗仅仅是使用电加热器的 1/2 或 1/3。投资回收率不到一个采暖季。

舒适性的最后一个要素涉及穿墙式空调机和热泵机组的噪声。购买空调机时，鼓励顾客在压缩机工作期间及风扇开关设置不同挡位时对设备产生的噪声进行试验。依据本书作者的经验，空调机只有一个挡位的风机控制开关其机器产生的噪声会很大。在另一实例中，选择一台空调机的压缩机和散热风机，在夜间将空调机设置在"非睡眠"模式下运行，产生的噪声非常吵人。客人的舒适包括声学舒适性。

较大的制冷设备，如建筑内用的制冷机，它的效率可用能效比值或每冷吨千瓦特（kW/ ton）比值来表示。每冷吨千瓦特与效率值成反比（输入除以输出），即每冷吨千瓦特值越小，效率越高。

近年来对大型设备的评定方法有所改进，即用效率定义在不同负载水平下设备的性能等级，通常被称为综合能效系数 (IPLV)。由于设备运行的大部分时间为部分负荷，故采用这种方法获取的数据结果更有意义。合理选择设备的综合能效系数可能会降低运行成本。

许多分散式空调设备用电阻丝加热器向空间供热。使用这种设备运行费用很高。减少室内加热成本的一种方法就是使用热泵设备替代电阻丝加热。

热泵机组采用制冷循环不仅向空间提供冷源，也可以向空间提供热源。将热泵机组的制冷流程反过来，也就是将蒸发器和冷凝器的使用功能经过开关转换就可以达到向空间供热的目的。其结果是：室外空气的热量全部转移到了室内。热泵用于制冷循环做供热比用电阻丝加热器的效率高 2 倍以上。

热泵的效率（输出除以输入）被定义为英制热量单位 / 小时（Btu/hr）的加热量（输出）除以输入电能的热当量（每瓦的输入等效于 3.413 英制热量单位 / 小时）。这个比值定义为性能系数（简称 COP）。一台机组每耗 1000 瓦特（W），将产生 8200 英制热量单位 / 小时（Btu/hr）的热量（折合 2.4 千瓦），其性能系数等于 2.4。

在供暖季节 COP 比 EER 值小的原因是运行的温度条件有很大的不同。蒸发器将面临外部条件范围从 50°F ~ 20°F（12℃ ~ 7℃），或可能低于这个范围。设备供应商可以根据不同季节，计算热泵设备的性能值，并与电加热设备的性能值比较得出可能节约的费用。在考虑这个问题时，要记住所期望的运行模式。如果冬季期间使用频率低，且空置房间保持相对较低的温度，则供货商通过计算说服饭店用热泵空调替换现用设备就有些夸大其词了。

拓展阅读

饭店对霉菌的关注

"在 1988 年的夏天，一座大型豪华度假村即将竣工。该度假村设计上采用乙烯基板覆盖建筑外墙内侧，因为外墙壁已做完防水层，因此它成为了一个蒸汽缓速器。暖通空调系统由一个连续的卫生间排气和空调末端装置（PTAC）组成。在每一个客人的房间外面的空气交换率平均为每小时 6 次，而房间的新风全部通过渗透进入室内。

即使在设备被开启运行，过多的外部空气渗透和室内水蒸气不能有效地排出室外会导致潮湿和发霉，因此造成了 550 万美元的损失。如果在一个气候更暖和的地方采用相同的设计方案，则在能源消费和客人对舒适性投诉问题就会减少很多。" *

上方描述的霉菌问题依然存在于饭店、度假村和其他商业、住宅楼宇。虽然不是所有的问题都会导致花费数百万美元，但问题不解决会导致更大成本支出。

2002 年，希尔顿饭店管理集团关闭了投资 9500 万美元，坐落在夏威夷的卡利亚饭店，为的是解决饭店中存在的霉菌。为此饭店要花费大约 5500 万美元进行改造和补救。**

霉菌产生的原因是什么？霉菌可以预防吗？很多因素汇聚在一起便产生问题，这些包括：***

- 室内湿度过高
- 冷凝水
- 缺乏或没有维护
- 不正常的使用
- 建筑管理差
- 建筑围护结构漏水

- 不适当的加压
- 无通风控制
- 未进行暖通空调系统的水处理
- 水管道漏水、溢水，雨水排水
- 住店客人的活动
- 天气

从上述中可以看出，由于设计、建造或运行使用缺陷（或三类问题同时存在）均可出现霉菌问题。例如，室内湿度过高可能是设计上的不足让水分进入建筑外墙的结果，或在施工期间建筑防水不好，或者空调运行期间冷凝水管无法正常排水。鉴于问题潜在的严重性，通常向解决霉菌问题的专家咨询意见是可取的。美国采暖、制冷和空调工程师学会肯定是在这一领域的权威组织。最近发布的他们的工作研究成果，已被广泛引用。关于空调设备的更多信息可登录：www.home.howstuffworks.com/ac.htm.

*J. 戴维 - 奥多姆和乔治 dubase，主编，在炎热潮湿的气候条件下，建筑内的运行调试：《设计与施工指南》（利尔本，佐治亚州：西图，费尔蒙特出版社，2000）。

** www.abanet.org/rppt/publications/magazine/2004/jf/king.html。

***《对建筑系统中水的管理可减少霉菌的滋生》，美国采暖、制冷和空调工程师学会（ASHRAE）期刊，2005年 6 月 30 日。

影响热泵运行的因素包括对蒸发器的除霜循环。由于蒸发器吸收室外空气的热量，故低温时会出现结霜。设备通过解冻循环实现对蒸发器的除霜。要让热泵功能有效，适当地使用解冻除霜功能是必要的。

制冷设备的效率主要看蒸发器和冷凝器工况的好坏。蒸发器的温度较低或冷凝器温度较高，则设备运行效率降低，因此制冷能力会变低。虽然无法控制蒸发器和冷凝器的温度，但可以通过维护保养提高设备效率。如果蒸发器因过滤网阻塞使空气不流通，则它的制冷温度和效率就会降低。同样的，当蒸发器或冷凝器被一层污垢或尘土"绝缘"，则热传导会降低，效率也会下降。

几乎所有的采暖、通风和空调系统在制冷模式下运行，都会在蒸发器上产生冷凝水。因此，一定要有清除冷凝水的手段。一些老的设备是将冷凝水排到建筑物外面。现在一般的做法是使用蒸发或排放系统或将冷凝水托盘的水与排水系统连接排放。

其他系统

混合系统具有集中式和分散式两种系统的特点。很显然，水源热泵系统是混合系统中选用最多的一种。与其使用室外空气作为热源或场所排热，不如将水源热泵连接到内部的水循环系统回路中提供热更好（适用于加热或冷却模式）。这使得热泵与蒸发器（或冷凝器）运行温度一致，更好地提高机组的效率。它也取消了建筑外墙上安装室外机，同时运行人员可以回收和利用建筑内的余热。

在一家饭店里，水源是通过水泵进行水循环，然后返回地面——"免费"的热源或冷源。在另一家饭店，水管道与热泵连接兼作自动喷淋系统的供水，因水管的双重功用降低了安装费用。此外，这一系统相同的水可为所有制冷设备冷却，冬季期间还可以为热泵提供热源。由锅炉提供辅助加热，夏季通过建筑物安装的冷却塔提供循环冷却水。热泵技术的应用对提高效率降低成本有很大的帮助。

地热采暖和制冷是新兴领域的另一个应用。地热为饭店的经营者提供了节约开支的最好途径，在大多数实践中已被证明是一个非常可靠的技术。

在图7-6中的"其他"类型中被提到的系统有时在公寓或分时度假房间中使用。其中，加热炉被安装在单元房内。房内最好安装空调机。这是一种分散的系统，加热炉需要使用燃料，空调机要连接远程的冷凝机组。因此，从设计、外观到安装位置与典型的穿墙安装的空调机完全不同。

客房通风

为客房提供新鲜空气是一个问题。客房浴室里的排风机运行时会使房间里产生较小的负压。有空气被风机排出就一定要从另一些地方补充。采用集中空调系统的客房可由楼道通过门缝向房间补充空气。如果空气不能从门的下面补充到房间内，则它一定会从其他地方或可能有漏洞的地方透过窗户或开门开窗时补充进来。分散式空调机组允许用室外的空气做补充。

如果从室外补充的空气不能达到使用要求或得到有效控制，则会引发运行问题。在夏季，炎热和潮湿的空气会渗入客房周围的外窗和通过建筑外墙导致结露，并使墙面受损。在冬季，温暖和潮湿的室内空气会将墙面上存留的水分穿过墙体排出室外。其他相关的问题，包括壁纸和地毯霉菌生长。这些问题可以通过密封门窗的方法减少，但许多问题的最终解决方案需要对建筑内各系统进行重新设计，客房空调机组也可以重新选择适当的规格。这类问题的确令运行管理人员大伤脑筋。

入住客房空调的控制

虽然饭店是每天 24 小时、每周 7 天开门运行的企业，但客房并非每周 7 天每天 24 小时被占用。一般饭店的出租率是 70% 或更少。这意味着全年有 30% 的间夜房没住客人。房间出租率虽然达到 70%，但客人在这段时间内只有一小部分时间待在房内。根据运行经验，客人每天仅在房内停留 10 ~ 12 小时。空调客房 24 小时 / 7 天使用大量的能源。应对这种现象的一个选项是暖通空调设备占用控制。

客房空调设备的占用控制根据房态（出租或未出租）和客人（或其他人）是否在房间而进行温度调整。在夏季，将房间温度设定点提高。进入冬季，设定点被调低些，这些措施可减少空调房间的能源消耗。

一些客房使用控制法能在客人不在时自动断电。世界上许多国家的四星和五星级饭店多采用这种控制方式。一种简单的客房占用控制方式是在进门后用客人的"钥匙"牌插到节能控制开关盒内。可将电路设计成能控制电视、照明，有时甚至包括空调（一般迷你吧与进屋照明电路分开）。客人知道他们的钥匙是饭店用于客房节能的一种方法。这样的系统将有可能成为美国的一种固定模式。美国采暖、制冷和空调工程师协会出版的最新版本标准（除低层住宅建筑以外的建筑能源标准）有一个类似的新饭店建设规定。这一规定将纳入美国建筑法规，可以预期未来 10 年左右会纳入世界各地的建筑法规中。

拓展阅读

地热采暖和冷却在高尔特豪斯饭店的应用

阿尔·施耐德是高尔特豪斯饭店的业主和设计者,该饭店是一座超过 15 万平方米的综合性建筑,包括 100 套单元住宅、600 套饭店客房、1.4 万平方米的会议室和 9 万平方米的办公空间等。施耐德先生由马里恩·平克尼雇用在平克尼工程师事务所工作,主要观察高尔特豪斯饭店使用地热系统(地热)进行采暖和冷却过程。1984 年完成了 1700 吨的项目。地热系统在高尔特豪斯东方饭店的成功应用后,施耐德先生于 1993 年又完成了海滨办公楼的设计,地热设计容量 4700 吨负责办公楼 / 饭店 / 公寓的供应,综合性的高尔特豪斯东方饭店已成为世界上最大的地源热泵项目。

地热的广泛利用在于它安装和运行经济,维修容易,而且环保。系统预估成本 1500 美元 / 吨。传统的系统(离心制冷机组、冷却水塔、被保温的管道)综合成本约 2000 ~ 3000 美元 / 吨。应用热泵技术维修方便,而不需要特殊的程序。

系统通过温度控制装置和能源管理系统实现控制。每套热泵机组在公共区域或会议室都设有温度控制装置,传感器探头检测到数据直接传至能源管理系统(以下称 EMS)。当进行能源控制时,EMS 可将现场温度控制装置锁死,然而,一旦 EMS 失灵时,温度控制装置将不受其控制。

在美国肯塔基州北部城市路易斯维尔地下水层开挖了 4 个 40 米深的井坑,每口井用 15 马力(hp)的变速泵可抽 700 加仑 / 分钟(gpm)[2650 升 / 分钟(lpm)] 的水。用泵将 58°F(折合 14.4℃)的地下水抽到容积为 15 万加仑(gal)的机房蓄水池里。从蓄水池出来的水最终流到俄亥俄州运河中。从蓄水池出来的水通过金属法兰连接的热交换器循环,热交换器交换出来的水在建筑内形成一个循环的闭环回路。该环路系统内有 6.5 万加仑水:其中饭店回路有 2.5 万加仑,办公楼回路有 4 万加仑。

一个典型的夏季期间,被储存的水温大约为 80°F(27℃),而在冬季储存水的平均温度维持在 55°F(13℃)。在春天和秋天的日子,能量在白天可完全被建筑物利用,夜间向蓄水池补进 14 万加仑的水。高尔特豪斯东方饭店因空调负荷较大,因此,结合地源热泵系统热存储的使用已被证明是非常有效的。使用存储的热允许控制关停井泵(有时长达一星期),白天使用蓄水池中水的热量为冷负荷区供热,如果必要夜间可给建筑供热。

有条件的办公楼内部区域可使用 10 ~ 20 吨容量的热泵机组。设备机组采取垂直安装,外形尺寸大约 4 米。

高尔特豪斯东方饭店同样的客房或会议室出租,能源费用支出约是高尔特豪斯调整

（续）

前的53%。高尔特豪斯饭店裙房有三层楼，包括会议室和公共区域，并装有热泵。其余的用带有电加热的空调机组进行电加热。在高尔特豪斯饭店应用了一套独立的能源管理系统，节约了能源费用支出，但全部的地热系统才是节能的主要根源。

由于高尔特豪斯东方饭店循环泵使用调节水阀和变频驱动装置，水泵经常在满负载的25%～30%下运行。办公区虽未住满人，但同样希望降低系统能耗。

每一台1.2米高、15马力、700加仑/分钟（2650升）的水泵提出给空调系统3.5兆兆英国热量单位/小时的热或冷，相当于一台300冷吨的制冷机/组合冷却塔和一台4兆兆英国热量单位/小时输入的锅炉。井水泵和热交换器水泵运行费用约1.5美元/小时，而同等的传统系统运行费用15～20美元。

维护成本和对人员的要求都非常有利。热泵组件的维护不要求特殊技能，而采用四管制控制、变风量（VAV）、离心机系统或其他较大型的组合系统则要求有一定的经验。

另外，由于在每一个空调房间内都有传感器，所以地源热泵运行非常可靠，在能源花费上可节约2.5万美元/月。在建设期间安装这样一个系统也要压缩投资，所以除非特别要求，一些设备的主要备件可以不购买。当然，限于空间位置和建筑负荷，装备一台4000冷吨的冷却塔是不必要的。采用地源热泵系统比传统系统要节约2300平方米的空间，可用作设备房间。

上述应用的结果是较低的初期投资，较低的运行费和非常友好的用户操作系统。

资料来源：地源热泵联盟股份有限公司（www.geoexchange.org/cases/cs0007.htm）。

占用传感器的作用不仅仅用于节能用途。这一技术在安全系统中也被采用，以保证客房的安全。当传感器与饭店前台连接后，使用检测系统可以确认什么时间房间门未关好或什么时间挂有"请勿打扰"标志的房间有人进入。占用传感器可以创建一个信号，告诉房间清洁员客人是否在房间内，因而减少尴尬现象的出现，比如，房间清洁员遇到客人正在睡觉、客人穿衣很少及其他令客人不快的事情。

客房空调维修

客房风机盘管是相对简单的设备，对这些设备的维修通常属于预防性维护（客房维护）。对客房设备进行检修的计划维修表包括：

- 检查所有阀的运行和控制；
- 检查温度控制器的运行、外观和物理连接；
- 清洁进口格栅的过滤器和物理连接处；

- 更换空气过滤网（注：可以每月做一次，也可以随客房预防性维护每季度做一次）；
- 清洁冷凝水排水口并加入除海藻的药；
- 检查风机、清洁风机并紧固连接；
- 检查电插件的情况和连接；
- 检查和清洁外面的空气口；
- 清洁盘管；
- 润滑送风机马达；
- 油漆，例如冷凝物使托盘表面受侵蚀，在沿海地区经过处理后可再利用。

饭店其他区域的空调系统

客房里使用的风机盘管和热泵系统可以在建筑内的其他区域使用。在办公室、走廊、大堂、较小的会议室和类似的区域都可使用这种设备。其他区域可以使用与客房不同的空调系统，多数系统采用空气传送系统。

系统类型和结构

通常建筑区域内的空调系统与客房采用的空调形式不同。全新风系统使用新风处理机组（以下称 AHUs），而另外一种全新风系统采用封装式空调一体机。新风处理机组由盘管（通入蒸汽／热水或冷冻水与中央锅炉和制冷机进行循环）、过滤器、新鲜空气、废气排放和加湿设备组成。AHUs 通常被安装在建筑的机房内，往往与被空调的区域有一定的距离。它们通过风道系统连接到这些区域。

封装式空调一体机通常安装在房顶。每台封装式空调一体机可单独操作，基本上是独立的。燃料提供的热量和制冷系统产生冷量。这种类型的制冷系统被称为直燃机，因为蒸发器的位置可直接与气流接触，风管道通常要比新风处理机组便宜。

图 7-10 列举了会议室或餐厅使用空调系统的简单图例。图中右侧实线框内描绘了空间里的人、食品和设备产生的热、水分和气味。此外，通过建筑结构使空气泄漏可导致热量的增加或散失。图 7-10 中的空调系统将空调房间内的空气排出，并将其中一部分排出室外，剩余回风与新风混合，经过过滤、加热或冷却后重新向房间内供风。这"空气调节"的空气被送到空调房间，从而使空调变暖或变冷，同时会将房内的湿气和气味排出。

图 7-10 会议室或餐厅使用的空气调节系统

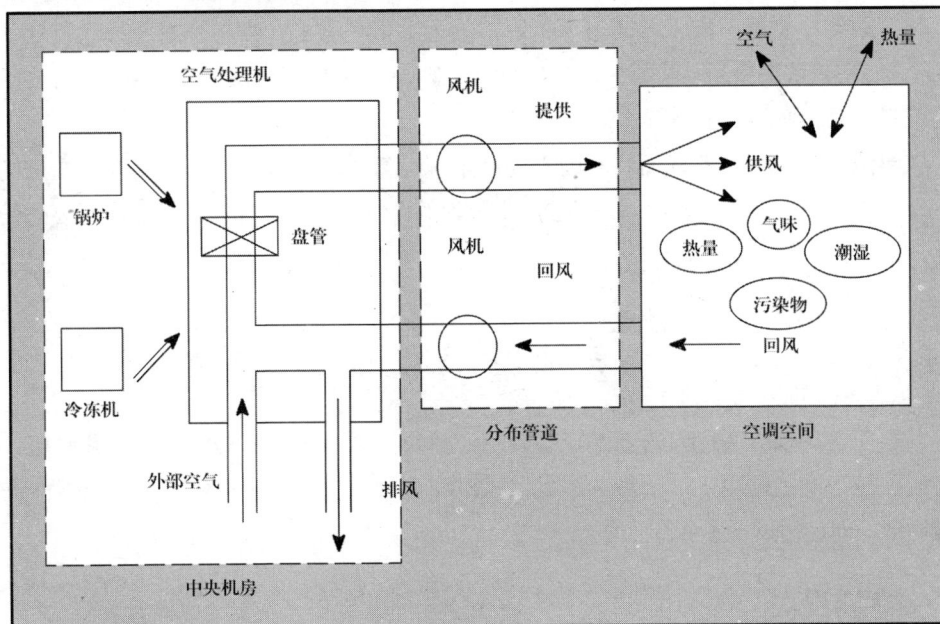

　　封装式空调一体机往往供应低矮的宿舍、餐厅和各种不同的公共场所的空调。空调一体机是在工厂装配成型，这意味着在现场安装的工作量相对较小。但从另一方面看，机器被安装在屋顶，可能忽视检查维修工作。一名工程总监讲述了在得克萨斯州一个物业项目的故事，那里的舞厅没有冷气。由于通信故障，而无法检测系统故障时，客户直接找到了业主。在爬到顶层看这个空调一体机时，他发现风机的进风口与管道已脱开。这台空调机将得克萨斯州室外的热气 100% 地送到了舞厅内。

维修要求

　　对供应公共区域的空调系统的维修需要是来自它们的各个组成部分的维修需要。这些需求包括过滤器更换、风机清洁和润滑、加热翅片的表面清洁、排水盘的清洁、对水分与制冷剂泄漏检查、风机皮带检查和更换及其他各项维修内容。再次强调，尽管设备供应商也提供了所推荐的维修内容，但上述内容应该列入设备定期维修程序中去。

　　更换过滤器（或发现有些阻力，进行清洁）可依据有关的进度表进行或根据需要，在过滤器两端产生压降后进行更换。安装了压力计（一种记录压差装置）后，它将尽可能从供风机输入端测定压力降或由系统工程师解决更换过滤器的设定值。

检查和更换皮带是一项关键的工作。用一条新皮带替换旧皮带可减少今后发生故障的可能，使用旧皮带可能对风机部件的寿命产生影响（当皮带断裂将危及设备安全）。皮带被更换后，需要重新进行调整，因为用旧的皮带已被抻长不再具有拉力，这就需要对新换的皮带进行调整。

清洁风机和换热器表面将有助于提高系统运行效率，减少由于污垢堆积在风机上所产生不平衡而导致的问题。对被严重忽视的系统进行清洁和除垢是非常必要的。

其他空调设备

除了用在饭店客房内的基本设备外，还需要大量的组件来构成整个空调系统。我们已经讨论了制冷机、锅炉、水泵、风机和盘管。现在要对其他两种空调组件进行讨论，即控制设备和冷却水塔。

控制设备

各种控制形式的目的都是让空调系统正常、有效和安全地运行。早期的空调控制是通过手动操作客房内的蒸汽阀、可调整的窗户和手动调整锅炉的火力大小以保持蒸汽压力在可接受的限度内。现在常常采用电子控制方式。它们可以与计算机接口连接并可以自校正，自动调整变化的情况。

一般最多见的空调控制就是温度控制器。设在客房或会议室的温度控制器具有几项功能。首先它可检测室内的温度，然后将温度转换成信号（通常是开或关）发送到空调机。信息可以是开/关类型或与可测量的温度成正比。一个"开"信号发送给空调机后，常常是加热或冷却。一些温度控制器可提供更多的控制，例如夏令时控制、启动和关机及分段加热等。温度控制器也可能有可调的"死区"，也就是在此范围内既不加热也不冷却。温控器也会有某种形式的微分控制，按照设定点建立合适的运行范围。例如，一间房的温度控制器设定在 70°F(21.1℃)，则需要有一个 2°F 的控制差值，即检测到室温达到 69°F（20.6℃）开始加热，当室温达到 71°F（21.7℃）时便停止加热。适当的温度差值可避免设备过于频繁地循环启停，从而使室内温度保持在一个可接受的范围内。

不同的控制装置可用来运行在许多其他的空调设备上。简单的装置可用于设备的开启和关闭。传感器不仅可以测试空气温度，也可以测试相对湿度。在一些空调系统终端发现有使用"焓值"或"节约"控制，即利用外面空气的温度和湿度作为向建筑内供应的冷空气源。此时，机械冷却系统可以关闭，同时使用外面的空气完成供冷。

较老的传感器是靠机械类型的感觉测量数据参数，比如，温度测量依靠的是金属或液体的热膨胀程度。现在有的系统使用电子传感器测量变化值。在传感器和控制器之间用电连接比机械连接要好。传感器提供的测量数值是一个比例的电信号，它使用在数字控制系统中。数字系统使用一个控制运算法则来处理模拟信号，然后控制系统设备的运行。

数字控制系统允许运行人员在中央计算机上对建筑内设备运行状态进行修改。运行人员也可以从计算机上监视系统运行、终端运行状态和其他的系统或设备的运行状态。数字控制可以改变设备的输出量和其他一些参数。今天普遍使用的变风量系统（VAV）很大程度上依赖于数字控制的优势。变风量系统以检测到的区域输入负载为基础来改变进入该区域的气流总量。

楼宇自动化系统。大型现代化的饭店具有相对完善的空调系统，这一系统分布在建筑内的每个地方。这些系统需要大量的信息和系统设备组件才能有效地运行。采集这些信息和有效的协调操作的组件，需要饭店越来越多地安装（升级）不同形式的楼宇自动化系统（BAS）。

图 7-11 显示了某饭店楼宇自动化系统中，空气处理机组在宴会厅区域的屏幕示例。图中显示出空气处理机组的大量信息（AHU）。如要获取大量的其他信息，可以访问其他设备的操作页面。

图 7-11 某饭店楼宇自控系统——控制图示例

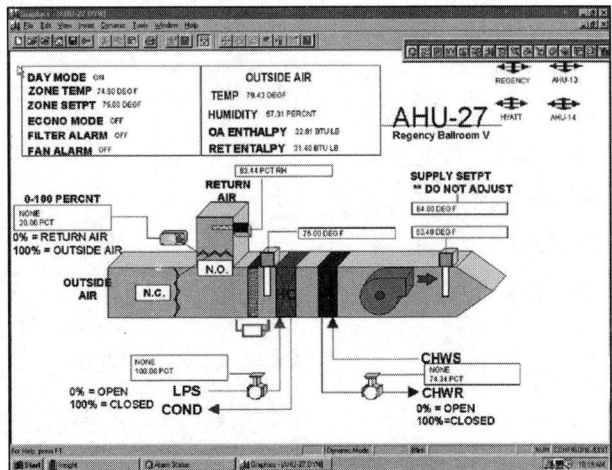

楼宇自动化系统通常使用数字信号提供有关系统运行条件和状态的信息。信号不仅仅显示风机的运行状态，而且可以显示风机的送风量和空气温度。数据还可以显示能源消耗量。

楼宇自动化系统对采集到的信息进行处理，然后控制系统设备的运行。例如一套空气处理系统，从楼宇自动化系统上可以监测到外面的空气温度、来自房内的回风温度和向房内供风总量。当回风温度高于设定点温度时，楼宇自动化系统可以向室内增加气流以提供更多的空调风来保持室内空间的舒适条件。楼宇自动化系统能够监测室外的温度，如果室外的空气温度降到足以可向室内供应冷空气时，则会替代机械制冷，向室内提供大量的室外空气。这都由楼宇自动化系统自身或由运行人员提供系统的控制，运行人员可以不到现场，通过互联网远程控制是完全有可能的。楼宇自动化系统通过使用图形来描绘系统组件和设备运行状态。

　　控制系统的维修需求依赖于系统的检测。清洁传感器是必要的。适当的校准控制器、传感器和测量表非常重要，因为不正确的信号将危及系统的安全运行。校准可以查出有故障的传感器并进行更换。传感装置需要"知道"如何给定信号与设备相关的条件。维修现代化的控制系统经常超出物业维修人员的能力。签订系统维护合同是常见的模式。

冷却水塔

　　当使用集中空调系统时，制冷系统的冷却常常通过冷却塔的水循环回路来完成。冷却塔喷出的水经过冷却塔填料散发热量，同时，由冷却塔风扇推动空气流动，加速热量散发。其结果是 一些水分蒸发，另一部分则经过冷却塔回到系统中。冷却过的水循环回到冷却系统再从冷凝器中吸收更多的热量。图 7-12 是冷却塔的示意图。

　　冷却塔有具体的运行和维修要求。虽然冷

图 7-12　冷却塔示例图

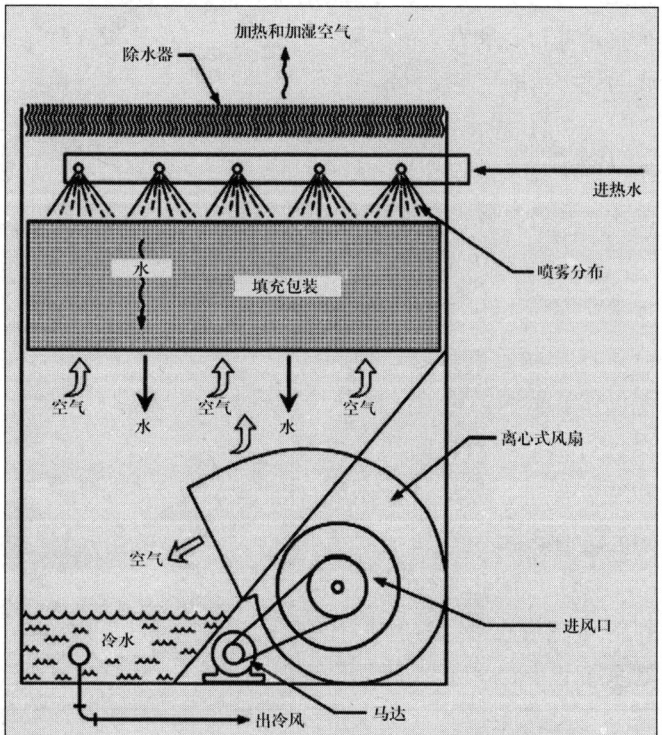

却塔无须整年运行，但也需要有启动和关停方面的考虑。由于冷却塔经常被安装在人们看不到的地方，有时忘记了冷却塔是处在运行开启状态还是停止状态。

即使在正常运转，冷却塔也是耗水大户。水通过蒸发和使用"排污"调整矿物含量会导致大饭店每年数百万吨水的消耗。缺乏或忘记维护可以显著增加残留在冷却塔上的污垢。有时会发现设备超出水位线（冬季设备关闭时发现，排水管线排水不畅），或风扇和冷却塔的其他组件严重腐蚀。这些问题直到开始启动运行，都没有发现，导致一个未知但可能明显漏水、"匆忙"更换冷却塔的情况，当冷却塔不能正常使用而停用后对客户的影响会很大。一家饭店花费很大气力在检查费水原因中发现，连成一排的冷却水塔在不断被补水。在饭店，认真抓节约用水，每日可节约因粗心操作和缺乏维修导致数千吨水的浪费。

由于电动马达用在水泵和风机上，所以给马达加润滑油等是非常必要的。所有电动马达和控制的电气连接线应当定期检查、清洁和紧固。冷却塔供水的控制要进行用前试验。如果控制失灵，则冷却塔可能会消耗更多的电功率，或消耗大量的水，甚至影响冷却塔的散热降温。

由于冷却塔被安装在室外与室外空气接触，所以冷却塔水中会发现有污垢或其他颗粒物。这些颗粒物需从冷却塔托盘或其他可能积聚的位置中清除。冷却塔是各种细菌和藻类繁殖生长的地方。适当的化学处理是必要的，它可以防止污染物的聚集。水处理也可以用来减少水垢——由于水蒸发导致塔内产生浓缩的溶解盐。冷却塔水处理涉及使用缓蚀阻垢剂、用于分散沉积物的分散剂、杀菌剂杀死或阻止细菌繁殖，以及各种类型的消毒剂。

冷却水塔的化学水处理可与专业机构签订服务合同。管理工作可由物业维修人员或承包公司来保证提供适当的处理。疏忽欠妥的水处理可能导致冷却水塔性能严重下降、运行问题增多、能耗加大，以及过早出现冷却塔故障。另外，若冷却塔内细菌带来各种潜在的疾病进入建筑通风系统内，会对人体健康造成危害。

应定期检查冷却塔的金属部分的腐蚀情况。发现有侵蚀现象一定要处理。冷却塔部件应定期清洁，并使用防腐涂料防止冷却塔的过早损坏。

冷却塔的启动和关闭是需要特别注意的问题。图 7-13 包括对这些特殊问题的建议。在冬季，计算机房或食品冷藏设备的热量散不出去的原因可能是冷却塔在低于冰点的条件下运行的结果。冬季运行的冷却塔要求注意保证冷却塔托盘不结冰。这些冷却塔多带有加热装置用于融化水，以达到冷却塔风机停运或风扇反转时的防冻目的。大量的结冰对冷却塔和建筑结构自身具有很大的破坏性。管理监督应该保证不能发生此类问题。

冰蓄冷设备

由于建筑内的冷却需要大量的能源，建筑开发商和设计者有时会选择冰蓄冷装置来降低制冷成本。冰蓄冷装置包括以储存冰的形式或冷冻水的形式储冷，并在高能耗收费期间使用这些储存的冷源。储冰或冷冻水是在低能耗收费期间进行，一般是后半夜和早晨上班之前。在这一时间段，不仅每度电（kWh）收费较低，而且电力消耗（kW）也较低，甚至无电力消耗。对冰蓄冷系统的额外成本有时可以部分地通过减小制冷机或冰蓄冷系统其他设备的尺寸大小来控制。

图 7-13　冷却塔关闭和启用注意事项

停用注意事项

- 拆下、清洁和重新将浮球阀安装好；
- 清洗冷却塔内部；
- 清洗被打孔的散热板和喷水管口；
- 排水、冲洗冷却塔托水盘；
- 排水、冲洗水管道；
- 排水、冲洗泵；
- 锁闭自动补水阀；
- 拆卸和清洗过滤器和掩蔽物；
- 检查风机和驱动装置的磨损、破裂和侵蚀状态；
- 清除风机盖和天窗位置的污垢；
- 检查水泵电机轴承和润滑。

启用注意事项

- 清除设备内部及周边的碎片颗粒，然后用水冲刷；
- 检查并清洁过滤器，散开、放入填充物和排水；
- 根据制造商的推荐润滑风机和电动马达驱动部分；
- 根据制造商推荐更换传动装置的机油，以减少摩擦；
- 检查皮带、马达滑轮和马达装配，根据要求替换和调整；
- 检查电气连接，接触器、继电器和运行安全控制；
- 检查马达运行情况；
- 清洁浮球阀接合部，并做适当的运行检查；
- 检查运行工况，按照要求适当调整。

资料来源：江森控制公司"秋季维护检查事项"（1985 年）和"春季维护检查事项"（1986 年）。

结　论

精明的读者可以把本章讨论的设备管理职责分为 4 个主要部分：安全保障、遵守法律法规、服务和成本控制。空调设备的正确选择、运行和维修，是为了给客人和业主提供一个舒适和安全的环境。空调设备的运行费用也可能是一个关键问题，即运行费用控制有很大的潜力可挖。遵守法律法规的规定，需要注意覆盖暖通设备及其操作，保持适当的室内环境条件，也有助于保护建筑设施处于良好状态，从而保护业主和经营者的利益。

> **尾注:**
>
> ① 弗兰克·H. 伦道夫，《空气调节》，饭店工程报告，1931 年，纽约伊萨卡市康奈尔大学。
>
> ② 图 7-3 中所列的蒸汽热容量是一个近似值，天然气、燃料油和液化石油气也是如此。水蒸发的潜热明确的是 970 英国热量单位／磅。如果你用 33475 除以 970，你将得到 34.5 磅的蒸汽。使用 1000 英制热量单位／磅作为标准，便于记住和进行简单的计算。
>
> ③ 访问 www.epa.gov/ozone/title6/snap。这是美国环境保护署（EPA）发布新的替代政策的网站。替代制冷剂的信息可以在这个网站中找到。制冷剂和臭氧消耗的其他信息也可以在 EPA 网站上找到。
>
> ④ 访问 www.unep.org。

主 要 术 语

空气处理机组 (air handling units, AHU)：一台带新风处理的空调机组，由盘管（通有蒸汽／热水或冷冻水的管线与中央锅炉和制冷机管道相连形成闭环循环回路）、过滤器、新鲜空气、废气排放（有些配有加湿设备）组成。

楼宇自动控制系统 (building automation system, BAS)：一种使用数字信号来提供有关暖通空调系统的运行状态信息的控制系统。通过 BAS 采集到的信息可用于对系统运行进行自动调整以达到优化运行的目的。

性能系数 (coefficient of performance, COP)：一个衡量热泵效率，定义为英国热量单位／小时的供热（输出）除以输入的电能的热当量，（每瓦特的输入等于 3.413 英制热量单位／小时）。

舒适区域 (comfort zone)：被测试的人群有 80% 的人认为"舒适"的条件范围。

压缩机 (compressor)：压缩机在蒸汽压缩式制冷系统中，用于提高蒸发器出来的气态制冷剂压力和温度。

冷凝器 (condenser)：冷凝器在蒸汽压缩式制冷系统中，它能使气态的制冷剂释放热量并变为液态形式。

对流 (convection)：热量的转移归于空气和物体表面之间的温度差导致的空气移动。

冷却塔 (cooling tower)：使用在中央空调系统中需要制冷的地方。水像瀑布一样从冷却塔中落下，一部分水会被蒸发，剩余的水用于冷却冷凝器。

露点温度 (dew point temperature)：使水结露时的温度。

直接膨胀系统 (direct expansion system)：制冷系统中的蒸发器被直接安装在有气流条件的位置。

能效比率 (energy efficiency ratio，EER)：冷却设备效率的测量被定义为设备以英国热量单位／小时为单位的制冷输出量除以设备的实际输入功率。

蒸发 (evaporation)：与人的舒适有关，人从人体的皮肤表面排汗时，会将热量带走。

蒸发器 (evaporator)：蒸发器在蒸汽压缩式制冷系统中，制冷剂会从液态转换成蒸发气。

膨胀阀 (expansion valve)：是蒸汽压缩式制冷系统中的一个部件。用于在制冷剂进入蒸发器之前降低液态制冷剂的压力和温度。

四管制系统 (four-pipe system)：在空调系统中可同时为风机盘管提供热水和冷水。

热泵 (heat pump)：采用蒸汽压缩式制冷循环提供加热或冷却装置，依靠制冷剂循环流动来释放热量或冷量。

整体机负荷值 (integrated part load values，IPLV))：反映在各种负荷水平下设备性能的效率等级。

潜热 (latent loads)：加湿或去湿的结果会导致相对湿度的增大或减小。

负荷 (loads)：在空调系统空间中变化的输入量和输出量（例如热源、湿度的增加或降低）。

占用控制 (occupancy control)：在空调系统中的一项内容，它依靠房态（出租或未出租）和客人（或其他人）的存在来调整客房内的温度。

整体空调机组 (packaged air conditioning units)：通常安装在屋顶，特别是自身包含用燃料供热、用制冷剂循环供冷的空调单元。

热辐射（radiation）：当两个物体表面存在温度差时，将产生热量转移。能量会以热辐射的形式从较暖的物体表面转移到较冷的物体表面。

水垢 (scale)：聚积的钙或镁碳酸盐。

显热 (sensible loads)：热量增加或降低的结果仅使干球温度上升或下降。

三管制系统 (three-pipe system)：相对少有的空调系统。它是将系统提供的热水和冷水送至风机盘管，从风机盘管返回的则是经过冷热混合的水。

两管制系统 (two-pipe system)：空调系统允许供热或供冷，但在同一时间只能供一种水。

蒸发压缩 (vapor compression)：循环的制冷剂从一个场所吸收的热量被转移到另外一个可释放热的场所的制冷循环过程。

变风量系统 (variable air volume system)：通过检测被空调区的负荷输入来改变送入该区域的空气总量的空调系统。

湿球温度 (wet bulb temperature)：如果温度计的球形物用湿布裹着，这时所测到的温度值便是湿球温度。

复习题

1. 什么因素影响客人和业主的舒适性？什么是舒适区域？如何使用？
2. 锅炉和采暖炉效率的两个要素是什么？如何确定使用的采暖炉或锅炉的运行效率？
3. 冷却设备的效率是如何测出的？正在使用的一体机负荷值可以确定大型制冷设备的效率的原因？说明可以或不可以的原因。
4. 什么样的管理决策会导致地球大气的臭氧损耗加大？
5. 集中空调系统中的两管制、三管制和四管制的运行特征及优缺点是什么？客人可能了解这些系统之间的差异吗？为什么？
6. 如何使用热泵为客房提供加热和制冷？能源效率比和性能系数之间有什么不同？
7. 为什么要补充空气？如果通风系统向客房提供的新风不足会产生什么问题？
8. 空气处理机组与空调一体机有什么不同？
9. 空调系统需要什么类型的控制？机械控制和数字控制之间有什么不同？
10. 为什么冷却塔需要进行化学处理？需要进行哪几种处理？
11. 什么是楼宇自动控制系统（BAS）？它能为住店客人提供什么样的好处？

网址：

若想获得更多信息，可访问下列网址。网址变更恕不通知。若你所访问的网址不存在，可使用搜索引擎查找新网址。

1. 美国采暖、制冷和空调工程师学会: www.ashrae.org
2. 空气调节和制冷研究所: www.ari.org
3. 西图: www.ch2m.com
4. 顾问工程师: www.csemag.com
5. 冷却塔研究所: www.cti.org
6. 天然气技术研究所: www.gastechnology.org
7. 采暖 / 管道 / 空气调节（HPAC）交互式: www.hpac.com
8. 暖通空调工具箱: www.hvac-toolbox.com
9. 美国环境保护署: www.epa.gov/iaq/largebldgs/ baqtoc.html
10. 美国环境保护署: www.energystar.gov/index.cfm?c=business.bus_indexckley

附 录

空气湿度与人的舒适度

湿度测定法

湿度测定法是一个干空气和水蒸气结合的热力学性质的研究成果。一名管理者应该意识到这样一个问题：客人的舒适和员工的舒适性与效率高度依赖于饭店建筑内的空调条件。为了提高客人的满意度和控制人工成本支出，建筑内环境的条件必须适当、合理地控制。基于潮湿空气、干燥空气的混合物和水蒸气的物理性质，应掌握适当的条件和控制的最佳方法。

了解与空气湿度相关的参数是必要的，包括：干球温度（°F db），湿球温度（°F wb），水分含量（水蒸气磅数 / 每磅干燥空气），相对湿度（% 相对湿度），露点（dp），比焓（h 在英制热量单位 / 每磅干空气）和容度（立方英尺 / 每磅干空气）。每个属性的定义将在下面章节中逐一介绍。

温度

干球和湿球温度的定义可以通过一个简单的实验得出，即用两个相同的普通温度计测量一个潮湿的空气样本的温度。一个温度计测干球温度，另一个测湿球温度。纱布浸泡在水中并包裹在湿球温度计下端的探头周围，而干球温度计不做任何包裹。当干球温度计的水银柱体暴露在空气样本中，从刻度上得到的读数在气象报告上称为干球温度的空气温度。湿球温度在完全相同的方式下，读取湿球温度计上的刻度数值。

由于浸泡纱布的湿球温度计受储水容器的影响，两个温度读数通常是不同的。如果空气样本能够吸收一些水在纱布上，然后纱布上水分蒸发到空气样本中。蒸发的汽化热是从纱布与汞柱提取，从而冷却储汞容器。因此，湿球温度计的读数低于干球温度计的读数。干球和湿球温度之间的差异是与空气中水蒸气样本含量成反比的。如果空气样本中含有大量的水蒸气，则从纱布蒸发的水分会减少，从而降低了冷却效果和两个温度读数之间的温度差。相反，如果空气样本中含有很少或没有水，那么水分的蒸发会增加，从而增加了冷却效果和温度差。

因此，两个温度读数显示了实际的空气温度和湿空气样本中的水蒸气量。这两个温度确定了湿空气中的另一个重要性质。

水分含量

下面的实验有助于说明水分（或水）的定义和转换。在标准大气压力和一个特定的温度下，1 磅的干空气和相同的温度下的水放置在一起。水被蒸发与干空气混合，并达到同一特定温度值。一段时间后，空气样本不能再从水源吸收更多的水。在这一条件下，由于没有更多的水可以蒸发到其中，故样本中潮湿的空气被称作饱和状

图 1 饱和线

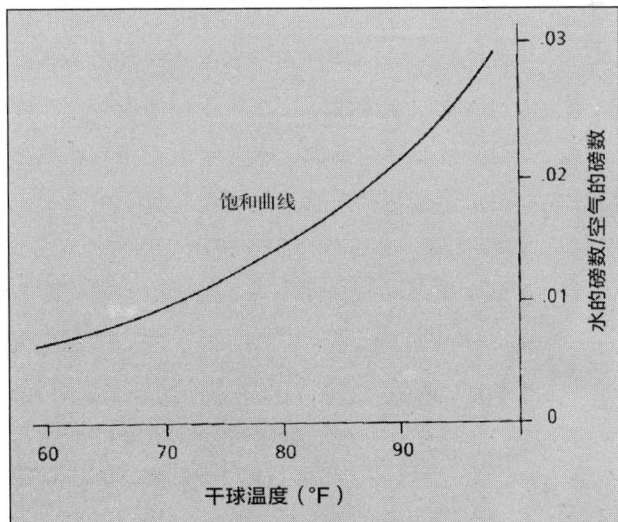

（纵轴）水的磅数/空气的磅数
（横轴）干球温度（°F）
饱和曲线

态。对大量的水被蒸发过程进行记录。该实验是在不同的特定的温度下运行几次。将这样的实验数据绘制在图 1 中。请注意，蒸发到干空气中的水分会随着干燥空气样本的温度升高而增加。因为这条曲线表示出可蒸发到干燥空气中的最大水量，它被称为饱和线。这条曲线中，空气是 100% 的饱和，或是 100% 的相对湿度状态。

在给定的干球温度下，湿空气的相对湿度是由水蒸气量确定的，实际上是与蒸发到空气中最大蒸发量相比。如果实际数量是最大值的一半，则湿空气的相对湿度为 50%。每个干球温度，可以通过相对湿度 50% 的水所需的量与在给定温度下水的饱和量的比较确定。根据测试结果绘制的曲线图，见图 2。这条线被标记为 50% 相对湿度的线。同样，对于所有其他可能的相对湿度水平线可以如法进行绘制和标注。

图 2 相对湿度

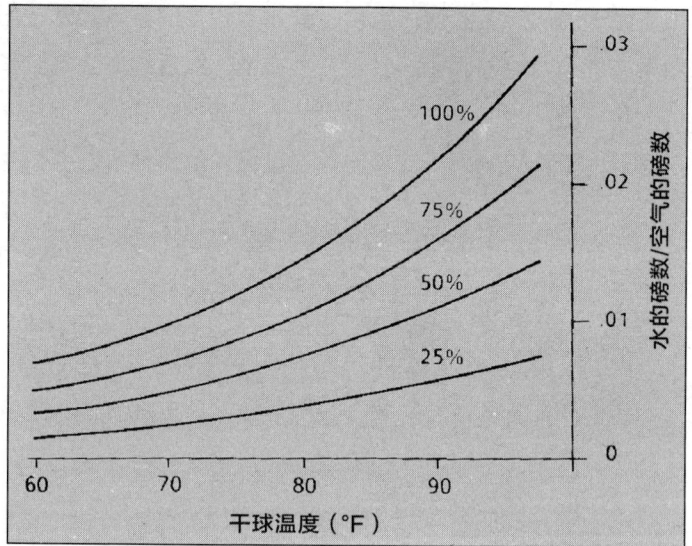

一个潮湿空气样本的水分含量定义为：在样本中水蒸气的含量实际上是测量出每磅干空气中含水的数值。由于该参数仅表示湿空气中相对湿度的含水比例，所以区别水分含量和相对湿度之间差异是非常重要的。水分含量在绝对意义上测量的是空气中水蒸气的实际含量，而相对湿度在相对意义上测量的是水分含量与最大值的比较。注意图 2 中，干球温度 95°F 和 50% 相对湿度条件下的空气中水分含量，是大于在完全饱和条件下干球温度 70°F 的空气中水分含量，尽管前者的相对湿度较低。

含湿图

在前面章节中的曲线图是含湿图的绘制基础，图形表示出潮湿空气的重要参数。干球温度、水分含量和相对湿度这三个参数如图所示，其余的 4 个重要参数（包括湿球温度、露点温度、比焓和特定的体积）可以通过以下方式将它们的关系添加到目前的图内。

图3　湿球比例图

湿球温度和饱和空气的干球温度可以用湿球温度的相同定义来解释。因此，图上标注了饱和线的每个干球温度和湿球温度值，如图3所示。

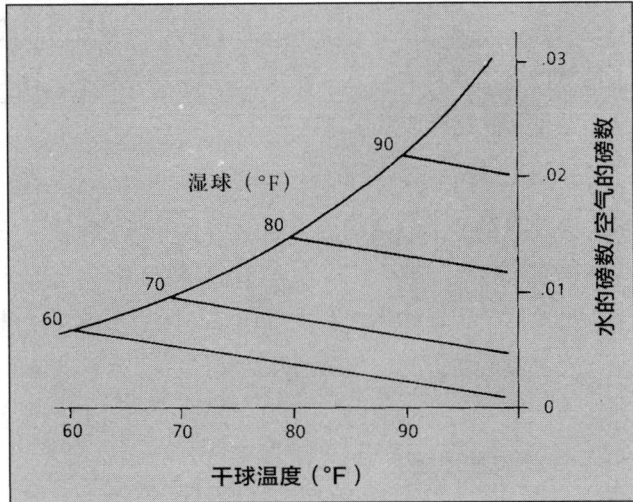

在图中的温度范围，湿球温度的解释可以扩展到图中所有条件下的湿空气。当潮湿的空气在低于饱和的条件下，湿球温度总是低于干球温度的刻度值，读数取决于空气中的水蒸气含量。因此，相对湿度和空气样本的湿球温度是相互关联的，恒定的湿球温度线可以被添加到图上显示其关系。这些平行的直线斜率从左上方的区域到图的右下方区域。例如，潮湿的空气在干球温度 80°F db 和 50% 相对湿度的条件下，湿球温度约有 67°F wb。

图中的另外的一个参数就是露点，每个人都有过这样的经验：当温暖潮湿的空气与冷的表面接触，如一杯凉水或冬季寒冷的玻璃窗，潮湿空气中水蒸气凝结在冷的表面，形成了水滴。这是因为潮湿的空气被冷表面冷却，空气中的水分被凝结。这个过程可以从如下的表中看出。温暖潮湿的空气在干球温度 75°F 和相对湿度 50% 条件下，通过空气对流换热与冷表面接触后被冷却。当空气被冷却，通过降低干球温度，形成减少空气中的水

图4　露点比例图

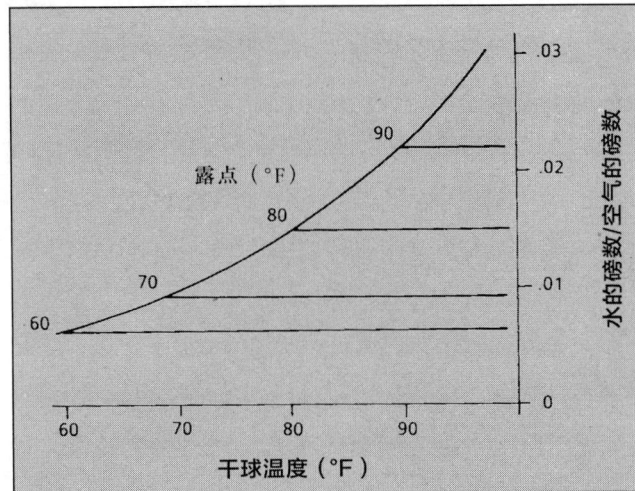

分含量变化的初步条件。因此，图中过程的初始轨迹，是一条从左侧开始水平移动的空气线。当空气持续被冷却，这一水平线将与饱和线相交。在交叉点上，该温度下空气的含水量最大。这一温度是原始空气条件下的露点温度，当空气冷却到低于这个温度，就会形成水滴或结露。

在图4中显示的恒定的露点线和露点的比例尺，与湿球温度具有完全类似的值。图中这些直线的平行线是水平的，每一条都与水分含量有关。因此，在特定的条件下空气的露点测定是水分含量，而不是相对湿度。

最后两个参数比焓和容度可通过对湿空气的两个性质的测量加以说明。干燥的空气和水蒸气是湿的空气中的总能量，在"英制热量单位/1磅的干燥空气"的比值被称为比焓（H）。比焓值是基于在0°F下零比焓的参考值。这个能量的范围标在饱和线以上和湿球温度范围。等焓线基本上是平行的等湿球温度线和常见的用法是相同的线。容度（V）是在给定的条件下，一磅的干空气量。虽然这个参数值的变化通常与空气混合物存在酒店或属性相关联的条件范围内，使用的是13.5立方英尺/磅的近似值。此值对应于一个特定的干空气密度的0.075磅/立方英尺。等体积线画在图中，如图5所示。

图5 容度比例图

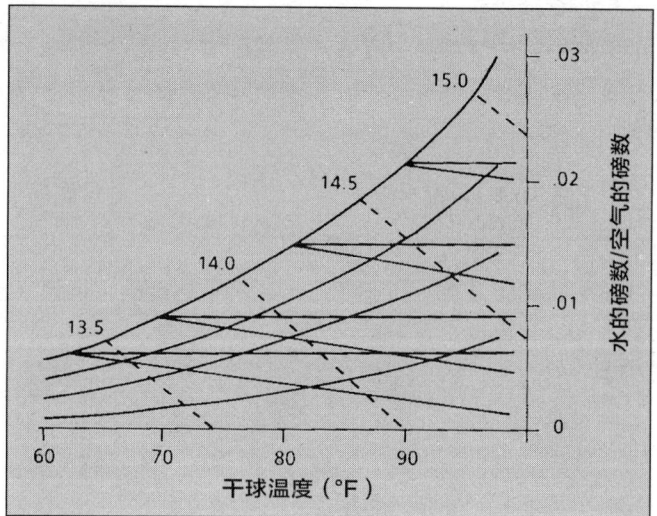

图5中，包含所有干空气和水蒸气混合物参数的重要信息的图表被称为含湿图。图6是开利公司出版的一张类似图表。此图或类似图表是所有采暖、通风和空调系统，以及对人体舒适度进行计算的基础。

应用

含湿图中潮湿空气运动方向变化的条件是通过4个不同的过程来完成的。随空

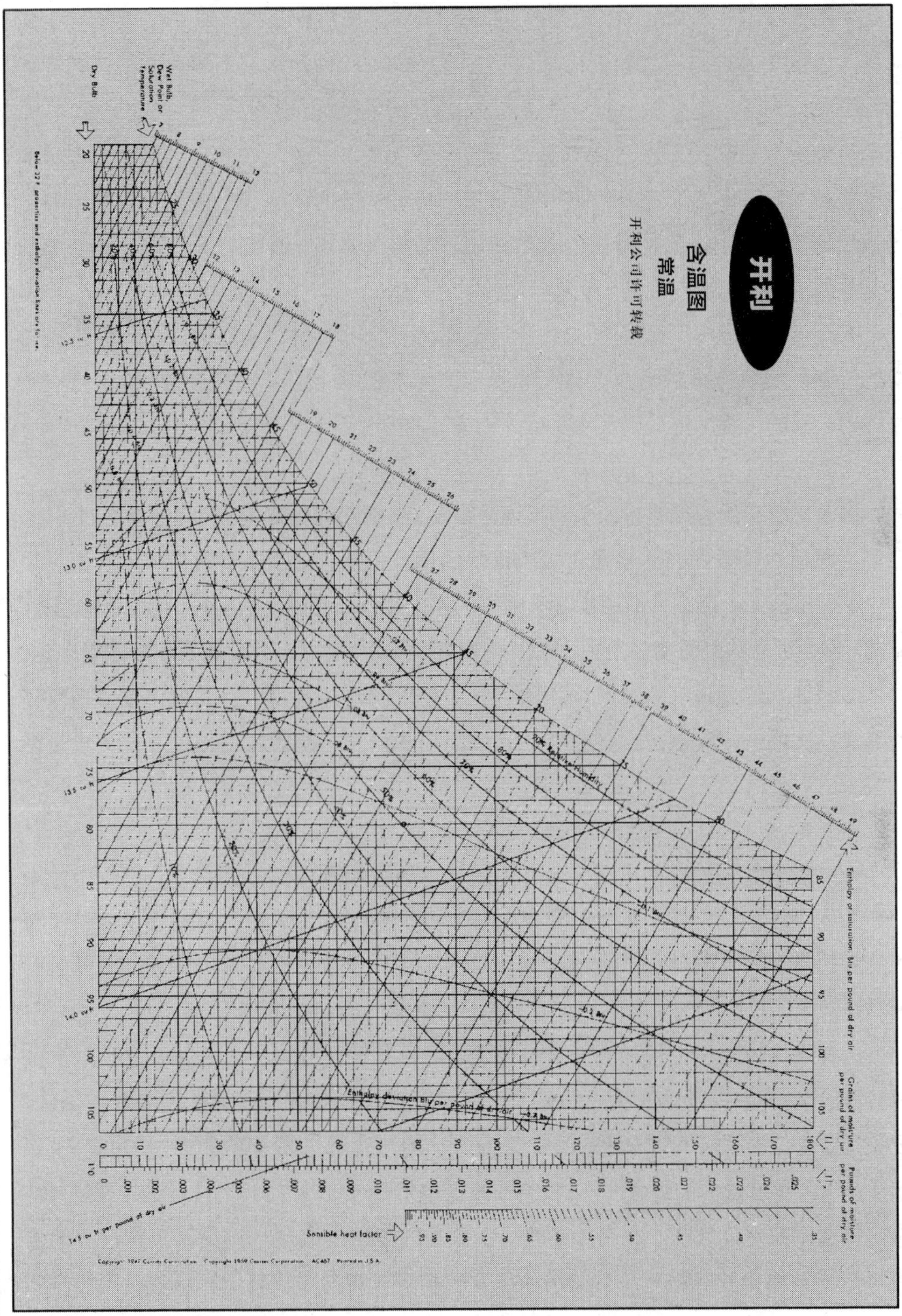
开利
含湿图
常温
开利公司许可转载
Wet Bulb, Dew Point or Saturation temperature
Dry Bulb
Enthalpy at saturation, Btu per pound of dry air
Grains of moisture per pound of dry air
Pounds of moisture per pound of dry air
Sensible heat factor

图6 含湿图

气条件水平移动而增加的干球温度称为"显热"，因为加热空气并未改变其水分含量。同样，随空气条件水平移动而降低的温度称为显冷。增加水分而不改变空气温度的过程被称为加湿，湿度减小而空气温度不变的过程被称为除湿。

在饭店营业期间，空气调节通常包含这4个基本过程。在夏天，温暖而潮湿的空气是通过除湿和冷却来保持客人和员工的舒适。北方的冬天，寒冷干燥的室外空气通过加热和加湿来保持室内的舒适环境。在极其炎热干燥的地方，室外热空气的冷却是通过空气加湿完成的。

在饭店的设施中，湿空气的露点特征在许多情况下得以表现。如冬天在玻璃窗内的冷凝水、装有冷饮料的玻璃上的凝结水、冰箱内冷却盘管覆冰的形成、在一个冰柜内表面的水滴的形成以及冷水管外面的冷凝水都是这一现象的例子。

人体舒适度

客人对饭店的意见更多的是环境温度的高低。在温和的环境下，客人会感到舒适，他们会忽略冷热条件而尽情享受饭店提供的服务设施。然而，当饭店的环境温度使客人感到不舒服，那么他们通常陷于消极的感觉中，而忽略了饭店提供的配套服务。因此，作为饭店的经营者应努力创造一个良好、舒适的室内环境，同时使成本最小化。

影响客人的舒适环境的几个因素包括：空气的干球温度；空气的湿度；空气移动速度；房间的表面温度；提供给客人的新风量；空气质量。前面的4个因素是影响客人的热舒适感受，最后的2个因素主要是环境对生命安全方面的考虑。

热舒适

一个客人的热舒适性定义为，客人对热环境表示满意的心理感受。是一个主观判断人体生理反应、影响人体能量平衡因素的大脑指标。人体会自动尝试保持由身体消耗的能量对周围环境产生的能量之间的平衡，保持一个恒定的体温，与此同时大脑对环境的反应记忆了类别，如寒冷、冷、稍凉、中性、微暖、暖、热。

让身体保持在一个恒定的温度，这是由机体代谢过程中产生的热量必须从身体中转移出来。这种热平衡，以"M + C + R + E = 0"表示，取决于能量的代谢产物（M），吸收或通过与周围空气对流耗散的热量（C），通过辐射与周围结构传递的热量（R）和通过出汗蒸发损失的热量（E）。当空气温度低于98.6°F（37℃），C值总是负数，当空气温度超过98.6°F，C值为正数。C和R的正负值取决于周围建筑物的表面温度与98.6°F的比较，因为热量总是从温度较高区域流向温度较低的区域。因为身体只能通过蒸发损失能量，所以 E 总是一个负值。

人体通过新陈代谢产生的热能量取决于个人的活动量。图 7 中将人活动产生的热量用代谢比值表示。一个坐着静止的人产生的能量其代谢比值为 1。对于一个普通人代谢比值为 1，则相当于产生 360 英制热量单位 / 小时的能量。饭店员工新陈代谢产热的范围从坐着工作的最低值 1 到从事重体力保洁人员的 3.4；饭店客人的代谢比值从睡觉时的 0.7 到打壁球时的 7.2 不等。

图 7　在不同形式活动下的代谢率

活动	代谢率（比值）
休息	
睡觉	0.7
躺卧	0.8
坐着，安静	1
站立，轻松	1.2
步行	
速度，每小时英里（mph）	
2	2
3	2.6
4	3.8
其他职业活动	
面包店（例如，清洗罐子，制作包装盒）	1.4 ~ 2.0
啤酒（例如，灌装啤酒在传送带上放啤酒箱）	1.2 ~ 2.4
木工	
机械锯，工作台	1.8 ~ 2.2
手工锯	4.0 ~ 4.8
手工刨	5.6 ~ 6.4
一般实验室工作	1.4 ~ 1.8
机械工作	
轻体力（例如：电子工业）	2.0 ~ 2.4
重体力（例如：钢铁业工作）	3.5 ~ 4.5
店员	2

（续）

教师	1.6
钟表修理，坐着	1.1
家务劳动，女性	
房屋清洁	2.0 ~ 3.4
做饭	1.6 ~ 2.0
手洗衣物和熨烫衣物	2.0 ~ 3.6
购物	1.4 ~ 1.8
办公室工作	
打字	1.2 ~ 1.4
勤杂工作	1.1 ~ 1.3
起草文件	1.1 ~ 1.3
休闲活动	
溪水钓鱼	1.2 ~ 2.0
健美操运动	3.0 ~ 4.0
舞蹈，联欢会	2.4 ~ 4.4
网球，单打	3.6 ~ 4.6
壁球，单打	5.0 ~ 7.2
高尔夫，打球和高尔夫推车	1.4 ~ 1.8

资料来源：《1985 美国采暖、制冷和空调工程师学会手册》中原理章节，经许可转载。

　　人体的热控制系统是通过对流、辐射和蒸发量调节能量耗散。所以，为了平衡产生的热量，身体没有净热增益。正常的舒适区域内，这种控制是通过改变身体的表面温度，通过在皮肤表面和血流量控制量的变化来完成皮肤汗液分泌。人体表面温度会通过对流和辐射影响传热，因为它取决于热源和吸热区域之间的温度差；汗液的分泌量影响从身体蒸发的热量和水分。

　　环境因素也会影响这三种机制对应的热量。房间的空气温度影响从人体对流热量的效果；较低的空气温度会增加热流量，而较高的空气温度会降低流量。在一个房间的表面温度（天花板，墙壁，地板）会影响辐射热量的传递；较高的平均表面温度允许较少的热传递，而表面温度低需要更多的热流量。空气中的湿度影响蒸发的热损失量；空气相对湿度较低比相对湿度较高的会允许有更快的蒸发速率。

　　当人体的热控制系统随着代谢率或环境因素的变化改变时，身体蒸发机理首先要应用对流和辐射机制。在一个房间里，人坐着休息时代谢比值为 1 或 360 英制热量单位 / 小时，在 60°F（16℃）和 45% 相对湿度的情况下，人体通过对流和辐射几乎将所有 360 英制热量单位 / 小时的热量散出。当房间里空气温度增加，热量通过这两种机制转移减少，因为人体与周边环境间有一个较低的温度差。因此，身体必须通过蒸发消耗大量的热量以保持 360 英制热量单位 / 小时总耗散率。这种趋势一直持续到房间的温度达到 98.6°F，此时 360 英制热量单位 / 小时的热量全部被蒸发。图 8 总结了这一效应。

　　当一个人在类似温度降低的房间里的情况下，即使温差增大，人体也会采取行动来保持身体的总热损失在 360 英制热量单位 / 小时。首先，它关闭蒸发机制。如果没有足够的影响，身体开始降低其表面温度以减少温差。如果这还不够，身体试图产生更多的代谢能量诱导非自愿的肌肉动作或颤抖，增加热损失率。

图 8　人体散热曲线图

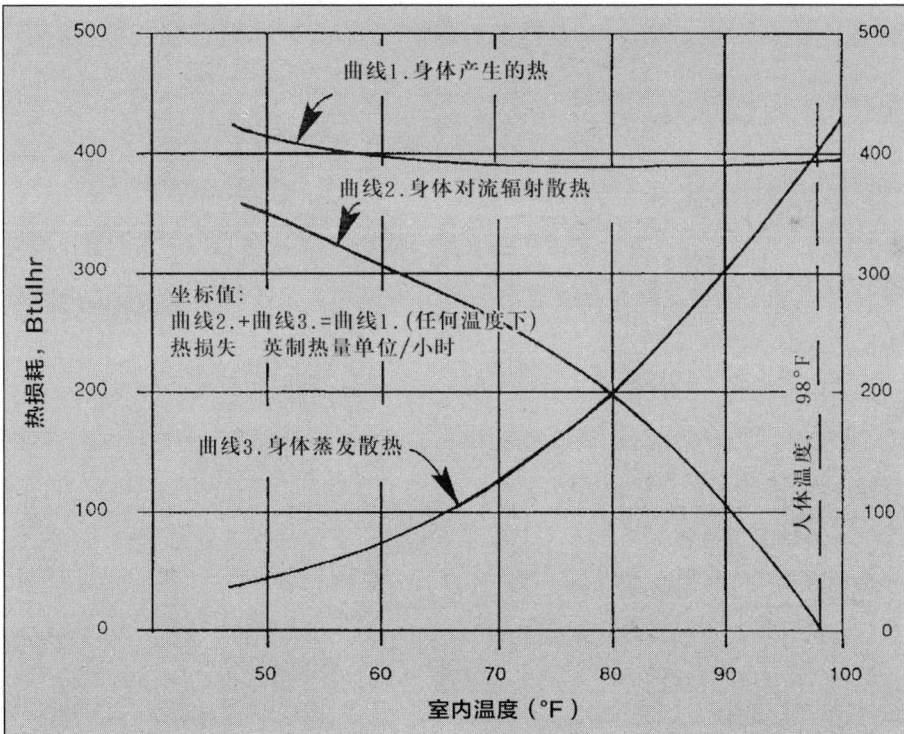

舒适区

从这个讨论中，可以明显地看出，客人的热舒适性与客人对热环境相关影响的感觉等几个因素相联系。这些因素的综合效应已合并为一个概念叫"舒适区"。这个区域被定义为包含所有空气温度和相对湿度的组合，并至少满足80%人群对热舒适的要求。

在图9中，典型的冬装和夏装舒适区分别形成含湿图的一部分。图中接近垂直

图9 舒适区

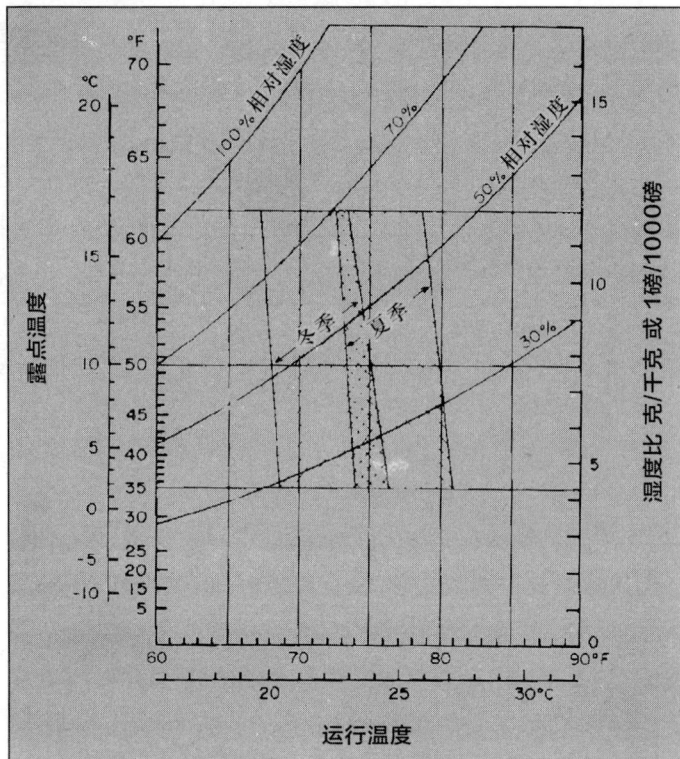

摘自：美国采暖、制冷和空调工程师学会标准55-1981，经许可转载

边界的区域（左右两侧）是对不着装的人，在不同空气条件下采样测出的数据结果。每条分界线所显示的温度和相对湿度的组合值被认为是多数客人认可的，即达到80%以上人群认可的舒适区。

分界线斜率陡，则决定客人舒适的空气温度与对应的相对湿度成反比。例如，空气在68.5°F（20℃）和30%相对湿度提供了同样的舒适程度是空气在67°F和70%相对湿度。这条折中的斜线是热传导的结果，主要取决于温度差的作用（对流和辐射）和空气中的湿度（蒸发）。由于相对湿度的增加，其热量蒸发的减少必须在较低的空气温度下，通过加强对流和辐射进行散热。

舒适区水平边界（顶部和底部）设定的部分除考虑其他实际因素外，还与热舒适性相关。在下边界线的空气（35°F露点温度）中的水分含量较少，表现为人体非常干燥的皮肤症状、喉咙发干和呼吸问题。同样的空气条件会促使实木家具、一些

建筑材料和油漆表面过度干燥或干裂。上边界线（62°F露点温度）的空气是潮湿的，在建筑内阴凉的部位，如未做保温的冷水管线或在冬季窗户内表面会出现霉菌的滋生和冷凝水。因此，一个建筑设施的良好运作，是不希望空气过分的干燥或过分潮湿。

在冬季和夏季的舒适区之间的主要区别是看受试者穿的衣物量。在冬季，服装的典型描述是较厚的长裤、长袖衬衫、毛衣；在夏季，描述的是较薄的长裤和一件短袖衬衫。因此，两个不同的季节之间的明显区别不是由于季节的适应性等内在方面，而是在这些季节通常穿衣服量的差异。

图9中的舒适区是基于对影响客人热舒适因素的几个假设。活动程度轻，主要是久坐不动的比值为1.2。房间表面平均温度（平均辐射温度，简称MRT）被假设是相同的空气温度。空气流动的速度不超过30英尺/每分钟（FPM）的过冬区和小于50英尺/每分钟的夏季区域。

从上面列出的假设情况，两个舒适区可扩展到包括具有不同特点的范围。活动等级每提高0.1比值，则需向较低温度方向移动冬季舒适区约1.0°F，或夏季舒适区约0.8°F。房间表面平均辐射温度每改变1.0°F，移动的舒适区约0.5°F；舒适区移向较暖方向时平均辐射温度降低，而当移向较冷方向时平均辐射温度增加。在规定限额为30英尺/每分钟的冬季舒适区过量空气流动是不可接受的，而在夏季舒适区增加空气的流动是可以接受的，即将空气流动速度从30英尺/每分钟增加到最大的160英尺/每分钟时，舒适区域向较暖方向提高1°F。空气流动超过这一水平，可明显见到被吹起的碎纸片、头发和其他轻的物体。

保持室内良好的空气质量

人的生理和心理两者都需要充足的外部新鲜空气，良好的空气质量是通过空调系统的循环实现的。由于生理方面的原因，空气循环系统必须提供足够的氧气替换代谢物，并排除呼出的空气副产品，以及控制空气中的二氧化碳量以便符合最低标准。该系统还必须控制各种污染物从外界进入室内的水平（如一般工业污染）或内部的污染源（如：加热系统的绝缘材料或故障产生的一氧化碳、甲醛）。考虑到心理方面的因素，对空气中含有的人身体气味和汗味，以及其他气味来源（做饭、洗澡）等必须要处理掉。

除非当地的室外空气质量严重污染，理论上讲建筑通风系统要保持室内的空气质量，只有通过循环大量的室外空气。然而，这不一定是个可行实用的解决方案，因为将室外空气引入大楼循环必须是有条件的。当外面的空气很冷，热空气加热系统必须在一个可接受的温度；当外界空气闷热潮湿，空调系统必须将空气降温和除湿到一个可接受的温度，这两个过程会消耗大量的能源。

此外，由电动机提供动力的大型风扇消耗的能量是用于空气循环。因此，建筑物通风系统的设计者确定了最低换气次数，在确保提供理想的室内空气质量的前提下，减少建筑施工费用和设备运行成本。为使室内换气次数和空气品质达到设计要求，可以使用两种办法。第一种方法是在提供可接受的外界空气下，确定最低换气次数。这种方法假设这个"干净"的外部空气稀释和消除来自室内的污染源，使得室内的空气水平达到可以接受的程度。第二个方法是通过提供污染物的最大允许水平，确定可接受的室内空气质量。虽然没有提供指定的换气次数，但实际的选择是：只要不超过污染物的容许水平，通风系统的设计师可以自由地确定。

换气次数的确定方法

室外空气污染物可接受的水平，可以从多个来源获得。[1]如果在一个特定的位置，室外空气满足这些要求，则空气可直接用于建筑物的通风。然而，如果室外空气中含有超过这些要求的污染物，则通风换气之前必须通过建筑物的通风系统进行处理。

图10标出了各种商业或建筑物类型的室外空气通风要求。要求用"立方英尺/分钟/人"表示（cfm/person）、"立方英尺/分钟/平方英尺的面积"（cfm/ft2）或"立方英尺/分钟/功能单元"（cfm/functional unit）（例如，饭店里一个房间或医院里一张床）。应用该方法，室内空气品质是可接受的。室外空气的补充解决了室内空间和各种污染物的稀释和改善。

图10 商业设施室外空气的通风要求

预计占用人数			
（每1000平方英尺或100平方米地板面积）设计占用人数未知时仅供参考	室外空气要求 吸烟	不吸烟	注释
餐饮服务	立方英尺/分钟/人		
餐厅	70	35	7
厨房	20	-	10
自助餐厅、快餐厅	100	35	7
酒吧和鸡尾酒会	100	50	10
酒店、汽车旅馆、度假村、集体宿舍和劳教所	立方英尺/分钟/间		
卧室（单人、双人）	5	30	15	独立的房间尺寸
起居室（套房）	20	50	25

浴室、厕所（附带卧室）		50	50	独立的空间大小：装机容量（间歇使用）
		立方英尺/分钟/人		
大堂	30	15	5	
会议室（小）	50	35	7	
礼堂（大）	120	35	7	
赌场	120	35	7	
办公室				
办公空间	7	20	5	
会议室和会议等候大厅	60	35	7	
公共空间		立方英尺/分钟/平方英尺		
走廊和储物间		0.02	0.02	
		立方英尺/分钟/隔间或卫生间		
公共休息室	100	75	--	
		立方英尺/分钟/运动员		
更衣室和衣帽间	50	35	15	
体育和娱乐场所		立方英尺/分钟/人		
打球场和迪斯科厅	100	35	7	
保龄球（座位区）	70	35	7	
地面运动(如体育馆冰场)	30	--	20	当场内使用制冷车养护冰面时，要求增加通风量
观众区	150	35	7	
游戏室(如棋牌室/台球室)	70	35	7	
游泳池		立方英尺/分钟/平方英尺		
泳池和池边区域	--	--	0.5	湿度较高需要求湿度控制
		立方英尺/分钟/人		
观众区	70	35	7	

　　允许吸烟的场所通风换气次数制定得较高，因为吸烟是从源头控制污染物最困难的一个。当指定的场所禁止吸烟，则通风换气次数就可以定得较低。在大量的应用实践中，降低通风换气次数可以大大节约采暖、通风和空调（HVAC）系统的运行成本。因此，对出租用房规定禁止吸烟应大力地提倡和鼓励，因为它直接影响建筑的运营成本。

　　室内空气质量的确定方法。如果室内空气污染物的水平不超过通风系统提供的室外空气水平，则通风系统所提供的室内空气质量是可接受的。此外，来自室内污染物可接受水平也必须得到满足。

　　然而，有许多物质没有法规限制已经被开发使用（例如，水银温度计），尚未被确定对人体有害的物质（例如，未知的环境致癌物）和在大力发展过程中产生的没有法规限制的物质，因为它们是复杂的混合物（纸烟）。为了应对这些物质，这种方法可以主观地评价室内空气质量。

以下步骤可用来保证主观评价的有效性。一组至少 20 名成员组成的受试群体应以一个正常的访问方式进入空间，应该在 15 秒的时间内做出可接受的判定。每一个观察者应独立于其他观察家并在不受小组领导的影响下独自做出评价。如果至少有 80% 的受试者认为对空气不反感，且没有烦人的污染物，则可以被认为是可以接受的空气。

尾注：

① 参见：例如，美国采暖、制冷和空调工程师学会标准 62.1-2004-《室内空气品质》（亚特兰大，佐治亚州：美国采暖、制冷和空调工程师，2004）和美国采暖、制冷和空调工程师学会的《基础手册》（亚特兰大，佐治亚州：美国采暖、制冷和空调工程师，2005），第 11 章。

第 8 章

概　要

基本概念

光源

自然光

人造光

照明系统设计

设计要素

照明系统维护

清洁灯和灯具

更换灯泡

节能途径

寿命期费用估算

学习目标

1. 定义基本的照明条件，解释如何用自然光来满足建筑的照明需求，介绍常见的人工光源。

2. 描述以下照明系统设计要素：光照水平、光源、色彩还原、安全应急照明灯。

3. 描述照明系统的维护和确定节能条件。

8

照明系统

设计人员对饭店照明的设计应该比其他建筑设计考虑得更多。大堂、中庭、餐厅、娱乐场所、会议室和宴会厅，以及客房舒适和有创意的灯光设计比任何其他单一的设计元素要成功。作为另一门学科，照明要求常常是基于感觉。例如，客房的采光应充分满足床头阅读、伏案工作和梳妆装扮的需要。假如不能满足这其中一种要求，客人至少会产生内心的不满。会议室照明更应该富有变化。会议室的照明应该把满足周围环境的白炽光与适宜会议使用的荧光灯和突出重点部位使用的轨道灯结合设计。特殊装饰的餐厅照明营造就餐所需的情绪也很重要。[1]

照明系统灯光布置产生的影响。光的特征和方向可以改变建筑物的色彩和纹理。照明的光学特性影响天花板和表面的外观。利用光的特性来吸引客人和产生梦幻感觉，在博彩饭店的应用就是一个很好的实例。照明的类型和程度直接影响员工的工作效率和客人的舒适感。建筑物的照明系统将影响空调系统设计和运行（因为照明会产生热量）、建筑的内部设计（照明固定装置的尺寸原因）、电子设计以及投资总金额（因为灯和它们的调节装置是初始投资的一部分）。同时，照明系统在安全方面也起着重要的作用。

基本概念

在开始讨论光源和照明系统之前，应简单介绍一些基本术语。[2]可见光是一种最简单的能被人们用肉眼看见的辐射物质。光是由各种不同波长和频率组成的，这些波长和频率能够用眼睛所看见的色彩来描述。在光谱的下端，紫色、靛青、蓝色和绿色光是由较短的波长产生的，其中靛青色的波长最短；在光谱的上端，黄色、橙色和红色是由较长的波长产生的，而红色最长。可见光包含这些色彩的一部分或者全部。

当光照射在物体的表面时，光源中的一些颜色会被物体吸收而消失，另外一些则会透射或反射。这些被透射或反射的光正是物体本身的颜色。 例如，一张红色的餐巾纸几乎吸收了除红色以外的其他所有颜色；而一朵黄花则吸收了除黄色以外所有的色彩。

因为一个物体的颜色是由光照决定的，因此，光源的显色性就尤为重要。显色性是指一个光源提供可见颜色的能力，这类似于由太阳光产生的结果。灯光的显色指数（以下简称 CRI）为 0 ~ 100，它说明了日光或白炽灯照明如何接近一个给定的光源显色能力的方法，两者都有一个 100 的指数。

光的颜色也被称为色温，更具体地讲，就是相关色温（Temperature，以下简称CCT）。CCT 可以用开氏度或 "K" 来衡量（图 8-1）。CCT 低于 3500K 的灯光就被认为是 "暖光"，发出黄色或红色的光；高于 4000K 的就被认为是 "冷光"，发出白色或蓝色的光。色温能制造一种影响客人心情和员工行为的气氛。通常，灯的规格包含 CRI 值和 CCT 值。

标准光照水平的单位和测量方法通常采取客观的数据来确定它的相对光照水平。流明是一种光的常用单位。光照在物体的表面被称为照度。照度通常用英尺烛光测量；1 英尺烛光是每平方英尺 1 流明的光照强度。 在使用公制测量的国家，光的测量单位也是用流明，而照亮水平则用勒克斯（lx）表示，1 勒克斯是每平方米 1 流明的光照强度。

图 8-1 相关色彩温度／开氏温度分布

色彩温度	温暖	中性	冰冷	日光
开氏温度范围	3000K	3500K	4100K	5000K
相关的气氛和影响	友好 亲密 私人 独家	友好 邀请 非威胁	优雅 清洁 有效的	明亮 警示 指定的色彩
应用场所	餐厅 饭店大堂 时装店 图书馆 办公区 零售店	公共接待区 陈列室 书店 办公区	办公区 会议室 教室 大卖场 医院	美术馆 博物馆 珠宝店 体检中心 印刷厂

光源

光有自然光和人造光之分。两者都能满足建筑物对光的需求。

自然光

自然光或日光是迄今为止最常见、成本最低的光源。自然光的使用是当前写字楼尤其是办公室和学校的设计者最感兴趣的，因为能源消耗中光源使用占了很大比重。由于室外晴朗的天气能使一些场所在 85% 以上的工作日的照明水平接近 1000 英尺烛光，因此，自然光是满足建筑整体照明需求中贡献最大的光源。同时也应该认识到，自然光有许多缺点：它会产生大量的热量、炫光和干扰源，并使建筑物褪色以及建筑外装修被破坏。

通常，采用自然光的饭店和餐厅能赢得客人和员工的赞赏。在一些雅

奥普里兰（Opryland）饭店戏剧性地使用了自然光（美国田纳西州，纳什维尔，奥普里兰饭店提供）。

致的饭店或其他景色优美的场所，员工有机会透过窗户看看远处的景色，就会心情愉快，眼部疲劳也会减轻很多。然而，使用自然光必须谨慎。建筑物照明系统的设计者必须考虑到方方面面的因素，比如窗户玻璃的选择是否适当、用哪种窗帘或百叶窗最合适、建筑物表面对光的反射能力、户外的自然景观及其他，从而达到使自然光令人感到舒适的效果。

人造光

人造光是阳光以外的另一种光。人造光源可根据不同的度量方法加以表示，包括它们的效率（按每瓦特流明测量）和显色指数（CRI）。目前，常用的人造光源是白炽灯和放电灯（图 8-2）。

白炽灯 一只白炽灯是由密封的玻璃泡内镶有灯丝构成的。电流通过灯丝使其加热，并发出炽热光。通常，灯通过蚀刻或涂层扩散的灯丝发出光。一般家庭和饭店客房常用的灯泡是白炽灯。

白炽灯的特点是寿命相对较短和相对较低的功效。定义灯的功效用每瓦特流明表达。白炽灯的功效是每瓦特 15 ~ 20 流明。白炽灯启动快、成本低，但易变暗。

这种灯发出的光是"温暖的"（偏红色和黄色），显色性也是不错的。因此，白炽灯不会改变建筑物或装饰的色彩。

因为白炽灯较低的功效，因此，它们向建筑物散发出大量的热以及有相对较高的运营成本。而较短的寿命会促使员工必须经常更换灯泡，这导致了较高的维护费用。灯的寿命是指在一批样品中有一半用坏时所花费的时间。举例来说，如果一种灯的寿命被认定为 1000 小时，那么 1000 小时就是这种类型灯预期的寿命，而不论一只灯泡的使用时间是超过还是不足 1000 小时。

白炽灯的功率越高，它的工作功效也越高。长期或超期使用的灯泡（它们每消耗 1 瓦特功率产生的光要比正常时少 10%～20%）一般比标准灯的效率低，但是更换这批长期使用的灯泡是困难的。如果白炽灯处在高于它的额定电压下，那么，它的功效将会提高（但寿命将会减少）。

除了普通的白炽灯外，其他类型的白炽灯则有特殊的功能：

- 为解决条件很差的现场维修和在振动的环境下作业，可采用防止震动措施的白炽灯；
- 钨丝卤素灯是能发出淡淡的"白光"（CCT 较高）的白炽灯，并且寿命比一般白炽灯长（3000 小时），这种灯除了用于特殊用途外，也因为它的使用寿命长而常常取代普通的白炽灯；
- 反射灯（PAR、ER 和 R 型灯泡）是给白炽灯涂上一层反射涂层使更多光线直射出去，这种灯被称为聚光灯或泛光灯；它们可安装在带过滤器的食品柜上方，用以减少光线放出的热量；这种灯可供商家及舞台聚光使用，但要当心，它们发光时会产生运行高温。

图 8-2 白炽灯和放电灯的种类

	标准白炽灯	钨丝卤素灯	荧光灯	圆形荧光灯	水银蒸气灯	金属卤化灯	高压钠灯	低压钠灯
功率（瓦特）	3～1500	10～1500	4～215	4～55	40～1250	32～2000	35～1000	18～180
平均系统功效（lm/w）	4～24	8～33	49～89	24～68	19～43	38～86	22～115	50～150
平均额定寿命（hrs）	750～2000	2000～4000	7500～24000	7000～20000	24000+	6000～20000	16000～24000	12000～18000
显色指数	100	100	49～92	82～86	15～50	65～92	21～85	0
寿命周期成本	高	高	低	中等	中等	中等	低	低
设备大小	紧凑	紧凑	宽松	紧凑	紧凑	紧凑	宽松	宽松
启动照明时间	即刻	即刻	0～5秒	0～1分	3～9分	3～5分	3～4分	7～9分
重启时间	即刻	即刻	即刻	即刻	10～20分	4～20分	1分	即刻
光通量维持	好/极好	极好	好	短/极好	差	好	好/极好	频繁

放电灯 放电灯是通过充满了一种混合气体空间的电弧产生的光，这类灯包括荧光灯、水银蒸气灯、金属卤化物灯及高、低压钠灯等。

放电灯不像白炽灯通了电就能直接工作。因此，所有的放电灯都需要一种附加装置——镇流器，它作为限流装置来控制灯的开启和运行。大多数镇流器安装在管状荧光灯（通常使用 1.2 米或 2.4 米灯具）上与灯管是分开的，一般安装在灯具的上方以方便更换。一些小型荧光灯、紧凑型荧光灯将镇流器和灯管合二为一制成高效节能灯，并替代白炽灯；也有一些是独立的镇流器。许多饭店营运中，更多使用单独镇流器的灯具，因为它的维修成本较低。

镇流器消耗的能量占放电灯消耗能量的 10%～15%，并散发出热量。镇流器的额定工作温度、过热保护的种类（热量保护、自动复位及一般商用的 P 型镇流器）以及噪声等级（A～F 等级，A 是最静声的）来划分的。最近的设计趋势表明包括镇流器趋于采用电子镇流器，它比原有的镇流器省电 25%，并具有调光功能。

镇流器的选择也应关注它们对建筑物供电系统的影响情况。最好是使用高功率因数（在 9 以上）的镇流器，它能减少额外付费（较低的总功率因数时）的可能性，从而提高供电系统的运行效率。选择总谐波失真较低的镇流器（约 35% 以下）也可以帮助减少电气设备出现潜在的问题。

荧光灯：荧光灯是最常见的电子放电灯，它的特点是比白炽灯寿命更长（7000～20000 小时）、效率更高（每瓦特 40～100 流明），而且发热很少，这意味着它对空调系统的冷量需求减小，荧光灯可做成圆形和"U"字形，它们与长形灯管一样好用。

自 20 世纪 80 年代开始，各种新型、紧凑型荧光灯的出现，大大扩展了荧光灯的应用潜力。紧凑型荧光灯，现在常常使用在饭店和餐馆的走廊、客房以及餐厅和其他地方。紧凑型带电子镇流器的小型荧光灯还可用于调光系统。当用紧凑型荧光灯替代白炽灯的时候，管理人员必须选定紧凑型荧光灯的 CRI 和 CCT 值以确保光质大体相同。否则，被照亮的空间其色彩和光线效果会与室内设计师所要达到的空间效果完全

20 世纪 80 年代初期生产的圆形节能型荧光灯可用来替代早期的白炽灯，它的外形较小，适于安装在一些场所和固定装置上（美国加利福尼亚州电力研究所帕洛阿尔托提供）。

不同。

　　一般来说，尽管一些荧光灯已开发生产出"偏暖色"的光，但荧光灯的显色性比白炽灯还是要差。荧光灯有多种不同的"白色"，比如冷白和暖白。冷白灯的色温约4100K，而发暖白光的色温为3000K。改进后的白光加了红色的成分，它有助于发出各种颜色的光。什么类型的荧光灯适合在饭店或餐厅使用呢？它取决于空间、装饰格调，在该空间活动所需要的气氛及其他因素。一般来说，暖色系列的荧光灯能更好地替代白炽灯的照明效果。

　　荧光灯上的标签说明了灯的一些特性。灯上标注"F15T12WW"标签，指荧光灯（F）是15瓦、小管状（T）灯管、直径为12/8英寸、发暖白（WW）色光。

　　每次启动荧光灯会使的寿命低于点亮的平均小时数。这使得人们误认为让荧光灯连续亮着比根据需要时再开关更节省。然而，这是不正确的，尤其是在电费很贵的地区。当房间或某区域空置时，荧光灯应当关闭。购买新灯的费用很容易用减少使用期省下的电费来支付。

　　建筑物室内或室外所用的灯光效果，如果比建议使用的更暖或更冷都会引起问题。对镇流器也是这样，它也有适用范围。比如，较冷地方使用了不适合冷地方用的灯和镇流器，它们要么不工作，要么花很长时间启动或者是即使启动，灯发的光也不达标。炎热地区会减少镇流器的寿命，使得镇流器出故障。使用适合高温地方的镇流器，会增加镇流器的使用寿命而减少问题的出现。当荧光灯用在较冷的地方时，应使用适合在冷环境启动和开灯的镇流器。

　　若荧光灯有调光功能，这就要求电子镇流器和调光设备满足照明系统的尺寸和类型。

　　在20世纪后期，使用的标准荧光灯是T12型——直径为1.5英寸（3.8厘米）。目前，一种新型有效的直径为1.0英寸（2.5厘米）的T8型荧光灯，配上高效节能的镇流器（理想的高效设备），能实实在在地降低照明能耗和节省开支。

　　照明技术不断发展，新产品层出不穷。T5型荧光灯就是一例。同T8型荧光灯的照度差不多，T5型荧光灯能节省10%的能源，且工作中发光稳定。由于T5型荧光灯的这些优点，它可能成为未来管状荧光灯应用的标准。

　　其他放电灯。水银蒸气灯、金属卤化物灯和高、低压钠灯使用相同的照明原理，都需要荧光灯镇流器来工作。这些灯一般都归为高强度放电灯系列。每种类型的高强度放电灯都有可能用在饭店里。

　　白炽灯和荧光灯都是通电即时点亮的，高强度放电灯的开灯时间（这个时间要求灯从冷态开始到达满负荷正常运行）则要花费几分钟。而且，重启动高强度放电灯所花的时间通常比冷启动还长。启动和重启动费时较长会在使用时带来麻烦，尤其是在需要紧急用灯的场合下。

水银蒸气灯一直用作路灯和停车场的照明。它们的亮度每瓦特为 15 ~ 60 流明，使用寿命为 12000 ~ 24000 小时。这种灯的启动时间为 3 ~ 5 分钟，重启时为 3 ~ 8 分钟。白色水银蒸气灯的色彩还原比透明灯要更好。

金属卤化物灯（MH）基本上是在水银蒸气灯的基础上添加金属卤化物用以增强显色性和亮度（每瓦特 80 ~ 100 流明）。它的寿命是 7500 ~ 15000 小时，低于水银蒸气灯的寿命。光通量——灯维持它的输出能力也是随着它的寿命减少而衰减。新推出的金属卤化物灯提高了 CRI 值（80+）、光通量和更高的能效。金属卤化物灯启动时间相对较短，只需 2 ~ 3 分钟，但重新启动的时间最长要达 10 分钟。

高压钠灯（HPS）是高效能照明光源（每瓦特 85 ~ 140 流明），它的寿命长（16000 ~ 24000 小时），而且维持高光通量的时间同它的寿命时间一样长。启动时间是 3 ~ 4 分钟，重新启动只需 1 分钟，但显色性差。高压钠灯普遍用于停车场、车库、建筑外墙及入口处。如果挑选装饰了色彩的高压钠灯或将高压钠灯同其他灯搭配使用，它们就可用在室内。

低压钠灯（LPS）是效能最高的节能光源，效率可达每瓦特 150 流明以上。它的使用寿命可达 18000 小时，且具有较高的光通量。由于它发出的光很黄，因此显色性很差。它们主要用于停车场和安全照明，比如闭店时间的餐厅照明。

照明系统设计

照明系统设计是所有饭店设施整体设计的重要部分。内部和外部的照明是设计中关键的构成要素：

- 帮助吸引客人，让客人感到舒适；
- 表达一种概念（在市场中特定的位置）；
- 制造一种气氛；
- 突出艺术品或内部装潢特征；
- 提高员工的工作效率。

此外，照明还可以对安全和能源成本支出产生直接或间接的影响。

设计要素

照明系统设计的要素包括照度、光通量、显色性、安全及应急照明等。

照度 一名设计者首先要问的问题是：这个空间需要多少光线？该问题的回答通常要看该场合是用来干什么或完成什么任务。有时一个场合要用到多种照度的灯。例如，一个会议室，在一个视听演示过程中可以只需要5英尺（1.5米）烛光亮度的光，而在一个工作间需要100英尺（30米）烛光亮度。会议室可能需要几种不同类型的照明灯和一些照明开关，或许还需要调光器调光以满足不同的照明需求。

照度通过便携式光测量仪器以"英尺烛光"显示出来。这些仪器的精密度正负误差不超过5%。便携式光测量仪器通常有很多种规格型号，以方便设计者在相当宽的范围内测量光的照度。

照明工程师协会的列表，是在综合考虑了各类饭店、餐厅任务量、场地及占用等因素后提出的最小照度（图8-3）。这些亮度都是最低水平而不是标准，设计者可考虑使用超过此水平的照度。

饭店照明的设计与其他建筑物照明的设计一样，必须符合国家及地方的建筑规范。国家和地方法规经常采纳或全部采用工程及设计部门制定的标准。关于照度，美国的建筑均使用北美照明工程师协会（IESNA）及美国采暖、制冷和空调工程师协会（ASHRAE）的标准。

图8-3 饭店餐厅场所最低照度，基于照明工程协会标准

场合			建议最低英尺烛光数
饭店			
浴室		一般	10
		镜子	30
卧室		阅读	30
		柔和的环境	15
大厅		一般	10
		读书和工作	30
机房		锅炉房	10
		设备室	20
储藏室			10
办公室		会计	150
	日常办公	办公	70
		会晤	100
		走廊、电梯和楼梯	20
餐厅			
出纳			50
用餐室	私人用餐区	亮的环境	10
		柔和的环境	3
	休闲用餐区	亮的环境	30
快餐区		亮的环境	100
		一般环境	50
食品橱窗		不得低于一般标准的2倍	50
厨房		查看、核对和标价	70
		其他地方	30

资料来源：由本杰明·斯坦、约翰·S.雷诺兹和威廉·J.麦克吉尼斯改编，《建筑电气和机械设备》第7版(纽约:威利出版社,1986年)。

两项标准可在 ASHRAE/ IESNA A90·1 版本的《新建筑的节能设计（除低层住宅外）》中找到。

图 8-4 提供了各个饭店建筑空间的最新照明标准。这种方法提出了各个饭店建筑物照明系统所需电功率的最高限值。

"饭店域照明功率密度"列的另一标准是按场所逐个计算照明功率。此方法所列标准参见图 8-5。应用哪种方法或同时使用两种方法取决于当地制定标准的政府部门的政策。这些标准同时也规定：允许对装饰照明（如吊灯）、广告照明和建筑楼体照明进行调整。

在特定场合，光的照度可通过灯光调节器来进行调节。一些系统使用光电传感器直接连接到调光的电子镇流器上，使光的照度可以自动调整。而这种技术只能用在有自然光的场合（如中庭和其他有大面积玻璃的室内），当太阳下山自然光变暗的时候，这种系统的程序可将

图 8-4　饭店照明功率密度（按建筑区域划分）

场所	照明功率密度 （瓦／英尺 ^{2*}）
会议中心	1.4
餐饮：酒吧休息厅／休闲娱乐	1.5
餐饮：自助餐厅／快餐	1.8
用餐：家庭	1.9
健身中心	1.4
饭店	1.7
汽车旅馆	2.0
办公室	1.3
工作车间	1.7
* 每平方英尺瓦特	

图 8-5　饭店照明功率密度（按逐个场所划分）

场所	照明功率密度 （瓦／英尺 2*）
独立的办公室	1.5
开放式办公室	1.3
会议厅／会议室／多功能厅	1.5
教室／演讲厅／培训教室	1.6
大厅	1.8
中厅：1～3 层	1.3
中厅：每增加一层	0.2
休息室／娱乐室	2.2
公共厕所	1.0
走道／门厅	0.7
主楼梯	0.9
常使用的库房	1.1
闲置的库房	0.3
电气／机械设备间	1.3
客房	2.5
* 每平方英尺瓦特	

人造光的照度调大。许多灯光调节系统要通过手工完成，光的照度通过手工调节以满足当前任务和管理者想用光表达的氛围。

灯具。灯具，也被称为固定装置，包括以下组件：

- 灯；
- 灯插座；
- 镇流器（用于放电灯的灯具上）；
- 反射材料；
- 透镜或格栅；
- 外罩。

灯具的主要功能是提供由灯产生的光到一个空间或表面的一种方式，使灯发出的光令人惬意和舒适。

灯具被用于直接照明、间接照明、聚光或重点照明、泛光照明和作业照明。

灯必须正确地与灯具匹配，以达到最佳和安全的使用效果；灯的几何形状、产生的热量及尺寸等是必须解决的问题。灯安装在灯口上，镇流器通常装在灯具的顶部。

反光材料对灯具整体效率起着非常重要的作用，因为它会影响从灯具出口的发光量。另一个影响灯具发光效率的是透镜或格栅。透镜一般由半透明的紫外固化丙烯酸塑料制成。格栅是为减少灯具的眩光。透镜越透明或设计的格栅越开放，则灯的散光能力越强。

灯自由散光的程度由视觉的舒适感（以下称 VCP）的程度来测量。VCP 值的范围为 0 ～ 100，70 是高性能灯具的最低可接受值。VCP 值是指那些不会从一个特定的灯具见到令人不舒适炫光的百分比。

灯具的总效率称为利用系数（CU）。该系数涵盖了灯具的反射材料和反光设计的效率、透光板和格栅的效率以及灯具内灯的相互作用等多种因素。高的利用系数值可达到或超过 90%。

所有的灯具都有基本的保养要求：必须擦拭干净、备有存货以便替换（如装饰球或安全罩）和对灯具进行修补。不论在什么时候，设计者都要选择易于擦拭的灯具。就应用来说，这意味着这种东西没有底面和侧面，尽可能地垂直而不积尘垢。悬挂在相对没有灰尘地方的灯具，应在顶部开口。灯具的开口处使空气对流，因为灯具内加热的空气上升穿过开口可将灰尘带走。灯具在有灰尘及潮湿的地方（如厨房的粉尘或洗碗间的潮气），应使用有防尘或气密的灯具将灯密封。

色彩还原 由于不同类型的灯发出的光各异，因而物业使用灯的类型会对建筑物外表、室内和陈设的照明效果产生很大的影响。比如，饭店里餐厅灯应多一些红色和橙色的光，否则，像牛肉和西红柿那样呈红黄色的食品就会呈暗色而不会引发客人的食欲。如前面所讲，CRI反映了人造光光源的相对性能（图 8-6）。一般来讲，CRI 值越高，色彩越逼真。

图 8-6　各种光源典型的 CRI 值

光源	典型的 CRI 值
白炽灯 / 卤素灯	100
荧光灯	
冷白 T12	62
暖白 T12	53
高亮度 T12	73 ~ 85
T8	75 ~ 85
T10	80 ~ 85
紧凑型	80 ~ 85
水银蒸汽灯（透明 / 带涂层）	15/50
金属卤化物灯（透明 / 带涂层）	65/70
高压钠灯（HPS）	
标准的	22
高级的	65
白色高压钠灯	85
低压钠灯	0

安全性　设计师在设计照明系统时，必须考虑安全、成本、美观及符合当地安全标准的需要。塑料固定装置应使用不易燃的或阻燃的塑料材料，具有较低的烟密度等级和热畸变温度（考虑到美观，以及塑料固定装置在紫外线照射下的耐久性，以确保不发生变黄或变脆）。应遵照生产厂家的建议安装设备，有足够的通风和间隙，避免热量的积聚。灯具与灯的额定功率应匹配使用。

光源所在位置如果灯具发生破损会威胁到人身健康（比如厨房和游泳池区），这种灯具要么用密封玻璃防止丙烯酸扩散（荧光的），或者用管状屏蔽网保护这些灯。这通常是当地的卫生法规所要求的。

照明光线的不足可能就是一个问题，或许它是员工和客人发生意外的罪魁祸首，至少也是由于它的因素导致的。光线不足显然是危险的，在有其他光的条件下，也会因灯的炫光太亮造成麻烦，比如从表面光洁的物体反射的炫光、光比很大的阴影等。客人从明亮的饭店大堂，走进一个昏暗的餐厅，如果这两个地方的地面有变化就会使客人脚下踉跄乃至跌倒。这是由于人眼睛的适应滞后所引起的，人们从明亮的地方走进昏暗的地方就能体验到这一点。出于这个原因，不应该让客人在饭店内经过很多不同光照水平的相邻区域。

注意照明系统的维护。灯一旦损坏就可能会有玻璃碴，灯在更换时可能会破裂，所以要做好手和眼睛的保护。一些公共场合的照明系统的电压为 277 伏，当使用这种照明系统的时候，应考虑粘贴标识。

应急照明　建筑物的应急照明是地方建筑法规中的特殊要求，必须遵守。本文将援引《生命安全守则》[③]和《美国国家电气规范》[④]的要求。地方建筑法规中通常引用这两个规范的标准。

《美国国家电气规范》规定：

应急照明应该包括：所有逃生出口应装置照明灯、出口标识灯和所有其他的应急照明标识。应急照明系统被设计和安装在独立照明会出现故障（比如灯泡烧坏）的地方，以避免人员在完全黑暗的空间无法疏散、逃离。[⑤]

在下列情况下使用应急照明：应急照明系统有自己独立的电源，要和常用的照明系统分开；有 2 个或更多完备而独立的常用照明系统，它们的电源是独立的，每个系统都能为应急照明提供充足的电源。一旦发生断电，启动应急照明系统的时间不超过 10 秒钟。该系统最短提供 1.5 小时的应急照明（最小 1 英尺烛光）支持。

需要注意的是，即使饭店照明系统符合上述标准，而一旦发生电力供应中断，饭店仍无法提供足够的应急照明。2003 年美国东北部停电后，近 90% 被调查的饭店都遇到一个问题，就是缺少足够的应急照明。针对设定最低要求的标准规范，饭店可以分析和判断这些标准是否可以妥善满足它们的需求。

出口标识灯是应急照明的另一要素。出口标识灯每天 24 小时工作，必须做好检修，使灯正常工作。也就是说，出口标识灯可以是节能的好机会。出口标识灯包括下列选项

- 发光的二极管（LEDs）；
- 低功率的白炽灯；
- 紧凑型荧光灯；
- 白炽灯；
- 电发光装置；
- 自发光标识。

发光二极管是最节能的选择，每个标牌耗电约 2 ~ 5 瓦。它还有一个优点就是使用寿命很长（25 年以上）。低功率的白炽灯（8 ~ 18 瓦）安在"光管"中，其寿命也很长（10 年）。紧凑型荧光灯功耗低（10 瓦或更少），但只有 2 年的寿命，且有点贵。应减少使用白炽灯，因为它的运行成本很高。电发光装置具有较高的初始成本（每套装置 200 美元），但是能耗低（每套装置大约 1 瓦），约 10 年的寿命。自发光标识不需要电，寿命 10 ~ 20 年，但每套成本超过 200 美元。因为制作中使

用了氚，因此会产生放射性废物垃圾。

照明系统维护

有多种因素可能引起照明系统运行上的问题。如果提供给灯的电压高于或低于额定电压值，则灯的发光和使用寿命就会受到影响。荧光灯和一些高强度放电灯，如果处在非正常运行的工作温度环境中，就不可能正常运转。选用与灯不匹配的镇流器也会出现运行问题。运行管理人员应时刻记住，要使照明系统运行良好，必须按照操作规程，将所有的配线与照明灯具正确地连接。

照明系统的维护会因使用灯的类型、场合及用途的不同而有所不同。维护照明系统的两项主要工作是保持灯具的清洁和及时换灯。

清洁灯和灯具

客房部保洁员定期清洁灯和灯具，可以保持建筑物室内照明灯具和灯的正常发光，使其达到照明系统的设计光照水平。如果灯和灯具被灰尘罩住，照明系统所发出的光就会变暗。经常更换建筑物中空气处理机的过滤器，可以消除建筑物内空气中的灰尘和脏物，使保洁工作更轻松。

通常要多久清洁灯和灯具呢？在很多地方每半年清洁一次已足够了，在灰尘比较多和很脏的地方，必须经常清洁。每个饭店必须制订清洁方案。

为了防止吸灰结垢，塑料灯具在清洁时应进行防静电处理。通常，在清洗液中含有一种除静电剂。塑料灯具应风干，擦拭会产生新的静电。员工在清洗灯具过程中，应戴干净手套；否则手上的油会在灯具上留下痕迹，破坏美感。

更换灯泡

更换灯泡可以是简单地为客房台灯拧上灯泡，也可以是很困难地爬进一辆破旧的卡车升降斗上更换两个固定在灯杆上的高压钠灯和停车场中间的镇流器。何种灯可用同一特性的灯替换和灯的更换原则这两个要素是换灯的前提条件。

灯的特性

如同前面所提示的一样，白炽灯和放电灯有不同的使用寿命，白炽灯需要经常更换。例如，假定一个白炽灯的寿命是 1000 小时（有些可能只有 750 小时），荧光灯的寿命是 12000 小时，如果持续使用，白炽灯每年需要更换 8 ~ 9 次（一年有8760 小时），而在同样的条件下，荧光灯大概每 1 年半才更换一次。虽然出于审美原因在客房使用白炽灯是最合适的，但在不太重要的地方，在那些不需要过分考虑美观而且工作时间很长的地方，当然可以不选择白炽灯。

考虑用荧光灯替换时，应保持所需的色彩再现。用荧光灯换台灯会引起颜色的显著变化（例如冷白和暖白），这些杂色对室内设计的灯光效果影响极大。

如果一个建筑照明系统的维护计划是将系统的照度尽可能接近它原始条件的光照水平，则系统照明光通量的减少也值得关注。照度的衰减用来测量灯在超时后照明输出降低的趋势。水银蒸气灯和一些其他类型的荧光灯，光的亮度将随着灯逐渐接近使用寿命而大大减少。除非照明系统设计过度，在灯完全失效前换灯不失为明智之举，因为它们的光亮已经远远低于它应有的亮度。

影响灯使用寿命的因素是灯的平均使用时间和灯所用的电压。白炽灯和荧光灯经常开、关，将大大降低它们的使用寿命，这些都加大了灯本身和人力方面的巨大维护成本。灯的供应电压与额定电压不同（即使是非常低的百分比）也可能对灯的寿命产生影响。如果电压高过灯的额定电压，将降低灯的寿命；相反，则能延长灯的寿命。电系统或电路电压可以改变的原因有多种，包括负载的增加或减少、供电电压的变化以及电气设备故障。

换灯原则 大多数关于更换灯的原则争论集中在是一次性置换还是只换掉不能使用的灯。前者认为一次性置换（或部分更换）掉已过指定时间的灯将能大大降低灯的更换成本。尽管通过批量购灯也有可能降低成本，但主要通过降低人力成本来降

图 8-7 灯的替换过程

计划步骤：**更换灯泡的维护计划。**

执行编号：#23

周期：每年一次

维修：执行编号 #23A

工作流程：

1. 列出每个区域灯的总数量，例如：

  • 咖啡厅——50 盏灯

  • 餐厅——100 盏灯

（续）

> • 走廊——200 盏灯
>
> 2. 一次只做一个区域，用新的替换所有的灯。将旧灯里20%最好的灯放在"替换"盒里，盒上清楚地标上某区域的名称。
>
> 3. 现在以咖啡厅换50个灯泡为例。如果你保存旧灯泡的20%，那么在标有"咖啡厅"的盒子里就有10个灯泡。
>
> 4. 当咖啡厅里的灯泡烧坏了，就可以换上盒子里的灯泡。当盒子里没有灯泡时，说明另80%的灯泡已达到使用寿命；这时再用50个新灯泡换掉所有的灯泡，这样，就再一次在盒子里放20%（10个）的灯泡。
>
> **简单吗**
>
> 附笔：不要忘记保持灯泡有充足的库存。

资料来源：摘自《维护运行手册》，美国乔治亚州、亚特兰大、美国天天旅馆。

低灯更换成本是有可能的。灯的更换原则如图8-7所示。

完全更换一组灯并不意味着空间的视觉效果会因不更换坏灯泡而大打折扣。如图8-7所列举的实例，烧坏的灯泡在失去作用后被替换要比替换未坏的灯泡容易，整组更换计划是预先设定的，就是说，该计划已经预感灯要失去作用。当一个指定区域的灯泡达到了额定寿命（在图8-7中的80%），灯就会被一次性全部更换。这样，整个空间就有统一的照度，灯泡烧坏或故障率就比较少了。一次性换灯能节省费用，特别适合在一些需要大量工时换灯的区域,或需特殊设备的地方,例如,在会议厅和停车场。

更换灯需花的时间和换灯员工的工资决定了换灯成本的不同。例如，如果房间内烧坏的灯泡由保洁员更换，则换灯的成本是很低的。但是，如果每次一只烧坏的灯都通过无线对讲机派遣一名工程人员进行更换，那么换一只灯泡的人工成本接近5～10美元。

灯和镇流器的处理 更换下来的灯和镇流器带来废物处理问题，尤其是照明系统升级或整组替换灯的时候更为明显。升级改造和整批替换会积累大量的灯和镇流器，考虑到法律和环境问题，这些灯和镇流器必须得到妥善处理。

由于所有的荧光灯和许多的高能量放电灯（尽管带绿标的荧光灯比其他类型灯含汞量少些）都含有水银，因为水银是有毒元素，按照法规要求，这些灯必须尽可能回收。美国环境保护机构和州专门机构制定了灯回收利用的相关法规。回收灯的相关法规和联系信息可登录 www.lamprecycle.org 查找。

1979年及以后生产的镇流器都含有多氯联苯（PCBs）。在美国及世界上其他很多国家对含有多氯联苯的镇流器都制定了适当的处理和处置做法。业主或与业主签约的物业公司都必须遵守这些法律。镇流器处理的选择包括焚化、回收重复利用、垃圾掩埋处理。

节能途径

对于照明系统来说，节约能源首先可以通过有效利用光源和控制工作时间来实现。其次可以尽可能地减少空间照明亮度，但这一定要谨慎对待，因为降低照明亮度可能会影响安全、生产效率或客人的视觉感受。

在尽可能多的地方，用荧光灯代替白炽灯能节省更多的电（每流明少几瓦特的功率）。紧凑型和螺旋型荧光灯可以取代白炽灯、射灯、台灯，合理规划安装在天花板上的照明装置的各种设计，将至少节省 75% 的用电量。另外，荧光灯的使用寿命长，可以节省大量换灯的人力。因为户外照明灯运行时间很长，用更高效的灯替换效率较低的户外用灯，通常可以缩短投资回收期。

有效控制照明的运行时间可以降低能源耗费和降低成本。最简单有效的控制方法就是关掉不用的灯。这简单得任何人都能做，不需要额外的培训、投资和人力，并且会产生明显的效果。既然激发员工和管理人员共同承担责任有时很困难，那么可采用自控装置尽可能关掉所有不必要的灯。微处理器可在预先设的时间开灯或关灯。除了节约用电外，减少运行时间也能延长灯的使用寿命。

户外照明多采用机械控制，包括停车场用的照明灯。与手动或时钟控制相比较，外部照明光电控制是最好的选择，采用光控可节约大量的电耗和最低的初始投资。（当需要时，照明的时钟控制必须经常根据实际情况进行设置。）在可以见到自然光的位置，管理人员均可考虑采用光电控制。在这种情况下，光控照明可以保证该范围始终保持固定的光照水平，当自然光增强时，调暗或关掉照明灯；当自然光减弱时，再打开或增加灯光照明，这样就能十分有效地避免能源浪费。

在会议室、贮藏室和其他无须持续照亮的区域，采用超声波或者红外线感应器控制灯的开关是比较合适的。感应器感应到脚步声就开灯，在设定的时间内没有声音时灯就会熄灭。在用手触感应开关开灯后，一段时间内灯会自动熄灭，照明时间的长短与选用的定时器的类型和设置有关。

在饭店和许多商业建筑中，走廊和楼梯间的灯一般都是全天 24 小时 100% 开着。随着节能灯的使用，减少了全天运行成本，但通过在走廊和楼梯间加装照明感应器控件的方法，有可能进一步降低这些成本。本文作者在墨西哥和波兰的饭店里已经看到，楼道灯均采用"占用"传感器控制照明开闭（大约有一半的灯采用传感器控制）。当客人进入走廊，所有的灯都打开，并在客人离开后延迟一段时间后自动关闭。

对楼梯间（在饭店里此类通道与走廊比较不经常用），采用正在开发的双光源照明装置，可显著减少不常使用楼梯间的电耗，同时，使用可变的楼梯照明也大大减少了光照水平。新的创意想法可以为进一步改善能源效率提供机会，同时也可以保持照明系统良好的运行状态。⑥

寿命期费用估算

用寿命期的方法来选择灯具（照明系统）肯定是合适的。寿命期方法考虑某些设备或系统有关的所有费用。对照明系统，将包含灯和镇流器（如果有的话）、工人换灯、照明灯的能耗（包括灯产生的热量）和处置废旧灯的成本等。具有较低初始成本的灯（如白炽灯）可能会有很大的能源成本和明显的人工成本。

美国环保局已将分析程序在它的"能源之星"网站发布，以用来协助评估照明方案的寿命周期成本。⑦

尾注：

①沃尔特·A. 汝茨，理查德·H. 彭纳和劳伦斯·亚当斯合著 《饭店设计、规划和发展》一书，（纽约：W. W. 诺顿，2001 年），第 388 页。

②照明条件术语，可登录：www.gelighting.com/na/home_lighting/ask_us/pop_glossary. html。

③ NFPA 101《生命安全守则》（美国马萨诸塞州，昆西：国家消防协会（NFPA），1985 年版）。

④ NFPA 70《国家电气规范》（美国马萨诸塞州，昆西：国家消防协会（NFPA），1986 年版）。

⑤经许可转载的 NFPA 70–87《国家电气规范》(1986 年版)，国家消防协会 (NFPA)，马萨诸塞州，昆西，02269。本文转载材料不是国家消防协会相关规范的全文，仅仅是相关内容涉及标准的描述。

⑥关于照明创新研究，PIER（专业的国际教育资源） 照明研究程序（可登录：www. archenergy.com/lrp/default.htm）和照明研究中心（可登录：www.lrc.rpi.edu）是两个优秀的信息网站。

⑦ ProjectKalc 是一个广泛应用的分析程序。可以登录：www.energystar.gov/index. cfm?c=business.bus_projectkalc 查阅。登录网页：www.energystar.gov/ia/business/ bulk_purchasing/bpsavings_calc/Calc_CFLs.xls. 可以用一个简单的程序计算出将白炽灯换为节能灯节省的费用。

主 要 术 语

人造光（artificial light）：太阳光以外的光。

镇流器（ballast）：控制荧光灯启动和运行的一种设备，在照明电路中作为小变压器使用。

利用系数（coefficient of utilization）：灯具的功效（灯具反射传送的光除以灯产生的光）与房间的特点和室内光的分布紧密相关。

色彩还原（color rendition）：它是使人感觉到如同太阳光一样色彩的照明能力。

放电灯（electric discharge lamp）：它是一种通过电弧穿过充满特殊混合气体的空间而发出光的灯。放电灯的种类很多，主要包括荧光灯、水银蒸气灯、金属卤素灯以及高压和低压钠灯等。

功效（efficacy）：它可有效地衡量光源由电转换为光的效率。用每瓦特流明表达。

英尺烛光（footcandle）：它是光的测量单位。1 英尺烛光是指光强度等于 1 流明/平方英尺。

高强度放电（HID）灯：它是电子弧穿过充满特殊的混合气体的空间而发出光的一种需要镇流器的灯。HID 灯属于放电灯类型，这种放电灯具有每瓦特高流明、需较长的启动和重新启动时间的特征。

照明（illumination）：它是投射到物体表面上的光。

白炽灯（incandescent lamp）：它是将灯丝密封在玻璃泡里，电流通过灯丝使其发热而产生光。

灯的寿命（lamp life）：灯的预期运行寿命定义为：在一批样品中用坏一半所花费的时间。

流明（lumen）：光最常用的使用单位。

光通量减少（lumen depreciation）：衡量一盏灯随着使用时间的增长，其光输出量的降低趋势。

保持光通量（lumen maintenance）：保持一盏灯的光输出量不变。

灯具（luminaire）：它是一种照明电器，包括灯、灯座、镇流器（与放电灯配套使用）、反光材料、透镜或格栅，以及灯罩。也被称为固定装置。

勒克斯（lx）：它是光的照度单位。1 勒克斯等于 1 流明/平方米的光照强度。

自然光（natural light）：太阳光。

启动时间（strike time）：放电灯从冷启动达到满负荷输出所需要的时间。

可见光（visible light）：人们肉眼能看得见的一种辐射能量。

复习题

1. 自然光的优点是什么？

2. 白炽灯的优缺点有哪些？

3. 白炽灯和放电灯是如何发光的？

4. 放电灯的种类和它的特点是什么？

5. 为什么说照明系统设计是建筑物全部设计中的一个重要环节？

6. 在设计光照明系统时，设计者对安全设备的考虑应牢记什么？

7. 在不适合经常替换灯的场所，灯的类型如何选择？

8. 为什么要替换整个区域的灯泡？

9. 一些照明系统可以节能是什么原因？

10. 当考虑照明系统的寿命周期成本时，什么是应该考虑的主要成本？什么是最大的成本？

网址：

若想获得更多信息，可访问下列网址。网址变更恕不通知。若你所访问的网址不存在，可使用搜索引擎查找新网址。

1. 美国照明协会：www.americanlightingassoc.com

2. 美国采暖、制冷和空调工程师协会：www.ashrae.org

3. 顾问工程师：www.csemag.com

4. 设计师：www.iald.org

5. 通用电气：www.gelighting.com

6. 照明研究中心：www.lrc.rpi.edu

7. 绿色照明工程：http://es.epa.gov/partners/green/g-lights.html

8. 飞利浦：www.lighting.philips.com

9. 美国北部照明工程师协会：www.iesna.org

10. 美国西尔韦尼亚：www.sylvania.com

附加信息：

有用的参考信息，可查询：

HowStuffWorks.com

www.home.howstuffworks.com/light-bulb3.htm

www.home.howstuffworks.com/fluorescent-lamp.htm

www.electronics.howstuffworks.com/led.htm

www.home.howstuffworks.com/question337.htm

案例分析

智能照明设计

闪亮之星饭店位于郊区，拥有 300 间客房，是提供全服务的饭店。饭店总经理布鲁斯·卡莱格最近与他的朋友史蒂夫·海运共进午餐，他是月光饭店总经理，月光饭店是位于 8 公里以外的一个类似的饭店。在午餐期间，史蒂夫非常热情地描述他们新的照明改造计划的特点，在几个月前完成改造后，便节省了数千美元。月光饭店将所有房间入口处的荧光灯替换成白炽灯。布鲁斯一直在寻找应对不断上涨的能源成本的方式，所以他决定派闪亮之星饭店的首席工程师玛丽亚·桑托，到史蒂夫的饭店去访问学习。

当玛丽亚来到现场，月光饭店的首席工程师查利先带她先参观了饭店大堂、几间客房和所有建筑里的走廊。她发现走廊里采光很好，因此走廊的灯具不适合安装电灯。他们坚持在走廊上方装壁灯，但看起来也不美观。她还注意到客房似乎有点暗，她看上去脸色苍白，甚至浴室的镜子有点发蓝。

参观后，玛丽亚与查利坐下来面谈。

"查利，"她说，"你能告诉我这样一个项目的初始投资吗？"

"嗯，购买新灯和完成所有的改造共花费 3 万美元，改造后每年的电费约 8000 美元，相比改造前每年支出的 3 万美元电费，意味着不到一年半我们就可以回收投资。"

"哇，这绝对是令人印象深刻的，"玛丽亚说，"改造后还给你们带来其他好处吗？"

"是的，"查利继续说，"首先，新灯上的灯泡寿命很长，我不用总派我的员工到房间只是换一个灯泡。我们的旧灯泡可以用 1000 小时，但新的可以用 1 万小时，这意味着我们现在的工作量只是原来的十分之一。"

"这是另一个让我高兴的事情，"他继续说，"我计划在接下来的几个月里，执行批量换灯的计划，这样就可以把省下来的劳力用于其他地方。"

"但是卫生间的照明从美学的角度看，很不令人满意。我看了看我的脸色在镜子里看上去要苍白许多。你接到过客人很多的抱怨吗？"玛丽亚问。

"我让前台接待的托比查一下，"查利说，他拨打了托比的分机，并将话机置于免提上。

　　"托比，我是查利。我们接到过卫生间照明方面的投诉吗？"

　　"嗯，客人没有太多的投诉，但是我见过有几个人在意见卡上留言，建议我们应该提供特殊的化妆镜灯。"托比说。

　　查利转向玛丽亚，说："我应该告诉你，虽然，那些荧光灯泡可能让我们节省了许多电费，但你知道客人离开浴室后常把化妆灯开着作为小夜灯使用。"

　　"我想我还有最后一个问题，"玛丽亚说，"你怎么处理烧坏的灯泡？你把它们扔掉吗？"

　　"没有，没有，没有。我们有特殊的环保处理程序。"

　　"非常感谢您的帮助，查利。明天我可以把一些重要的信息向我的总经理汇报。"说完，玛丽亚回到她的办公室把相关数据进行了整理，同时做了些思考。

　　"节约能源，是所有饭店为之努力的重要目标，但我不得不认为除了如此大量地用荧光灯替代白炽灯外，可能还会有其他办法。月光饭店是做了一件了不起的事，我们可以从它身上学到很多，但我认为我们或许还可以做一些不同的事情。"玛丽亚说道。她随后坐下来，着手研究相关数据直到深夜。

讨论题

　　1. 将白炽灯换成荧光灯泡的主要好处是什么？

　　2. 玛丽亚在月光饭店发现了什么问题？它用什么方法实现了节能的目标？什么样的机会似乎被月光饭店忽略了？

　　3. 玛丽亚根据月光饭店改造的经验，制订实施什么样的计划在闪亮之星饭店实现会更有效？

　　4. 假设 0.10 美元 / 千瓦时，一个月 30 天的电力成本，利用下面的数据计算玛丽亚的饭店每月可节约的费用？

　　如果她将客房和走廊的荧光灯全部更换成白炽灯。并决定将 40 间客房的灯泡换成日光灯，同时保留 20 瓦的灯泡。其中：

　　1. 走廊

　　当前走廊灯泡功率：40 瓦 / 只

　　更新走廊灯泡功率：9 瓦 / 只

　　每个走廊的灯泡数：75 只

　　走廊的总数量：　5 个

　　每天开灯的小时数：24 小时

　　2. 客房

　　当前客房灯泡功率：100 瓦 / 只

更新客房灯泡功率：30 瓦 / 只

每间客房的灯泡数：10 只

客房的总数量：300 间

每天开灯的小时数：6 小时

本案例由以下行业专家帮助编制：

1. 华盛顿特区、大都希尔顿饭店、物业运营总监：理查德·马祖里那。

2. 纽约市、纽约万豪马奎斯饭店：工程总监、物业管理师，设施管理师，工程认证业务主管：艾德·匹萨克。

3. 纽约州伊萨卡市康奈尔大学饭店管理学院：副教授大卫·马歇尔·斯蒂帕纳克。

第 9 章

学习目标

1. 解释饭店如何配置洗衣房，并描述洗衣房传送设备。
2. 区分洗衣甩干机和隧道式洗衣机。
3. 叙述烘干器。
4. 叙述熨烫机、折叠机和轧平整理机。
5. 解释洗衣房设计、设置和选择设备的要素。
6. 叙述洗衣房的布局、实用性以及洗衣工的安排。
7. 叙述洗衣房设备维护要点。
8. 叙述影响商业洗衣房经营的一些新趋势。

9

洗衣房系统

温德姆饭店的洗衣房系统不对外营业——饭店职工知道洗衣设备仅为住店客人服务。

这家位于长岛区的饭店内置的洗涤运行设备是一整套室内衣物洗涤设备。饭店里的客人看到的只是使他们在饭店中感到舒服惬意的柔软而又洁净的棉麻制品，却从未发现过这套运转中的洗涤系统。

饭店客房管理部经理大卫·杰库波斯凯深知洗衣房系统对于一家饭店以及饭店客房管理员的重要性。

这家饭店使用两台 150 磅和一台足有 250 磅的机器来完成洗涤脏衣物、床单的工作，与此同时还有一台配套设计的可自动熨烫并折叠的机器为饭店洗涤好的衣物来做收尾工作。这台可自动熨烫折叠设备与两台工业规格的烘干设备配合使用，可为饭店里传统却又整日处于繁重工作中的洗涤设备增色不少。"从我到这里工作以来，在这些设备的使用方面，我们还没有遇到过任何问题，" 大卫说，"我们拥有一套预防故障的内部维护流程，这套流程可保证各部件平稳可靠地运行。"

当许多饭店被迫选择洗衣服务外包时，温德姆饭店却愿意坚持使用自己的内部系统。

"在饭店内安装一套洗衣房设备绝对实惠得多，" 大卫说，"然而真正的优点在于它能为客人们提供方便。它总是在那里。你不必担心运输洗涤物品的货车因遇到暴风雪而中途受阻。" [①]

对于饭店经营来说，处理衣物的洗涤是一项基本业务。它包括处理客房、餐厅、宴会、健身中心，还有员工们等一切被弄脏了的衬衣、餐巾、桌布、制服以及其他必须被洗净的东西。饭店在妥善处理这些日常杂务方面有好几种选择。它们可以：

- 在某些情况下，使用一次性产品（例如用餐巾纸代替亚麻餐巾布）；
- 从洗衣店租赁干净的床单；

- 自己购买亚麻餐巾布并委托专业洗衣店洗涤;
- 自己购买亚麻餐巾布并全部由饭店的分店或其他附属店（既不是自主经营也不是设在饭店内部）承担洗涤任务;
- 自己购买亚麻餐巾布并全部由洗衣房完成洗涤任务;
- 把以上的选择结合起来使用。[②]

美国的住房物业管理机构普遍倾向去一家洗衣店处理全部或大部分需要洗涤的衣物。相反，世界上其他国家的住房物业管理机构则通常将需要洗涤的衣物采取外部承包方式。美国一些连锁店经营区域性洗衣房设备，是几家饭店出资购买设备并集中安装，从而提供类似于一种商业性的洗衣店，但洗衣流程和规范仍保留原洗衣企业控制的标准。沃尔特迪士尼世界是在一个与饭店分开的洗衣店为 23000 间客房洗衣的，该洗衣店集中了饭店的洗衣设备和其他的一些设施。在新泽西州的爱迪生洗衣房，万豪饭店超过 14000 间客房需要洗涤亚麻纺织物。希尔顿饭店在芝加哥地区设有大型洗衣设施，为 22 家物业处理亚麻织物洗涤业务。这些大型设施可以安装隧道式洗衣机，并高效运作。

经营一家附属性质的洗衣店有几点好处。许多业主倾心于有效的节约，因为运行自己洗衣系统的花费要比用别人的洗衣店清洗处理衣物所付的费用少得多。业主可以确保在洗涤过程中放入较少量的亚麻制品，这样，被洗衣物的寿命可以延长，丢失或被损坏的衣物数量可以减少，衣物洗涤完成的质量也可以提高。而且，业主可以完全控制整个操作过程——没有必要依赖外面的洗衣店来传送货物。

洗衣房设备

对于一个大饭店来说，一套装备齐全的洗衣房系统包括大量的设备，尤其是面向顾客的室内熨烫设备。小型洗衣店的衣物洗涤系统一般只有基本设备——洗衣机和烘干机。在接下来的部分中，本章讨论全方位的商业洗衣房设备。要切记，饭店选择洗衣设备的类型和数量取决于饭店的规模、客户服务水准以及其他一些因素的影响。

衣物传送设备

员工要先把用脏的棉布织物送到洗衣房。在小型饭店，衣物（有时被洗衣房的员工称为"作业"或"货物"）可以由人工传送。在较大规模的饭店中，大量的衣物可通过货车或衣物传送滑道迅速传送。有的饭店拥有自动化的高架运输系统，把撤下来的桌布、餐巾等亚麻制品，还有其他一些脏的衣物运达洗衣房。

货车　洗衣房货车用来把衣物运送到洗衣房、洗衣房的各处以及洗衣房外部的存储区。③洗衣房里的简易型手推车有货架式推车、带有衣杆或衣架的推车以及带有可上升平台的货车——货车的底部有支撑弹簧，以便于工人卸载衣物，底部可

资料来源：一个带高架传送系统的大型洗衣房（路易斯安那州肯纳市佩勒林米诺公司（Pellerin Milnor Corporation）提供）。

随之上升，工人们不必过分弯曲身体。货车分敞开式、带盖式和可锁式。其他一些可供自由选择安装在货车上的工具，包括牵引装置（这样一名工人便能操作货车）、排水阀、四轮制动器，特殊的脚轮以及脚轮旋转锁。洗衣房货车有不同的型号——

普通型号可搬运200、400或500公斤的衣物，也有许多种颜色以便于饭店可以选择与之装潢相匹配的货车。货车的类别基本上是重型帆布的或是连体塑料的，为便于清洗货车通常带有排水阀。

货车不应带有易刮破东西的突出障碍物，它们应当是开动起来灵活且使员工们装载和卸载货物不必变成过度的体力劳动。要定期对货车进行清洁和消毒。把搬运脏衣服的货车和搬运干净衣服的货车区分开

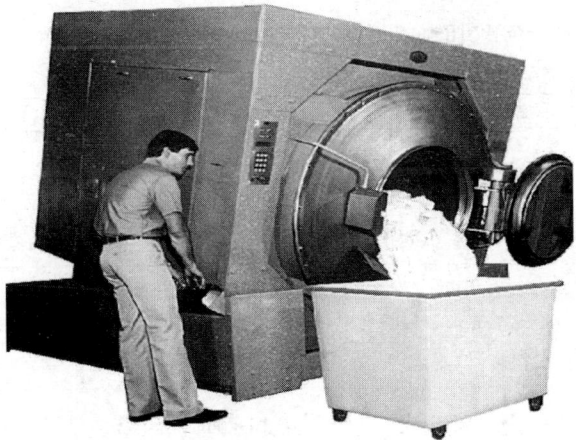

资料来源：甩干洗衣机每次可清洗处理204公斤的衣物。这种型号机器在大型饭店使用（路易斯安那州肯纳市佩勒林米诺公司提供）。

来是一个绝妙的好主意。搬运干净衣服的货车可以使用一种特别的颜色或用一种特别的材料，以便它们不与搬运脏衣服的货车相混淆。④

滑道 洗衣房滑道是从衣物间获取衣物的一种便利途径。对滑道应定期清洗去除绒毛和灰尘。在滑道里的火警探测器或防火设备要定期性地进行检查，以确保能及时报警和防范火灾的发生。洗衣房滑道应当是锁闭的，防止不守规矩的人或纵火犯带来的不良后果。锁要按照工程部的预防维护时间表进行维护，以确保滑道处于正常工作状态。

自动高架传送系统 一些大型企业的洗衣房拥有自动高架传送系统。通过一个预先设定好的程序，员工们把需洗涤的衣物进行分类，然后把它们装进袋子里经过高架轨道传送到洗衣机中。当洗衣机为下一包衣物做好准备时，工作人员便打开袋子的底部（或这个袋子自动开启）使衣物落入机器中。机器还可向后倾斜使这项工作便于完成。如果使传送系统计算机化，计算机可以追踪衣物所到之处并且可以保证整个程序完整的执行。

洗衣机

商业洗衣机有许多种类型和型号。商业洗衣机比家用洗衣机大不了太多，最多可洗涤35磅重的衣物；但有一种大型洗衣机能处理700磅重的衣物。两种最常见的洗衣机是甩干洗衣机和隧道式洗衣机。

甩干洗衣机的性能

	双人床单	枕套	54×54桌布	20×20餐巾	浴室毛巾	衬衣	短裤	制服	拖把头
35磅型	23	116	37	206	61	74	29	38	23
50磅型	33	170	54	295	88	106	42	55	33
75磅型	50	250	81	442	130	159	63	82	50
95磅型	62	315	102	560	165	200	80	105	63
135磅型	90	450	145	795	235	286	113	148	89

上述洗衣机容量提供了小型到中型甩干洗衣机通常的衣物放入量。当然，特定型号的甩干洗衣机的洗衣量也可经过加工制造（这些资料由佩勒林-米诺公司提供）。在一次洗涤循环中可以洗涤多少衣物还取决于其他方面的因素，包括每件衣物的自身重量、不同材质的织物，以及它们脏污的程度。

甩干洗衣机 甩干洗衣机有时也叫常规型洗衣机，是用不锈钢或其他重型材料制造而成的独立的设备，被用来洗涤并甩干衣物，然后将甩干的衣物进一步烘干。甩干洗衣机可以正面或侧面装载衣物。洗衣房部门经理可选择不同类型的机器。例如：选择侧面装载衣物通常是使用高架传送系统把脏的衣物传送到洗衣房的洗衣机里。

一旦把衣物装入了机器，设定在适当温度下的水便会注入。然后相应的衣物洗涤剂就会被添加于其中。计算机可以控制多台洗衣机，以便自动地添加正确的混合剂——员工只需按一下按钮，便可启动此程序。控制面板会显示出当前洗涤程序的名称（如"漂洗"）、操作的剩余时间、水温以及注入的化学用品等信息。控制面板有双语能力——信息可以由英语或其他5种语言（法语、荷兰语、德语、意大利语或西班牙语）中的某一种显示。

有些甩干洗衣机带有冷却循环。在这个过程中，冷水被慢慢注入，用以防止混合洗涤没经熨烫的织物受到"热冲击"而产生衣物皱褶。

一些大型的甩干洗衣机可向前倾斜以便于卸载洗涤好的衣物。一旦机器倾斜过来，工作人员就可以把衣物货车停放在门下方，按下按钮使滚筒旋转，使干净的衣物翻转落入货车内。这种机器也可将衣物卸载到传送装置上直接送到烘干机里。有的甩干洗衣机也可向后倾斜便于工作人员向里面装衣物。

隧道式洗衣机　隧道式洗衣机也叫作批量型洗衣机或是连续型洗衣机，其许多特性使它们不同于常规的甩干洗衣机。如图9-1，一台隧道式洗衣机的效用在于它是一组相互连接而成的各种洗衣机的组合。[⑤]

图9-1　隧道式洗衣机示意图

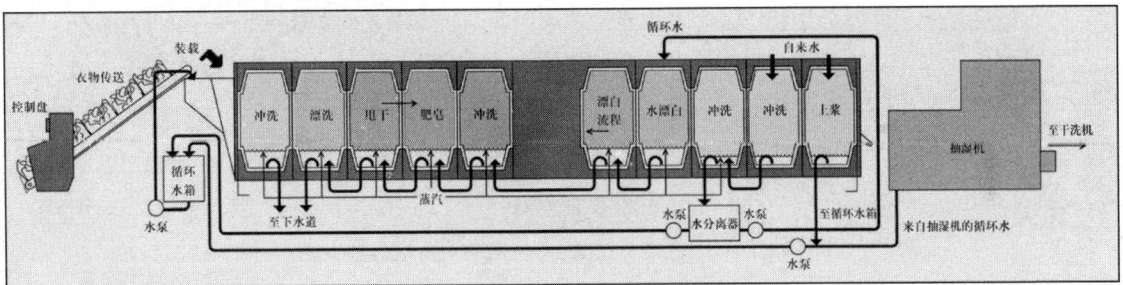

资料来源：路易斯安那州肯纳市佩勒林米诺公司提供。

无论常规型洗衣机还是隧道式洗衣机，衣物都要经受一系列的"洗浴"包括使用化学洗涤剂使其变得松软、悬浮、漂洗，将脏东西冲走。在这些洗涤步骤之后紧跟的就是收尾程序（酸化处理、上浆、柔软剂等）。一台常规型洗衣机是在同一个滚筒中完成这些工作，所以在洗涤的过程中就要不断地排水和注水到滚筒中。然而，隧道式洗衣机却可保持每一步清洗步骤在一个独立的滚筒中完成，这就要将衣物从一个洗衣缸传送到下一个洗衣缸。洗衣房分批次洗涤就像一台传统的洗衣机一样。计算机化的隧道式洗衣机可以跟踪每一批经过隧道和自动调节水的温度和化学公式，使进入的每一批衣物都得到最佳洗涤处理。

隧道式洗衣机的两种基本类型是顶部传送型和底部传送型。顶部传送型是把衣物传送到下一个洗涤步骤前，将衣物升高使之离开水面；底部传送型机器是沿着洗衣机的底部把衣物和水一并传送走。顶部传送型机器的优点是衣物被传送到下一步的洗涤程序之前衣物中的水已排掉一部分，这一过程可以使衣物的清洗工作更加彻底。而底部传送型机器则把脏水与衣物一起向前传送，相对来说衣物洗得不如前者干净。

隧道式洗衣机在美国变得越来越流行是多种原因促成的。其中之一是仅需要较少的人力便可以操作管理整部机器。隧道式洗衣机被连接到一台甩干洗衣机上，而后传送装置可以把衣物从甩干洗衣机自动移送到烘干机。这样便可以替代在独立的洗衣机、甩干机以及烘干机之间负责装货和卸货的大批员工。而隧道式洗衣机只需要一名员工给洗衣机和一两台烘干机填装衣物便可。除了节省劳动力外，能源和水资源也有明显的节约。在使用传统型洗衣机的地方每磅衣物需要三加仑的水量，而隧道式洗衣机只需一加仑的水即可。据此推理，由于需要被加热的水少了，所耗能量也可得到节约。

同时隧道式洗衣机也有另外一些优点。由于向滚筒注水和排水时间缩短，因此衣物洗涤的工序就会加快。因为水和能量需求是恒量，所以它的控制系统——水加热器、水软化器、排水系统等控制系统，也并非完全与最高的要求一丝不差。隧道式洗衣机可适用在任何可用的空间内。如果有必要，它们可以安置在某个角落周围，使洗衣机、甩干机以及烘干机排成 L 或 U 的形状。当隧道式洗衣机在小批量的洗衣房里使用时，早晨的启动时间会较快，且工作量可以保持在一个稳定的水平。做收尾工作的人员不用等很长时间就要开始工作，否则立刻就会被上百磅的衣物埋在底下。

甩干机

顾名思义，甩干机就是可以把水从洗涤的衣物里甩出来，虽然非常大的甩干机可以把水给挤压出来，但通常是采取洗衣滚筒旋转时产生的离心力的作用把水甩出。甩干机可以减少烘干的时间和成本。大部分的甩干机有两种甩干速度：快速，用于天然纤维质面料的织物；慢速，用于容易起皱的聚酯材料制成的衣物或其他一些不能熨烫的织物。独立的甩干机在大型的洗衣房或隧道式洗衣机中广泛应用；如前所述，甩干洗衣机自身带有甩干系统，因此许多洗衣房并不需要独立的甩干机。

烘干机

烘干机是通过在一个筐子中不断翻转衣物使其受到热空气的烘烤来烘干衣物的机器。目前有燃气、电以及蒸汽型的烘干机。通常来说，燃气是最经济的加热原料；电热烘干机是没有噪声的烘干器；蒸汽烘干机是可提供蒸汽动力条件区域的最佳选择。烘干机的容量范围从15～450磅不等。

现今的烘干机比以往的机器要精密得多，因为现在的织物品种繁多，其中一些对烘干有特别的要求；能否节约能源是一个较大的关注点；经理们都在寻找一种能缩减能源消耗、人员培训和劳动力成本的办法。

2台50磅的甩干洗衣机（路易斯安那州肯纳市勒佩林米诺公司提供）。

目前许多烘干机都采用微处理器控制整个系统。所有的工作仅需一名工作人员按下控制面板的与被烘干衣物类型相对应的按钮，这台烘干机便会完全执行这一整套已由洗衣房经理或烘干机厂商设计好的程序（通常由洗衣房经理来做程序输入）。一些烘干机烘干衣物所用的是专门为此类织物所限定的时间表；另外传感器与微处理器相连接，可以"探测"衣物中的湿度并在衣物被烘干的时候自动关闭烘干机。有许多烘干机还设有冷循环工序，以防止那些不能进行熨烫状态的衣物起皱。还有一些甚至有"防褶皱"的功能，经理可以预先设定在不加热时自动滚动衣物的时间间隔。例如，在10分钟之内每2分钟有20秒时间进行衣物的翻转。假如员工很忙，在这一整套程序运行完毕之后，他们还不能赶到洗衣房，防褶皱功能便会将衣物置于烘干机的底部，这样便可防止衣物起皱。

烘干机的节能功能包括气体烘干机的点火系统，它不是一个长明灯。一些厂商在它们的"节能"模块中放入额外的绝缘材料。有一家生产商提供了一种"热回收"程序包，在这个程序包里用不完的热空气的一部分被回收到烘干机里，这既节约了能源又缩短了烘干时间。还有一种烘干机节省烘干时间和能源是依靠一种总是保持在倾斜位置的篮子，利用重力来使最湿的衣物（重量最重）处在最接近热空气入口的地方。

烘干机有多种多样的颜色可与其操作环境装饰格调相匹配。其他的零件包括烘干机运行的指示信号灯，保持自身清洁的软麻布罩，烘干机圆筒的翻转驱动装置（用以防止衣物互相纠缠在一起）、带有孔隙的无阻力篮筐可以防止柔软脆弱的织物受损伤以及自动倒转节气阀（消除使烘干机变冷的气流）。烘干机带有微处理器控制的诊断系统，可让维修人员快速确定问题症结所在。

轧平整理机

通常有两台设备用作整理床单、桌布以及其他衣物，它们是熨斗和折叠机。

熨斗　熨斗使亚麻织物变得笔挺，有一个平整的外观。有时物业人员会把混有"不能熨烫"的衣物通过熨斗使其看起来崭新如初，但如果洗涤的时间过长的话，不能熨烫的衣物将会受到毁坏或破损。

熨斗可以用燃气（通常是最经济的方式）、蒸汽、电或其他热流体进行加热，熨斗也可以是不同尺寸的机器（熨烫机）。小型设备每小时可以处理 40 ~ 100 磅重的衣物，大型设备每小时可处理高达 1500 磅重的衣物，[6]其宽度足以熨烫桌布和床单。有些熨斗机甚至还可以折叠床单。还有一种双面熨斗机，可以熨烫衣物的里外两面。大型熨斗设备上的微处理器可以监控温度和生产速度。有些熨斗机将洗涤的亚麻织物直接进行洗涤、甩干，舍弃了烘干这一步骤。

> 拓展阅读
>
> ### 十种最常见的烘干错误
>
> 虽然这些提示的使用技巧在大型洗衣房才遇到，但它们对中小型洗衣房的管理还是有帮助的。
>
> 1. **烘干机装载没有达到承载量。** 就衣物洗涤规范来说，装载不足是最常见也是损失最重大的错误。带有微处理器的烘干机可以用"小载量"的烘干程序对每类织物进行烘干来消除这种错误。
>
> 2. **衣物的烘干时间过长。** 过度的烘干除了浪费能源和工作时间以外，还会伤害到织物，亚麻织物及柔软的布料会受到损坏。"干了即可停止"，不要再额外增加烘干时间。
>
> 3. **没有在恒定工作速率状态下运行烘干机。** 让员工们来规定烘干机的装载时间是一种大大降低工作效率的方法。经常是在一批衣物被烘干之后出现了空转的情况，因为员

工们在忙于其他工作。于是有装载和卸载能力的自动或半自动烘干机就被广泛用于各洗衣房中。

4.**装载或卸载机器的时间过长**。除去浪费时间以外，会造成这段时间内烘干机滚筒中的温度迅速降低，结果是烘干机不得不重新加热，为烘干下一批衣物重新恢复温度。

5.**被烘干的衣物温度过高**。烘干最有效的手段是在烘干周期的开始提供最大的热量。在衣物将要受到伤害之前设定停止加温的时间是一种明智的做法。使用带微处理器的烘干机可以轻易地做到这一点。

6.**没有足够的冷循环**。如果被烘干的衣物没有得到足够的降温，导致最坏的结果就是会引起衣物被烧焦——甚至会引起火灾。若工作人员在场要花费相当多的时间设法把衣物抢出来，其结果就是会使衣物起皱。某些时候这些衣物还要重洗才行。理想中的冷处理温度控制是根据衣物自身的温度来决定的，而不是通过事先设定好的程序来实现。微处理器可以实现对此类现象的控制。

7.**过滤器不洁净导致烘干器不能在最佳状态下工作**。洗衣房即使是遵从了制造商们提供的过滤器清洁时间表，实际上，清洁次数还是令人吃惊地少。

8.**没有保持烘干机的密封**。一台烘干机的效率是与其密封情况有直接关系的。由于它把冷空气挡在外面，把热空气保存在篮筐里，所以它能使热气流流过衣物。大多数做好的密封很快就会泄漏是受篮筐反面的孔隙（由滑动摩擦所致）的影响所致。一台烘干机若是泄漏的话就意味着它的效率会大大降低，会用更长的时间去烘干衣物。要想解决这个问题，就要常在篮筐周围替换密封、平滑用的垫子。

9.**不能及时把衣物送到收尾工序**。举个例子，在合理利用熨斗方面，在熨烫之前衣物中要保持一定的湿度才行。切忌把衣物放置时间过长，这样会导致衣物起皱。那么，要解决这个问题只有重新洗涤。要想加快工作流程，建议可以在烘干机和收尾工序之间安装一个传送带或其他可输送物品的装置。

10.**没有正确控制烘干程序和燃料成本**。要想全面提高工作效率，有必要了解如下基本要素——每一道生产工序所消耗的时间和成本的准确数值。新的个人计算机系统能提供这方面的总结报告。

资料来源：迈克·戴德令，《避免使用烘干机时最易犯的十种错误，减少洗衣房燃料消费的研究》，洗衣房消息。

折叠机 折叠机是一种非常简单的设备。它的功能就好比额外的一双手，可以帮助员工折叠洗涤好的织物。折叠机的外形很大，这种矩形的机器看起来与熨烫机相似，并且可以自动折叠好织物。它们依靠自动或人工方式把衣物送入机器而后把衣物折叠好。最初的折叠是利用鼓入的空气来做到这一点的。折叠分为直接的折叠和交错的折叠。一些机器可以把两种功能结合起来。有的折叠机设有红外传感器拍照功能，当衣物进入了机器便可被检测到；其后微处理器就会计算出折叠的位置和开启鼓风的时间。计数器可以显示已折叠床单的数量。若放入机器的衣物有被弄脏的或被撕破的，分拣设备就会提示工作人员。有些折叠机还有过渡装置，可以把衣物堆放到一个传送带上；这个传送带过一会儿就会把堆积物传送到洗衣房的下一道工序。

熨烫设备

完成熨烫工序要求有多种类型的设备，[⑦]包括人型机、袖筒机、衣领-肩部-袖口的充气定位板、塑型机、多功能压烫机、伞状帽熨平机、裤筒熨平机等。熨烫设备是用蒸汽加热的，可分为自动、半自动、人工几种类型。熨烫设备能大大提高员工们的工作效率。例如，一名员工使用一台好的衬衣熨平设备，每小时可以处理 20～35 件衬衣的熨烫工作。

放置洗后衣物的柜橱和隧道，可避免不能熨烫的员工制服和其他的外衣皱褶。这些外衣可以用衣架撑起来并且摆放到衣橱中或放到能把衣物送到可自然消除皱褶的隧道中的传送带上。

手工熨烫（电熨斗或蒸汽熨斗）、水汽喷雾器以及缝纫机也可以作为熨烫设备的一部分。

洗衣房设计

很显然，顺利运行洗衣房设备需要精心的设计、设备选型和正确合理的安装。还有一个可能不太被重视的重要因素，就是洗衣房需要有一个较低的维护成本。有一个好的设计布局、正确的设备安装，可使由于过度使用和滥用设备所导致的修理及设备故障停用现象减少到最低。

许多物业经理管理的洗衣房大多由外部承包商负责完成设计。这些承包商需要给洗衣房人员定出清楚的工作时间表，包括客房入住率和脏衣服类型及产生量，来自饮食部门脏衣服的数量和其他来源的脏衣物，如一个健身俱乐部。

也许在你任职期间，你也会被要求帮助设计或重新设计一个洗衣房。这里有几点注意事项，有以下特征的洗衣房需要被重新设计：

- 急活过多;
- 持续不断的床单、桌布等衣物的短缺;
- 洗衣房员工频繁加班;
- 洗衣房似乎总赶不上工作进度;
- 工作空间过于拥挤,经常能在那里看到过多的工作人员,货车设备占据有限的空间。[⑧]

在重新设计洗衣房之前一定要考虑以下问题:

- 是否能通过改变洗衣房的工作流程来避免工序交叉,是否应修改洗衣房的运行时间来解决过多的急活问题;
- 盘点衣物短缺是因为衣物丢失、磨损还是被窃,最后一次领取了被单、枕套、台布等物品的时间是什么时候,饭店采取三班或少于三班运行方式,存货最少30天盘点一次;
- 是否采取付给加班或专职员工工资来解决延长工作时间的问题,其他操作间的员工是否能出来协助洗衣房的工作(例如提前完成本职工作的服务部门的人员);
- 如果洗衣房始终完不成工作任务,是否因为工作人员没有合理地安排工作时间表,是否需要添置更多的设备,是洗衣房因为清洗或烘干工作的时间过长而引起不必要的耽搁吗,设备的运行效率是否最高,洗衣损失的时间是因为设备频繁出故障引起的吗,如果设备使用的时间超过了10年,那么使用一套新的设备将会明显地减少洗涤和完成工作的时间,这样就没有必要重新设计洗衣房了;
- 即使工作的环境很拥挤,重新设计洗衣房也可能是不必要的,洗衣房货车是否明显地占用了一半空间?如果答案是肯定的话,就应当相应地减少洗衣房内的货车数量,是否可以在洗衣房里开辟一个空间用于堆放脏的衣物,这一区域应当是安全和防盗的地方,万不得已,也可以让客房保洁人员将脏衣物直接送到洗衣房收衣处。

如果以上的选项不能成为解决问题的答案的话,那么重新设计洗衣房就应列入日程。即使这样做也要首先有一个成本分析,计算某段时间内直接或间接运作的成本(工人工资、洗涤剂供应、维护设备、修理设备,一些杂务所需的资金以及设备的折旧等),并且要单独算出在改造期间送到外面清洗衣物所消耗的费用。这将会使你管理者清洗处理每磅衣物所耗的成本有一个大致的了解。如果洗衣房重新设计规划(包括购买新的设备),仍然不能使清洗处理每磅衣物的成本降低15%或更多,那么从节约成本的角度上看，这个新设计方案是行不通的。

设计要素

当设计或重新设计一家饭店的洗衣房时，需要考虑的最基本的设计因素包括洗衣房的位置、机房面积、设备、布局、配套设施和所需的员工数量。

位置 如果计划重新设计现有的洗衣房，对于管理者来说，洗衣房的位置就已经被确定了。但是由于多数洗衣房在重新设计时其规模被扩充，因此到哪里去寻找额外的空间仍然是个问题。对于已落成了的洗衣房来说，节省劳动力以及使用物品的成本和寻找额外的空间关系十分紧密。有一家饭店把洗衣房中的熨烫机移放到更衣间，将洗衣房腾出的空间摆放其他附加设备。另有一家饭店在原有洗衣房上面增加了一层新的洗衣房。将原来的洗衣房中的洗涤区、烘干区以及收尾工作都安排在那一层里。而新的洗衣房内只有洗衣机和烘干设备，把原有的洗衣房变成专做收尾工作。洗干净的衣物从新的洗衣房出来以后由滑道落入在下方的货车中，而后再进行分类、折叠以及保存。

如果要规划一家新饭店的洗衣房，一定要确保把它建立在离客房较远的地方，避免洗衣房设备运转过程中的噪声打扰客人的休息。另外一个必须考虑的重要因素是：洗衣房的位置是否能与市政和排水设施连接。如果可以的话，安装的成本将会大大降低。温度很高的水——160°F ~ 180°F（71℃ ~ 82℃）、冷水、蒸汽、燃气，还有大型污水管和排水管道都是必不可少的管道要求。

如果洗衣房建立在主要楼层，那么洗衣房货车出入洗衣房相对来说就比较方便。若洗衣房的位置靠近饭店内部的衣物配给处或在其附近，将会使成本大大降低。最后一点不容忽视的是在建立洗衣房的地方需要有一面直接与外界相隔的墙，因为烘干机等设备需要与外界保持通风。

如果饭店有地下室，则通常将洗衣房的位置选在那里。因为洗衣房的设备都很重；而且来自机器的振动能得到较好吸收。除此之外，还有一些需要注意的事项。正像前面提到的，饭店在扩建洗衣房时，一般都采用原有洗衣房以上的空间而不采用建在原有洗衣房旁边的位置。新建的洗衣房地板结构必须要加强以承载所增加的重量，机器的振动已不是难以解决的问题，因为新设备有像减震器以及自动平衡篮这样的防震动装置。在夏威夷，防潮是一个值得考虑的问题。坐落在威基基海滩的夏威夷太子饭店（the Hawaii Prince Hotel）将洗衣房设在地下室的上层。如果建筑的楼层以前在设计上没有考虑承载较重的设备时，那么把设备安置在那一层之前，管理人员向建筑结构工程师咨询就显得十分重要了。

无论在哪里建洗衣房，墙壁必须是坚固的而且必须是防潮的。天花板也必须是防潮的并且还要能够吸音。通常天花板高度在2～3米才够高。地面排水应顺畅，若没有更低的地势条件需考虑建积水池集中排水。

机房面积 饭店洗衣房的大小主要决定于几个方面的因素：亚麻织物的种类及数量、平均每天客人的数量、饭店餐厅的数量、洗衣房设备的类型和性能，饭店的员工是否都穿统一的制服，如果穿的话，是否在饭店洗涤。洗衣房设备的生产供应商和洗衣房的设计顾问可以帮助确定它的大小，以满足饭店的特殊需要。

设备 因为每家饭店都有自己的经营策略，所以不可能提供统一的最佳设备选择方案。即便如此，在选择设备时仍会遇到一些常见的问题：

- 设备是否便于操作：若饭店的员工的流动率很高或是需要有别的部门的员工协助做洗衣房的工作，这时熟练的技术操作就显得尤为重要，许多带有微处理器的机器对于员工来说每项操作都很简单；

- 设备能否胜任各项工作：工作性质的不同，要求设备有相应处理各种工作的能力，例如，甩干洗衣机应该能够用来清洗大量不同脏污程度的织物——从稍微有些脏的床单到很脏的蹭脚垫，因此，甩干洗衣机还应该能够配用各种不同的化学洗涤剂，还能通过运行不同的操作程序来处理各种衣物和脏污程度不同的衣物；

- 设备是否能承受繁重的工作量：商业化的洗衣房设备都被设计成在繁重工作量下依然能保持较长的使用寿命，但有的设备处理工作的效率要好于其他设备，而且在设备运行工序中，洗衣房的设备要由许多不同的人来操作，同时，也要考虑对机器的滥用，设备结构是否使用坚固的材料制造？像承受繁重任务的马达和载物的分配加速器一样是否有长寿命的特点？

当然，在购买设备时另外一个值得考虑的因素就是制造厂商的因素。厂商是否能提供良好的服务以及零部件的售后保修？保修期限有多长？厂商所持的是何种经营执照？这种设备是否是专用的洗衣房设备？一些厂家提供多方面的专业维修服务，为了培养维护人员还设立了培训班，还为在职的培训提供录像和业务手册。而有些厂商并不能提供这些服务。如果厂商不为自己的产品提供售后技术支持或保证良好的保修服务，那管理者将在执行设备供货合同时付出昂贵的代价。①

有一个在某些时候只有到最后一分钟才会被问到的问题：怎样将设备安装在洗衣房内？甩干洗衣机和烘干机都是体积庞大的设备，为了把洗衣房设备运进大楼到底是应该先开楼顶板还是开大洞都是未知数。小规模的饭店可以买小型的设备,一些制造商还制造出形状狭长的设备,完全可以自由通过常规的门。

让我们来进一步讨论所有洗衣房都必须拥有的两件最重要的设备:甩干洗衣机和烘干机。

通常来说应安装两台小型甩干洗衣机而不选择一台大型的。因为:

- 同类型较小的机器满负荷运行花费的时间要少一些;
- 如果其中一台坏掉了,还可以有一台后备;
- 洗涤处理较小的、少量的衣物效率更高;
- 可以同时洗涤两种不同类型的衣物(例如,稍微有些脏的床单和极其脏的用来搞卫生的抹布);
- 小型机器最大负荷对配电系统的负面影响也较小。

也许在某些情况下饭店仍然愿意选择一台大型的甩干洗衣机,而不是选择两台小一些的机器。这可能是因为洗衣房不具有放下两台机器的空间。也许预算不能购买两台机器(通常情况下,一台大型机器的花费要比两台小型机器的花费少)。如果在购买一台 35 磅重的商用型甩干洗衣机和几台家用型洗衣机之间做选择的话,选择一台商用型机器可以有更大的效率、更耐用和更好的洗衣质量。

在选择一款甩干洗衣机时,首先应当考虑的是甩干洗衣机的洗衣滚筒或是洗衣篮筐口径大小。商用型甩干洗衣机依靠不断提升和滚动达到清洗衣物的目的。这与依靠搅动来洗涤衣物的家用洗衣机不同。大型号的洗涤筒要比小型的提升和翻滚的次数多,同一额定容量的机器可能有不同口径的洗涤滚筒:洗涤筒小的机器所洗涤的衣物会少一些。洗涤筒翻转的速度也很重要。洗涤速度若是过快就会使衣物贴在洗衣筒壁上,从而阻碍提升的动作。

因为洗衣房要洗涤处理各种各样的织物,所以最好选择一台高速甩干机(针对厚重的衣物和棉织品)和一台低速甩干机(针对免烫的床单、涤纶或涤棉的员工制服和其他的聚酯纤维或混纺织物)。如果预算仅够购买一台机器,那么就买可调节甩干速度的那一种类型的机器。[⑧]

要想快速装载和卸载货物,有一扇大的、便于进入的仓门就显得非常重要了。仓门上的安全锁可以防止机器在运行过程中仓门意外开启。

总之,便于操作是重要的。应当选择一台便于员工们轻松快速掌握其操作要领的甩干洗衣机。

烘干机可快速烘干衣物等并且减少褶皱。一台烘干机的容量应当比其相应的甩干洗衣机的容量稍大一些，一般应大于甩干洗衣机容量的 25% 以上。[①]

    在选择烘干机时，有许多事项值得注意。它是否适合饭店所需要的尺寸？它是否便于操作？是否便于维修保养？一些烘干机拥有微处理器诊断功能。如果烘干器的仓门、加温传感器、马达等有什么问题的话，微处理器便会显示出信息以帮助维护人员解决问题。烘干机是否有多种不同的干燥周期用于处理不同种类的织物呢？它是否有防褶皱循环？是否有无摩擦洗涤篮筐？这些问题以及其他问题的答案将会帮助饭店把最适合饭店需要的烘干机买回来。

    布局   洗衣房的设计布局决定了设备的位置，以便于衣物洗涤工作由脏衣物存放区到衣物整理区的整个流程能正常而顺畅地进行（图 9-2）。

图 9-2　洗衣房平面布局图

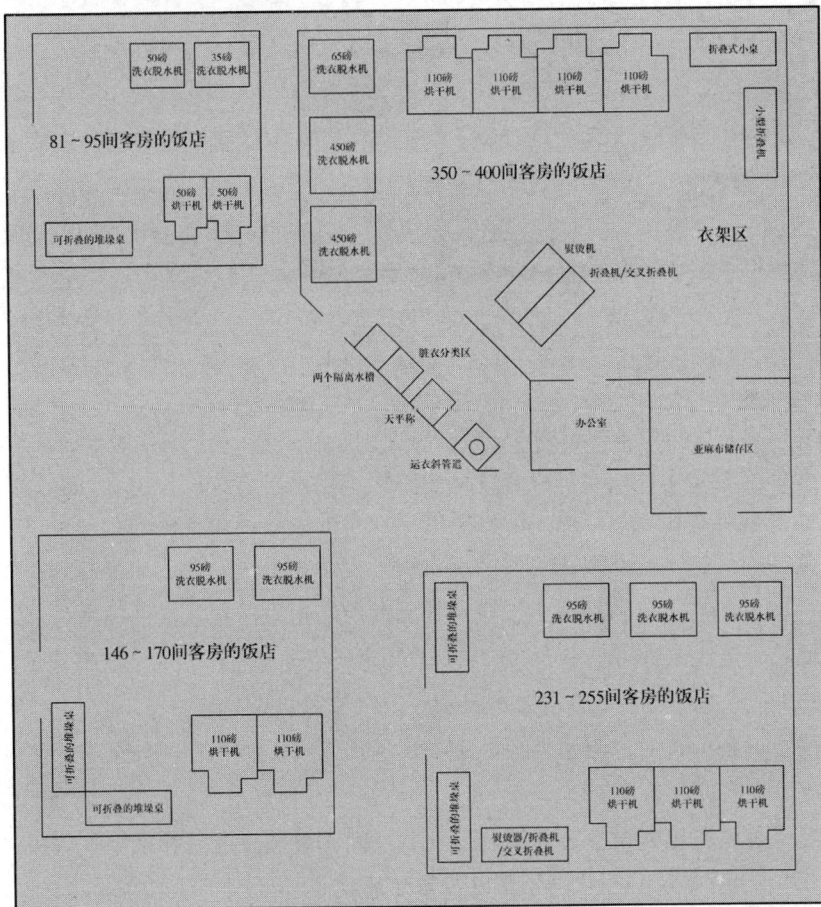

资料来源：此平面图由佩勒林米诺公司和杰伊·D.蔡斯提供，摘自《饭店洗衣房服务：选择要点》，1986 年 5 月，第 34 页。

图 9-3 显示了一家小型饭店（150 间客房）典型洗衣房的设计图；图 9-4 显示的是拥有 500 ~ 750 间客房的饭店所配套的洗衣房设计图。这些举例说明洗衣房的整个工作流程和保持关键设备之间（例如在甩干洗衣机和烘干机之间）的传输距离最短。在对洗衣房设计图进行任何修改之前要考虑到工作流程，即要保证操作工序或传输能正常流畅地进行。

图 9-3 小型饭店洗衣房平面布局图

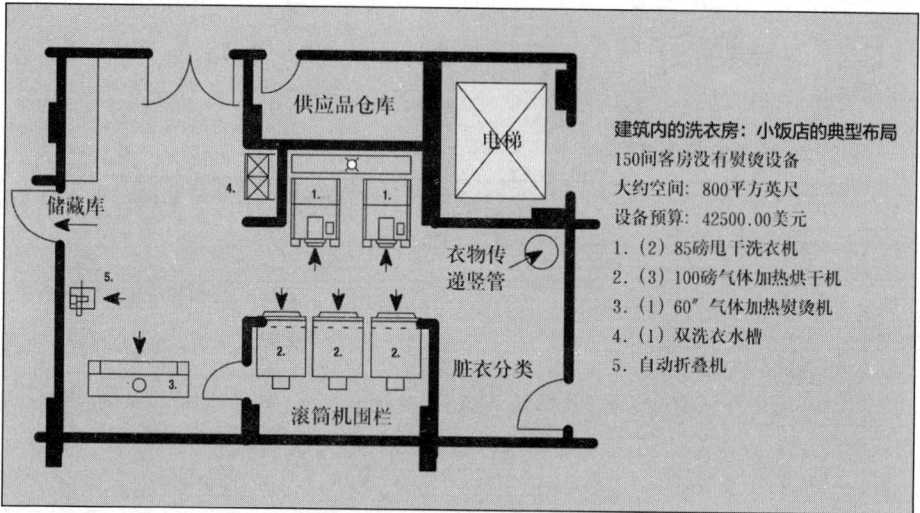

建筑内的洗衣房：小饭店的典型布局
150 间客房没有熨烫设备
大约空间：800 平方英尺
设备预算：42500.00 美元
1.（2）85 磅甩干洗衣机
2.（3）100 磅气体加热烘干机
3.（1）60" 气体加热熨烫机
4.（1）双洗衣水槽
5. 自动折叠机

资料来源：由杰伊·D.蔡斯提供，摘自《饭店洗衣房服务：选择要点》，1986 年 5 月，第 38 页。

洗衣房设备的摆放要便于装载和卸载的设备，以减小被洗涤衣物的转运时间。脏衣物的存放和分类区应靠近甩干洗衣机。烘干机也应当被放在甩干洗衣机附近，这样可以节省时间和人力。甩干洗衣机的挂衣物的铰链和烘干机的仓门可以向左侧或向右侧开启，最终选择取决于整个洗衣房的设计布局。例如，如果靠同一面墙并排摆放两台甩干洗衣机和两台烘干机，那么就应当把甩干洗衣机的铰链放在左侧，把烘干机的铰链放在右侧，这样洗衣房员工就无须绕过开着仓门的洗衣机到烘干机。折叠衣物区应该选在靠近或在洗衣房衣物存储区和房间的方向。

在确定设备位置时，应密切关注洗衣房的出入口、结构柱（如果有的话）、下水道设施。在安装设备之前要查阅一下当地法规中是否有限制或强制性的条款。

饭店是否应在相邻设备之间留有足够的空间？最佳尺度是在甩干洗衣机之间至少留有 0.5 米的距离。烘干机通常可以较紧凑地放在一起。[12]

同样每一部机器周围也要适当留出空间便于工作人员进行维修。尽管所留的最小空隙因机器设计不同而不同，然而一些制造商会建议机器背部与墙之间至少留有0.6 米的距离。⑬

配套设施 许多洗衣房设备都要求有配电系统。通常采用三相电，电压至少为208/240 伏特。在洗衣房内无论使用 115 伏还是 220 伏的电源，插座都必须带接地线。机器可以利用天然气（不太普遍）或蒸汽作为燃料来源，需要与整栋大楼的燃气或蒸汽系统连接。

洗衣房必须兼有冷水和热水供应。每一磅衣物的整套洗衣工序需要用 1 ~ 5 加仑的水。如果用温水洗涤衣物，就无须增加热水用量，可以利用调压器给加热器调压。否则，就需要额外增加一个热水器。由于冷水和热水在洗涤中都要使用，适当对水进行软化处理是明智的做法。排水设施的排水速率必须要保证大于现代洗衣设备的排水速率。通常使用排水沟槽来排水（图9-4）。其他的地漏（直接安装在与地面齐平的表面，避免妨碍工作）可排掉偶尔溢出的水和正常排出的污水。

供给洗涤衣物的水压要保持在适当的范围内。大型洗衣房洗衣机的注水速度极快，也就是说要有足够的供水压力来确保洗衣机能较快速地被注满水。因为大量的水需要一个特定的温度，因此大型的洗衣房要拥有自己的水加热设备。这种设备的维修与所有的热水设备一样。应购买这种重型的商业设备用于洗衣房热水的加热。

图 9-4　大型饭店洗衣房平面布局图

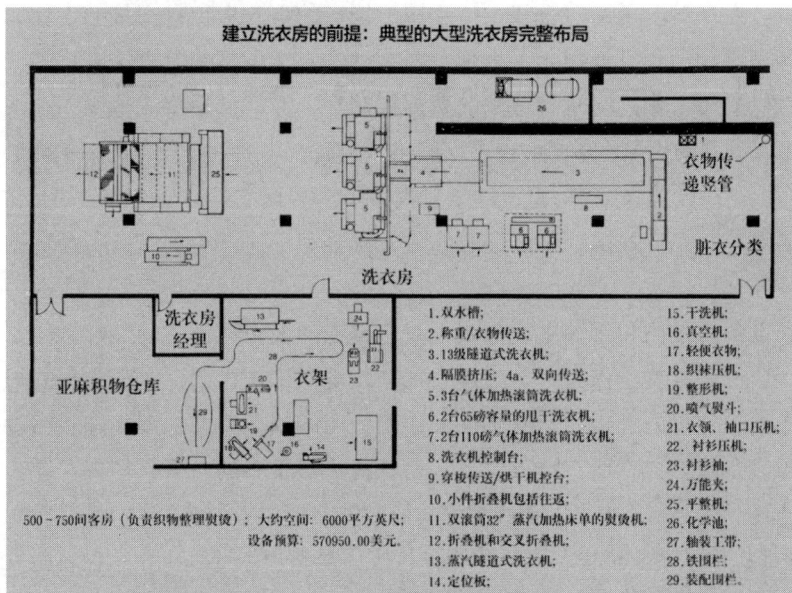

资料来源：由杰伊·D.蔡斯提供，摘自《饭店洗衣房服务：选择要点》1986 年 5 月，第 36 页。

洗衣房不能使用有污染的水。正如上面提到过的，用来做衣物洗涤的水通常是经过软化的，因为经过软化的水更利于洗涤去污。消除铁锈、锰锈以及硫黄是很有必要的，这样可以避免衣物的染色问题，还能提高洗涤和清洁能力。维护人员要确保水处理设备制出的水在规定的指标范围内以及设备得到正常的维护，定期做水质化验可以确保被处理的水达标，同时检查供水条件是否改变了。

商用洗衣房设备注水速度过快会导致"水锤现象"，这一问题也会影响水系统的其他部分。当水在管道中快速流动突然遭到中止时就会产生水锤现象。在洗衣设备的容器上，采用电磁阀门来控制水流以解决这一问题。在水管线上考虑安装防震动装置，可以减少管线上的水锤现象或者用可调的气动水阀门替换电磁水阀来消除水锤现象。

员工数量 洗衣房内工作人员的数量是影响洗衣房设计的因素之一。一般小型的洗衣房可按照每人每小时能处理约 80 磅衣物的原则考虑。[⑧]允许留有足够的空间以便于在洗衣房最繁忙的时间段调配洗衣房内员工的数量。

洗衣房设备的维护

饭店总经理对于正确运行和维护附属于饭店的洗衣房负有间接的责任。直接的责任由客房部和工程部承担。工程部负责维修洗衣房设备并负责洗衣房的给水、电力、蒸汽供应等工作，同时将用水的费用控制在上级部门划定的范围内。洗衣房设备可以由工程部的人员来维护，也可以雇用承包商——通常是设备的供销商来维护。客房部将根据每天洗衣房的工作需要，随时抽调客房保洁员参与洗衣房的日常工作。有的饭店设有一名洗衣房经理；还有的是安排客房部执行经理或一名经理助理处理洗衣房业务。

洗衣设备的维护和运转主要取决于设备自身的大小和设备的性能。一家饭店为另一家饭店处理衣物洗涤工作与处理自家衣物洗涤工作相同，对洗衣房的规模和设备规模的要求比只处理饭店自身洗涤工作的饭店的规模要大很多。洗衣房设备的类型取决于设备是要提供所有洗衣服务还是仅提供最基本的服务。例如，饭店洗衣房可以自己做干洗工作，也可以送到外面的商业洗衣公司去干洗。

图 9-5 提供了洗衣房设备的维护工作程序。虽然当今计算机化的设备能发现并排除某些故障，但维修工作仍然不是一件轻松的事。相对于大型洗衣房来说，有时维

护人员事实上要在洗衣房待上一整天，甚至还要请代维人员来进行维修服务工作。为预防故障发生，一个好的维修保养计划对于洗衣房设备来说是不可缺少的，因为一次设备中断运行会给饭店形象带来直接的不良影响。

洗衣房设备并不是洗衣房维护的唯一重点，为了解决洗衣房内的高温、高湿度以及化学药剂挥发等工作环境问题，大部分的洗衣房是通过饭店内的空气调节系统来保持其房内的环境。由于这个原因，维修人员要优先维护为洗衣房设置的空气调节设备，以满足洗衣房内部对环境的要求。[15]

图9-5 洗衣房设备维护计划示例

洗衣机	烘干器
每日一次	**每日一次**
1. 检验洗衣机和检查操作。	1. 检验机器和检查操作。
2. 清洗仓门的垫圈并擦净肥皂泡。	2. 清洗棉绒圈套。
每月一次	**每月一次**
1. 检查并拧紧底部的固定螺钉。	1. 检查并拧紧底部的固定螺钉。
2. 清除房间内灰尘以保持房间清洁。	2. 清除顶部设备仓和燃烧装置上的灰尘。
3. 检查松动的电线并拧紧接线端子。	3. 从电子设备底部清除尘土和棉绒。
4. 检查皮带是否磨损或过紧。	4. 检查松动的电线并拧紧接线端手。
5. 检查排水装置，清除污物。	5. 检查皮带是否磨损或过紧。
6. 润滑排水的电磁装置。	6. 按照产品说明定期润滑每一处（也可以每年若干次）。
7. 按照产品说明定期润滑每一处（也可以每年若干次）。	**每年一次**
8. 清洁机器。	1. 每月要制定维护项目。
每年一次	2. 按照产品说明书和频率润滑轴承（可能是每月而不是每年一次）。
1. 在每月初列出每条操作项目。	3. 打开前面的装载仓门检查旋转滚筒的间隙，根据需要调整后面的螺栓。
2. 检查皮带轮组，按照要求调整对齐。	4. 彻底清洁烘干机。
3. 打开前面的装载仓门，检查旋转滚筒的间隙并调整。	5. 检查皮带轮对齐，根据需要调整。
4. 检查所有的安全装置。	

资料来源：由佩勒林米诺公司和杰伊·D.蔡斯提供，摘自《饭店洗衣房服务：选择要点》，1986年5月，第34页。

洗衣房经营新趋势

洗衣房设备制造商一直努力提高它们的设备和设计安装工艺流程。同时，在本章开头提到的、一些驻场的公司经过长期的实践，努力在可建设集中式洗衣房经营服务的城市和地区的饭店里设立现场洗衣区域。这一新兴的趋势对现有设施的操作和新业务的设计是非常重要的。其他新兴趋势是使用安装带有臭氧水漂白和消毒水回收的设备。

使用臭氧进行漂白和消毒，并替代含氯的漂白剂可以有很多的好处。因为氯漂白材料具有潜在的毒性，并可以损毁床单和毛巾。而臭氧漂白和消毒不使用有毒的化学品，且臭氧对亚麻和毛巾织物的影响也很小。此外，臭氧可以循环洗涤，可以减少所需的用水量和需要的热水量，并可以缩短洗涤时间。臭氧设备所需的空间相对较小，可以相对容易和有效地改造现有的许多洗衣房设备。由于所有这些好处，臭氧替代含氯漂白剂主要关注点是其业务价值。然而，某些类型的污渍可能需要臭氧以外的一些处理。

循环水设备的运行操作不仅可以减少水的用量，还可以节约使用热水的费用。饭店洗衣房安装循环水设备可节约用水 40% ~ 60%。这样做所需的设备会大于刚才讨论的臭氧系统，所以应为工程改造预留更多的空间。目前用在大型洗衣房里的设备，安装成本约为 10 万美元，回报期要 2 ~ 3 年。[16]还有一些做法是从烘干机的排热风口进行热回收。[17]

尾注:

①奈克·里奥《温德姆饭店内部洗衣房住店顾客须知》，饭店业务杂志，1998 年 7 月 7-20 日，第 32 ~ 33 页。

②弗兰克·D.伯森尼克和艾伦·T.思达《饭店业工程系统管理和维护》，第二版（纽约：威利（Wiley）出版社，1987 年），第 442 页。

③下列信息来自：《保利－克斯：无缝模压聚合体货车》手册，由美国新泽西州利奥妮娅市米斯公司提供。

④《米诺 35 磅和 50 磅机器的试车》手册，由路易斯安那州肯纳市，佩勒林米诺公司提供，第 30 页。

⑤本部分的许多信息来自《隧道式洗衣机问答》一文，由路易斯安那州肯纳市，佩勒林米诺公司提供。

⑥摘自美国伊利诺伊州芝加哥市，芝加哥德赖尔公司编写的《芝加哥全明星阵容》一文。

⑦本部分的许多信息来自美国肯塔基州路易斯维尔市，西赛尔制造公司编写的手册和其他材料。

⑧这个清单和本节中的许多信息源自：查尔斯·A.艾默林编写的《如何发现和消除早期问题的办法》一文，洗衣房信息。

⑨《洗衣房设备选择一览表》，由路易斯安那州肯纳市，佩勒林米诺公司提供。

⑩《购买甩干洗衣机之前》，《今日管家》杂志。

⑪肯尼思·A.派曼《洗衣房省钱之道》书中：灵活的购置设施。

⑫《洗衣房布局设计》，由路易斯安那州肯纳市，佩勒林米诺公司提供。

⑬《洗衣房布局设计》。

⑭《洗衣房布局设计》。

⑮关于建筑楼宇洗衣房和洗衣店的更多的信息，源自美国肯塔基州里斯满市，国家亚麻织品管理研究学会和美国亚麻纺织品服装学院。

⑯美国马萨诸塞州 Canton 市，四季度假村饭店和西门子建筑科技有限公司联合撰写：《降低洗衣成本的新技术》，刊登在《能源新闻》杂志－8 期（2004 年 7 月）。

⑰"令人难以置信的结果？美国拉马达市通过洗衣烘干机的热回收降低燃料消耗达到 50％"。转载自：www.rototherm.net。事故模式与后果分析，饭店／汽车旅馆工程师协会，2000。

主要术语

底部传送机器 (bottom-transfer machine)：在一台隧道式洗衣机中用于沿着底部传送衣物和水的机器。

冷却循环 (cool-down cycle)：洗涤工序中慢慢注入冷水，以防止混合的不能熨烫的织物由于"热冲击"而产生褶皱。

烘干机 (dryer)：通过翻转衣物使其与热空气相接触来烘干衣物的一种机器。

甩干机 (extractor)：从洗涤织物中将水甩出来的一种机器。通常是使衣物在一个篮筐中旋转，即便是大型的甩干机也可以把水挤压出来。甩干机可以缩减烘干时间和成本。

折叠机 (folder)：可折叠织物的机器。折叠机由一系列简单的部件组成。庞大的矩形机器可以帮助手工折叠的员工自动地折叠织物，只需把织物人工放入机器中，或将亚麻织物直接手工送入烫平机即可。

烫平机 (ironer)：利用滚轴来熨烫衣物的一种机器，使衣物变得挺而有形。有些烫平机也可以折叠亚麻织物并能整齐地堆成一叠。

顶部传送机器 (top-transfer machines)：在隧道式洗衣机中，可以把衣服提出水面并在衣物被传送到下一道工序之前晾干衣物的机器。

隧道式洗衣机 (tunnel washer)：也称为一组或连续型洗衣机。隧道式洗衣机实际上就是一系列的洗衣机互相连在一起，每一道工序或说阶段都处在不同的洗涤筒中，衣物是从一个洗涤筒被传送到下一个。

甩干洗衣机 (washer-extractor)：有时也叫常规型洗衣机。这些独立设备用来洗涤衣物，并在洗完之后把衣物中的水甩出来，再移送到烘干机中。

复习题

1. 衣物是怎样被传送到洗衣房中的？
2. 甩干洗衣机和隧道式洗衣机之间有何区别？
3. 顶部传送和底部传送的隧道式洗衣机有何区别？
4. 当今尖端的烘干机有哪些特殊功能？
5. 可能需要重新规划的洗衣房会有哪些特征？
6. 如何给一家新洗衣房定位或在一家旧洗衣房扩大空间时给出合适的建议？
7. 在选择机器时，应问一些什么样的具有代表性的问题？
8. 在选择甩干洗衣机和烘干机时，应注意考虑的细节是什么？
9. 洗衣房的布局应牢记的原则是什么？
10. 洗衣房设备维护会遇到一些什么问题？
11. 影响饭店洗衣房经营的新趋势是什么？

网址：

若想获得更多信息，可访问下列网址。网址变更恕不通知。若你所访问的网址不存在，可使用搜索引擎查找新网址。

1. G.A. 布劳恩：www.gabraun.com
2. 佩勒林米诺公司：www.milnor.com
3. 法布里国际护理协会：www.ifi.org
4. 当代洗衣房：www.laundrytoday.com
5. 纺织品护理行业联合协会：www.tcata.org
6. NAILM：美国亚麻纺织品服装学院：www.nailm.com

第 10 章

学习目标

1. 介绍食品加工设备以及烤箱、烤炉的种类。

2. 介绍烤炉、烤盘、蒸汽锅、排烟罩以及非厨房设备如热贮柜、冷热饮设备、冰箱冰柜、制冷机。

3. 介绍洗碗机、垃圾粉碎机，总结食品加工设备维修问题。

4. 介绍食品服务设备保修，了解专业顾问以及供应商的作用。

10

食品加工设备

从某种意义上说，商业性或公共团体的厨房是否曾经被你想象成一间工厂？从厨房接收原材料，通过各种加工制作过程，预制、混合、制作、完成、装饰，将成品"包装"及"运输"。

从原材料变成食品的这一过程，完全像是在工厂里加工，要求有人力及机器，合理地组织所有的因素，顺利有效、紧凑恰当地按计划运转。[①]

目前有许多不同类型的食品加工设备用于商业厨房，这些设备以天然气、电或蒸汽为动力。几乎任何食品加工设备都具有小型工作台或较大的独立工作台。为了使用灵活，有些配置车轮或放置于轮式小推车上。不同类型的设备通常被组合成一套设备使用———一套普通的厨房器具：下方有烤炉，上方有烤焙器。

本章我们先讨论在食品预制、烹制、清洁卫生方面具有代表性的商业厨房设备。然后介绍关于设备维修维护及保养方面的资料。最后将讨论设备顾问及承包商的作用。

食品加工设备的种类

预制设备

本部分将讨论在商业厨房中最普遍使用的几种主要预制设备：搅拌器、食品处理机和切片机。[②]

搅拌器　搅拌器用来混合不同种类的固体食品、固体与流体、两种或两种以上的不同流体食品。搅拌器配上附件可以使食品：柔和、搅拌起泡、乳化、切片、混合、磨碎以及切割食物。

搅拌器有几种类型，最普通的是垂直式搅拌器。垂直式搅拌器的容量范围从 5 ~

140 夸脱（4 升 ～ 133 升）不等。[③] 20 夸脱（19 升）型通常是台式或长条式；30 夸脱（28.5 升）型为长条式或落地型；容量为 40 夸脱（38 升）或容量更大的搅拌器为落地型。垂直式搅拌器的电动机安装在钵体上方，附件从发动机上悬挂下来——大致与家用小型台式搅拌器配置一样。当钵中填满配料时，

落地式搅拌器（资料来源：由 Univex 提供）

垂直切割／搅拌器。该型号重 260 磅（117 公斤）。（资料来源：由 Stephan Machinery 公司提供，哥伦比亚，俄亥俄州）

杠杆、齿轮或电动机将钵体升至一定位置，附件装置就可以正常工作了。

食品处理机 食品处理机用于切割、切开、磨碎、提纯或混合食物，多数商业厨房使用这些食品处理机。这些器具从类似于家用厨房的小型台式厨具到大型流动式厨具，都能使食物直接放进平底煎锅内。食品处理机的特点是配有许多安装在中心轴上用于切开及混合用的附件，它们能满足任何特殊的需要。

垂直式切割器、混合器是老式的食品处理机，典型的有不锈钢钵体式，它的底部配有一个电动机，安装在架子上，使不锈钢钵体保持在工作高度。在厨房里，大量的蔬菜需要使用大型的刀具进行粗加工，这种刀具安装在工作台面上，电动机安装在旁边，比不锈钢钵体低很多。

所有食品处理机均是电动的，并且易于在厨房各处移动。

切片机 一台切片机旋转刀片的刃非常锋利，能切断食物。食物放在一个托盘上前后滑动，将食物推至旋转刀片上。托盘可以手动或者电动，一般商业厨房常用电动式。

切片机用于切肉、干酪、西红柿及其他做三明治和沙拉的食物。厨房中很多地方均可放置切片机，将切片机放在推车上，便可将它移动到所需要的地方。

烹制设备

烹制设备包括组合厨具、烤炉、烤焙器、倾斜蒸炖平底锅、煎饼浅锅、深槽油

炸煎锅，蒸汽厨具以及通风罩。④大多数的烹制设备既可以使用天然气也可以用电，有些蒸锅可利用大厦的蒸汽系统。如果没有天然气的话，烹制设备通常可使用丙烷。

组合厨具　组合厨具使用浅层表面烹制食物。有灶间台式组合厨具，但大多数商业组合厨具是落地式的。组合厨具通常在下方配有常规或对流式烤炉；组合厨具下面安装架子或储藏柜的通常称为骨架式组合厨具。一套组合厨具也可配有烤焙器附件装置。因为组合厨具主要用于快餐烹调，并且非常通用，它们已成为商业厨房里灶具中的支柱。但是，这种情况正在慢慢变化着。一些专门的器具也可做以上的工作，而且耗能极少，对于刚刚开始接手、没有太多技能的员工也都可以操作。事实上，现在一些商业厨房中有配套的灶具。⑤

各种厨房组合厨具类型的命名与它们烹调方式相一致，类型有固体顶式、油煎锅顶式、敞开顶式和辐射式。

固体顶式：固体或热顶组合厨具，按照罐或浅锅的设计，其顶部由固体铸铁或合金组成。以上组合厨具可用几种不同火炉放于下面，固体顶式组合厨具的顶部均匀地被加热——就是说，无论在其任何部位放上一个平底锅，都可以接收等量的热能。另一种组合厨具，称作辐射热顶式组合厨具，在顶部下面有火炉，像一套同心的圈。它最热的地方是中心，其温度向边缘处逐渐降低。第三种组合厨具火炉在它的前面，因此它最热的地方在前面，后面温度较低。需要快速加热和煮沸食品时就使用组合厨具最热的地方，如需要慢慢烹制食物则使用温度较低的地方。

油煎锅顶式：油煎或油煎顶式组合厨具也有固体烹调表面，从下面加热。然而，这个表面不是罐子和盘子，而是可用作煎炸浅锅的擦得极亮，且光滑的平面。

敞开顶式：敞开顶式组合厨具将罐子和盘子托放在火炉之上。敞开顶式组合厨具在炒制工作上比固体式组合厨具好用，因为可连续加热并且独立的火炉在不用的时候可以关掉。

辐射式：新型组合厨具用电磁能加热食物而不用电力或天然气。一种辐射式组合厨具由玻璃盘组成，玻璃盘放置于平面辐射圈上，当通电时，形成电磁场。这个电磁场与放在玻璃盘上的任何能传导的烹饪用具起作用产生热能烹制食物。它本身顶部始终保持冷却，这种组合厨具更适用于自助餐及分桌就餐。不过，由于铸铁、钢质或其他含铁合金器皿会在这种组合厨具上产生热能，因此，在使用此类厨具时需限制使用这类器皿。

烤炉　烤炉可将食物加热。烤炉可以分成三种基本类型：普通型烤炉、对流式烤炉及辐射式烤炉。每一类有各种烤炉，而且有许多名字，非常混乱。在此我们将描述使用最普遍的烤炉。

普通型烤炉：普通型烤炉里装有容器，下部有热源，有的类型可从上部加热。将食物放在盘子内，然后放在烤炉内（底部或烤炉平面）。有的烤炉有架子或者框架，因此，几种食物可同时烹调加热。这些烤炉的盘子通常在面板和架子之间旋转，通过烹调循环使盘子里的食物均匀受热。

普通型烤炉可用于烘烤食物，而且，极少频繁地烘焙。普通型烤炉根据容量确定其功能：小容量的是烘焙烤炉，较大容量的是烘烤

配有两个烤炉和一个放置于顶部的烤肉炉的多功能炉。这种型号重461磅（207公斤）。注意左边灶是顶部开放式炉，右边灶是煎烤式炉。（资料来源：由 Montague 公司提供，海达德市，加利福尼亚州）。

烤炉。[⑥]烘烤烤炉容量通常15英寸（38厘米）高，更大的可烘烤切好的肉类，重约100磅（45公斤）。普通型烤炉类型包括甲板式、组合厨具式和机械式。

甲板式烤炉由 2～3 个普通型烤炉组合或摞放在一起，摞放在一起可节省厨房地面的空间。

简易烤炉仅有一个灶头，而且，温度可供整个烤炉。价格贵些的烤炉本身可加热控制，因此，厨师同时可以用不同的温度烹制食物。甲板式烤炉可烹制各种各样的食物。有蒸汽的设备可以焙烤面包。有时，甲板式烤炉也用于解冻食物。

组合厨具里的烤炉是小型普通烤炉，放置于厨房组合厨具上方。用它们烘烤和焙烤食物或者作为食物预热装置。

机械烤炉，顾名思义，因为它们有可移动的机械部分以帮助烹调食品，尺寸范围从小巧到巨大。典型的机械烤炉分为 3 种：旋转循环式烤炉，运送式烤炉，旋转式烤炉。

旋转循环式烤炉（也称为卷轴或旋转循环盘烤炉）使托盘在烤炉内垂直移动，因此，托盘在烤炉内移动有点像汽车在费累斯大转轮上。旋转循环烤炉通常用于焙烤。

然而，厨师发现其他食物能在这种烤炉内做得很好。用这种旋转循环式烤炉的优点是可以将大量食物在同一时间里放入与取出，而且，烘烤和制作肉类食品相当迅速，食物缩水率小。

运送式烤炉是长烤炉，托盘装着食物通过运送带或者放在架子上，传送到烤炉。烤炉内不同部位的温度也不同。

旋转式烤炉有循环架子，能将盛着食物的托盘在加热箱内水平地绕着中心轴移动。旋转式烤炉通常有 3 ~ 5 个架子。

对流式烤炉：对流式烤炉烹制箱内的热空气是用风扇或送风装置快速送入并在炉内循环。对流式烤炉是从普通型烤炉发展而来的[①]，它增加了烹制容量。对流式烤炉使用架子，所以放置的架子多，能烹制的食物也就多。因为循环的空气可渗透食物，而且可将"冷空气"赶出，普通型烤炉也是这种情况。不用手工将食物从一个架子移动到另一个架子，因为，循环空气均匀地分布热能。

对流式烤炉还有其他优点：烹制食物的速度比普通型烤炉快；在低温状态下，可焙烤或烘烤肉类，节省能源；用对流式烤炉烹制的食物（特别是肉类、鱼类和禽类）更保湿，而且肉质要比普通型烤炉烹制的食物好。对流式烤炉类型包括架式烤炉、节拍式烤炉和混合式烤炉（蒸汽式）。

架式（或卷入式）烤炉有加热罩，厨师可以卷动放着食物托盘的架子。架式烤炉的工作原理同其他对流式烤炉一样。事实上，无须花时间、花体力频繁移动这些烤炉。并且，由于架式烤炉容量大，是在可能尽量短的时间内烹制大量食物的理想烤炉。厨师可以简单地卷动放入烤炉内一个盛着上百道主菜的架子，在需要时将其取出来。切记勿将架子弯曲、拉伸和抬举，否则会破坏架上的主菜。

节拍式烤炉用于冷的或冷冻过的食物，为快速解冻且不破坏食物而特别设计。有的烤炉交替循环进行加热与冷却，以减少处于逐渐解冻过程的食物其边缘的干燥情况。[⑧]烤炉有各种尺寸及用途，大多数普通型烤炉都是为了加快烹制速度。

混合式烤炉（蒸汽式）（一般称为"混合"）是一种多用途的设备，既可以当作对流式烤炉或无压力对流式蒸汽机使用，也可以作为混合式烤炉/蒸汽机使用。烤炉利用炉内的热气烹制食物，而且，蒸汽机的蒸汽可保持食物的湿度。这种热气与蒸汽的混合非常适用于冷鲜食物或烹制鱼、蔬菜、禽类、硬皮面包和易碎的特殊食物。[⑨]因为它有许多种烹制食物的方式，"混合"节省空间。混合式烤炉有厨房工作台型、落地型和卷动架型。

辐射式烤炉：辐射式烤炉通过电磁波辐射烹制食物。辐射式烤炉有两种类型：

微波型和红外线型。

微波型烤炉使用很短（因此称为"微波"）的电磁波烹制食物。这种微波渗透食物，引起食物分子内部活动的摩擦导致食物内部加热。金属容器不能放在微波烤炉内使用，因为金属容器可以引起瞬间放电，将微波反射到烤炉的微波管并破坏微波管。⑩玻璃及其他非金属材料制成的容器可用于微波炉中，因为微波能穿透它们。

微波型烤炉烹制食物快，而且它周围的空气不会被加热，可使厨房保持凉爽。它们最大的缺点是不能烹制大量食物，而且附加烹制通常需要其他设备，比如，有时候肉类需放在烤炉中间烤。因此，许多厨房微波烤炉主要用于再加热食物或解冻食物。

红外线或石英烤炉用红外线电磁波以高温迅速地烹制食物。红外线烤炉可用于加热、烘烤和熏制肉类。红外线烤炉能解冻食物，或者熏制经微波炉烹制的食物。与微波烤炉一样，红外线烤炉不加热周围的气体。

烤焙器 烤焙器不同于其他烹制器具，烹制食物主要通过辐射加热。有3种基本类型：上方灶头型，这是因为辐射热的来源处在食物之上，这种烤焙器配有头顶式的架子。另一种叫高架式烤炉，由下方烧烤箱的炉子进行加热。第三种类型烤焙器安置在普通型烤炉上面。最后还有一种高架式暖炉。

其他烤焙器类型为特殊需求而设计。包括高架式烤焙器、炭烧式烤焙器和电转烤肉架式烤焙器。

高架式烤焙器：高架式烤焙器也称作耐火烤焙器，高架式烤焙器是典型的安置在热源或煎炸器最上方的小烤焙器。高架式烤焙器对于快速熔化干酪，熏制各种食物很有帮助，当大烤焙器具关闭或烹制食物缓慢时，适用于加工少量食品。

电转烤肉炉。这种烤炉可以同时烤制40只鸡。（由Hrad设备制造公司提供，魁北克省拉欣市）。

炭烧式烤焙器：炭烧式烤焙器将食物放上使其旋转，食物全方位地暴露在烤焙器炉子前。炭烧式烤焙器经常被放在客人可看到的位置，以食物的外观及香味吸引客人。

可倾斜炖锅（多福工业公司友情提供，古富镇，伊利诺伊州）。

这种方式通常用于加工鸡类和大块烤肉。

电转烤肉架式烤焙器：电转烤肉架式烤焙器有不规则尺寸的大块陶瓷（模仿不规则木炭状）形成陶瓷层，陶瓷层下面的炉子产生热量。陶瓷层上方的壁炉里盛着食物。食物汁直接滴落到热陶瓷层（模仿煤层）并燃烧。在木炭火上面，烟及火焰使得烹制的食物表皮、香味变化——但是，使用此火无须看守及特别清理。此类烤焙器在烤肉店很普遍。

倾斜蒸炖平底锅 倾斜蒸炖平底锅也叫倾斜平底锅或倾斜长柄浅锅——其作用相当于特大型长柄浅锅。倾斜蒸炖平底锅的优点是它可以倾斜以便于装入和取出食物。它有一个倾倒口，通常它本身深7英寸（18厘米）。这些平底锅可用于制作除煎炸油脂肥厚食物外的几乎各类食物。它还能解冻食物。将水放入平底蒸锅，便可以蒸蔬菜。倾斜蒸炖平底锅还可以预热食物或者使烤制的食品保持在必要的温度内。

煎饼浅锅 煎饼浅锅是用一整块磨光的钢、镀铬或铸铁制成的底盘。此盘通常四周高出盘底（用于盛放油脂）和一个油脂槽。此盘由下方的灶头进行加热；煎饼用浅锅光滑、完整的表面可被均匀地加热。煎饼浅锅用于小量煎炸食品很理想。多数煎饼浅锅仅需 6 ~ 8 分钟预热。[①]

最近几年，一种新型的表面开槽煎饼浅锅已生产出来。开槽顶部将烤肉热源转移到食物上，与炭烧热源转移方法相似。使用开槽的煎饼浅锅的优势多于使用炭烧锅。开槽的煎饼浅锅耗能少，烟量小，而且易清洗。因此，油脂流入收集槽里就如同传统的煎饼浅锅。[②]但是，食物却没有被炭烧过的味道。

深槽油炸煎锅 使用深槽油炸煎锅，食物沉浸在里面被加热。两种最常用于商业厨房的深槽油炸煎锅，即敞开式油炸煎锅及压力型油炸煎锅。敞开式油炸煎锅多用于麦当劳法式炸薯条及其他快餐馆。配备自动升降篮或者计算机定时器使得生产显流水式作业。对于压力型油炸煎锅，食物被热油脂浸泡，并且，油炸煎锅被食物紧紧地充满。蒸汽压力使烹制的食物保湿并绞动食物在油脂中卷动。烹制好的食物里面湿润，外皮脆而且呈金黄色。经常用压力油炸锅烹制的食物包括鸡类和鱼类；洋葱圈；法式炸薯条；蘑菇和南瓜片；玉米段；猪排和小牛肉饼。如果温度过高，设计良好的压力油炸锅能自动停止加热，而且它有可使水聚集在油炸锅盖子下面的装置（防止水进入烹制的嫩肉里面）。

蒸汽厨具 蒸汽厨具是通过将水转变成蒸汽烹制食物。蒸汽厨具烹制食物迅速，湿气最低，营养损失最少。商业厨房中两种最常用的蒸汽厨具是：蒸汽套装箱和箱式蒸汽锅。

蒸汽套装箱：使用蒸汽套装箱，蒸汽并不直接与食物接触。相反，蒸汽在箱体空间的内壁里面受到限制。这些箱体通常全部套装或2/3套装，就是说，箱的内壁全部是空的或者2/3是空的。蒸汽套装箱容量范围从10～200加仑（38～756升）不等；可以按照箱底部，腿部或内壁进行计算；它可固定或倾斜。尽管许多人误将所有蒸汽套装箱当作耳轴壶或者耳轴，但只有可倾斜的可以作为耳轴。

箱式蒸汽蒸锅：蒸汽直接进入箱式蒸汽蒸锅内。食物放在架子或格子上的盘子里。如果加工肉类低压蒸锅需要每平方英寸5磅的压力。高压蒸锅烹制食物每平方英寸15磅压力，适合迅速烹制小量蔬菜类食物。

通风罩 由于组合厨具，烤焙器、煎饼浅锅及其他烹制器具产生热、水蒸气，而且，有时产生烟，所以应保持通风，以便使厨房安全和工作舒适。美国多数专业操作标准表明，对于使用任何产生过多油脂水蒸气烹制设备必须安装通风罩（尽管许多规范中没有如此要求，本书建议饭店在使用烤炉和蒸汽厨具时保持排风通畅，即便它们烹制产生的水蒸气并不是特别油腻）。

通风罩，也叫排气罩，由一个金属盒或者金属架组成，它可以悬挂在烹制设备表面高约3.5英尺（1.07米）处，通过一个风扇或几个风扇将烹制食品时产生的蒸汽抽掉，在一个或几个罩子上安装风管，再通到管道系统，将气体排放到厨房以外。典型的通风罩包括一个油脂去除器，以防止通气管道因油垢造成火灾。油脂去除也可通过过滤器、水洗或薄雾装置来进行。

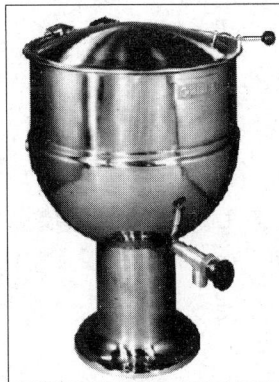

两种蒸汽套装箱（资料来源：由多福工业公司友情提供，古富镇，伊利诺伊州）。

通风罩还包括防火设备。防火系统可用湿式或干燥的化学灭火物质或提炼过的水雾将烹制器具表面的火控制住。这些系统也可与楼宇消防系统直接连接，因此，如果火灾起源于厨房，人们能立即从消防中心控制系统中发现。

其他食品加工设备

在此章中，我们已经讨论过不少在商业厨房中常见的食品加工设备。还有其他食品加工设备承担着特殊工作，如制冰机或者控制食品在合适温度直至需加工的机器。此部分我们将涉及下列几种设备：

- 温控台；
- 热饮及冷饮设备；
- 冰箱及冰柜；
- 制冰机。

温控台 温控台（也叫蒸汽台）可保持食物温度直至送至顾客面前。自助餐厅使用温控台服务于展示食物的柜台，并为自助客人保持食物温度。温控台能够以热水或者蒸汽、煤气、电加热等方式保持食品温度。

热饮及冷饮料设备 这种用来备餐和提供饮料的设备十分普遍。饮料设备包括咖啡和茶水壶、果汁自动售货机、牛奶自动售货机、制冰机、啤酒分发装置、热水器和苏打水自动售货机。既然多数食物加工设施用不同形式制作或自动出售咖啡和苏打水，我们在此章中将集中讨论这些设备。

制作及出售咖啡设备：固定的茶水壶或者玻璃水瓶均可以用来制作咖啡，因此，可由服务员提供或放在自助台上。一般来说，自制咖啡壶采用电加热方式，由一个水瓶及加热元件、一个温度调节器和继电器组成，同时还要准备一个盛放咖啡和过滤器的可移动的篮子。既可以从顶部（如小型壶）向咖啡壶里加水，也可以通过楼宇饮用水的固定管喉提供。温度调节器控制沏咖啡的水温，然后把咖啡倒入玻璃水瓶，由一个玻璃水瓶下面的加热元件或者围绕玻璃水瓶的热源部分加热。

典型的茶水壶被固定在较大的框架上，而且可以加入单一定量的不同品种的咖啡。玻璃水瓶咖啡制造机极受欢迎，因为它允许用同一设备制作小批量不同口味的咖啡，还允许以适宜的温度直接提供给客户。

苏打水自动售货设备：有的服务设施仍然依靠简单的瓶装或者罐装苏打水，多数食品加工设施已使用一个混合系统进行备餐和分发汽水。这些系统产生二氧化碳给冷冻加压混合苏打果汁，并通过自动售货机提供新鲜的混合苏打，也可使用苏打喷泉式饮水器或"喷枪"。混合系统要求与电源和饮用水系统相连。

苏打可在各处使用，通常的做法是安装单一混合系统，易于储存和监控，冷冻的苏打水和苏打果汁可以送到远处的苏打饮水器或者"喷枪"。从中央混合系统到远处的自动售货机之间的距离通常有一定的限制，因此，管理者须在安装远处苏打自动售货机之前先向系统生产厂家咨询。

冰箱及冰柜 冰箱及冰柜用于保持储存食物的质量。它们通过冷却或冷冻的方法保持食物的颜色、质地、香味及营养价值。冰箱及冰柜范围从橱柜型和步入式组合柜，到较大的随意取用的组合柜。

橱柜型是可放在工作间柜台下面的小型冰箱或冰柜，以使备餐者及服务员容易拿到。

可视型和推拉门型冰箱有玻璃门，存储已准备好的食物，如沙拉或甜点。员工可以从冰箱里取出食品，然后按照订单提供给客人，或者顾客也可以自助服务，比如在自助餐厅里。为减少员工频繁到冷库处取食品，可在厨房中设置推拉门型冰箱，储存各类食品。

典型的垂直式推拉门型冰箱高78～84英寸（198厘米～213厘米）深32英寸（81厘米）。它们通常有1个、2个或3个门。一个门的大约28英寸（71厘米）宽；三个门的大约84英寸（213厘米）宽。这些门一般是自动关闭。⑬

冷库和冰柜使大量购买食品成为可能，同时将昂贵的分送费降到最低。它们应该安装在使食物分送和从冷库中搬动至生产区尽可能方便的位置。冷库应安装在尽可能方便的地方，因此，应与厨房同层布置。

典型的冷库一般为预制模板。模板尺寸不同，但可定做，典型的单元尺寸为8～12英尺（2.4～3.7米）。⑭

一套冷库设备可设在大厦内的某部位以满足厨房的需要，设备机房可建在室外。在有的情况下，冷库的室外部位与楼宇内的厨房之间要安装连接门；不同墙面上的门是为传送货物而专门设计的，它可保证通道安全及传送更容易，同时也可避免员工交叉通行。

自从有了多种多样的方法或模式储存食品，一种模式也就可能包括不止一种设备。举例来说，在一个综合库房里，也许有一个冷藏设备是专为储存蔬菜而提供的、一个是专为储存肉类而提供的，还有的可能是专为储存奶制品而提供的，但说到底，它们都是通过制冷机为食品提供冷藏或冷冻储存的。

制冰机 制冰机可制作方形、碎冰或薄片冰，它们可能是落地型或安装在墙面上的，制冰机日产冰量从 20 ～ 2400 磅（9 ～ 1080 公斤）不等。[⑮]机器产出的第一批冰一般质量较好，所以在保养维修期间允许员工对已经制成的冰进行再溶解（化冰）。[⑯]

大制冰机产出的大冰块需要被敲碎，每日制冰机生产的容量为 40 ～ 4000 磅（18 ～ 1800 公斤）。

食品卫生设备

商业厨房中两种主要卫生设备是洗碗机和食物垃圾处理机。除了专用洗碗机外，还有其他类型的清洗机——罐、平底锅、杯子、盘子和银器专用清洗机。但是，洗碗机用得最普遍，因此，我们将着重讨论洗碗机。

洗碗机　由于食品加工操作随着地面空间条件的变化而变化，有专雇的员工及一定量的盘子，就要有大量的各种洗碗机。此节我们将简要概括不同类型的洗碗机：门型、传送带型阶梯型及节能型洗碗机。

门型：门型洗碗机，也叫单箱或者固定架洗碗机——用一个箱子盛放加热的洗碗水和清洁剂的溶液，这种溶液通过喷雾嘴上方及盘子下方循环。大多数的洗碗机使用的水温为 140°F ～ 160°F（60℃ ～ 71℃）。漂净用水通过同一喷雾嘴循环。为了灭菌，用调压加热器将漂净用水加热到 180°F（82℃），多数水龙头里的水可加热到 140°F ～ 160°F（60℃ ～ 71℃）。盘子放在架子上等待清洗，这些架子在整个洗碗过程中保持固定。门开向一面或几面。

典型的门型洗碗机宽 24 英寸（61 厘米），约 58 英寸（147 厘米）高。清洗整架子的碗盘大约花 1 分钟，典型的门型洗碗机采用漂净方式，碗盘被放入洗碗机清洗前需先浸泡。此类型的洗碗机可以在 1 小时之内清洗 810 ～ 1875 个碗盘。[⑰]

传送带型：传送带型洗碗机是将一个个盘子放在传送带上传送通过机器。这些洗碗机有门帘而不是门。在设备的另一头，员工将脏盘子放入机器，经过清洗程序之后，这些碗盘自动被推到另一头的桌子上，免去员工开门用手将碗盘搬到架子上。

最简易的传送带型洗碗机安有热水洗碗槽。碗盘清洗后，留在原处作最后漂净。在两个水槽机器里，盘子洗过后，搬到第二个槽内，在最后漂净前进行特殊的漂洗。3 个槽的洗碗机有一个槽冲洗食物残渣，然后再转到漂洗槽内。很明显，传送带型洗碗机槽越多，用时越长。

单槽传送带长约 36 ～ 54 英寸（91 ～ 137 厘米）；双槽为 64 ～ 84 英寸（163 ～ 213 厘米）。传送带型洗碗机每小时能清洗 4500 ～ 5650 个碗盘。[⑱]此类型的洗碗机在 30 ～ 40 分钟内可洗 75 架盘子、杯子和银器。很轻松地为 150 个座位的餐馆提供碗盘清洗作业。[19]

阶梯型：阶梯型洗碗机的传送带不放置碗架；传送带本身就像连续工作的架子，是由不锈钢条上的桩子组成。然而，茶杯、杯子和银器还需放在架子上（图 10-1）。

阶梯型洗碗机的构造能应用于清洗大量的盘子，根据洗碗机的尺寸可达到每小时洗 6750 ～ 24000 个碗盘。[20]典型的洗碗机尺寸从 9 ～ 26 英尺（2.7 ～ 7.9 米）。[21]许多机器包括预洗、冲刷、大量漂洗和最后漂洗的循环。它们基本都用于商业厨房的操作或者大型公共场所，为每餐上千人提供服务。[22]

图 10-1 阶梯型

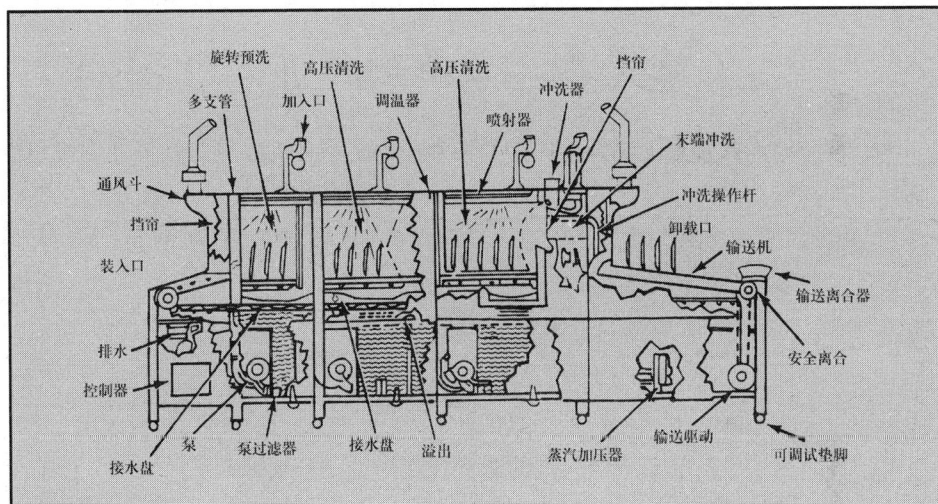

资料来源：罗伯特·A.摩林著《商业厨房》一书第 7 版，（阿灵顿、弗吉尼亚，美国煤气协会，1989 年）第 259 页。

节能型：常见的节能或气温型洗碗机有门型和单槽传送带型。常规的洗碗机清洁盘子通过加热漂洗水至 180°F（82℃），节能型洗碗机用水只需加热至 120°F ～ 140°F（49℃ ～ 60℃），而且用化学物质（通常用氯）来清洁盘子。能源费很高的时候，使用这些洗碗机可作为节能的手段。

废物处理机 废物处理机碾碎或切碎食品垃圾，它通常是水槽的一部分。流动的水将食物带入废物处理机，将食物切碎成小块，然后，流动水带着这些小块进入排水导管然后进入下水道。一般来说，小量的废物处理机安放在厨房收集废物的地方。比如，蔬菜粗加工区通常有一台废物处理机，脏碗盘区也有。

废物处理机有各级别的马力范围。它们也按每小时食品废物量磅重或者加仑确定级别。四分之三马力的废物处理机每小时能处理 300 磅（135 公斤）垃圾；2 马力废物处理机每小时能处理 600 磅（270 公斤）垃圾。[23]

　　食品加工比内部水槽废物处理机产生更多废物，或者，它们的位置决定了不允许使用内部水槽废物处理机。纸浆机或者提取器是可供选择的另一种厨房废物处理设备，不能将固态食物排入楼宇排水系统。处理废物机、纸浆机或者提取器是带水碾碎食品垃圾，然而在纸浆机或者提取器中，地面上废物是通过一个提取旋钮被推进压榨出大部分水，留下潮湿的纸浆喷射到一个废物容器中等待处理。而脏水则通过通畅的下水管道排走。这些设备有助于处理在食品加工过程中产生的大量食品废物。

食品加工设备的保养

　　维护食品加工设备是工程部如何为其他部门提供服务的实例。良好的维修和恰当的操作如同餐饮部员工专注于为客户制作高质量食品和饮料。维护质量差将意味着束手无策的员工必须应付像调控温度不准确或者清洗碗盘不干净等问题。

　　设备维护包括保持设备在 / 或接近它本身所设计的最高容量内运行。一部制冰机的效率下降可能是由于冷凝器盘管阻塞，通过良好的维修计划使它的效率得以提高。但是，维修结果不可能超出设备原构造的范畴。如果购买的制冰机容量为每天 50 磅，但是实际需要每天制作 100 磅冰，即便有世界上最好的维护，也不可能每天超出 50 磅。

　　维护食品加工设备既是维修人员的职责，同样也是餐饮部员工的职责。设备正常操作受到的磨损需要维护，但不幸的是，有时当员工滥用设备时，势必也会引起维修需求。有时发生滥用设备的情况，是由于员工不了解如何恰当操作造成的。有时，滥用设备是由于不良工作习惯或者缺乏注意力。不论何种原因，滥用设备必须被制止。对厨房员工进行恰当的培训是一项极好的投资，管理者应不断地向员工强调保护设备的重要性。附件 1 中所列的是厨房员工维护设备的样本。

　　对于食品加工设备来说，一种潜在的困难是安装问题。如果餐饮部在购买设备时没有与维修及工程部协商，就可能会出现安装的问题。例如，有时在安装的地方缺少所需的公共设施。当出现这种情况时，工程部必须尽力向他们简要说明情况，因为维修及餐饮部之间经常因此产生矛盾。

　　其他问题，如餐饮部人员选择的设备需要特殊的维修或者零配件，而这种配件在当地市场无法找到。维修员工也需要掌握随设备同来的控制图表和维修说明；有时餐饮部人员没有意识到设备手册的重要性，将设备手册扔掉或者搁置一旁。由于种种原因，从开始计划购买设备时工程及维修部门就应参与决定，这是一个很好的方法。

根据商业食品加工对环境的要求，设备必须能够清洗和可进行维修。这两条要求在国家卫生设施基础标准（NSF）中是有明确规定的。该标准要求设备的设计要特别注意到设备的清洁能力、耐久力和可维护性。按照该标准的规定选择设备是不错的政策。此外，其他标准也很重要。天然气点火设备应符合美国天然气协会所规定的标准，电气设备应从保险业的实验室所列的清单中选择。

设备保养须知

成百种不同食品处理设备，它们所需的保养各不相同。根据此情况，特别建议注意两种保养方式：第一，参考设备厂家所提供的说明书；第二，请受过设备保养培训的员工及设备厂家指定的保养人员从事设备的保养工作。

保养准备及厨房设备 好的保养从训练有素的厨房员工开始，因为他们知道如何正确地使用和操作厨房设备。厨房员工应该每日进行基础保养并清洁设备各个部位，他们需要这方面的指导。一些日清洁计划表及保养工作单应贴在设备上方或临近处。

保养维护员工的任务包括注意食品加工和烹饪设备的安装，或协助设备厂家进行安装；贮备备用维修零件；检查及测定控制器；更换过滤器；注意加热元件及其他部件的磨损状况以决定其能否正常运行；检查皮管、装置设备、连接、封口。操作中保证食品加工设备正常地运行，并会使用一些特殊的工具，如：

- 空气速率计量仪：用于检查各种通风系统的空气速率；
- 电测试计量仪：用于测量电流流量、电压量、电路开关；
- 高温计及不同类别的热力计量仪：用于检查烹饪设备温度，保证正确的测定及控制调温器的运行；
- 无线电频率监控器：用于检查微波炉的漏电。

保养维护员工应该根据设备厂家提供的使用说明书（图10-2）对设备进行维修保养。

储存及服务设备 具有蒸汽保温设备的餐台经常在食物放置的每个间隔面板上都有独立的调温器。自动调温器应定期进行检查及调整，厨房人员应保持这些设备的清洁。

图 10-2　烹饪设备所需保养维护样本

维修项目：**煤气炉及烤炉**

维修代码：**#44**

频率：**每月一次～每半年一次**

1.检查部件及运行。

2.检查部件是否正确地进行清洁。

3.关于清洁中的问题给予餐饮部建议。

#44SA

1.移走高处的炉子，进行清洁并去除油污。

2.清洁阀门。

3.重新检查运行。

4.检查炉子是否需要调节，并检查是否有漏点。

5.移走烤炉，进行清洁并去除油污。

6.检查热电偶并调节火焰大小位置。

7.检查煤气阀是否正常运行。

8.检查炉门的运行，并检查是否需要平衡或连接。

9.修复丢失、损坏调节器、门柄、屏幕。

维修项目：**平盖烤架**

维修代码：**#43**

频率：**每月一次～每半年一次**

1.检查部件及运作。

2.检查部件是否正确地进行清洁。

3.关于清洁中的问题给予餐饮部建议。

#43SA

1.移走烤架盖，检查是否有裂缝或变形。

2.移走炉子并清洁。

3.清洁底部并去除油污。

4.重新检查运行。

5.如需要调节炉子底座。

6.检查煤气连接处是否有漏点。

（续）

7.修复丢失、损坏控制器、门柄、屏幕。

维修项目：热油煎锅

维修代码：#42

频率：每月一次～每半年一次

1.检查部件及运行。

2.检查部件是否已正确地清洁。

3.关于清洁中的问题给予餐饮部建议。

4.检查安全切换是否运行。

#42SA

1.检查自动调温器显示情况。

2.检查潜水成分是否损坏。

3.检查所有电线或连接物是否需要加固或更换。

4.检查自动调温器运行是否需要测定。

资料来源：《维修管理手册》，美国天天旅馆，亚特兰大，佐治亚州。

　　为了做出味道极好的咖啡，咖啡壶及咖啡机应该保持清洁。保养维护工作是由厨房员工完成的。厨房员工应有意识去纠正自动调温器错误以避免温度过高或过低；为了保证咖啡壶工作不得不调节煤气与空气的混合比例；蒸汽部件通常受到管道故障、电线盘绕燃烧或电线破裂的影响；③如果龙头漏水，应该立即进行维修或更换。

　　对于冰箱、制冷机、制冰机而言，冷冻设备元件通常比较重要，以每半年为基准，应该对冷冻系统制冷标准进行检查，脱水器、冷凝器表面应进行清洁，扇叶、马达应进行润滑，并保证它们紧固。

　　食品冷藏设备运行噪声相当刺耳，因此保养工作更为重要。例如，因厨房每日产生大量油烟，并造成冷冻设备冷凝器上积聚油脂，使冷凝器空气流通受阻，极易引起热转移。其结果会造成滴漏，影响冷冻设备冷却质量，增加能量消耗及缩短压缩机寿命。

　　能减少冷冻设备保养或提高能量使用的设备不是风冷凝器就是水冷凝器。风冷凝器通常安装在大厦外侧，它使用外面的空气作为冷却的来源。其结果是：空气压缩机吸收冷却风可有效地在厨房内使用；如使用厨房空气冷凝器压力会下降；状况通常较为清洁；提高能量使用及方便保养。

　　水冷凝器连接水管，其使用的水经过冷却塔和冷却水系统。此设备可放置在楼宇任何地方，只要提供冷却水即可。冷凝器可减少能量消耗，甚至比空气冷却系统更低，因为水通常比外界空气冷，产生的结果是降低冷凝器温度。一些老旧的饭店用自来水作为冷却水资源，并直接排入下水道，此做法非常浪费，不应效仿，而且在某些区域甚至是违法的。

可供人进入的冷却装置其预防性的保养要求包括清洁不同的表面，检查冷却系统固定测量点，检查储藏温度，检查排水管及移走妨碍物，更换裂缝或门封条（图10-3）。门应适当关闭，门封条应进行检查并保证封口正常。门加热器的控制器（其安装是为了预防冷凝器湿气结冰）应进行检查。除霜操作应被监控，以保证除霜在正常的频率中进行。

图 10-3　步入式冷柜维修保养步骤

维保项目：步入式冷柜
维修编号：#55
检修周期：1 次 / 月
冷凝机
1. 用厨房清油脂器清除冷凝机盘管。
2. 检查压缩机油位。
3. 在风扇马达注入 3 滴 3 合一油。
4. 检查皮带是否松动，紧固螺钉。
5. 检查电线连接，发现问题及时修正。
冷柜
1. 检查密封条，必要时进行调整或更换。
2. 检查铰链，紧固螺钉。
3. 检查、调整门闩、门鼻。
4. 检查冷柜温度。
5. 保证物品码放正确，柜内整洁。
6. 发现问题，向餐饮总监汇报。

资料来源：《维修管理手册》，美国天天旅馆，亚特兰大，乔治亚州。

附件 2 显示一个公司目前如何保养制冰机，它既是一个相当详细的工作清单，也是一个解决困难的指南，还是一个非常好的处理保养工作的资料。它能说明：保养人员中的流动率通常很高；一些保养员工不熟悉食品服务设备；保养人员通常是不被监督的。

卫生设备保养 洗碗机预防性保养工作包括检查自动调温系统和计量、镙线管阀、封口、加热元件、设备设施支架、水温度、马达泵。保养人员也应检查排放水的排出物、泵阻塞物及给洗碗机提供适当的软水。⑤

如果一个电子调压加热器是供洗碗机使用的，它应是经过检查的。加热器的电流能够进行检测，并且通过高压减压阀的测试可以知道其功能是否完全。调压加热器应每年进行一次更换及清洗，同样也需进行除垢。

洗碗机正常的运行需要正确的水压，水进入洗碗机时应检查下部流动情况，从而保证压力标准在厂家注明的范围内（图10-4）。

图 10-4 洗碗机维修保养检查单

维保项目：**洗碗机**

维修编号：#37

检修周期：1次／月

1. 检查电动机并查看其运行状态。

2. 检查洗、漂温度（洗碗温度 140 °F，漂洗温度 180°F）。

3. 检查所有幕帘。

维修编号：#37M

1. 完成 #37D 的所有内容。

2. 检查把手、杠杆有否松动。

3. 检查加热元件，记录电流强度。

4. 检查所有电连接。

5. 检查气泵、阀门、截门等。

6. 检查连接水泵的管线是否干净。

7. 修复所有发现的问题。

资料来源：《维修管理手册》，美国天天旅馆，亚特兰大，乔治亚州。

根据厂家建议，应该特别注意垃圾处理的方法。一些厂商印刷使用说明书给保养员工以便校准配置的回转轮；有的推荐服务代表去做此项工作，因为此配置容易因不正确的调整而受到破坏。⑯

大多数厂商都要确定一种去除障碍物或阻塞物的方法。有时回转轮能移动，一些配置有可逆马达以减轻阻塞。

食物垃圾应阻隔在饮用水系统以外，要按照健康准则的要求使用预防逆流的设备及管路上的通气口。保养人员应该对未经许可的水通过旁通逆流连接表示警惕，不论它是从水设备流出的水，还是从洗碗机和其他设备排出的废水。

设备的保修

新的设备通常有保修。常常采购者并不知道关于保修的内容，他们也没有选择任何一种保修方式的权利，导致采购协议中不包括保修内容，而通常的协议中总是要有适当的保修条款，错误地信赖保修可能掩盖不少问题。事实表明，处于运作阶段的设备，其保修必须支付相应的费用。综合维修部门分担保养设备和餐饮部的责任。某些时间，使用保修费对设备进行整体修复的做法是错误的，因为一个部门仅是保证保修的一个责任方，而其他部门仍要对保养维护的内容负责，但有时两个部门很难互相沟通联络。

保修也许是从设备装运或从服务期就开始的，这与不同的保修起始时间段有关。A 标准保修也许声明"LENROC 产品的保修期从设备到达安装地点之后 90 天或从工厂装运后的 120 天内是免费的"。而有的设备保修 90 天期限也许被延长到一年及或从 120 天延长到 15 个月。一年保修条款经常包含这部分内容——由采购方付所有工人及服务人员差旅费用。

保修通常不涵盖较小的调整或重新更换如定时器、灯泡、指示灯等项目。在有些情况下保修是无效的，如设备未被正确使用、金属丝不正确缠绕或安装质量差等。如果需要厂家派代理检查新装置及做不很重大的修正，通常是免费的。

设备顾问及供应商

当人们计划购买设备时，饭店、餐厅经理常常求助于食品设备方面的顾问或其他如厂商代表、设备配售点的专业人士。这些专业人士帮助管理者确定设备材料、规格、尺寸、实用性、产品价格等。安装设备通常不是由供应商进行就是由其指定的代表处或经销点完成。一个好的方案及决定性的合同是保证设备的设计和安装符合运行的前提。如果这些需要都能得到满足，它至少应表现为：员工接受培训后可正确使用设备，因为不正确的安装和启动设备是造成额外保养工作的原因。

设备保养由外部厂商进行，还是主要由饭店工程部员工进行，管理者对此应心中有数。这些在采购设备时要给予充分考虑并写进合同中。国家餐饮协会建议如下问题应被询问：

- 厂商是否结合产品的保养需要提供了有针对性的培训；
- 是否提供持续培训；
- 厂商对食品加工是否有经验；
- 合同期多长；
- 厂商是否为设备储存足够的零配件，如库房没有甲方要求的零配件，厂商是否可从其他地方调运；
- 厂商是否具备足够的服务手册。[27]

管理者应确保厂商具有以上的条件并浏览一些其他更为规范的运行标准，同时必须选择适宜的厂商并签署合同。以下内容应在合同中得到体现，并能满足饭店特殊的需要：

- 精细准确的数字或检查频率；
- 人员、配件、冷冻设备、润滑剂、过滤器及其他必需的材料清单；
- 每次设备进行检查或现场服务后必须提交报告；
- 一个完整的设备清单还应包括每个设备的具体位置，而不能笼统地说"所有风机"；
- 服务厂商应负责适当的保险；
- 注明：在签署合同前厂商应已检查过所有的设备并了解其状况；
- 注明：厂商对其派出的代表的工作负有完全的责任，包括他们任何因失误行为给购买方造成的损坏或毁坏；
- 如果合同中要求每年价格调整必须清楚地注明调整方式，不能接受类似"根据市场价格调整"的条款；
- 不限制材料、配件或工作小时数；
- 不排除及时提供主要配件；
- 在24小时内处理紧急事故，冷冻系统在夜间毁坏不能等到次日晨再着手进行处理，除非系统没有用于储藏食物；
- 不能有允许厂商在已经接到事先通知的情况下仍擅自取消合同的任何文字表述。[28]

尾注:

① C.W. 斯科罗德《厨房机械》，《供售商》杂志，1934 年。

② 本节部分内容摘自罗伯特·A. 摩林编著的《商业厨房》一书第 7 版，阿灵顿，弗吉尼亚，美国煤气协会，1989 年。

③ 阿瑟·C. 艾佛里《当代食品服务设备指南》，再版，纽约，CBI 1985 年，第 245 ~ 246 页。

④ 本书的部分内容摘自摩林《商业厨房》一书。

⑤ 艾佛里，第 48 页。

⑥ 约翰·B. 耐特和兰达·H. 考茨瓦尔，《超量食品的计划与管理》，纽约，CBI，1979 年，第 153 页。

⑦ 艾佛里，第 71 ~ 72 页。

⑧ 耐特和考茨瓦尔，第 152 页。

⑨ 摩林，第 62 页。

⑩ 耐特和考茨瓦尔，第 151 页。

⑪ 罗普·汤森德《过齿留香源于煎炒烹烤》，1991 年 6 月 26 日。

⑫ 汤森德，第 131 ~ 132 页。

⑬《出品常识——保鲜设备概述：家用冰箱》，《服务设备及特殊配件》，1990 年 10 月，第 93 页。

⑭《出品常识——保鲜设备概述：家用冰箱》，《服务设备及特殊配件》，1990 年 10 月，第 98 页。

⑮ 兰达·H. 考茨瓦尔和马格里特·E. 泰利尔《食品服务设计布置和设备》，第三版纽约，Wiley，1985 年。

⑯ 考茨瓦尔和泰利尔，第 456 页。

⑰ 同⑬，第 125 页。

⑱ 同上，第 126 页。

⑲ 同上，第 122 页。

⑳ 卡尔·思克里文和詹姆斯·史迪文斯《食品设备面面观》，纽约，Wiley，1982 年。

㉑ 同⑲。

㉒ 同⑳。

㉓ 阿兰·T. 斯特兹（和佛兰克·D. 博森尼克《饭店汽车旅馆和旅游胜地设备维修手册》，纽约，VNR，1990 年。

㉔ 艾佛里，第 244 页。

㉕ 罗兰·E. 格里维斯《商业食品加工设备的维修与保养》，纽约，VNR，1987 年，第 126 页。

㉖ 艾佛里，第 268 页。

㉗ 摘自全国餐馆协会《设备维修手册》，芝加哥，伊利诺伊州。

㉘ 摘自全国餐馆协会《设备维修手册》，芝加哥，伊利诺伊州。

主 要 术 语

烤焙器（broiler）：一种利用辐射加热烹制食品的厨房用具。

涂油炸煎锅（deep-fat fryer）：一种将食品浸入热油脂进行加工的厨房设备。

食品处理机（food processor）：用于切割、切开、磨碎、提纯或混合食物，多数商业厨房使用这些食品处理机。这些器具从类似于家用厨房的小型台式厨具到大型流动式厨具。食品处理机的特点是配有许多安装在中心轴上用于切开及混合用的附件，能满足任何特殊的需要。

冰柜（freezer）：橱柜型或步入式食品保鲜柜。

煎饼浅锅（griddle）：用一整块磨光的钢、镀铬或铸铁制成的底盘。此盘通常四周高出盘底用于盛放油脂和一个油脂槽。此盘由下方的灶头进行加热。

温控台（holding table）：也称蒸汽台，可在食品送至顾客之前保持其温度。

制冰机（ice machine）：可制作冰块、薄冰或碎冰的机器。

搅拌器（mixer）：用来混合不同种类的固体食品、固体与流体、两种或两种以上的不同流体食品。搅拌器配上附件可以使食品柔和、搅拌起泡、乳化、切片、混合、磨碎以及切割食物，其马达通常为吊式安装。

烤炉（oven）：一种加热食品的设备。

组合厨具（range）：表面平整，用于烹制食品的厨房设备。

冰箱（refrigerator）：分橱柜型或步入式，用以食品保质。

切片机（slicer）：切片机旋转的刀刃非常锋利，能切断食物。食物放在一个托盘上前后滑动，将食物推至旋转刀片上。

蒸汽套装箱（steam cooker）：一种用最低温度、营养损失最少、通过将水转化成蒸汽烹制食物的设备。

倾斜蒸炖平底锅（tilting braising pan）：又称倾斜平底锅或倾斜长柄浅锅，烹制大批量食品时使用的一种厨房设备。

通风罩（Ventilation hood）：又称排气罩，通常包括：悬挂在高于烹制设备平面 3.5 英尺（1.07 米）的金属盒式架；将气体自烹制表面排走的风扇；与罩口相连的一个或几个风管，以将气体排除厨房；油脂去除器，以防止通气管道因油垢造成火灾；灭火设备。

废物处理机（waste disposal）：通常是水槽的一部分，用于碾碎或切碎食品垃圾。

复习题

1. 为什么在商业厨房里要使用搅拌器、食品处理机和切片机?

2. 固体式、油煎锅顶式和敞开式烹制设备各有何不同?

3. 食品在普通烤炉、对流式烤炉和微波烤炉的加工过程各是什么?

4. 蒸汽厨具分为哪三种?

5. 温控台的作用是什么?

6. 洗碗机分为哪三种?

7. 为什么采购设备之前,餐饮部人员要征求工程部的意见?

8. 遥控风冷压缩机的优点有哪些?

9. 设备在保修方面会存在哪些普遍性问题?

10. 在雇用设备维修公司之前,管理者要提问哪些问题?

网址:

若想获得更多信息,可访问下列网址。网址变更恕不通知。若你所访问的网址不存在,可使用搜索引擎查找新网址。

1. 美国煤气协会: www.aga.org

2. 商用食品加工设备服务商会: www.cfesa.com

3. 宴会设备生产商和进口商协会: www.cesa.org.uk

4. 国际食品服务顾问处: www.fcsi.org

5. 食品服务设备报告: www.fermag.org

6. 史蒂芬设备公司: www.stephan usa.com

7. 食品加热设备供应公司: www.fweco.com

8. 商业化验公司: www.ul.com

9. Hardt 设备: www.hardt.ca

10. 同一品牌: www.unifiedbrands.net

11. 国际食品服务设备生产商联合会: www.ifmaworld.com

12. Univex 公司: www.univexcorp.com

13. 北美食品设备生产商协会: www.nafem.org

附 录 1

厨房员工保养程序范例
煤气动力设备

本节由美国弗吉尼亚阿灵顿燃气协会提供

器具	查找内容	需要做	时间	简明要点
炉灶开盖式、闭盖式、油煎式	油污及灰尘积聚易引起腐蚀,甚至不能工作,导致过多消耗燃料。	开盖炉灶:当上部格子完全冷却后,泡在水里或进行油脂溶解,首先铲掉上面形成的薄油层。	每天	如果是闭式炉灶,应确保烹饪人员了解燃烧器的构造。所有设置的区别是依加热部位不同而定。而后安排汤锅或平底锅使用最小的热量。请牢记水沸腾温度是212°F(100℃),并且调高煤气不会使水温更热。开锅时可调低开盖式灶头的火量,不用时可关闭。很少有必要将闭盖式炉灶上部保持在高温状态,将灶头调低即可。轻轻地调动灶头的旋杆,保持它们润滑,防止被污垢粘住不能正常工作。特殊高温阀门应使用黄油。
		开盖式:炉算和灶头应用碱水或去油剂溶解。清洁部件上的油污、堵塞物要用铁丝或冰锄。	每周	
		闭盖式炉灶:在上层托盘冷却后,用粗麻布或钢丝用力擦净盖、盘边圈等上的油脂。不可将水溢出。	每天	
	适度调整灶头。过多的燃气流过灶头,将缩短燃烧器的使用寿命,加大燃气费用支出和降低运行效率。火苗呈模糊的锥形或飘忽无力都须校正。	请专业人员检查所有灶头连接及调节。火焰(点燃时)应刚好触及烹饪器皿底部和封闭部分托盘下表面。	每年两次或更多	
烤箱 柜式烤箱 烤箱灶	细砂及污垢	及时去除煮出和溢出还未炭化的物质。		掌握当温度需要时超时预热的要求。设定高温不会缩短预热时间,反而会浪费燃料。充分利用焙烤时间的安排,利用"退"热的余温。大型烤箱一天或两天内安排全热烤一次。用低温烤肉,节省燃料,有益食物。
	底部已结垢及内衬已损坏的金属部分	烤箱冷却后用潮布(微湿)擦拭底部和内衬。铲掉结成硬壳的物质。禁止用水冷却烤箱。	每天	
	烤箱的下部底角应平稳,否则会对加热产生不均匀的拉力。	预防门合页断裂和损坏导致热量外泄,仔细清除周围的食物碎渣和硬壳。禁止用过重力道关撞烤箱门。检查烤箱是否水平放置。专业人员定期检查燃烧器、温度计和其他部件。	每年一至两次	
大型深层转动台烤架	油烟意味着温度过高。油脂炭化。应清除掉积存的食物碎渣。箱内有黏着物,说明必须彻底清理。	排干充满油脂的过滤器或更换奶酪状的滤布。	每天	使用不同食油对油脂性食物(鲭、肉蔻等)比水溶性食物(土豆、洋葱等)调味更佳。
		用热碱性去油剂清洗箱体,再用1/2杯的醋和清水漂洗。用布擦干箱体。禁止用灶头点火烘干。灶头点火前要更换润滑油。注:使用固体油管式转炉——油包在管的周围;开式转炉——设定融化周期。	每周	品尝食油品质,定期更换食油。品质不好的油不可能产出好食品。

（续）

器具	查找内容	需要做	时间	简明要点
托盘式烤灶台	清理熏过的转架表面	在使用时，用抹刀或金属片铲取硬壳类东西。	每天	不要过热加温烤盘。慢烤阶段调低火苗。 慢慢转动用低中火力最好。只有较快转动时用高火苗。
		经常用强力吸油布擦拭。		
		用烤盘石抛光。		
		不要划伤。		
		排空和清洗接油盒。		使用托盘配备的温度计，可以节能。
大型烧烤灶	烧烤架上积聚的油污会导致大量的油烟，降低加工食品的效率和仪器的质量，也会缩短设备的使用寿命。	倾倒油盘并用温水或水溶性去油剂清洗。应清洗外罩和挡板。铲掉挡板 3 个金属角的油污及机体和前部的油污。	每天	当烧烤间隔闲置时调低火苗。 不要尝试加快烤肉类。延长烧烤时间，在适合的温度中保持汁和调味品比烤温过高更好、更省气。
	不正确操作燃烧器会导致加工食品在成本及外观的一致性上有很大差别。清晰的最佳火苗的标志是其内部形成锥形火焰。不要出现摇动不定的火苗。火苗不应该直接烧到耐火元件上，但还是应该常擦其表面。耐热型烧烤机要观察已开裂或已坏的耐火陶口。	清理燃烧器，确保敞开处和气流挡板无油污，绷布，用尖的铁丝清除阻塞物。小心清理耐火陶瓷部分。	每月或经常	
		燃烧器应请专业维修人员调试检查。	每年两次或经常	取合托盘烧烤炉，合理安排菜单。
		及时更换损坏的元件。	每天	
热菜贮藏台	不允许油渍和污垢粘在不锈钢或镍和铬钢镀金（银）的部件表面。	用好的且不粗糙的金属抛光不锈钢和电镀部件和表面。	每天	如果贮藏台各部分都由调温器控制，应学会保持不同食用品相应的温度来贮存。 热菜贮藏台或蒸汽台不是烹饪器皿，是用来保持烹饪好的食品温度。
		所有插入部件都要清洗。	每天	
咖啡桶	咖啡桶必须经常清洁，以制出上好的咖啡。咖啡桶内剩余的油和沉积物会毁掉最好等级的咖啡。	清除掉剩余的咖啡，取出桶袋和金属篮，用冷水清洗干净。（禁用肥皂）	每次酿制后	如不使用，将桶袋浸在冷水中。 不用时，在量管内保持清水。
		清理衬布，用热水冲洗，排干。在每个桶中倒入 2 加仑沸水，根据说明书加入可靠的洗涤剂进行清洗。使用专用刷刷洗。再用清水冲洗，排干。再清洗，排干。	每天	使用温度计，不让咖啡过度加温，确保咖啡品质。
		刷洗玻璃量管后，冲洗。更换螺母和关闭龙头。	每天	
		再次加水，排干。清理桶外罩和杯子。清理外表面。	每周两次	
		用清洁剂清洗衬布，关闭加热，擦内壁，而后排干。注入水，将水加热沸腾，再次排干。	每周	
		清理桶上水龙头——打开拆下，用清洁剂擦拭内部、冲洗、装回。当清洗时，可让清水回流进龙头和其他部件。	每周	
燃气烤架	积存在托盘内和其他部位的食物碎屑应清掉	当烤架冷却后，清理外表，清理倾斜面。打开托盘，用温水清洗一遍，干燥。检查链子是否干净，清理框架，用软刷清除食物碎渣。用湿细纱布清擦钢表面。	每天	在烧烤间隔闲置时调低温度，可以节省燃气，可以延长设备使用寿命。

器具	查找内容	需要做	时间	简明要点
温控灯管	温控器失效并不意味着损坏。麻烦可能出自不适当地调节了旁通管。	请专业维修人员查找和纠正错误，不要尝试校正温度计。 清除外露部件上的所有油渍和脏物。	定期检查	禁止扭动和调拨温度计。 掌握不同仪器的不同温度要求。

附　录 2

制冷机维修示范说明

任务 #Bb2
任务名称： 清理制冷机
任务主旨： "维修人员一季度对制冰机进行清理服务，以降低维修成本和延长机器使用寿命。此项维修服务可作为预维修程序记录。"
所需设备： 各种清洁剂、布、石灰清理剂、漂白粉、预防维修。

事项	步骤	方法
1. 除冰	1. 揶开前盖。 将控制开关调整为"关"位置； 切断供水； 清除箱体的内冰。	热水可融化箱内冰或用冰铲铲掉冰。
2. 去除矿物质沉积物	2. 在1加仑的温水中混合3盎司的石灰清理剂。见 MSDS#1。用这种液体和海绵擦拭贮藏箱。 将清洁混合液倒入水槽； 接通供水； 调整控制开关为"水泵"位置，让水循环10分钟； 打开排水堵，排掉混合清洁液； 用清水冲洗水槽30秒； 调整控制开关为"关"位置； 重新放好排水堵。	
3. 净化机器	3. 取1加仑水混入1茶匙的次氯酸钢（氯漂白粉）。见 MSDS#1，注入水槽。 调整控制开关为"水泵"位置，持续加入混合剂到水泵充分启动； 让混合剂循环1分钟； 调整控制开关为"关"位置； 排混合剂进入箱内消毒； 排掉箱内液体； 调整控制开关为"水泵"位置； 水箱内注入清水； 相隔一分钟转动水泵冲洗系统； 排干水槽； 用清水反复冲洗几次箱。	
4. 调机器为"开"	4. 调整控制开关为"冰"位置。抹掉第一层冰，检查漏水、排水、水位及水流，如果有问题，见"故障指南"，重新放好前盖。	
5. 做维修记录	5. 在预维修卡上做完成维修工作记录。	

故障指南——制冷机		
故障	解决方法	可能原因
1. 空压机不转，箱内无冰	a. 开关为"关闭"状态。 b. 总开关为"滴洁"位置上。 c. 电源未被接通。	a. 开关调成"开"位置。 b. 开关调成"开"位置，同时重新调整安全制动。 c. 接通电源。
2. 空压机转，箱内无冰	a. 供水系统被关闭。 b. 超量用冰。 c. 自阀门接入的进水管喉未插入回流排水槽。	a. 恢复供水。 b. 停止供冰服务。 c. 管子插入回流排水槽。
3. 制冰机内滴水	a. 水箱溢流。 b. 溢流管没被插入排水装置。 c. 回流排水槽脱位。 d. 水阀门接入的进水管未插入回流排水槽。	a. 检查溢流管内有无堵塞物。 b. 溢流管插入排水管。 c. 正确安装排水槽。 d. 正确安装进水管。
4. 蒸发盘上有沉淀物	水中矿物含量高。	清理制冰机。
5. 冰块太薄	a. 蒸发器温控被定为薄冰。 b. 蒸发器无足够水循环。	a. 顺时针调节温控螺钉至理想冰块厚度。 b. 检查水管内堵塞物。
6. 冰块太厚	蒸发器温控被定为最厚或超厚。	顺时针调节温控螺钉至理想冰块厚度。
7. 冷凝器风扇在制冰周期不转	扇叶粘在护套上。	调节护套，清洁扇叶。
8. 水箱空，箱内无冰	a. "关闭"阀门被关上。 b. 水管堵塞。 c. 自阀门接入的进水管没直接引水进箱。	a. 打开"关闭"阀门。 b. 清水管内堵塞物。 c. 将出水管末端接入回流排水槽。
9. "奶白"冰块	水箱供水不充足。	a. 见上述 #8 条
10. 机器下面滴水	排水管堵塞。	a. 清理排水管堵塞物。

资料来源：拉金塔汽车饭店提供。

第 11 章

学习目标

1. 描述建筑物的基础、结构框架、外墙、窗和门、屋顶，了解管理者能如何安全有效地使用这些预防维护措施。

2. 介绍了各种天花板表面、墙面及地毯的装饰特征。

3. 描述电梯系统的组件及电梯维修问题。

4. 描述停车场，包括停车场地面构造材料（混凝土或沥青）、结构特征、设计思路、养护措施和《美国残疾人法》的要求。

5. 描述排水系统设施，能源供给及景观和地面环境，包括预防性维修策略和检查要点。

11

建筑结构，装饰及场地

　　商务饭店建筑的外貌和室内装饰、停车场以及周围环境是留给客人的第一印象。饭店努力创造并维护着有吸引力的环境。另外，如果建筑外立面装有空调室外机，则与自然环境很不协调，会破坏环境。建筑物室内需要选择较好的涂料、壁纸和地毯，并需要加以维护。

　　在本章，我们讨论建筑物本身作为一种防护罩——那些员工、客人不易接触到，但却对室内电气、空调、照明、通信和其他系统起了保障作用的防护罩。我们还要讨论建筑物的外部设施：停车场、排水系统、设备维修、景观与园林，以及那些为客人、员工提供的停车场和各种必备的服务设施，并使其保值升值。

建筑物外部结构

　　建筑物的构造是由许多外部元素组成的：基础、结构框架、外墙、门和窗以及屋顶。建筑物的各个部分是相互连接组成的，如果忽略了某个部分，会带来不利的结果。

　　建筑物的作用是提供使用空间，提供设施、装饰和家具布置且能遮挡日晒雨淋。建筑物的构造能阻止或避免风、雨、雪、酷暑和严寒对建筑物内部的侵害。

基础

　　传统的基础是将毛石或混凝土埋设在地下，如果基础很难埋设到一个合理的深度，那就需要考虑加设桩柱基础。基础的埋设深度和形式应由结构设计工程师来确定。

　　在气候寒冷的地方，建筑物周围常加设防冻墙。这也是基本构造的一个组成部分，其主要目的是对建筑本身起到防冻保护作用，但其在结构上的作用通常是不承重的。

　　基础在设计时应考虑到它所承受建筑的各种荷载：静荷载（建筑物自身的重量）、

动荷载（建筑物内人、设施、家具等的重量）、外部大自然增加的荷载（风、雨、雪、地震等）。经常检查和维护才能保证构造的安全牢固。若发生了问题再去处理就太晚了，因为严重的损坏已成事实。

基础墙体有时也会兼作地下室墙体，在这种情况下，墙体侧面的土壤压力会增加基础的荷载。一般从技术上对结构的要求是：基础墙兼作地下室墙时，应该做防水处理。然而许多老建筑的设计，不一定都做了防水，而且很多新型结构也有不适合做防水的情况。

预防维护措施 基础的维护工作比较困难，因为其结构大部分都是隐蔽的，不易被接触到，但以下的工作仍是应该做的：

- 如果地下有排水沟，一定要保持其敞开、通畅，让积水顺利地排走；
- 不要让墙体预埋件遭到侵蚀；
- 减少外来的水压；
- 保证防水层的完整性，如果要在基础附近开凿孔洞，一定要确保防水层不被损坏。

检查 基础检查工作也比较困难，检查埋设层以下的基础通常是不现实的。然而对埋设层以上部分的基础，每年都应该检查，这是关键。

检查的内容至少应包括下面几项：

- 基础墙体的任何裂缝；
- 基础附近的地下水位；
- 混凝土是否被风化有碎块脱落；
- 潮湿是否透过墙面进入地下室。

结构框架

建筑物的结构框架通常被认为是提供支撑整体建筑的骨骼，如果结构框架发生问题，建筑整体也必定会存在严重问题。用于结构框架的材料包括钢、混凝土和木制品。

预防维护措施 适用于基础部位的预防维护措施包括：

- 检查所有可观察到的结构部位；
- 检查建筑物其他部位的特征，这些情况可以反映出建筑结构上出现的问题

墙壁上的裂缝可以显示出潜在的结构问题（资料来源：由杰佛里·拉拉思拍摄）

（例如：墙体、楼板和天花板的裂缝）；

- 检查门和窗的定位对缝是否整齐，关闭是否严密；
- 紧固所有的连接点；
- 结构的构造（包括涂料）应能够承受风雨；
- 维护保养阻燃材料；
- 检查钢筋混凝土部位；
- 预防钢结构腐蚀。

检查 结构框架通常不暴露在外，但通过检查结构的隐蔽位置也可了解整个大楼的结构情况。这样的检查一年至少应该进行一次，并至少回答以下的问题：

- 与上回的检查相比是否有任何变化？
- 螺栓是否紧固，焊缝有无变化？
- 锈蚀的程度是否严重？
- 结构梁是否变形或倾斜？
- 阻燃材料是否完好？
- 加固装置和其附设物是否连接牢固？

对于多层建筑物这些检查必须由结构工程师来监督执行。

外墙

外墙具有两种基本功能：

- 围护建筑内部的使用部位；
- 提供较高层及屋顶体系的支撑。

如果要外墙起到它应起到的作用，它的构造必须可以防止天气的侵害以及有足够结构强度来支撑其他建筑构件。

外墙的构造包含很多不同的材料，例如木材、混凝土及钢铁。一面外墙可能是个整体单元，或者以预先组成单元在施工现场拼合建造。一面墙的材料、建造方法和组成会对维修有直接的影响。近年，饭店的外墙是采用一种隔热材料建造的——室外隔热涂层系统（简称 EEIS 或 EIFS），它结合了建筑隔热和外层防水。EFIS 可以有很多不同的处理方法，例如，可以让它具有石材的表面效果。

基于是否需要支撑其他建筑元件，墙可归类为承重墙（支撑）或非承重墙。墙体的寿命基于墙的类别以及建造的质量。总体来说，有完善的维护，它可使用过百年。

外墙的预防性维护工作包括粉刷、保洁和检查。

粉刷 室外的粉刷工作是有一些特殊难度的。如果没有表面的防护，将会受日晒雨淋和降雪的影响。外墙面涂漆的耐久性基于很多因素，例如涂漆的质量，表面层的预先处理，涂漆的技术含量，及当地气候情况。

最耐久的成品，首要应选择高质量的涂料。衡量的标准是看其附着力，颜色耐久性，耐风化和防水性能。表面的预先处理工作也是很重要的。检查隐蔽的地方是个好建议，例如屋檐下或建筑物的排水管道边沿，检查是否还有未处理好的脱落层。如果表面未处理好，新的涂漆就不会牢固地覆盖。表面层的处理包括把旧涂料的漆皮和锈蚀清除干净，并确保油脂、污垢已被清理。

外墙的涂鸦对砖石墙面是一种严重的污染。最实用的降低涂鸦对砖石墙伤害的办法，就是在砖石墙上涂一层透明的密封层。当砖石墙面的微孔被密封后，涂鸦的喷涂和其他污物就被防止渗入，这样清理就相对容易多了。亚克力密封层在所有密封层当中对于防护涂鸦可能是最有效的。

保洁 保洁是外墙预防维护里的重要一项。与干净的建筑材料相比，污垢可以生成更大的接触面，而越大的面积就越容易招来空气里的污染物，容易产生有害的化学反应。有污垢的地方容易潮湿，这会导致更严重冻结/解冻周期延长。还有，又脏又潮的地方，容易生长微生物，这会导致腐朽，毁坏及霉变。

选择一种合适的保洁方法具有挑战性，由于污垢的组成非常复杂。酸性的清洁剂对于大理石及石灰岩是会有伤害的。碱性的清洁剂也可能有害。所以，为了确保对墙面无害，应先进行小范围的测试使用。

通常，使用高压水清洗墙面已经足够，不需使用清洁剂。压力清洗是使用高压水来冲洗表面层。压力清洗的办法是一种有效且廉价的保洁办法。它甚至可以冲开有问题的表面层以便于维修。

当要清理有涂鸦的石材表面时，应该首先选用中性的处理方式，如掺水的洗涤剂。使用的工具包括板刷或涂料刷。如果这种方法无效，可使用像矿物酒精类的有机溶剂试一下。如果还无效，再用更强一些的溶剂，如二甲苯、挥发性溶剂、油漆剥离剂。这些物质都可以去掉丙烯类密封剂留下的痕迹。无论怎样，只要把密封剂留在墙上的痕迹去掉，目的就达到了。

检查 外墙面应至少每半年检查一次，检查的项目包括小裂缝、松动的砂浆层、霉变、水的渗入或泗出痕迹、涂料层和密封剂以及建筑物的沉降迹象。提前预防性检查的目的是发现这些变化的原因，任何迹象和对外墙沉降的怀疑都应该请结构工程师进行彻底检查。

窗和门

建筑物对外的开口是门和窗。门窗的边缘应全部密封，以防止潮气进入，避免室内热量的损失。如果门窗设计不合理或维护不好，则冬天会损失室内的热量，夏天损失室内的冷气。

新型节能建筑物上的窗户是固定的（不能开启）。竖铰链窗扇可以像门一样向外或向内开动，垂直窗可以斜开一半。窗上的玻璃是贴膜的，单层玻璃窗只有一层玻璃，中空玻璃窗有两层玻璃，玻璃间是真空层。中空玻璃窗比单层玻璃窗的保温、隔音效果要好。贴膜玻璃可以降低辐射热，并且使建筑物内保持冬暖夏凉。

门分木门、金属门、实心门和空心门，还有一些门大部分是玻璃，如旋转门，它经常用于公共场所，因为它的开启与普通门不同，所以可减少外面空气的进入次数（量）。作为一个安全出口，防火门一般安装在旋转门旁边。

应该经常检查窗户关闭是否灵活、固定框架是否松动、有无裂缝、五金件是否损坏、塞头是否牢固和生锈（窗的金属框架）。门也应该经常检查，查看要点包括铰链、锁、其他五金件、门的框架、门的表面损坏和门的对缝是否整齐。

屋顶

屋顶是建筑物的重要组成部分。然而，屋顶面上的裂缝常被忽略。如果水通过屋顶的裂缝渗入建筑物体内，会产生危险的后果。首先受到影响的是屋顶，其次就是建筑的结构部分，室内设施也会因屋面的裂缝而快速地毁坏。例如，一个新油漆好的工作面，会因水浸而在几分钟内遭到破坏。

正常情况下，屋顶在 20 ~ 30 年内很少会出现问题。相反，某些建筑物的屋顶可能在头一年就会产生问题。一个屋面"寿命"的长短，取决于结构材料的品质、施工人员的技艺和有效的防范保护措施。

对屋顶面维护的要点是日常检查，尽早发现问题，及时修理。因而要尽可能努力保持屋顶面的耐用性，并延长它的使用寿命。

基本结构 屋顶由屋顶板和上面的覆盖层组成。屋顶板是结构材料，覆盖层铺在它的上面。屋顶通常有木制的、金属的和混凝土制的。屋面系统是混合构件，并且是建筑物抵挡天气变化的保护罩。

有多种形式的屋顶材料，包括沥青或玻璃纤维板、隆屋面、刨花板、锯木板、陶瓦和混凝土板、钢铁和铝合金等各种形式的板材。屋顶材料的选择取决于诸多因素，如经济、造型、气候、防火、承载和观感，甚至市场也是一个因素——一些可以用造型和颜色区分的屋顶，可以使人们产生很好的观感。

屋面系统主要考虑的是防止水的渗漏，这需要在屋顶覆盖防水层，保证水落到屋顶后不会渗漏到下面的天花顶板。为了加强保护，常用的方法是铺一层沥青，或用油毡直接铺在屋顶板上。

当屋顶面上的防水层铺设平整和密封好之后，在上面再覆盖一层保护层——通常是砾石层，作用是：减少紫外线对防水层的损坏；提供一个保温层；增加耐热、阻燃。这种形式的屋顶被称为建筑上的屋顶（图 11-1）。

图 11-1 屋顶面的构成

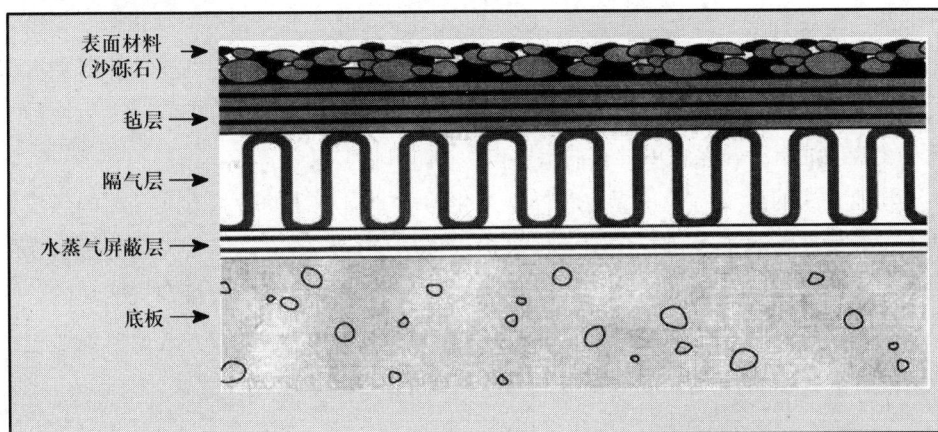

现在很多平屋顶采用系列材料，这类屋面板是由耐热和耐化学反应的材料压合而成的一种大块薄膜板式的屋顶板。这种材料具有黏性，通过机械压力粘在屋顶板上，或把砾石铺盖在其上面，保持屋顶材料的稳定。有多种不同的材料可用于屋顶构造，每种板材都有其特殊的性质、安装方法和保养要点。

大多数屋顶的裂缝是由于建筑物的受力——安装在上面的各种设备和在屋顶面上人的行走造成的，还有松动的碎片和维修设备也会造成裂缝。另外，大多数屋顶平台都设有排水系统，所有屋面的缝隙必须被完全密封，以防止水渗入屋面板。应在屋顶设备的边缘和屋顶面的阴墙角处安装防雨板，防雨盖板通常由铝或铜条制成，边缘由弹性材料密封。

另外，在许多屋顶结构中，隔离层已经成为其构造的一部分，这种屋面结构对控制建筑物的节能也起到了关键作用。

预防维护措施 预防维护措施应包括经常检查（每年季节变化的前后和暴雨过

后)、清理所有的飘落物(树干、树枝等)、检修空鼓(隔气层和防水层之间)、清扫水坑、检查修好所有的防雨板和维护屋面上的保护层。屋顶构造的坚固并不意味着可以被忽视,事实上,日常维护的疏忽使屋顶坚固成为空谈。

检查 作为检查内容的一部分,屋顶的状况应当被记载存档。如被发现的缝隙就是特别要记录的内容,把重要位置、部位都记录下来,以及缝隙产生的原因(刮风的方向和速度、环境温度等)。如果屋顶一段时间没有上过人,那么首次发现产生裂缝的时间也要记录下来。要经常对屋顶进行全面而细致的检查。

屋顶的视觉检查应该至少一年进行两次。 夏季结束前的检查有助于及早发现因高温和紫外线在夏季引起的问题,早发现了问题就可以有足够时间在冬季来临前进行维修。在春季时也应该进行检查,这么做是为了验证冬季是否对屋顶带来了损害。此外,极端天气(如飓风的袭击)经历过后也应该进行检查。特别要关注房顶可渗入的地方(例如排风扇位置)以及其他建筑物的排气口。厨房的排气罩也应该经常检查及清理油脂,确保屋顶没有油脂累积。

其他方式的检查有使用提取芯样本来化验和非损坏性的检验方式,例如热成像技术。提取芯样本涉及割穿屋顶面层来提取样本进行化验。这里要关注的是水在屋顶的存在以及屋顶会因此受到损坏。而热成像是通过使用红外线摄像机实现的。热成像技术是以计量表层温度来发现损坏屋顶材料里的水。热成像方式通常是通过服务合约获取。

建筑物内部结构

在建筑物内部的众多设施中,建筑物的室内装饰也许是客户对饭店最直观的感受。天花板、墙面及地毯围绕着客户,而它们的感观直接影响着客户对饭店的印象。适当的初期装饰选材及不断维护可确保客户对饭店留下好印象。大多数的室内装饰是由客服部来保洁维护的,而工程部则负责定期的维修及改造翻新这些室内装饰,这是由于这些装饰的维修被界定在物业运行及维修预算里的翻新改造项目。工程部同时也负责对电梯系统进行维护。

天花板和墙面装饰

天花板、墙面及门窗的装饰可以追溯到中世纪,那时,为了抵御冷风,城堡里挂满了精致的挂毯及窗帘。①如今, 选材的目的是考虑隔音、安全及美观而不是为了防冷。

今天的市场里有许多天花板材及墙面的装饰材料。油漆在装饰中的使用是最普遍的。乙烯基制造商也出台了很多实用及美观的产品来作为油漆的替代品。

天花板材和墙面的装饰材料包括木饰面, 如多层胶合板、贴皮饰板及镶嵌板; 人造材料如地毯、镶嵌板、仿石涂料; 壁纸及石材如瓷砖和大理石。 接下来的部分将讨论, 使用较普遍的表面装饰——油漆, 乙烯基及编织物。

装饰的表面 油漆获得普遍的使用是由于它的价格优势以及能方便地使用在天花板及墙面上。它较容易保洁, 只需使用肥皂水。近年来, 油漆厂家已研发了高密度产品以便提升它的耐久性和较容易保洁。总而言之, 密度越高就越耐久和容易保洁。

乙烯基装饰的表面 乙烯基目前已经普遍用于墙面装饰及天花板装饰材料。 乙烯基墙面装饰的制作是把乙烯基浸透在棉或聚棉上。通常会建议使用聚棉基层的乙烯基, 因为它比棉基层的乙烯基更加耐用及不易燃。

就像壁纸, 乙烯基可以是卷材, 使用特殊的胶黏剂黏合。乙烯基的墙面装饰应使用有防霉剂的胶黏, 尤其在又热又潮湿的地方。霉菌可以导致装饰翘皮脱离, 使得乙烯基表面产生波纹效应。墙面装修施工是维修人员或承包商的工作。可是保洁人员有时也会遇到胶液从墙面里渗出, 尤其在边角部位。发现这种情况, 使用厂家建议的除胶剂就可以处理了。

选择乙烯基是因为它的实用价值, 保洁只需使用刷子与肥皂水或更强的清洁剂即可。今天的乙烯基产品已有各种的颜色及纹饰, 如此, 它们被采用不仅是因为实用价值还是因为美观效果。

政府部门把乙烯基墙面装饰归为三类。Ⅱ类乙烯基是最适用于公共区域的, 因为它们耐久和美观。但是, 它们也有易受撕扯和被碰击的缺点。纹路较深的乙烯基可能不易刷洗。

编织物装饰的表面 编织物墙面是属于最豪华的方式。它们不但昂贵、难装裱、易损, 还难清理。

亚麻布曾经是墙面装饰的首选, 可是现在已有太多替代材料, 例如棉布、羊毛、蚕丝。有时为了体现触感纹路的效果, 会混合两种或两种以上的材料。

织物墙面的装饰可以是纸基底或亚克力基底。纸基底比亚克力基底的装饰更好安装。可是, 亚克力基底的装饰较耐皱, 在安装时也较好调整。所有织物装饰应经常使用吸尘机清理。有弄脏的地方应使用厂家建议的清洁剂。千万不要用水直接清理织物的面饰, 因为织物的表面可能会缩水抽皱。

地毯材料

与其他地面的装饰相比，地毯有很多有利之处。使用地毯可减少大堂和客房的噪声，并可防滑、保温。地毯也容易维护。很多饭店都使用商用地毯，因为商用地毯比家用地毯更耐用。

总体来说，地毯由三部分组成：毯面，初级褙衬和次级褙衬。图 11-2 显示地毯的剖面。

图 11-2　地毯组件的截面图

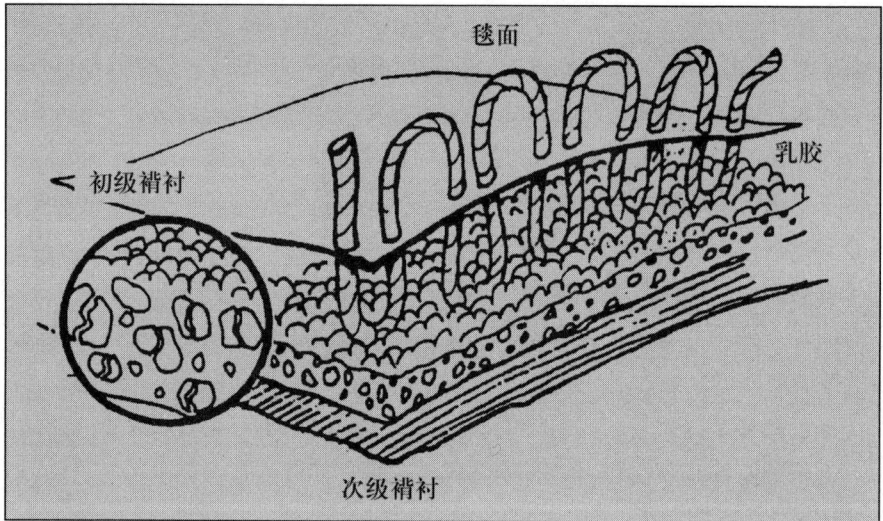

毯面是指经常踩着也能看到的部位。毯面可由合成纤维组成，例如聚酯纤维、亚克力、聚丙烯（烯烃）或尼龙。毯面也可由天然纤维组成，例如羊毛和棉花，尽管很少采用棉花作为毯面。也有些地毯是人造与天然材料合成的，或者几种不同的人造纤维混纺合成的。地毯的纤维、密度、高度、揉捻度及编织工艺都会影响它的耐磨力、纹路的保持和可修复性。

纤维密度可以用来判断地毯的耐磨力。总体来说，密度越高的品质越好。它们可以保持污垢在纤维表层防止渗透。要判断它的密度可以尝试把地毯的边脚弯曲看到地毯下的褙衬。如果褙衬不容易看到，说明地毯的密度强、质量好。

拥有同样的密度的地毯，绒毛高和揉捻度强的质量更好。揉捻度越紧就越能有效地保持地毯的形状。当检查地毯时，应该可以看到它的揉捻度现状。绒毛的顶端不应该是散开的。质量好的绒会有热定型的揉捻卷。

毯面的重量也可以影响地毯的耐用性。每平方米的面子纤维重量称为面重。面重值越大，地毯的质量越好。

毯面的纤维是固定在初级褙衬上，对绒毛线起着固定作用。褙衬可使用自然材料（黄麻）也可使用人造材料例如聚丙烯。黄麻褙衬虽然具有耐磨力，但遇到潮湿时可能会发霉。聚丙烯褙衬在具有黄麻褙衬的优势的同时又抗霉。两种褙衬都适用在簇绒地毯或编织地毯上。

通常，地毯的初级褙衬会有一层防松涂层。防松涂层材料有塑料、乳胶或者其他胶黏，以固定纤维。此材料涂在初级褙衬，以为了使织入的绒圈在背面固定。有些地毯有次级褙衬使地毯外形更稳定。

在以前地毯编织需要安装在一个垫层上，如今它可以直接胶粘在地面。特别是地毯块，在生产流程线当中就把地毯纺织与垫层粘好。

一般来说，垫层质量会影响地毯的整体质量。使用廉价的垫层会缩短地毯的寿命，还会影响保温、隔音及弹性。较厚的垫层会防止地毯移位，除非安装的位置经常有重物通过，这种情况就要使用较薄垫层。

簇绒地毯　非编织或簇绒地毯是以蓬松丝织造的。

将短蓬松丝（18～25厘米）聚集在一起捻合成连续的纤维丝。当然自然纤维如羊毛和其他自然纤维也是像蓬松丝这样捻成的。有些地毯的绒面上会看到球头纤维，这是因为有的纤维并未都连接到初级褙衬上。使用蓬松丝纤维的地毯通常不会有起球或有掉落的现象。

在簇绒织法过程中，绒头纱经过钢针织入褙衬底部，面层上形成了绒线头。这些绒头就形成了绒面层。绒可长可短，或者用长短不同的形式来塑造款式。有时候，会同时采用这两种方法制造出切割效果来。

平面或地毯有块形的绒线头，还可以有不同的纹路。平面绒是商用地毯里最常用的。饭店会在客房里使用平面绒头地毯来模仿家用地毯的外观。其他类的地毯，根据设计需求可用于饭店里其他公共区域。

编织地毯　在编织地毯过程中，用编织机将面层纤维和褙衬编织在一起。通常，编织的地毯宽度比较窄，或者是以多片拼缝形成较大的毯片。编织地毯没有二次层，可是如果铺装得好，它们也可以比簇绒地毯表现得更好。编织工序可以同时把毛绒经纬交错来形成绒面。有不同的编织方法，例如天鹅绒，威尔顿、阿克敏明斯特。天鹅绒编织法可形成多种款式，包括平面绒圈，高低绒圈及割绒圈型等。威尔顿织法使用了一种编织机来编织较细致的地毯，甚至可以有多种颜色的选择。阿克敏明斯特地毯织法可以采用多种颜色的绒线放在机械图形编织仪器里。这种编织法可以把大部分的绒头纱线放在地毯的表面层。

图 11-3 演示了不同的地毯及其特征。

图 11-3 典型地毯类别及特征

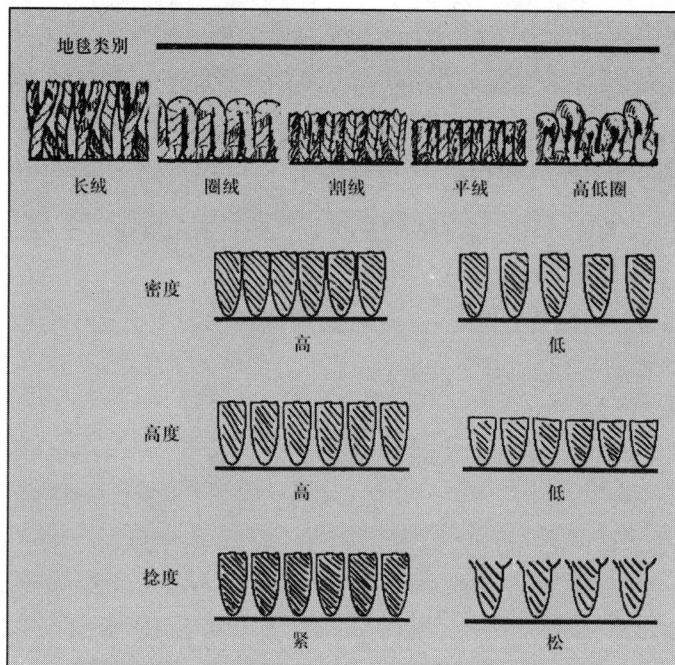

面层纤维 在一般的情况下，人造纤维比自然纤维更耐用、卫生和便宜。这些优势导致 90% 商用地毯都是采用人造纤维。面层纤维是以外观，弹性及形状保持力（保持形状的能力），耐磨力，耐脏及易清理性来衡量。典型的面层纤维有羊毛及其他自然纤维，以及尼龙和其他人造纤维。

羊毛和其他自然纤维：买卖人都认为羊毛美观、耐用和易清理。可是它也是昂贵的。虽然昂贵，羊毛却特别适用于饭店，因为它可自然阻燃及易清理。家具脚的压痕会给人造纤维的地毯造成永久的压痕，羊毛纤维只要使用适当的温水就可较好恢复。

还有羊毛纤维的吸水性强，这也意味着它比较容易用清水来清理。不幸的是，羊毛纤维也给微生物提供了一个滋生的好地方。霉斑、细菌可以损害地毯也会带来异味。清洁剂的选择必须要慎重；氨、盐、碱性的肥皂，氯漂白和强清洁剂都会损害地毯面。

其他自然纤维如棉、麻及蚕丝如今虽然还在被使用可是量并不多。

尼龙：在美国，超过 80% 的地毯制造商都是采用尼龙。用尼龙织造的地毯耐拉伸、耐曲折、颜色保持力强与羊毛相比价格低廉；如果维护好了，它可防腐、防霉；尼龙特别受欢迎是因为它耐用及塑造力强。它的抗污染能力也比羊毛好。

尼龙纤维通常会有闪亮的外观。通过"烘烤"工序加工可以使外观变暗或轧光，看似羊毛。较暗的地毯也比较耐脏。

其他合成纤维：亚克力纤维是在 1950 年发明的，为的是模仿羊毛的外观及耐用性。在一般的情况下，亚克力地毯比其他合成纤维的地毯耐清理。有时候在清理过程中会变成棕色也会起毛。油渍如没及时清理也会留下永久的污迹。但是亚克力抗酸力强。

聚烯烃耐磨纤维：聚烯烃纤维耐磨力非常强，不易损坏，也不像尼龙和羊毛那么容易褪色。聚烯烃地毯是液体染色的，也就是说它是在液体状态时就着色了。它可抗酸和防静电。但是它耐热性较弱，走在上面的舒适度比起其他纤维要差。

聚酯纤维的外观与羊毛相似，非常耐用也容易清理。但是，在高温情况下使用会变形。

醋酸纤维是一种廉价的人造丝纤维。它不易褪色且抗霉，但是抗污染和耐磨力较弱。

人造丝拥有与醋酸纤维一样的特征。它易脏和耐磨，而且不易褪色及抗霉力较好。高密度品质的人造丝适用于饭店。但是，受油渍污染的人造丝不好清理。

电梯

建筑物内必须要设置预留"运送系统"——通道、楼梯和电梯。它们是整个建筑物的有机组成部分。[②]因为电梯造价昂贵且作用重要，有必要对它的维护保养进行专门的讨论。

构件 电梯系统由几部分组成。一部电梯包括井道、轿厢、机房设备、轨道、钢丝绳索、对重、安全装置和提供动力的电动机（图 11-4）。

轿厢是电梯设备中唯一看得见的部件，轿厢承载客人或货物在电梯井道内上下运动。轨道固定在井道的墙壁上，电梯上的两个轮子沿着轨道运行。钢丝绳承担着轿厢垂直的重量。

图 11-4 曳引电梯系统

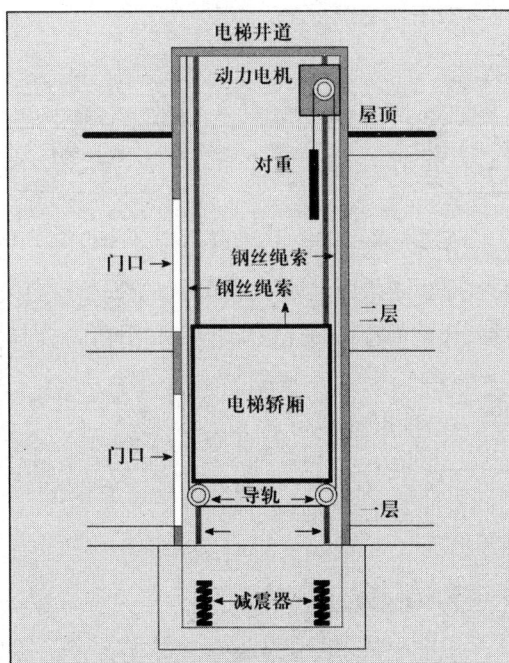

对重可以记录轿厢和它所载客人的总重量，保证不超过规定的荷载。安全装置可以让电梯准确地运行到每个楼层站，保证钢丝绳索不断裂。轨道钳夹可以保证电梯轿厢运行速度的快慢。减震器安装在电梯井道底部，它可减缓冲击力，保护乘客不受伤害。

电梯设备有两种基本类型：曳引式和液压传动式。它们的不同在于曳引式电梯的升降靠绳索和对重帮助，而液压式则用汽缸内的活塞运动代替绳索和对重。液压传动装置可以根据地面的高度确定电梯升降的高度。电动泵迫使油进入传动装置，使活塞移动，从而提升轿厢。当轿厢下降时，油通过阀门从汽缸中喷出。液压传动式电梯只能用于6层以下的建筑物，曳引式电梯则可用于更高层的建筑物。

维护保养 电梯设备的许多部件都是被覆盖而不是露在设备表面的，日常维护包括清扫、保养和加润滑油——一些较小的机电零件修理工作需要加润滑油。轿厢是客人能看得见的部件——是可以评判电梯设备是否完好的部件，因此轿厢更要经常保养维护。轿厢内的应急对讲电话要经常检查是否正常有效，每天应乘坐电梯检查其运行是否正常，运行时声音是否正常。轨道位置的偏移，导轨的磨损或调试得不合适，都会使轿厢摇晃或剧烈振动。电梯门也要经常检查，观察启、停、开、关是否合适。

电梯的制动部分一定要经常检查、清理，经常加添润滑剂，损坏的钢丝绳索一定要找生产商进行更换。

户外设施

作为配套功能，应在建筑物外围设置一些必要的设施。它们许多被安置在地下，且在平面效果图上属于"隐蔽、未提示"的设施，不要等到出现问题后才想到它们。这些设施为建筑物提供配套服务功能，它们包括：

- 停车场；
- 给排水系统；
- 公用设施；
- 园林和地面环境。

停车场

几乎每个饭店都为客人、业主提供停车场。一些城市中心的饭店可租用其他地方作为内部停车库，且这些车库由市政进行维护。但大多数饭店逐渐趋向于自己维护停车场。在本部分我们介绍一些常用的方法，介绍如何对车库进行维护保养。既然大多数停车场或地下车库都是由混凝土和沥青材料建成的，本节就先讨论一下这些材料及导致它们损坏的原因，然后再讨论停车场和地下车库的维修和保养问题。本部分还将根据《美国残疾人法》讨论停车场的方便需求等内容。

混凝土　混凝土是一种通过复杂化学反应而生成的普通建筑材料，混凝土的耐久性、适应性和经济性使得它成为在世界范围内[③]，在建筑结构上使用最普遍的材料。毫无疑问，许多发展商、建筑商和业主在地下停车场的材料选用上都使用混凝土。

混凝土的基本要素：混凝土是水泥混凝土[④]，这种混凝土是由水泥与水搅拌和成的，它慢慢凝结变成坚硬的固体。混凝土中的骨料含 60% ~ 75%（重量的 70% ~ 85%）的沙、砾石和碎石。优质的骨料通常由天然沙或碎石构成，它们的颗粒直径小于 0.2 英寸（0.51 厘米）。一般的骨料由砾石或碎石组成，它们的颗粒直径通常在 3/8 ~ 1/2 英寸（0.95 ~ 3.8 厘米）。混凝土的品质很大程度上取决于水泥浆的品质。优质的混凝土，其骨料完全由水泥浆包裹，水泥浆完全充满骨料颗粒料间的空间。

混凝土的硬化是一种化学反应过程，称作"水化作用"。水化作用是水泥和水经过化学反应，把骨料、钢和其他物质黏合在一起，形成一种矿物材料。水化作用与干燥不一样，因为干的水泥不发生水化作用，没有水，这种反应就不会发生。水化反应越充分，水泥的硬度就会越大。

混凝土硬化后变成一种强度高、不易燃、耐久性好和抗磨损的建筑材料，它几乎不需要维护。然而因混凝土相对的抗拉强度低（它可以承受极大的纵向压力而不

图 11-5　混凝土的收缩和弯曲

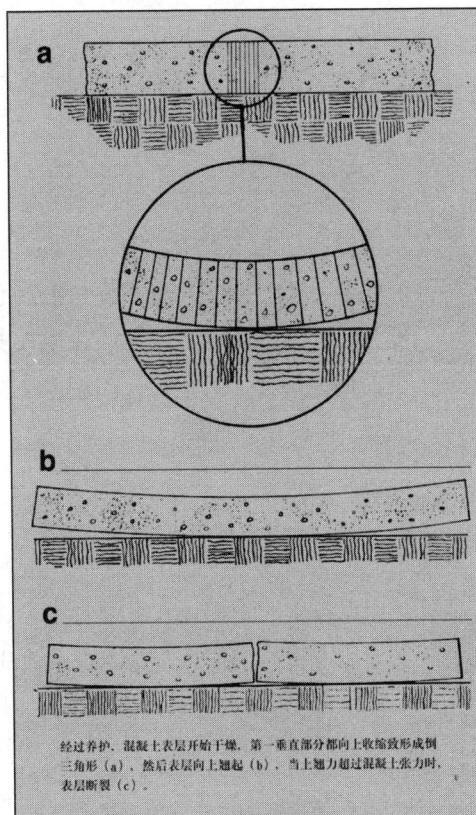

经过养护，混凝土表层开始干燥，第一垂直部分都向上收缩致形成倒三角形（a），然后表层向上翘起（b），当上翘力超过混凝土张力时，表层断裂（c）。

资料来源：美国混凝土协会，《混凝土能手系列丛书——表层区分》（底特律，密歇根州，美国混凝土协会，1982 年）第 6 页。

断裂）而产生裂纹。图 11-5 说明收缩如何导致了裂纹。混凝土板由很薄的竖向的结构构成，因为顶部比底部更容易收缩，每一部分顶部比底部稍窄，所以每部分都会有轻微的变形。每部分相互充满混凝土，使混凝土板边缘容易弯曲。当混凝土表面承载重物时，就会产生足够的伸张力导致裂纹。

混凝土面产生裂纹并不意味着有塌落或毁坏的危险。混凝土面上有一定量的裂纹通常是不可避免的。建设者开发出许多方法减少和控制混凝土面的裂纹，接合法是控制不可见裂纹的最有效的方法。接合法不能消除裂纹，但它可以预先控制裂纹的位置。接合得笔直、整齐的裂纹比不规则的裂纹更容易密封和保养。

混凝土面的很多问题，特别是用于停车场、屋顶板和坡道时出现的问题，可以用高品质的密封剂来避免。密封剂充满混凝土表面的孔隙，可以保护混凝土面不受盐碱和其他腐蚀性物质的侵蚀。市场上有很多种密封剂，专家建议，暴露在特殊情况下的混凝土，应该选用专用的密封剂。

混凝土面的损坏：混凝土面的损坏包括因冷热变化引起的龟裂、侵蚀和剥落。这些情况大多数都可以得到控制，至少可以通过选择合适的高品质保护密封剂，以减少这类情况的发生。

龟裂：混凝土的表面有直线型或像地图形状的裂缝，很多混凝土的裂缝和断裂都是由于混凝土的收缩引起的。地板上混凝土的小裂缝一般不影响混凝土的使用效果，但如果裂缝比直线型裂缝宽，问题就变得严重，而且会导致混凝土的损坏。

侵蚀：因为水流过水泥地面或地板上的裂缝，带走了水泥中的黏合成分，在混凝土下面形成凹坑、沉积物。经过数年，这个过程就会使混凝土的作用减弱，并且加快混凝土的疏松、潮湿。

冻结／融化的过程会损坏水泥浆和骨料，最终导致混凝土的毁坏。在北方气候条件下，冻结／融化过程会引起混凝土本质上的损坏。当潮气在混凝土中冻结，会导致混凝土的膨胀。当春季融化开始时，混凝土的表面先融化，使混凝土恢复到原来的体积，但混凝土的下部还在继续膨胀。这种不规则的融化是导致混凝土表面开始有裂缝的原因，使春季的雨水渗入混凝土中。当冰冻的温度再反复时，这些裂缝就会变宽。因为潮气在裂缝中冻结，使混凝土膨胀。冰冻和融化的循环，使裂缝继续变宽。最终，表面受到损坏，混凝土在解冻期间被破坏。车辆的行驶使得下面的材料变得松散，而形成空鼓。

嵌入混凝土中的预埋件、金属线、钢制或其他材料的电缆也会破坏混凝土。这些材料的腐蚀生锈导致混凝土的变形、空鼓被称作剥落。金属的腐蚀是一种电化学过程，可以导致混凝土的破坏日益严重。锈是腐蚀的副产品，它占原金属体积的2.5倍。因此，锈生长在金属表面，导致金属膨胀，使混凝土表面的压力增大，形成裂缝。

考虑和设计预埋件的深度也许是阻止混凝土产生剥落的一个重要方面。混凝土地板很少加增强材料，应注意防止结晶盐深入混凝土下，从而导致剥落现象。停车场设施在预防维修时，维修人员一定要特别注意这些地方，防止混凝土的表面附近产生裂痕。

混凝土的维修保养。 修整坏损的混凝土很复杂，只能进行清理和加密封剂重新修复。如果做得合格，这种方法对修理剥落和空鼓的混凝土路面很有效（图11-6）。好的修补必须要保证具有耐久性，并使混凝土周围物质黏结得很好。尽管修补混凝土路面的材料有许多，但使用最广泛、最有效的材料是普通硅酸盐水泥混凝土。其他的修补材料包括环氧树脂和聚合物混凝土。

在表面覆盖一层混凝土的修补区域，将比单独修补带来更好的经济效益。如果混凝土地面位于封闭的结构内（如停车库），覆盖层将会使原有地面加厚，减少净高度，而且增加地面的重量，因此有缺陷的设计也能导致严重的裂缝问题。咨询一下优秀的工程师，可以帮助确保地面上的覆盖层不产生更多的问题，这样比发生了问题后再去解决要强。

沥青 沥青是一种从石油中提炼的暗棕或黑色的具有强力弹

图 11-6 混凝土的修补

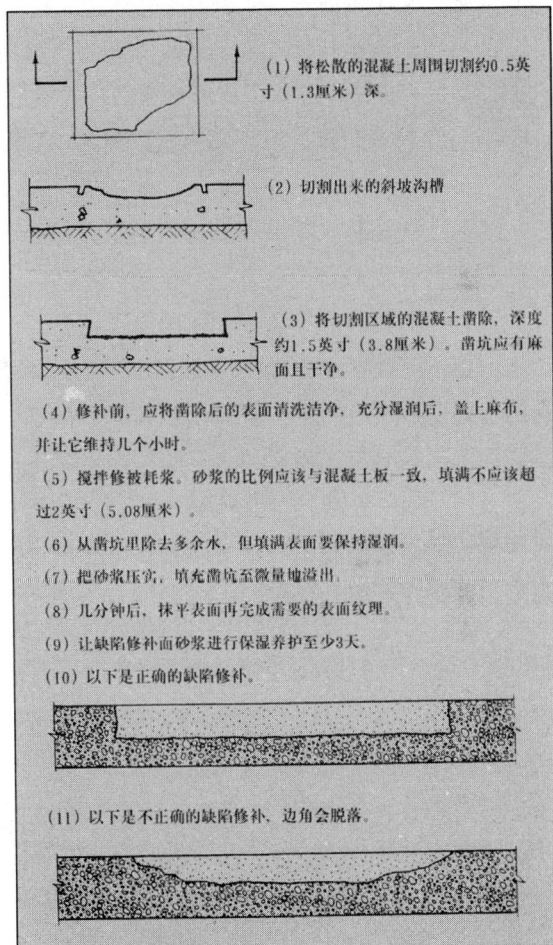

（1）将松散的混凝土周围切割约0.5英寸（1.3厘米）深。

（2）切割出来的斜坡沟槽

（3）将切割区域的混凝土凿除，深度约1.5英寸（3.8厘米）。凿坑应有麻面且干净。

（4）修补前，应将凿除后的表面清洗洁净，充分湿润后，盖上麻布，并让它维持几个小时。

（5）搅拌修被耗浆。砂浆的比例应该与混凝土板一致，填满不应该超过2英寸（5.08厘米）。

（6）从凿坑里除去多余水，但填满表面要保持湿润。

（7）把砂浆压实，填充凿坑至微量地溢出。

（8）几分钟后，抹平表面再完成需要的表面纹理。

（9）让缺陷修补面砂浆进行保湿养护至少3天。

（10）以下是正确的缺陷修补。

（11）以下是不正确的缺陷修补，边角会脱落。

资料来源：美国混凝土协会，《混凝土能手系列丛书——表层区分》底特律，密歇根州，美国混凝土协会，1982年）第65页。以及史迪文·H.科斯马卡和威廉姆·C.帕纳里斯合著的《混凝土的设计与控制》一书第13版，第118页（思考基，伊利诺伊州，波特里水泥协会,1990年）。第118页。

性的物质。沥青水泥是经过进一步提炼的半固体材料，适合铺设混凝土路面和在其他工业方面使用。沥青强度好、具有耐久性，防水，并且抗强酸和盐的侵蚀。

沥青的基本要素：沥青砼是沥青水泥和骨料混合制成的一种黏稠的铺路材料。就像水泥使用的骨料，它有许多品种，使用沥青可以形成很好的耐磨性。沥青水泥和骨料在混合前必须加热——沥青水泥是流体，骨料是干燥固体，加热后应保证沥青水泥充分包裹骨料的颗粒。

沥青铺面拌和物被设计和生产成可以掺入各种骨料，以用于各种不同方面。

使用哪一种类的拌和物，要根据地理环境而定。沥青搅拌细则由美国国家高速公路及运输官方协会与美国材料与测试协会拟定。

铺沥青前，土地必须经过认真整理。一旦铺上，沥青必须用蒸汽压路机或其他重型机械压实，挤出沥青混合物中的空气，并且将骨料与沥青一起压实，在铺设面上加力使之更加防水。事实上，压实步骤是最重要的因素，因为这可以影响沥青铺面的质量和寿命。

沥青面的损坏：导致这种问题出现的原因很多，如土地地面或沥青没有被完全压实，由于天气或磨损压实后的表面没能保存好，沥青量不够或过多，搅拌后的混合物稳定性不好，或没有排干水分，都会导致问题的出现。

沥青面的修复：沥青面上小的裂痕可以用扫帚或扫地机清除残渣。如果裂痕中长出植物，应将它拔掉（有可能的话），并在裂痕中撒上相应的除草剂。将裂痕用水冲洗干净，清除黏土或脏的附着物有时也是必要的。但是在修补工作开始之前，裂痕中需保持干燥。

清理干净后，小的缝隙可以用热的橡胶填充物来修补。用力将填充物挤进缝隙，再将表面整平。如果只有几处小裂痕，可以用手工进行修补。如果裂痕很大，则需要用沥青砂浆来代替填充物修补了。沥青砂浆是乳状沥青的混合物（用水稀释后的沥青与水泥）和优质骨料、矿物填充物，同水一起在原有表面上统一铺上薄薄的一层。

修补沥青表面上大的裂缝以及窟窿，与修补混凝土上的窟窿相似。首先，坑的边缘应该竖直切平，并且从坑里清除受损部分或松动的材质。然后，在表层铺上薄薄的一层黏性很强的乳状沥青，从底部到边缘全部涂抹。之后，坑内可以填上沥青修补混合物再压实。

为更方便对修补面进行铲、刮及修刨，修补混合物应柔软且有韧性。如有可能，在涂层和修补混合物搅拌前，坑内应保持干燥。如果坑内潮湿，乳状沥青层和修补物就不能保持良好有黏性，混合物将会被来自地表的车载压力挤出坑外。这就是许多在潮湿冬季修补的坑不得不在来年春季或夏季重新修补的原因。

表层修补通常用于已铺设过沥青的表层，是再次使地面保持平坦的一种方法。同样，需要修补的边缘地带应先切成垂直见方，并且喷上涂层（一层黏性强的乳状沥青），使沥青混合物牢牢粘在原有表层上。

停车场 在这一部分我们将讨论停车场的结构特点、设计思路及保养维护。

结构外形：地面停车场的结构包括路基、路面底层和表面层（图 11-7）。路基已被压实，用来支撑上一层的土地层。路面底基由沙子、沙砾、碎石或其他颗粒物质组成。这种颗粒物质有时铺在路基层上面来加强支撑的统一性，将此层铺在需要铺设的层面上，用作表层及路基之间的铺垫。

图 11-7 地面停车场结构图

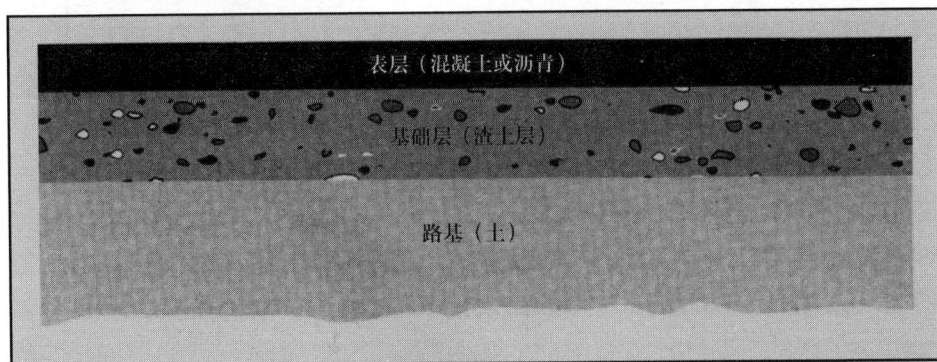

表层通常包括混凝土或沥青，是车辆行驶的层面。其功能就像用来封口的胶水一样，可以阻止潮湿的水汽渗进路基、路面底层。

地面停车场的性能很大程度上取决于对路基填实的程度以及均匀状况。如处理路基的工作做得不充分，可能导致裂痕、路面沉降及整个结构的失败。路基应排干水分；承载力一致；保持水平或适当倾斜；没有杂草、有机物及冻结。

停车场的表面将会发生变化，但可以断言的是，车辆的负载将贯穿始终。为了帮助设计师决定表层的最佳厚度，设施经理或维护保养经理一定要向设计师提供如下数据：

- 使用停车场的车型（例如客车、轻型卡车、重型卡车）；
- 每种车型的数量；
- 主要车辆的荷载；
- 每天停车的数量。

这些数据及对相似类型中交通工具的研究，可以帮助设计师计算出结构设计的需求。图 11-8 是适应在不同的交通工具载重下水泥板承载的厚度。

图 11-8　不同承载重量建议的混凝土厚度

车型	轮轴载重（磅）		每周通过的次数所需厚度				
	前	后	4英寸	5英寸	6英寸	7英寸	8英寸
	2500	2500	不限	· · · · · · · · · · · · ·			
	2500	2500	不限	· · · · · · · · · · · · ·			
	9000	18000	·	4	40	不限	
	8000	32000	·		20	不限	
	8000	32000	·		10	不限	

不同路面厚度可承载的重量（20年使用期限）

＊只限不定期停放——参考路面设计手册

资料来源：《水泥停车区域——传统定义》一书，波特兰水泥协会，伊利诺伊州。

地面停车场应设计成易排水、易风干、表面平坦的地方。如有可能，围绕停车场地带应有一定的坡度，这样雨水可以流出停车场，而不是流进来。另外，停车场的雨水槽、交通通道及结构都应设计成可以顺畅排水，尤其是十字路口及人行道。屋顶的流水也会导致停车场大量积水，如果维护保养工作做得不好，就会发生问题。例如表层物质的侵蚀，苔藓的生成（在一定条件下），以及在寒冷的气候下形成冰冻部位。

设计思路：停车场的设计思路包括决定停车范围和建立停车控制区来引导交通或隔离交通。停车场的入口及出口应该设立明显标识，以尽量不影响附近街道的交通。地区标准通常要求在入口设立加速、减速道及标出与交叉路口的最短距离。地区划分规则通常标出不同建筑停车位所需的最少数量。许多地区也明确规定出停车位的最小范围。

停车场通常不用提供诸如从轻型交通工具到只在高速公路和特殊街道使用的重型卡车如此之大的范围。当停车场计划为重型运输卡车或轻型车辆服务时，交通控制区通常要与小轿车及轻型卡车区域分开，并划出重型卡车区。如果车辆载重超过停车场结构设计，就会导致整个结构设施设计的失败。最常见的问题是垃圾车。这些垃圾车很重，而且必须穿过整个停车场去取放垃圾箱。有些物业在垃圾箱附近安装了单独的水泥板，就是从承重角度考虑而为垃圾车特殊设计的。

维护保养：设计及维护保养良好的地面停车场，使用年限至少应为 15 ~ 20 年。

下面列出了一个标准停车场应进行的保养工作及其周期。

保养工作	周期
表面清扫	每日
安全检测	每周
排水检测	每月
停车管理设备检测	每月
防水	每月
表面裂痕	每月
设备结构维修	每月
扫雪铲冰	需要时

每一项都应列入整个预防维护保养计划中。

车库 车库一般是用钢筋混凝土、预应力混凝土，或是混凝土上铺有钢筋结构构成的。车库并非只是为停车制作混凝土板层，车库也有排水结构、地下排水系统、排气及通风扇、照明、交通标志、栏杆及方便通道。

维护保养：一个设计良好并进行适时维护保养的车库应该可以使用 30 多年。车库的维护保养计划应该包括定时清洗、检查及其他保养。另外，计划中还须包括对保养工作效果的评价。

有的车库设计独特，所以需要特别的保养，因此维护保养工作也会不同。以下是对一个标准车库进行维护保养的周期安排：

保养工作	周期
清扫	每日
停车管理设备检测	每日
安全检测	每日
保安系统检测	每日
墙壁涂料及标识的褪色	每年
扫雪铲冰	需要时

每一项都应列入整个预防维护保养工作中。

停车场地的《美国残疾人法》需求　《美国残疾人法》（ADA）要求商业机构改善停车区域，以方便残疾人。[5]法律规定停车场改善必须做到"容易识别"。但是，并没有对什么是容易识别做出定义。

一般来说，应当对车库做一些完善工作，以使其与执法部门的附录即《美国残疾人法》中规定的标准相一致。

方便停车位：根据《美国残疾人法》，如果一个停车场总停车位在 100 个以内时，方便车位应占总量的 4%。当总停车位在 1000 个以上时，则应占总量的 2%。

总停车量	方便车位的最少数量
1 ~ 25	1
26 ~ 50	2
51 ~ 75	3
76 ~ 100	4
101 ~ 150	5
151 ~ 200	6
201 ~ 300	7
301 ~ 400	8
401 ~ 500	9
501 ~ 1000	总数的 2%
多于 1000	20，1000 以上每超过 100 个增加 1 个

特殊建筑物的方便车位必须设置在从方便入口到停车位行驶最近的路线上。方便车位要设立预留标志，为残疾士设置的车位标志应立在车位前，并且要有一定的高度，以方便他们可以很容易从驾驶位上看到。而且，设立标志可以使方便车位不被其他车辆占用。

方便车位必须有足够的宽度，以容纳轮椅使用者开车门，坐到轮椅上，并且可以很容易地退出到人行道上。这些车位至少应有 13 英尺（4 米）宽——汽车占 8 英尺（2.4 米），方便通道占 5 英尺（1.5 米）（图 11-9）。

方便通道：是指可以使借用器械（例如轮椅）的客人，上下车、移动到人行道或出入口。方便通道不能被植物、围栏或障碍物挡住。如图 11-9 所示，相邻的方便车位可以共同使用一条方便通道。任何设计中最基本的考虑就是使方便通道与停车位保持水平，由于残疾人士需要费力地进入通道，所有通道不能有台阶、洼地。方便通道必须与方便道路相适合。

图 11-9 方便停车位的空间

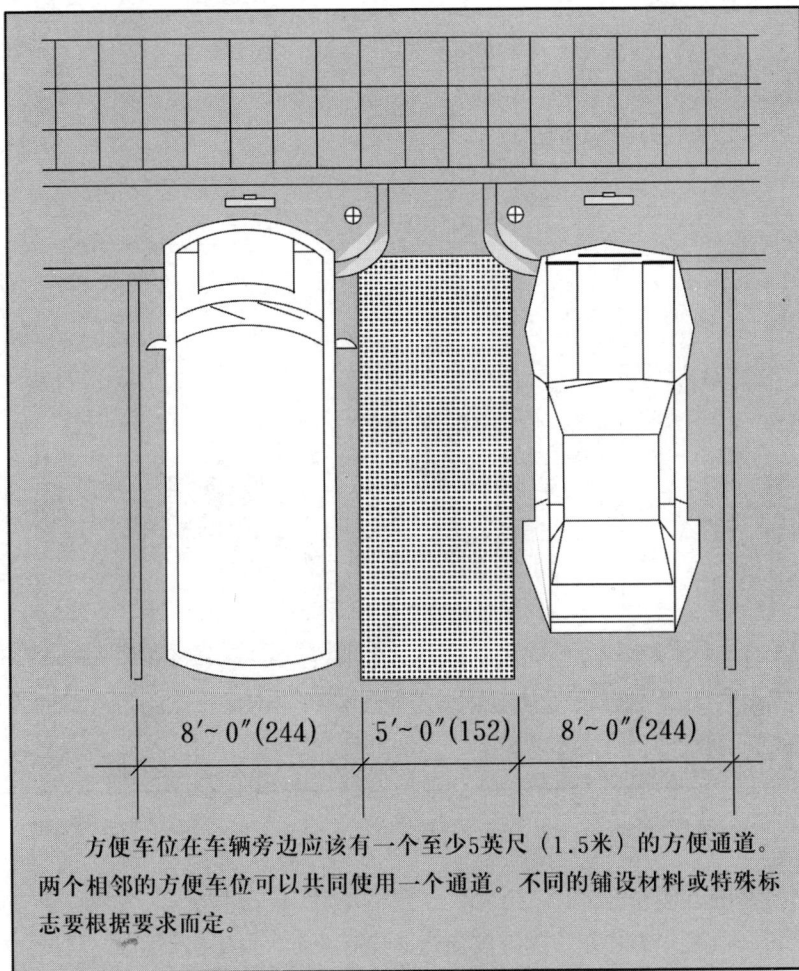

8'~0"(244)　　5'~0"(152)　　8'~0"(244)

　　方便车位在车辆旁边应该有一个至少5英尺（1.5米）的方便通道。两个相邻的方便车位可以共同使用一个通道。不同的铺设材料或特殊标志要根据要求而定。

资料来源：托马斯·D.达维思和吉姆·A.比司利合著《饭店的方便设计》，纽约，Nichols 出版公司，1988年，第29页。

方便道路: 这是连接停车场和设施方便进口的无障碍道路。当方便道路出现交叉时, 必须有坡道。坡道最小宽度为 3 英尺 (91 厘米), 不包括延伸面在内。从坡道到人行道、明沟或街道的过渡必须齐平, 不能有突然的起伏。而且, 方便道路上不应有障碍物, 否则会对视力上有残疾人士造成危险。方便道路至少要有 36 英寸 (91 厘米) 宽, 以方便使用拐杖、轮椅或其他携带物的人通过。图 11-10 显示的是方便道路可选择的尺寸。

图 11-10　方便道路可选择的尺寸

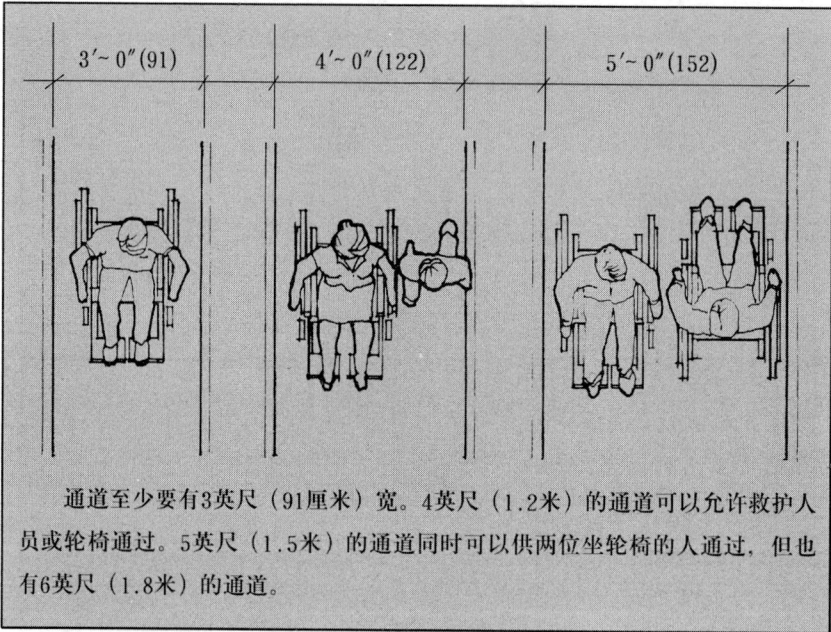

通道至少要有3英尺(91厘米)宽。4英尺(1.2米)的通道可以允许救护人员或轮椅通过。5英尺(1.5米)的通道同时可以供两位坐轮椅的人通过, 但也有6英尺(1.8米)的通道。

资料来源: 托马斯·D.达维思和吉姆·A.比司利合著《饭店的方便设计》, 纽约, Nichols 出版公司, 1988年, 第29页。

设计最小的方便停车位时, 至少有一个 (所有车位的12.5%) 要设计成"货车方便车位"。一个货车方便车位的方便通道必须有 8 英尺 (2.4 米) 宽。需设立标志以提示货车驾驶者使用较宽的通道, 但并不是仅限于货车。(要注意的是, 残疾人士或运输行业通常使用的高顶货车, 在车库里比其他汽车要求更高的空间。)

提供货车方便车位百分比在"全球化"车位的设计中为可供选择方式之一。这种设计中, 所有的方便车位是 11 英尺 (3.4 米) 宽, 方便通道 5 英尺 (1.5 米) 宽。这种设计不需要专设"方便货车使用"标志, 因为所有的车位都可以停放带有升降或斜坡的货车。同时, 由于所有的车位都可以停车, 小汽车与货车之间就不存在停泊区别。

代人停车服务：不是所有的残疾人士都需要雇人停车服务。例如，一位残疾人可以借助车辆上固定的设施或货车上可移动的司机座椅来帮助自己。这种情况下，不需要由其他人来停车。这种自己停车区通常设在那些提供代人停车服务停车场中无法代替本人停车的地方，而且这些区域需设置在通往整个设施入口的方便通道旁。

客人装卸货区域：客人装卸货区域通常被设置在环境设施的主要入口外。为方便起见，这些区域的方便通道至少要有 5 英尺（1.5 米）宽、20 英尺（6.1 米）长，并与停车区平行，而且需有坡道。

排水系统

排水系统的设计目的是将雨水排出。土壤的吸收也可以控制雨水。如果水通过流动并没有得到控制，它必须被输送到某个积水点或被排出。

片状水流是指一片水流过地面，直到最后到达积水点或被排出建筑，它不被引向特定的水沟中。如停车场表面的水流就是片状水流，它的流向由地面的坡度而定。片状水流的深度很少超过 0.5 英寸（1.3 厘米），而且此深度可由地面上的变化所控制。片状水流可引起侵蚀。

明沟水流是指水流进入特定的沟渠内，例如路边的排水沟。

一个暴雨排水系统通过排水沟或其他类型的集水结构收集地面水，并将它们引到地下管道系统，直到被排出建筑。

通常，一个小型饭店的排水系统所排出的水，是所有这些水流类型的混合物。排水系统的目的是控制水流，从而使之不对客人造成影响，而且不破坏建筑。

传统设计的雨水排放系统，主要是把雨水排出建筑物，通过雨水沟或者贮水池来慢慢排出。如今，停车场对渗透性铺路材料或者其他通过贮水池排放很感兴趣。渗透性材料吸取雨水于地表层面，而不会把雨水转到附近的径流或排水系统中去。渗透性材料也可用在整片场地区域或者与其他非渗透性排水区域结合、统一处理这些排水。

对于雨水管理的另外一种办法是采用绿色屋顶系统。此系统用一层绿植的铺面来保留雨水，这也可提高径流的质量。此系统的实际设计有多种选项，也可以选择种植各种不同的绿植。此系统还可以为餐厅提供其经营所需的各种香草类植物。

根据这些结构类型需求的性质，所有排水设备的建造和安装都应不少于 50 年的寿命。要安装一个地下排水系统，大范围的土壤挖掘是必要的。这种挖掘几乎肯定要与其他现存的或计划中的设施相冲突。一些短期的修理或调整常会引起这些问题，所以应对是否值得这样做加以质疑。如果变动是必需的话，那么最好的做法是事先做好永久的打算，将所有需要做的工作做完，并对需要挖开地面的次数加以限制。

预防维护措施 排水设备的预防维护包括每次雨后的常规检查。每个排水口是否有堵塞物？下雨时是否形成小水塘或死水？水流是否看起来流动缓慢？这些都是需要回答的问题。其答案通常决定了需要做的预防维护工作。最常见的问题是由树叶、小树枝及丢弃的垃圾堵塞排水系统而引起的，它们应立即被清除。

井和积水井的井盖和格栅应保持在原位。它们通常是被安装在框槽里，但只是以它们的自重锚合上的。如果框槽松了，应紧一紧，这时常需要使用焊接工具。如果井盖或格栅在车辆轧过时发出很大的声响，则有必要对它们进行一些锚正或补救措施。不要将它焊死，保持宽松是很重要的。同样，不要让沥青或混凝土出现在检查井盖上，这种情况在停车场或道路重新铺设时容易发生。

检查 在每一场大雨之后，都应对雨水排放系统进行全面的检查，因为问题通常会在这时暴露出来。特别要注意看是否有水通过小洞流入地下，这比水流入积水井或进水口还重要。因为这些小洞通常是地下空穴的标志，若不正确处理，这些空穴将会变大。水通常是以漩涡的方式通过这些小洞流进地下。

检查堵塞或不畅通的进水口。它们通常是被树叶或碎片堵塞，在刚割过草后，一场紧随的大雨会将大量的碎草屑带入进水口从而引起堵塞。下雨时应注意观察进水口和积水井处，看水流是否平滑或是否被什么东西阻碍了。

公用设施

在房地产中，最常见的公用设施包括上水、下水、油、汽、电、蒸汽、冷冻水、电话及有线电视。

从外界供应的或购买来的公用设施资源，通常是被带到饭店中的某个分配点。例如，就水的供应而言，分配点通常是在总水表处；电的供应通常是在电表的分配计量装置处。

理论上，公用设施进入建筑后，以地下系统的形式被分配到建筑的各个部位。但有些设施，例如有线电视、电话及电气设施，在某些建筑中是在地上传输的。这些地上线缆虽然比地下线缆容易检查和维护，但并不美观。

对设备而言，通常有必要从其本身到它们运行的终点进行维护，最后运行的末端通常被认为是记录某种公用设施资源被消耗的量或体积的计量终端。

当在任何公用设施附近作业时，应使用特殊的警告标识。因为可能存在电击或塌方的危险，虽然这些问题很少会发生。任何时间做地下挖掘工作，都存在触及地下公用设施管线的可能。在任何时候，都不应该允许工人们单独处于危险的工作环境中。

预防维护措施 上水管线，无论是可饮用水还是非饮用水，通常都装有控制阀门。这些阀门不仅控制水的开和关，还控制水的流向和流量。水阀门应该每年被"操作"两次，即它们应被充分打开和充分关闭，以确保它们能正确密封，并保证它们原先的功能。如果阀门以一种位置搁置太长时间，则容易锈锁在此位置，从而在需要时无法正常使用。每次在对一个长期不用的阀门进行操作时应做记录，并留意任何可能出现的问题。

下水管线有可能会被聚集起来的固体堵塞，这可能由下列情况引起：水流太慢（下水管线坡度太平），或者下水管线坡度太陡，从而液体流速超过固体，将固体留下。所以下水管线的坡度既不要太平，也不要太陡。

下水道部分或全部堵塞，应疏通或冲洗净。冲洗可用高压水龙，例如救火用水龙。一般的花园用水龙通常不能达到冲洗所需的水量或水压要求。用机械方法疏通通常是用一个柔韧的竿插入一个开口，例如检查井，并将其推进下一个开口处。管道疏通器是一种带有旋转刀片的小设备，它可以通过水道或排水管，用来在堵塞物中打开通路。其小刀片连接在一个弹性钢缆上，靠电力旋转。这种设备操作简便，而且对清除堵塞物很有效。它有不同的直径，以及不同的旋转力。

检查 检查地下公用设施通常仅限于观测其地面上的情况，以及它们自身经过路线的点，如检查井。使用工具来进行科学分析，例如天然气监测仪，给水干道的温度和水流量监测仪，以及下水道中的气体分析设备等。在这些必需的设备中，从专用的、普通的，一直到非常复杂的电子分析仪都有。

屋顶上的电线、电话线、有线电视线缆等很容易检查。如果有必要，在做进一步细致的检查时，可以用梯子或

吸引人的园林增加了房地产业的魅力（弗吉尼亚）。

升降车。

园林和地面环境

一个建筑的园林和地面环境注定了整个建筑的视觉效果，它们在客人到来后的第一印象中占有很大部分。地面环境的平庸将大减弱建筑的吸引力，从而可能会导致房价降低。要保证建筑的高吸引力，地面环境应永远做到最好。

在计划园林和地面环境的时候，应考虑到下列因素：道路的位置和类型，各种入口，客人们的第一或主要视觉范围，排水状况，现存的树木，主要风向，地下及屋顶上的公用设施，娱乐设施，阳光投洒方向，浇水设施，当然还应考虑到建造园林的最初费用、维护费用以及维护的方便性。

预防维护措施 对地面环境最通常的维护包括割草、施肥、养护。

割草是保持草坪美观和健康生长所必需的。剪草机的刀片应保持锋利，这样草可以被干净利落地割掉。如果剪得参差不齐，则容易引起病害。草坪应该在需要时就马上修剪，而不是拘泥于规定的时间表。每次修剪时只能剪掉草叶的1/3或更少，否则草根就会缺乏营养，从而影响草的健康。草坪不能被剪得靠地面太近，因为太短的草容易使湿度蒸发，而且野草容易侵入草坪。

草坪、植物和树木通常需要施肥，以保持它们健康的外表和客人们所期待的美观效果。市面上销售的化肥通常含有氮、磷、钾。每种元素的需要量取决于土壤类型、植物类型和气候。施肥时应严格遵守厂家的建议。

树木和灌木应进行认真修剪，错误的修剪技术或在一年中错误的时间进行修剪，可能导致损坏或杀死植物。什么是正确的修剪时间呢？这由植物来决定。例如，落叶树应在冬季休眠时修剪，常绿树应在新生长刚开始的4月或已经成熟了的7月修剪。维护人员如果不能确定什么时候修剪或如何修剪某种植物，应参考有关书籍或打电话向园林中心咨询。

不管什么样的或多大范围的园林工作，维护管理者都面对着一个由谁来做维护的问题。许多有能力维护房屋的人却常常缺乏管理园林的技术，需要额外的培训。所以要么训练一个内部维护人员，使他具备管理园林的能力，要么就直接雇用园林维护服务公司。

园林的工作量因季节和气候的变化而有很大的区别，通常最好将维护工作安排为月循环，并进一步细化为周工作和日任务。当下雨阻碍户外工作时，园林维护人员的日程应重新安排。连续阴雨天之后的园林工作量会很繁重。

检查 园林和地面环境相对较容易检查，因为它们显而易见，而且容易接近。检查者应走遍所有地面场所，注意自上次检查以来所有出现的问题和变化。

问题常会在一段时间内较缓慢地发展，所以应保持详细的记录。建议使用有比例的平面图。应至少每个季度进行一次检查，而且要在每个明显的换季期间进行。

灌溉系统 许多房地产项目使用灌溉系统来维护地面，但这种灌溉的需要并不十分普遍。当一个地区的降雨量与植物所需的水量平衡时，就没有这个必要。

在房地产业中，灌溉的功能是人工供给园林可靠的水源。在某些情况下，灌溉水还用作沉降土壤和植物施肥的工具。一个良好的灌溉系统不仅仅要供给植物水，还应在正确的时间里供水，并供给适量的水。

所有灌溉系统必须将下列因素考虑在内：

• 水的蒸发流失率；

• 水渗入土壤的流失率；

• 供水时土壤的吸水能力；

• 渗透深度（通常与表土深度相关）；

• 植物根的深度。

草坪和树通常需要大量的水，但应谨慎地尽量拉大每次浇水时间间隔，因为过度浇水不仅浪费，而且对植物生长起消极影响。

水源可为下列之一：

• 经过设施处理的可饮用水；

• 存贮的水，例如湖泊水或地下水；

• 附近的小河或溪流；

• 再生水。

如果采用饮用水系统灌溉必须付钱，就会产生很大的费用。用饮用水灌溉必须单独配备计量表。饮用水在净化过程中通常会丢失许多植物所需的养分，而且由于加入了一些化学物质，因而对植物不利。饮用水是最方便的水源，但它是最不被提倡的。如果灌溉系统被直接接到饮用水系统上，则必须使用防止回流的设备。

灌溉水可以被贮存在地表或地下。地表贮水可以是天然的（例如湖泊）或人工的（例如贮水罐或一个建好的池塘）。地下贮水包括贮水槽和其他地下贮水罐。这些贮水池通常较小，因为建造大型的贮水池需要高额的资金支持。

再生水是从各种设施管道中过滤出来的，它来源于洗衣房、厨房、浴室等。它的最初污染物是尘土、食物残渣和洗涤剂。这些污染物大部分可以用简单的澄清方法清除掉。最重的污染物常常处在澄清剂的底部，会被倾倒进下水道。剩下的再生水含有营养，如磷和氮，非常适宜做灌溉用水。但是因为它可能含有致病源，所以再生水应先经过消毒。常用的消毒方法有氯气消毒和紫外线消毒。

一个标准的灌溉系统包括洒水喷头和雾化装置。洒水喷头应设在一个管道系统的终点。当水达到一定压力时，喷头开始喷水。洒水喷头通常是靠水压，水压越大，水流越大，洒水范围也越大。有3种形式的洒水喷头：固定式、弹升式、脉动式。

雾化装置与其他类型的洒水喷头相似，有一点不同的是，它的喷嘴被设计成可以形成很好的喷雾。因为雾化装置的出水喷嘴直径很小，所以它们很容易堵塞，因此需要更多的维护。

预防维护措施 灌溉系统在使用时应每天观察，且需每个月进行详细检查。观察者应对任何一个看起来没有达到正确水量的（不管是太多还是太少）喷头进行记录。如果水量太少，就意味着管道或喷嘴堵塞，或阀门部分关闭，或水压不正常，或有其他问题。

作为预防维护的一部分，每日应查看下列各项内容：

- 泵的故障；
- 分配系统的缺陷；
- 洒水喷头不工作。

所有灌溉系统中的控制阀门应每半年"操作"一次（完全开和闭）。阀门和控制设备应使用可清楚识别的代码或被涂上特殊颜色。它们的位置应方便接近，并记录在册。

在寒冷气候条件下的灌溉系统应注意防冻。因为水一旦受冻就会膨胀，将管道和阀门胀裂。为使系统安全越冬，有必要将管道中的存水排出。

尾注：

① 此处讨论的天花板、墙面装饰及地毯材料是来自玛格丽特·卡巴 ，阿乐塔·尼奇克，帕特丽夏·沙波尔，《客房管理运行》第二版。（兰辛密歇根州：美国饭店及住宿行业的教育协会1997）

② 在此章节中的某些资料摘自佛兰克·D. 博森尼克和阿兰·T. 斯特兹的《在房地产业中的维护和施工管理》一书第3版，纽约：Wiley，1992；399～403页；以及《建筑维护管理手册》，弗吉尼亚：Reston出版公司，1983年，第508～514页。

③ 史迪文·H. 科斯马卡和威廉姆·C. 帕纳里斯的《混凝土的设计与控制》第13版（思考基，伊利诺伊州，波特兰水泥协会，1990年）第7页。

④本节不少资料摘自史迪文·H. 科斯马卡和威廉姆·C. 帕纳里斯合著的《混凝土的设计与控制》一书第 13 版；ACI330 委员会编著的《水泥停车场的设计与施工》（底特律，密歇根州，美国混凝土学会，1998 年）以及美国水泥学会出版的《混凝土能手系列丛书—表层区分》，底特律，密歇根州，美国混凝土学会，1982 年。

⑤虽然《美国残疾人法》已颁布，但地方政府的有些做法尚不能符合该法有关条款的规定。小托马斯·D. 戴维斯和吉姆·A. 比思利合著的《服务设计：更加接近饭店和汽车旅馆》一书就如何向残疾人士提供方便列举了不少有价值的信息，该书在美国饭店业协会的赞助下于 1988 年由美国 Paralyzed Veterans 出版发行。

主 要 术 语

方便通道（access aisle）：可通到停车场的侧道，它是允许残疾人士进出车辆的设施便道，如轮椅、交通便道或建筑物入口。

方便停车区域（accessible Parking Spale）：为残疾人士设计的停车场地，它的设计必须满足美国残疾人协会的要求规范。

方便道路（accessible route）：是残疾人进入建筑物的交通出入道路，它的宽度应有 36 英寸（91 厘米），交通无障碍（比如通向街口的便道）、无阻塞，对盲人无危险。

亚克力（acrylic）：人工合成的材料，用于织物或者模压透明装置或表面。

沥青（asphalt）：从石油化工提炼出来的一种深褐色或黑热塑性塑料，常用于停车场施工。

蓬松丝纤维（bulk continuous filament fibers,BCF）：连续长丝纤维用于在非编织或簇绒地毯的织造中。

复合屋顶（buit-up roof）：一种屋顶系统拥有多层覆盖的屋顶材料。

曳引式电梯系统（cable elevator system）：用绳索和配重帮助电梯轿厢升降的一种电梯系统。

龟裂（crazing）：在混凝土表面形成像地图图案的发状裂纹。

静荷载（dead load）：建筑物的自重。

轧光（delustered）：一种用在尼龙地毯上的工序，为了减低光泽及给予面层较淡的效果使它较像羊毛地毯。

面（face）：地毯的面层。

面层纤维（face fibers）：使用纱线形成的地毯面层。

面重（face weight）：一种衡量地毯面层的办法。重量以 1 平方米的地毯面层纤维的重量计算。

防雨板（flashing）：连接屋面交接处的铝、铜或纤维条，用于建筑物屋面墙角、烟囱等处。

液压电梯系统（hydraulic elevator system）：不用绳索和配重的一种电梯系统，液压传动装置可以判断地面的高度，确定电梯升降的高度。

侵蚀（leaching）：水泥的黏结力减弱，它是由于水浸入水泥形成的。

动荷载（live load）：建筑物内人、设施、家具等的重量。

改性聚烯烃纤维（modacraylic）：一种较不耐脏和不耐磨的亚克力纤维

屋顶油毡（roofing felt）：用沥青或柏油涂满的纤维纸。

剥落（spall）：水泥表面的空鼓，由埋在混凝土下的金属腐蚀而产生的。

路面底层（subbase）：路面铺设结构中，铺设在路基和表层之间的沙子、沙砾、碎石或其他颗粒物质。

路基（subgrade）：路面铺设结构中，一层压实的土来支撑混凝土或沥青路面层的基层。

路面（surface course）：给车辆驾驶的路面表层，通常是以混凝土或沥青建造的。

抗拉强度（tensile strength）：所能承受的纵向伸张度。

表层（termal imaging）：车辆行驶的面层，通常由混凝土或沥青铺成。

复习题

1. 基础应该检查的方面有哪些？
2. 建筑物结构框架的预防维护步骤都有什么？
3. 外墙预防性维护措施的形式是什么？
4. 屋顶的基本结构是什么？
5. 电梯系统基本构件是什么？
6. 停车场地的结构特征是什么？设计停车场地和地下车库应考虑什么（包括《美国残疾人法》的要求）？

7. 排水系统的预防维护措施有哪些?

8. 公用设施的预防维护措施有哪些?

9. 景观的维护类型有哪些?

10. 灌溉的水源有哪些? 每种水源都有哪些问题?

网址:

若想获得更多信息, 可访问下列网址。网址变更恕不通知。若你所访问的网址不存在, 可使用搜索引擎查找新网址。

1. 美国混凝土学会: www.aci-int.org

2. 美国混凝土路面协会: www.pavement.com

3. 沥青屋面生产商协会: www.asphaltfooring.org

4. 沥青学会: WWW.asphaltinstitute.org

5. 沥青屋顶厂家协会: www.asphaltroofing.org

6. 沥青铺面技术协会: www.asphalttechnology.org

7. 美国检验及材料协会: www.astm.org

8. 澳大利亚沥青路面协会: www.aapa.asn.au

9. 英国水泥协会: www.bca.org.uk

10. 加拿大沥青技术协会: www.ctaa.ca

11. 钢筋水泥强化学会: www.crsi.org

12. 混凝土学会: www.concrete.org.uk

13. 灌溉协会: www.irrigation.org

14. 园林灌溉论文集: www.irrigationtutorials.com

15. 国家沥青协会: www.hotmix.org

16. 国家电梯承包商协会: www.naec.org/naec

17. 建筑工艺学院: www.csinet.org

18. 园林生态协会: www.ela-ecolandscapingassn.org

19. 电梯扶梯安全基金会: www.eesf.org

20. 欧洲沥青协会: www.eapa.org

21. 欧洲沥青协会: www.eurobitume.org

22. 欧洲水泥协会: www.cembureau.be

23. 印度尼西亚水泥协会: www.asi.or.id

24. 建筑研究院; www.nrc.ca/irc/

25. 屋顶顾问学会; www.rci-online.org

26. 国际规范委员: www.iccsafe.org

27. 实验室及建筑材料,系统与结构的国际公会: www.rilem.org

28. 灌溉及绿色工业联网: www.igin.org

29. 国家园林协会: www.garden.org

30. 国家屋顶承包商协会: www.nrca.net

31. 波特兰水泥协会: www.portcement.org

32. 专业景观网络: www.landcarenetwork.org

第三部分
设施设计

第 12 章

12

饭店规划与设计

无论地段如何，对新饭店必须亲自视察才能感受其特殊之处。

饭店的位置从来都备受关注。新饭店的开发商有一个理念：设计。无论是经营位置好的温艾特饭店、在繁忙的马路旁营业的汽车饭店、客人长期逗留的服务式公寓或异国度假胜地，其设计要与众不同且令人有新鲜感。

价格是人们关心的关键所在，要不断地强调促进像 HFS、红房子和亚瑟这样的连锁饭店使用节能设备以及可降低成本的材料。然而，地段价格越高，设计越需要个性。尤其是在某些旅游胜地，开发商在努力地垄断独一无二的饭店业市场。

现在，新建筑结构的主要媒介是土地及经实践证实的建筑技术法规。对麦克·布鲁斯来说，温艾特饭店的一系列建筑将被实践证实其设计的独创性。由于使用了具有预先制作好的支架和木框架结构的水泥预制板，他说："我们感到我们能对整个世界产生影响。"

尽管有这样那样的建筑规律，温艾特饭店从里到外都采用新的设计理念。总裁及首席执行官佛德理克·W.墨瑟说："我们首先到市场中去面对业主、开发商、经营者及客户群体，并请他们告诉我们，我们应该提供哪些服务、价格及配套设施。"

因为对名胜度假地的开发要求往往是独特的，所以马克·A.文思迪兰德说，要避免"降落伞式建筑"。奥兰多的 VOA 合作有限公司的行政长官说：降落伞式建筑就是"把这个建筑的一般性设计降落在不考虑当地特色的一个特殊场所"。

"宜人的方案能给客户带来浪漫的感觉，"思迪兰德说，"与其他情况不同的是，当一个宜人的方案尚在酝酿过程中时，客户们已经能够很快地抛弃他们原来基于预算方面的考虑而采取的立场。"[①]

---

* 本章由纽约伊萨卡市康奈尔大学饭店管理学院理查德·H.皮纳尔教授编写。

饭店和名胜地的设计是一个整体化的过程，它集合了业主、管理集团、设计师、建筑师和客户对建筑物的构思以满足不同商人和旅游者的需要。业主把饭店看成房地产和投资机会；管理集团期望该项目能满足某些战略上的需要并使其成为新的收入来源；将来的客户需要住宿和膳食以满足商务或个人旅游的需要；其他人员也有许多原因参与到项目的开发和设计来中。

饭店在 19 世纪及 20 世纪经历了令人难以置信的发展。自 19 世纪初开始，可与现代饭店的舒适度和服务相提并论的饭店才开始逐渐崭露头角。其实，最初在欧洲有数百家路边旅店和客栈是建在偏僻的甚至是未开发的地方。但正如我们所知，在 1829 年波士顿建 Tremont House、1836 年纽约建 Aster House 之前，拥有私密性的房间、优雅的大厅、数个餐厅和休闲室、会客及宴会厅、娱乐设施及后勤部门以方便为客户服务的饭店并不常见。在北美和欧洲大量的上述建筑的重复建设标志着饭店发展的第一次伟大浪潮的来临。

19 世纪后半叶，以技术革新为标志的设计主要体现在饭店的暖气、室内自来水、煤气，还有电器、照明设备、电梯、电话等的应用上。在此期间，业主们把豪华的餐厅和舞厅结合在一起，所以饭店已在很大程度上成为城市社会生活的中心。随着工业革命催生出有钱的商人，他们在夏天把在城市的家搬到了有山有水的海滨度假胜地，旅游度假开始繁荣。饭店的专业化细分也从此开始了。

20 世纪，尤其是第二次世界大战后，饭店业得到了迅速的发展。发展商在 50 年代发明了汽车旅馆，在 60 年代创建了会议饭店，70 年代推出了郊外及机场饭店，80 年代倡导了经济型汽车旅馆、连锁饭店及"幻想"型旅游胜地，90 年代，为经济型旅行者提供栖身处和同时提供专卖流行服装商店的饭店大行其道，人们想知道 21 世纪将给我们带来什么样的饭店。

在本章，我们要讨论个性化的饭店是怎样发展起来的，并且介绍其规划和设计方针。对于较小型饭店而言，开发、设计及建造阶段大概需要花费两年的时间；而对于建在城市里的大型饭店及旅游胜地的饭店，则需要花费 4 年甚至更长的时间。对业主和管理集团，重要的是懂得组织这样一个复杂的过程所必需的程序和控制，它包括如下几个步骤：确定饭店的可行性；选择该项目的建筑队伍；确定工地所需的设备、安全操作标准及建造和工程标准。此外，还要准备预算和工程进度表。这些只是全部工作的一部分。业主和管理集团还必须熟悉客房、餐饮布局、功能面积分配及后勤部门的计划和设计。在满足客户的需求和使饭店有效运行方面，饭店的设计应该非常精确。

饭店的规划过程

以住宿为主的饭店开发可以分成几步。典型的开发流程一般从概念阶段开始，在此期间主要收集人们对项目的初步意见。通常，草率的分析往往意味着将来建成的饭店不伦不类。所以，业主或开发商一定要避免冒这样的风险。要开发饭店项目，首先要证实需求及足够的资源在哪里，开发过程常要进行 3 ~ 4 年，直到最后饭店开业。

开发和设计过程需要把许多专家集合到一起精诚合作、努力工作。业主和开发商需要法律和财务专家及市场顾问的协助。他们组成的设计队伍包括设计师、工程师、内部装饰设计师、厨房专家及其他设计顾问。他们与特许机构及管理公司订立协议并将协议内容最终反映在管理协议中。他们不仅要就建筑方面和长期的财务问题进行谈判并签订协议，还要与建筑公司签订合同为开始建造饭店做准备。

饭店的开发和设计需要庞大的组织系统。当开发成功时会带给人们巨大的成就感，而当出现问题时会带给人们巨大的挫败感。对一个成功项目而言，决定性的因素是前期设计阶段的组织。标准一旦建立，就要组织开发队伍，进行预算，并建立工程进度表（图 12-1）。

图 12-1 饭店的开发过程

设计阶段

☐ 业主 / 发展商：确定项目目标；装备开发队伍；委托进行可行性分析；建立初步的项目预算和进度表；获得土地使用权；研究潜在的资金需求；商定饭店管理协议。

☐ 可行性顾问：实施市场研究并准备资金计划。

☐ 饭店管理公司：确认可行性报告的有效性；推荐建筑师和专业顾问；准备问题清单；拟定设计和管理标准。

☐ 建筑师：对项目位置进行分析；准备概念设计；检查计划及预算；选择顾问人员。

计划阶段

☐ 业主 / 发展商：为开发团队安排启动会；及时向设计人员提供意见及进行确认；拟定设计进度表；批准客房样图。

☐ 建筑师：准备设计说明书,描述设计要点及初步预算；完成包括整体计划、规划草案

（续）

> 及建筑预算在内的设计开发方案；完成建筑文件及所有图纸、规格和标书。自始至终
> 与工程师、其他设计顾问及管理公司协调工作。
>
> □ 饭店管理集团：检查建筑和设计的委托情况；准备饭店后勤方案；为运行设施及后勤
> 支援做好准备；检查客房样图。
>
> □ 内部设计：准备所有客房内部、公共区域及行政区域方案及规格；准备客房内装样图。
>
> □ 餐饮服务顾问：准备厨房、酒吧和相关的全部方案和规格；与其他后勤顾问和管理公
> 司合作。

在整个过程中最重要的工作要算是沟通了。开发队伍中的不同成员必须知道其他人正在干什么，尤其要知道每个人对这个项目的看法。当他们考虑用各种方法试图满足业主和管理者需要时，一个有效方法是将全体人员聚集到一起，开一个启动会议。在这个会议上要做出许多决定，会上决定的许多事情是要同步进行的，它会给将来建成的项目奠定基础。

可行性分析

在起步阶段，发展商要着手做的一件事情就是对未来饭店进行可行性分析。可行性分析通常由顾问公司进行，由饭店管理集团评估。可行性分析的目的有三个：第一，它要框定现在及将来饭店及饭店应提供的服务，例如会议室、餐厅、休闲室及娱乐设施。第二，它推荐一个能战胜未来竞争对手的设施方案和市场定位方案。第三，它还要预测饭店开业后 5 ~ 10 年的营业收入及支出。

饭店业主参与可行性分析有多方面原因，然而最主要的是要通过对研究成果的了解程度帮助获得银行的长期贷款，其次是希望用研究成果来获得特许经营权及饭店管理协议、吸引公平的合伙人或仅仅是要掌握如何对饭店进行功能分区。令人感兴趣的是，对项目的可行性分析，在很大程度上依赖于业主的投资策略和纳税情况。换一种说法，可行性分析提供了对饭店所处区域范围和潜在市场的描述、推荐计划设施、计划资金周转计划。典型的可行性分析报告包括以下几部分：

- 对当地环境的评估：分析该城市或地区的经济活力并描述拟建饭店地点的适宜性；
- 对饭店市场的分析：评价目前饭店业市场需求及每一个细分市场的收入因素及将来的收入增长率，识别现在的竞争对手以及它们将来的潜能；
- 对设施的建议：提交有关客房和创收部门（餐厅、休闲室、多功能厅、零售商店及娱乐设施）的资产平衡表并评价有竞争力的赢利部门的位置；

• 财务分析: 评估饭店 5 年或 10 年以上时间内的收入和支出预测, 以说明固定支出后 (偿还债务及支付营业税之前) 现金流状况。

当寻找可行性分析顾问时, 业主和管理公司应该在饭店业内寻找富有经验的而且有较高信誉的人。顾问应该是中立的 (贷方对客观分析感兴趣) 而且应该随时准备提供必要的说明文件以支持业主的设想。

纽约伯克利的万豪饭店发展商正在为饭店寻找新位置。在过去 10 年追求商业利润的饭店在市中心、机场、郊外及办公楼停车场外已经纷纷建立起来。图为伯克利的新万豪饭店是近 50 年来在曼哈顿和纽约机场之外建的第一个大型饭店 (资料来源: 建筑师: William B.Tabler 提供)。

空间分配计划

下面是一个实际的可行性评价。开发小组为规划中的饭店设计了面积分配计划。该计划列出了项目设计所应具备的条件。这是一次成功的合作, 它从业主的角度出发, 以业主目标和可行性报告以及管理公司、建筑师及其他顾问的目标为基础开展工作。

饭店面积的分配因功能不同而发生变化。最明显的功能区别是客房与公区及后勤之间的比率。这从资金预算比例和许多汽车旅馆超过 90% 的面积为客房所占领 (这类旅馆有一个规则, 即不设餐饮、会议厅及后勤区域) 到具有大型会议室及旅游度假饭店中客房面积占不足 65% 的现象中可以得到印证。在这些饭店里, 公区及后勤功能区域所占的比例对饭店取得或保持市场的占有率非常重要。图 12-2 显示了不同饭店类型中, 饭店总面积中分配给客房的百分比。

图 12-2 不同类型饭店客房面积

饭店类型	客房数目	服务水平	客房占总面积的百分率
无餐饮汽车旅馆	100	经济到中等价格	90% ~ 95%
有餐饮路边饭店	100 ~ 200	中等价格	75% ~ 90%
全套房饭店	150 ~ 300	一等	75% ~ 85%
郊区饭店	150 ~ 300	中等价格到一等	70% ~ 80%
商务饭店	200 ~ 400	一等	70% ~ 80%
传统饭店	400 ~ 2000	一等	65% ~ 75%
旅游胜地饭店	变化	中等价格到豪华	65% ~ 75%
会议中心	100 ~ 200 间房	中等价格到一等	55% ~ 65%%
大型旅游胜地饭店	>1000 间房	一等	55% ~ 65%
* 包括客房走廊、楼梯、电梯及储物间			

对于在特殊地区开发的饭店，要满足在特定价格范围内的特殊市场需求。有经验的开发商或管理公司能够提供参考性的设施明细表及对不同面积所需设备的初步评估。而当详细的面积分配方案确定后，就可以对拟建饭店在总投资上的粗略估计进行评价了。图 12-3 清楚地列出了对 4 种不同类型的饭店典型的空间分配所必备的条件。

图 12-3 典型饭店客房面积分配

	路边	商业	会议	全套房
客房数	150	300	600	250
附属用房数（注1）	150	315	630	250
客房净面积 (sf. 注2)	325	350	350	450
客房总面积 (sf. 注3)	450	500	500	675
全部客房面积（sf.）	67500	157500	315000	175000
客房百分比（%）	80	75	70	80
饭店总面积（sf.）	84375	210000	450000	218750
饭店每个房间的总面积	562	700	750	875

* 注1：指建立套房所必需的附加服务用房
注2：平方英尺
注3：客房总面积指包括了走廊、楼梯、电梯墙等后的客房面积。

建筑空间计划的开发并不是一次完成的，也不是文件里规定好的。通常在规划设计的起始阶段（第一设计阶段），建筑师先做出面积分配表。然后，在规划设计开发阶段进行进一步的细化。在某些情况下，饭店管理公司中富有经验的服务人员能对计划阶段的信息需求做出快速精确反应，所以新饭店计划可以在暂时没有充分理解设计师规划的情况下开始实施。在这种情况下，经常是通过实践来全面理解或者从在接下来的设计阶段获得的信息中逐渐地理解饭店的整体规划。我们可以通过时间了解计划的详细信息。然而在设计阶段，由于许多公司事先使用了正版计算机程序，详细的面积分配信息能很快提出并且很容易更改。

运行标准

整体开发计划需要的第二个要素是：对将来的资产运行做全面描述，包括餐饮管理理念、前台登记入住程序、客务管理系统、方便客人的设施等。饭店设计方案中最具挑战性的是同时满足几个潜在的客户市场及满足饭店不同运行需求的开发计划。通常，这些内容是互相冲突的而且有可能因一种需求导致对每一个需求的制约或费用上的限制。

由于饭店的自动化及计算机管理使许多决策方式发生了变化。饭店业劳动密集的性质迫使饭店的管理要建立在有创造性的新规程的基础上，以避免在保持适当的服务水准时出现重复劳动。随着 21 世纪的到来，像喜达屋饭店、凯悦饭店这样的大型管理集团正在许多服务方面实行集约化管理。例如，在某一地区某一范围内能向几个饭店提供预订或付款业务，而不仅局限在某个特定的饭店内。另外，由于 21 世纪早期经济下滑的原因，部分饭店公司大幅度裁减员工以减少人工工资从而增加利润。

下面列出的几方面工作系开发商必须安排、对饭店设计规划产生影响的一些管理决议：

- 前台：决定员工的接待水平，选择计算机系统，并决定安全存款及门卫服务的需求标准；
- 行李：判断行李如何运到客房及怎样从客房运出，设计行李存储处；
- 接货和储存：决定购买、接货及发放食物和其他物品的方式和责任；
- 废品及垃圾：研究选择废品容器（垃圾箱、垃圾研磨机），满足对冷冻及对物品再利用的要求；
- 食物及饮料：建立对每种食物及饮料的消费管理理念，建立送餐服务程序，保持长时间的运转及满足客人随时点菜上菜的需求；
- 客房：仔细考虑客人需要什么样的客房服务（如开夜床、每日更换棉织品）。

食物及饮料计划是整个饭店管理中最复杂的部分。许多管理者早在设计过程中就对其每一部分做了详细的描述，这不仅有利于建立餐饮的主题特色和地位而且可以使服务方法、餐桌设计、特殊设备的需求、内部装潢等实现特色化。在本章的后一部分将对这些问题做更详细的描述。

建筑及工程标准

除了对拟建设的饭店进行前期评估及细化面积分配需求，并使相关人员明确各自责任之外，开发商需要对建材及工程体系建立初步的标准。建立标准并非是件一蹴而就的事。例如，钢结构与钢筋混凝土结构相比较，其标准就大相径庭。此时，开发商应该编制建筑要点说明书，说明书中要包括所有建筑细节如建筑物的表面材料、玻璃窗的类型及内部装潢等。

所有饭店都要受各种规则的制约，这些规则从地方法规到健康标准，从会计准则到残疾人法。当地方法规对饭店的用途、高度、退线、体量有明确规定时，开发商就必须无条件地服从这些要求的限制。这些法规的目的是保护公众，避免出现存在缺陷的设计及建筑。法规要求建筑防火设施到位及在紧急情况下保护住宿者能从紧急出口安全撤离。

开发团队同样要确保一切行为符合 1990 年通过的《美国残疾人法》（简称ADA）的要求。该法案要求保证所有残疾人的活动都能受到尊重和关照。该法案中有很大一部分篇幅是涉及包括老式建筑在内的公共建筑。美国司法部要求分 5 个步骤逐步使饭店设施符合该法的要求。

- 获取《美国残疾人法》要求的复印件并交给建筑师和建造商；
- 告诉建筑师和建造商希望所建造的设施应符合《美国残疾人法》的要求；
- 确保设计不出现违反《美国残疾人法》要求的错误；
- 确保按照设计完成的施工符合《美国残疾人法》的要求；
- 在工程完成时进行检查看是否有不符合《美国残疾人法》要求的地方并予以纠正。②

政府方面也会对建造饭店时出现违反《美国残疾人法》的共性问题提供问题确认审核清单。图 12-4 就是一个关于面向业主、设计和施工单位的避免在建筑物出现违反《美国残疾人法》一般性规范的清单。

图 12-4 客房设计标准中容易与《美国残疾人法》发生冲突的一般性错误

客房

- 客房及客人浴室的门小于 32 英寸（80 厘米）的净宽；
- 应提供不同档次和标准的供残疾人使用的房间，为普通人提供的便利设施也应同时向残疾人提供；
- 在有 50 间或更多的客房的饭店内，客人浴室不提供残疾人淋浴或供永久性残疾人淋浴时使用的不可折叠座椅；
- 残疾人客房及座椅包括为耳聋及听力障碍者单独设置附加的特殊房间内没有加装可视的报警灯及其他可见的报警设备；

硬件操作

- 在进出房间的门及水龙头开关、壁灯按钮、悬有（褶形）布帘的拉手及空调控制调控板等部位未安装牢固，使用不便，需要（痛苦地）大幅度扭动腕关节。

标记

- 对于客房层走廊，在不适宜的地点安装识别标记，导致盲人或视力低下的人无法或不易识别读出。

易接近的常规路线

- 室外步行通道（例如人行道、便道）和购物中心内（如门厅及走廊）只有楼梯和台阶，

（续）

> 缺乏供使用轮椅或其他辅助设备的人使用的坡道；
> * 在人们通常行走的区域，有突出的物体，离柱子太近或天花板悬垂物过低。
>
> **电梯**
> * 多于两层（包括地下层）的客房设施，客梯门及轿厢尺寸不符合标准；
> * 停车位不足，包括供小型货车停车位。

　　开发小组也同样需要建立工程标准，以在建设施工中满足这些法规的需要。除此之外，要进一步建立内部环境质量标准。对于供热、空调、通风、水、电、照明、防火及通信系统，必须建立工程标准而且内容要非常详细。这一标准可以对每一间客房及客人的洗澡间制定精确的要求，例如客房内的照明水平、水流量、洗澡间通风、客房的供热及空调、有线电视、电话系统、烟感及火灾报警。在开发过程中详尽的细节有助于更好地细化质量标准，建立项目预算、明确专家需要做什么并保证危险的事不会被人忘记或不会被忽略掉。图 12-5 是建造饭店时应具备的各系统清单。

图 12-5　饭店的设备系统清单

暖通空调系统
* 加热；
* 通风；
* 空调；
* 排气装置。

电气系统
* 供电；
* 照明；
* 应急电源及照明；
* 通信布线（电话）；
* 数据布线（计算机网络）；
* 有线电视；
* 保安系统；
* 视听和公共广播系统；
* 现场照明。

管道
* 给水；
* 客房冷热水；
* 污水管和排风管道；
* 特殊废物管道（隔油池等）；
* 雨水排水；
* 场地排水；
* 草坪灌溉系统。

消防器材和系统
* 手提式灭火器；
* 烟雾探测器；
* 火警自动报警系统；
* 消火栓系统；
* 喷洒系统；
* 消防泵。

（续）

垂直运输	特殊系统
•升降电梯;	•能量管理系统;
•自动扶梯。	•电加热系统;
	•太阳能。

项目预算

设计前期最重要的工作就是提交项目预算。有时，预算做得很不精确，只是当细化设计时，或者当将来的建造商提交建筑报价时，费用的不准确性才会浮出水面。这时，业主或开发商及管理公司必须对此做出困难的决定：是增加投资还是延期工程，或者他们可能去寻找新的可接受的融资渠道,而这样做会降低他们应当分得的所有权份额。

对建造费用，在饭店设计全部完成及明确建材、系统、详细标准之前，依赖其早期估算是错误的。最初的预算必须包括用于可能性分析的资金，要考虑通货膨胀，并对饭店最后的质量标准做出评估。开发商也需要认识到建造费用只占总预算的60% ~ 65%，因为它并不包括家具、专业费用及开办费等其他费用（图12-6）。

图 12-6 项目初步预算

预算分类	百分比
土地（从2%到20%或大于20%，因地区不同而各异）	
总体建设	60% ~ 65%
建筑物、施工现场、综合系统	
家具、固定物及设备（FF&E）	15% ~ 18%
饭店内部（客房、公共区域、管理办公室、会议室）	
设备（厨房及酒吧设备）	
消耗品（棉织品、桌椅、玻璃器皿、客房服务设备、制服）	
特殊系统（电话、计算机、电视天线、音响、保安、可视对讲系统）	
开发费用	8% ~ 12%
建筑/工程费	
设计顾问费（内部、厨房、照明等）	
采购费	

（续）

融资费	
开发人员费用	
建造过程中的保险	
固定资产税	
律师费、许可证、鉴定费等	
建造期间的贷款利息	4% ~ 6%
开办费	3% ~ 5%
储备金	2% ~ 4%

一个项目总的投资非常巨大，平均到每个房间为 6 万 ~ 30 万美元不等。因此整个建设过程必须自始至终置于严格的预算控制之下。如果分别聘用建筑公司及内装修设计公司，控制预算就更困难。所以，发展商必须精确地界定建筑师、内装设计师及其他顾问之间的责任，例如要合理区分综合建造预算及家具、固定物及设备预算。

当项目进行到设计阶段时，开发商有时会变更资金的分配。在项目的早期阶段，至少在预算中要多打出 10% 的余量，以应付后期的变化。当建造开始时，它可以减到 5%，但为了应付不可预见的支出，仍必须储存起部分资金。某些建筑管理人员喜欢把部分资金分开列成特殊账目，以便使诸如家具、固定物及设备费用或法律费用等项目不发生超支。

在收入能充分满足日常支出之前，预算也应该包括"防误操作储蓄"以应付饭店投入运营 1 ~ 2 年因操作失误受到的损失。

初步进度表

业主或发展商必须为项目的开发及设计准备初步进度表并为饭店的开业确定目标日期。进度表应该列明所有设计任务，分别表明各设计部分的开发小组人数，并确定实际完成日期。

在开发阶段许多工作须同步进行。例如，业主要确定管理合同的最后文本，对比各种融资借贷方式。与此同时，开发商要选择设计顾问，建筑师着手进行初步设计。无论如何，业主在整个设计和建造阶段都负有法律和财务责任。

建筑设计阶段的工作比较有序和明确。一般说来，建筑工作分为 3 个阶段：概要设计阶段，在此阶段中要研究饭店可选择的规划并确定设计方向。设计开发阶段，在此阶段稳固地推进规划设计，选择材料及装饰，协调内部设计和各工程系统，概述建造预算。建筑文件阶段，在此阶段，要为投标和建筑准备完整的建筑及工程图。其他设计者基本按照相同的顺序展开工作，虽然他们比建筑师的工作稍有滞后，但这是因为他们的工作必须建立在建筑师提供的图纸的基础上。在每个阶段末期，业主都应该对建筑师的设计进行确认并授权其他设计者可以开始下一阶段工作。

饭店计划与设计步骤

设计小组一旦组成，其基本工作就是为饭店提供初步概念设计。实际上，在开发商完成此计划或建立操作标准之前，建筑师常被召集到一起准备概念设计，赴工地了解现场，做出初步的建造估计，确认贷款的可靠性。而这些概念性的研究应该在项目进度的早期完成。同时他们还要对客房的数量、食物、饮料以及功能空间——像大厅这样的相对重点的建筑空间以及建筑物内通常人员密集的地方做出初步的假设。

现场计划

最初的概念可以花 1 ～ 2 个月的时间，在此期间建筑师必须平衡大量的与现场相关的及与建造问题相关的初步方案和运行需求。第一步，是要分析工地现场及其限制条件。建筑师有责任与负责排水及照明的工程顾问以及内部设计师协调。

建筑师应该考虑客人怎样到达饭店以及他们接近建筑物的最佳方式是什么。尤其是郊区和旅游胜地的饭店，那里的建筑物相对比较分散。在客人进入大厅或受到欢迎之前，应当使他们对即将抵达的饭店形成一个印象。景观是否美丽？是否有足够及方便的停车场？有没有明显的标志？晚上建筑物被照亮了吗？入口的遮阳篷能提供足够的遮挡吗？

建筑师应该探索各种方法来分配饭店的面积。饭店是否应该有挑高的结构或有低矮的侧厅？建筑物是否应该围绕一个公众进入的广场或私人庭院？而平房、没有树的场所具有某些优势，最大的优势是可减少建筑费用，当建筑师在较困难的工地现场挑战有创造性的设计时，客人的经历也得到了提升。

所以建筑师小组有必要在开始设计建筑物的外形和结构之前研究工地现场。下面列出的现场工作内容可能会影响到建筑师下一步的任务：

- 可见性和可达性：考虑周围街道的式样和道路入口；
- 地面条件：分析地貌、植物、市政条件、现有的建筑物及道路、环境限制；

- 地下条件: 地下水的平地层、土壤的承受力、地下铺设的公用设施、地下危险源;
- 设计限制: 研究可利用的地方法规、停车场规定、与建筑物有关的其他法规;
- 工地现场特征: 研究地表条件（地表以上）、毗邻地区的使用状况;
- 位置和天气: 建筑物和娱乐设施相对于太阳的方位, 分析微观天气（主要指旅游胜地）;
- 适应性: 为下一步项目拓展或为其他目的而确定今后的开发潜力。

现场计划应与建筑物设计同时进行。当建筑师在为饭店和其场所探究选择方案时, 有的现场计划比它早, 而有的则比它晚。对于城市饭店和小型及中型饭店来说, 建筑师可以雇用最少的顾问来完成这些计划和设计任务, 也许只聘用当地的育苗基地就可帮助选择到合适的花圃。但是, 对于较复杂的项目来说, 土地规划人员的早期介入可以帮助建筑师及早地进行现场分析、对主要的综合计划提出开发设想, 这些对景观建筑师、交通及运输专家、高尔夫球场建筑师等都是有帮助的。

大型饭店的设计师可以设计不同的入口以把住宿的客人和其他来访人员分开, 这有助于减少通过建筑物正门的交通流量, 也有助于人们对餐厅和其他设施明显特征的关注和识别。然而, 如增加出入口就必须考虑安全因素。设计师应该考虑下面的公共入口（包括接待入口、垃圾出口、员工入口）设计问题:

- 饭店主入口;
- 舞厅/宴会厅入口;
- 餐厅/酒吧/夜总会/赌场;
- 健身俱乐部/温泉浴;
- 旅游车/机场巴士下车处;
- 多部门共同管辖的入口。

最具特色的入口当数土耳其宫廷式入口, 这种风格入口的天棚能保护客人免受恶劣气候影响, 也能为饭店正门提供一个能抓住眼球的特征。建筑师设计土耳其宫廷式入口时应该具体考虑照明、标识以及为公共汽车和急救车辆留出足够的高度。在土耳其宫廷式入口下方的机动车道至少要有2个单行道宽, 在客人进出店的高峰期, 3个或3个以上单行道更适宜（拉斯维加娱乐饭店在主入口有6~8个车道）。人行道必须很宽, 使其足以能容纳等待出租车和旅游车的人群并使他们能容易地装载和卸下行李。

对于大多数寄宿型饭店来说, 停车场包括出入口、机动车道、人行道、等候区、

紧急通道等。这些设计也许是停车场最重
要的特征。停车场规则通常在地方制定的
停车条例中详细说明，尤其是在小城市及
郊区，每个客房可能需要多于1个的停车位。
在大多数城市，客人大都乘出租车抵达饭
店，有关停车协议可由发展商和城市有关
部门磋商解决。如果一个饭店打算经常举
办宴会和吸引来就餐的人们，足够的停车
位将起到决定性作用。所以发展商必须小
心翼翼地分析并平衡停车需求与投资之间
的关系。通常，附近的车库在高峰时刻可
以帮助缓解停车方面的压力。

纽约市半岛饭店。豪华的半岛饭店的建筑师突出强
调了饭店的历史性规模和庄严的外观，并为客人添加
了可避雨雪的土耳其宫廷式入口。（资料来源：设计师
Brennan Beer Gorman 提供）。

著名的饭店管理公司一直在开发新概
念和推出新品牌，每种饭店系列都有一个
或多个原型饭店作为模板。一般一个系列
的饭店都有一种典型的现场规划来规范景观、停车场和服务设施入口的设计要求。
例如，喜达屋集团下属的喜来登饭店对现场规划的要求是将关注点集中在旅客到达
饭店的顺序，喜来登饭店坚持旅客到达饭店不是先到停车场，而是先到饭店入口处，
因此，饭店的路标和景观指引一般设在有天棚的饭店大堂入口。而停车场则放在饭
店另一侧或饭店入口处的另一边。的确，每个工程的现场规划都各有不同。但设计
标准和要求应该足够清晰，关键点足够突出。

饭店规划

一旦了解了现场对建筑程序的影响之后，建筑师就可以开始计划和设计饭店了。
有时我们要面对周围建筑物或自然环境给设计带来的影响：20层高的塔楼可以建在
城镇地区，而一群别墅更适合建在遥远的加勒比海岛。具有反射效果的玻璃和钢铁
可能适合于20层大厦，而自然材料及细致的风景更适合于岛屿。建筑师必须创造建
筑物的概念并使饭店的功能有机化，以满足业主的目标、运行功能的需要及今后客
人的期望。下面我们要讨论能帮助设计师满足这些需要的各种规划和设计原则，先
从客房和套间开始，然后是公共区域和饭店后台。

客房和套间

简言之，所有参与到饭店的开发和运行的设计者和经营管理人员都有他们自己的关于哪些面积最能影响客人的理由。几乎每一个人都住在客房里，因为客人愿意在此花费最多的时间。所以，要努力提高客房的质量和功能是很自然的事情。困难之一是任何一间客房的设计特征必须要复制许多次：独特棉织品的装饰处理方式必须叠加到每一个房间里，大理石台面要出现在每一个洗澡间，贵重的床头桌或床边台灯也要安排在每一个房间，等等。对于一间单独客房来说上述花费不少于100美元，而当乘上所有的客房时，总费用马上就是成千上万美元。

然而，业主或开发商更倾向于经常分析哪些东西应当省掉，而不是研究要给客房加入哪些东西。因为对大多数固定资产来说，客房通常代表了65%~85%的饭店总面积，任何在客房的建造和装饰方面的节约都不是一笔小数目。例如，使用不太贵的客房窗户，就能创造出节约资金的好结果。所以，开发队伍尤其是内部设计人员必须仔细地考虑每一个单独房间的家具或装饰物品的功能、美学价值和费用，以检验其是否为客房和客人的体验添加了价值。

为在客房方面做得更完美，规划的主要目标应该是增大适销的客房量，并把通行面积和支持面积保持到最小。建筑师最初必须解决诸如建筑物高度、质量、内部材料、入口的位置及大楼外立面的细节等概念设计问题，同时要适应结构和工程系统，满足建筑法规并以紧缩型的预算形式推进工作。解决完上述所有要解决的问题后，他们就要面临尽可能地把客房楼层设计成流畅空间的挑战。

客房楼层规划 客房楼层规划需要解决几个相关问题：无法更改的客房或套间数量，为客人及服务使用的电梯设置应方便使用，疏散楼梯必须满足建筑物法规的要求，应该提供足够的亚麻制品存储间，通常也需要小的电器、电话设备储藏室。但这些设置可能只影响整个楼层面积的10%。所以，巧妙的规划对客房面积的效率能产生实质性的影响。例如，总体来说，由于客房楼层设计的有效性不同，依据饭店的地区和饭店的质量水平，250个房间的饭店实际上能由1万~1.5万平方英

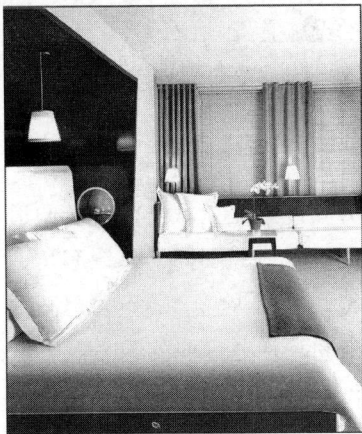

纽约市的Royalton饭店，这个设有流行服装专卖店的饭店中的客房具有凉爽又迷人的风格，对每一个细节都给予了关注（资料来源：Ian Schrager饭店提供）。

尺（930～1359平方米）的总面积支撑，因此，会产生100万～200万美元的附加费用。仅此一项，就需要建筑师必须懂得客房面积的效率和经济计划的重要性。饭店发展商和管理集团必须坚持建筑师细化和不断调整设计直到能够满足饭店高标准的需要。

较普通的客房层结构包括房间设在中央走廊两侧的双载式、房间围绕一个中央垂直核心筒的塔楼式以及房间只在楼道的一侧环绕多层门厅空间的天井式（图12-7）。通常，双载式效率最高，它的客房面积可占总面积的70%；而在塔楼和天井结构的建筑中，客房占有率分别会降到65%和60%。

建造一座在节省原则下精心设计的客房，其节省下的钱足以让一个最低限度的项目有利润可赚；或者可以把这些钱用于支付更大的客房和质量更好的家具、像会议厅这样的附加公共空间或娱乐设施、其他设备的升级或附加的方便客人的设施上。

除了要对规划进行考虑外，建筑师必须认可大量由业主和管理公司提出的需求。包括：房间混合比（每一种类型的房间数量：双人间、总统套房、行政套间等），残疾人房间的数量，连通房间的数量及客人洗澡间的标准。开发小组也要为每一类型的客房建立精确的配置需求并与规划图相一致。同样，该小组为套间建立配置

图 12-7 客房层结构

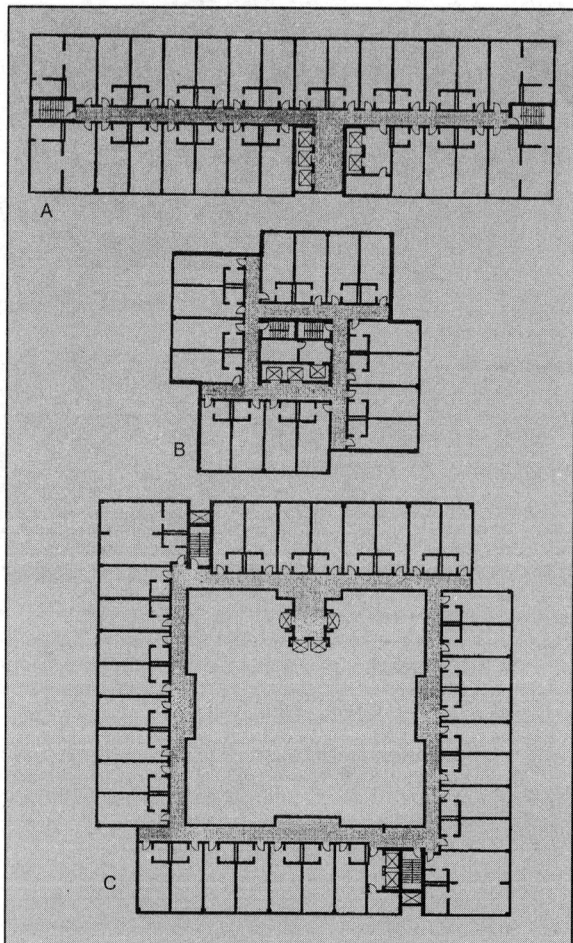

每一客房层结构都有各自的特点，它影响着规划的效率。(A)双载式规划是最有效的，它的每间客房占有最小的走廊空间，背靠背的洗澡间、对电梯和楼梯的选择具备多样性。(B)塔楼式规划最紧凑，其客房是面对外面的且有中央核心。(C)天井式建筑规划效率最低，具有单侧客房走廊，所有房间都面对大厅。

需求，如起居室的豪华程度、隔壁卧室的数量及是否包括小厨房或酒吧等。

客房布局 客房是 20 世纪饭店亮点。在 19 世纪后期，饭店普遍采用了暖气、电气照明及电梯等现代建筑系统。但直到 1908 年布法罗饭店开业之前，没有以私人洗澡间为特色的大型饭店。人们没有听说过客房内有空调、电视及室内影院，也不知道直拨电话、电子门锁及其他先进技术。此外，大多数商业性的饭店客房很小，可以提供给那些对房价很在意的自己当老板的商人。

假日饭店（建于 1952 年）和其他汽车旅馆连锁店于 20 世纪 50 年代和 60 年代以令人深刻的印象增长。它们基于提供一致的产品给旅游公众；给占主导地位的家庭提供他们喜欢的两张双人床，每一客房很容易地安顿下父母和孩子。今天，为更好地满足各种旅游者的需要，设计者和管理者一般都提供各种房型：为社团训练中心成员提供的王后型大床，在旅游胜地为夫妻提供的国王型超大床，或为会议市场提供的双人床。因为许多饭店需要同时迎合不同的市场需求，所以现在大部分饭店都配备有 1 ~ 2 张床的房间及各种套间。

客房的布局与建筑师在草图设计期间所做的设计有关，因为在此期间建筑师已经决定典型客房的尺寸、非典型房间的形状（例如，在角落或在防火楼梯的后面）以及客人洗澡间的位置。建筑师把这些提供给内部设计师做各种客房和套间的内部装饰设计。这种设计包括家具规划、为地板和墙壁选择颜色、选择化纤品及颜色、指定照明等。

此外，设计者需要理解饭店典型客人及他们的需求，在遵守预算的同时创造设计概念，使客房显出与众不同的特点，他们还要使客房与饭店公共区域的风格协调一致。一种方法是把客房分成几个相对独立的区域，提供如就寝、办公、休闲、更衣、化妆及保健等功能（图 12-8）。此外，内部设计师必须选择有个性的家具以满足

图 12-8 客房布局分区

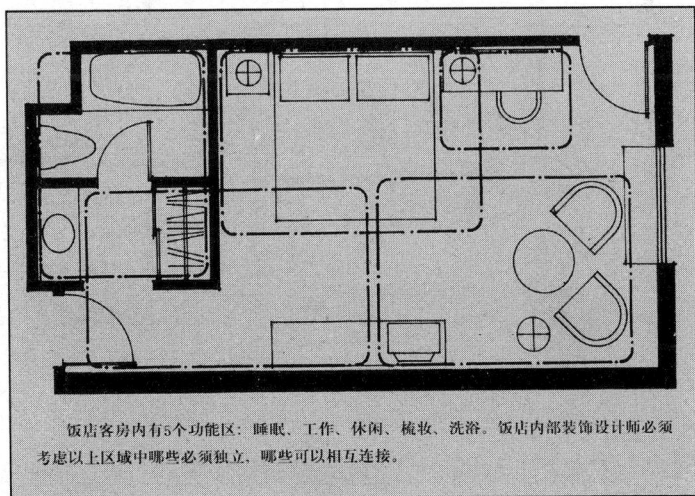

饭店客房内有5个功能区：睡眠、工作、休闲、梳妆、洗浴。饭店内部装饰设计师必须考虑以上区域中哪些必须独立，哪些可以相互连接。

许多基本设计标准。

- 床: 取决于饭店标准房间的类型, 提供适当的面积以摆放桌子及安排照明, 同时还要考虑电视的视觉角度;
- 工作区域: 提供书桌或工作台, 要考虑椅子的高度及舒适度, 并提供足够的照明、电话和网络数据连接点;
- 休闲区域: 提供一组软座椅, 要尽量考虑其舒适度、照明、茶几和电视的角度以及为拐角沙发提供足够的面积, 评估微型吧台的需要;
- 储衣 / 化妆空间: 决定所需的抽屉和壁橱的尺寸、行李储存空间大小, 提供能照人体全高度的镜子;
- 洗澡间: 选择洗澡间的设备及配件, 考虑照明、台面、排风及工艺;
- 全部陈设: 估计家具、固定物及设备 (FF&E), 包括地毯、墙壁壁纸、棉织品床单等;
- 其他: 从走廊进入客厅的视觉效果, 提供单独的化妆区, 详细评估阳台及其邻

图 12-9 客房布局样图

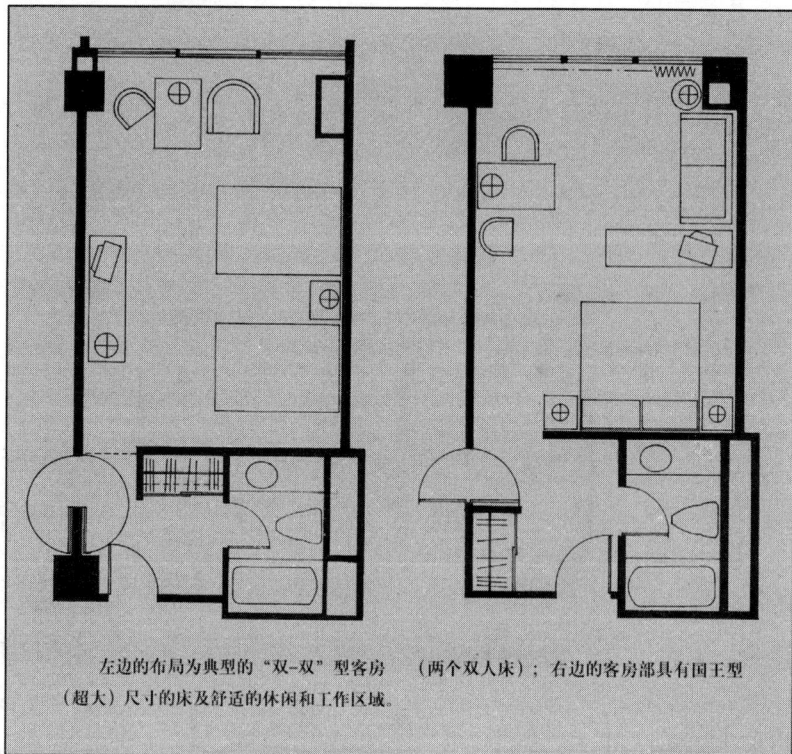

左边的布局为典型的"双-双"型客房 (两个双人床); 右边的客房部具有国王型 (超大) 尺寸的床及舒适的休闲和工作区域。

近房间的需求等。

此类房间的布局详见图 12-9。

1990 年颁布施行的《美国残疾人法》要求饭店业主为有视力缺陷、听力缺陷或生理缺陷的人们提供一定比例数量的具备特殊功能的客房（图 12-10）。对这类客房的要求非常详细具体，包括房间大小、空间布局等各个方面。

图 12-10　无障碍客房需求

饭店总房间数	特殊配置房最低数	可供残疾人轮椅进出浴室的房间数	适于听力障碍者使用的房间数
1 ~ 25	1		1
26 ~ 50	2		2
51 ~ 75	3	1	3
76 ~ 100	4	1	4
101 ~ 150	5	2	5
151 ~ 200	6	2	6
201 ~ 300	7	3	7
301 ~ 400	8	4	8
401 ~ 500	9	4+，超过 500 间房间，每 9 间加 1	9
501 ~ 1000	总数的 2%		总数的 2%
>1000	超过 1000 间房间，每 100 间加 20		超过 1000 间房间，每 100 间加 20

资料来源：ADA 建筑和设施残疾人导则，网址：www.access-board/adaag/heml/adaag.htm。

• 房间标志：走廊里的房间号码必须有一定高度，具备盲文识别，安装牢固；
• 房门：房门必须具备一定宽度（32 英寸或 80 厘米），安装平行扶手，满足无障碍通行以及其他必备的条件；
• 客房浴室：对浴室门的要求与对房门要求一致，浴缸或淋浴室要有扶手，四周设施不能妨碍客人的活动；
• 客房内部设施：客房内各种开关、调节钮、壁柜拉手等配件必须符合规范，确保客人在室内无障碍使用；
• 听障缺陷客人专用房：饭店要为听障缺陷客人配备一定数量的房间，并安装可视来电提醒电话、可视报警装置以及其他类似设备。

套间布局　20 世纪中叶，大部分都市饭店都配置了套房并且被一些长期的客户占据着。现在，商人及参加会议的客人不仅用套间作为高规格的短暂的住宿而且用它款待客人。大饭店提供了不同等级的套间，它们从单间起居室加单间卧室的套间到超大型的起居室和卧室以及多达四间或更多毗邻房间组成的套房，如由餐厅或会议室及几间隔卧室组成的套间（一间隔等于一个标准间）。总统套房或其他豪华套间集中在大楼最顶部的两层；在芝加哥有 1550 间客房的希尔顿饭店对总统套房进行改造使它占据了顶部的整整两层。

大部分商务饭店的套间被安置在楼层的高层区。有时套间被集中在每一层纵向相同的位置，它们通常有建筑结构相同的优点。在 20 世纪 80 年代，许多经营者推出了套房快速入住、管家服务等附加值的"会员层"，它配有休闲室及会议区以及免费早餐、茶或鸡尾酒。而在更小的饭店里，这些会员休闲室可以不大于 1000 平方英尺（93 平方米），在豪华的会议饭店，它们可以是前者的 2 ~ 3 倍大。通常，会员休闲室需要有备餐间、餐具室、存储室、具有连接饭店管理功能的数据线接口及电话系统。

始于 20 世纪 70 年代中期的 Guest Quarters 和 Granada Royal 这样的连锁饭店为占领饭店市场推出了特殊套房。它们为商务市场创建了第一个全部套房的饭店。后来，在 20 世纪 80 年代早期，假日饭店建立了大使套房品牌。随后，其他大型的管理公司也跟着建立起属于自己饭店品牌的套房。虽然各有不同，但典型的高规格套房单元大约为 450 平方英尺（42 平方米），或大约比中等价格的饭店客房大 40%，它们是由单独的卧室或客房、客人洗澡间、酒吧或厨房组成的。

有两种不同规格的套房。一种房型较窄，呈"前后式"或"鸟枪式"排列，起居室对着中厅或走廊，洗澡间安排在中部，而卧室在后部，有朝外的窗户。另外一种房型是"并肩式"结构，它沿着走廊有两个小间隔，每个间隔都有对外的窗户（图 12-11）。针对起居室和卧室之间的洗澡间和开放部分的设计可以有很多种选择。例如，喜来登饭店为使起居室和

图 12-11　套房规划图样本

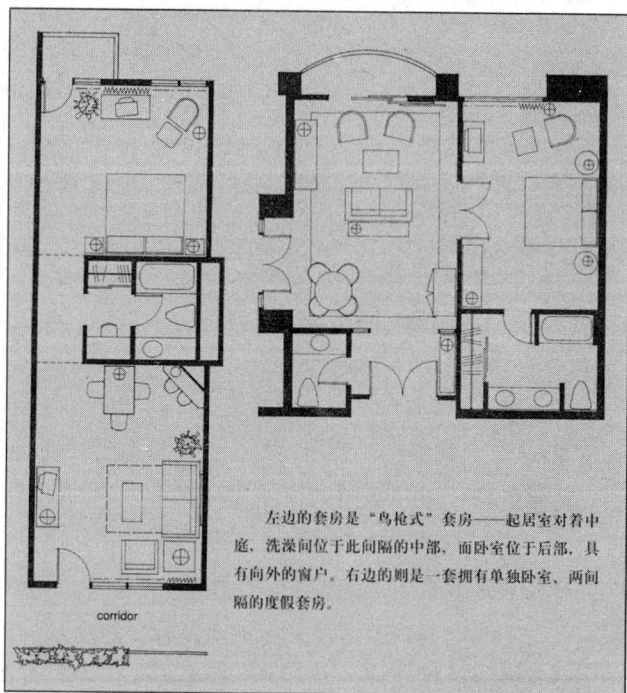

左边的套房是"鸟枪式"套房——起居室对着中庭、洗澡间位于此间隔的中部，而卧室位于后部，具有向外的窗户。右边的则是一套拥有单独卧室、两间隔的度假套房。

卧室成为流动的一体，选择了滑道嵌板。另一方面，希尔顿饭店为确保两个套房之间更大的私密性，设计了更大间隔的套房。

在 20 世纪 90 年代，许多大型的管理公司创建了附加值较高的品牌套房。实际上，改装的客房提供了更舒适的起居空间，配上了小厨房。当配备了王后或国王型睡床之后，这些"套间"并不比商务饭店的标准间大多少，而且只是提供了很少的附加便利设施。

（伊利诺伊）的希尔顿 Chicago & Towers 饭店。会议饭店常以超大尺寸的大套房为特征，用于私人聚会及社团娱乐。在芝加哥的希尔顿饭店，两层优雅的总统套房以作为拍摄电影《逃亡者》的场地而享有盛誉（资料来源：由 Hirsch Bend 协会提供）。

大堂

19 世纪早期的饭店没有大堂。1828 年开业的波士顿特利蒙旅馆在这方面起到了重要的作用，在其发明之中，"办公室"就是今天的大堂，或一系列正式的休闲、就餐及宴会房间。在 20 世纪末，少数的饭店拥有童话般的大堂。例如，（建于 1875 年，毁于 1906 年的）旧金山广场饭店，它的特色是有可以使运送客人的马车通行的 7 层楼高的中庭。丹佛的布朗饭店（建于 1892 年）现在仍然生意兴旺。除了那些豪华的都市饭店外，其他地区的饭店大堂对于 20 世纪的大多数饭店来说都相对比较小。在 1967 年，引进了中庭的亚特兰大凯悦饭店开业了，它的 800 间客房全部围绕着 22 层的开放式大堂，标志着饭店拥有大堂时代的到来。

大堂是饭店公共区域中最突出的部分。许多都市饭店都是城市人的集聚地，饭店也愿意为此服务。例如，纽约人愿意"定点在 Biltmore 会面"。除了树立饭店的形象外，大堂也有许多显而易见的服务功能。对于建筑师来说，其主要目的之一是公共设施聚集地，如：餐厅、休闲室、功能厅、前台、客用电梯等都围绕着大堂，这样能保证饭店的客人顺利找到各种设施，把不方便降到最低限度。当客人在大堂逗留时，大堂就成了非正式的聚集区域。它也具有监控的作用，便于员工在水平方向监督过往的人群。

开发小组必须建立大厅规划及设计标准，而这必须建立在体现饭店概念和对客户市场调查的基础上。这些标准必须包括以下内容：

- 便捷的路径：为客人指明去往各处的通道，如前台、电梯、餐厅、多功能厅等；
- 前台：要使进入饭店的客人一眼就看到它，前台应能观察整个大厅，有足够的空间接待入住和离店客人，并有直接通路到达前台办公室区域；
- 行李处：为行李员、行李储存和其他保管物品开辟的区域；
- 休息椅：在前台和入口处附近安排休息椅，周围可多摆放几把椅子，以便与大堂吧相互呼应；
- 辅助功能：如零售店、礼宾部、公共洗手间、店内付费电话、存衣处和饭店指示牌等；
- 陈设：用不同的方式表示出饭店的形象，如家具、艺术品、照明、标识，以及与之相匹配的其他陈设品。

同客房区一样，公共区也需要满足一些辅助功能的需求。这包括停车场区域和入口、大堂和待客区、餐厅、酒廊、会议室和宴会厅、公共休息室和电梯以及娱乐设施等。

餐饮

饭店的饮食服务因不断变化以迎合大众口味而极受欢迎。从 20 世纪 80 年代中期开始，随着竞争对手最大限度地满足人们的需要，饭店的管理者正绞尽脑汁努力创造有新意的餐厅或休闲设施。管理者认识到构思奇特的饮食市场会随着对客房、会议的需求而增加，饭店可以从当地社区中吸引客人，创造利润。然而，潜在的饮食市场也是多变的，以至于对每一个市场的程序和设计都必须建立在对当地市场和现在竞争的调查的基础上来单独开发。

有时候（一般在豪华饭店）饭店的餐厅代替了大堂，而成为饭店形象的代表。许多高等级的旅游者和当地商人以纽约的 Jean Georges 饭店和 Alain Ducasse 饭店为例，认为这两家饭店与他们曾经住过的其他饭店相比，几乎对住宿之外的事情毫不关心。然而，更常见的是，饭店的管理人员把向饭店客人提供用餐和休闲服务作为一种常规促销手段使用。

饭店的餐饮设计依赖于管理公司和饭店的质量和价格水平。特许经营权和许多中等价格的连锁公司先是建立原型餐厅的概念，然后在全国的饭店中推广。它可以是小型经济型汽车旅馆大堂内提供早餐的一角，或中等价格的路边旅馆内可提供三餐的餐厅。它们同样在保证众所周知的质量标准范围内满足特殊客人的特殊需要。

另外，高标准的饭店管理公司在第一流的豪华饭店中尝试创立具有个性化且与众不同的餐厅。管理人员在开发过程中仔细地推敲着餐厅或休闲室的设计内涵，描绘着未来的管理方式，同时设计餐厅主题、菜单、服务形式、餐桌的装饰等。总之，为长久运行准备全过程方案。而其他运行人员则负责准备针对其他餐厅的一般说明，并且当建筑和内部设计师完成了全部设计之后，很快就可以把设计图纸变为真正的餐厅。开发和设计小组必须依靠拥有与众不同风格的餐厅和可利用的有才干的人，才能做出最适当的决定。

最初的可行性分析，是以调查市场和项目收入和开支需求为主要内容，以向规划中的饭店推荐餐厅的数目和容量为基础。然而，需要由开发小组对这些建议进行确认并建立餐饮概念。当饭店扩建时，

设在新泽西 Basking Ridge 的 AT&T 学习中心。合作训练中心常具有第一流饭店的气氛。在这里，餐厅以许多私人的凹室为特征并且有亲密的座位组，较低的照明水平及优雅的设施设备（资料来源：由 benchmark 提供）。

开发商通常加设餐厅，以避免任何一个餐厅或休闲室出现超员现象。

面对严酷的外部竞争，餐厅的设计和管理成为一种重大的挑战。无论是什么概念，餐饮设计师通常必须努力满足许多已被确认的标准：

- 位置：在大堂选择能提供一日三餐的餐厅位置；
- 服务：使所有餐厅与厨房有机相连，为酒吧预留储藏室；
- 方便：尽量设计大一些的餐厅和酒吧，以便在生意平淡时停用其中部分区域；
- 后勤：确定公共洗手间、存衣处以及公共电话的位置；
- 布局：为客人、服务中心准备不同尺寸的桌子，尽量减少地面起伏不平以方便残疾人。

饭店里的餐厅　饭店里的餐厅类型包括三餐餐厅，它常被称为"咖啡厅"或以其他特殊的标志出现的餐厅。还有一种餐馆，它常以地方性的代表菜为主（如：墨西哥餐厅、意大利餐厅）或某种食物作为主题（如：牛排、海产品）。如果需求量大，第三个餐厅多是特殊咖啡店或精美食品店。现在，除了高档饭店外，只有很少的饭店拥有豪华型餐厅，因为使用率低。每个餐厅用它自己的形象吸引饭店的客人，争取当地社区的各种团体就餐。

饭店的管理者努力降低经常性的花费并简化其运行，各种食品和饮料的现场加工数量减少许多，而取而代之的是在一个餐厅里分出几个具有不同基调的单独区域，以适合各种就餐时段和人们对不同口味的追求。例如，郊区的凯悦饭店是一个以清楚区分一个餐厅内 3 个不同就餐风格为特点的饭店。其中一个设在中庭内，那里的就餐者坐在像花园一样的树丛中，享受着自然光。第二个区位于中庭的边缘，那里有棉织品做的雨篷，能部分地遮挡顾客，并像路边的咖啡馆一样提供半私密性的座位。第三个区域是离中庭较远的背面，天花板较低，它给就餐者以从门外进入餐厅里的感觉。中庭处理得很随意，铺砖的地面，用布罩着的桌子。中区更正式些，而"较深"区域安排了皮革条凳、桌子上铺着亚麻棉织品、较暗的照明及艺术装饰品。餐厅非常成功的部分原因是它为早餐或正餐就餐者、为全家或夫妻二人以及为非正式的或特殊理由的就餐者都能提供适合其口味的不同的就餐氛围。

饭店大堂吧 像饭店的餐厅设计过程一样，饭店管理集团推出了酒吧和休闲室计划，建筑师在初步设计中留出空间以满足这些要求，而内部设计师将这些区域变得更加完善。小城镇上的饭店，其酒吧很安静，但装修很豪华，在会议饭店或景区饭店，它可以是运动型酒吧。

大堂酒吧流行于 20 世纪 70 年代，作为一种创造活力和兴奋的方法存在。在它们作为产生收入的因素被证明之后，发展商开始设置大厅酒吧，甚至在传统的大堂设置酒吧。休闲室对大厅的空间开放，它提供小型的服务酒吧，这种小型酒吧提供食品或茶点，偶尔有娱乐节目，休闲室的功能使它可以灵活地在大堂扩展座位。

作为第二个饮料市场的选择常常是鸡尾酒吧或娱乐厅。它们以完全封闭、照明很暗，座位安排得更紧凑为特点。依据不同的主题，这种休闲室的类型可以有明显的分区，包括有座位的酒吧、有舞台和跳舞地板的娱乐区、有台球或巴加门 15 子棋的游戏区以及更安静的凹室。

多功能区域

在各种类型的饭店中最明显的、与众不同的特点也许就是多功能区域的大小和它们的组合性：有舞厅、小型会客厅及宴会厅、接待台及展览区以及专门的会议及董事会房间。19 世纪中叶首先引进了适应重要市民及社会团体的功能区域概念，现在则经常把多功能区用于招待各种公司和协会会议。这两种类型的组织有各种需要且各有侧重。公司需要较小但高质量的区域以适合行政部门的销售和管理会议、新产品介绍及继续教育等类型的会议。协会则需要为大型团体会议提供宽敞的展览空间、设施以及专题研讨会和分组研讨会需要的小型房间。除此之外，当地组织充分利用饭店的多功能区域来组织各种会议、宴会和招待会；附近的居民利用它来做婚宴及其他特殊场合之用。

通常，新饭店的可行性分析包括如何设置多功能区，它建立在对各种类型的商务和社会用途的需求分析基础上。例如，小型中间价格的饭店通常提供一个单独的多功能舞厅，它的装饰和配置简单实用，适应小型会议、市民聚餐、酒吧和午餐、酒吧和慈善活动、婚庆招待会及当地的所有需求。它很少吸引商务团体。

会议型饭店应当有能容纳 1000 ~ 3000 人的大型舞厅及若干小型厅房及临时用途的房间。舞厅是为大型宴会及社交功能而设置的，并且备有用于会议的视听系统。第二种用房，即交际性用房在建筑或科技系统方面没什么特别的要求，只要配备一般的常规设备就足够了。

会议中心也是各有不同，它们通常被设计成更小的组合 (200 ~ 300 人) 且是以单独的宴会、聚会、会议及董事会等用途为特点，并可以为每一个顾客提供满足他们特殊要求的房间。会议中心可以提供休息室和洽谈区域，以及 24 小时开放的聚会室等区域，并可提供会议服务和完整的视听系统。

由于会议服务对象以及竞争对手在市场上的取向不同，设计时必须仔细地检讨饭店内各功能区的用途和设计标准。在较小的、功能简单的饭店可以仅为每间客房提供 10 ~ 20 平方英尺（0.93 ~ 1.86 平方米）的多功能面积。然而，在会议型饭店或会议中心，每间会议室通常能达到 60 ~ 100 平方英尺（5.6 ~ 9.3 平方米）。考虑到附加的厨房和后勤区域也需要一流的设施，对饭店功能区域的潜在投资就必须要慎重权衡。所以，大多数成功的开发商都仔细地在功能区域面积大小、它们在装饰和设备间之间反复斟酌适当的比例。

就像餐厅一样，特殊的顾问解决特殊的问题，多功能区的计划需要特殊的顾问，例如声学和视听方面的专家及照明设计专家。对于大饭店来说，管理者可以把若干小组聚集起来，召开专题规划会议，专门就类似会议区面积大小等敏感问题进行研究，这对他们下一步的商务规划很有帮助。通过这样的讨论也能提炼出专为会议和宴会区制定的专项规划和设计标准：

- 位置：将所有功能区域都统筹安排在可方便到达的区域，在大多数会议饭店里，应考虑设立两个或更多单独的功能区；
- 方便性：在大多功能厅内放置可移动的屏风，以适应房间多用途的需要，并满足会前准备工作的需要；

- 通道: 从店外或停车场有直接进入饭店的通道, 并与每一个功能厅房的公共服务通道相连, 另外要考虑建立可以将展品移入舞厅或展览区域的通道;
- 后勤区域: 包括足够的洗手间、存衣处以及大型或私人聚会使用的电话, 为舞会、宴会和各种聚会使用的视听设备的储存间;
- 结构: 大多功能厅和舞厅应没有柱子, 而且不应与客房楼层在一起, 应单独设立以示区别;
- 天花板的高度: 应考虑放映电影的银幕高度, 但要记住, 舞厅的高度会给上面的楼层带来设计上的麻烦;
- 窗户: 应考虑在多功能区和通道使用自然光。

对于新项目来说, 在初步设计阶段, 建筑师必须很准确地处理好这些设计要素, 因为这样会对饭店吸引商务团体产生很大影响, 对于巨大的会议市场其影响尤其明显。在现有的饭店中, 业主必须判断划出会议和宴会区域带来的潜在创收, 以及此举对公众和饭店职工带来的影响。虽然老饭店改变功能区域需要大量投资, 但作为保持饭店竞争力它又是不得已而为之的一个选择。

初步设计一经批准, 建筑师、内部设计师、顾问和管理人员就需要把焦点集中到将来管理的细节上。例如, 考虑把会议签到桌或移动的吧台安置在功能区域的什么位置合适, 客人如何通过此区域, 或者研究为每一个单独的会议或宴会房间准备的可供选择的家具布局, 即房间的尺寸是否适合会议或宴会的配置。在设计早期设定的功能计划常常表明: 在随后的工作中还有必要对计划

图 12-12 多功能区计划

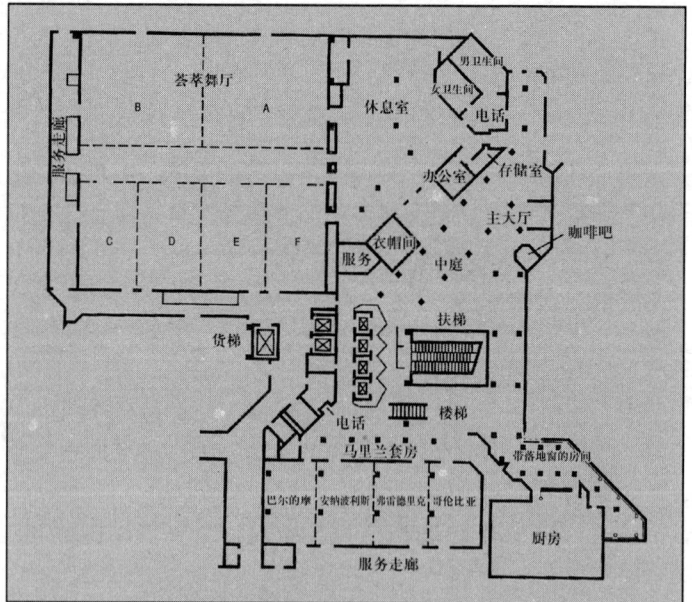

饭店的功能区域包括随意分隔组合的分区舞厅和几个更小的会议间。凯悦饭店并没有把舞厅安置在裙房, 而是相对独立。而宴会厅、会议间和支持性功能都放在主建筑物内。

进行调整以增加其使用的灵活性或增加服务容量（图 12-12）。

有经验的设计师熟悉许多能给宴会客人或与会者带来更好体验或能突出管理上优势的简单易行的方法。如果早期设计考虑十分周全，那么大多数情况下饭店就不会花费更多的钱去从事补救性工作。比如设计师可以选用 22 英寸的条纹状地毯，这就能帮助服务员很容易地将桌椅码齐。还可能发生另外一些问题，如宴会散后客人不去看电影而是要去打电话，而宴会厅外面只安装几部电话，且指示牌也不明显。这时，设计上的问题就会引出一系列令人头痛的事情。为此设计师要面对如下看起来并不重要的问题：

- 楼层：选用可以帮助会场布置的地毯，选择可以拆卸的活动舞台地板；
- 墙壁：在墙面上装上可以防止剐蹭的塑料保护条，这既可以烘托气氛，又可以提高外观效果；
- 天花板：统一设计空调系统、照明、声音系统、防火及其他系统；
- 窗户：为一旦灯光不足时的补充光源；
- 家具：选择高质量的步梯、讲话台、靠背椅，圆形方形和椭圆形的桌子以提升会议房间的档次和使用率；
- 照明：配备可调光的照明设备，同时应配备蜡烛台、地角照明、轨迹照明及装饰墙固定物照明等；
- 空调／系统：为每一个房间提供单独的机械、电气及音响系统；
- 通信：在每个多功能厅和控制室安装电话、录音机、数据线等设备。

娱乐设施

在 20 世纪 80 年代和 90 年代初期，娱乐设施成为许多饭店和度假胜地设施中一个很大的组成部分。旅游大众的健康意识和保健意识大增。而许多饭店，尤其是都市商务型饭店和旅游胜地的饭店，都积极增设健身俱乐部或温泉浴场设施。对于老一代人讲，大部分住宿型饭店中唯一的娱乐设施是游泳池。经过一段时间，开发商发现更贵更适用的设备反而有竞争优势，因而开始纷纷添置健身俱乐部设备。现在对于一流或豪华饭店来说，公共设施包括大型温泉浴场；对于郊区饭店或小镇汽车旅馆来说，是围绕其水池区域为公众提供游泳和健身俱乐部；而对于会议中心来说，则是添加户外慢跑道、网球和高尔夫球设备，提供室内游泳池和温泉浴场已成为吸引高层行政管理人员的必要手段。

决定何时上马什么娱乐设施建立在理解市场需求和对在此区域的其他饭店进行

竞争分析的基础上。开发小组也可以考虑在当地社区发展俱乐部会员来实现潜在的收入。在设计方案时，要考虑客人前往俱乐部是否便利以及是否有必要把供这些客人使用的设施与其他设施巧妙地分割开。在建设高等级饭店时，应该努力分离开游泳池区域以便使客人不需要穿着游泳衣或宽松的浴袍通过大堂或其他公共区域。开发商也应该使用适当设备为非住店客人从停车场进入健身房提供方便。

有些娱乐设施可能产生噪声，所以必须尽可能地把客房区从公共区域分离出来。例如，会议室不应该靠近网球场或游泳池（虽然从正餐厅看人们游泳可以起到赏心悦目的效果）。通常游泳池需要全封闭，以隔绝氯的气味和高湿度窜入非娱乐区域。

行政办公区

饭店的设计必须包括为行政人员和前台准备办公室、会计室及销售部。这些办公室的设计对职工的工作产生影响，而且对客人产生直接的影响。许多客人常与总经理、销售部和餐饮部员工、信用卡管理员和其他人员打交道。

一般来讲，行政办公区有 4 个组成部分：前台办公室、会计室、行政办公室和销售以及餐饮部办公室。除了前台办公室外，其他办公室在位置的安排上都有一些灵活性。即使在科技和通信非常发达的今天，人们仍然信守前台办公室紧邻前台的规则。前台办公室包括前台管理人员区域、行李区域、公用电话区域和一般工作区域。如果可能，会计室也应该靠近前台，因为前台常与现金接触。会计区域包括做工资、计算应付账、应收账目的管理人员和其他职工以及管理信息系统人员所需要的办公室。

许多饭店不可能在靠近大堂处提供足够的空间给行政、销售部及餐饮部设立办公室。但可以很容易地设在靠近功能区域的楼层。这种安排的优势在于管理人员和销售人员能够共享接待区域和会议区域。如果不需要，这些办公室则可以相互独立。行政办公区域包括总经理、住店经理以及客房部和餐饮部等各行政管理人员的办公室及秘书工作区域。销售和餐饮部区域包括市场和销售总监办公室、销售和宴会管理人员办公室、会议服务区和一般的后勤区域。

在 20 世纪后期，饭店职工队伍扩大，管理者为新设立的部门负责人，如礼宾部（负责门童、门卫、问讯等）和信息技术主管，配备办公室。但是，进入 21 世纪以来，主要饭店管理公司通过重新设定岗位职责、交叉训练员工以减少雇员的总体工资支付，因此，员工的规模呈缩小的趋势。

食品制作区域

在饭店的所有服务区中，厨房和食品制作区域的设计是最需要注意的。部分原因是机械、电器和成品服务必须与这些区域的功能规划成为一个整体。此外，厨房通常设计为最大、单独的后勤部门，它在很大程度上影响着建筑物里的劳动力成本。厨房内的距离应尽可能短，相关的活动应该安置在一起且近一些，布局应该有灵活性。所以，厨房的计划和设计需要关注各种特殊食品服务需求，并经常进行专业咨询。

在许多需求中，建筑师在概念设计初期从事的最重要的工作就是把收货和食品存储区域、厨房、餐厅和宴会厅的位置都安排在同一个楼层。当这种设计不可能实现的时候（在大饭店此目标尤其难达到），设计师必须考虑其他形式的组合以及这些组合的优势，并从中做出选择。下面列出了应该尽可能安排在一起的区域。

基本食品服务连接为：

• 食品储藏室到主厨房；

• 主厨房与餐厅；

• 送餐服务与服务电梯；

• 厨房或备餐间与大宴会厅。

理想的食品服务连接为：

• 接货区到食品储藏区；

• 主厨房到宴会备餐间；

• 宴会备餐间到小型宴会厅；

• 宴会备餐间到多功能厅；

• 三餐餐厅备餐间到送餐服务区域；

• 厨房到成品出口；

• 饮料储存到饮料出口；

• 厨房到垃圾房；

• 厨房到职工餐厅。

厨房所需要的空间以及食物和饮料储存区域的大小依菜谱的复杂程度和交货频率而定。由于设备、能源和劳动力成本很高，所以目标应该是设计一个能满足操作目的的最小的厨房。例如，许多城镇的饭店由于高地价原因以及大多数食品可以很快运达，所以仓库面积就很小。

在早期设计期间，食品生产区域面积一经确立，食品服务顾问就着手厨房的设计。

图 12-13　厨房设备平面

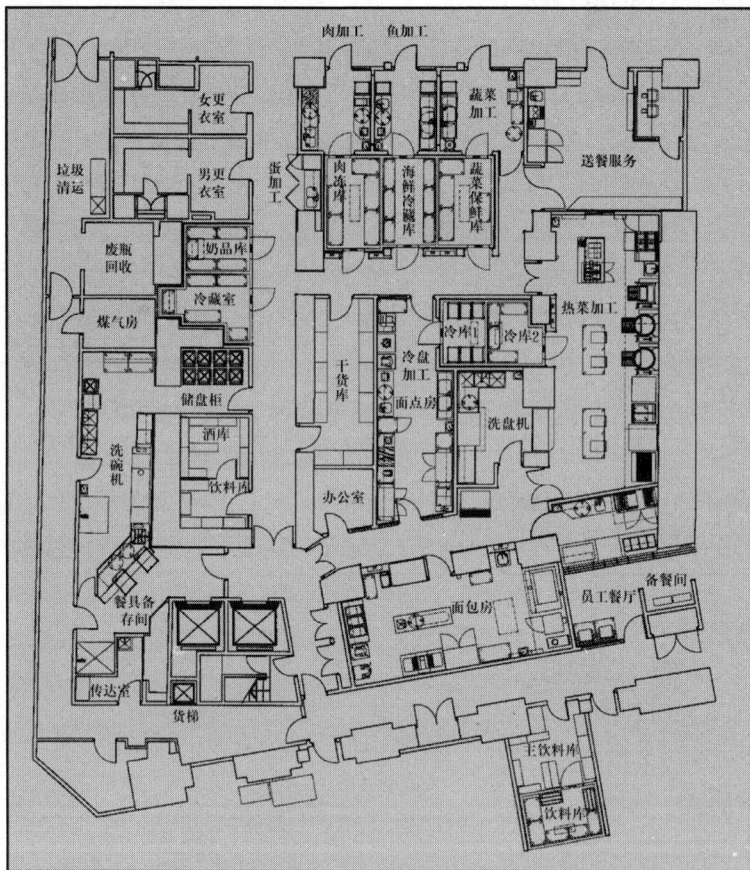

女更
衣室

男更
衣室

蛋
加工

肉加工　鱼加工

蔬菜
加工

送餐服务

垃圾
清运

废瓶
回收

煤气房

奶品库

冷藏室

储盘柜

酒库

饮料库

洗碗机

肉海库

海鲜冷藏库

蔬菜
保鲜库

干货库

冷盘
加工
面点房

冷库1　冷库2

热菜加工

洗盘机

办公室

餐具备
存间

传达室

货梯

面包房

员工餐厅

备餐间

主饮料库

饮料库

　　食品服务管理的设计最困难，烹调、冰箱和空调等技术和设备放在一起，其目的是提供有
效的服务。本图的设计师把标准厨房分成几个不同性质的工作区域，如：存储区、热食品加工
区、冷食品制作区、服务区和洗碗区（资料来源：由四季饭店提供）。

　　如果主要的计划标准面积能得到满足，例如在靠近餐厅和多功能厅的地方，只设一
个主厨房。那么，总设计就能够被极大地简化，也能省掉重复的设备。图 12-13 中显
示出典型厨房的平面布局。虽然食品服务顾问负责准备厨房计划，但为更好地设计
出厨房周围的辅助区域，建筑师也需要理解厨房的食品和人员的流动特性。食品和饮
料的储存区域通常设在临近接货区域或靠近厨房，后者安排得较多。当设计师对下面
的情况进行观察之后，可能会改善食品服务平面设计，以有利于日后的日常操作：

　　•食品从存储到服务应直线流动；

　　•避免交通交叉和折返；

- 最大限度地缩短厨房和餐厅之间的距离;
- 安排紧缩的工作站;
- 如果需要,在每一个加工点建立储藏室;
- 提倡共用设备(例如,餐厅和宴会厅共用一套洗涤设备);
- 考虑卫生设施和职工的劳动安全;
- 计划应有利于使用工具;
- 厨具应可以在厨房内重新组合,灵活利用;
- 将所有冰箱和冷冻柜集中码放共用一面墙,共用压缩机,以节省建造成本和降低能源费用;
- 一体化的计算机技术,例如,销售部使用的计算机/打印机接入各餐厅;
- 装备防火设备,尤其在灶台火的上方应配备全套灭火设备;
- 考虑卫生设施和职工的安全。

其他后台区域

虽然厨房可能是服务区域中最难设计的部分,但它只占饭店总面积的3% ~ 4%;而其他后勤功能区约为厨房面积的两倍。其中许多直接与厨房连接,例如,接货区域和职工餐厅。另外,洗衣房和客房管理区域应更直接地与客房联系起来,以便于操作。

建筑师、开发人员和设计小组通常到设计开发阶段才着手后勤区域的设计,设计过程为6个月左右。由于这些区域对于饭店有效发挥功能起着非同寻常的作用,因此开发小组从一开始就应该建立后勤设计规划,建筑师也应该在概念设计阶段开始考虑这

图 12-14 后台区域平面

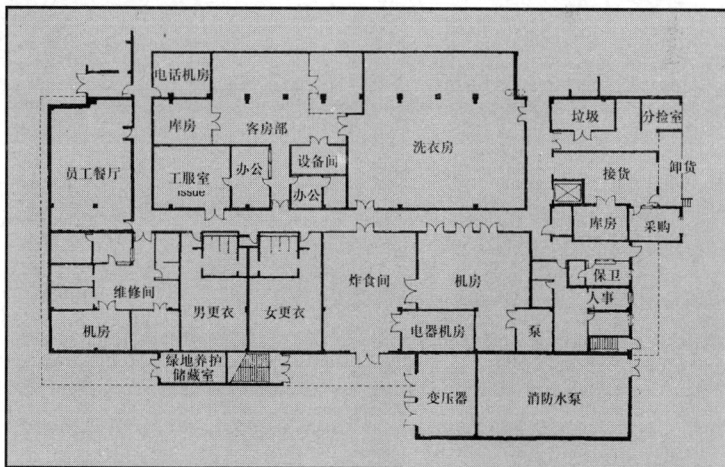

在此平面中,服务区域安排在同层(不包括在其正上方的主厨房),以加强不同部门间的联系:洗衣房、客房保洁、制服发放在一起;制服发放和员工更衣室在一起;人事毗邻员工入口;维修和工程部在一起;茶歇室与更衣室在一起。

个问题。在计划阶段的全过程，管理公司必须像建筑师那样仔细地检查该计划并对后勤区域添加必要的细节（图 12-14）。

下面所列出的是包括许多基本的计划目标：

- 接货区要一次能接纳至少两辆卡车，如果饭店很大则车道还应更宽；
- 接货区应有雨棚；
- 卸货平台附近应有封闭的垃圾房；
- 将接货区和计时钟放在一起，这样经理可以在监视卸货平台的同时照看员工出入口；
- 根据男女员工的比例设置员工更衣室并提供带锁的更衣柜；
- 精心设计员工食堂，提供饭桌、餐椅、自动售货柜；如果可能，尽量安装窗户，以引进自然光；
- 提供从客房到洗衣房的用于运送客人已使用过的床上用品的通道；
- 为特殊部门（如餐饮部、游泳池）建立单独的亚麻制品存储处；
- 围绕机房设置工程办公室、修理车间等；
- 将产生噪声和震动的机房远离客人区域；
- 机房内留有足够的面积用于维修改造工作。

接下来将讨论接货区、垃圾处理区、综合存储区、职工区、维护及工程区等后勤区域。

接货和垃圾处理区 应该确定接货和垃圾处理区域的位置，以便能在不中断住店客人停车的情况下满足卡车运输的需要。饭店的客房和餐厅、休闲和娱乐区这样的公共区域应与上述区域完全隔开。对于厨房来说，除了食品、酒水和产生垃圾外，必须在接货区域留出足够的面积检查物品并把它们运到存储区。通常，采购或接货人员的工作地点往往被安排在无法关注到整个接货区安全的角落里。

综合存储区域 饭店需要大量的存储区域。大部分存储区域是与特定的功能区联系起来的，如：食物存储区接近厨房，家具存储区接近舞厅，棉织品的存储设在客房层。然而，饭店也需要空间存储各类各式各样的物品，例如旧的财务记录和多余的室内陈设品及设备。有时，综合存储区安排在接近接货区域，但它也可以放在更远一点的地方。它应该是安全的，而且也许有2～3个相对封闭的区域，以使不同的管理部门控制它所管辖的区域。

职工区域 职工区域为后勤区域的另外一个主要组成部分。通常包括：人力资源办公室、职工更衣室及职工餐厅。它们互相依赖并与其他区域的服务相关。例如，人力资源办公室与职工入口接近，更衣室靠近制服发放处和计时钟，职工餐厅靠近主厨房。在有些旅游胜地的全服务型饭店里，管理者也需提供职工宿舍。

虽然职工区域可能很小，但在全服务型的饭店因提供足够的更衣室和员工空间是最基本的。在早期设计期间，建筑师通常将大块空间作为单独的后勤功能区域，例如更衣间。然而，他们通常并不检验此空间是否适合所需要的功能，这些空间可能有圆柱、形状不规则或存在其他制约因素。因此管理公司需要向建筑师提供详细的计划，在初步设计结尾阶段，建筑师应该仔细研究并确认更衣间、休息室是否满足各自的功能需要。

洗衣房和客房服务区域　洗衣房和客房服务区域是后勤区域的主要组成部分。即使是小型的汽车旅馆也需要一些空间来存储并控制客房的棉织品，而大型饭店的这两个功能区总面积可能高达5000平方英尺（465平方米）。是否设洗衣房是开发小组要做出的非常关键的决定。一方面，对于小旅馆来说，花费大笔投资自建洗衣房并安置设备可能不比使用商用洗衣服务更经济。另一方面，实际上所有的中价位的饭店都是为了控制质量和保证棉织品的可利用才设置它们自己的洗衣房的。

洗衣机可以由饭店管理公司的技术服务人员或设备供应商设计。洗衣房应设在饭店的底层以避免因噪声和振动干扰客人。

洗衣房和客房管理区域有关，即使它们在管理性质上相互独立但也应该靠近。如果没有洗衣房，也同样需要有收集、包装、接收和储存棉织品的区域。当然，洗衣房的主要功能是清洗和分发客房棉织品（床上用品和洗浴棉织品）以及餐厅棉织品、制服、厨师衣服及客人的衣服。旅游饭店可能对洗衣店有附加需求，如清洗游泳池毛巾等。

维护和工程区域　最后的后勤组成部分包括工程办公室、修理和维护车间、机械和电器机房等区域。这些区域一般都不宽敞。在初步设计完成后，所留下的区域也不多。工程功能区需要24小时进行操作且必须集中定位以方便工程人员对日常传呼和紧急传呼做出迅速反应。在大饭店里，工程办公室和设备间占地面积可以大于5000平方英尺（465平方米）。在这些区域常常要有维修间、修理车间和储物间，而它们都集中在工程工作区附近。

机械设备区可以在整个建筑物内分散分布。它们不需要紧靠工程办公室，但如有可能，应该接近洗衣房、厨房和其他大功率设备使用区以便最有效地操作。舞厅空调处理器应安置在楼顶，以使它们尽可能地靠近功能区域，并减少所需的输送管和回路管所占的空间。附加的机械设备通常被安置在客房塔楼的楼顶处。

尾注:

①卡罗·沃尔夫说："装配好看起来就是新的"，《旅馆和饭店业》，1998 年 2 月，pp.34 ~ 36。

②美国司法部，保证新的饭店设施符合《美国残疾人法》要求的 5 个步骤 www.usdoj.gov/crt/ ada/fivestep.htm。

主要术语

中庭 (atrium)：房间位于走廊的一侧，而走廊环绕着多层的大厅空间的客房层结构。

隔室 (bay)：其空间相当于标准客房的面积。

双 – 双房间 (double-double room)：一个客房安放两张双人床。

双载式楼层 (double-loaded slab)：客房的结构是以在中心走廊的两端安置房间。

可行性分析 (feasibility study)：通常由顾问公司指导进行，对商务计划进行评估以判断其是否能满足目前和将来的需要。分析的焦点是评估在开业后的一段时间的商业收入和支出。

功能区域 (function space)：包括舞厅、会议和宴会厅、接待区和展览区、专门为适应会晤和各种合作及相关会谈用的房间。

车辆出入信道 (porte cochere)：一种为保护饭店的客人免受恶劣气候的影响而设计的门庭天棚，其往往是饭店的主入口处一个亮点。

鸟枪式套房 (shotgun suite)：套房的起居室面对中庭或在走廊外，洗澡间在隔室的中间，而卧室在其尾部。

初步设计 (schematic design)：在此阶段建筑师负责开发面积分配方案，然后加以细化，使其成为具可操作性的程序。

并肩式的套房 (side-by-side suite)：套房由两个小隔间组成，每个隔间有一个向外的窗户。

塔楼 (tower)：客房的楼层结构是以房间绕着一个垂直核心组成的。

复习题

1. 开发过程的主要步骤是什么？

2. 可行性分析报告一般包括什么内容？

3. 为什么对开发小组来说，建立建筑和工程标准非常重要?

4. 一般建筑师工作要经过哪三个设计过程?

5. 设计一个饭店之前，必须调查饭店周围哪些建筑特征?

6. 客房层设计中应考虑哪些因素?

7. 设计餐厅和休闲区的标准是什么?

8. 在饭店里功能区起什么主要的作用?

9. 如果可能，食物制作区域应该与哪些区域连接?

10. 后勤区域的设计标准是什么?

网址:

若想获得更多信息，可访问下列网址。网址变更恕不通知。若你所访问的网址不存在，可使用搜索引擎查找新网址。

1. 美国建筑研究院: www.aia.org

2. 美国残疾人法案关于障碍移除检查清单: www.adaptenv.org/publications/checklist-pdf.pdf

3. R.S.Means 公司（大量的出版物和其他信息）: www.rsmeans.com

4. 智能通信网络: 绿色建筑简介 :smartcommunities.ncat.org/buildings/gbintro.shtml

5. 美国司法部——美国残疾人法: www.usdojgov/crt/ada/adahoml.htm

第 13 章

概　要

开发概念

　可行性

　相关法规

项目规划小组

　规划与平面设计

功能区域的设计

　接货区域

　存储区域

　厨房

　餐厅

　员工区域

　办公室空间

评估已完成的蓝图

结论

学习目标

1. 描述餐饮服务设施开发过程的概念，并确定影响餐饮服务设施建造和运行的规则。

2. 解释项目规划小组的构成和餐饮服务设施布局。

3. 描述接货、存储和厨房区域的总体设计问题。

4. 了解餐厅、职工设施及办公室区域的总体设计。

13

餐饮服务和计划

　　安德鲁·米勒在中学和大学时曾经在餐厅打工，并且一直想开一家自己的餐厅。当他将这个想法说给老板时，老板问道："你是否确定了商业模式？是否有规划团队？是否了解食品设施的地方法规？是否认真研读了《蓝皮书》？""天啊！"安德鲁回答道，"在动手之前我还要先做这么多功课！"老板同意帮助安德鲁准备每个阶段的规划以确保他的餐厅构想能够成功实现。

　　成功的餐饮服务设计需要一支知识渊博的规划团队。业主或业主代表必须知道餐厅的目标以及包括餐厅布置在内的原则和规则。本章读者并不一定是餐饮设计顾问，因此本章的目的是为读者提供所需信息，使其今后能成为规划团队的成员——餐厅设计的专家。

开发概念

　　餐饮服务的开发通常是以概念或理念为先导的，它由投资者、公司或个人先提出。但是，在有些情况下业主需要根据饭店的位置和所服务的市场来决定餐厅的类型。在对餐厅的设想取得一致意见后，业主需要做出有关餐厅特点的决定，例如，设备的类型、菜单种类及餐厅地点。这些关键内容已在图 13-1 中列明。这些初始的决定将指导整个设计过程，所以应该仔细对待，并应得到大多数业主的同意。有人想做古典的餐厅，而另外的人却希望建高科技的、带有霓虹灯的工业化风格餐厅，如果这些商业合伙人不能做出一致的决定就什么都不能进行。理论上讲，餐厅能够生存许多年。但是，在今天，餐饮的开发商需要准备更频繁更换内装修以保持成功。

---

* 本章由宾夕法尼亚州立大学饭店管理学院副教授罗尼·U. 兰伯特博士（Carolyn U. Lambert）撰写。

例如，20 世纪 90 年代以"吃"为主题的餐厅现在正在寻找新的主题以吸引新的顾客。21 世纪餐厅的设计需要开创新的目标市场，老年顾客需要更放松的环境，年轻顾客希望创新的和有艺术气息的风味餐厅。许多餐饮的经营者发现餐厅的设计是吸引和保留顾客，并在当今市场保持竞争力的重要部分。

图 13-1　餐饮服务设施的初步决定内容

餐饮服务设施种类	内部环境
咖啡店	正式的
自助餐厅	非正式的
快餐	流行的
美味正餐	主题
菜单描述	**设计目的**
菜品的数量	翻台数
菜品的质量	平均消费
价格范围	安静的氛围
菜品的特色	嘈杂的氛围
设施的地点	**管理特色**
郊区	运行的天数和小时数
市区	座位数
乡村	
服务方式	**特色**
送菜到桌	宴会包房
柜台点菜	沙拉酒吧间
自助	提供含酒精饮料
外卖	

资料来源：摘自卡扎·瑞安的《餐饮服务设备规划》第 3 版，第 22 页。

有的业主希望承担做出所有初始决定的责任，而有的业主则希望更多地依靠建筑师或餐饮设备设计顾问。例如，有些业主与餐饮业内人士关系并非十分密切，或不可能把精力和时间过多地放在工程上。他们会雇用一个餐饮设计顾问来负责设计工作。他们会约见几个顾问，从中找出能理解他们业务目标和理念的人作为他们的顾问。在初步设计阶段没有绝对的程序。有时，餐厅的位置是第一因素，而在有些情况下服务的类型或菜谱则是首选。这些工作帮助业主或业主代表形成有关餐厅的详细和完整的业务模型，该模型包括市场调研、菜谱内容、餐厅特点、厨房设施等。

市场调研应该包括详细的潜在客户情况，如客人的职业、年龄、性别、居住位置、收入及生活方式等。对客户的调研是开展其他工作的基础。例如，如果预期的客人都是成年人，那么餐厅就会比预期客人是家庭成员的餐厅营业时间要长。这两组客源市场每日和每周的用餐高峰时间也有所不同。

菜单应该反映目标市场的需求和希望。菜单应能描述菜单中的每一款菜式的量、盘子的尺寸、烹饪手法以及菜单中的特别推荐。这一阶段开发过程很重要，因为大部分决定是在菜单规划期间做出的。例如，如果菜单中大多数菜式制作复杂，厨房就必须够大，以便有更多的设备和更大的操作空间。

详细的市场预测和独特菜单会有助于突出餐厅的运行特点。运行特点包括每年的营业时间、预想的销售额和预想的高峰期。餐厅的组织结构也必须确定，包括员工政策和雇用手续以及采购、接单、制作、上菜及现金的控制措施等。

应当首先确定菜单。咖啡店、美味的正餐厅或快餐厅因服务方式的不同而各自拥有独特风格的菜单，餐厅的特殊性自然决定了该用什么样的菜单。不同的餐饮服务设备的类型需要不同的布局。

可行性

要筹建一个餐厅，首先需要分析建立餐厅的可行性及其收益率。通常，收益率或可行性研究是由声誉良好的专业商务顾问负责。然而，在有些情况下，业主也可以自己动手。可行性研究应该考虑餐厅的特殊位置。每一个可行性研究应该是独一无二的，因为每个餐厅都有它与众不同的特点。应当收集项目所在社区的信息，包括主要产业、资产价值、人员密度、停车场、当地劳动力等情况。

如果在同一区域有类似的餐厅就要做竞争分析，通过餐饮同业竞争预估，业主将会考虑他们的餐饮理念是否应更大众化些。餐厅座椅的数量和预想的人均消费被用来预计每天客人的数量和总销售额。然后，这些数据将在计划收入中加以引用。顾问也将利用菜单和市场信息预计食品和饮料费用，决定劳动力成本、企业一般管理费用和其他运行费用。例如：对瓷器、玻璃器皿和制服的费用估计。最后，必须计算土地、建筑物、家具、固定物及设备等费用投入。如果餐厅有利润，那么顾问就会把计划收入与预计支出进行比较。如果项目的收入少于支出，业主需要重新评估他们的理念。业务模型的最终结果是为了吸引银行或投资者。用这些数字，业主监控设计人员以确保设计造价不会超过初始预算。如果餐厅是饭店的一部分，餐厅设计者的决定可能会影响到饭店设计者的决定。应加上一项约总造价 20% 的不可预见费以防止造价超支。

相关法规

进行可行性研究的同时，也应该研究管理建造和运行餐厅的政府法规。大量的当地、州及联邦法规影响着餐厅的设计，包括：

- 地方法规；
- 美国食品和药物管理局（2005 年食品法案）[①]和地方健康管理部门的规定；
- 1990 年《美国残疾人法》。

地方法规 地方法规是在特殊地理区域内，针对特定的商业及建筑物制定的规则。这些法规确保向市民提供公共健康和安全舒适的居住环境。一旦被行政当局批准，将由当地的官员、警官或行政司法官强制执行。地方法规包括后退规则（从街道到建筑物的距离）、停车规则（停车车位大小及车位数量）、便利原则（允许市政管线铺设预留）、高度（建筑物的最高限度）以及建筑标准（建筑物的设备质量和安全性）。在宾夕法尼亚的一个社区，要求建筑离人行道道牙的距离为 17 英尺（5 米），因此所有带有露台的餐厅每天晚上必须将桌椅移到室内。建造标准包括国际建筑法规、国际消防法规和国家消防协会（NFPA）的生命安全法规。

有些地区的法规具有兼容性。但这要经过城市官员的允许，关键是要看计划中的建筑物是否与周围的建筑物和环境融为一体。兼容部分允许保留当地的特色。例如，所有在弗吉尼亚州亚历山德里亚市的建筑物必须符合当地建筑风格。

每个社区都有它一套与众不同的法规，所以餐厅业主为获得批准，必须到该餐厅所在地政府进行登记。在不符合分区法规的情况下，市政分区官员在任何时候都有权决定停工，这样，餐厅建设将无法继续运行。当建造完成后，建筑监理必须巡回检查以决定该建筑是否满足分区法规中的要求。如果不按照地方法规去做，建筑餐厅的业主不会被允许开业。

美国食品和药物管理局与地方健康部门的规定 2005 年的食品法规是监督餐厅和其他餐饮服务运行中食品安全责任的参考文件。它不是联邦法律，而是由食品和医药管理局（FDA）、美国卫生部（HHS）的疾病防控中心（CDC）及美国农业部（USDA）的美国食品安全检查署（FSIS）提供的一整套法规。这些法规强制几千家食品服务机构执行统一的标准，而如果州及地方机构也推进这些法规的进一步落实的话，它的强制性会进一步提升。食品法规包括所有新饭馆规划评审过程所需的信息。食品法规还包括危险分析和关键控制点（HACCP）指导原则以帮助运营者和雇员生产安全食品。对 HACCP 条款的执行建立在自愿的基础上。经理应努力设计好食品服务以降低食品安全风险。

许多州要求新餐厅将准备好的蓝图和设备情况提交到适当的授权机构予以确认。这些资料中必须包括对餐厅建筑、自然环境、水的供应、设备类型、垃圾处理系统以及污水处理系统做出详细描述。1999 年颁布的食品法规系一个基础性文件，它规定了在计划检验过程中如何监管具体的餐饮项目，并确保餐厅取得的相关法规文件与州文件相一致。[②]虽然 1999 年的食品法规已经不能完全适应所有州，但它确实有助于餐厅策划人遵守公认的全国性食品安全标准。国家卫生基金会（NSF）控制着食品加工设备的安装，这是餐厅整体计划的一部分。为获得有关国家卫生基金会规则的最新信息，餐饮服务经理应该与他们州的健康部门保持接触。

《美国残疾人法》。1990 年的《美国残疾人法》[③]为美国的残疾人提供了人权保护。《美国残疾人法》声明，如果残疾人能够合理地使用工具、能完成工作并且不威胁其他员工的健康和安全，则不应该受到歧视、也不应该反对他们。什么是"合理地使用工具"？按照法律上的解释，可能的工具包括工作区域能使轮椅靠近并获得像盲人用点字法仪器或电话手持扩音器一类的设备。此法律不包括业主因向残疾人提供工作而导致其承受不适当的辛苦。

《美国残疾人法》第三款声明：所有由私人实体筹办的公众住宿必须提供无障碍设施。即使"不易完成"也要对现有的结构进行修改但同时不能给设施造成"不适当的损害"。当餐厅的管理者计划增加新设施或改进现存的设施时，需要知道这些规则。美国司法部的互联网站能够向经理们提供清单以便在可行性评估时使用。

项目规划小组

业主一旦确定了目标并完成了可行性研究后，就可以着手组织项目规划小组。餐厅项目规划小组的责任就是具体落实业主的开发思想。小组的组成将依赖于业主的意见、可利用的时间和可利用的资源。典型的小组包括业主代表（例如，餐饮服务经理）、建筑师、食品设备设计顾问、内部设计师以及工程预算人员，也可以包括照明顾问、声学工程师及环境工程师。

应该仔细选择每一位小组成员，因为一个示弱的或没有竞争力的成员可能会导致整个项目失败。例如，食品设备设计顾问必须能够与建筑师和设计师有效地联系，并在小组会议上为自己的思想辩护。如果顾问没有经验或没有准备，建筑师则可能坚持他自己的想法，并把餐厅设计成与原来设想不一样的样子。业主也应该要求所有小组成员具有在过去的项目中的良好信誉证据，通过评估每一个人在雇用前的工作能力而决定其在目前小组中的地位。

为避免浪费资源和误解，业主应该与项目规划小组一起讨论餐厅的概念和今后的商业目的。例如，如果业主的商业目的是运行一个有大量的菜单、人均消费较高以及平均 90 分钟的就餐时间的正式餐厅，那么室内设计师需要提供迎合高档次消费者的氛围，如：调整餐厅的颜色配置、家具的类型以及照明等，以便与餐厅的目的相匹配。

业主或其代表批准由工程设计团队提供的计划大纲。业主签署所有的法律文件并确保提供餐厅所需资金支持。业主之一或代表业主的餐饮服务经理可以担任小组负责人。然而如果业主（或餐饮服务经理）不具备有关建筑及建造方面渊博的知识，则业主可以委派建筑师或食品设备设计顾问为代表。如果项目是一个大型物业的一部分，那么建筑师有责任为餐厅进行配套设计。假如餐厅是个完整的单独项目，则食品设备设计顾问可以担任这个小组的领导角色。

建筑师有责任设计、支持与业主定义的餐厅概念相吻合的物质结构。建筑师可以协调内部设计师、平面设计师以及环境工程师的工作。

在规划阶段，小组成员间的频繁通信是正常的。餐厅物理结构方案在最后定下来之前将经历许多变化，所以当项目需要时，所有的小组成员必须提供他们的专业意见。建筑师或业主代表需要为完成建造方案和建造过程制定时间进程表。在设计问题上的优柔寡断不仅会导致餐厅推迟开业，还将与餐厅按时赢利产生冲击。

规划小组一旦确定了餐厅的概念，那么它的商业目的也就一清二楚了，此时项目规划小组应该按部就班地开始工作。

规划与平面设计

在可行性研究阶段，为了预计餐厅总建造成本和每年的销售额，要首先对餐厅总体空间做出初步评估。通过估算餐厅、厨房、存储空间和餐厅的其他部分所需的空间量而划分出各功能区域。精确划分出各功能区域所需空间及其应具备的条件不是件容易的事，因为必须对许多因素加以综合考虑。为便于初步的估算，图 13-2 提供了比较具体的数据。但规划小组应该知道这些内容只是"为了迅速翻阅"。它们应该只是当人们不考虑菜单内容、制作方法或服务高峰期时帮助人们进行粗略估计的一种简单方法。例如，拿图 13-2 中厨房与就餐座位的比例来说，如果餐厅为零点式服务，那么相对应的每个餐位需要的厨房面积为 5～7 平方英尺（0.5～0.7 平方米）。然而，如果餐厅使用准备好的主菜、冷藏的蔬菜及冷冻的餐后甜点，那么就需要有更大的厨房空间。餐厅要对不常使用的空间承担日常开支。

图 13-2 行业指南样本

区域	工作站点占总面积的百分比（包括对工作站点的走廊分派）			厨房区域需要		
	医院	餐厅	自助餐厅	服务类型	厨房平方英尺 每个就餐座位	总后勤区域 每个就餐区域座位
收货	3	3	3			
冷藏（架）	11	12	12	自助餐厅，商业	6～8	10～12
冷冻	5	7	6			
低温冷库	9	14	12			
肉类细加工	2	3	4			
蔬菜和沙拉加工	7	8	8	午餐，咖啡厅	4～6	8～10
热灶	12	14	14			
容器清洗	4	5	4			
面包店	5	6	5			
办公室	5	5	5	零点式服务	5～7	10～12
出品准备	11					
服务动线	11	12	14			
洗碗机	12	11	13			
餐盘运送车	3					

不同风格餐厅就餐人均平方英尺及翻台数			
服务类型		正餐厅每个座位平方英尺	每个座位每小时客人的翻台数
自助餐厅	商业	13～18	1 1/2～2 1/2
	工业	12～16	2～3
	学校	12～15	2～3
午餐和咖啡店	只提供柜台服务（包括柜台和服务走廊）	18～26	2～3 1/2
	柜台及送菜服务	15～17	2～3
侍员服务 餐厅	豪华	13～18†	1/2～1 1/4
	大众价格	11～15	1～2 1/2
团体餐	教堂	9～15	
	住宿		
	社交中心		
†对设计通常不满意。更多地依赖于房间大小和服务的奢侈程度。			

资料来源：罗伯特·A. 摩林 (Robert A. Modlin) 的《商业厨房》，第 7 版，第 104～111 页。

在餐厅，菜单是规划空间需求和设备布局的基础。应在概念阶段就开始设计菜单，而在布局工作开始之前肯定还要对菜单进行修改。例如，如果业主或业主的代表决定买成品餐后甜点，那么就不需要烘烤店了。但是如果决定提供现烤的面包，则需要烘烤店。在食品设备设计顾问开始考虑厨房布局和选择设备之前，应该仔细地掂量并最终决定菜单。

这时，对菜单进行分析（图13-3）很有必要。菜单分析包括餐厅菜单内容、它们的主要成分、制作所需要的设备以及所需食品的数量。当不知道详细菜单时，食品设备设计顾问可以提供多于需要的设备，以便有挑选的余地并避免安装不需要的装备。通过对菜单进行分析，顾问能够把相似的活动分派给餐厅的同一个部分或创造新的工作或功能区域，例如沙拉准备、甜点准备及主菜制作区域。这些功能区域确定之后，顾问就能够绘制关系圆圈图以显示它们之间的联系及餐厅的食品流通过程。图13-4圆圈图以图13-3中的菜单分析为基础。依据菜单分析就可以决

图13—3 菜单分析

菜单项/食物分量（体积或份）	近似量	原料	购买状态	储藏设备	前期设备	烹饪设备	加工特点	保温设备
清蒸虾（8）	每小时10份/高峰时间	虾	鲜	冷藏	—	计数蒸锅	随点随做	—
清蒸蛤（8）	每小时15份/高峰时间	蛤	鲜	冷藏	—	计数蒸锅	随点随做	—
鲜洋葱汤（6）	每晚40份	洋葱、牛肉汁、奶酪	鲜、罐装	冷藏、干货	蒸汽锅	蒸汽锅	一天一批	汤盆
奶油蟹肉（6）	每晚50份	奶油、蟹肉	鲜	冷藏	—	蒸汽锅	一天一批	汤盆
蟹肉面包（2～4）	每小时20份/高峰时间	蟹肉、面包屑	鲜、干货	冷藏、干货	食品切碎机	烧烤	随点随做	—
帝王蟹（16）	每小时25份/高峰时间	蟹	鲜	冷冻	—	组合炉	随点随做	—
傀儡尔马瓦鸡（6）	每30分钟10份	鸡胸、火腿、蟹肉	冷藏、罐装、鲜	冷藏	—	对流恒温烤箱	随点随做	加热灯
烤牛肉（8）	每晚20份	烤牛肉里脊片	鲜	冷藏	锅	烤器	随点随做	—
烤比目鱼（6）	每晚30份	比目鱼	鲜		—	烤器	随点随做	—
红烧牛肉（8）	每晚30份	牛肉块、洋葱、西红柿	鲜	冷藏	锅、腌泡汁、切片机	对流恒温烤箱	一次50份	保温台
烤土豆（1）	每晚30份	土豆	冷藏	干货	水池	对流恒温烤箱	一次50份	加热灯
炸薯条（5）	每小时30份/高峰时间	—		冷冻	水池、切片机	深油炸锅	随点随做	加热灯
油炸沙拉（6）	每晚280份	生菜、西红柿、胡萝卜	鲜	冷藏	—	—	一天一批	冰箱

图 13-4　圆圈图表样本

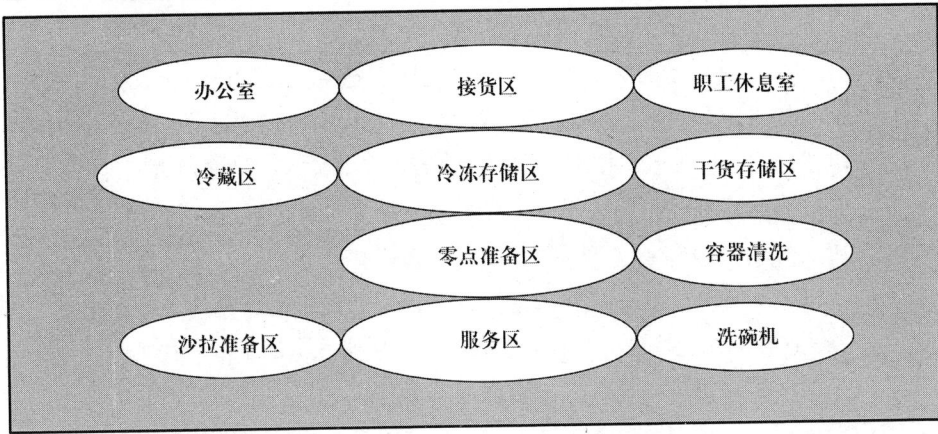

定菜单的类型。在这个餐厅里，不需要面包区域。关系图表也有助于理解 HACCP 流程图。按照 HACCP，必须确认危险控制点（能控制和消除食品制作中的潜在危险点）。例如，如果在与烹饪区不远的距离存在有潜在危险的食品，那么被烹饪的食品遭受污染的危险就会增加。[4]

　　当决定了所有的初始面积分派后，顾问应该首先考虑与菜单有关的所有因素，包括食品的市场因素（餐厅能从市场上得到的半成品的种类）；菜单内菜品的数量和种类；菜单中的特别推荐项（例如色彩鲜明的甜点、恺撒沙拉以及龙虾）；菜量；服务方式（坐式、自助式、咖啡厅式）；制作技术（一菜一炒或批量烹饪）；以及保温方法（需要保温台或加热灯）。这些因素中的每一点都会影响特殊厨房区域所需要的空间。例如，如果业主想要提供所有在晚餐上能吃到的鱼，他们将需要增加油煎锅的数量，油煎锅增加了，那么照菜单点菜的准备区域的空间就需要加大。如果业主要向客人提供有 100 项菜的菜单，那么存储区和准备区域的空间应该足够大才行。

　　如果业主决定建一个陈列或展览用厨房，这将极大地影响厨房布局。一个陈列厨房可以为特殊食品提供广告机会，例如新鲜的意大利面、活鱼或比萨。然而，大多数顾客不想听到洗盘子的声音或闻到油煎食品的气味。所以，食品设备设计顾问必须考虑以最适当的方式组织厨房内的制作活动。在完全开放式的厨房里，每个设备必须被整洁地安排好并维护好。职工也需要保持积极的交流并使噪声最小化。当需要时，要提醒职工比平时更细心地洗刷器具和手，因此就需要安装更多的水池。[5]

　　布局目的　任何餐饮服务最初的目的是保证资源的平滑流动，包括食品、员工和设备。理想的情况是这种资源的流动应该直线进行，它具有最小的交叉轨迹和后撤轨迹。交叉轨迹发生在两个交通流被锁定在十字的节点上，例如当餐饮服务必须与烹饪的路径交叉，或运送的食品必须与员工交通走廊交叉。后撤轨迹发生在职工被迫从已经拥堵的路径上撤回。例如，在沙拉准备区域没有提供电冰箱，那么职工必须通过通往电冰箱的通道去取沙拉配料，然后拿着准备好的沙拉沿通道返回准备区。

在有些情况下，理想的食品、员工和设备的流动必须与要达到的工作布局相折中。例如，在厨房里的洗碗机应避免与其他洗涤设备发生交叉轨迹，这需要大量的空间和投资。所以，即使有一些交叉轨迹，例如让职工运送脏碗、盘到洗碗区也是不错的选择。当做这样的布局决定时，食品设备设计顾问必须考虑资源的最大投资效率。在上述例子中，布满厨房各处的洗碗机的成本显然大大超过了员工走到洗碗机的成本。作为设计师，食品安全也需要考虑。例如，设计师应该严格禁止加工食品与垃圾共用一个通道。

除了资源的平滑流动外，有效使用设备、能耗、空间和发挥员工潜能，这些都与符合安全和卫生法规并确保优良的工作环境有关。在完成全部设计后，厨房顾问应给予设备足够的重视。在卫生区域，顾问应使工作区域便于清洁。在职工工作区域要摆放洗手盆供员工使用，避免使用难以清洗的货架。

牢记这些布局要达到的目的，可以帮助食品设备设计顾问规划特殊的功能区域。而菜单分析则能引导每一个功能区域的规划。

功能区域的设计

功能区域是餐厅的一部分。每一个功能区域应该设计成一个工作站或工作站组。工作站是为完成特殊任务而设计的。为满足餐厅的所有设计目的应该在每一个功能区域安排工作站。

下面的内容描述了每个功能区规划的特殊要求。餐厅功能区域包括接货区域、存储区域、厨房、餐厅、员工区域及办公室空间。

接货区域

接货区域是指定的交货和验货的场所。它是食品供应的第一个控制点。因为必须保证食品质量，所以接货区域是保证菜品质量的基础。工作人员必须仔细检查食品，并确认供应商没有提供不符合餐厅质量标准的产品，或在存储及货运过程中没有超出可以接受的温度范围。

接货区域一般设在餐厅以外，称为后卸货平台。而在餐厅内部的区域，有时被称为检查区域。

后卸货平台 卸货平台（也称为交货或接货码头）应该很容易地从餐厅的交货驾驶通道进入（图13-5）。此码头应该避开街道交通与餐厅的窗户。为此目的可以由景观美化或建一堵围绕着此区域的墙来实现。如有可能，管理人员应该能从后窗看见卸货平台，以便于管理和监督。理想情况下，后卸货平台应该用有遮蔽棚以保护食物及储备物资免受雨雪影响。通向后卸货平台的驾驶通道应该大得足以使卡车能倒退并转弯。卸货平台精确的尺寸依赖于交货的频率和货车大小。通常，卸货平台从前到后有10英尺（3.1米）长，以便有足够的空间卸载货物。卸货平台的尺寸同

图 13-5　增高的后卸货平台

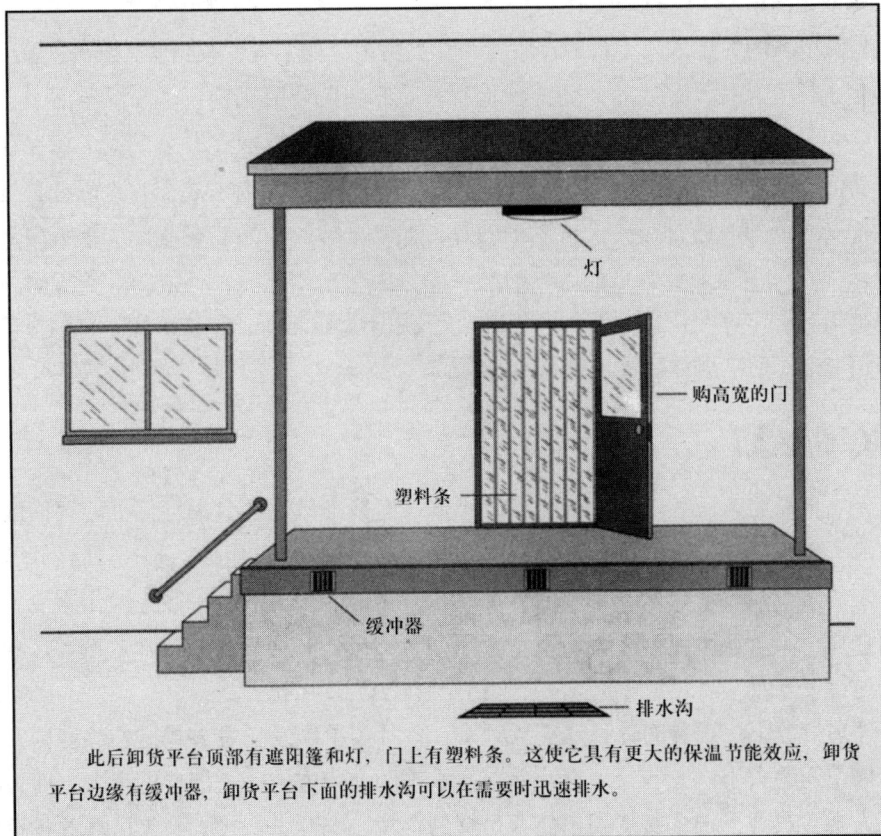

此后卸货平台顶部有遮阳篷和灯，门上有塑料条。这使它具有更大的保温节能效应，卸货平台边缘有缓冲器，卸货平台下面的排水沟可以在需要时迅速排水。

样依赖于餐厅的大小和要处理交货的数量。在同一时间有一辆以上的卡车到达并卸货是很正常的，卸货平台可以做得长些，以便在同一时间处理两辆或更多卡车的停放和卸货。每辆卡车 10 ~ 15 英尺（3.1 ~ 4.6 米）宽，尺寸取决于卡车停放的角度。大门至少应该 4 英尺（1.2 米）宽。

当需要提高交货的方便性的时候，后卸货平台应该增加高度，这样司机就能很容易地直接把卡车上的箱子卸放到后卸货平台上。卸货设备包括手推车（用于运送小量存货箱的两轮车）和用于运送 10 ~ 20 个箱子的平台手拖车，以及对于较小物品用的小推车。对于使用标准箱运送货物的餐厅来说，滚筒运输系统将有助于更快地把箱子运送到存储间。

检查区域　该区域用于检查食品，它应该位于餐厅内后区，靠近货运通道。此位置应该有助于确保运送的货品真正得到检查。此外，当商户们提供的物品能被检查，他们就不会提供低质量的货品了。此区域应该提供良好的照明以便对物品查核清楚。地板应该光滑以便于手推车工作。

检查区域的大小取决于食品接收量和食品类型。如果餐厅收到各种新鲜产品，要打开箱子检查并称产品重量。为方便储存而重新包装产品则需要适当的空间。正常的内容包括检查、称重以及重新包装食品。有些物品可以放在办公室里，如保存订购物品记录及接货单。如果办公室太小，那么这些记录可以保存在餐厅经理办公室。

秤是必需的，而且需要一种以上的秤。如果采购的物品装在非标准纸箱内，需要台式秤。对于像肉这类食品，秤的刻度单位要与之相适应。其他的设备包括用于压扁纸箱的工作台、用于打开箱子的工具以及用于运输箱子的手推车和平台手拖车。理想情况下，通常用计算机记录收到的物品。

存储区域

一旦食品验收完毕，它就被送到既干燥又有冷冻效果的食品存储处。存储区域应该位于接货区和厨房之间。通常，它们应该更靠近厨房，因为从厨房到存储区域的往返次数超过了从接货区到存储区的往返数量。绝大多数食品服务操作需要单独房间存储干货，而有的餐厅也会把干货储存室安排在厨房后面的敞开区域。这种安排使通行更方便，但会容易在货品存储清单管理上出现问题。

理想情况下，正餐的数量、交货频率、各种菜单以及交货方式这些综合因素决定存储空间的大小。有些经理喜欢保留高水平的交货方式——即要即交式。而另外一些人则喜欢到下一个交货期前储存足够的存货。实际上，投入到该区域的投资大小将影响到存储区空间的大小。当空间的每平方英尺费用增加时，业主通常要减少该区域的面积。因为存储区不产生收入，其尺寸可以减小。如果交货的频率增加，则这种减小是完全可以接受的。在美国的一些城市，餐厅为减小存储空间和投资每天可以接受两次交货。

许多参考书已经用特定的公式计算出需要的存储空间。然而，这些只是相关的数据，并且未考虑特殊设备。如果餐饮设施经理需要估算存储的空间，但还没有完成菜谱分析，那么 2000 年的食品估算规划导则中的一个公式则可帮助估算所需空间面积。[6]这个公式要求项目经理或顾问确定每道菜的体积，以此计算存储面积。而北美食品设备制造协会根据经验建议每道菜可以按照 0.5 立方英尺的体积估算。这同样可以用菜单中有代表性的菜来估算尺寸。例如，如果这道菜只有三明治和炸马铃薯条，那么面包和夹馅的干货存储的体积就是大约 6 英寸 ×6 英寸 ×2 英寸，那就是 72 立方英寸（1152 毫升）。所需干货食品的公式如下：

$$\frac{这道菜的体积 \times 菜的运送次数}{平均使用高度 \times 食品占地面积}$$

这里，

每道菜体积为 0.025 ~ 0.5 立方英尺（0.0007 ~ 0.014 立方米）；

平均使用高度 =4 ~ 7 英尺（1.2 ~ 2.1 米）；

食品占地面积 =0.3 ~ 0.6 立方英尺（0.03 ~ 0.06 立方米）；

如果餐厅每天提供 200 道菜，一周进一次货，那么需 1400 个菜的空间。假定储藏间的高度为 5 英尺（1.5 米），使用一半的房间储存，储藏室的面积可以计算为

$$\frac{0.4 \times 1400}{0.5 \times 0.5} = 22.4 \text{ 平方英尺（2.08 平方米）}$$

对于冷藏食品的存储计算方式，同样可以从 2000 年食品估算规划导则[7]中找到。

食品存储设计因素 干货的存储空间需要足够通风，以减小异味并防止在墙壁以及设备表面产生结露。所有的表面应该容易清洗。通常，地面应铺混凝土或瓷砖；而墙面通常用的是石材或石膏并涂有可以水洗的末道漆。房间的温度应该为 50°F ~ 70°F(10℃ ~ 21℃)之间。房间内不应有未经过保温处理的蒸汽和水管、冰箱压缩机或其他产生热的物体。不应该有窗户，除非当地法规规定。如果需要窗户，应该设防护网以防盗窃。为满足 2005 年食品法规的规定，在上述干存储区及冷冻区的地板上，光强度必须至少为每 30 英寸 10 英尺烛光。为获得光的最佳分布，灯应该安置在每个通道的中央。

步入式冷库和冷冻柜通常被用于长时间储存配料和产品以及短期储存半成品。步入式冷库既可以是定制的，也可以是现场拼装的。制作步入式冰库的板材主要是氨基甲酸乙酯绝缘嵌板。可用的表面材料包括不锈钢、镀锌钢以及铝。附上嵌板形成墙壁、天花板以及地面（有的人宁愿用大理石作为地面）。如果需要移动或改变这些以前制作的能进人的冷库，则可以拆除它。定制的、步入式冷库通常有上釉的瓷砖墙、大理石地面以及铝或带有聚苯乙烯泡沫塑料的不锈钢的天花板。步入式冷库里的照明水平应该至少为 15 英尺烛光。

货架材料包括防腐蚀的金属，例如镀锌的或镀铬的钢，或聚合体合成物材料。用这些材料制成的货架成本比不锈钢的要低，抗腐蚀，而且被美国国家基金会证明食品可以接触其表面。可选择的标准架包括轨迹架、悬臂架以及垂直架。这些储货系统可以增加存储区域的存储能力。由于安全的因素，架子的高度不应超过 6 英尺（1.8 米）。为符合大多数卫生法规的要求，架子的低层要至少高于装修后的地面 6 英寸（0.15 米）。

步入式冷库和冷冻柜的压缩机和冷凝器可以放在比较远的地方，形成独立的设施。这样布置的目的是减少系统噪声和热度对厨房的影响。设施独立的冷藏系统可以隐藏在步入式冷库上部的嵌板的后面。在这种情况下，步入式冷库需要足够的通风空间以减少热的形成。

非食品存储设计因素　酒精饮料应该被存储于封闭的区域内。如有大宗进货，应安装闭路电视以增加安全性。同时需要足够大的存储区域以有机的形式保存这些饮料。

存储不当可能导致酒精饮料变质，当规划饮料存储区域时必须考虑温度和湿度。不需要巴氏法灭菌的啤酒储存温度介于 36°F ~ 38°F（2℃ ~ 3℃）。通常，红葡萄酒应该在 55°F(13℃) 左右储存；白葡萄酒和发泡葡萄酒的储存温度应该为 50°F（10℃）之间。[8]葡萄酒存储区域的湿度对于酒的质量可能是至关重要的。当湿度较低时，软木塞会变干并使空气进入瓶子从而损害葡萄酒品质。葡萄酒应该被存放于葡萄酒窖或可以控制湿度的房间里。瓶装的葡萄酒和啤酒应该储存于黑暗区域，因为照明会引起酒质变坏。

纸及清洁供应品的存储空间依赖于数量、品种以及递送的频率。使用吸管、纸或塑料杯、纸巾以及塑料器皿的餐厅需要预计每天客人的数量以及期望的存储持续时期以决定所需的储存空间。

清洁用品必须与食品分隔储存，以避免食品受到污染。清洁用品存储区域必须较大，以便能容纳清洁剂的箱子以及 55 加仑（208 升）的鼓形圆筒。管理人员应该决定每天需要的清洁用品量以及交货的频率。

厨房

厨房应该位于长期存储区域和餐厅之间（图 13-6）。餐饮设施顾问应意识到厨房的工作环境应当使员工感到舒适。

图 13-6 厨房布局样本

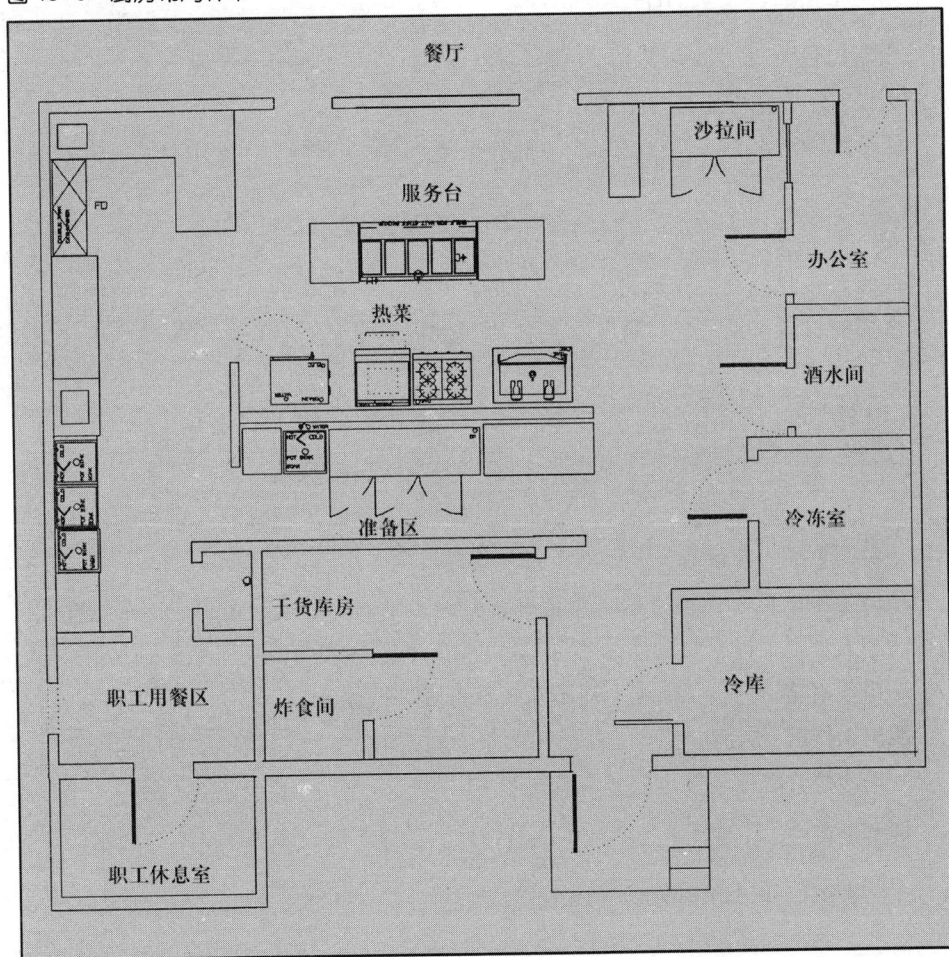

周围环境 应该在工作地点确定的同时明确厨房的使用环境和工作条件。员工需要舒适的工作环境以便发挥最好的工作效能。这需要将温度、湿度、照明类型和水平、噪声水平、通道宽度及设备的设计等因素都考虑在内。由于房间温度影响工作效率，为了保持舒适的环境必须做出努力。在美国一些地区，在类似环境下工作需要为员工提供空调。对于食品服务顾问来说，此替代解决方法是在适当的区域放置电扇。

照明也影响员工的工作效率。照明的类型应该由计划者详细说明并应该依据要完成的特殊任务而定。直接照明可能在发光的表面（如不锈钢）引起炫光而使员工发困疲倦。2005 年食品法案推荐在员工执行食品粗加工，如砍、切或搅拌的地方，其工作面有至少 50 英尺烛光的照明水平。

厨房表面的颜色对照明水平也有贡献。照明颜色表面反射光，所以当天花板和墙被刷成白色时厨房也会更亮。一般情况下，白色及灰白色易于满足卫生标准。顾问应该跟业主商量确定选择颜色。

厨房的噪声水平一般是很高的，部分是因为 2005 年食品法案中对厨房墙面的规定所致。所有食品配制间的墙面必须是无孔的、无毒的且能抗潮湿及微生物污染。为满足这些需要，最佳面材就是不锈钢。地板必须防滑、抗油且无孔。首选的材料是铺地砖及密封混凝土。墙必须是无孔的、抗油的、抗热的且能经受清洁刷洗的，可以选择的材料包括瓷砖、环氧树脂漆刷黑的混凝土及有适当防火等级的干式墙。天花板必须是抗油的且是可清洗的，这限制了某些材质如铁壳或塑料涂覆的纤维板以及层压塑料板的使用。由于这些表面都是坚硬的，所以会产生声音反射。

食品设施设计顾问应该为降低厨房噪声等级做出特殊的努力。可能的技术包括把冰箱压缩机安排在较远的位置，把洗碗机放在隔离区，规定吸音材料要铺设在不锈钢柜台的下面，在带有计数器的设备下面要用橡皮垫。

厨房走廊的宽度应该依据工作走廊或交通走廊而定。交通走廊应该依据在此区域期望的人数和手推车而设计。走廊的宽度应该考虑 1990 年《美国残疾人法》的要求，如果雇用使用轮椅的员工，则不得不对较窄走廊进行改造。

厨房工作区　厨房的特殊工作区因菜单不同而不同。大多数餐厅有前期准备区、冷食（或沙拉）准备区及热食准备区（图 13-7）。

前期准备区　如果生菜、西红柿及其他产品是以生的、未加工状态买回来的，那

图 13-7　快餐工作站的菜单项和准备过程

菜单
咸肉、火腿、薄烤饼、烤面包
准备过程

（续）

A. 咸肉

1. 从冷藏柜里取出生咸肉，计算好需要的量，再把其余部分放回冷藏柜。

2. 把咸肉放在预热的烤肉盘上，将其摊平烹饪。

3. 用平勺转动咸肉。

4. 把盘子从手推车上拿下，在两片面包上撒上调料，并把烤盘移动到做好的咸肉上。

5. 做好后放在架子上，以便拿走。

6. 刮掉咸肉上多余的油脂，把其放到烤架上。

B. 火腿

1. 把预先切好的火腿从冷藏柜里取出，放在烤盘上。

2. 把平勺从柜子或烤盘处拿出，转动火腿。

3. 把平勺放回到柜子或烤架处。

4. 把盘子从架子上拿下来，并准备烤面包。

5. 把做好的火腿放在有平勺的盘子上。

6. 把做好的菜放在架子上，以便拿走。

7. 把平勺放回柜子里或架子处。

C. 鸡蛋

1. 用烹饪油刷烤盘。

2. 把鸡蛋从冷藏柜里拿出。

3. 把蛋壳打碎，摊在烤盘上。

4. 把蛋烹饪成像太阳一样的样子。

5. 把做好的蛋用平勺盛到菜盘上。

D. 薄烤饼

1. 把放有薄烤饼奶油面糊的罐从冷藏柜里拿出。

2. 在烤盘上放入适当的烤薄饼奶油面糊。

3. 把罐放回冷藏柜。

4. 用平勺转动薄烤饼。

5. 从手推车上拿出盘子，准备加调料。

6. 在盘子上放置垫菜。

E. 烤面包

1. 从靠近烤面包机的架子上拿出面包片。

2. 把面包片放入面包机。

3. 烤好后，涂上黄油。

么就需要前期准备。在此区域的特殊活动可包括清洗并修剪生菜、把西红柿切片，把洋葱切丝等。典型的设备包括两个分开的洗涤槽、工作台、切片机、垂直切割机／搅拌器及食品加工器。应尽量使用能减少员工操作步骤的设备。能用手推车把蔬菜和水果从存储处运送到准备区就不要通过纯人工进行。

冷食品准备区域　为制作沙拉、开胃菜以及三明治，应设计冷食准备区域或生食加工室。在较大的餐厅以及有宴会服务功能的餐厅，这些工作可以在用餐前预先准备好并存储起来。工作台及冷藏室是冷食准备区域的主要设备。如果蔬菜没有前期处理的话，则必须准备两个单间，并安装切片机和食品处理器。如果菜单里有冷开胃菜和主菜的话，那么就需要较大的冷食准备区域。如果沙拉酱要现场制作，则需要食品加工机或搅拌器。

热食品准备区域　热食品准备或烹饪区是厨师准备，烹调正菜，熬制汤、浓汁及烹饪蔬菜的区域。热食品准备区工作站可以包括烤器、油炸锅、煎饼用浅锅、汤和浓汁锅、蒸汽及热灶等设备。用时短、加热快的设备——烤炉、油炸锅、煎饼用浅锅、汤锅通常位于前面或"热"线，靠近支持和服务区。有的厨师可能更喜欢用盆来盛放员工已经准备好的半成品，而其他员工在厨师准备并烹饪菜品时站在后面起到帮手的作用。熬汤、浓汁及制作面包需要大量的准备工作且不需要靠近服务线。为增加这些工作站点的灵活性，一些设备可以是插接式的，当不需要时可以移走。

这个厨房的特征是面对面式布置，烹饪流线由大的桌子分开，移动设备和不锈钢墙板有利于清洁（资料来源：Courtesy of Hammer Design Associates,Inc.，宾夕法尼亚）。

此区域的设计应达到便于管理者或厨师观察员工工作活动的目的。

烤炉：烤炉可用来准备牛排、肉片以及猪排。此区域应该定位于"热线"上，因为烤是一种较快的烹饪方法。如果需要，汽烤炉或电烤炉应该架空，离开地面。此区域的温度在烤炉工作期间会升高。所以烤炉区域通常被放在热食品准备区域设备的末端。

油煎区域：较深及宽的油煎锅是大部分餐厅的标准厨具。它们通常用于准备法式油炸食品以及油炸鱼、鸡和蔬菜等。油炸区域应该有冰箱或冷藏柜，用于存储未烹饪的产品、给欲烹饪的食材留出空间并为烹饪好的产品提供加热灯保温。油炸锅的数量和大小依据油炸菜品的数量及需要满足的服务人数而定。当热油锅放在此线终端时，可以用不锈钢隔离板挡住飞溅的油花。

浅锅：浅锅用于烹饪像鸡蛋、三明治以及薄烤饼这样的菜肴。用于储藏原料及调味品的冰箱抽屉或在柜台下面的冰箱应该被分派给这个工作站。这个区域也需要加热灯或热抽屉以便给做好的产品保温。

汤和浓汁：此工作区域因汤及浓汁需用量的不同而各异。此位置的设备可以包括组合厨具、汽套箱以及可倾斜的炖锅。需要调制汤及浓汁的灶头旁边应该为柜台、配料以及器具预留足够的空间。如果可能，水源应该在附近以方便往汤里加水并洗净汽套箱。这些汽套箱应该在较低处放置，或有隔台，以避免液体溢出流到地面上。准备好的汤或浓汁可以放在顶架上或盆里。

汽蒸锅：用于烹饪蔬菜、鱼、意大利面食以及米饭。根据菜单上提供的菜品，既需要高压锅也需要无压力蒸锅。

炒锅：餐厅提供许多炒菜，需要相互分离的灶台。因为炒菜需要快速地烹饪，所以服务灶台的位置需要设计得合理有效。所需的主要设备是敞开顶式。对于非烹饪区域、调味品、炒菜用的平锅以及做完的成品需要在此区域放置。

面包房：如果餐厅业主决定提供丰富的酥皮糕点和甜食类，那么项目规划小组需要为烤面食设计制作区域。如果没有可用的空间，那么烤面食的制作必须按照时间表安排在热食准备区域，以便能共同使用设备。烤面食的制作区域应具备搅拌、压面、卷面、烹饪、冷却以及装饰等功能。设备包括搅拌机、烤炉、生面团分配器/造型器、卷面设备以及冷藏柜。面案及用于存储配料及厨具的空间在这些区域的任何地方安置都可以。由于厨房设计对于餐厅成功十分重要，所以下面我们将更详细地介绍厨房工作站的设计。

设计厨房工作站 计划厨房工作站（或任何工作站）的第一个阶段是要确定任务。图 13-8 列出了可以在快餐工作站见到的菜单和准备过程。接下来，食品设备设计顾问要决定由谁来做这项工作，因为职工的技术水平会影响类似工作站的布局。准备过程包括确认工作站所需的设备、工具和存储区域。以图 13-7 的准备过程为例，计划者应该为工作站准备华夫饼烘焙机、烤架、抽屉式加热器、面包炉、微波炉、冷藏柜及餐盘柜（餐盘柜是用于存放盘子的一种设备）。需要的工具包括平勺、勺子、餐刀以及奶油刀。工具和备料需要存储空间。图13-9为此类工作站的可能布局。但对于承担更大工作量的场所则需要有别于此的其他布局方式。

图 13-8　工作站布局样板

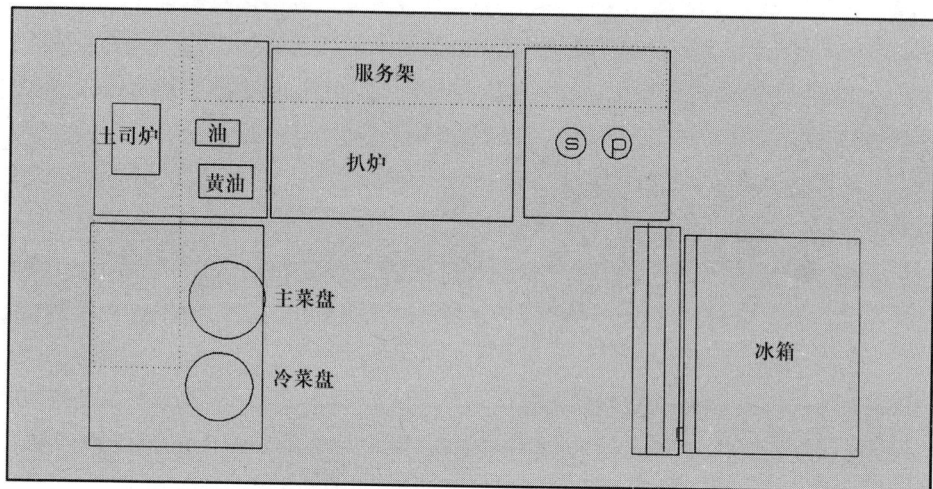

图 13-9　设备直线布置

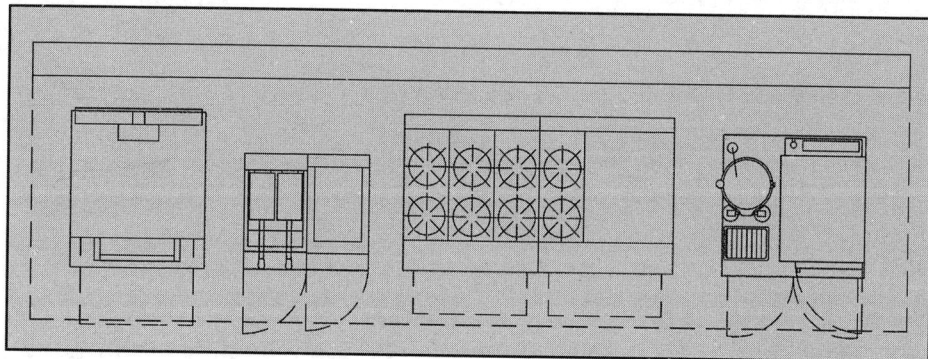

　　选择设备：不应该仓促地选择用于工作站的餐饮服务设备。应该首先深入研究每一种设备以确认它是最适合餐饮服务操作的。食品设备设计顾问应该拥有对不同设备的渊博知识，以便他们能为餐厅推荐最适合的设备。如果业主们雇用了餐饮服务经理作为代表，他或她也应该是一个在设备选择方面有专长的人，并能调整食品设备设计顾问提交的方案。

　　有许多关于餐饮服务设备方面的信息，包括设备及供应商、销售代理、地区供应商、制造厂以及食品设备设计顾问。设备及供应商备有所有类型及品牌的设备，供应商一般提供运送、安装及服务演示。有些供应商提供设计服务。独立生产商的销售代理经常为顾问、经销商及供应商提供关于设备性能方面的培训。这些代理人为此而获得佣金或设备价格的提成。他们不提供产品的竞争底价。地区供应商是较大范围的负责人，他们提供货品及设备。这些供应商的负责能力已经超出了传统的设备经销商，所以他们在市场中的地位已被改变。制作厂家可以直接雇用销售小组。虽然这是一笔固定的费用，但制作厂家可以使用专职的、全天候服务人员。餐饮服务顾问是具备餐饮服务设计和设备专业技术、由餐饮服务管理人员或业主雇用的独立承包人。

应该仔细选择设备，因为并不是所有设备的商标都同样值钱。例如，又深又宽的油炸锅会因为所用的肉量、所需能源类型、清洗难易程度以及操作地点的不同而变化。设备选择标准包括：

- 专业需求和功能；
- 灵活性；
- 训练需求；
- 安全及卫生；
- 操作方式（手工或自动）；
- 制作方法及材料；
- 服务需求；
- 维护需求；
- 能源需求；
- 容量；
- 费用。

食品设备设计顾问应该确定餐厅需要的设备功能及设备使用期的稳定性。应该考虑选择能灵活地从事各种作业的设备。购买既能作为浅锅又能作为炖锅的设备比只买浅锅或炖锅更划算。

应该确认操作设备所需要的培训。例如，职工操作烤箱与蒸锅，需要比使用微波炉接受更多的训练。

设备应该有适当的安全性。应该仔细考虑职工的技能能否使用热表面或暴露出刀刃的设备。不具备技能的职工使用此类设备不如有经验的职工。此外，应该尽量使用不需要培训的设备。可能员工会使劲关上微波炉或冰箱的门，所以要配置能承受重载的合页。

应该选择合适地点放置设备，以便职工不必过分地弯腰或伸手。虽然为节省地面空间，卸货平台上的烤箱可以被堆成 3 个烤箱的高度，汽锅也能被堆成 4 个汽锅的高度，但这可能使职工感觉很热。比平均身高矮的职工不能把平锅放到隔架的顶部，而高个子职工在隔架的底部弯腰检查产品也会很不舒服。

应该明确设备的制造材料和方法，以确信它们能否经受所期望的使用频率。如果设备被频繁地使用，那么它应该是不锈钢的而不是铝的。不能忽略设备维护问题以及售后服务的有效性。如果职工无法从事日常的维修，则表明设备过于复杂。如果制作厂家的服务人员在 1 小时后才能赶到，则服务就显得过慢。

应该确认设备对能源的需要。是使用燃气还是使用电可以根据厨师的选择而定。食品设备设计顾问或餐饮服务经理将做出最后的决定并应知道这两种可用的能源在费用上的不同。

应该检查设备的容量以确保能满足餐厅需求。管理人员应该知道在设备目录中规定的设备容量并不总是实际的容量。例如，30 加仑（114 升）的汽套箱实际上只能用到总容量的 66%～75%，因为 30 加仑的容量是在罐填满的基础上测出的。制作厂家关于烤箱容量的数据也可能建立在满负荷而不是实际操作负荷的基础上。食品设备设计顾问应该确定所做的食品是做整整一炉还是频繁地一点一点加工。当餐厅每星期制作一批 50 加仑（189 升）的汤时，需要大锅，而每天制作的汤为 8 加仑（30 升）用小锅就可以了。

成本是重要的标准，但它不应该是主要的。应该记住设备的成本不仅包括购买价格，还包括安装价格、维修费用以及服务成本。有些情况，业主会选用不太贵的设备以降低初期投资或者是准备几年内将餐厅卖掉。

设备配置：在每个厨房的工作区域内（预先准备、冷食品、热食品以及面包店），设备布局通常以 5 种选一种的配置布置：直线形、L 形、U 形、背对背并行或面对面并行。特殊布局将取决于特殊的厨房结构，因为每一种布局都有它固有的优点和缺点。

直线形布局（图 13-9）适合于供应有限数量菜单的小型餐厅。所有设备排成一条线，它只允许一个职工同时监视所有的设备。如果有一个职工有处理不了的工作，那么此线应该被分成多个工作站。这种布局很容易沿着墙安置。在工作线上特殊布局取决于菜单的内容或所烹制食品的特性。

L 形布局（图 13-10）适合于空间受限制的情况。这种布局可缩短两端设备的距离。这可用在不同的厨房，如蒸汽水壶及其服务区域。

U形设备的布局（图13-11）是最适合需要隔离以完成特殊任务时使用，例如箱烘焙或洗碗。根据设备配置，此区域对监督来说可能有一定困难。所以此安排适合不需要近处监督的厨房。在许多旧厨房，不同准备区域被安排在U形配置的一个个单独的凹室里。这使得监督过程变得复杂，因为经理必须走过较长的距离才能观察到职工的工作表现。

当厨房的空间足够大，能够满足直线布局或厨房顾问希望分开不同类型的设备时，平行、背对背或孤岛型的布局（图13-12）是合适的。在操作中，菜单要求配置微波炉、蒸汽水壶、烤盘、炸锅等。微波炉和水壶可以放置在一侧，而短时使用的设备将靠近服务线。背对背平行配置适合在厨房可用的线性空间不够的情况下使用。平行、背对背的安排

图13-10 设备L形布局

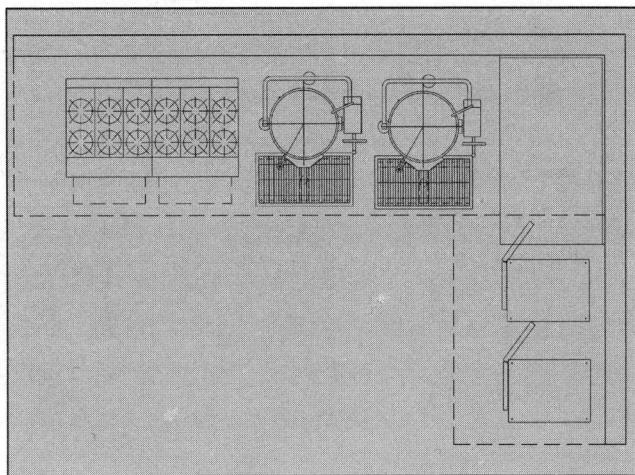

图13-11 设备U形布置

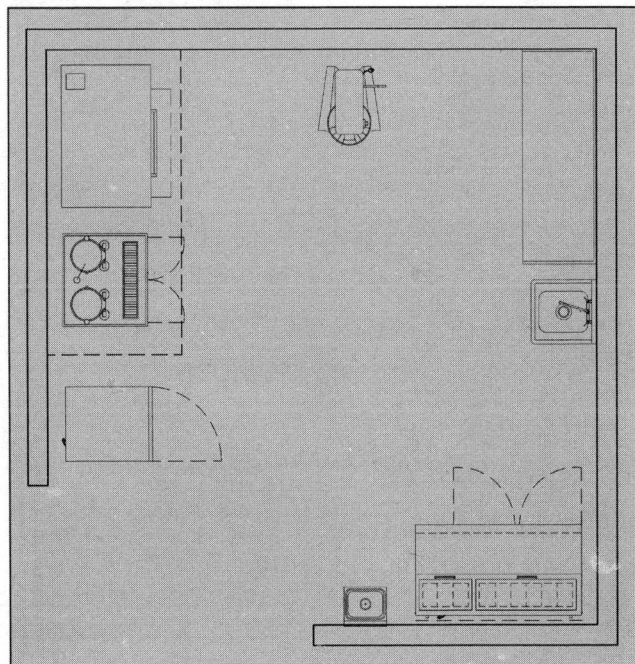

需要加装通风柜，它的设备费用很低。此外，所有能源接口可以安排在设备之间。如果设备之间是半高墙，则这些区域内的通信是畅通的。而如果是一面到顶的墙，将阻碍通信并使监督更加困难。

面对面平行配置(图
13-13) 通常适用于大型
设备。这种安排使监督
更容易，因为从一个地
方就能看得见所有员工。
此配置的缺点是需要两
个通风柜。服务线和相
应的设备将与主烹调设
备垂直布置。

其他厨房区域 在
厨房内需要设计的其他
区域包括支持和服务区
域、餐具室、洗器皿区
域以及洗罐区域。

支持和服务区域:
此区域应该位于厨房的
食品制作区域和餐厅之
间（图13-7）。在接下
来的制作中,食品必须
维持至服务到桌时为止。
支持和服务区域是临时
拼凑成的。热菜被放在
备餐桌子上或放在热灯
下，直到服务人员把它
们取走。储备桌能放炒
菜锅、蔬菜和切好的肉;
热灯对三明治、炸薯条
以及比萨等食品最适用。

图 13-12 背靠对平行布置

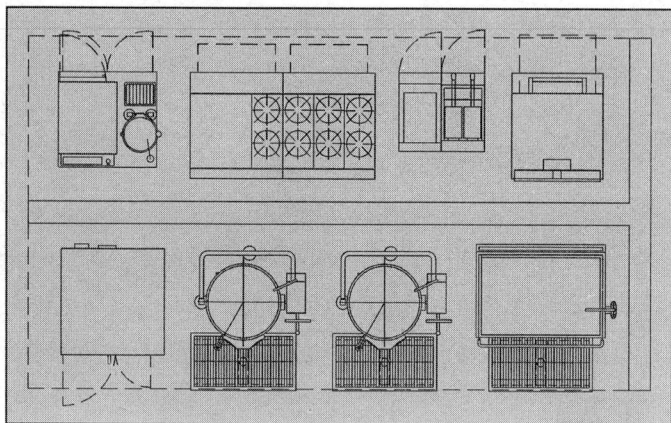

图 13-13 面对面平行设备布置

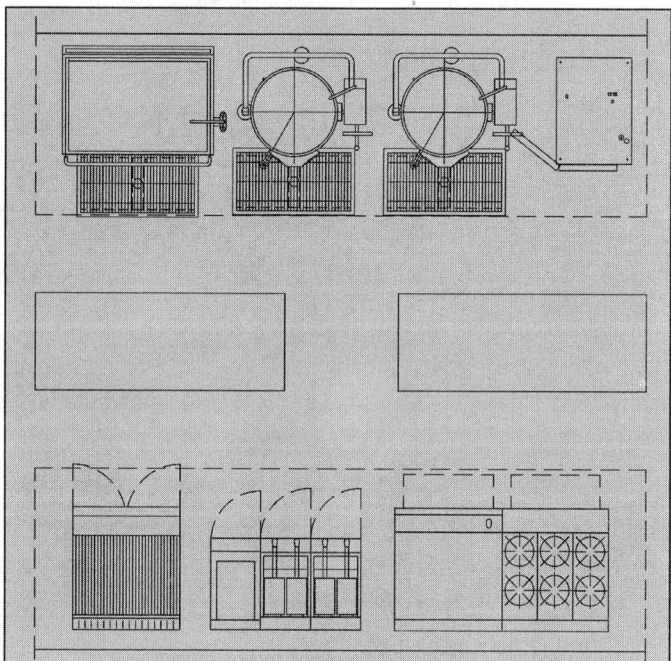

备餐桌（也称为蒸汽桌）为标准尺寸，可以容纳 1 ~ 8 个 12 英寸 × 20 英寸（30 厘米 ×51 厘米）的平锅。除了备餐桌外，此区域还包括盘子存放柜、冷藏箱、 热毛巾柜、热汤炉以及微波炉。

在许多餐厅,服务吧台位于靠近支持和服务区域。服务吧台布局依赖于许多变数,包括餐厅的面积、提供饮料的品种、服务系统以及所希望的安全水平。

冷食服务区可邻近备餐间,这个区域放置甜品、冰激凌、沙拉和饮料。如果把服务台安排在餐厅内,冷食食品也可以放在餐厅里。

餐具室:冷食品储备区域或餐具室可以靠近支持和服务区域。餐具室保存甜食、冰淇淋、沙拉以及饮料。在小餐厅,餐具室可以用于准备沙拉和甜食。而在有较大设备的情况下,餐具室通常是与沙拉准备区域分开的。当服务站定位成餐具室,有些冷食储备设备会放在这里。

洗器皿:洗器皿区域的活动包括从盘子里移走扁平的餐具、食品以及非食品;把杯子和玻璃杯分类;擦抹、分类堆好;把餐具放到洗碗机里;从洗碗机里取出洗好的器皿并分类。

在理想的情况下,洗器皿区域应靠近餐具室。这是因为服务人员清洗完脏盘子后,要进入厨房拿取做好的菜。它可避免餐厅服务员直接进入食品制作区域。

洗器皿区域的主要设备是洗碗机。洗碗机可以是1个槽的门式或是3个槽的组合式。食品设备设计顾问决定需要洗的盘子的数量以及怎样才能洗得快。每一类洗碗机的循环时间是不同的。较大的洗碗机可以在较短的时间里处理更多的盘子;然而它们需要更大的空间和更高的投资。大型机器可以减少职工工作时间。当使用热水设备时,要配置足够的排风来抽干热空气以降低室内表面的凝结水。

洗罐:洗罐区域可以位于靠近洗器皿区域或接近热食品制作区域;在热食品制作区域的职工使用罐最多。2005年的食品法规规定,需要为手工洗罐准备3个清洗盆。第一个用于浸泡,第二个用于去污,第三个用于清洁。如果使用18英寸×26英寸(46厘米×66厘米)的盘子,那么第一个清洗盒应该至少有20英寸×30英寸(51厘米×76厘米),以便使盘子能被完全浸泡。第二个和第三个清洗盆可以是24英寸×24英寸(61厘米×61厘米)。淋水板应该至少为3英尺(0.92米)长,且在与水盆连接时每英尺要向水盆方向下倾斜1/8英寸(1/3厘米)。

依照所用的水壶和茶杯的数量,机械水壶清洗设备也开始普遍使用。这些机械类似于洗碗机,只是配置了更大的电机以增加水流的速度。设备的容积大小取决于所选的水壶的大小,有的低于柜台,有的与柜台等高。

餐厅

餐厅应该靠近支持和服务区域,以保持食品的温度。当餐厅与支持及服务区域有一定距离时，可以用保温车或活动式餐桌为食品保温，冷藏推车能保持冷食品的品质。

餐厅的座位数、餐桌数量和大小应该基于对餐厅预期的市场份额来决定。例如，如果可行性分析指出餐厅应该为 500 位顾客提供用餐服务，经理将决定桌子翻台数以及需要的 2 人用桌（桌子被设计成供两人用餐使用的）、4 人桌、6 人桌的数量。并不是所有的餐桌都设计成只能容纳偶数的顾客，100% 客满很少见。为增加灵活性，建议使用能容纳更多人用餐的桌子。桌子和椅子的尺寸和类型、桌子的排列方式以及服务站对具体面积的需要也会对餐厅面积大小产生影响。应该仔细考虑餐厅的家具，因为椅子和桌子的式样会影响客人的停留时间。如果是自由扶手或有高靠背椅，客人会愿意停留更长的时间。在有品位的餐厅里，餐椅一般带扶手和靠垫。桌子的宽度会影响交谈的时间和声音的大小；较宽的桌子使客人谈得少或谈话的声音变大。很遗憾的是，大部分涉及对客人所面对的自然环境的研究都由私人公司进行，而研究结果往往也是差强人意。

选对角线而不选择直线的安排会增加每平方英尺座位的数量。背对背的形式也可以增加每平方英尺椅子的数量。根据 2003 年生命安全法规要求，对于非固定座位的餐厅，要按照每 15 平方英尺（1.4 平方米）一个座位的标准安排分配面积。[⑨]这个要求是基于火灾情况下保证客人的疏散通道能足够宽。餐厅的设计会影响服务效果，所以不应该完全脱离开建筑师或内部设计师。食品设备设施顾问与餐饮服务经理应该加入设计决定工作中去，因为他们做出的决定将影响餐厅的整体运行。

服务站　服务站是位于餐厅内的较小的工作站。当服务人员以更快的频率服务时，服务站的位置和设计可以节省跑到厨房里的路程。可以在服务站储备的物品有面包、咖啡、茶、软饮料、杯子和茶碟、玻璃杯、牛奶、冰激凌、银器、饼干、餐巾纸以及调味品。

员工区域

雇员是餐厅最有价值的资产。需要配置相关的设备以保持雇员的士气，确保身体健康和工作安全。应为员工设置单独的出入口，以使员工能够不穿过厨房和餐厅直接到达更衣室。当雇员通过后勤区进入餐厅时，会给他们提供偷窃机会。

供员工用的设施包括更衣室、休息室和茶歇室。提供更衣室将减少个人物品的数量。如果要求雇员着制服，就要有更衣空间，这样就不会有员工身着制服到公众场所了。

单独的员工休息室有利于员工保持良好的卫生习惯。如果员工和客人共享休息室，那他们的效率会下降。设置员工茶歇室可以避免员工在餐厅和后厨用餐。经理也可以在需要时找员工谈话。茶歇室的面积取决于员工的数量和员工休息时间的长短。根据 1990 年的《美国残疾人法》地方法规的规定，需要检查餐厅厕所的数量和设计是否符合要求。

办公室空间

餐厅经理、经理助理、厨师以及秘书等人员需要办公室。办公室为经理执行招聘、惩罚以及解雇职工，完成财政报告，与销售人员谈话等工作提供场所。所需要的办公室的数量将依据餐厅的复杂性而定。如果经理负责计划宴会或备办食物，那么可以设两个办公室。办公室应该足够大，以容纳桌子、计算机、档案柜及满足供访客或洽谈者交谈的座位数量要求。

如果只有一个办公室，那么售货员、客人或厨房员工应该很容易地从这个办公室进入餐厅或职工厨房。小餐厅空间有限，所以办公室可以位于靠近餐厅的位置。这样的安排能使管理人员观察到接货区域和存储区域职工的活动，可以限制客人的不当进入。

办公室应该至少为 60 平方英尺（5.6 平方米），以容纳足够的书桌、文件柜、计算机，并要为员工或客人准备 1 ~ 2 把椅子。尤其是如果管理人员和销售人员与客人在此会面时，办公室应该以职业化的形象出现。当管理人员不得不使用存储区域或用餐厅的一角作为办公室区域时，它反映出的是较差的管理形象和整体安排上的不足。

评估已完成的蓝图

当完成了餐厅的所有布局后，业主、设计顾问和餐饮服务管理人员应该清楚这个布局是否已满足了预期目标的要求。食品设施设计顾问将准备一套称为蓝图的图纸，它包括规划图、正视图以及餐厅的局部图。规划图是对餐厅的总体说明，例如所有的设备安装时离地面的高度大约为 3 英尺（0.92 米）。正视图是从与墙面垂直的角度或适于餐厅的设备垂直的角度描绘的图。例如，设备的高度和设备间的距离以及架子和抽屉的放置（图 13-14）。局部图是设备、柜台区域或桌子的剖面图。

图 13-14　图例

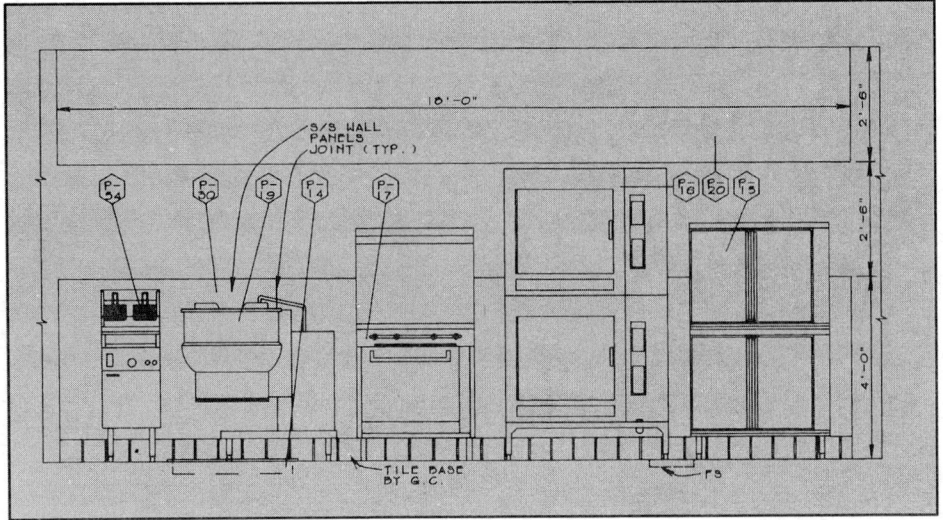

资料来源：Hammar Design Associates,Inc., 匹兹堡，宾夕法尼亚。

　　因为餐厅设计得较早，餐厅布局的主要目的就是建立一个平滑的人员流动和物资流图，它具有流程跟踪及横向互动的效应。根据此图，餐饮服务管理人员和业主就能够对从服务接单开始到结账送客等一系列服务流程进行评估。从接货区到餐厅食品是否是直接流动？在职工和食品之间是否有太多的交叉路径？员工、空间、效用以及设备是否被有效利用？厨房的走廊是太窄还是太宽？在需要的地方有煤气和电气表吗？菜式设计正确吗？设备的容量足够吗？设备的工作高度适合职工吗？

　　从规划和评估中，可以看出业主对安全和卫生的关注程度。除此之外，还要问这样一些问题：摆放的设备从下面容易清洁吗？它有轮子吗？设备是一个挨着另一个吗？设备之间有没有房间相隔？设备的安全控制是否足以避免火灾？有为油炸食品准备的专门装载卸载区域吗，有垃圾箱和洗手水池的位置吗，柜台下面的架子清洗是否容易？例如，如果底面的隔板只高于做好的地面6英寸（15厘米），且30英寸（76厘米）深，那么职工就有可能忽视清洁此架，因为他们在整个过程中很难回过头来。

　　正如此部分所展示的，许多评估标准依赖于已知的距离和尺寸。员工从仓库走到厨房的距离、通道宽度及设备周围的空间。所有这些需要通过设计图了解并读懂。为读懂印刷好的设计图，管理者需要懂得怎样解释设计图的比例。我们鼓励业主或经理友善对待员工，给他们以培训，帮助他们读懂建筑方面的比例并学会如何测量距离。

结论

餐厅设计不是能够迅速完成的简单工作。需要许多专家的参与且需要所有人必须都向这个共同目标努力。有许多需要做出的决定且每个决定都要仔细地加以斟酌。需要仔细地计划菜单以适应经营目标和市场特色的需要，因为它是厨房物理布局的基础。在临近设计团队同意建造的最后时期，许多设计规划图已经准备完毕。最后的选择可能不是最佳的，但就达到初始商务目标而言，它应该得到设计高分。尽职的管理者在整个设计过程中必须主动地代表工作人员表达观点以确保工作效率。当管理者婉言拒绝参与设计事宜时，顾问和其他团队成员就要挺身而出并做出决定。令人惋惜的是，这样的管理者会在餐厅开业后的每一天里都承受不佳后果之苦。

尾注:

①美国健康与人服务部的公共健康服务与食品及药品管理 2005 年食品法规。网络在线：www.foodsafety.gov/～dms/foodcode.html。

②美国食品及药品管理及食品保护会议 2000 年食品建设计划回顾指导。网络在线：http://vm.cfsan.fda.gov/～dms/prev-toc.html。

③司法部 1990 年《美国残疾人法》。网络在线：www.usj.gov/crt/ada/adhom1.htm。

④美国食品和药品管理下的管理食品安全：HACCP 零售食品操作者规则指导。网络在线：http://vm.cfsan.fda.gov/～dms/hret-1.html。

⑤《看透厨房》，1998 年 12 月的 Contractmagazine.com。

⑥ 2000 年食品建立计划回顾指导第 III 卷，第 7 部分。网络在线：http://vm.cfsan.fda.gov/～dms/prev-307.html。

⑦ 2000 年食品建立计划回顾指导第 III 卷，第 2 部分。网络在线：http://vm.cfsan.fda.gov/～dms/prev-302.html。

⑧兰德·H.科茨切瓦尔和马力·坦可编著的《管理酒吧和饮料操作》，美国密歇根州的兰辛：美国饭店业协会，1991 年) pp.144,238-239。

⑨容·柯特的《生命安全法规手册》第 9 版，（国家防火协会,2003 年）。

主要术语

向后的轨迹 (back-tracking)：职工因原来的路径已堵塞而不得不折回。

交叉轨迹 (cross-tracking)：两个不得不交叉路径的交通流。

附属建筑物（easement）：分区术语，指所有权方面的公用事业管线的留量。

正面图 (elevation)：餐厅里的任何墙或设备的垂直视图，它表示了设备高度、设备间的距离以及货架和储柜的位置。

计划视图 (plan view)：餐厅或其他建筑的水平切面（在图纸或蓝图上），它显示出设备的位置。

局部 (section)：垂直切面（在图纸或蓝图上），它显示了一台设备、柜台区域或桌子的一个侧面图。

服务站 (service station)：位于餐厅的小型工作岛。

反馈 (setback)：涉及建筑与街道的距离的分区制术语。

工作站 (work station)：为特殊任务而设置的空间。

分区制法规 (zoning codes)：在特殊的地理区域内针对商业及建筑类型的当地法规。

复习题

1. 菜单是怎样影响餐厅布局的？

2. 影响餐厅设计的法规有哪些？

3. 谁是计划项目小组的典型成员？

4. 典型布局的目标是什么？

5. 对于食品以及非食品储存的设计因素是什么？

6. 当设计厨房工作站时，要牢记哪些因素？

7. 哪些标准有助于指导设备的选择？

8. 什么是典型的设备配置？

9. 设计餐厅时要注意什么问题？

10. 包括在蓝图里的图纸类型是什么？

网址：

　　若想获得更多信息，可访问下列网址。网址变更恕不通知。若你所访问的网址不存在，可使用搜索引擎查找新网址。

1. 美国建筑协会：www.aiaonline.com
2. 国际餐饮服务顾问社：www.usdoj.gov
3. 国家防火协会：www.nfpa.org
4. USDA 食品安全和检查服务：WWW.fsis.usda.gov/index.htm
5. 美国司法部：www.fcsi.org

第 14 章

第 14 章　概述

饭店的更新改造

　　更新改造的原因

　　饭店的生命周期

　　更新改造的类型

制订更新改造计划

　　计划阶段

更新改造计划的实施

　　设计阶段

　　施工阶段

更新改造之后

学习目标

1. 列出饭店更新改造的典型原因，总结饭店的生命周期，描述更新改造的类型。

2. 描述更新改造计划是怎样制订的。

3. 说明怎样执行更新改造计划，包括设计阶段和建造阶段。

4. 描述在更新改造项目完成之后必须强调的问题（如果不是在之前）。

14

更新改造和投资方案

20 世纪 70 年代初期，因维护预算紧张一度使纽约城市广场饭店的设施状况下降到了可怕的状态。天花板上有裂缝、墙纸剥落、龙头漏水、热水供应短缺。

饭店员工的士气随着设施的衰败而低落。客人们发现他们闷闷不乐地、无法骄傲地为他们的饭店迎候客人。许多正式员工都放弃了此地转而效力于皮埃尔饭店或伍道夫大饭店。饭店开始赔钱了。

威斯汀买下这个饭店后，开始了大规模的更新改造，对部分楼层进行了时尚升级。在 1975 年到 1988 年年初的这段时间里，威斯汀花费了 1 亿美元对每一个房间安排了重修，对最微小的细节都非常在意。为展现原始的铜件，让人从窗户框架上剥下了 16 层涂料。与人们预料的一样，员工的心情也同步开始好转。[①]

住店设施的更新改造是一项庞大的工作。估计美国每年用于更新改造的费用超过了 70 亿美元。[②]事实上，每个饭店每年都有更新改造计划。根据典型的更新改造周期，每年大约有 85 万间客房要进行改造。由于行业的竞争性质，有必要通过对饭店进行更新改造，保持和提高饭店的营业额，使之处于良好的财政状况。

行业里有许多用来描述更新改造资金来源的术语，包括"储备金"、"资金支出"、"Cap-X"、"资产重置费"及"家具设备储备金"。实际上，在行业内部，由于会计和统计规则的不同，在有关更新改造支出的分类上是有争论的。在本章中，我们把更新改造归类为使物业在多年期内受益的工作从而与其他支出区别开来。这不仅包括简单的更新破损的家具、固定设施和设备，还包括主要建筑物系统诸如水暖系统、屋顶的改造；重新布置一个区域或内部空间；为满足政府新出台的规则而进行的改造，为满足新的市场要求而进行的变动、为使物业在科技竞争中保持领先地位而进行的提升等。[③]

---

* 本章由纽约伊萨卡市康奈尔大学饭店管理学院副教授简·德鲁斯博士撰写。

在本章，我们将论述饭店应该进行更新改造的理由，讨论饭店的生命周期。我们也将论证各种不同类型的更新改造以及更新改造过程中的计划、设计以及施工阶段。本章中有一部分是关于更新改造后的工作的。虽然本章是针对饭店讨论的，但大部分内容也适用于餐厅。

饭店的更新改造

一般来说，更新改造是饭店物业更新换代的过程，通常为了满足变化的市场需求而更替那些由于频繁使用而导致损坏或更改空间设置。更新改造使饭店外观显得有活力，使内部空间有新鲜感；更新改造使工程系统更新和更加现代化，从而营造安全、舒适和方便的内部环境；它也使管理人员能够改变提供给公众的服务和设施的搭配及类型。

有几种趋势已经出现有10年的时间了，它们影响着更新改造的方式：

第一，一个明显的趋势是建造更小的住宿类物业并把它们安置在靠近有单独需要的地方。这样的结果是在特定市场中物业数量增加的速度快于市场房间数量增加的速度。这使顾客有更多的选择并使独立的物业满足特殊的需求，而这些特殊的需求原来是由传统的全服务型饭店提供的。

第二，在决定选择哪一家饭店时，饭店业的增加部分给了顾客更多的选择。

例如，许多市场都有几个传统的不同质量等级的全服务型饭店、经济型和有限服务型饭店、提供住宿的旅馆以及全套房饭店——它们都在同一市场中提供服务。另外，还有经济型饭店，有限服务型饭店和公寓式饭店，每种类型的饭店都在寻求各自的市场定位。

第三，客人对生活服务设施、技术服务设施和室内服务设施的期望值都有巨大的改变。今天的客人所具有的期望值和5年前的期望值很不一样。

这些因素结合起来，为饭店提供了更有竞争性的环境。现存的饭店必须更新改造，否则就会因为设施或功能方面陈旧而成为不受欢迎的物业。饭店可以在15～20年内不需要进行改造，或不再进行系统升级与内部重新装饰。但技术上的、功能上的以及式样上的陈旧迫使大部分饭店的管理人员在新物业开业5年内就开始更换设备，而在12～15年的周期内会发生更大的改变。

更新改造的原因

饭店更新改造的原因有许多。其中最常见的是：

- 设备到了使用年限；
- 建筑物组成部分的使用年限到了而必须更换，例如，如果楼顶不能在适当的时间里更换，饭店就得冒中断营业的巨大风险，因为营业区域的严重漏水会迫使这些区域关闭修理；
- 设施中的陈设装修已经破损；
- 内部设计因已经过时而失去了吸引力，这会直接导致收入下降；
- 由饭店提供混合设施的市场已经改变，而只有通过更新改造和重新布置新的设施来满足客人变化的需求，从而抓住新的机会，例如把内部餐厅改造成公共饮食区或会议场所，或添加零售区域；
- 如果现在和以前的业主不投入必要的资金保持饭店完全现代化状态，那么设施状况必定会逐步开始恶化，作为直接的结果，营业量下降到了资不抵债的地步，在这种情况下，必须做出决定，是继续维持并对物业进行更新改造还是把饭店卖掉；
- 获取和改造一个现有的饭店是一个机会，这样做在位置选择、时间花费和总体费用方面都远远好于建造一个新饭店；
- 必须引入新技术来满足客人的需求；
- 有设施问题和环境问题的物业必须要进行处理，例如，饭店有必要通过更新改造来满足客人对自然环境的要求，有必要解决室内空气质量问题。

更新改造策略必然会涉及改变物业的使用年限。在早期，保持原始设计是重要的。在后期，为满足客人变化的要求和期望而进行大范围的变动则变得尤为重要。加速改变初始设计的过程具有吸引力，但是极少有设施能在保证投资回报的基础上得到重大改造。

大多数住店设施的业主为了获取投资回报都想把资金花费在更新改造上面。业主的问题是，怎样做才在财政方面最有意义——是应该把钱投入饭店（对它进行更新改造）并持有它，还是应该卖掉它？面对此类问题，大部分业主需要对每一个重大更新改造项目进行详细的财务分析。这种变化已经缓慢地发生了，为计划中的更新改造项目做财务分析对于大部分更新改造项目来说已经毫无例外地成为一个标准选项。业主的资产管理人员的主要责任是：确保更新改造项目真正为物业增值；并帮助物业管理人员为更新改造计划制定策略方向。

除此之外，物业中的某些人必须对创建和保持长期的更新改造计划负起责任。这样的计划需要时间上的连续性。为了保证与物业的经营计划相匹配，要实现这样的经营计划的物业项目必须首先保持自身条件能够承担起重任，更新改造计划会成为储存项目经济数据的宝库。做出决定的责任掌握在业主财产经理和业主物业经理手里，他们依据品牌标准来策划短期和长期资产战略。

饭店的生命周期

所有的商业经营都有可确认的生命周期，饭店也不例外。在许多情况下，周期是由下面一些特定的环节组成的：

建造饭店以满足社区不断增长的需求，并成为常年占有市场的手段，饭店的所有者和经营者希望以比其他竞争对手更高的速度占有市场。在精力充沛的第一阶段，物业会成为当地社会和商业界所喜爱的场所。看到了饭店的成功，其他的饭店经营者带着同等的或更为出众的产品进入市场，特别是进入人口及商业活动快速增长的社区。

第二阶段，当新的竞争者进入市场并"偷"走了现有物业的市场份额时，饭店每天的平均占有率下降。如果业主的资产和管理不能投资于饭店的更新改造，就会加速这个下降的过程。

第三阶段，市场发生变化，要求提供不同于以往的最新服务。如果饭店是连锁店中的一个，那么在此阶段中许多特权会失去或产生变化。在此期间，很显然，收入不能支持物业所需的利润。饭店的衰落有两个可能的结果：处置饭店（例如卖掉它）或在饭店的主要区域做出改变，这意味着重新配置或修复。在这一点上，重要的因素是：在改造设施方面的投资是否会带来比卖掉这个饭店以及在别处重新投资得到的利润更多。

这个占优势、衰落、复原以及再利用的过程已在图 14-1 中阐明。更新改造工作应该有利于扩展饭店在第一阶段的表现，同时把后续时期的衰退降到最小。饭店在其生命早期阶段进行的更新改造能保持和扩展其在第一阶段的良好状态。在第二阶段的一体化更新改造可以使饭店适应市场力量的变化。第三阶段的更新改造把重大的变化加入建筑物中，力求在市场中重新定位，并对过时的支持系统进行升级（例如机械系统、生命安全系统或技术系统）。

图 14-1 饭店的生命周期

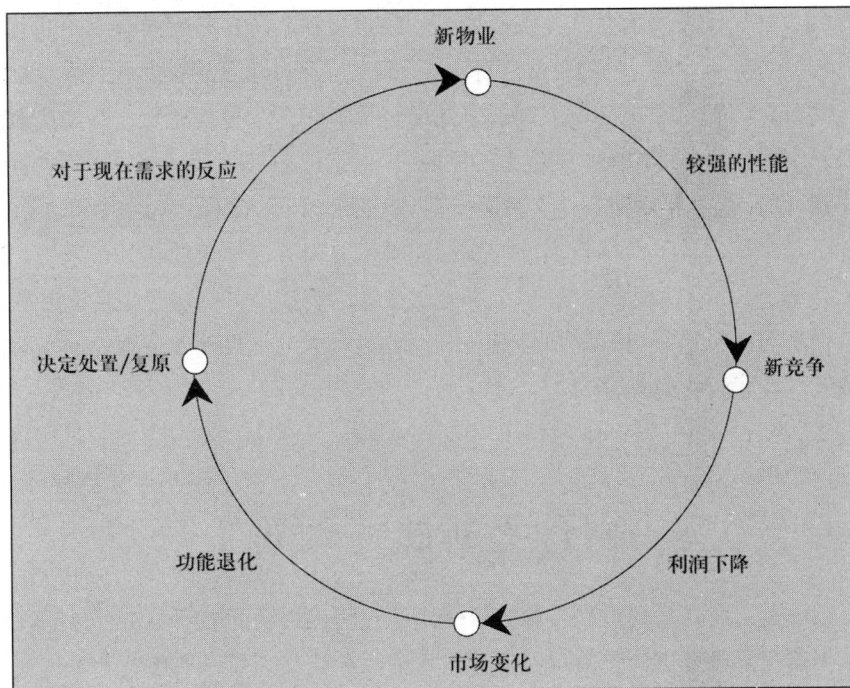

更新改造的类型

通常更新改造依据所进行的工作范围分为 4 类：特殊项目改造、较小的改造、重大的改造以及重建。

特殊项目改造　特殊项目改造的范围是指在不改变饭店内部设计的基础上以任何可靠的方法来完成特殊系统的升级工作。同样地，特殊项目一般都与工程技术系统相关。例如电子锁系统的安装、高速互联网访问设备的安装以及火灾喷淋系统的更新等。

较小的改造（6 年周期）　较小的改造范围是在不改变饭店空间使用或自然布局的情况下，替换或更新不耐用的家具和装饰。例如，会议室较小的改造包括更换地毯和壁纸，重新油漆门和门框，以及其他较小规模的工作。客房的较小改造包括更换地毯、壁纸、帷帐和棉被；小范围的粉刷以及油饰家具。

重大的改造（12～15 年周期）　重大改造的范围是在一个区域内替换或更新所有家具和装饰，包括对于空间用途和布局的大规模的修改。例如，餐厅的重大改造可以包括改变概念、改变入口位置、更换所有桌椅、更换所有地板、墙面以及天花，改变机械、电气以及照明系统并装设最新的收银管理系统。客房的重大改造包括小改造所包括的全部工作，外加更换所有家具、卧具、照明和工艺品。在许多情况下，浴室也要升级，它可以包括用大理石或花岗岩替换瓷砖，更换梳妆台和盥洗台，以及更换卫生洁具和洗浴设施并安装新的照明。

重建（25～50年周期）　重建是指完全拆除一个区域的内部装置，更换在科技和功能上已经陈旧的系统，按当前的设施需求恢复尚可以使用的家具和系统。例如全面更换厨房和洗衣房设备；铲掉全部客房地面，重新安排客房类型搭配并更换浴室；更换所有的机械、电气以及管道系统；重建舞厅，包括石膏装饰件、水晶树枝形装饰灯以及装饰性木制品。

制订更新改造计划

更新改造工作的计划过程被称为资金预算过程。传统的更新改造项目的计划过程是从编制预算开始的，预算以物业总收入的百分比来表示。从历史上看，这个百分比被设定在3%，但是在过去的20年间已经上升到了4%。这并不意味着物业实际收入的3%或4%就是对所有投资项目的合适的投资数额，它只是被看作一个基准度。现在这些百分数被认为是低于实际经验值的。由国际饭店咨询协会（ISHC）进行的两项重要研究已经证明了几个无可争议的事实：

- 一个物业的资金需求在很长的时间范围内是变化的，所以它只能以收入的百分比进行计算；
- 资金需求在一定的年限中趋向"集中"，并且随着物业年龄的增长而有明显的增长；
- 不同类型的物业所花费的资金有很大不同。[④]

在回答例如"支出应该（即资金的支出或用于更新改造的支出）是以总收入的百分比或以每可用房间为基础进行测算的吗"这一问题时，《资本支出2000》报告陈述如下：

尽管以总收入的百分比来估计将来的资本支出略显简单化，但我们认为这是能够在我们的行业内持续使用的最可靠的办法。这并不减少根据物业年限、市场位置、实际条件、维护历史以及资金费用、专业设计和工程检查对一个特定饭店进行具体分析的需求。⑤

此报告说明，这个百分比应该应用在同类物业中，并提供了对应全服务型饭店、有限服务型饭店以及全套房饭店的数据。图 14-2 提供了《资本支出 2000》报告中的总结性数据；而图 14-3 至图 14-5 列出了报告中的一些详细数据。

一位业内研究者认为，资本支出储备应为总收入的 7% ~ 11% 。⑥这位研究者指出，更换家具、固定设施和设备所需要的资金占总收入的 4% ~ 5%，物业的建筑结构和其他"永久"性部分需要 1% ~ 3%，技术系统需要 2% ~ 5%。虽然他的数字超过了在国际饭店咨询协会研究中记录的经验数字，但他的论点仍不失为一家之言。

饭店业已经愈加认识到：预测资金费用的最正确的方法是在一个很长的时间范围内，例如 20 ~ 30 年，建立一个区域到区域的更新改造需求时间表。这样的一个日程表是建立在每个空间里各种部件的期望寿命以及寿命到期时的更换费用的基础上的。通过这种方法，管理层就可以获得物业长期资金需求的精确图表。预算编制不仅反映了建筑物的实际需求，管理人员也对对应阶段内建筑物的需求有了非常全面的理解。保护和提升物业价值是资产管理人员的职责，而从事设备生命周期费用研究始终被认为是这些人员职责中的一部分。⑦

图 14-2　1988 ~ 1998 年的资金支出

	总收入的百分比	每年每间可用房间美元数
所有的饭店	5.6%	$1502
全功能服务型饭店	6.1%	$2219
有限服务型饭店	5.5%	$1111
全套间饭店	4.9%	$1402

资料来源：S. 麦仑、K. 奈仑和 R. 帕斯托瑞诺，CapEx 2000：美国饭店业资金费用研究（弗吉尼亚州，亚历山德里亚市：国际饭店咨询协会，2000 年）。

图 14-3　资金支出的组成

组成	全服务型饭店	有限服务型饭店
房间及走廊	33%	29%
食物及饮料	11%	10%
其他公共区域	16%	13%
建筑	14%	24%
技术	8%	8%
残疾人设施/生命安全	3%	5%
其他	15%	11%

资料来源：S. 麦仑、K. 奈仑，美国饭店业的资金研究（弗吉尼亚州，亚历山德里亚市：国际饭店咨询协会，2000 年）。

图 14-4　特定区域饭店的资金支出

特定区域	全服			组成			组成		
	平均年限	支出百分比	支出/房间	平均年限	支出百分比	支出/房间	平均年限	支出百分比	支出/房间
所有物业	20.5	6.1%	$2219	12.0	5.2%	$1,111	10.1	4.9%	$1402
机场	17.5	6.7%	$2693	9.8	5.4%	$1,268	9.5	9.2%	$3091
市区	23.6	6.6%	$2527	15.2	4.3%	$820	12.1	6.2%	$1807
度假地	17.7	6.0%	$2475	无	无	无	无	无	无
公路/小城市	24.7	4.9%	$1365	9.2	5.1%	$773	11.1	4.4%	$1087
郊区	15.6	5.4%	$1826	10.5	5.7%	$1,172	8.4	4.2%	$1188

资料来源：S. 麦仑、K. 奈仑和 R. 帕斯托瑞诺，美国饭店业资金费用研究（弗吉尼亚州，亚历山德里亚市：国际饭店咨询协会，2000 年）。

图 14-5　按饭店年限统计的资金费用

特殊区域	全服		组成		组成	
	支出百分比	支出/房间	支出百分比	支出/房间	支出百分比	支出/房间
所有物业	6.1%	$2219	5.5%	$1111	4.9%	$1402
1983 年前（>15 年）	6.4%	$2009	6.5%	$1372	6.1%	$1677
1983~1993 年（5~15 年）	6.5%	$3335	4.8%	$897	5.3%	$1662
1993 年以后（<5 年）	0.9%	$479	3.0%	$547	1.6%	$421

资料来源：S. 麦仑、K. 奈仑和 R. 帕斯托瑞诺，美国饭店业资金费用研究（弗吉尼亚州，亚历山德里亚市：国际饭店咨询协会，2000 年）。

请注意，设施生命周期费用研究不需要用建筑组成的自然生命作为更换周期的基础。当然，在许多情况下，它们也不应该这样做。作为例子，人们普遍认为鸡尾酒休闲区的经济生命比它的自然生命要短。以 3 年周期更换家具和装饰、6 年周期更换设备的做法是为了维持物业的收入。有些物品到期必须更换，其他物品则是用坏了才更换。

对设备生命周期费用经过全面慎重的研究后，管理人员了解到，更新改造所需费用占项目营业第一个 10 年总收入的 4%，第二个 10 年的 5.5%，第三个 10 年的 6.5%。这样的研究为管理人员提供了一个建立在物业营业和自然需求基础上的基准。不过，这个过程不会是完美无缺的，因为像无线上网这类新增工程的费用，或者像需要符合新的法律标准及品牌标准而增加的费用是前期无法预测的。

计划阶段

物业更新改造的计划阶段由几个步骤组成：

• 进行策略回顾；

• 对物业进行调查并制订初始计划表;

• 估计项目的费用及收益;

• 设定优先权并选择项目。

在以下各节中我们将对这些步骤逐一进行讨论。

进行策略回顾 每年的更新改造过程应该从了解饭店的长期需求开始,在理想情况下达到完全的设备生命周期费用研究。然而此计划在正常情况下是以建筑物组成的典型寿命期为基础的,而与现在的竞争压力无关。所以,除了长期计划外,管理人员必须制定策略来应对物业当前的竞争性环境。

业主和管理人员需要采取循序渐进的方法来估价物业现在的和所期望执行的任务;应该对物业进行严格的、定期的评估,即策略回顾。在大部分的组织中,这一步骤通常是由管理人员和业主共同进行的;一般由物业的总经理和业主代表或资产经理实施操作。在大型的连锁饭店中,地区经理也包括在内。策略回顾的步骤如下:

• 对饭店现在的市场地位做出诚实的评估:利用历史数据和来自竞争对手的信息,评估物业当前的声誉以及其强项、弱项、机会和面临的威胁;

• 确认本地驱动物业市场的主要趋势,全面地预测未来;

• 结合上述分析,根据当地的约束条件,阐明物业的最佳市场定位,在许多显而易见的情况下,物业应该改变其在市场内的定位,而有时,维持现在的市场定位也是最佳选择。

通过对物业进行严格的策略回顾并了解到现在和所希望的市场定位后,管理人员可以开始制订更新改造计划草案,以使物业得到最大的增值。在此步骤中,应该达成对物业主要更新改造问题的一致意见,并制订出初始阶段的计划。应该牢记:更新改造不是目的,仅仅是用来实现更大目标的手段:提高物业的竞争地位,使物业的价值最大化。每一个更新改造项目,或大或小,必须与物业的等级结构、目标市场、特权从属关系、销售策略以及服务水平相适应。下一项工作是确认更新改造项目,以最大限度地支持策略回顾的决定。这是通过对物业的调查来实现的。

对物业进行调查并制定初始计划表 对物业进行适当调查的需求不能过分强调。对物业的全面调查有助于管理人员决定饭店里的哪些区域和设施需要进行更新改造。适当的调查包括来自所有部门领导输入的信息。调查意味着明确需求并激励思想。调查的另外一个原因是迫使负责更新改造的管理人员检查需要进行更新改造的区域。图 14-6 包括了需要定期调查区域的检查列表。在许多情况下,应该进行双重调查。第一个调查一般由饭店的管理人员执行,以确认需求。更新改造项目一经决定,就由主管更新改造的管理人员与设计师及工程师一起做一个后续调查，以决定更新改造工作的精确范围。

图 14-6　饭店调查表

饭店前台

客房区

□客房、客房浴室、套房和走廊

□客房设施和配套设备——保险柜、迷你酒吧

□客房技术——互联网访问、室内电影、VCD/DVD、收音机、床头灯控制设备

□浴室附件——脉动淋浴喷头、剃须镜、毛巾加热器、擦鞋器、涡流浴和蒸汽浴

□支持区域——前台、储物区以及客人服务区

食品及饮料出口

□餐厅和休闲室——概念、条件、协调性、竞争

□支持区域——衣帽间、入口、公共卫生间

多功能区域

□舞厅、会议室、宴会厅、大厅

□游泳池、健身和娱乐设备

□直达电梯

工程系统

供暖、通风和空调系统

□温度、湿度、新风和气味控制

□机械噪声和震动控制

生命安全系统

□喷淋装置、消火栓、水龙带、灭火器

□烟雾传感器、火灾报警器、声音报警系统、中控室

□应急发电机、应急照明、消防泵、电梯

□厨房烟罩保护、计算机保护

节能系统

□自动能量管理系统

□热能再利用系统（厨房、洗衣房热水和排气装置）

□排气再循环（空气净化装置）

（续）

□隔热窗户（双层和日光玻璃窗）

电话和通信系统

□一站式记账、叫醒

管理系统

计算机化物业管理系统

□客房预订、客房状态、客人入住历史资料

□账目、审计、存货

□销售点账单

保安系统

□卡锁系统、窥视孔、第二道锁

□入口电视监视、服务台、电梯、自动扶梯

□出口楼梯、出纳员警报器

□金库、保险箱

　　在第一次对物业进行调查时，管理人员应该谨记建筑系统的经济生命和自然生命之间的关系。在大多数情况下，自然生命超过经济生命。大多数业主都可以很容易地看到，用计算机前台系统代替已经陈旧的手工前台系统是明智的，虽然旧设备还能用。相同的分析也适用于洗衣房设备、厨房设备以及工程系统，目的是节省劳动力和能源。所以，当确认更新改造的机会时，所要做的工作不仅仅是鉴别那些已经损坏的设施项目。

　　确认更新改造的时机需要对有效处置物业的选择范围保持高度的敏锐。在这里，以前评估市场定位的工作变得很有价值，因为管理人员可以去掉与物业目标相矛盾的更新改造项目，而把注意力集中在那些有前途的选择上。

　　到了物业调查的后期，饭店管理人员已经制定好了潜在更新改造项目的列表。高级管理人员应该缜密地查看列表，以决定哪些项目与策略回顾是一致的。与策略回顾不一致的项目应该放弃或搁置。管理人员由此得到了一个适当的、还要进一步进行评估的更新改造项目列表。这一步对于与饭店员工进行沟通是重要的，因为要对将要进行的改造项目、项目改造的优先顺序以及放弃某些项目的原因有一个清楚的理解和交代。

　　估算项目费用及收益　在制定项目列表的同时，管理人员应该估算每个项目的费用和收益。这个过程可以明确哪些项目由于其费用超过了收益而应该从列表中删除。

费用估算: 在新建筑中, 管理人员可以在施工开始之前自由地对项目进行筹划和分析。费用方面很少有未知数。由于更新改造涉及要保证 (在大多数情况下) 不影响饭店其他区域的正常营业, 它们会产生许多不同性质的问题, 例如当改造工作正在进行时, 要维持公共场所的通行, 确保地面到天花板的净空, 要找到利用现有机械和电气系统的途径。如果没有适当的评估和分析, 管理者会做出拙劣的决定, 从而导致工期拖延和费用超支。

在许多更新改造项目中, 所要做的选择不是要不要进行, 而是怎样在几种方案中选择出最佳方案。例如, 在改造一间休闲室的时候, 把吧台移动到什么位置上可以改善客人通行? 只有把收益和费用的客观分析与这个移动结合起来才能回答这个问题。如果移动吧台能明显地提高收入 (由于包括管道改造, 所以这是一个代价昂贵的选择), 那么这个主意就值得考虑。

所有的费用估算方法都是把项目分成各种不同的成分, 并估算每一成分的费用。对管理人员来说, 问题是: 如果具备了现在做决定所需要的条件, 那么应该采用什么估算技术? 在准备估算所需时间及信息和估算的准确性之间有一个直接的关系。这其中包括 4 个常用的估算方法:

第一, 数量级。数量级估算通常被称为 "大约的" 估算。这是最快的但精确度最差的估算方法 (误差 30%)。这种估算方法的用途只是算出大约的费用。通常按收入的百分比估算——例如, 一个休息室的更新改造会花费其年收入的 50%; 或按自然价值的百分比——例如, 翻修一间客房的费用大约为每间新建房间费用的 75%。数量级估算需要很少的信息, 它是在以前项目的信息或一般行业信息来源的基础上进行的。

第二, 基于占有率的估算。基于占有率的估算可以产生更精细的项目费用估算 (误差 20%)。这种估算采用标准单位, 例如, 对于客房来说是每个房间的费用, 对于食品和饮料出口来说是每个座位的费用, 对于会议室来说是每平方英尺的费用 (根据已知的复杂因素来调节)。所以基于占有率的估算只能用于已知范围的更新改造——例如, 已知要改造的客房数目或会议厅面积的大小。

第三, 系统估算。系统估算是通过估算更新改造中不同建筑系统的费用而得出的。这种估算方法比基于占有率的估算更详细 (误差 10%), 但它需要更多的信息, 包括有关新建筑和修复工作的详细信息。例如, 对客房的系统估算包括新梳妆台的安装费用、新空调器的安装费用、把旧墙上的油漆刮下来、涂上新油漆的费用等, 系统估算包括更新改造中所有项目的总费用。在项目设计期间使用这种估算方法是非常合适的。

第四，单位价格估算。这是最详细和最精确的估算方法（误差 5%）。在用单位价格进行估算时，估算者对材料、运输费用、税金以及人工费用等各项分别询价，然后加起来得到总数。例如，布料系统的估算要对覆盖材料、亚麻布材料、耐火材料、新帷幔杆、运输费用、税金以及安装费用进行询价。对梳妆台的单位价格估算会把工作分成拆掉和搬走梳妆台的顶部和水池、清理垃圾、修理墙壁、安装新的梳妆台顶部和水池、安装管道并打扫干净。此方法比其他方法花费的时间更长，并需要掌握完成关于此项目的全部信息。这种方法适合准备施工投标和针对家具的投标。

数量级估算对准备更新改造列表或快速比较不同项目的费用很有用。当管理者只需要在几个方案中进行选择时，基于占有率的估算比较适用。当项目一经被认可并且进入设计阶段时，就应该用更精确的方法进行估算，同时还要求估算专家具备更高的水平。

本章附录提供了对经济型、中等价格、高档、豪华型物业的主要区域做基于占有率估算所需要的信息。这些信息是根据（美国）国家 2005 年平均费用得出的，代表"全包"费用，其中包括销售税（8%）、运费、仓储及安装费用。不同类型物业间的价格差由于所用的材料质量不同、房间的规格不同、家具的数量以及室内陈设品定制的水平不同。附录准则可以在大多数物业中为初步决策提供一个合理的基础，如果能根据特定物业的特定情况进行修正的话，则更好。例如，附录表明：在中等价格物业客房更新改造中，每个房间的费用是 8400 美元。然而，如果知道房间需要更换电视而不是被褥，就可以简单地调整每间房中这两个项目的价格，然后乘以房间的数量。在进行这些调节时，要记住将销售税、运费、仓储和安装费用计算进去。

间接的更新改造费用常常不包括在估算中。发生间接费用的地方有：

- 由于施工的尘土和污垢而要对所有的区域进行额外的清扫；
- 为安抚不愉快的客人所提供的慰问品及服务或账单调整（经理通常会赠送饮料和膳食，如果必要的话，甚至可以赠送免费房间来表达善意或歉意）；
- 因退出服务的设施导致的收入损失；
- 为了替代失去了的重要员工而付出的雇用和培训费用。

在许多情况下，对更新改造计划略做修改就可以有效地减少这些间接费用。这些和其他的运行问题在本章后面讨论。

收益估算：有两种类型的收益分析：一种是用于直接影响收入和利润的项目，另一种是用于支撑收入的项目。休闲室的改造可以作为直接影响收入的项目例子；

支撑收入的项目的例子是更换房顶。

分析直接影响收入的项目的关键是把净收入（由于更新改造而增加的收入）与更新改造费用进行比较，把当前适宜的技术应用在将来的收入上。[8]

为了估算更新改造项目的潜在收益，管理人员必须估算出（在合理的时间段）饭店在不进行更新改造的情况下的营业收入。把这个"基础"收入估算与饭店如果在同一时期进行更新改造所能得到收入的估算进行比较。这两项之间的差值就是更新改造的收益。然后把净收入和更新改造费用相比较，以决定更新改造能否带来所期望的回报。使用当前的净价值分析是非常典型的辅助决策方法。在当前收益价值大于当前费用价值时的项目值得考虑投资。

例如，假设一个饭店正在考虑改变休闲室的功能，估计生命周期为5年。图14-7中显示了预计的收入。正如在图中看到的分析表明：应该着手进行更新改造，因为即使扣除更新改造的费用，改造后的收入也比改造前要增加很多。

所有影响收入的更新改造项目都应该进行这种类型的分析。然后根据项目当前的净值或当前净值与费用的比率来对项目进行分类，从最大收益到最小收益分门别类。如果更新改造项目的费用超过可得到的投资支撑，分析就特别重要了。

分析支撑项目的目的，是要确认那些为物业带来最大节约的项目。从方法上来说，与分析影响收入项目的方法相类似，但是其侧重点从估算潜在的收入转向估算每个可选项目的总费用。[9]

图 14-7　项目的收入和费用举例（$）

	2007	2008	2009	2010	2011
进行更新改造					
收入	750000	800000	875000	975000	1100000
费用	650000	680000	740000	825000	935000
净收入	100000	120000	135000	150000	165000
不进行更新改造					
收入	700000	725000	750000	775000	800000
费用	625000	650000	675000	700000	725000
净收入	75000	75000	75000	75000	75000
进行更新改造的预估收入				469992	
不进行更新改造的预估收入				270359	
进行更新改造后净收入				199633	
更新改造预估成本				150000	
减去更新改造费用后的估计额外收入				49633	

图 14-8 表明每个正在考虑之中的选项的生命周期费用与所有权总费用的比较。图 14-8 中的例子只是一般性的，但是却能表明每一个选项的寿命不尽相同。在此例中，选项 A 比选项 B 初始费用要高，但它的所有权年度总费用最低。实质上，选项 A 较长的生命周期和较低的运行费用优于较高的初始费用。饭店内有许多地方可以使用这种分析方法；常见的例子包括：

- 设备更换：洗衣房、厨房、工程设施；
- 照明更换：尤其是用日光灯代替白炽灯；
- 决定修理还是更换：饭店的货车、厨房设备、屋顶；
- 更换／翻新冷冻机和冷藏设备，使用环境可接受的制冷剂；
- 用热力泵单元或电加热单元替换穿墙 HVAC 单元；
- 安装小型涡轮机来发电。

在许多情况下，较高的初始费用可以由较低的运行费用加以弥补，包括能源和劳动力的节省。

图 14-8　所有权总费用举例

选项 A				
通货膨胀率			3%	
投资的机会成本			10%	
年	初始费用	运行费用	残值	总计
0	$（12000.00）			$（12000.00）
1		$（1500.00）		$（1500.00）
2		$（1545.00）		$（1545.00）
3		$（1591.35）		$（1591.35）
4		$（1639.09）		$（1639.09）
5		$（1688.26）		$（1688.26）
6		$（1738.91）		$（1738.91）
7		$（1791.08）		$（1791.08）
8		$（1844.81）	$1500.00	$（344.81）
			净现值 =	$（20065.43）
			年度总费用 =	$（3761.15）

选项 B				
通货膨胀率			3%	
投资的机会成本			10%	
年	初始费用	运行费用	残值	总计
0	$（7000.00）			$（7000.00）
1		$（2500.00）		$（2500.00）
2		$（2575.00）		$（2575.00）

（续）

3		$（2652.25）		$（2652.25）
4		$（2731.82）		$（2731.82）
5		$（2813.77）	$1000.00	$（1813.77）
			净现值 = $（16385.58）	
			年度总费用 = $（4322.47）	

设定优先权并选择项目 在进行估算的过程中，管理者手里应有一个物业项目列表，从最大收益到最小收益按等级排列。高级管理者和物业业主必须选择要着手进行的项目，头脑中要记住更新改造后可获得的投资效益。

决策者通常选择能够提供更大经济回报或需求最紧迫的那些项目。在做出最后的列表时需要正确的判断。因为从此时开始，大部分获得批准的项目就要开始施工了。如果最终选项中包括不应包括的项目，或排除了好项目，实际上就等于浪费了机会。

更新改造计划的实施

一旦规划过程完成且项目得到认可，饭店的管理人员就可以转而执行更新改造计划——设计和施工阶段。

设计阶段

第一个执行步骤是为每一个认可的项目准备一个——或更确切地说，一套设计文件，用于：

- 业主和管理者所希望的建筑效果的视觉体现；
- 确保取得建筑许可证和执照；
- 通知承包人要完成的工作范围和细节做法；
- 一套可用来购买家具设备的规范。

看起来一套设计文件似乎不太可能服务于所有这些功能，但最终必须做到这一点。因为如果文件中任何部分发生了错误，都会导致整套文件作废。例如，如果设计完成了，但是不符合当地建筑法规的要求，那么就得不到建筑许可证，更新改造项目也就不能进行。在这种情况下，必须修改规划以符合建筑法规的要求规范。

不同的项目要求的详细设计在范围和水平上有很大变化。有些项目也许只需要简单的草图和一些性能规范，而复杂的更新改造则包括完整的施工计划、技术规范和日程表。

设计队伍 无论更新改造项目的大小，更新改造的设计工作通常是一个队伍的产品。队伍成员的数量由于物业和项目的不同而会有很大的变化，但所有的更新改造项目应该由下列人员组成：

- 物业管理人员;
- 设计专家;
- 承包人;
- 采购人。

为取得成功，这些队伍中的成员必须使他们各自的需求和责任融为一体。要记住以下这句座右铭："好设计的费用不比差设计多。"图14-9列出了队伍成员的责任，并说明了哪些责任是交叠的。

图 14-9 设计队伍的职责

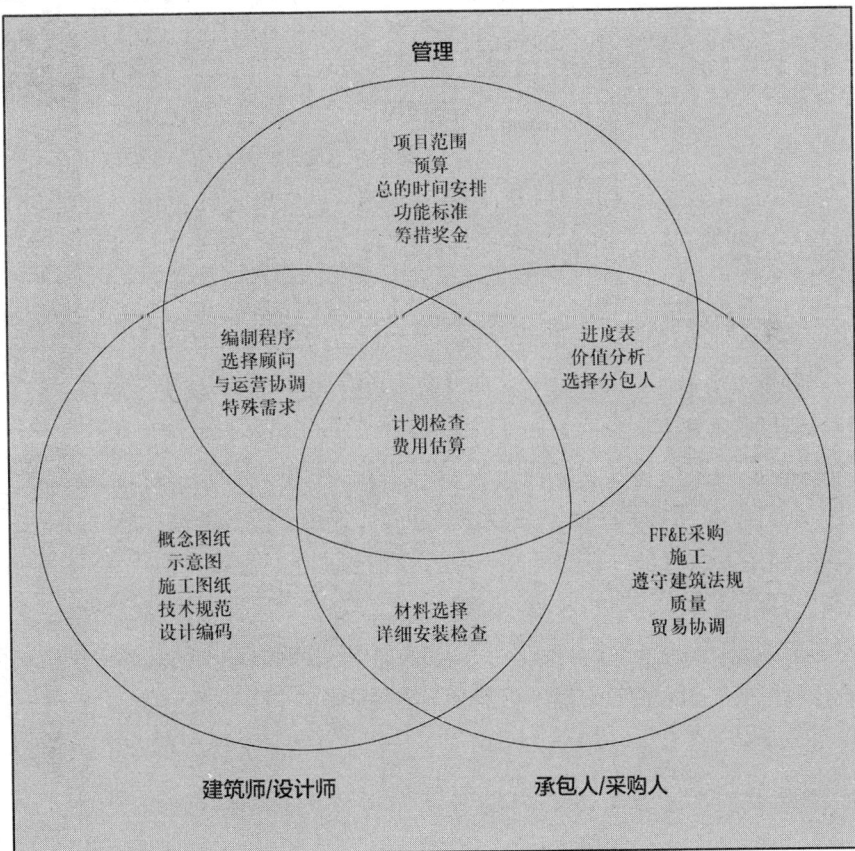

由于更新改造工作的性质，许多更新改造设计人员都是专家。有些人擅长重建有历史影响的物业，有些人则擅长西南教堂风格的设计、生命安全系统的翻修或地震后受损房屋的翻修。管理人员应该对设计人员进行面试，以便在雇用他们之前了解他们的强项和弱点。如果设计公司具有关于你的设施类型和项目特性的经验，那么它应该能够更好地理解你和你的客户的需求。

引进专业设计师对于除了非常小的项目之外的所有项目都是不可或缺的。设计师可以把许多经验带到项目中来，并了解当前大多数材料、家具以及建筑技术。他们知道设计必须符合建筑法规的要求，并能提供当地建筑官员所需要的文件。设计公司的服务费是通过一个固定价格合同来支付的，合同以被称为"基本服务"的特定工作量为基础，根据工程进度付款。客户（在大多数情况下是饭店的业主）通常付给设计公司旅行费、图纸复制费以及其他应付的费用。酬金通常是依据已完成工作量的百分比来支付。典型的更新改造工作酬金的价目表是：

- 建筑设计：建筑费用的3% ~ 6%；
- 结构设计：建筑费用的2% ~ 5%；
- 机械—电气—管道设计：建筑费用的1% ~ 4%；
- 内部设计：家具、固定设施以及设备费用的4% ~ 10%；
- 特殊设计（电梯、电话、厨房、标识系统等）：特殊工作费用的5% ~ 10%。

在许多更新改造项目中，选择一个特殊设计师——内部设计师——非常关键。内部设计师设定了项目在自然、美学以及经济意义上的边界。内部设计师的决定会影响更新改造项目的预算、日程表以及设施在多年里呈现出的观感。极其认真地选择内部设计师非常重要，因为差的设计师会给其他设计师和物业带来负面影响。

设计过程 设计工作有许多阶段，在每一个阶段里，设计公司会在进行下一个阶段的工作之前请求客户确认。如果客户在对工作认可后改变了主意，决定做一些改动工作，设计公司通常会答应，但会为额外的工作要求增加酬金。通过这种方法，设计公司和客户（在这种情况下，客户是饭店的业主和管理人员）平衡了设计人员为客户利益做出额外贡献和客户对最终决定的控制权。这样做，可以产生完全满足客户意愿的项目。这个过程的失败，不仅起因于不好的设计，还起因于创造出的空间不符合期望或与初衷南辕北辙，由此会损害饭店收入和物业的价值。

拓展阅读

纽约市逸林大都会饭店的更新改造

自从 1961 年建成以来，逸林大都会饭店数十年来一直作为顶级品牌而成为这座城市的话题：城中心的位置、现代和中世纪的外立面。Getty 公司得到了以下投资团队给出的饭店更新的合同，包括:Rockwood Capital, Goldman sachs, Highgate Holdings, 和 Oxford Partner。

投资者选定 Getty 公司负责饭店项目的更新改造，因为该公司具备设计大型城市复杂工程的能力和通过翻新而使投资回报最大化的经验。Getty 公司承诺按照世界著名的现代派建筑师 Morris Lapidus 原建筑设计来完成翻新。保持已有的建筑元素，Getty 公司将饭店大堂变成雅致的会客场所，使吧台成为精致的吸引人的夜生活磁石，使每间客房成为现代的绿洲。饭店所有的精装修空间都引人注目，艺术装修的原始创造使这个文化标志充满美感。新的建筑外立面使过路人想起 Lapidus 原创的版本。

原建筑师的儿子，Alan Lapidus 证实逸林大都会饭店使人感觉既是过去的象征，又是现在良好功能的资产；既为商务旅客欣赏，又是一件精美的建筑艺术品。

牛津财团的总裁 John Rutledge 说：我们是与一段建筑的历史打交道，并且强烈地感觉到这个出名资产的建筑艺术的基因。同样重要的是我们的投资开销非常聪明。感谢 Getty 公司的忠告和热情的合作，我相信我们已经达到了我们的预期目标。

阶段 1——概念设计：概念设计设定了更新改造项目的边界和范围。这个阶段从饭店交给设计公司的书面更新改造计划开始，以饭店批准设计人员制作的概念文件结束。更新改造计划来自物业的调查过程。设计人员的工作包括图纸，模型，内部结构、颜色、使用材料的展示以及概要技术规范。设计公司的设计师通过这些文件表明了他们对业主的需求和期望的理解。在许多情况下，设计队伍还会做出一套现有建筑条件的测量图。在旧建筑物中，这项工作可以特别有效地减少项目的不确定因素，从而获得更好的结果。

阶段 2——示意性设计：这个阶段的工作进一步充实概念设计内涵，确定设计元素的位置——例如吧台、前台或入口——建立起严格的边界线，标出拆除部分的界限。当示意性设计图纸被认可时这个阶段就结束了。被认可的图纸说明了主要设计因素最终选定的颜色和材料——例如，石头还是瓷砖，乙烯基还是涂料，木料还是层压板。示意性设计也说表明了工作日程表。

阶段 3——设计开发。设计开发图纸更为详细，它使看图的人能够精确地确定座位的数量、平方英尺数和材料的数量。指定建筑材料和施工方法，给出表面（例如，门的装饰线和旁柱）和材料（例如，地毯到石材）之间的设计细节。

在这个阶段，专业设计人员协调和解决各方面工作之间的所有困难，使完成的设计能实现业主的目标。这方面的例子包括，调整厨房设备的燃气和电力供给，改装通风管道以适应天花板的变化，在舞厅布置造型美观的喷淋头，实现所有建筑法规的要求。对于图纸的认可标志着客户希望继续按设计去工作。此后发生的变化会影响建筑施工。

阶段 4——施工文件：施工文件（也称施工图纸）构成了最终设计阶段。它主要有两个用途：提供施工指导方针和获取材料的指导方针；确保必要的建筑施工许可证。这一套文件需要有最高级别的确认和最长的准备时间。如果没有进行修改的话，它也是最直截了当的工作。此时，如果在更新改造的范围和性质上发生变化，会导致文件制作的长时间拖延，并会增加设计费用。

好的施工文件会去除不确定性，带来花费低、质量高、速度快的工作效果。它可以使承包人集中精力按图纸施工，使采购人员精确地知道每项材料是什么、要多少。

拓展阅读

成功地更新改造项目的 8 个步骤

1. 定义项目的目标。花时间明确建立项目的使命和目标。

2. 确定工作范围。这个步骤应该由饭店的更新改造小组写出书面程序。这一个步骤将确定工作的数量和质量。

3. 制定明确的预算。一个实际而大胆的预算可以节约时间，防止对整个项目的错误理解。每个人都应该明白每个条款中包括什么（还有不包括什么）。

4. 调查饭店现有的实际情况。仔细调查现状可以防止惊人的预算失败。

5. 制定一个切合实际的进度表。在更新改造中，每个饭店都要关闭一些营业项目；但问题是，一次关闭多少和多长时间？要相应地预见到客人和计划的冲突。错过了最后调整的机会将严重影响饭店的经营和声誉。.

6. 沟通。饭店的更新改造进度一定要不断通报给饭店员工，使他们可以聪明地、真诚地回答客人的问题。更新改造小组的成员也要注意互相沟通，从而适当地驾驭项目的时

（续）

间、预算和质量这三辆马车。

7. 注意保安问题。更新改造工作不能造成危害客人和员工的环境，不能给窃贼以可乘之机。要针对员工制定明确的更新改造方针，限制员工和客人进入正在施工的区域。

8. 在进展中检查工作。在工作进程中纠正缺点错误要比在项目结束时检查整改好得多。边施工边检查不仅质量高，饭店的业主和经理还可以确认他们在为已经完成的工作付钱。

施工阶段

建筑文件完成之后，就可以雇用承包人开始施工了。

建筑合同 标准的建筑合同是一笔总付的合同，它包括：

• 所要完成的工作的完备描述（建筑文件被用于此目的）；

• 对饭店管理人员、承包人以及设计公司责任和义务的描述；

• 工程费用及付费方法；

• 开始日期和完成日期（对于更新改造工作来说，这是特别重要的，它还可能包括几个中间日期，作为阶段型工作的最后期限）；

• 明确承包人工作的最后完成和验收条件。

美国建筑师联合会（AIA）已经编写出能够很好地保护所有各方利益的合同样本。其中一个合同特别完备——AIA 文件 A101 款，它是业主和承包人之间协议的标准范本。尽管 AIA 样本合同是一个好的开端，你仍应该针对手头上的具体工作（在律师的帮助下）不断地对它进行修改。AIA 文件的 A101 款用于范围复杂或各方之间关系复杂的大型工程。对于较小的工程，使用 AIA 文件的 A107 款——业主和承包人之间的简化协议形式。它是 AIA 文件 A101 款的简略版本。

有几种标准的业主和承包人协议在实践中证明是成功的，例如：

第一，设计／建设合同：在这项工作中，承包人既是设计者也是建设者。这种安排特别适合重大的工程设计工作，例如生命安全、机械或电气工程。它也特别适合专业承包人，例如厨房设备供应商、电气设备供应商以及标牌公司。然而，从设计和建设之间没有分隔的意义上来说，这种安排是有风险的，但可以通过选择可靠的承包人把风险降到最小或消除风险。

第二，最高担保价格（GMP）：这一类安排用于更新改造中改造的范围或条件不确定的情况。业主描述的工作是可以完成的；由于项目的不确定性，承包人提出了一个略高一些的最高价格，担保业主不必为工程付更多的钱；然而，如果承包人能够节省工程费用，那么承包人可以分享节省下来的钱（承包人可以要求节约款的20%，作为使项目小于担保价格完成的奖励）。这种方法特别适用于工期很短的工程，施工开始后设计细节才可以确定。如果使用不完善的文件，这个建筑合同会使业主受到许多订单变更和额外收费的影响。

第三，业主作为承包人：对于许多小工程或大型物业中的更新改造，管理人员既可以聘请设计专家，也可以把任务安排给饭店内部人员来完成。这种方法的风险是，物业的日常维护会被放在一边，因为物业员工把注意力都集中在更新改造工作上了。如果对更新改造工作进行适当的管理，这个问题可以被减到最小。在签订合同之前，管理人员通常会从若干个承包人那里获得投标。在私人企业中，可以限定参加投标的承包商资格。明智的做法是预先选定有资格的承包人，列出有能力投标的公司。这个工作通过述标和评价各公司的技术和资金能力就可以完成。

每个预先确定了资格的投标人会收到投标材料包，其中包括建筑文件、计划的建筑合同的复印件和投标表格。投标表格要求承包人提供完成建筑文件中要求的工程所需的费用和工期。承包人递交签字表格，证明他能够并愿意在规定的时间内按报价进行施工，并遵守合同条款。

管理人员常常忽略使用罚款和奖金条款来鼓励承包人按时完工。这些条款以及好的设计文件可以确保工程及时完成并避免纠纷或诉讼。

采购　为更新改造项目采购家具、供应品和设备是一项超出饭店行业的、没有统一方式的职责。有些饭店的采购工作是由公司级的采购部门负责的，而有的饭店安排采购部经理负责采购，还有些饭店是委托第三方代理商进行采购。

即使现在许多采购活动可以通过互联网进行商家对商家的在线交易，一些人或团体仍然要对更新改造的采购负责。要把更新改造的采购作为与日常运营采购完全不同的项目来管理，这一点很重要。采购代理商为更新改造项目进行采购要牢记4个成功的关键因素：

- 采购合适质量的材料；
- 采购适当数量的材料；
- 确保需要时材料及时到位；
- 把开支维持在预算之内。

在许多情况下，采购代理商为承包人购买施工中使用的材料。例如厨房和酒吧设备、壁纸、附件（例如浴室或壁橱）、照明装置以及配属的底座。在这种情况下，承包人和采购商在订货至交货的时间、交货日期以及在安装之前对材料进行验货等问题上的紧密协调对保证施工进度至关重要。工程经理不应允许因采购代理商的疏忽而导致承包人延迟工期。

在采购材料时，采购代理商非常依赖设计公司所提供的技术规范和文件。家具、固定装置和设备的选择过程在图14-10中予以介绍。采购代理商需要懂得，在预算之内能否改变技术规格。虽然谚语里说的"你所付出的就是你所得到的"通常是真理，但有些好的采购代理商认识一些制造商，他们能够以比设计中指定的制造商低的价格满足产品的设计规范。获取其他制造商产品报价的过程被称为获得"减价"。"减价"是指设备或材料从功能上、使用上以及审美上与指定的产品相同，不过是由不同的制造商以较低的价格生产的。尤其是在购买家具、座套、灯具、墙面壁纸、织物以及地毯时，购买"减价"的商品在采购界中是普遍接受的惯例。这样做对于节约资金也有潜在的重大意义。购买"减价"的商品应该由设计师认可，以确保不违背设计意图。在采购"减价"商品时，重要的是应尊重原始制造商或供应商的设计专利权。

采购代理商最困难的责任之一是发货过程。发货是正式采购的后续过程，用于确保货物在保证质量的前提下按期生产和发运。可靠的发货通常是更新改造项目如期完成的关键。然而，在许多情况下，发货具有偶然性，会导致错过了最后期限或需要使用费用昂贵的快递服务。全面负责饭店更新改造项目的经理应该熟悉采购代理商的发货程序。

采购中的最后一个问题是怎样处理旧设备。在某些情况下，一些挑选出来的家具可以用在更新改造中进行清洗、修饰或翻新。这些家具应该由专门从事翻新修复工作的人来处理。在更多的情况下，管理人员愿意把现有的家具全都扔掉。

有两种方法可以处理掉现有的物品。一个是与家具处理商联系，把它们以一定的价格处理掉。协议通常十分详细，列出要处理的材料和支付条件。处理物品的另外一种方法是在饭店进行清理拍卖。虽然饭店内部人员也能进行清算，但是最好请专业清算人提供服务，这样可以在大多数情况下把物品卖出更高的价格。与家具处理商联系的优点是可以使家具很快运走；清算人的优点是可以把饭店的家具多卖一些钱。只有管理人员才能够根据具体情况来决定是尽量减少麻烦还是获取最大收入。

施工管理　在更新工程中，项目管理的本质是同时满足质量最好、时间最短、符合预算的要求。在更新改造工作中，还要尽量减少对营业设施的干扰。要达到这4个目标非常困难，但不是不能达到。它需要全身心地投入、认真仔细地工作，主动面对问题，将其消灭在萌芽中。

图 14-10 家具、固定设施和设备的选择过程

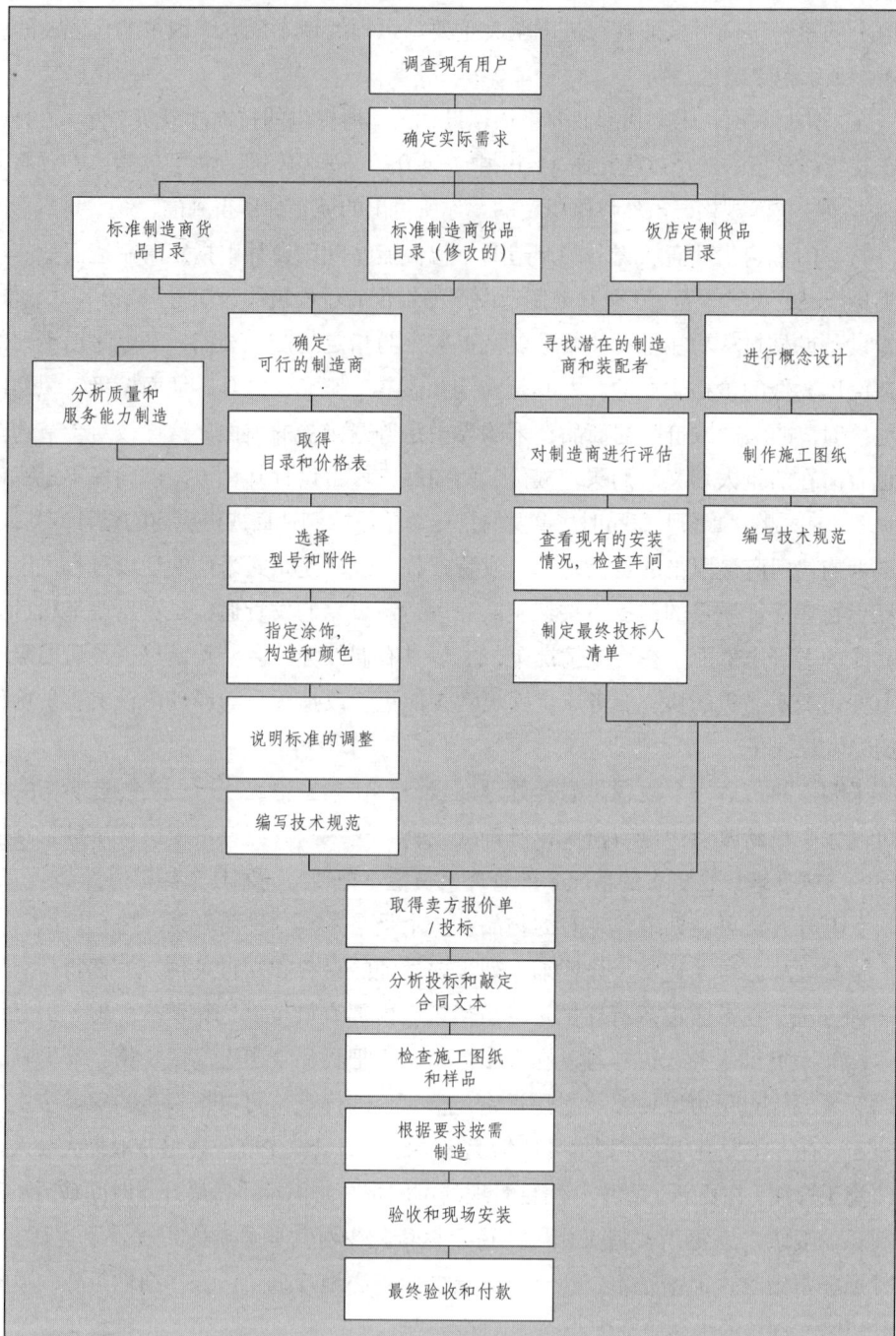

项目管理中的两个关键问题是施工和施工变更的文档工作，以及解决矛盾冲突。文件工作是指准备影响项目的决策性记录。文件包括：

- 样本材料、工艺或施工图纸的确认；
- 对图纸翻译的书面要求以及书面答复；
- 工作会议的备忘录；
- 电话会议内容书面确认；
- 由承包人、设计师以及更新改造经理签字认可的提议变更和订单变更。

简而言之，在施工管理中要牢记的最重要的事情是"在文字中得到"。施工图纸总是会发生变化的，所有变化都应该记录下来并由每一位参与者签字。这样的文件可以把冲突减到最小。

施工中有一些矛盾是不可避免的。对于设计师来说，预见所有可能出现的意外事件并说明施工的每个细节是人力所不及的。业主、更新改造经理和承包人必须懂得，施工图纸表达了设计师的意图，但不可能展示每一个微小的细节。设计图纸和技术规范中的任何疏漏或错误要依靠项目的具体负责人来合理恰当地在现场解决。

如果更新改造中的各方都能理解自己的角色并完全懂得所要完成的工作范围，那么大部分矛盾是可以避免的。饭店管理人员必须明白，他们不能告诉承包人和分包商要做什么，除非通过决策系统强力推进。施工人员必须懂得，更新改造工作的场所正在营业，建筑工人不能在建筑物中自由行动，他们也不能为减少费用或追赶进度而任意地改变设计。如果在项目中工作的各方互相信任和理解，团结成一支队伍，那么更新改造工作一定可以在预算内按时、高质量地完成。

在施工中产生的值得特别的注意问题包括：更新改造工作与正常营业的协调、建筑法规与新立法的影响，对费用和质量的控制。

协调运营　在任何饭店更新改造中，最重要的决定之一是哪些场所要关闭以及关闭多长时间。业内人士的一致意见是饭店应该保持营业，除非不关闭不能完成工作。在某些情况下，必须关闭的场所过多，会导致整个饭店都要停业。停业的好处和坏处分别如下。

饭店停业的好处：

- 施工进度比较快，因为所有的空间都可以利用；
- 施工费用比较低——没有临时设施、工期短、工作效率高；
- 高质量的可能性——没有开、停转换，可以吸引最好的分包商；
- 施工不会使客人不高兴。

饭店停业的坏处：

- 停业期间收入减少；

- 停业期间商业信誉和市场占有率受到损失；

- 停业期间优秀员工流失（他们转到了其他单位工作）。

更新改造的管理有几种方法，可以使施工给正常营业的饭店带来的问题减到最小。例如，如果需要的话，可以把厨房挪到活动拖车上。正在进行改造的场所可以临时投入使用，以便在客满或开房率高时提供服务。通过内部刊物或薪水支票的附件将更新改造的规划和进程通报给饭店员工。可以把餐厅或休闲室临时搬到会议室以招待客人。当饭店保持营业时，一定要让客人知道，尽管所提供的服务项目暂时减少了，但服务水平并没有变化。保留优秀员工的方法之一是让他们在项目中工作或临时分派到其他部门工作，而不是临时解雇。这样做可以给员工发出明确的信息：他们是有价值的。

如果想让饭店保持营业（虽然其中某些场所临时关闭），更新改造经理必须经常与销售部门的员工保持沟通，使他们能够适当地管理房间和会议室。销售人员应该把更新改造经理当作顾客来对待，以对待其他顾客的方式把要进行改造的空间隔开；而更新改造经理有责任像其他顾客一样在商定的日期腾出这个空间。在客房的改造中遵守这类程序是非常重要的，它一般发生在客房区。更新改造经理在完成了对前一个小区的改造后才进入下一个小区。在许多情况下，有可能建立一种机制，承包人每天或每个星期拿到一定数量的房间，并在一定时间后交出一定数量的房间。通过采用这种方式轮流翻新房间，更新改造工作可以更有效地进行，因为建筑工人的工作量是恒定的。

拓展阅读

"到处是噪声和灰尘，还不打折"

"到处是噪声和灰尘，还不打折"，墙街杂志上有关饭店更新改造的文章的大字标题是这样写的。①文章的作者——乔纳森·B.温巴赫，建议正在进行更新改造的饭店应该这样对待旅行社和客人：

- 明确地通知旅行社：你可能会在短期内失掉一些客源，但是从长远来看，你的忠诚会赢得旅行社的认可；

- 在客人进店时明确地通知他们：会使客人气恼的事情包括一清早使用电钻或电锤，对客人的抱怨无动于衷，以及对特殊要求缺少关注等；文章中引证了一个例子，

（续）

> 　　一个职业曲棍球队在决赛期间由于施工噪声没法午休，由此说明什么事情是不该
> 　　做的；
> - **严肃关注客人的安全问题：** 客人会很沮丧，如果在"跨出电梯后发现没铺地毯的
> 　　走廊、裸露的电线以及钻满眼的墙壁——有的洞大到客人担心她的女儿会坠下去"。
> 　文章总结道，客人在饭店进行更新改造时希望4件事情：告知、安全、安静的环境
> 和折扣——如果他们感到非常不方便的话。饭店经理在规划和监督更新改造工程时应该
> 把这些期望记在心里。

　　在更新改造期间，另一个管理者应关心的问题是临时设施。临时设施是指搬走或移动原有设施并设立屏障。在考虑临时设施时，应该正确地去做值得做的事情。在移动设施时，客人们会容忍一些不便之处，但要冒险去询问许多被疏远了的顾客。在这里，友好的、周到的服务会大大有助于更新改造工作，因为如果客人感到饭店员工不能控制形势，他们就会急躁并可能不再来。适当地粉刷装饰临时设置的屏障是重要的。没有粉刷过的胶合板墙或干饰面内墙是很难看的。通常，临时墙壁可以用来展示正在进行的工作规划或彩色图画。除了把客人和施工现场分离开外，屏障还可以减少噪声和灰尘。如果不对这些进行控制，可能会增加服务部门的费用并惹恼客人。

　　前面间接提到过，协调更新改造工作与营业活动的另外一个要素是为施工队伍提供方便。大多数饭店管理人员认为建筑行业的人是更新改造中必不可少的魔鬼，从他们的观点来看，这是个准确的评价。大多数建筑行业的人通常不习惯在营业中的工地干活，他们会把在新建筑工地上几年养成的习惯带过来。饭店的更新改造经理应该制定清楚、明确的规则，要求施工人员遵守，这一点是很重要的。大多数建筑工人都会遵守合理的规则。规则中应该说明停车场、入口和出口、卫生间设施、午餐设施、吸烟、无线通讯的使用、工作时间以及员工身份证明。为了保持工作纪律和秩序，应该尽快处理违反规定的行为。应该对施工人员申明，这些规则不是用来妨害他们工作的；这些规则有利于为饭店客人提供服务，也有利于客人和建筑工人本身的安全。

　　建筑法规和新立法　任何更新改造项目要考虑的重要因素是建筑法规和新立法对工程的影响。大多数建筑物在初次建造时都会满足法规的要求，不必在以后的年月中进行升级改造来适应法规的变化。然而，在进行更新改造时，许多新的法规必须得到执行，与新立法相关的需要改变的方面包括：

- 入口和出口（结构、位置和数量）；
- 生命安全系统；
- 停车区域；
- 建筑材料（例如，耐火等级的升级）。

由于联邦立法的规定，一个特别的赢利区域变成了为满足残疾人的设施。这些法规已经远远超出了仅要求商家为残疾人提供轮椅坡道的范围。1990 年的《美国残疾人法》扩大了对"残疾人"的定义范围，它包括：视力或听力损伤者，关节炎、心脏病、肺气肿、身材矮小的人，截肢者以及艾滋病人。《美国残疾人法》要求所有商业建筑为残疾人提供比传统设施更宽敞的设施。这些规则实际上是由持续不断的更新改造引发的。

为残疾人考虑的设计范围包括：

- 保安：残疾人容易受到犯罪和暴力的攻击，整个物业中良好的照明、受控的通道以及良好的门锁系统至关重要；
- 温度调节：一些残疾人对温度极为敏感，他们可以在客房凭借他们对舒适度的主观感觉来控制所希望的温度，设计上也应该尽量减小客房以及其他区域的穿堂风；
- 自立：设计应该允许残疾人在没有特殊帮助的情况下尽可能地做许多事情，重要的是要安装帮助残疾人的设备而不是限制他们的独立活动；
- 安全：在紧急情况下，行动不便的人应该能够在建筑物内找到他们的避难所（而不是被迫离开）。[11]

简而言之，饭店的业主在更新改造期间应该考虑残疾人的需要。为残疾人的需要而做的一些变化通常也会给所有健全的客人提供更安全、更友好的环境。

费用和质量控制 在费用和质量之间取得适当的平衡需要技巧、对细节的关注以及洞察力。对于更新改造来说，似乎永远没有足够的资金。好的更新改造管理人员无止境地花费时间来修改预算、寻找可供选择的办法，如外科手术般地调整改造的范围，以现有的资金争取最多的更新改造。但资金的消减不应该过度。更新改造完成之后，如果为达到预算目标而牺牲质量，那么节省少数资金的短暂满足马上会消失，因为在下一个更新改造周期到来之前，这些设施必须在改造过的空间里运行着。必须避免的错误包括：

第一，不雇用专业设计人员。许多人很难懂得专业设计人员的价值。有能力的设计人员能省出许多倍的费用，他们能够指定工程所需的正确的材料，在规划阶段而不是在现场施工时解决问题，知道去哪里找有能力的制造商和承包人，能对空间的适用提出自己的看法，最重要的是，他们能创造出优美实用的空间。

第二，在项目中允许不合格的承包人投标和工作以谋求降低建造费用。这种省小钱的精明可能是最具有破坏性的。更新改造经理的责任是选择有能力的承包人和交易人，并为他们的工作付出公平的价格。有些设施就是毁在了承包人手上，因为他们没有能力做好工作。虽然管理人员得到了最低报价，但最后的结果却是不值得保留。

- 缩小更新改造的范围，使其成为没有意义的事情。大厅的更新改造不是简单地更换窗帘和油饰家具。如果这是所需要做的全部工作，那么它应该与现有的室内设计协调，而不能被称作更新改造。这并不意味着要避免进行类似形式的改动。更新改造应该根据空间的需要做出决定，而不是简单地对一个场所花了些钱就称其为"更新改造"。

当考虑更新改造时，要寻找不牺牲质量的省钱办法。下面是不错的范例：

- 要求食品和饮料承办商提供免费或低价设备，如果饭店使用他们的产品，例如咖啡壶、果汁机和碳酸水设备等；
- 购买整修刷新过的旧设备，这种办法特别适合厨房、洗衣房以及工程系统；
- 购买打折的产品，例如展示会上的样品、去年的样式或在运输过程中表面损坏的产品；
- 在银行中为更新改造资金建立账户，这样这笔资金就会产生利息，这样做可能会把更新改造项目延长几个月，甚至一年，在资金尤其紧缺时，应该权衡考虑；
- 使用有纹理的墙面壁纸，它能把较差的表面遮掩起来，从而避免在墙面处理上花费过大；
- 如果现有家具的质量和式样适合于更新改造，就对其进行再润饰和装潢；
- 在墙壁和天花板上使用人造石料而不是用只适合于铺设地面的坚固石头。

虽然这些提议会使一些人厌烦畏缩，但如果更新改造预算紧张的话，还是应将上述方法与其他省钱的方法一并进行考虑。

最后完成和验收 最后的完成和验收是所有更新改造项目的一个重要阶段。它不仅表示对已完成工作的物理接受，还表示符合建设合同的法律要求——这意味着承包人有权利得到全部应付的报酬。

通常使用被称为"实际完成证书"的文件来正式接收承包人的工作。这个文件的实质是：更新改造经理、设计师和承包人都认为此工作达到了设定的目的，满足了建筑合同的要求并且可以投入使用了。更新改造经理在取得了当地授权机构签发的入住证书并且附上（如果有必要）了被称为"打孔列表"的文件后才能在实际完成证书上签字。打孔列表是不符合合同规范的工作项目的列表。负责更新改造的经理一旦在实际完成证书上签了字，承包人就可以得到除了打孔列表中列出的工作项目的款项以外的全部款项（通常在 30 天之内）。

标准的 AIA 合同要求承包人准备打孔列表，这在实际当中是不常见的。通常设计公司与更新改造经理一起准备打孔列表，让承包人进行检查。承包人可以当场对某个没有包括在原始协议中的打孔列表项目提出反对。在此情况下，如果更新改造经理和设计者同意，项目就被取消。如果他们不同意，则必须对项目进行商议以求得到一致的意见。

在最后完成和验收阶段，另外一个问题是整理。在许多情况下，为了保证进度和保持服务标准，饭店保洁员工要协助承包人进行清扫。在实际完成证书签字之前，应该把做整理工作的保洁人员的数量计算出来。

更新改造之后

即使完成了对饭店区域的改造并开业，更新改造工作也并没有全部完成。此时还有下面几项工作要进行（如果以前没有），它们包括：

- 员工培训；
- 隆重地重新开业；
- 更新改造对运行预算的影响。

员工培训。员工培训常常被忽视。直到更新改造完成后，管理人员才突然意识到，为了实现更新改造的最大收益，在改造过的区域中工作的员工需要重新定位并进行培训。内部设计师必须参加此类培训，以确认员工们工作和维护的空间正是更新改造经理和设计师们所预想的那样。培训内容应该包括：

- 新的或变化了的服务标准；
- 新的或变化了的生产、保存及展示食品饮料的方法；
- 怎样操作新设备，尤其是电子系统（培训要求应该被写入设备供应的买卖合同中）。

在改造完成后的几个月里，经常可以听到这样的话："唉，我不知道我们可以那样做。"管理人员和员工会偶然发现或从供应商那里了解到，系统或设备是怎样工作的或应该怎样维护。例如，管理人员和员工发现自己的新音响设备或照明设备的性能一窍不通，或是继续用老方法维护新地面，而新地面的维护程序实际上要简单得多。在这种情况下，由于缺乏适当的培训，管理人员失去了机会而员工也受到了伤害。

隆重地重新开业。 在公开庆祝更新改造成功的活动中邀请饭店的市场部或公司办公室（如果饭店是连锁店的一部分）的人员参加是适宜的。庆祝的目的应该是使潜在的客人、旅游公司和会议筹备者们知道，新的和已改善的设施已经可以投入使用了。重新开业通常是一个隆重的场合，要邀请要人和媒体。这些事件应该在更新改造工作的初始阶段就进行筹划和预算。⑫

更新改造对于运行预算的影响。 本章前面已提及，更新改造项目的可行性是部分地建立在预测将来的收入或将来的费用减少的基础上的。当项目完成后，应该有正式的跟踪程序来测定每个更新改造项目是否达到了管理者预测的财政效果。如果能为管理者提供可靠信息作为日后决策的基础，这种跟踪对于将来的更新改造将非常有价值。

尾注：

①撒尼·克雷费尔德，《广场饭店—周生活》（纽约：西蒙和舒斯特，1989 年），第 25～26 页。

②对于 2005 年，曾经有两个好的估计。一个是，用平均每个房间约 1750 美元的更新改造费用乘以国内 450 万个房间的总量；另一个是：用占总收入 5.6% 的平均资本支出比率，乘以全寓所业 1200 亿美元的收入。

③有关细节，参看雷蒙德·S.施米德高、詹姆士·W.达米提欧和 A·J.辛格所写的《什么是资本支出？寓所业财务决策人是怎样做决定的》，康奈尔饭店和餐馆管理季刊，1997 年 8 月；以及 S.麦仑、K.奈仑和 R.帕斯托瑞诺在 2000 年 CapEx 上所著的《美国饭店业资金花费的研究》（弗吉尼亚州，亚历山德里亚市，国际饭店咨询协会，2000 年）。

④《CapEx2000 和 CapEx1995：美国饭店业的资金支出研究》（孟菲斯市，田纳西州：国际饭店咨询协会，1995 年）。

⑤ CapEx2000。

⑥ S.拉什莫尔的"用于更新改造的储备金也许应为收入的 7%～11%"，饭店，1999 年 8 月。

⑦例如，见 G.登顿的《管理资本支出：使用有价值的工程》，《康奈尔饭店和餐馆管理》季刊，1998 年 4 月。西雅图白石研究，华盛顿，专门研究出版估算各种建筑物部件寿命的数据库（www.

whitestoneresearch.com）。

⑧本章不对现在的价格技术进行具体说明分析。这类信息有两个极好的来源，一个是雷蒙德·S.
施米德高，《饭店业管理会计》，第四版（兰辛，密歇根州：美国饭店业协会教育学院，2006 年），
另一个是威廉·P.安德鲁和雷蒙德·S.施米德高的《饭店业财政管理》（兰辛，密歇根州：美
国饭店业协会教育学院，1993 年）。每本书都有一章是关于资本支出的财政分析的。

⑨详细的讨论见罗莎莉·T.鲁戈和哈罗德·E.马歇尔，建筑经济：理论和实践，（纽约：范·诺斯传
德·莱因霍尔德，1990 年）。

⑩ J.魏巴赤，《到处是噪声和灰尘，还不打折》，墙街杂志，2000 年 6 月 20 日。

⑪摘自托马斯·D.戴维和 A.百斯勒的饭店的交通方便设计：《饭店、汽车旅馆和其他娱乐设施规
划的 ADA 指南》，第二版（纽约：麦克劳－希尔，1994 年）。

⑫见弗雷德里克·耐普的《饭店更新改造：规划和设计》（纽约：麦克劳－希尔，1995 年），这是
一本图文并茂的书，形象地展示了更新改造的成果。

主要术语

设施生命周期的研究（facility-cycle study）：在很长一段时间里（例如 20～30 年），
对一个特定建筑物逐个空间进行更新改造的时间表，它是建立在每个空间里各种部
件的预期寿命和到期时的更换费用的基础上的。

减价（knock-off）：在功能上、使用上和审美上可以与另一个制造商生产的更
贵的项目相当的材料、家具或设备。

重大的改造（major renovation）：更换空间内的所有家具和装饰物，在某些情况
下，更改空间的用途和布局。

较小的改造（minor renovation）：更换空间内非耐用的家具和装饰物，不改变
空间的用途和格局。

打孔列表（punch list）：不符合要求的建筑工作的列表，附在实际完成的证明书上，
承包人必须在收到工程款之前进行改正。

更新改造（renovation）：饭店物业的更新和升级过程。通常是为了弥补使用上
的损坏或调整空间以满足变化的市场的需求。

修复（restoration）：完全地除掉一个空间的内部设施，包括更换在技术上和功
能上陈旧的系统，而修复仍然能使用的设备和系统。

特殊项目（special project）：与特殊升级、服务或系统相关的改造工作，可采用

与改变内部设计的改造项目截然不同的方法来处理。饭店业中的这类特殊项目通常与工程技术系统有关。

策略回顾（strategic review）：一个定期的、严格的物业评估，通常由物业的总经理和业主代表或资产经理来进行（在较大的组织机构中，可以包括地区或公司的经理）；在这个工作中，经理和业主代表们对饭店现在的市场地位进行诚实的评估，确认本地饭店市场的主要趋势，结合上面的分析阐明物业的最佳市场定位以及将来的更新改造方案。

复习题

1．为什么要进行饭店的更新改造？

2．四个更新改造类型之间有什么不同？

3．什么是设施生命周期费用研究？

4．物业更新改造的计划阶段能被分成哪四个步骤？

5．更新改造的费用和收益是怎样估算的？

6．设计工作的四个阶段是什么？

7．标准建筑合同中包括什么？与标准的业主——承包人协议有什么不同之处？

8．在管理建筑工作的时候，饭店管理人员应该牢记一些什么问题？

9．在进行更新改造时，饭店停业有什么好处和坏处？

10．更新改造完成后，管理人员应该致力于哪些工作（如果改造前没有做过）？

网址：

若想获得更多信息，可访问下列网址。网址变更恕不通知。若你所访问的网址不存在，可使用搜索引擎查找新网址。

1．美国建筑学院：www.aiaonline.com

2．联合营造商和承包人有限公司：www.abc.org

3．修建者协会：www.assoc-restorers.com

4．清洁和修复专家协会：www.ascr.org

5．家居设施服务机构：www.hotelrenovator.com

6．国际饭店咨询协会：www.ishc.com

案 例 分 析

一项更新改造的回顾

"这不是我希望看到的反应。"当米茨·斯凯帕雷盯着计算机屏幕时这样想。米茨是绿树饭店的总经理，而绿树饭店是有 400 间客房的郊区连锁物业，它刚完成了主客房翻新的第一阶段。绿树的业主代表泰德·诺斯发来电子邮件。泰德想与米茨见面探讨一下关于此项目的延期及花费超支问题。当米茨再一次扫视电子邮件时，一些不祥的词句跳入眼帘："深为关注"、"意想不到的花费"、"对饭店的收入产生负面影响"等。泰德简单地说道："我很失望，你必须做出解释。"

幸运的是，米茨和泰德过去有很好的交情，但米茨没有想到他的工作会有很大的危险，因为他根本没有竞争本年度"最佳饭店总经理奖"的想法。"我怎么陷入这样的困境？"米茨想。"为什么翻新不像是我想象的那样平稳呢？"

米茨斜靠着椅子，脑子里回忆着这个改造项目的前前后后。几乎是一年前，饭店的员工一起完成了第一阶段翻新计划的最后一项任务。建于 20 年前的绿树不存在任何需要大修或更新改造等工程问题。但客房肯定需要一些关注，饭店决定分两个阶段完成此翻新项目：第一年 250 个房间完成，第一年以后完成其余的房间。由于每间客房有 1 万美元的预算，饭店在第一年内可以花费 250 万美元，所以对此项目的正确管理非常重要。至于是让饭店的总工程师比尔管理此项目还是另外花钱聘用专业公司管理次项目，米茨为此还颇费了一番脑筋。

为了有助于做出决定，米茨最近到连锁集团内已成功为有 1200 间房做了翻新的饭店做了一次调查，与这家饭店的总经理索·兰奇交谈一番。"因为我知道，我们连锁饭店的大多数饭店雇用格拉泽公司负责翻新工作。"索告诉米茨，"但我的工程总监阿君·信夫有 20 年的维护和工程经验，他不仅清楚内部关联性工作也熟悉外部公关性工作，他以前也做过翻新项目。"

"他的工作做得极好，"索继续说，"他与承包人保持密切接触，把项目控制在预算内并按时完成了任务。他没有忘记饭店工程部有 80 名成员，他细致周到地安排每个人的工作，并没有因为翻新而影响饭店正常的日常维护保养。阿君在翻新过程中牢记'客户需求第一'的原则，翻新后的饭店看起来非常棒！"

在与索交谈并听到他对阿君如何出色的评价后，米茨决定让比尔承担绿树的翻新工作。毕竟比尔在过去的 5 年里是饭店的总工程师且 3 年前监督过绿树饭店大堂的翻新以及其他较小范围的改造工程，所以他有经验。再加上比尔手下有 12 名员工和 2 名工程师。所以如果他在翻新项目上遇到困难，这两名工程师肯定会帮助他走出困境。米茨愿意给比尔管理这个项目的机会。比尔与这个物业共处了 12 年，从旅游学校毕业后就来到这家饭店，从机械工一直干到总工程师。这对比尔在专业上进一步成长无疑是一个难得的机会。首先米茨记得泰德·诺斯总是强调成本控制。为了省钱，他不愿意雇用格拉泽公司。一般雇用外边的项目管理公司要花掉项目预算的 10%。所以在比尔的主持下，会把应该付给项目管理公司的 25 万美元用在客房升级上。

米茨记得他的决定是在周一早晨员工会议上最后宣布的。他期望的是大家的热情和大声赞同拥护。但现场气氛却截然不同。财务总管皱着眉头说："比尔能管理好一个部门，但你确信我们这个区域里就没有懂得技术的其他家伙了吗？如果费用超支且客房不能按时交付使用那我们就会铁定超出年度预算。"餐饮总监说他不关心管理项目，只要不妨碍餐厅和厨房运行就行。客房部经理笑着说，她对比尔有信心，他能做好工作。但也许让所有人最费解的是比尔自己的表态。"我欣赏并赞同这个决定。"他笑着说，但从他的眼睛里分明显示出了担忧和不安。

在接下来的数周和数月里，事实证明比尔的不安是有道理的，问题一个接着一个发生了。

翻新项目开始施工的第一天，结构工人早晨 7:00 就开始工作。没过多久前台电话铃就响个没完，气愤的客人大声抱怨。比尔忘记了结构工作人员愿意趁早开始工作，他忘记了合约里规定的开工时间是上午 9:00 之后。电梯也出了问题。当工人用电梯运送材料时，员工抱怨电梯等待时间过长。同时，承建商忘记在施工的楼层将电梯设置成禁停状态。客人有时发现当电梯门打开时，他们满眼里看到的是脚手架和布满灰尘的防水布。承建商在腾空的 9 层做翻新改造时，切断了对 16 个房间的供水。他没有意识到在建筑物中供水线路是竖直排列的。被切断的水管实际上也在为邻近的房间提供用水。客人直到问题解决之后才发现他们自己的房间没有水已经很长时间了。此外，前台挤满了纠缠抱怨、不满投诉的客人。饭店不得不用打折或直接现金回扣的方式处理满腹抱怨的顾客。

承建商有时还使用引起电路断路器跳闸的重型设备，频繁地掉闸打乱了客房电气设备的服务状态，导致了到前台投诉的人更多，埋怨更大，其中不少都直接针对施工人员。周期性的电源中断引起客房床边的报警时钟暂时性地失去电源，所以无论客人何时进入房间，他们看到的时钟都停摆在 12:00 的位置上不停闪烁。有些客人懂得如何重新设置时钟，有些人则不会。遇到这些烦心的事情没人会高兴，到前台抱怨的人接连不断。

施工期间，饭店的火灾报警系统两次报警被关闭，整个饭店不得不进行紧急疏散。比尔没有意识到当施工工人用砂纸打磨厚的新墙时，足以引发系统报警。饭店的正常维修工作也因为比尔手下 12 名员工的忙碌而受到困扰，这 12 个员工奋力将老家具搬出去并把新家具搬入改造后的房间里。匆忙和疲劳使得家具与墙面摩擦，损坏了家具，擦坏了墙面。为了修补墙和替换损坏的家具，不得不再次下订单。比尔高兴地看到 250 台新电视机在一个早晨集中到货，但一个小时之后他发现所有的电视机仍然在收货处。他打电话给承建商。承建商提醒比尔要有同情心。在比尔的眼睛里闪过了一丝无奈，按照合同规定，安装电视机不属于承包商的责任范围内。他垂头丧气地签发了工作变更，为电视机发货商追加 1 万美元。由于不想给已经超负荷工作的工程员工增加额外负担，比尔这次真的是极不情愿。250 个电视机遥控器与电视机本身也不配套，缺少相关功能的按钮。必须送回公司换货。新的遥控器来了，可是还缺电池。饭店司机一整天在外跑来跑去，在仓库与仓库之间来回奔忙。

比尔没有注意从中国定制地毯的相关规定。一般进口地毯需要 6～8 周的时间，而现在却需要 16 周的时间，它在海关通关时被卡住了。由于这些不可预测的变化，本来可以承担出租任务的客房却不能租出去，这是因为客房地毯仍然在送往饭店的路上。比尔忘记了合同中约定承建商在完成施工后要清理客房，所以绿树饭店的保洁员工不得不在每一个客房清除灰尘和施工造成的垃圾，这不仅延迟了工作进度，也影响了保洁员工的信心。最后，工期拖延，时间超计划，费用超支，麻烦不断。员工的心情也随之变得沮丧低落。

尽管存在这样那样的问题，第一阶段的更新改造任务终于完成了，新客房看起来非常好。比尔从教训中吸取了经验，学会了如何更妥善地分配和处理超负荷工作，也知道了如何与承建商相处，他在业务上确实完成了一次飞跃。然而，改造项目推迟投入使用且费用超过预算。至少可以这样说，米茨对此非常不满。并且，通过早晨的电子邮件推断，泰德·诺斯也是这样。"我让比尔负责这个项目可能真的不合适。" 米茨边想边整理着与泰德见面时需要的资料文件。

讨论题

1. 米茨让比尔负责第一阶段的客房更新改造项目错了吗？为什么错了或者为什么没错？

2. 是应该让比尔负责第二阶段改造任务还是应该聘用格拉泽公司负责？

下面的工业专家帮助开发了本案例，他们是：

1. 华盛顿特区，大都希尔顿饭店、物业运营总监：理查德·马祖里那；

2. 纽约市，纽约万豪马奎斯饭店：工程总监、物业管理师、设施管理师、工程认证业务主管：艾德·匹萨克。

3. 纽约州伊萨卡市康奈尔大学饭店管理学院：副教授大卫·马歇尔·斯蒂帕纳克。

附 录

房间	经济（二星）	中等（三星）	高级（四星）	豪华（五星）
A. 客房——主要改造	$5000	$7000	$10000	$13000
所有耐用品、纺织品、墙涂料、洗澡间瓷砖、地板、照明。不包括电视、时髦的小摆饰及主要电气或机械的变更。对于大洗澡间改造，每个房间加 $2000。				
客房——主要改造	$3000	$5000	$7500	$9000 每套改造
主要的纺织品替换（地毯、桌布、窗帘、小型附件、装饰物、灯罩以及工艺品）。				
B. 套房——主要改造	N/A	$25000	$32000	$40000 每套改造
所有耐用品、纺织品、洗澡间瓷砖和地砖、建造和重新设计的空间、照明、有关电气和机械制品以及工艺品。				
套房——主要改造	N/A	$10000	$15000	$20000 每套改造
纺织品替代（地毯、窗帘、桌布、装饰物）、家具替代以及小型照明。不包括重新油饰或酒吧/洗澡间的改变。				
C. 走廊——主要改造	$750	$900	$1000	$1200 每个门
地毯、乙烯基、所有挂画、天花板、涂料装饰、照明。置换每个门增加250美元到300美元。每个电子门锁加250美元。每个门加50美元替换闭门器。				
走廊—较小的改造	$500	$600	$750	$900 每个门
地毯、乙烯基、挂画照明				
D. "接待" 休闲室				
将现在的客房改造成一个新的两个房间的休闲室	N/A	$60000	$80000	$100000
改造现有的两个房间的休闲室	N/A	$30000	$40000	$50000
E. 样板间（完成）		$2000	$60000	

（续）

房间	经济（二星）	中等（三星）	高级（四星）	豪华（五星）
食品及饮料				
A. 咖啡厅——主要改造	$2000	$3500	$5000	$7000 每个座位
区域总的改造：地毯、乙烯基、家具、柜台、照明、电器/机械、小型结构、天花板、制服、菜单、装饰、概念变化。不包括厨房设备升级或烹饪布局的变化。				
咖啡厅——小型改造	$1400	$2200	$3000	$3800 每个座位
地毯、椅子、桌子的替换；装饰物、沙发；小型木工活和装饰灯。				
B. 酒吧/休闲室——主要改造	$2000	$3500	$4500	$6000 每个座位
包括所有咖啡厅的改造及概念变更。不包括酒吧位置的变化。				
酒吧/休闲室——较小的改造	$1400	$2200	$3000	$3800 每个座位
像咖啡厅那样的改造。				
C. 特殊的休息室——主要的改造	$3500	$5000	$6500	$8000 每个座位
像咖啡厅那样的改造，包括概念变更。				
特殊的休息室——小型的改造	$2000	$2800	$3600	$4500 每平方英尺
与咖啡厅改造相同。				
公共区域				
A. 舞厅——主要改造	$50	$65	$80	$90
总的区域改造包括地毯、乙烯基、木工、照明、天花板、门/五金器具、装饰、电器/机械工作、修理/抹平/恢复可移动的隔断墙。不包括任何 FF&E，日常的零星工作、音响系统或主要的 HVAC 工作。				
舞厅——小型的改造	$25	$40	$50	$60 每平方英尺
替换地毯、乙烯基、涂料和修复工作、修复/修理可移动的隔断墙。				
B. 前功能区域——主要改造	$30	$40	$50	$60 每平方英尺
除了天花板改造标准同舞厅，包括家具替换。				
前功能区域——小型改造	$18	$25	$34	$45 每平方英尺
替换地毯、乙烯基、涂料以及修复工作、重装椅面/替换家具。				
C. 会议厅——主要改造标准同舞厅。	$50	$65	$80	$90 每平方英尺

房间	经济（二星）	中等（三星）	高级（四星）	豪华（五星）
会议厅——小型改造	$25	$40	$50	$60 每平方英尺
标准同舞厅（如果客厅被改造成会议室，费用会达每平方英尺50美元到100美元。				
D.大厅	$15～$40	$20～$50	$25～$60	$30～$100
费用视改造内容决定总项目				每平方英尺
A.地毯				
包括运输、安装及衬垫				
客房	$14	$15	$20	$20
套房	$14	$20	$25	$30
走廊	$25	$40	$40	$50 每平方码
手织毛毯——每平方英尺30美元到50美元				
B.墙面涂料				
运输和安装				
客厅／洗澡间	$2.00	$4.00	$5.50	$6.00
套间	$4.50	$6.00	$10.00	$12.00
餐厅	$6.00	$11.00	$15.00	$15.00+
公共区域	$6.00	$11.00	$15.00	$15.00+
墙毯	$8.00	$8.00	$12.00	$12.00 每线性码

（用于舞厅可移动的隔断墙、服务区域、电梯等）

附录

工程原理

本附录主要讨论一些关键的化学和物理原理以及它们在建筑物的运行和设计应用上一般所遇到的问题。这些原理中不少都已在大学或学院里的课程中出现，比如饭店专业的学生在食品化学或物理科学的课程中学到过。数学和物理科学的相关知识被广泛用于建筑系统的设计中。了解管理工程系统的基本原理为读者理解建筑运行的技术术语提供有价值的参考。

基本原理

质量、力、功和能量

质量、力、功和能量是关键的工程概念。质量涉及物质的量。在英制测量系统中，质量的单位是磅（lb）。在不正规的情况下，磅也是在英制系统中用于力的单位。但物体受到地球引力的时候（在一定的标准情况下），1磅的物体将施加1磅的力。在公制中，较小质量的单位是克（g），即1立方厘米的水定义为1克。因为这个单位较小，所以在使用公制系统作为质量单位时，我们常常使用公斤（kg）。1公斤等于2.205磅（质量）。

力是由质量和加速度（或速度的变化）产生的。例如，重量是物体的质量受到地心引力作用的力。在英制系统中力的单位是磅（质量）：英尺 / 秒^2，或者是如我们所提及到的磅（力）。在公制系统中，力的单位是牛顿（N），它被定义为1公斤 - 米 / 秒^2。1磅（力）等于4.448牛顿。

功被定义为做功的速率或在单位时间所做的功。功可以被看作力作用了一定的距离。如果1磅的力作用通过了1英尺的距离，我们说它已经完成了1英尺 - 磅，这是功在英制系统里的基本单位。在功的单位中经常使用的是马力，它被定义为550英尺 - 磅 / 秒。在公制中，功的单位是牛顿 - 米（N-m）而常用的单位是千瓦，它等于 102 牛顿 - 米 / 秒。1 马力等于 0.746 千瓦。

　　能量是做功的能力。此能力由于物体的条件或位置的不同而表现不同。能量的附加形式是因为能量以化学的形式储存在物体中，例如燃料。能量由于位置的不同，意味着当释放物体的时候，物体会做功。例如物体系在一根绳子上，通过滑轮与另外一个物体连接并悬在空中。如果物体被释放，就会做功，这种形式的能量被称为位能。能量由于条件不同有它最普通的能量形式包括运动或动能。在英制中，能量的单位是英国热力单位（Btu）和英尺 - 磅（力）。在公制中，能量的单位是焦耳及千瓦 - 小时。因为焦耳是非常小的能量单位，当处理建筑物系统时，千瓦 - 小时用的更普遍。1Btu 等于 778ft-lb(力) 而 1 千瓦 - 小时等于 3413Btu。

守恒定律

　　守恒定律定义了工程系统的联系。就像会计系统能跟踪所有的潜在商业活动中现金的流入和流出一样，守恒定律解释了工程系统中所有的质量和能量。

　　质量守恒定律阐述了物体的质量在受物理或化学变化的情况下保持不变。简单地说，此定律意味着以 1 磅（质量）开始做某些事，经过了一定的过程，最后留下了 1 磅。对于许多正常的过程来说，我们可以把这一定律扩大到整个系统。例如水进入建筑物的水系统是以水米来表示的，它应该被解释成水可以被用于建筑物的各种用途。

附图 1　工程数据

> **水**
>
> 　容量
>
> 　　　1 加仑 =8.33 磅 =0.134 立方英尺
>
> 　　　1 立方英尺 =7.48 加仑 =62.3 磅
>
> 　压力
>
> 　　　1 磅 / 平方英寸 =2.31 英尺水柱
>
> 　　　1 立方英尺水 =0.4331 磅 / 平方英寸
>
> 　特殊热
>
> 　　　液体 =1.0 英制热量单位 / 磅 - 华氏度
>
> 　　　32 华氏度的冰 =0.487 英制热量单位 / 磅 - 华氏度

（续）

212 华氏度的蒸汽；14.7 磅 / 平方英寸 =0.482 英制热量单位 / 磅 - 华氏度

熔化的潜热 =144 英制热量单位 / 磅

蒸发的潜热 =970 英制热量单位 / 磅

（在 212 华氏度；14.7 磅 / 平方英寸下）

空气（在 75 华氏度；14.7 磅 / 平方英寸下）

容量

1 立方英尺 =0.075 磅

1 磅 =13.5 立方英尺

特殊热 =0.24 英制热量单位 / 磅 - 华氏度

功率

冷吨 =12000 英制热量单位 / 小时

马力 =0.746 千瓦

马力 =550 英尺 - 磅 / 秒

锅炉马力 =33475 英制热量单位 / 小时

瓦特 =3413 英制热量单位 / 小时

千瓦 =1000 瓦

流明 =0.0015 瓦

能量

千瓦小时 =3413 英制热量单位

千卡 =100000 英制热量单位

兆英制热量单位 =1000 英制热量单位

兆兆英制热量单位 =1000000 英制热量单位

容量

百立方英尺 =100 立方英尺

千立方英尺 =1000 立方英尺

能量守恒定律阐明能量既不能产生也不能消灭，而只能以一种形式转换成另外一种形式。

应用到建筑系统和设备的两个守恒定律通常为有关运行问题提供了答案以及为优化性能提供了线索。

一般工程数据和公制转换

一般工程数据涉及诸如水、空气以及一些术语的各种特性，它们经常被使用并常用在住宅建筑工程上。附图1包括了各种潜在的重要数据。为保持特性应使用原单位或直接转换为公制系统，附图2列出了许多近似的公制转换因数。

附图2　公制转换的近似值

符号	你知道的数	乘以	得到的数	符号
		长度		
in	英寸	2.54	厘米	cm
ft	英尺	0.305	米	m
yd	码	0.9	米	m
mi	英里	1.61	公里	km
		面积		
sq in	平方英寸	6.5	平方厘米	sq cm
sq ft	平方英尺	0.093	平方米	sq m
sq yd	平方码	0.836	平方米	sq m
sq mi	平方英里	2.6	平方公里	sq km
	英亩	0.4	公顷	ha
		重量（质量）		
oz	盎司	28	克	g
lb	磅	0.45	公斤	kg
	短吨（2000磅）	0.91	米吨	Mg
		容积		
tsp	茶勺	5	毫升	ml
Tbsp	大汤勺	15	毫升	ml
cu in	立方英寸	16	毫升	ml
fl oz	流体盎司	30	毫升	ml
c	杯	0.24	升	l
pt	品脱	0.47	升	l
qt	夸脱	0.95	升	l
gal	加仑	3.78	升	l
cu ft	立方英尺	0.028	立方米	cu m
cu yd	立方码	0.76	立方米	cu m
		压力		
inhg	水银英寸		千帕	kPa
psi	每平方英寸英磅	3.4	千帕	kPa
		6.89		

（续）

符号	你知道的数	乘以	得到的数	符号
Btu	英国热力单位	温度（精确）	千卡	kcal
oF	华氏度	0.252	摄氏度	℃
		5/9(在减 32 后)		
		其他		
mpg	英制热量单位 / 平方英尺	2.71	千卡 / 平方米	kcal/sq m
	每加仑英里	0.43	千米 / 升	km/L
	英制热量单位 / 磅	0.556	千卡 / 千克	kcal/kg
cfh	立方英尺 / 小时	0.028	立方米 / 小时	cmh
cfm	立方英尺 / 分	0.028	立方米 / 分	cmm

资料来源：摘自美国商业部，《新闻媒体公制指南》，首都华盛顿国家标准局，1976。

水、空气和蒸汽流动

通常用于建筑工程系统中的水、空气和蒸汽都是流体的。在一般条件下，我们所看到的水是未经压缩的流体，而空气和蒸汽多是可以压缩的。可压缩这一术语意味着当物质遇到压力时将随着容器的改变而变化。在建筑应用中，每一种流体都遵循着能量和质量守恒的基本定律。由于这些流体的应用，其他一些使人感兴趣的参数对设计师和运行工程师来讲将变得尤为重要。这些参数包括压力、摩擦力以及给流动的蒸汽提供能量手段（抽吸、压缩或使用风扇）。

压力

流体的压力以每单位面积的受力来测量，通常我们大多遇到的单位是每平方英寸磅数或 psi。当大质量的流体受到外力的压力后，在流体中会储存能量或使液体流动。每天晚上的天气预报说到的压力应归于扩散到地球大气层中的空气流的质量所受到的力。1 个压力蒸锅里面产生的压力是由于能量转移到水后使其变为蒸汽引起的。飞机升空的能力是由于机翼的顶部和底部之间的力是不同的，在每一个翼的表面上有不同的空气流动速率。

由地球的大气引起的压力是连续存在的。与其考虑显示在仪表上的压力，不如去校准不包括大气压力的压力。如果这不是真实的，那么 1 平方英尺（144 平方英寸）的洗澡间测量的数值将变为为 2117 磅的重量（14.7 磅 / 平方英寸乘以 144 平方英寸）。以大气压力作为基准点（零值）的压力测量被称作标准压力，单位通常以磅 / 平方英寸表示。如果给出的单位是磅/平方英寸，此假设通常是在使用了标准压力的情况下做出的。

在水系统中，我们关心的是高层建筑的管道系统中要求水柱高度和产生的压力。1英尺高的水柱具有62.3磅/立方英尺的密度，施加0.433磅/平方英寸的压力。所以，若建筑物20层高，每一层从地面到天花板的平均高度为12英尺，则由于水的重量使水管底部的压力为104磅/平方英寸。如果我们把管道中的水移到建筑物的顶部，我们在底部输入的水压必须要等于或大于104磅/平方英寸，此压力要高于当地的市政供水设施的压力。

在空气系统中，即使是100层高的楼房所产生的空气压力也会小于1磅/平方英寸，所以我们很少关心由空气所产生的压力。建筑内的空气处理系统关心的是在输送空气中的摩擦力和抽吸空气（风扇）。压缩空气可以被用于建筑物控制系统的运行，但这是特殊的应用。

蒸汽系统的压力是通过对锅炉和蒸汽管道内的水加热后产生的蒸汽所致。最终的蒸汽/水的温度要看能达到多高的压力（假设不断地添加热）。附图3表明蒸汽的压力和温度之间的关系。此关系只有在被认为是饱和蒸汽已经留在锅炉水池表面上时才适用。

附图3　饱和蒸汽的压力和温度

量表压力（psi）	温度（°F）
02	12
5	227
10	240
20	260
50	298
75	320
100	337
125	353

摩擦

摩擦表示流动的物体的阻力或另一个物体沿着它表面运动的阻力。摩擦在流动物体中的存在导致了流体压力的下降。图表运用于流体系统（不论是管道还是管子），压力降（单位长度下磅/平方英寸）与液体的流速和管道或水管的直径有关。系统中的阀门和安装的其他仪表也将产生压力的损失。有些表格列出了装设这些仪表后的有关压力损失情况。

在一个流动系统中的摩擦力取决于水管或管道、管道或水管里流动的是什么物质以及流动的速度。特别要关心的是流动的速度，因为摩擦力是与速度的平方成比例的。Darcy-Weisbach 公式表明了液体在循环的管道中的这些因素：

$$摩擦力导致的压力损失 = \frac{f \times L \times V^2}{d \times 2g}$$

公式中 f 为取自管道的实验数据的摩擦系数；L 是管道的长度；D 是管道的直径；V 是速度；而 g 是重力加速度。这个等式使我们得知为克服摩擦力必须把能量输入流体中。

抽吸

为克服摩擦力，把能量加入流体中去。能量的添加是通过水系统中的水泵、空气处理系统中的风机以及蒸汽系统中的组合泵和附属加热设备实现的。为了补偿由于摩擦产生的压力损失，在某种情况下要增加流体的压力。

在水系统中，由于建筑内管道中水的高度不同，其对应的水压也不同，故也需要用水泵来补偿不同的压力。

附图 4 详细说明了水泵或风机性能的各种参数之间的关系。液体通过管道的流量通常用每分钟的加仑数（水泵）或每分钟的立方英尺数（风机）来表示。压力要看水泵或风机给出的压力。压力是水泵常用的术语，单位为英尺水柱。风机的压力单位用磅／平方英寸或英寸水柱。

效率是水泵或风机将能量转移给流体的百分数，功率是给水泵或风机能量输入的比率。系统压力的降低表明正在运行的水泵或风机的流动速率集中在水平轴上，导致系统的压力比预期值低。

附图 4 提供了选择和运行水泵／风机的几个重要的因素。因为水泵／风机通常是为运行高峰而准备的（负荷），知道供应这个负荷所需要的压力很

附图 4 流动系统中的流量和最大峰值、效率、功率以及压降之间的关系

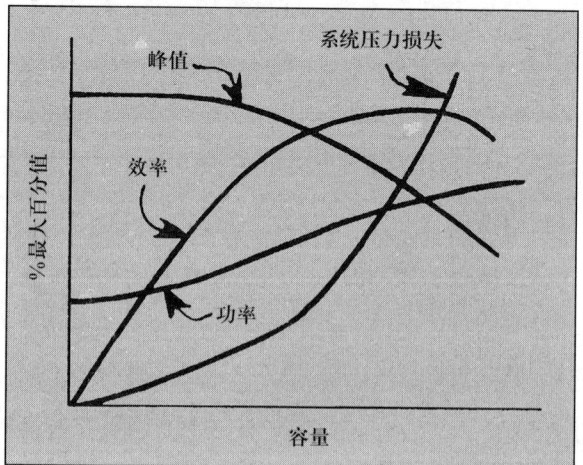

重要。对于水系统，我们一定要给水泵至顶点的水一个提升，以克服从泵到负荷的管道里的摩擦力和负荷自身要求的提升压力。空气系统通常有系统图表曲线，含有管道摩擦力和要求给负载传送的压力。与水泵／风机必须匹配的整个系统的压力的增加将会减少泵传输流体的质量。此外，泵／风机的高效运行的范围限制。当选择了给定的应用设备时，在应用中考虑运行效率是重要的。在有较高变流量要求的应用中可以采用变速设备来保证运行能力接近它的应用或安装范围的最大效率或成倍地增加设备采用多级运行。

电

电是由电子流组成的一种能量的形式（用安培表测量），它在两个不同的电极之间（用伏特表测量）流动。安培表表示每秒通过导体截面的电子为 6.251×1018 个电子。两点间的电压表示在两点间负电荷（电子）数量的区别。一个点或极板比另一个点或极板带有更多负电荷则说明它有负电压。注意电压是一个相对的测量值。电压的测量设定一个参考点为地，通常给出大地为接地点，其他某点相对此接地点的电压为测量的电压。例如电池两端之间的电压。

在电气系统中，电流必然会受到阻碍。一种对电流通过有阻碍的材料被称为电阻。材料的电阻值越低，材料的导电性能越好。比如具有良好导电特性的铜和铝材常被制作成建筑物内使用的电线。如玻璃、瓷器、橡胶以及塑料这样的不良导体被用作保护我们免于触电的绝缘材料。提供功率的设备（称为负载）也有电阻。

为有助于理解电系统，有时可以把水与电系统做一类比。水流好比电流；水系统的压力好比电系统中的电压；电流通过电线的电阻好比水流过管道时产生的摩擦力。此类比可以进一步扩大到系统中的设备，例如，泵和电池之间、阀门和开关之间都是相似的。

电流、电阻和功率——直流系统

为解释供电的数学关系，我们以大家熟悉的直流电或 DC 的形式开始讨论。这是由电池产生电的一种形式。它的特征是电流的方向单一，用电的术语常习惯表示成电流方向从电池的正极（+）到电池的负极（-）。这种对电流非常奇怪的理解惯例是由于几百年前发生的对电的性质的误解造成的。电的实际流动（电子）是由负极到正极，而习惯的表示电流方向是从正极到负极。

当讨论直流系统和决定这些系统的数学关系时，电流通常用 I 来表示、电压用 V 表示、而电阻用 R 来表示。电流的单位为安培（A），电压的单位为伏特(V)，而电阻的单位为欧姆(Ω)。这 3 个术语是与欧姆定律联系起来的。欧姆定律表明了直流电路中的电流是直接与电压成正比并与电阻成反比。以等式的形式表达欧姆定律为：

$$I = V / R$$

因为我们通常使用的电是一种功率和能量源，因此我们有必要计算电源的功率和能量的可利用率。电功率是以瓦特（W）测量的，这里瓦特是由电流（I）和电压(V)产生的。当我们把它和欧姆定律结合在一起时，我们用下面的公式定义功率：

$$W = VI = I^2 R = V^2 / R$$

这些公式揭示了电功率的一些有趣的特征。如果我们给恒定的负载加上电压(V)，在等式中用 R 值表示，则需要的功率会以电压的平方增加。所以如果电压增加了 2 倍，则功率会以 4 倍的因数增加。如果电流成倍增加，则可以以此类推。

电压在电系统中可以控制。电阻是负载的物理特征，而电流是由欧姆定律给出的电压和电阻中产生的。在功率等式中，如果我们用 R 值表示电传输线路中的电阻，我们便可以理解为什么在较高功率传输过程中采用较高的电压。如果我们希望用 20 伏特的电源提供 100 瓦特的功率，我们需要 5 安培的电流。如果此电流通过电阻为 2 欧姆的导线，则在线路中功率的损失为 50 瓦特。为了传输 100 瓦特的功率，由于线路的功率损失，我们必须提供 150 瓦特。如果我们提供 40 伏特的电压，则要求的电流为 2.5 安培，其线路的功率损失仅有 12.5 瓦特，仅为以前计算的 1/4。如果以较高的电压提供了电能就会大大地减少线路损失。它也可以减少用大量的导线传输高级别的电流。

电气系统中能量的测量是由功率乘以时间后得到的。如果 1000 瓦特的功率用 1 小时，所消耗的能量是 1000 瓦特小时或 1 千瓦小时。

电流、阻抗和功率——交流系统

直流电系统的关系和物理联系相对来说比较简单，而交流系统的领域更复杂且更不易掌握。因为我们通常使用的电是交流供电形式，了解电的公共特性是非常有用的。幸运的是直流电的几个特征与交流电相同。

直流电系统中的电流总是一个方向，而交流系统中电流的方向通常是以对称的正弦波的形式出现的。附图 5 表示了一个交流正弦波。当曲线开始重复自己的时候，我们说这是交流电的一个周期。沿着水平轴曲线开始的点与重复的点之间的距离我们称为一个周期。标准的北美电力系统是以每秒 60 周运行的，所以我们称为 60 赫兹。所以一周期所需要的时间为 1/60 秒。每秒的周期数被称为频率。

附图 5　表示交流电流或电压的波形

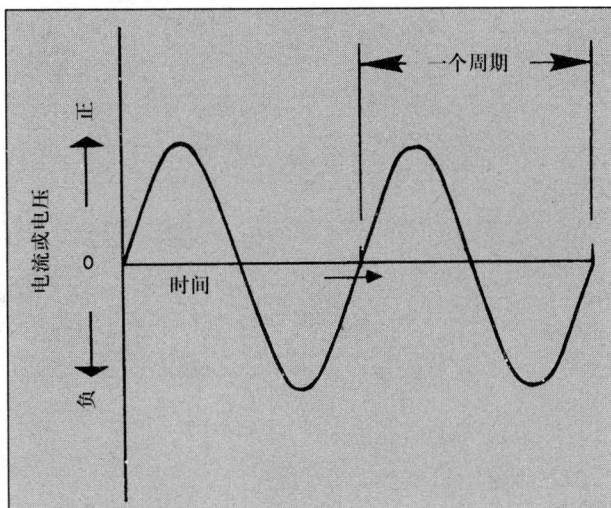

交流系统中的电压和电流是具有相同频率的正弦波。由于交流的电压和电流的波形的性质，实际上不可能对这些参数不断地赋值。也因为平均值为 0，则平均值的使用是无意义的。我们常将测量的实际上是峰值的电压和电流值分别除以 1.414（2 的平方根）。通常用于测量交流电流和电压的电气仪表都被设置为交流正弦量的峰值除以 1.414，并把它显示在仪表中。

在交流系统中，电流的单位仍然是安培而电压的单位仍然是伏特，分别用符号 I 和 V 表示。电阻的单位有时比直流电路更复杂。它用 Z 表示阻抗，阻抗是直流电路中的电组和另一种被称为电抗的电阻形式的两者综合值。在交流电路中产生电抗的原因是电压和电流周期性变化，以及通过电流时材料趋于阻碍电压和电流变化的性质，也包括电流流过自身的电阻。

如果交流电路只有阻性负载，那么用于直流电路的关系便可以被用在交流电路上。然而，如果负载提供的是电抗性的阻抗，例如电动马达设备，则我们必须用不同的方式计算功率。我们会发现由于电阻抗性的存在使电压和电流不会在同一时间出现。在它们的峰值之间有一段时间间隔，这就导致了传输到负载的功率比我们在直流电源下计算的功率（W=V×I）要小。测量电压和电流波形峰值之间的角度，我们称之为负载的功率因数（pf），数值等于 1 时为阻性负载，而小于 1 时为电抗性的负载。对于这种情况，功率的等式为

$$W = V \times I \times pf$$

此等式实际上既可以用于单相交流电，也可以用作直流电的计算，因为对直流电

—491—

而言功率因数为 1。能量的计算仍然可以用功率乘以时间（小时）来完成。

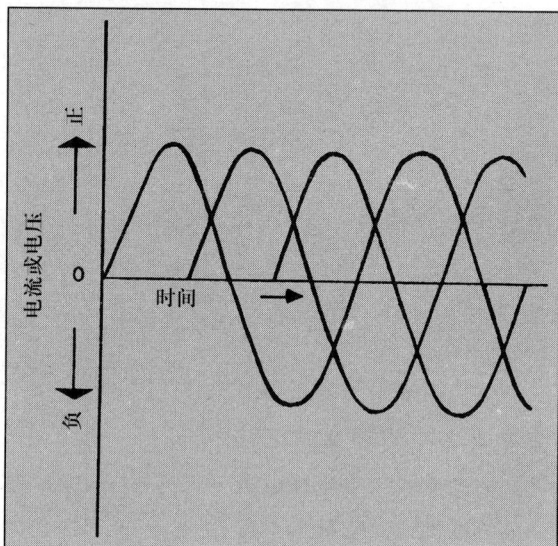

附图 6　三相交流电流或电压的波形表示法

由于三相功率系统的存在使交流电源世界变得更加复杂。在三相系统中，有三条电线，每一条的功能都像单相交流电。附图 6 举例说明了三相电的供给形式。在任何一个供电系统的单相周期里，负载连接到三相供电系统中会收到电流和电压的激励。例如一台三相电动机作为负载会将三相导线的每一相都分别连接到电动机，当供给电动机三相电的时候，电动机便能够正常地运转。应用中常需要单相电，例如在墙面上的插座，可以用三相电中的一相。

对三相电源而言，标准功率的关系显然不能适用，因为我们处理的是三相供电电源。在三相电路中，功率计算给出了下列关系式：

$$W = V \times I \times pf \times \sqrt{3}$$

公式详述和揭示了交流和直流电路中的电流、电压、功率和能量之间的关系，它对工程师处理建筑内的电气系统设备是有帮助的。附图 7 列举了利用公式计算的例子，本附录可帮助专业工程师解决所面临的问题。以上事例的目的是简化问题。

附图 7　电气计算范例

问题 1：估算走廊照明的费用。

　　在饭店的走廊中，有 50 盏固定照明灯，每盏照明灯有一只 100W 的灯泡。灯泡每天运行 24 小时，一年 365 天。当地的电能费用为每千瓦时为 0.8 美元。每年灯的运行费用为多少？

　　解题要点：首先要计算总的照明功率（P），然后用功率乘以灯的运行小时数得出能量（E）总值。最后用能量乘以每单位能量的花费得出计算结果。

　　P = 100 瓦 / 个 × 50 个 = 5000 瓦或 5 千瓦

E＝P× 时间＝5kW×24 小时 / 天 ×365 天 / 年＝43800 千瓦小时 / 年

费用＝E× 每千瓦时的费用＝43800 千瓦时 / 年 ×0.08 美元 / 度 ＝3504 美元 / 年

问题 2：电阻负载的电流计算。

决定问题 1 中的照明系统中的电流（多少安培）（如果附加设备被连接到照明系统中，为决定是否在此系统中有剩余的容量，可能就需要这样的计算。）。

每盏灯的功率为 100 瓦。用功率的定义（P＝V×I），我们可以计算每盏灯的电流。P 等于 100，而 V 是灯的电压，通常为 120 伏。为解此电流，我们做如下计算：

I＝P/V ＝100 瓦每灯 /120 伏 ＝0.833 安培 / 灯

总电流为 41.7 安培（0.833×50）。

问题 3：确定电动机的效率。

一台 508HP（马力）的电动机在 208 伏特、单相状态下运行。电动机的铭牌标明在额定马力下，电动机的功率因数为 85%，而总负载电流为 27 安培。电动机的效率是多少？（如果需要比较现有的电动机和新的电动机，则需要这样的计算。）

效率 ＝ 输出 / 输入

输出 ＝5 马力 ×0.746 千瓦 / 马力 ＝3.73 千瓦

输入 ＝V×I×pf＝208 伏 ×27 安培 ×0.85＝4.774 千瓦

效率 ＝3.73 kW/4.744 kW ＝0.78 或 78%

问题 4：确定运行在其他电压下的电热元件的热容量

一台洗碗机当接到单项 240V 的线路上时，水中安装的电加热器额定功率为 4.5 千瓦。厨房的电源为 208 伏。此加热器的热容量是多少？

在此问题中，加热器的电阻是一个恒定值。利用功率关系和欧姆定律相结合，我们可以从下列公式中计算加热器的电阻：

P＝V2 /R＝240 伏 ×240 伏 /R＝4.5 千瓦

解 R：

R＝240 伏 ×240 伏 /4.5 千瓦 ＝12.80 欧姆

当在 208 伏运行时，加热元件传送的功率（热容量）为：

P＝ V2 /R＝208 伏 ×208 伏 /12.80 欧姆 ＝3.38 千瓦

热力学

温度

温度必须要用等温的概念采取直接的方式定义。当两个物体，一个是热的而另一个是冷的，它们互相接触摆放，经过一段时间，热的物体会变冷，而冷的物体会变热。最后，物体特性的变化会停止而物体会处在热平衡状态（它们有相同的温度）。所以，两个物体或系统在它们互相接触而不改变它们的性质时会有相同的温度。

实际的温度刻度通过赋值可以有很大的范围，而任意的两个简单的可再生的温度是：在标准的大气压力下水的结冰点和水的沸点。在英制单位中，华氏温度结冰点为32°F而沸点的温度为212°F。

到此为止，温度的定义只是用在水的结冰点和沸点之间。但是温度的刻度可以超出这个边界，沿着这两个方向外推。所以冷藏温度和锅炉的温度可以分别测量为-10°F和250°F。

热

热是由温度定义的一种能量形式。当两个不同温度的物体互相接触时，它们最终会达到热平衡和相同的温度。由于温度差使能量在两个温度不同的物体之间传递被定义为热。热流动的方向总是从温度高的物体到温度较低的物体，惯例是热从一个物体流出被认为负，而热流进物体被认为是正。

由于特别的温度差，通过使用大量的特殊材料提升温度可以测量热。Btu（英制热量单位）被定义为1磅水升高1华氏度所需要的热量。除了水以外的材料需要更多或较少的热来增加华氏度。对于此材料，此热量被定义为C_p材料产生的特殊热。例如，空气在典型的大气条件下，有0.24的特殊热。

物质的状态

结合建筑物在通常的环境温度下，所有物质以3种状态存在：固体、液体或气体。这3种状态的区分可以通过观察物质的某些特性决定。固体是坚硬的，且可以在没有容器的状态下保持原状。当环境条件改变时，它的体积才有一点变化。液体存在于容器的底部，液面则保持在水平状态。当环境条件变化时，它的体积只有一点变化。

气体充满了整个容器，没有保持形状或体积。

相同的物质可以以 3 种不同状态中的任何一种形态存在，它依赖于温度和压力。在标准大气压下，当水温低于 32°F（华氏度）时，水作为冰（固体）存在，当温度超过 212°F 时变为蒸汽（气体），而当温度在这两个值之间时为液体。当压力变化时，温度成为鉴别状态变化之间的边界。在 15 磅 / 平方英寸的压力下，水保持液体状态对应的最高温度为 249.7°F。在 50 磅 / 平方英寸的压力下，水的沸点增加到 297.7°F。

水的这些特殊情形可以在饭店设备中很容易地观察到。在制冰柜中，冰的温度必须低于 32°F，而制作喝的刨冰的温度也是 32°F。在汤锅中，水的沸点约为 212°F。当压力为 15 磅 / 平方英寸时烹饪环境的温度或高压炊具中的蒸汽温度约为 250°F。当锅炉的压力设为 50 磅 / 平方英寸时产生蒸汽的温度要高于 298°F。

在饭店中发生的许多重要的热过程的操作是以工作物质的状态变化为基础的。在这些状态的变化过程中，能量被加入到或撤出此物质。冰通过制冰机将水中的热量抽去，使其温度改变，状态由液体变为固体。通过对水的加热产生了蒸汽，因此增加了其温度，状态由液态变为气态。反方向的状态变化被用于在气锅中烹饪食物。当蒸汽在气锅中冷凝时，水由气态变为液态，气锅中放出热用于烹饪蔬菜。客房空调器内的氟利昂从液态变为气态，把房间里的热量带走。

通常状态的变化是在固体和液体之间、液体和气体之间发生。第一个变化通常称为融化或冻冰，它依赖于变化的方向。而第二个变化称之为沸腾或汽化，它是当物质从液态变为气态时产生的，当以相反的方向变化时会浓缩。第三种可能的状态变化——从固体变为气体——被称为升华，此状态建筑内不常见。当干冰（CO_2）被用于在演出中制造"烟"时，二氧化碳直接由固体变为气体。

能量的交换总是与状态的变化联系在一起的。能量的增加或减少不影响物质的温度，但它只影响物质的形态。在标准大气压下，冰和液体水以 32°F 存在，而液体水和蒸汽是以 212°F 存在。当水在这两种形式下从一个状态变为另外一个状态时，即使能量加入或放出，它的温度都不改变。能量与这些变化相联系被称为潜能，因为在变化过程中没有温度的改变。把从固态变为液态有关的能量称为融化的潜热，把从液态变为气态的能量称为气化潜热。水在标准大气压力下的，其值分别为 144Btu/lb 和 970Btu/lb。

热传递

热能在两个温度不同的物体之间传递有 3 种方式：传导、对流和辐射。在传导的模式中，能量通过分子的直接作用传递能量。一个分子的能量振动通过直接接触或碰撞传递给了它邻近的分子，但是这些分子本身不能通过此物质做有效距离的移动。传导发生在物质的所有3个状态中，但通常是与固体联系在一起。从炉子传递到托盘及水壶的热量是通过金属容器传导的。

在对流方式中的热传递是通过流动的大量的分子运动完成的。例如在一个汤锅里加热原料，原料的分子接触到容器的内表面被传导加热。当它们变暖后，液体的密度降低而加热的分子通过原料开始增加。当分子增加时，周围较冷的原料变冷。变冷的分子回到容器的底部。分子的循环加热和冷却在液体中建立了对流。整个液体的加热是由这些流动所引起的并不断地混合完成的。对流仅与液体或气体有关，在固体中不存在此情况。

当能量从一个热物体被转换成电磁能并把它转送到另一个较低温度的物体中时，这一过程称之为辐射热的传递。这种能量的转换发生在没有中间媒体的真空中，本质上与无线电或电视信号相同。这种传递的模式通常发生在两个固体之间，而固体表面的颜色对发送辐射的量有较大的影响。黑色的表面非常容易发射和吸收热，而白色表面抑制发射和吸收辐射的能量。在一个辐射酷热的日子里，加热元件被加热到一个极限高温。牛排的烹饪是通过元件表面上的热辐射到牛排表面来完成烹饪的。

在大多数的实际情况中，热在两个物体或两个系统之间传递，通过3种模式联合完成热传递。例如在汤锅中，热通过火炉上的火焰气体对流或辐射到容器底部的表面，通过金属到与容器里表面接触的原料进行传导，并通过对流对剩余原料进行传导加热。对加工牛排来说，最初是通过辐射把热传送到肉的表面，尽管也有一些其他的热产生。然后热被传导到牛肉的内部。在炎热的季节里，由于空气内部和外部的温度不同，通过客房的墙散发了热。热被传递到墙的内表面，通过内表面的材料传导，使墙里面的空气对流和辐射，通过表面外部的材料传导，最后与外面的空气对流。

在多于一种热传递形式发生的实际情况下，单独模式的效果与整个热传递系数被结合起来。总的热传递可以建立在几何构造、材料的性质以及最终的温度的基础上。结合热传递模式的理论被直接建立在类似于电路和电阻的热路和热阻的基础上。

然而，组合独立的效果需要理解3种形式中的每一个的等式和术语。对于通过固体传导热来说，材料的3种隔热性质被定义为：传导率（k）、热导系数（C）和热阻（R）。传导率的定义可以通过下面的方式用特殊的材料做试验。

表面积为1平方英尺、厚度为1英寸的厚板材料，在板的两个表面之间受到不同的华氏温度的作用。由于温度不同，热将通过 1 英寸的材料空间流动。材料的传导率（k）被定义为在此特殊结构中以英制热量单位 / 小时（Btu/hr）流动的热的速率，单位用英国热量单位 / 平方英尺 - 华氏度 - 英寸（Btu/ft²-°F-in）表示。因此，这一热特性仅适用 1 英寸厚的材料样板。

因为大多数实际材料的厚度不一定是 1 英寸，传导率的特性是不能适用到除了 1 英寸以外的其他材料厚度的热导系数（C）的特性。热导系数由下面的等式定义，其中 x 是以英寸为单位的特殊厚度，热导系数的单位为英制热量单位 / 小时 - 平方英尺 - 华氏度（Btu/hr-ft²-°F）：

$$C = k / x$$

当 x 等于 1 英寸时，将定义成 C = k。当 x 大于 1 英寸时，由于较厚的材料样板导热较少，热导系数小于传导率。相反，当厚度小于 1 英寸时，由于较薄的材料样板可以传导更多的热，热导系数比传导率更大。最后，材料的热阻（R）被定义成热导系数的倒数，单位用平方英尺 - 华氏度 - 英寸 / 英制热量单位（ft²-°F-in/Btu）表示：

$$R = 1 / C$$

当热导系数是一个流过材料层的热量度量衡时，热阻是对材料阻碍热流能力的测量值。因此，这两个性质是彼此相反的。一些典型建筑材料的热特性值在附图 8 中列出。

附图 8　一些典型建筑材料的热力性质

建筑材料	k(Btu/hr-ft²-°F –in)	C(Btu/hr-ft²-°F)	R(hr-ft²-°F/ Btu)
石膏板（0.5 英寸）	1.11	2.22	0.45
玻璃纤维（4 英寸）	0.25	0.0625	16.0
普通的砖（4 英寸）	5.0	1.25	0.80
混凝土板，3 个椭圆			
核心（8 英寸）	——	0.90	1.11
夹板（0.5 英寸）	0.806	1.61	0.62
厚玻璃板（0.25 英寸）	2.77	11.1	0.09

资料来源: 经允许，摘自 1985 年《手册——基础原理》，美国采暖、制冷与空调工程师学会。

在液体或气体中的热传递导致对流，整个效果是用对流系数 hc 表示的，单位为英制热量单位 / 小时 - 平方英尺 - 华氏度（Btu/hr-ft²-°F）。此系数包括对流形式的效果（自然的或强加的）、此情况下的几何形式以及流体的类型（例如水或空气）。一些普通情况下的数值在附图 9 中列出。较大的 hc 值表示有较高的热流速率。此系数的解释类似于固体的热导系数。热流传送阻力是对流系数的倒数。

以此类推，整个辐射热的转换效果由辐射系数 hr 表示，使用相同的单位。这个系数也包括由于材料的性质（例如表面的颜色）和几何形状等带来的全部影响。与固体传导类似，辐射热流的阻力与辐射系数成反比。

附图9 典型的对流热传递系数

情 况	hc (Btu/hr-ft2-°F)
静止的空气；垂直的表面	1.46
7.5 英里 / 时的风；垂直的表面	4.00
15 英里 / 时的风；垂直的表面	6.00
静止的水；垂直的表面	1.00

资料来源：经允许，摘自 1985 年《手册—基础原理》，
美国采暖、制冷与空调工程师学会。

由于材料的独立层的热传递特性所决定，它们可以组合成复合的、建筑所需的结构，此讨论内容参见附图10。客房的外墙可由几层建筑材料组成（例如：墙面、混凝土块、面砖），但这个例子仅使用了两层。固体层的传导率或热导系数可从这些材料设计值的表中获得。两个附加的空气层（内部空气薄层和外部空气薄层）也对这些墙的热特性有所影响。这些层的热传输的相互影响可从类似于附图9中获得。此外，辐射热传输的相互影响也应适当考虑，这样这些层的阻力就可以计算出来了。

整个外墙的热传输能力可通过考虑各单独层的热阻力的组合效应来获得。当墙层是叠加的（也就是说热从各层中流过），组合墙的总阻力是每个单独层的阻力之和。一般情况的分析判断都采用组合单独层的方法。当添加到墙上的层数越多，流过墙的热量也就越少，因此墙的热阻力也随之增加。注意，这不是独立层的热导（传递热的能力）被增加，而是热阻力（阻碍热传递的能力）被增加。如果当材料层数增加时热导被增加，于是流过墙的热流也将增加，这时这个结果与实际情况是相反的。

整个墙的热效应可以用其热阻力来表示，但常见的应用是传递热的能力。因此，总系数用参数 U 代表，单位为英制热量单位 / 小时 - 平方英尺 - 华氏度（Btu/hr-ft2-°F），可用总阻力的倒数来计算：

$$U = 1 / RT$$

因数 U 表示了所有层的效果的总和，热的传递从温度较高区域的一边流向另一边温度较低的区域，包括空气薄层、墙的热阻能力或其他结构（例如：正在加热水时的汤锅）。

光

人眼可见到的光可定义为最简单的能量辐射。光表现出波的特性，这点类似于无线电、微波和X射线，其电磁光谱见附图11。同样，光像辐射一样具有波长和频率，依下列各项中在光速下c为常数时这两个参数互为反比。频率的单位是每秒周期数（cps 或赫兹 Hz），波长的单位为米（m），光速为 3×10^8 米/秒（m/sec），关系式如下：

$$l = c / f$$

式中 l 代表波长，f 代表频率，c 代表光速。

附图 10　组合建筑材料的热影响

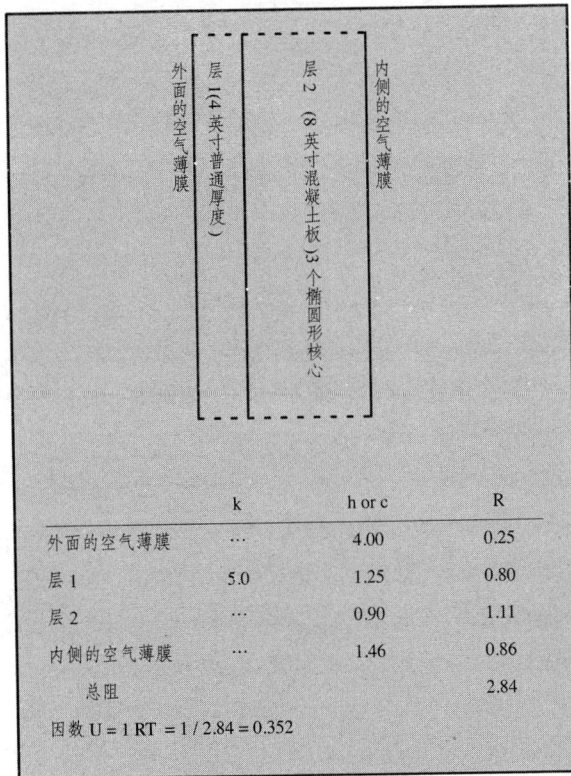

	k	h or c	R
外面的空气薄膜	…	4.00	0.25
层 1	5.0	1.25	0.80
层 2	…	0.90	1.11
内侧的空气薄膜	…	1.46	0.86
总阻			2.84

因数 U = 1 RT = 1 / 2.84 = 0.352

色彩

不同波长的光，人眼感觉后产生不同的色彩。可见光的范围为 380 毫微米（1 毫

微米等于 10^{-9} 米）到 760 毫微米。也就是从紫色到后面的红色，在这两个颜色之间的光的波长被绘到一起显示在附图 11 中的下方。每个词的第一个字母的缩写词为 "R、O、Y、G、B、I、V"，分别定义为红、橙、黄、绿、蓝、青和紫色。白光是包括所有这些波长的光。

　　光源　实际光源中产生的光有不同的颜色特征。因为光是以各种频率发出的，而非单一频率。在光谱里对应的频率是因为人眼看到的光是与之对应频率的色彩的结合。附图 12 给出下列光源的特性：中午的日光、典型的钨丝灯泡和典型的原色荧光灯。

附图 11　电磁辐射光谱

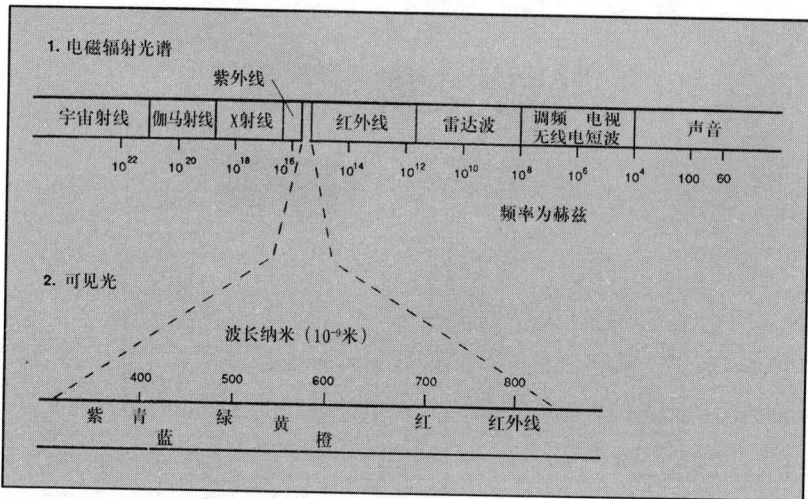

附图 12　光源的光谱特征

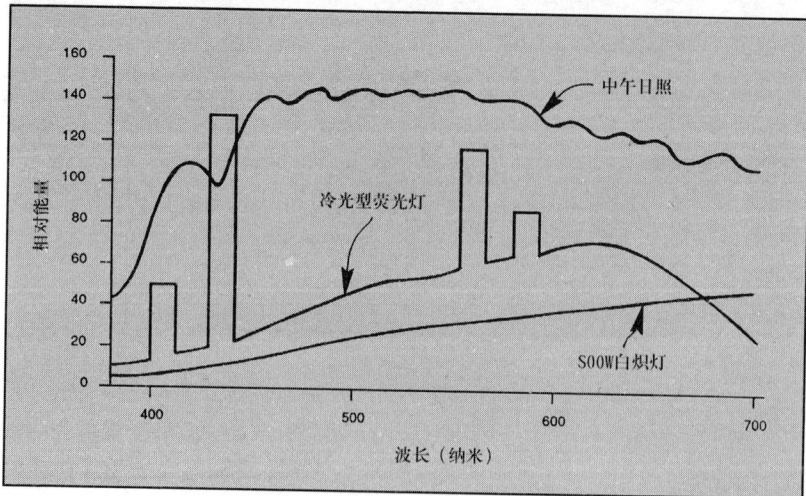

人眼感觉的日光接近于白光，但略有一点发黄，而人造光源发光的色彩与日光完全不同。白炽灯（钨丝）泡的光呈黄橙色，而荧光灯明显偏蓝，且在橙红区域很弱。因此，白炽灯泡进行室内照明产生的效果和白天日光的效果是不一样的。

表面影响　当光照在物质表面上时，由于表面材料性质的不同，光被吸收、反射或被透射，部分光被吸收并转换成能量从而增加表面的温度，其余被反射或透射，这取决于材料的透明程度。

经反射或透射光的颜色取决于光源与材料表面的相互作用。因为反射或透射的光经人眼感觉后就是物体的颜色。这种相互作用对于决定最终人感觉到实际物体的颜色十分重要。

通过选择吸收的过程，不同频率的光被材料以不同的量吸收，在这过程中，大部分光被吸收，只有很小一部分光谱的光被反射或透射，这种反射或透射决定了材料的受光颜色。例如，一个红围裙吸收了除了红色以外的其他光谱的光，黄色的花吸收了除黄色以外的所有其他颜色的光。

透射光的色谱因表面材料的选择吸收特性而改变，从而决定了物质的颜色。当白色的光在表面上透射，光谱里的所有颜色会在投射光中呈现。同时人感觉的物体颜色取决于被材料吸收的光的频率。例如，白色光在红色表面呈现红色。当特殊颜色的光投射到一个表面，只有光的频率与呈现的颜色有关。觉察到的物体颜色取决于被表面选择吸收的已存在光的频率中被保留下来的那一种光的频率。这样就有了两种可能性。第一，例如当紫颜色的光照在物体上，物质吸收紫光外的其余所有的光，物质呈现紫色。第二，当紫色投射到吸收红色以外的所有光的物体上，这时物体呈黑色，因为没有光从物体上被反射出来。

光源的颜色和物体感应吸收光的颜色的特性之间的相互作用知识，可帮助客人和业主利用各种光决定客房设备表面的颜色效果。像牛排或土豆等食物为显红色和橙色光，可应用包含充足的红色和橙色的人工光源进行照射，使它们看上去色泽鲜艳，但如果放在客房中就会呈现得暗淡使人无法产生食欲。人的皮肤也应使用相应的光照明，使客人在镜子中看到自己皮肤的自然美。

强度

光源的功率　从一点向四周发射标准光源被定义为实际光源的功率。标准光源的输出用这样定量的方式来测量，即用位于中心点的光源照射到半径为 1 英尺的球面上的输出来作为测量值。由光源发出光的计量单位为流明。用流明来计量蜡烛的照度，大约是 12.57 流明。

功效或发光效率，即光源的效率可用输入和输出比来表示。对于一个用电光源，效率用流明 / 瓦来计量。这里，流明是光源的输出，而瓦特是电输入。理论光源的最大效率约为 220 流明 / 瓦，实际的光源效率要相对低一些（一般在 15 ~ 150 流明 / 瓦）。因为大部分（典型为 75% ~ 90%）输入能量都转化为热并由灯泡散失。

反平方定律 光源的输出是用位于中心的光源、半径为 1 英尺的球来计量的。一英尺以外的光的强度如何测量？要找出光通量（流明）与光强度（流明 / 平方英尺）的关系，1 英尺烛光（fc）被定义为每平方英尺 1 流明的光的强度。

一个标准光源发射 12.57 流明，在单位球形的表面所测得的光强度就是 1 英尺烛光，因为 12.57 流明的光输出等量地照在 12.57 平方英尺的球面上。但是在同样的光源中心，2 英尺球面的光强度仅为 0.25fc，因为球的表面积为 50.28 平方英尺 (ft^2)，而光源的输出是 12.57 流明 (lumens)。

这种距光源越远，光强度越小的关系用反平方定律来描述，即：

$$fc = lm / (12.57 \times d^2)$$

其中 d 为测点与光源中心的距离。对于一个给定功率的光源，光强度的降低与光源和测点的距离呈平方反比的关系，称为"反平方定律"。

表面的影响 当来自光源的光照到物质表面上，根据表面的透明程度，部分光被吸收，其余被透射或反射。在任何情况下，离开表面的光的强度取决于两个因素：照射到表面的光强度；表面材料的性质和几何形状。这些变量之间的关系为

$$fc = fc_1 \times 系数$$

其中 fc_1 为投射到表面的光强度，系数表示表面对光强度影响的综合因素，fc 为光离开表面的强度。

实际应用中系数用百分数来表示。从 0% 的表面吸收全部的光到 100% 的从表面全部返回可见光。根据表面的初次反射或传播可见光来描述表面的反射率和透光率。

译后记

  承蒙中国旅游出版社的信任和委托，我们在时隔十三年后，又一次承担起了《饭店设施的管理和设计》中文第二版的翻译工作。

  与上一版相比，新版至少有如下几方面的特点：

  1. 对环境和资源保护的重视程度超过以往。在具体描述饭店设备设施的各个环节时，作者不忘记叮嘱饭店管理者对环境的重视和对有限资源的保护意识。提醒人们在成为一名优秀饭店管理者的同时争取做一名合格的环境保护者。

  2. 更多的案例分析。在涉及运营管理的有关章节后面都附上了与该章节内容相匹配的案例分析。作者试图通过一个个真实的事例，说明设施管理与设计在饭店管理实践中的作用和警示意义，帮助读者更好地理解书中的含义。

  3. 内容更加紧凑充实。本版各章节在叙述上更加突出实用性，突出以图例、事件、对比表格等多种手段进行直观的宣讲和描述，图例数量大幅增加，可读性增强，增加了非饭店管理人员或非设施专业管理人员的阅读乐趣。

  总之，新版《饭店设施的管理和设计》虽然仍沿用原来书名，但完全可以作为新出版物供饭店管理者和热爱饭店设施管理的人士学习和研读。

  本书的各章节由以下人士负责翻译：序、前言、第 1 章：周朝晖先生；第 2、3、4、5 章：曾尧祺先生；第 6、10、11 章：庞京安先生；第 7、8、9 章：张力军先生；第 12、13、14 章及附录：稽令瑜女士。稽文津先生协助核校了第 12、13、14 章。张力军先生还协助了本书部分图表的排版和核校工作。我愿借此机会，对以上各位的辛勤劳动、卓有成效的工作成果和相互之间的紧密合作表示衷心的感谢。

由于译者水平所限，本书中疏漏错误之处在所难免，敬希各方面专业人士和广大读者提出批评。

张学珊

2014 年 7 月

北京，华纺易城

项目统筹：付　蓉
责任编辑：李冉冉
责任印制：冯冬青
版式设计：何　杰

图书在版编目 (CIP) 数据

饭店设施的管理和设计 / （美）斯蒂帕纳克著；张
学珊译 . --2 版 . -- 北京：中国旅游出版社，2015.1
　书 名 原 文：Hospitality facilities management
and design
　ISBN 978-7-5032-5073-6

Ⅰ . ①饭… Ⅱ . ①斯… ②张… Ⅲ . ①饭店－服务设
施－设备管理②饭店－服务设施－设计 Ⅳ . ① F719.2
中国版本图书馆 CIP 数据核字 (2014) 第 236603 号

北京市版权局著作权合同登记号：01-2013-5275

书　　　名：饭店设施的管理和设计

作　　者：大卫·马歇尔·斯蒂帕纳克

译　　者：张学珊

出版发行：中国旅游出版社
　　　　　（北京建国门内大街甲 9 号　　邮编：100005）
　　　　　http://www.cttp.net.cn　E-mail:cttp@cnta.gov.cn
　　　　　发行部电话：010-85166503

经　　销：全国各地新华书店

印　　刷：河北省三河市灵山红旗印刷厂

版　　次：2015 年 1 月第 2 版　　2015 年 1 月第 1 次印刷

开　　本：720 毫米 ×970 毫米　　1/16

印　　张：32.75

字　　数：575 千

定　　价：128.00 元

I S B N　ISBN 978-7-5032-5073-6